張宗和日記

张宗和 著

张以䪆 张致陶 整理

（第三卷）

1942—1946

ZHEJIANG UNIVERSITY PRESS
浙江大学出版社

安徽学院舒城合肥同乡欢送毕业同学合影（1945年6月）

抗战胜利后，张宗和（右一）回到乐益女中做校长，
与继母韦均一（右二）、四姐张充和在一起

1946年9月乐益女中复校，设初一、初二两班。此
照为乐益师生秋季远足天平山时在御碑亭前所摄

乐益女中师生在上家政课

张寅和与朱志君结婚照（1946年4月11日）

抗战胜利后，张家十姐弟于1946年7月在上海重逢，
拍了这张著名的"大团圆"合影

出版说明

本次出版张宗和日记（第三卷），共整理收入张宗和先生自1942年至1946年记录的日记共六本（张宗和先生亲自编号，第二十三本至第二十九本，其中第二十四本遗失），每本日记的起讫时间，具体见正文中说明。为了读者阅读方便，日记按照年度为序分章排录。

为了最大限度地尊重和保持作品的真实性，做到对历史、对作者和对读者负责，在整理和编辑过程中，部分地方为保护个人隐私起见，应家属要求稍作删除（所删除文字以□代替），其他尽可能不作删改。

本书的编辑体例如下：

（一）尽量保持日记原文的标点符号（如文中有许多段落，作者以省略号代替，予以保留，不另作说明），部分地方在保证原文文意的情况下，会根据阅读习惯稍作修改。

（二）原文所用的数字表达方式，尽量保留，不作统一处理。

（三）对原文中明显的脱字、衍字、错字等，均以［ ］补正。原文中的异体字、繁体字，除人名外，均改作规范简体字。但是，由于作者的文字表述受时代、方言等影响，文中常出现一些与现今通行规范不合的惯用词（如称呼、地名、译名等专有名词），仍按原文照录，部分会在页下进行注释。原文中有些人名，作者记录时前后不一致，但一时又找不到资料进行核查，故仍保留原貌。

（四）由于作者所处的年代还未形成规范的现代汉语，原文中存在诸如"的/地/得"不分、"做/作"使用混乱等情况，只要不致误解，一般原文照录。其他如人称代词"他/她/它"混用的情况，为了阅读方便起见，则按照现代汉语习惯进行修改。

限于水平，日记整理和编辑过程中，尚有疏漏失当之处，敬请专家及读者指正，以便重印或再版时修订。

本书编者

2020 年 10 月

记张宗和先生（代序）

戴明贤*

宗和先生是贵阳师范学院（今贵州师范大学）历史系教授，终身站讲台，其在校园以外的知名度不及他的四个姐姐（"合肥四姐妹"——元和、允和、兆和、充和），其实他在许多方面同样优秀，毫不逊色。

我不是宗和先生的学生，我妻龚兴群与宗和先生的大女儿以靖是从小的邻居玩伴，是自小学到初中的同窗好友。两家父亲是老贵大的同事，是通家之好，以靖又是我低班的学友。我就是以这个身份与宗和先生结识的，跟着妻子叫宗和夫妇"张伯伯""张伯母"，与宗和先生建立了一种介乎长辈与忘年友之间的关系。进出宗和先生家的年轻人不少，有三个女儿的同学朋友、校园里的后辈等等，年轻人来访时，宗和先生就坐在他们中间，笑眯眯地听他们胡说八道，偶尔用年轻人青涩的词汇与他们对话。有时他心情不佳或精神不济，就会提议："张以靓，请你们到里面房去说好不好？"宽厚、和蔼、幽默，似乎是合肥张家的家族基因。

我是1962年春夏之际第一次拜访宗和先生的，但早几年就已经知道沈从文是他姐夫，他家里有包括沈从文、徐迟、卞之琳在内的许多大作家的老照片。我最初就是抱着看大作家的照片的想法而去造访的。我在学校图书室已经读过沈从文早先出版的多种小说集，读过徐迟从香港回到重庆

* 戴明贤，生于1935年，贵州安顺人。1956年毕业于贵阳清华中学。历任《友谊》杂志编辑，贵州人民广播电台新闻部编辑，大方县百纳中学语文教师，贵阳市川剧团编剧，贵阳市文联副主席及作协副主席，《花溪》月刊副主编，贵阳书画院院长。现为贵州省书法家协会名誉主席。

看话剧《屈原》后彻夜难眠而写给郭沫若的长信，也读过卞之琳的诗（似懂非懂），对这些大作家满怀崇拜之忱。但因怯场，虽然妻子一再说张伯伯"好玩得很"，我还是一再犹豫，未敢造访。

那时张家住学校安排给教授住的小平房，每栋房住四家，中间隔断，各自出入。与张家紧邻的是项英杰教授，他的夫人孙毓秀是我的历史老师。于是，有一次我趁拜访孙老师的时机正好同时拜访了宗和先生。

初访的细节记不清了。闲谈中，宗和先生说起当时风靡全国的长篇小说《红岩》。他对《红岩》评价不是很高，觉得它没有写出社会生活的复杂性。但是这部小说倒是引起了他要写一部反映抗日战争生活的长篇小说的念头，而且已经动笔。他每天凌晨三点左右起床，写到上班，已写出两万余字来了。那时我正是"文学青年"，天天听的是"文以载道"的导向，对《红岩》这样的鸿篇巨制当然佩服之至，但也不满足，觉得它的语言缺乏风格，没有笔调。我读《青春之歌》，也是这个感觉。我喜欢《红旗谱》，内容厚重，语言也不错，不是学生腔或文艺腔。文学是"语言的艺术"，"怎么说"和"说什么"同样甚至更加重要。我喜欢语言风格有个性、有笔调的作家，小说没有笔调，好比只供白饭没有菜，更没有酒。那么，宗和先生写出来的抗战小说，会是一种什么味道？我当然很感兴趣。

但不久他就因为严重的神经衰弱而不得不搁笔了，并且需要到息烽温泉去疗养。这部未完成的遗稿，后来以泯给我读过，三万来字，自传性很强，人物众多，写得很细致生动。我在张家姐妹续编的家庭刊物《水》中，读过宗和先生中学时代的日记，他把日常生活叙述得非常亲切生动，有着写长篇小说的好笔调。写自传性小说会引起无穷无尽的回忆，思绪会像洪水决堤一样不听控制，他肯定睡不好觉。加之凌晨起来爬格子，年富力强者也难坚持，何况宗和先生早已因历次政治运动的刺激而留下神经衰弱的症候。已写成的部分，叙述主人公在抗日战争初期辗转旅途的种种遭遇和交会的旧雨新知，体现了广阔多彩的社会生活视野。大器未竟，太可惜了！

趁我们闲聊，兴群和以靖从内室捧来一叠老相册。于是我看到了沈从文、徐迟、卞之琳的老照片，看到了张门济济一堂的全家福。宗和先生的三弟定和，我也不陌生。宗和先生提起定和先生在重庆参加话剧运动，为郭沫若的《棠棣之花》谱过曲，我就哼出来："在昔有豫让，本是侠义儿。"我还能唱定和先生的另一首歌："白云飘，青烟绕，绿林的深处是我家！小桥啊！流水啊！梦里的家园路迢迢啊……"这首歌是我小时候听大姐唱，听会的，我这两下子很让宗和先生高兴。以靖则大讲长辈们的逸闻趣事。例如沈先生家里有一次闹贼，他爬起来顺手抄了件家伙冲出去助威，等到贼去人散，才发现手里抄的是一把牙刷……此类家庭典故，层出不穷，多数"幽他一默"类型，业绩成就之类是不谈的。记得宗和先生还说到徐迟年轻时写现代诗，把数学方程式写进诗句里。相册中宗和先生与四姐充和在北平时合影很多，看得出姐弟俩感情特别深厚。我们起身告辞时，兴群开口借《秋灯忆语》，宗和先生说那没有什么看头，兴群说最喜欢看，于是他就叫以靖找出来。其实这正是兴群此次来的主要目的。

《秋灯忆语》是宗和先生悼念亡妻孙凤竹女士（即以靖生母）的回忆录，开笔于1944年11月，写竟于1945年5月，在立煌印刷，土色草纸，墨色不匀，字迹模糊，是标准的"抗战版"，因印量少，该书到此时已成孤本。我妻子读过多次，一再念叨，定要让我也能读到。我带回家读了，果然感动至极。《秋灯忆语》以质朴蕴藉的笔调，记叙了在那个颠沛流离的战乱时代，一对年轻人相爱偕行、相濡以沫却天人永隔的凄美故事，真如秋雨青灯，娓娓竟夜，堪与巴金的《寒夜》相比。"文革"期间，以靖生恐这一孤本损失，曾托我秘藏过几年。2000年，宗和先生的小女儿以泯，由于偶然的机缘与香港胡志伟先生相识通信，胡先生知道这部旧作后，力荐在《香港笔会》上全文连载。这时距宗和先生去世已是二十三年，孙凤竹夫人去世更已五十六年了。

从那次拜访开始，我们就三天两头地去宗和先生家玩上大半天，定要就着矮圆桌吃了晚饭才告辞。两位老人很愿意看到我们，叫我是"喝茶的朋友"，宗和先生沏好茶待我；叫兴群是"吃辣椒的朋友"，伯母做辣味的菜待她，碰上季节，还给做费工夫的荸荠圆子之类的特色菜。吃饭时，我会陪宗和先生喝一点酒，竹叶青、汾酒、五加皮之类。有一次，他说只有金奖白兰地了，就喝它吧。我没喝过，正好尝尝新鲜，一喝怪怪的，宗和先生也不喜欢喝。

回想起来，这应当是宗和先生心情比较宁静、烦恼比较少的一段日子，因为这段时期正好是两次政治运动的间隙，"大跃进"导致的大饥荒刚结束，元气尚待恢复，稍稍放松了的政治之弦还没有重新拧紧。

有一次兴群打趣张伯伯，说小时候看他与贵大学生一起演《红鸾喜》，那么胖的一个穷书生，还差点饿死，拜堂时还在脖子上骑一条红裤子，把贵大子弟小学的学生们差点笑死。宗和先生认真地说，上台之前节食一周，当天还不吃晚饭，临了站在台上，肚子还是圆鼓鼓的，没有办法。但是在1961年以靖从都匀回贵阳来生孩子时拍的一张全家福中，他却瘦成了另一个人，看上去老了十多岁。

张家姐妹兄弟酷爱昆曲，相册中有许多演出照片。1963年1月，尚小云来筑演出和讲学收徒，宗和先生以京华故人身份，与他欢晤，又写了好几篇评论文章发表在省报上。内行说话当然精当到位，尚先生看了非常高兴。有一次我们去看宗和先生，伯母说他在礼堂教学生，我们就赶去看热闹，见他正在为省京剧团的张佩箴说《断桥》。前些年偶遇张佩箴，我提及此事。她说自己当年除了到省艺术学校听张先生的艺术史课，还每周去请张先生亲授，演员们都很尊敬张先生，说他是大行家。

现在都知道，合肥张家酷爱昆曲，与传字辈关系极深，宗和先生的大姐和四姐在耄耋之年还"粉墨登场"。我觉得宗和先生虽然是清华历史系毕业，但他对文艺的兴趣显然更大些，他的相册中的青春好友也尽是些作家、艺术家。

"好景不长"，是时代的规律，老百姓概括得更为精辟——"饿肚子了，就安分几天；吃上几天饱饭，又开始折腾"。"饱暖即修"，防修就靠经常敲打，反对温饱，这回来的是"四清"运动。当时我正在乡下写公社史，有一次回广播电台参加运动，去看望宗和先生。他又犯神经衰弱了，而且相当重，经常心绪不宁，睡不好觉。这是那个时代特有的政治运动综合征，我这样年纪尚且易患，何论老一代都是"惊弓之鸟"了。初访宗和先生之前，我就听在师院化学系念书的表妹说过，在一次全校师生参加的大会上，一个老师上台批宗和先生的"资产阶级思想"，拿《秋灯忆语》说事，还装着不识文字，说什么"这个'口'字旁加个'勿'，我不知是啥意思"云云，像个小丑似的，连学生都觉得不成体统，替他害臊。此公读过《秋灯忆语》，必为宗和先生故人，竟不惜污己辱人至此地步。宗和先生对政治运动之恐惧，不难想象。

那次贵阳市之极左和残酷，在全国也名列前茅，载入史册。报纸广播动辄发布"某地区某单位的权力实际已掌握在敌人手中"之类天崩地裂的"盛世危言"，令人民心惊胆颤，省市大干部，一个个被点名扣帽子。一两个月后，广播电台系统的"四清"结束，四十余名职工被分别下放到县里，下放名义是"储备干部"，还摆酒设宴隆重欢送。为我准备的是大方县。大家心里憋屈，知道可别敬酒不吃吃罚酒，能享受储备待遇已经够宽大的了。我和妻子商量后，决定一起下去，用拜伦的豪情给自己壮行色，"不论头上是怎样的天空，我准备承受任何风暴"。

我们去张家辞行，两老并不诧异，也没有说什么惜别的话。那时候人人都有承受风暴的思想准备。宗和先生带上夫人、女儿，在新新餐厅为我们饯行，又去照相馆拍照留念。我于1965年10月到大方，任百纳中学教师，兴群在小学代课。刚教了一个学期，"文化大革命"就开场了，我们暑假回到贵阳，听说电台留下来的老同事一半成了反革命，另一半成了造反派，两边反目成仇，势不两立。我们被放逐在先的，反而值得庆幸了。当时社会上已无走亲访友一说，我们担心宗和先生的处境，只能从心底里祈祷其平安。后来我们家也被红小兵抄了两次，小姑娘们没收精美小手绢，踹死了金鱼，收缴《白毛女》等所谓"黄色唱片"数十张。1973年暑假我们回筑时，林彪已坠机身亡，社会上显得松动了许多。我们心血来潮，给在医务室上班的张伯母打了个电话，接电话者是从都匀来省亲的以靖。我说想去看张伯伯，又担心他怕烦谢客，以靖说她问问。很快，以靖就回答说："爸爸欢迎你来。他说戴明贤不会讲那些打打杀杀的事。"

此时张家住在校园最高处的工人宿舍楼。他家搬了不止一次，每次降一次格，升一段高，掉价乔迁，但家里照样收拾得窗明几净。宗和先生看上去又憔悴又疲惫，半躺在藤椅里和我们说话，声音很小，渐渐地也就放松起来。以靖多年都在都匀工作，难得见到我们，异想天开要唱《游园惊梦》，让我伴奏，宗和先生连声制止。我也连声说"不会不会"，以靖不听，去借了一把二胡塞给我，并把谱子摆好，我只好勉为其难拉了两句。宗和先生又开口劝阻，我见他真正是提心吊胆的表情，就坚决作罢了。以靖是化工厂工人，生活在另一种圈子里，不知道校园这个圈子里水深得很。有个细节，我永远难忘记。晚餐时，宗和先生不慎掉了一小团米饭在地板上，他拾起来看着，怔怔的，不知道怎么办，伯母轻声地说"丢了嘛，丢了嘛"，他才醒悟似的把饭团放在桌子上。我佯装不见，只想流泪。他在"文革"中的情况，大家都闭口不提，我前不久才从以泯处听到一件事。有一次以泯放学回家，走到师院院子里，经过操场边，见到闹哄哄的，一看正在开爸爸的批斗会，她赶快跑回家关好门，倒在床上大哭。过了很久她才听见妈妈陪着爸爸回来，后来妈妈告诉她，爸爸回来就想自杀，被妈妈拉住，妈妈好说歹说，才劝得他打消了这个念头。

次年初我调回贵阳，又可以去看宗和先生了。那时他们这批老人都在等候落实政策，心情比较"晴天多云"。有一次我和兴群刚进门，宗和先生正要和以泯下山挑水，就叫我同去，多一个人换肩。在山下宿舍楼外接了水，我挑起水桶，一鼓作气往坡上走，他在后面连声喊停。我想我能让老人和我换肩吗？我咬牙一直挑到家，他好一会才走到家，边喘气，边夸我好体力。

有一次兴群推荐一种金属拖把架，说比老式圆头的好使，买了就由我蹬车送去张家。宗和先生一人在，他留我吃饭，说正好杀了只病鸡。我还有事，就告辞走了，一路想着他落寞的神情。当时他虽然照样上班，但仍是"身份不明者"，天天等候组织结论下来，好知道自己是敌人是朋友还是人民。这就好像头上总悬块石头，不知几时落下来，也不知会是多大一块，自然日夜不能安宁。有一次，他问我能不能替他批改几本学生作文，因为这些作文竟看得他睡不着觉，头痛欲裂。他还举出了几个吓得背气的例句，比如"星期天，同学们上公园寻花问柳"之类的。我说小事一桩，把十来本未改的带走。其实我也最害怕批改学生作文，因为不像数学题目有标准答案，而是篇篇不同。我教的农村娃娃淳朴得不得了，却是一句话都写不顺畅，更别说什么立意谋篇等。我对这种作业只有一个感觉——"狗咬刺猬，无从下口"，只想仰天大吼一声。宗和先生的这些工农兵学员水平还稍稍高一些，我尽力改了送去，宗和先生像得了什么好东西似的欢喜。

这时期我和宗和先生有一共同兴趣，就是书法。早在上清华时，他就跟着四姐充和临褚遂良的楷书，他不喜欢颜真卿的字，说它"笨头笨脑、抱手抱脚的"。我的兴趣则在行草。他有两册《集王圣教序》，一个拓本，一个影印版，他把后者送给了我。他还有一本日本影印的《孙过庭书谱》，被抄走了，当时这本书正在办公室里放着，他答应等还回来就借给我。这是我当时最盼的一件法帖，恨不能立刻看到，于是心急火燎地盼着。但时间一天天、一月月地过去，始终杳无音信。倒是组织结论等下来了，"敌我矛盾按人民内部矛盾处理"。一个从学校到讲台一辈子不沾政治的人，何来"敌我矛盾"？这对他是沉重的打击，但他也只说些轻松的话题。有一次，我得到一点旧宣纸，就带去求他写鲁迅的诗，于是就有了一本袖珍本的抄本，还写了两张小条幅——"运交华盖"和"曾经秋肃"。

再后来呢？再后来，"文化大革命"终于收场了。再后来，宗和先生突然辞世了，时在1977年5月15日，没有等到胡耀邦任中组部部长平反冤案。那天我刚从黔北出差回来，一回家就听母亲告诉我噩耗，立即蹬车赶往殡仪馆，正好赶上与宗和先生作最后的告别。

宗和先生得年六十三岁，他本该与他的四位姐姐一样活到近百岁的，他家有长寿的基因。以泯编了一本纪念册叫《思念》，我刻了两枚印——"广陵散绝"和"高山流水"，收入册子，以寄托哀思。不意远在美国的充和先生见了，托以泯让我为她刻印，后来我还得以亲见这位"合肥四姐妹"中才华成就最出色的人物。

张伯母刘文思是一位真正关心他人胜过自己的女性，善良、厚道到极点。她的大姑子们在家刊《水》中称她是"张家最好的大嫂"。以珉在一篇文章中说，小时候她和以端认为妈妈偏心，喜欢大姐超过她们，长大才知道大姐从小没有了孙妈妈，母亲才这样处处以大姐优先。以靖一直在剑江化工厂工作，以端在安阳当老师，以珉在师大中文系资料室，先后都退休了。

宗和先生的遗笔，已先后出版了，《秋灯忆语》2013年由人民文学出版社出版[①]，《一曲微茫》（与四姐充和的通信）2016年由广西师范大学出版社出版。现在宗和先生的日记也将由浙江大学出版社出版，这令人十分欣慰。他的日记非常好读，一定能吸引广大的读者。

2017年7月

---

① 已由浙江大学出版社于2019年12月再版。——编者

目录

1942年

11月1日　日

很迟才起来，也不出去吃点心了，于是在家里写信给凤竹、老冯和四姐。快吃中饭的时候沈从文来了，也没有留他吃饭，我们这里根本不能留人吃饭。饭后到花椒巷去了，三姑今天结婚，还叫我去帮忙的呢。路太远，真不愿意走，虽然身上没有几百元了，还是坐了车子去的。到了那儿，三姐、九小姐、小龙、小虎、沈从文全部都已经在那儿了，还说我去迟了，叫我马上到青年会去布置礼堂。一到青年会，人家正在礼堂开画展，是位四世祖画的竹子。房里全是竹子，一点也不好看，标价都是三四千元一幅的。礼堂四周都是画，中间还有幕布，简直无法布置。三点半，画展暂时停止，五姑爷让我去近日楼买花。没有好花，随便买些把瓶子塞满就是了。礼堂布置得一点也不好，桌布是白的，有点像办丧事，画挂得乱七八糟的，一点也不艺术。三姐说五姑他们结婚，比这个好多了。客人们都到了半天，新娘新郎照相还没有来，证婚的牧师也等急了，于是教客人们唱诗。六点都过了，原说五点行礼的，新人还不到，客人们等得不耐烦了，把撒新郎新娘的纸屑撒了一阵。好容易才到了，我是管点蜡烛的，于是赶紧把蜡烛点上。风琴响了起来，我简直不好意思看三姑走进来。不知怎的，我最怕熟人做这些事了。宗教仪式很简单，同电影里的差不多，还不到半点钟就完了，于是去冠生园吃饭。我们都是熟人坐一桌，王力和他太太也在我们这一桌。九小姐不吃荤，买了面包来给她吃，她也是个怪人。饭菜还是不错，吃得很饱，鱼很好吃。客人们都吃完了，六哥（枢和）才来，也不吃饭了，坐着谈了一会儿。到昆明大旅馆新房里去，点上蜡烛，另外一批客人来了我们才走。鞋小了，走路真是疼，慢慢的回学校。

11月2日　月

两个人都很懒，到九点才起来，陶兄十点有课，慌慌张张的洗了把脸就走了。这两天特别想凤竹、妹妹她们，陶光一上课，我就写信给凤竹。中饭吃得很饱，但是到下午四点还是饿了。昨天跟刘哥约好，今天下午去花椒巷碰头，刘汉是六哥他们在南开时的老同学，也约好今天下午去看他。陶光也要出去，我们就一同出去，路上问小刀子（陶光女朋友许兰荣要一把精致又朴素的小刀子，我们一出街就问着买，一直到现在还没有合适的）。我们到花椒巷，一个人也没有，都去看电影去了。我一出街口，碰到刘汉，于是我们站着等。一会儿陶某也来了，接着枢和六哥也来了，于是四个人一同去吃坛子肉、馒头，很贵。是刘汉给的钱，他们是老友重逢。饭后又去花椒巷，五姑夫妇已在，一会儿三姑夫妇也来了，三姐夫妇也来了。在新房里坐着谈了半天，他们吃过饭，我们走。

11月3日　火

起的比较早一点，弄好了做事的时候也有九点了，记记笔记，预备上课，心里烦得很，做事不定心。接不到凤竹的信也不舒服。到十二点，许宝骒来，带来了凤竹一封信，看了很使我难过。娃娃发烧，她自己也快累病了，一夜起来把三次尿，睡不着。这信使我想了半天，难过了半天。亏好一个学生拿了一份北平报纸来，除了第一版略有新闻外，尽是春宫性史一类的文章，看了半天也看不出什么所以然来。陶光说去找吴乾就①，于是一块儿到他家。太太比两年前在医院里见到时老多了，家里地下也不

---

① 吴乾就（1912—1974）：广东江门人，历史学家。1931年考入清华大学历史系，毕业后考取该校研究生。抗战时任教于西南联大及云南大学。

平，东西也没有，孩子有两个。找吴乾就一同去吃莲子，还不错。吴乾就去师范学院上课，我们从外面回校。四点钟开什么尊师会，我不去，陶某去。一会儿许宝骒又来了，说查阜西来了，约吃完晚饭后曲会。于是我们一同去靛花巷，略唱一两支到"德禄"吃饭。饭后去崔之兰家唱曲，到九点才回来，又在姜亮夫房里听他吹到十点半。

11月4日　水

一天没有做什么事，心绪不宁，一心只想到凤竹、娃娃、回家等等问题，也没有心肠看书，一天浑浑噩噩的，光是和陶光乱说，正经事一点没有做。天阴一会儿，下雨一会儿，也怪叫人难过的。午后稍微睡了一会儿，起来也是懒懒的，看了二十几页《中国史学史》，难过，看不下去。陶某也觉得无聊，于是一同出去吃甜食。刚刚出去就遇到雨，到张友铭[①]家借了一把伞。仍然到文林街昨天去的那一家，吃鸡蛋莲子。吃完了做什么呢？忽然想起到莲花池，去了一看大变样了，树林砍了不少，陈圆圆的碑和塑像难看极了，令人大失所望。回校还张友铭的伞，在他家坐了一会儿，他太太很漂亮。门口刚好有一个女学生在找张友铭，也很漂亮。马上就该吃晚饭了，饭后天略有雨，说不去看查阜西，写了条子，雨又不下了。仍去靛花巷，约罗、许、袁，到崔处，走到崇行街六十三号他住的地方。房间小，人非常多，乱唱一阵。许多人新认识的，唱得也并不好，我吹笛子吹得很累。到十点半才散，我们到睡觉时已经快十二点了。

---

① 张友铭（1912—1996）：北京人。曾师从刘文典，先后供职于清华大学、西南联大、云南大学等。

11月5日　木

上"中国通史"，似乎讲得还好。下午三点开昆曲会，到有七八十人。下大雨，有联大、中法的人来，似乎都很熟，于是我们也就有兴趣了。谈了一小时，出来，遇到王逊[①]，请吃饭，吃包子。又到罗莘田处，大唱一阵曲子，然后回校吃饭。饭后，刘汉、张友铭等人又来房里大谈，谈得很粗。过后我们都觉得不好，以后不能如此的谈法。

11月6日　金

阴雨霉天，叫人烦闷。上午写信给凤竹，写不下去，下午接到凤竹的信，信里高兴，我也高兴，于是再写信也写完了。去看朱自清，他老多了，他倒赞成我回家。谈了一会儿，辞了出来。晚上冒雨去听闻一多讲"伏羲的传说"，人真多，昆北食堂都登不下，许多人都站着。我们也站着听了两点钟。

11月7日　土

晚上七时半，开昆明三大学昆曲研究会，到三校同学十五人，罗莘田、姜亮夫、崔之兰、许宝骒、张友铭、陶光、陈盛可、王逊、我……一共有二十几个人。先由主席通过会章，罗莘田讲"什么是昆曲及昆曲发展之演变"，陶光也讲了一阵，最后由大家每人唱一支曲子算是余兴。十点

---

① 王逊（1915—1969）：山东莱阳人，美术理论家。毕业于清华大学哲学系，历任云南大学、西南联大、南开大学、清华大学、中央美术学院教授。曾亲自主持和参与了国徽设计、景泰蓝设计等重大课题。1957年主持创建了中央美术学院美术史系，为美术史在中国发展成为独立学科做出了重要贡献。

多钟才散，又在姜亮夫房里谈了半天。

11月8日　日

早上起来嘴就干，知道恐怕有点病，也不在意，仍然照旧玩，星期天本来也就是该玩的。中上吃饭的人很少，饭后就和王逊到翠湖海心亭吃茶。坐了半天，也谈了半天，这好多天老是阴天，今天总算晴了，坐着晒太阳很舒服。三点回来，拿了笛子再去靛花巷，袁太太因为我们的曲会没有请她当顾问，很不高兴不唱昆曲。饭后，许宝骎唱了一出《寻梦》。快吃晚饭的时候，我出来身上就一阵发冷。晚饭吃的不多，在王逊房里坐了半天，也是身上一阵一阵的发冷，快回来睡觉。

11月9日　月

还是勉强起来了，想到睡在床上，一定是无聊的很，反不如起来的好。不但起来，并且把房里理好，又写了一封信给凤竹。人很不舒服，头晕，看多了眼就花，浑身没有劲。想到和凤竹在一起时，我只要有一点小病，就躺在床上，凤竹会坐在我的床边，我们会絮絮叨叨的说话，一点也不寂寞。

下午他们都劝我睡着，煮一点生姜水给我发发汗。汗倒是出了，总像是出的不透似的，下午睡睡醒醒，醒醒睡睡，很多人来来往往，讨厌得很。午觉连着夜觉睡，晚饭也没有吃，让陶光拿了一碗米汤来喝。晚上很多人来找。

11月10日　火

不舒服也还得起来，睡着多无聊啊。到"味林"吃稀饭去。中饭、晚饭都吃的很少。头昏没有劲，一天没有做事，下午也没有睡觉。

11月11日　水

今天似乎好了点，人还是没有多少劲，饭也吃不下。现在一到饭堂就有点生厌，不起好感。今天倒做了不少笔记，上午没有出去，老是在做事。下午三点多去罗莘田处，有两个缅甸人教罗莘田缅甸话。拍了几遍《乔醋》和《硬拷》，陈盛可来，和他一同回校吃晚饭。晚上没有做事，和陶光在房里瞎谈了一阵。

11月12日　木

好像还没有大好似的，总是打不起劲来。下午三点到靛花巷，并不是为了唱曲，而是看看有没有凤竹的信，谁知道又没有。倒有一封四弟的信。不知怎的，也有好多天没有凤竹的信。许宝骙邀出来吃牛奶面包，自己带的牛油虽然苦了，但我们仍努力地吃牛油，到底是不易得到的东西。唱也没有唱一会儿，罗莘田有人来找了，于是我们就走了。出来到云大门口有两个小女孩子卖柿花，陶光一定要买，买了四个。小女孩很好玩。不想吃晚饭，到翠湖边去看夜色，又买了两个萝卜，提着总是不雅。晚上我没有吃饭就睡了。在到靛花巷之前，和陶光、吴乾就、徐仁①一同到英国花园去，在草地上躺了一会儿，晒晒太阳还舒服。

11月13日　金

"中国通史"改在至公堂上，黑板也没有，乱七八糟的，讲的一点也不起劲。后来才抬一块黑板来，又要倒的样子。听说梅尔娥泼郎演的片子好，我到昆明来还没有看过一次电影呢，得去看一看。下午我闹着陶光要他陪我去，刘汉也去了，我是走不动的，叫了一辆车子。先到"南屏"把票买了，十四元一张。他们来了，进去坐着还不错，片子很浪漫，勉强看了。看完出来，我和陶光洗澡，洗了澡赶回去，还要教学生唱昆曲呢。在粥店吃了粥和葱油饼，回来已经有人在等着了。教学生唱昆曲，又比上次多了几个，学生似乎很有劲，拍了十遍，九时了，还想要唱，还要加时间。

11月14日　土

"中国通史"，因为学生旅行西山没有回来，没有上课。罗莘田送来凤竹的信，信里还是高兴，于是我今天也很高兴。下午和陶光外出买点心，预备晚上开曲会用，一共买了二百多元点心，都是好点心。晚上开会，什么人都没有来，只罗莘田和许宝骤来了。但我们兴味仍然不减，大唱了一阵，唱得很多，《定情》《扫花》《惊梦》《夜奔》《南浦》《折阳》

---

① 徐仁（1910—1992）：安徽芜湖人，植物学家。1929年考入清华大学生物学系，毕业后进入北京大学任助教。1944年赴印度勒克瑙大学进行研究工作，1946年获哲学博士学位。二次赴印后，1952年在李四光的帮助下回国。1980年当选为中国科学院学部委员（院士）。

《小宴》《惊变》。大家都唱得很过瘾，到十点多才散。

11月15日　日

　　好久没有下乡去了，得去看看三姐才对，决定今天下乡。没有钱，向王逊借了一百元。又可以吃点心了，于是和陶某去"味林"吃面，那时已经十一点了，我也不吃饭了就走吧。想坐车，车太贵，走到车站。人挤，只好站着。过了半天，车才开。到呈贡车站下车，叫马又太贵，又是走的。新皮鞋走的脚上发疼，拿沈从文的破皮鞋换上。把昨晚开会剩下的点心带给小虎他们吃。三姐怪我为什么到今天才来。我知道我到乡下也不见得好玩的，果然并不有趣。

11月16日　月

　　才来就觉得无聊了。三姐去上课，我们也去他们学校玩，和小虎一同去的，还买了一包牛肉给小虎。下午沈从文进城去了。沈从文和我换了一双皮鞋，我把麂皮鞋给他，他把一双黑皮鞋给我。又和小虎去呈贡城里，买一双皮鞋带，三块五，又买了十个柿花。写了封信给凤竹，带到城里去发的。

11月17日　火

　　今天得走了。带了笛子，三姐也没有唱多少，她太忙了。这一次她也没有请我大吃。早上她要上课，下午又要开会，今天下午又要替人代课，所以一点空也没有。十二点她去上课，我也走了。到呈贡城里才叫马，马跑得很快，到车上人还少。碰到张芳玲在送他们的老师，她在桃源护国中学初三读书，上一次见到她，觉得她还很小，现在看她好像大了一点，但还是小，她十五岁了。张芳玲一向是我们喜欢的好学生。车子等了很久，挤上了很多人才开。到昆明三点多了，身上还有三十几元，到冠生园吃点心，就不坐车子吧。大吃春卷。穿了那双新皮鞋也不好走路，又大了一点。到学校已经很晚了，快吃晚饭了。这好多天来，我从来没有在学校饭堂吃饭，晚上又只吃了半碗饭，一碗米汤。晚饭后，陶某去听朱自清讲"宋词的研究"。王逊来谈陶某，后来谈到婚姻问题。他有个古怪的想法，就是觉得把一个女人脱光了放在床上和她性交，是兽性，是丑态，他厌恶这些，觉得人既然是万物之灵，就不应该有这样丑恶的事，所以他不想结婚。我觉得他的这种思想很危险，他们学哲学的人总是有一点古怪，他们的思想一定有一点毛病。到九点多他才走，陶光回来还要找我摆，我可不能再晚了，得睡了。

11 月 18 日　水

　　早上总算做了点事，看《史记》做笔记，足够明天大讲的了。一上午没有出去，下午写了不少封信，给凤竹、二姐、杨苏陆、宗斌、曹培良，花了不少时间。晚上联大国文系请我们去登台示范昆曲，唱全本《牡丹亭》，每人只唱一支。到联大，南区某教室内已经很多人了，茶点十分丰富。先由主席致辞，然后系主任罗莘田致辞，游国恩说话，此后就是我们唱昆曲了。我唱《小春香》，罗莘田唱《论六经》，袁太太唱"袅晴丝"，陶光唱《惊变》，罗莘田自己又唱，"喝啊卡啊"。学生有玩意儿，但主席说，因为老师在，不敢玩，于是我们都被轰了出来。大家都是没有过瘾。

11月19日　木

上"中国史学史"，没有味，一点半钟就回来了。"中国通史"点了一次名，缺席的好像还不算多。第四堂没有课，到图书馆看小说，没有看完就关门了。吃了饭，我回房，太阳很好，照在窗户上。忽然想起坏事。下午王逊、陶某、陈盛可来，一同去英国花园晒太阳。太阳太烈了，晒了一会儿，已经受不了了，又回来。我大睡了一觉，五点钟才醒，没有做事，玩了一下午。

11月20日　金

上完课就觉得一松，似乎也就不想做什么事。下午陶光约闻一多、朱自清来房里开会，我便出去。先到图书馆看小说时，窗外有人说话。后来出城门，还哼了一下曲子。走到运动场，有卖抄手的，身上一个钱也没有，肚子饿也吃不成。一大群学生过来打球，看一看是否有秀色可餐，一个也没有，饿着肚子，又从原路回来。闻一多他们已经走了。四点半还有学生要来学唱《小春香》，我正在记笔记，陶光为她拍的，学得不用功，我们实在不大愿意教她。晚饭后精神似乎很好，又读《吴越世家》，做笔记，很够明天讲的了。张友铭又来摆了半天。凤竹没有信来，有好多天了。也没有到靛花巷去。

11月21日　土

学生的程度真是害人，先修班的学生问我，"现在讲的是什么？"可谓差矣。星期六下午是不该做事的，于是先睡了一觉，到两点爬起来，人还是昏昏的。陶某出去了，一个人在房里无聊得紧。四点不到，昨天来学唱

《小春香》的那位小姐来了，我教她。她一点不用心，还说下星期二就要上台了，这怎么能成？我马马虎虎的教了她一阵。五点，陶某、刘汉，许多人到我们房里来了，她也就走了。晚间我们自己的曲会，同学们倒是热心的学，我嘴都吹干了。崔之兰也来学，她也倒是挺热心的。九点钟了，同学们还不肯走，还要我们再唱一遍。回房我们太兴奋，又摆了一阵。

11 月 22 日　　日

今天倒做了不少事，早上虽然起来的并不早，又和陶某去吃粥，回来已经十点了。赶快写信，一直写到下午三点罗莘田来之前，把信债一起还清，有七八封，凤竹、五弟、四弟、刁、窦、郁文哉、叶至美、秦秉政。罗莘田来，唱了一支《折阳》，又唱《琴挑》，然后又到他们靛花巷去唱。我以为总该有凤竹的信了，谁知道还是没有，很不舒服。他们唱倒是唱得很过瘾，我可吹得老火了。到六点钟才回来吃饭。晚饭后抄好一折《草地》，这出戏我一唱，就特别伤心，因为孙老伯在汉口时，最后和我唱过这出戏。

11 月 23 日　　月

今天一天特别不舒服，早上还看了一点书，找关于战国的材料，下午可荒唐了一下午，睡觉两点钟醒来很难过，也不知是为什么。一个人跑去逛马路，看看那看看这，也没有目的，遇到书店就进去翻翻。到三牌坊，转向光华街、文明街，看人家卖东西。到一家书店买了三本《西风》，又吃了点年糕，二十五元，可真贵。索性再荒唐一下，看电影，五点钟的那一场《翠堤春晓》，是音乐片。片子很不错，男主角很好看。七点出来，月亮已经上来了，有点儿冷。翠湖边上月色颇好，一路走，一路想家。回学校，陶光也正在无聊，说想吃烟，于是我们再出去。先到翠堤上走，一对一对的很多，月光下不太好看的人也变得好看。到大众电影院门口买了包烟，又买了荔枝，一路吃着回来，摆摆，心里才好过些。

11月24日　火

今天倒做了不少事，把"三家分晋""田氏代齐"和"商鞅变法"三段都写好了。上午趁陶某出去上课，写封信给凤竹，是情书不是家书，骂她为什么不给我来信。下午在做事，姜亮夫来，拉了一同去中国银行替他太太找车，那个包先生是陶某介绍的。我不想去，后来姜亮夫说要请他吃饭，请我们作陪，于是我们便去了。走到门口，我就想到，可不可以让凤竹也找中行的车子和姜太太一同来呢？到罗莘田那儿还书，出来和罗、陶说了。到中国银行，人不在，又到他的住处去。住处很远，在双龙桥，有点像乡下的样子。找到了，人还不错。于是我说到凤竹也想乘他们的车子来的话，他也满口答应了。五点赶到冠生园吃了二百六十元，并不满意。回来顺便到电报局打了电报，叫凤竹来。还不知道她肯不肯来呢。回来到靛花巷，罗头不在，袁太太似乎今天太高兴，唱了很多，又特别和陶某表示好感，请他刻图章。她吹笛子，我唱《游园》，吹的还不错。回校写信给凤竹，说今日所遇之事，叫她来。

11月25日　水

近几天来有几件不高兴的事：一、凤竹不来信；二、曲谱丢了一本；三、笛膜也找不到了；四、想凤竹来昆明，不知道她来不来。今天一天为了这些事，都不开心。上午倒没有出去，在房里坐了一上午，也没有做多少事。下午睡了一会儿，也没有睡好，到图书馆去看小说，没有看多少时候，四点钟就闭馆，又把我赶了出来。无聊之极。陶某也有点不舒服，于是两人都不做事了，大摆一阵，摆摆心里舒服一点，否则更是不舒服。五点去吃了甜品，自然又是莲子鸡蛋。把鞋送了去修，二百元换了一双胶底，鞋才买了十二元。晚上也还是摆。八点多就睡了，明早一早起来还有课呢。

11月26日　木

上"史学史"顶叫人难受，但是也没有办法，非得上不成。今天"中国通史"也讲得不好。吃中饭的时候，接到凤竹的信，她信上说想我想的厉害。正好叫她来，下午我写了封信回给她，叫她赶快来。又出去走了一趟，晚饭后去三姑她们那儿打听房子。一去他们两对在打麻将，张暄不会打，我帮他出主意，一连连了五庄，他大为得意。房子没有希望，他们那儿空着一间租了出去。回学校已经十点，张友铭还在我们房里。

11月27日　金

中饭前一点钟发出一封快信。下午等包大淦来，老不来，快五点钟了他才来。把写好的一封信，托他带到昭通给凤竹。又邀他一同逛翠湖，在翠湖招待所吃咖啡、点心。包慌着要走，姜也说和包一同到昭通，他以前就讲过。我希望他去，他去了，凤竹可以有个人照应了。回来又吃了两碗饭，去听邵循正①演讲，"元代文学与社会"。他声音很低，我们坐在前面都听不清。八点半就完了，在担子上吃了一碗馄饨，肚子疼，赶紧回家上茅房要紧。

11月28日　土

上完课身子一轻，一切事都不愿意做了，只想玩，可惜身上没有钱。下午吴徵镒来，带来几本杂志，全是裸体人的照片。晚上拍昆曲，学生不少，而且很热心，"无限别离情"已经有不少人会唱了。罗头、许宝骡都来的，跟着坐了两点钟。

11月29日　日

醒时天还未明，吴徵镒一早就把我们闹醒了。一同去吃粥，我便到东条街，他们才起床。刘大公也来了，打上了牌，我替张暄打打。吃中饭是菜饭，还不错，又有红烧肉。饭后，五姑还要去电报局上班，我陪她一路走，她告诉我怎样和刘代昭恋爱的事。我又到靛花巷去，罗头嗓子疼，唱不出来，袁太太、许宝骡倒唱了一阵。人来的很多，唱也唱不安定。六点回来，窗户纸破了，陶某的被单不见了，使我大吃一惊。检查了半天，去吃饭，他们已经在吃了。陶某也在，原来他的被单拿去洗了，窗户是他打破的，我大呼上当不已。

_____

① 邵循正（1909—1972）：字心恒，福建侯官（今福州市）人，历史学家、蒙古史专家。曾先后就读于福建协和大学、清华大学。1934年赴法，在巴黎法兰西学院东方语言学院跟随汉学家伯希和攻蒙古史，次年转入德国柏林大学。1936年回国，先后在清华大学、长沙临时大学、西南联大任教。1945年秋应英国文化委员会之邀，与陈寅恪、洪谦等赴英，任牛津大学访问教授。1946年冬归国，回清华大学任教。

11月30日　月

根本一天没有做什么事。早上拿到薪水，实际到手上的，只有六百五十元，还陶某一百四十元、王逊五十元，拿鞋两百元，只剩两百元了。两百元够干什么呢？胡才友把我的新蓝布褂子弄丢了，赔我两百元。两百元，又哪能够买到一件衣裳呢？陶某上课去了，我躺在床上也不知道是想些什么，一小时就过去了。为了凤竹要来，老是在想许多事。吃完饭去拿鞋，又没有拿到。晚上我早早的就睡了，发一封信给凤竹。

12月1日　火

吃粥，又吃饼，是我请的客，有钱了。陶某常常请我吃，我也该请请他才对。吃完从翠湖荡回来，做"先秦学术思想"一章，以《中国哲学史》为参考，也没有写多少。下午去洗澡，和陶某到中国农民银行去汇钱，等了半天。到澡堂里，躺在澡盆里，温水浸着十分舒服。出来叫小孩子捏脚，捏脚也是一件很舒服的事。洗了澡，就到隔壁去吃"厚德福"，是瓦块鱼、酱爆鸡丁，每人吃了一个银丝卷，一算账，九十二元，连小费一共是一百元。酱爆鸡丁坏极了，出来只好大呼冤哉。回家又摆，这回摆的是正话。我以前想重写忠臣义士的传记，陶某也支持，用小说体裁，于是决定明天去找材料，在凤竹来之前，一定得写一篇出来。今晚谈的都是忠义之士，如文天祥、张煌言、夏完淳，谈到十点多钟。

12月3日　木

下午又荒唐开了。吃了饭去翠湖图书馆参观，书倒是很多，就是太乱不整齐，要一本书一定找不到。和陶某、瞿同祖①一同去的，瞿说片子好，可以去看，于是就去了。片子翻译为"生之乐趣"，没有什么好，就是kiss特别多。出来到对过馆子里去吃馄饨，二十八元两碗，也算贵的了。快吃晚饭了，凤竹怎么还没有消息来，使人挂念。这两天又咳得凶了，晚上早点睡。徐仁又来房里大摆龙门阵，还是到十点钟才睡。

12月4日　金

浦江清吃过中饭和吃过晚饭后都来唱了一大阵子。是有好多天没有唱了，咳嗽，也唱不出来。心里老惦记着孙凤竹她们，中国银行的车子应该也到昭通了吧？最多休息一个星期，到下个星期六，或者再下个星期一，也该到了。本星期得到呈贡去一趟，看看房子如何。下午去吃甜品，顺便把鞋子拿回来，少带了钱，还少了三十元。老板娘看我脚小，跟我开心。老板娘是改良脚，脚不大，脸圆圆的，搽了一脸的胭脂，有金牙齿。

12月5日　土

罗头送来凤竹的信两封，还都是没有接到我电报时的信。

12月6日　日

天阴冷，穿了棉袍子去近日楼乘汽车去呈贡。说是九点半有车去，

① 瞿同祖（1910—2008）：湖南长沙人，历史学家，祖父为清末重臣瞿鸿禨。1934年入燕京大学研究院，师从吴文藻。1939年任云南大学社会、政经、法律三系讲师，后升任副教授、教授，1944年兼任西南联合大学讲师。1945年春应邀赴美，先后任哥伦比亚大学中国历史研究室研究员、哈佛大学东亚研究中心研究员。1965年回国。2006年当选为中国社会科学院荣誉学部委员。

一看才知道，已经开了，九点钟就开了，下班得到下午两点。于是到花椒巷去，也想去吃中饭的，谁知他们都有人请吃饭，于是只好去南屏街点心铺吃点心。早上吃的火腿粥和葱油饼还没有消化呢，一点吃不下去。再去近日楼，这下坐到车子了。木炭车，可慢得很，一个半钟才到。呈贡城里方便倒是很方便的。一去三姐又不在家，一会儿才回来，说起凤竹来、房子的事。只有底下那间正房，可是暗的很，白天都很暗，窗子太小了，里面家具都齐全。和房东老太太说，一说就是要六十元一个月。

12月7日　月

整天下小雨，无聊透了。付了房东老太太三十元租金，算是定钱。看了一本萧军的《八月的乡村》，算是一本有名的书呢，也不觉得有什么特别的印象。下午仍然下雨，沈从文也不走了。夜间腹泻两次。

12月8日　火

三姐今天要去上课了，她走后，我们九点钟就去呈贡边上等车。天冷，车子老是不来。我们在公路边上的一个亭子里等了一会儿，去松花坡的车子过去了，说马上就要开回来，果然不久车子就回来了。天冷了，车上的人也不多。房东家五嫂六嫂也乘车去小板桥吃喜酒。风吹头，头晕。到近日楼，才十一点，赶回学校吃饭还不迟。英国议员访华团来，云大停课，门口大戒严，沈从文吓得不敢进去。吃过饭后，陶某提议看《罗宫春色》，自然高兴。就是先去给卞诗人送大衣和信。到罗头处，又唱了一会曲子，才到昆明大戏院。自改电影院后，还没有进去过。片子太旧，光线太坏，断片很多，片子倒还好。出来又吃点心，回校。晚上文史系开会，陶光不愿意去，我也不愿意去，找张友铭去听。郑天挺讲演，讲的不好，太快了，尽是些材料。没有吃晚饭，去吃甜品，又买了一点东西回来。

12月9日　水

明天考"中国通史"，得出题，出了一上午才出好。出完题目，去看看画报。好多天没有出去了，是否该出去走走？下午三时，顾少川①大使来演说，在至公堂讲"英国战时情形"，说得很得体，态度也很好，叫人满意。刘大公来谈，外出吃面，我吃了一碗，晚饭又吃不下了。晚饭后陈盛可（荒唐鬼）、姜亮夫来摆，我们又去王逊处拿考卷，又在蒋顾节房里谈了半天。回来记日记，事情一点也没做。我打电报给凤竹，说"盼乘中航车来"，姜说他太太来信说我将去昭通。一定是电报字打错了，只要错了一个字，意思便全不同了。

12月10日　木

早上去文史系上课，看到凤竹给我的电报说，"八号启程"，大高兴，今天不到，明天总可以到了。于是约好姜亮夫下午到中国银行前去接她们，问老殷，说有电报来，车子今天不到明天到。姜提议到东站去，时间算起来还太早，于是说去找王力。在路上碰到李远义和曹岳维，说到他们那儿去坐一下吧，因为是老朋友，于是我同他们去，姜亮夫一个人去王力家了。曹住在潘龙街，一所很讲究的房子，他们做生意的人到底有办法。和李远义谈谈，他说他在重庆见到四姐，比以前瘦了。到三点多出来，慢

---

① 即当时的驻英大使顾维钧，顾字少川。

慢地走到东站，真够远的。姜亮夫已先到了。于是坐下来晒太阳，等吧。一辆一辆的车子过去，都不是，眼看快要到五点了。早上还下过雪，下午虽然停了，但太阳一下山，还是很冷的。我们说五点不来，大概是不会来的了。于是慢慢地再走回来，每一辆车子从后面来，我们总是注意的，结果都不是的。五点半了，我们找地方吃饭吧。想找北方馆子，没有，于是到南屏街吃点心和菜饭，吃的还算好。后来再到中国银行门前去看，没有车子到。到长江实业银行去看姜亮夫的一个朋友，他是当经理的。喝喝茶，谈谈话，七点多了出去，再到银行面前看看，还是没有车子。今天大概是不会来了，慢慢地走回来。姜接到中国银行转来的电报，电报说，姜太太已动身，张太太因为挤，暂时不来了。于是我马上冷了起来，后来我又想，不来也好，这两天是那样的冷。

12 月 11 日　金

昨夜，为了凤竹不来和四姐的事，烦了半夜。今早天不亮就醒了，胡思乱想，天冷被窝里不热，只好马上就起来。给凤竹写信，写了不少粗话。上午又写了封信给四姐，写得并不好，也不管了，一起都发了。下午陶某外出找余冠英，我到城门外草地上睡觉，心里很闷，也不知睡着没有，起来看看一点钟了，太阳晒在身上很舒服。和陶某荒唐去，看电影。片子换了，不是《忠义双全》，于是不看了。荡荡马路，回到翠湖招待所吃咖啡。坐着看看翠湖，还不错，谈谈曲子、诗词。坐到太阳落了，才回到学校吃晚饭。晚饭后，王逊来摆。戴寅来找我去教南英一班的国文，我答应了。有二百六十元一个月，两个月拿五百元，也是好的。后来"荒唐鬼"回来了，太太还是没有接到，我心里稍微有点安慰。他也加上来摆了摆，摆到十点，睡觉。

12月12日　土

考"中国通史"，好多人偷看，我看得很严，后来作弊的人也少了。星期六下午没有事了，和陶某到第三条路上去晒太阳，躺在草地上，怪舒服的。一会儿又去吃甜品，莲子鸡蛋、蛋糕、糖葫芦、麻花、橘子，大吃一顿，一路吃回来。我们现在第一是吃，也只能吃吃了事。

12月13日　日

前两天不希望姜太太来，今天又希望她来了，因为她来，也许会带一些消息来。下午我从罗头那儿回来，在宿舍走廊上碰到了姜太太，说了几句话，因为我要吃饭去，等吃了饭回来再谈吧。饭后到他们房里，她有一句话说的很好，"我离开昭通，张太太心里一定很难过，但到这儿见到你，心里也一定很难过"。的确是如此。她又说凤竹很想来，不能来，气急了。薛人文她们劝她，不让她来，她一定要来。这我心里很安慰，说说我觉得没有意思，借故让他们早些休息，就出来了。陶某去五华中学吃饭去了，一个人更难受，便拿了张纸画画。张友铭来了，也不理他，九点就睡了。今天早上起的很迟，早上也没有吃东西。下午陶某有客，和王逊出去一趟。回学校，和陶某出来吃甜品。陶某也许是为许兰荣的事在烦呢。三点半去罗头处，唱唱昆曲才好。

12月14日　月

到"简而洁"吃面和包子，吃得很饱。中上彭元士又请客，吃了很多酱猪肉，后来吃不下了，只吃了一碗饭。陶某上课去时，写了一封信给凤竹，叫她安心不要来了，我不久就回去的。下午我决定出去一趟，因为上次在三牌坊见到一张条子，说有车子去昭通，现在再去看看有没有。从大众电影院门前走，拿了帽子，帽子二十元倒洗的不错，很硬杂，也有样子了。从武成路到正义路，到三牌坊，一看条子没有了。再向前走到昆明大戏院门口，人真是挤，演的是《荡寇志》。叫小孩擦皮鞋，想赶回大众去看中国片子，谁知道票卖完了。于是慢慢由翠湖走着，看看鱼，买了一根麻花吃着回来，也才三点半钟。荡来荡去，就是一点事也不能做。在家时看孩子，好像也不能做事，出来了又想家，还是不能做事。我已经有点疑心，我是否适合读书，将来是否会有成就。我简直想改行了。

12 月 15 日　火

相约早上不吃东西，一来因为饭不好，杂食吃得太多了，二来因为我和陶某两人都没有钱了，不吃了，还可以省省。今天总算做了点事，改了"中国通史"的卷子，又看了不少的书。

12 月 16 日　水

早上读《汉书》《史记》，甚是带劲。十一时去系里拿信，得凤竹电谓："寒搭车赴沾益转昆。"于是一天都不定心，先算着今天总不会到，算算三天也许会到，于是下午书也没有看下去。三点和陶某一同外出溜达，在翠湖堤上走了一转，到青云街粥店吃粥，遇到刘文典，和陶某大亲热一阵，说了半天。吃了粥，买了灯笼回来，预备晚上接凤竹用的。晚饭也吃不下了，只吃了半碗饭就（去）汽车站。不认得路，问了人，走出小东门不多远，已经有许多人来了，带了行李是下车的样子。一个个仔细的看，都不是，人已经快散完了，再巡查一遍，但没有，于是又回来。走得很快，回来很累，也出汗了。有月亮，灯笼也没有用。本来我看工人们在操场上割草，想草割完了，凤竹该来了。一直到今天，草才割完，我觉得很灵，凤竹今天不到，明天该一定可以到了。晚上还是不定心。

12月17日　木

早上因为不定心，赖了一课"史学史"。"中国通史"仍然上的，把卷子发还给他们，讲项羽，虽然讲的是《项羽本纪》，但自己讲的一点也不带劲。下午一时去南英中学上国文，预备好的一篇《过秦论》讲过了，于是临时叫学生讲他们读过的书。一小时我讲一篇《长门赋》，临时预备起来的也好。下午两小时混过去了，四时半要陶某去翠湖招待所吃咖啡。五点半去车站接凤竹，和陶某同去的。因为若是她们来了，陶某可以帮上忙，若是不来，他伴着回来也不会太失望。今天去的早，车还没有到。天黑了，月亮很亮，车站上冷落的很。堂堂昆明大站也是如此的不堪，还不如京沪路上的一个小站。等的没有一会儿，听陶某讲讲星座，车子就来了。车一到站，就热闹了起来。车上的人多极了，我和陶某分头去找，我找前面，陶某找后面。我找了半天找不到，心里又失望了。陶某来了，说在后面，一同到一个车厢里，果然娃娃、凤竹还有五件行李。另有一位从昭通就照应她们母女同来的一位航空站的李先生。陶某压行李箱走，我和凤竹抱着娃娃在后面走，还没有走到小东门，就叫到一辆车子，让她们先走了。娃娃满口的昭通话，一点也不好听，"得牙"的很，老是叫"爸爸爸爸"。我走的很快，一路上心里很高兴，不觉笑了起来。到了学校，陶某让出去吃饭，我们也不想去，就叫王学信去买了点吃的来。把两张床拼起来，睡上床，凤竹便拼命地抱住我。凤竹和以前差不多，身上也不算太瘦。我们躺到床上讲话，讲了很久，十二点以后才慢慢睡觉。

12 月 18 日　金

　　娃娃天不亮就醒了，闹得大家睡不好。今天我请一天的假，陪她们玩。早上到"简而洁"去吃面，其实吃面时已经快十点了吧。吃过面到翠湖走走，顺便来到佛教会找九小姐。先不在，我们在大殿上看看和尚们念经，闻闻檀香味，很好闻，地方很干净，也很清静。人家说十一点吃饭沈小姐会来的，我们便坐在院子里晒太阳。一会九小姐从香积厨里面出来，衣裳很破旧，手里拿着一串佛珠，脸上似乎有很多黑灰似的。这个人也古怪，一变就变成了这个样子。她见了妹妹和凤竹，似乎很热烈欢迎的样子，我不知道她心里有什么感觉。她们吃饭了，我们也回来。等到一点钟，靖靖饿了，我们才去吃饭。就在"德禄"，上下大坡，凤竹已经受不了了。叫一样豆腐和一样番茄猪排，我也饿了，娃娃也饿了，吃的很多。凤竹饭还算是吃得不错，也吃了一小碗。晚上王逊、陶光请客，在"太平洋"。鲍志一请看电影《初解风情》。让凤竹带妹妹坐洋车先去，我走去的。姜亮夫夫妇、鲍、王、陶，我们一对，一共是七个人。吃的很好，饭后去"南屏"，坐在楼上。妹妹还是第一次看电影，觉得好玩。可惜妹妹看着有点害怕，正片对于她一点意思也没有，先吃吃香蕉，后来可闹的凶了，简直没有办法。片子又长，老是不完，好容易要完了，妹妹已经要睡了。让她们母女坐车先回学校，我们五个人慢慢的走回来，姜太太也居然能走到家。到家十点了，娃娃自然已经睡着了，今天晚上我和凤竹睡陶某的床，妹妹睡我的床，没有拼起来，今晚睡的还好。早上吃过早点后，顺便去看罗头，谈了不少关于四姐的事。

12 月 19 日　土

　　今天可不能再赖课了。但下午的课仍然没有上，昨天在路上遇见戴寅和，和他请过假了。今天上课讲的很有劲。中上我在学校吃的，我吃过饭，陪她们去吃面吃馒头，凤竹也吃的很多。下午凤竹和娃娃都大睡，我看了一点书。晚上罗头、许宝骈、袁氏夫妇、卞诗人共同请客，在"德禄"。居然有鱼翅，菜很清淡，就是太咸了一点。饭后七点，上昆曲课。娃娃有点不舒服，我抱她回来让她先睡了。凤竹洗洗也来了，吃饭的人都到了，唱了不少支曲子。我唱了一支"奴把那袈裟"，唱完了，学生又要求再唱一支。凤竹唱《游园》，也没有唱好。到九点半才散，满心以为可以早睡，谁知凤竹上床后和我大吵。今晚又拼起来睡，因为这样可以给妹妹盖被子，不让她冻着。凤竹和我吵，我不理她，吵到十二点，她讲完了，气也出了，才又睡。

12月20日　日

本来想今天早上下乡的，因为想到三姑处去，所以没有下乡。早上去吃火腿粥，凤竹很满意。叫车到花椒巷，我到了，她们还没有到。三姑她们都喜欢妹妹，每人给了五十元。在她们家吃的中饭，还有汽锅鸡，吃得很不错。饭后五姑还要上班，要她先生陪她，我们一路出来。到金碧路，看有什么东西买。妹妹要洋娃娃，大的会眨眼睛的，像我们小时候玩的一样，一问要四千元，木头的圣诞老人也要六十元。凤竹不肯买，娃娃哭了，我觉得很伤心。带凤竹和妹妹一路从东寺街慢慢走回来的。晚上我去吃饭团，带凤竹她们去吃的甜品。顺便去吴乾就处，问问那房子。那房子十天前租出去了，凤竹又生气了，从吴乾就处出来就吵架，一直吵到房里。陶光真是掉价，又不会劝，又不会说她。她说要离婚，我说要她马上就走，她又不走。晚上又把床拼在一起睡了，又好了。

12 月 21 日　月

今天非下乡不可了。我想理理东西，来不及了。凤竹不预备在乡下长住，只带了一个箱子、一个行李包下乡。十二点，我吃过包饭，让她们去"德禄"吃饭。饭后叫了车子，就到近日楼，第一部车子踏了，第二部车子来了。好容易行李和人都挤上去了，有行李还得买一张行李票，还是人情，有一个人带了一个行李就被撵了下去。开到小板桥过一点，车子就抛锚了，摇也摇不走，许多人大骂要退票。刚好后面有一个车子来，许多人一拥而上。我们有孩子还有东西，挤不上，被抛在路上。看看天晚了，这次一点希望也没有，离呈贡还有二十五里地。下来找人挑东西，要一百五十元，真是笑话。司机在修车，我们就等着吧。他把一个布口袋拆了下来，抖抖灰，装上车子，车子居然又开了，而且开的很快。无论如何天黑之前总要到了龙街。车子抛锚在路上时真是糟，凤竹老和我吵。要是修不好，我们只好夜宿在小板桥，岂不是糟糕。三姐看到妹妹也是喜欢得很，她大概是为了最近没有太小的孩子的缘故。妹妹也坏得很，会拍马屁，拍得大家都舒服，小龙小虎也都喜欢她，她是中心人物了。天黑了，我们自己的房今天不住了，从文不在家，我们就睡三姐他们外间。三姐带妹妹和小龙小虎睡，我们睡在外面的小床上，我们自然睡得很好了。

12 月 22 日　火

早上我把下面的房布置好，就是黑一点，床又大又重，都搬不动。他们有一张圆桌子，一张方桌子，两张椅子，两张茶几，也勉强够用了。李嫂先打扫干净的，一铺上被窝就算是好了。凤竹做汤圆吃，吃过已快到三姐下课的时候了，我们就去接她。她正在上高三的课，妹妹大叫要看菩萨，闹得她上课都不好。十点半他们下课，我们一路回来吃饭。妹妹倦了先睡了，我们吃饭她还没有醒。我也倦了，凤竹让我睡中觉，一下子就睡到三点钟，凤竹来叫我，我才起来。三姐又做鸡糕给妹妹吃，妹妹吃的很好，很不错。房间是第一天来住，我又在龙街买了一对大红洋蜡、四支小红蜡烛，预备晚上点起来算是新房。我们结婚那晚上，也是点了不少红洋蜡的。晚饭后都到我们房里来玩，一会儿把洋蜡烛都点起来，房里怪亮的。孩子们闹着要睡了，于是我们八点也就睡了。床上的稻草没有铺好，里面少了外面多了。睡得热的很，凤竹又咳，娃娃又翻，一夜也没有睡好，虽然睡倒是睡得很早的。

12月23日　水

今天得回去了。昨天稻草太热，娃娃又翻了一点，没有睡好，凤竹又有点不舒服，早上大睡一阵，到十点钟才起来。我吃了中饭才走的，刚好有一部车子，而且还少出了十块钱。到校，陶某不在。读了一会儿书，做了一点事。

12月24日　木

"史学史"实在是不爱上，勉强上了一个小时。好在明天又得放假了，今天真是没有空。上过"通史"，又预备下午去南英讲《长门赋》。

12月25日　金

放假，大睡。吃早点，遇罗头。吃饭后去靛花巷唱曲，一直到十一点。

1943年

1月12日　火

　　这半个月来又做了不少的事。二十五日放假，二十六日是星期六，上课也不起劲，晚上唱昆曲，人也不多。星期天下乡，有预行警报。星期三又进省，一直走到三公里处才坐上车。星期四是除夕，晚上学生演戏，教职员聚餐，饭还算不错。戏是《青春不再》，班里不用功的学生，倒很合适演大傻瓜，演得最好。元旦因为广播电台请播昆曲，所以没有回乡下。广播我只唱了一曲《游园》，吴徵镒唱《夜奔》，学生唱《南浦》，还不错。星期六回乡下，有预行警报。在拓东路小馆子吃了一点面，一直走到三公里处才叫到马，二十元到小板桥。到小板桥一路走到呈贡，在桃园歇了一会儿吃茶。到乡下自然很累，凤竹又和我吵，一定非要进城去住。吵吵，她又心疼我，叫我睡。到星期三（六号）我们又全都进城，这次坐火车。骑了马到车站，可是站长又说车子不开，得等彝良的车子。等到四点多钟，彝良的车子才来，好容易把两件行李和妹妹递上了车，总算能到昆明了。下车一直叫洋车到学校，又得赶陶某了，反正陈盛可的房里有一张空床。住了几天，天天到外面吃馆子，又实在是吃不消了，赶快找房子。房子倒并不少，合我心的不多。到星期六（九号）才搬家，房子在螺峰街桂花巷一号楼上，房租四千。房子和徐仁合租，她先借给我两千元。星期日买买一切应用的东西，陈盛可又替我去装电灯，张友铭又借了一张桌子，慢慢的东西才齐全，水也包好了。

1月13日　水

　　醒来已八点多了，一套事，生炉子，扫地，洗脸，铺床，买菜，还没有吃早饭时就已经快十点了。凤竹做灯罩，到一点才吃饭，陶某已吃了饭来，又补充一点。饭后，和陶某一同回学校来读书，看《霍光传》。又到靛花巷来还姚从吾的书，和他大摆一阵。又到卞诗人处谈了一阵，到六点才回家。凤竹已经在做晚饭了，妹妹又有点不大好。

1月14日　木

今天上"中国通史"，倒是讲得很好，预备的也并不充足。"中国史学史"，总是无法讲得好，材料也没有。把金某的《史学史》上本送还姚从吾，想借下本，没有在。

1月15日　金

"史学史"结束了，不上了。

1月16日　土

家总算搬定了，还有许多东西不全。在宣威的一套事情又来了，甚至还比那个时候厉害。

1月17日　日

约陶某下午来吃饺子。吃过午饭，我就买面粉和牙膏。凤竹牙齿又掉了一个，要我去问牙医。到惠滇医院去，又到昆华医院去了一趟，跑得很累的回来。陶某准备四点就来帮着做饺子。先是卞大相公来说车子有不花钱的，直接到重庆，明天就开，他买了四斤松子，带去送给四姐。谈了几句话，说晚间宿铁路饭店，明天一早走。后来刘孝悦夫妇又来，李先柔瘦极了，和以前完全不同，时间不过才两三年。他们也带着个小女孩子来，还比我们妹妹小一岁。因为人来得多，时间耽误了，一直到晚上八点饺子还没有到口。风竹老是骂我，我火了，把长板凳踢翻，打掉了一个新买来的瓦缸，风竹受气，但是还是只好煮饺子。娃娃闹了，我陪娃娃进房里睡觉。陶某在外面先吃，我们一吵架，他就没有办法。我也没有吃几个，吃完已经九点了。陶某听说卞大相公由贵阳去重庆，于是想把《牛津字典》带给许兰荣，于是赶紧托卞大相公带去。卞大相公说九点前大概在靛花巷，九点后大概上铁路饭店去了。出来风竹还在哭着托陶某给买飞机票的，我没有理她。我们到靛花巷，陶光先回学校拿书。我到靛花巷，看看门锁了，回学校，陶光正在包书，要我写封面。月亮好，我一个人又愿意这样的晚上上车站。于是陶某陪我一阵，两个人谈谈走走，也不觉得累。陶某劝我买火腿给四姐，我说我没有钱，他说他借给我五十元，他也没有钱。他一个人回去了，我一个人走到南屏戏院门口的小店，花了五十五元钱买了一罐火腿。我不是不想买东西送四姐。到铁路饭店已经快十一点了，卞大相公刚睡下，把两样东西交给他，我又写了张条子给四姐，自己觉得还不坏，含情很深。叫车子到马市口，路上已经没有行人了。月色好，天冷，我穿了棉袍子和破大衣，还冷得两手抱着。我想想人总是免不了要爱的，卞大相公这样千里迢迢的奔跑，还不是为爱。陶某成功的希望又太少，陶某笑卞大相公傻，他自己不是一样，一听说有人到贵阳，马上就想到要带书。这样的夜里拖着我，陪着我跑这一趟，而许兰荣，却又是已经不和他通信了。我自己呢，也傻，明明也想去重庆，也想带东西给四姐，但自己却故意要装着不在乎的样子。卞大相公和陶的事情，使我想起了不少以往的事。从华山东路爬坡回家，风竹还没有睡，坐在藤椅上，于是我觉得她也傻。我把蓝褂子脱了，尿盆子倒了，来哄哄她。她自然生气，我们说好说歹，把我刚才所想的事告诉她，她也笑了。

1月18日　月

昨晚剩了不少饺子，煮点稀饭大吃一顿，吃的时候已经十点，不吃中饭了吧。到学校做事，下午四点回家来做饭。到学校，接到二姐催我们去重庆的电报，于是写信，一下就写了七封信。给二姐（说想到重庆，而又实际上去不成，又说四姐的事，因为二姐说先要解决事情，要解决四姐的事，也得去重庆一趟）。给叶至美，她来了一封很长的信，说了不少的事，这孩子还像以前那样可爱，已经在大学一年级了。给华粹深，很久没有给他写信了。给鼎芳，给晋启生，给陆八，给杨苏陆。写好信，已经四点钟了。陶某为我去把一千元的路费也拿来了，还他五十。到沈从文那儿去一趟，不在，买了点蛋糕和豆腐回家。凤竹已带了妹妹在门口等了，说再不来又要发脾气了。

1月19日　火

钱到手了，于是决定今天出去，一切都弄好了，也已经快十点了。让凤竹带娃娃先坐车到昆华医院，我在后面走。走到昆华医院，凤竹已经问过护士了，说这儿的医生不能镶牙。于是我们再到惠滇医院对过的刘牙医处去看看，要三点才看，于是先去洗澡吧。到"亚洲"去洗澡，买了牌子，凤竹先替妹妹洗，妹妹大哭大闹半天。妹妹洗了，凤竹洗，凤竹洗过了我洗，洗得并不舒服。到冠生园吃点心，吃过饭三点，去看医生，妹妹已经睡着在我身上。医生一看凤竹的牙齿，说是受了肺病的影响，牙齿都要拔掉，要换十一颗，得四千元。医生又劝凤竹，不要在这儿镶牙，回到上海去镶好的。我们回来，娃娃、凤竹坐车，我去买了一瓶雪花膏。晚上，凤竹为了牙为了肺病又伤心了。

1月20日　水

二姐来电话问我们几时动身，于是我们又想到走了，心血来潮，赶紧去打听飞机。去学校，把以前的日记补记好，又已经是十二点，赶紧写了封信给二姐。陶某饭没有吃饱，又和我一同去吃排骨汤，还不错。下午出去打听飞机票，陶某和我一同走的。去看电影，还得去"南屏"，是《绿野仙踪》，童话片子，尽是仙家妖魔一些人，倒还好玩。电影院也萧条得很，没有多少人看。看完才四点半，到上海银行问旅行社，旅行社在南屏街，又到南屏街旅行社，又说在中国航空公司。于是坐车到太和街，拿了两张请乘飞机书回来填。又到护国路打电报给二姐，遇到五姑，等了半天。回家，凤竹门口等我，妹妹已睡了还没有醒呢。做晚饭，凤竹说我累了，不要我做了。娃娃到吃晚饭时才起来，吃过晚饭弄好一切，凤竹又累了。

1月21日　木

炭没有了，得去买炭，凤竹说小东门有，早上课也不去上了，反正也已经结束了。很早就去小东门，全家都去的，从高地巷走，很近就到了。炭还没有来，先买菜，一会儿到小东门外等炭，可是来了一背炭，有人买了。有人说，到新桥去拦才有，于是凤竹在小东门等我，我到新桥去。一路上都有人背着炭，但都是已经卖掉了的。我走出很远，小东门外的风景还不错，到新桥边上还是买不到。有人为了买炭，比我跑得还要远，我看没有希望了，于是又回到小东门。凤竹说，就买炭贩子的吧，反正价钱一样，二百八元一百斤，只多了一点脚力钱。买了炭，没有钱，把凤竹、孩子押下，自己带炭回去拿钱来。王逊来了，帮着把炭弄上楼，费了好大的事，拿了钱再去赎凤竹和娃娃。早上没有吃东西，饿了，赶快烧饭，豆腐烧蚕豆、冬菇白菜以及炒鸡蛋，大吃了一顿饭。到学校写了封信给五弟。到罗头处，罗将二姐给卞之琳的信拆了，里面说四姐的事很多，自然又谈了半天。沈有鼎来，唱了两句"顿心惊"，还不错呢，罗头也唱了两出。回家把二姐的信给凤竹看，又引起凤竹说了许多。

1月22日　金

六时多醒来，我们已经全好了，说话说得很投机。我手昨天抬炭抬酸了，我说假如我残废了，瘫了，不能做事了，怎么办呢？她说我带着娃娃讨饭也要养活你，我感动得流泪了。我觉得我待她没有她待我好。起来赶快到学校预备收卷子，"通史"也没有上成，早早的回去吃饭。下午大家睡觉。天黑了，又起来煮饭吃。晚上唱唱昆曲，到十一时睡觉。妹妹一起睡，今天她很乖，没有大闹。

2月5日　金

今天是年初一，又是我们结婚纪念日，结婚到今年已是第四年了。昨天请姜家夫妇、陶某、王逊来过年，他们都有人请，不来。我们生气，自己大吃狮子头。今天早上把妹妹打扮得漂漂亮亮的，穿了一件红的长背心，戴了一顶白帽子，带她出去玩。先到崔家，都不在，说到学校看梅花去，于是我们也到学校去。遇到他们，说下午去唱昆曲。陶某、姜氏夫妇都在，于是邀他们来我家吃中饭，还有剩的狮子头和猪脚。十二点才回来。到两点请完中饭后，又唱了一阵曲子。快三点了，于是我们到崔家去。陶某去看他姑父，姜他们回家去睡觉，崔家铺了松毛，倒像个过年的样子。妹妹和她家小弟弟、雷家大姐姐，玩坐车子。我们就唱昆曲，唱唱又停下，吃了一些年糕，又唱。今天总算让崔之兰过瘾了。

2月6日　土

吃了中饭，说出去玩玩的，到英国花园、莲花池去走走。到北门口，圆通公园的门开着，于是走进去，很长的一段路，我和妹妹先走，凤竹在后面。走上了坡，见凤竹还没有来，我们又下去，她正在发脾气，原来兵不让她进来。我们出来，她一路就骂兵，兵还来理论，说不让她一个妇人进去是好意。后来凤竹告诉我，兵坏透了，大有调戏之意，于是她大生气，玩也玩得不好。我们又到莲花池、英国花园去晒太阳，躺在草地上，怪舒服的。四点回来。

2月7日　日

初三了，也不过年了。早上我起来，凤竹还没有起来，姜亮夫夫妇就来了，原来他们是来唱曲子的。姜亮夫夫人来请教凤竹，怎样打衣裳的袖子，自然就唱了一阵，陈盛可、张友铭也来了。初一我们到张家去的。陈盛可唱曲子倒大有进步，唱了一曲《惊梦》。十二点了，留下姜亮夫他们吃饵块，我大大的吃了三碗，又吃了稀饭，然后又唱了一阵，他们才走。到学校去了一趟，陶某又不在，也没有信，一个人在房里坐了一会儿，无聊。到靛花巷去，刚好遇到许宝骎出来，说他们都不在家，出来找东西吃的。我说到我们家吃去吧，于是拖了他来，自然又大唱了一阵。晚上他也没有回去，就在我们这儿吃饵块、莲子。他唱的不错，唱了不少出戏，《思凡》《楼会》《惊梦》，又同凤竹唱《佳期》，很过瘾。今天是唱曲小日子，到九点钟他才走。天阴，外面冷的很，他穿了我的破大衣，戴了我的毡帽走的。

2月8日　月

上午天阴，很冷，没有出去，在房里烤火。过年的菜都吃完了，中上吃点素菜，倒也怪香的，吃了三碗饭。娃娃现在是每天早上必须吃三个豆沙包子才得饱，我们都没有她吃的多。下午娃娃、凤竹睡觉，我到学校去一趟。陶某又不在，大概是下乡去了，昨天晚上似乎根本没有回来。自己想写两封信，萧启元来了，聊了一阵子，也没有做事。又到王逊处，聊上一阵子。还是没有信，很急人，过年钱又用完了，只剩一百元了，今天才八号呢。王子和说寄钱来，也没有来。回家才四点，天气倒好了，叫凤竹、娃娃到翠湖边上去晒太阳。在一个土墩子上吃花生米，十块钱花生米，一会儿工夫就吃光了。晚上下面吃的，七点半钟我就倦了，上床马上就睡着了。

2月9日　火

过年这两天天都不好，今天特别冷，我们一天没有出去，就在家里烤火。中上吃菜饼，陶某今天总算来了，也吃到饼子了。大家烤火，说说笑笑。妹妹好玩的很，昨天带她到翠湖，一个女的见到她，说这孩子好玩极了，我们都高兴。妹妹今天也会说这句话了，而且说的是北平话。晚上菜饭没有煮好，煮成了菜粥。挑水的女人来要钱，和凤竹大吵了一架，又吵得大家不高兴了。

2月10日　水

今天吃两顿饭。吃两顿饭倒可以多做一点事。上午九点吃的饼和菜粥。到学校去，改南英中学的国文卷子。又写了几封信，都是不相干的信，如萧隐疾、老刁、吴钟煌、李宗斌等人。到两点多才回来，妹妹还在睡着，肚子已经很饿了。四点钟吃的饭，把一切都弄好了，出去玩玩吧。从大梅园巷到华文西路，到华山路、正义路、三牌坊，然后折回头，到花山东路，到螺峰街。七点到家，八点又睡觉。这两天睡的很好。

2月11日　木

上午十时，到校补考"通史"，占了我两小时的时间。写了两封信，给王子和、三姐。下午娃娃睡觉，写了一封信给四姐。写信给二姐，自认为写的不错，仍在说到重庆的事。午饭时学生来找的很多，都是"通史"不及格的人。到靛花巷去了一趟，只有袁氏夫妇在。五点多姜亮夫派人送来《寄生草》戏票两张，于是慌着做饭。许宝骙又来说，袁太太他们还要来呢，真是对不起了，我们要去看戏。匆匆的吃完饭，我们就走了，碗也没有洗。到省党部其实时间还早，我们的表太快了。戏还不错，角色少，只有四个人，还是有趣。最后有航校来的击拳比赛，并不见得佳。妹妹很乖，没有闹。回家已十一点了。

2月12日　金

上午把事情做好，已是十时了，学校也没有做什么事。十二点回了家，吃的是杂酱面，还不错。下午我睡了一大觉，睡得昏昏的。带娃娃一起去买菜，买排骨，刚回来预备做饭，许宝骙来了，还带了十个鸡蛋来送我们。我想他一定是觉得吃了我们几顿饭，不好意思了。晚上吃的很好，一碗蒸鸡蛋，一碗排骨，一碗苦菜。说袁太太他们要来，也没有来，我们唱到九点钟，许走了，我们就睡了。凤竹"特别"又来了。这两天老是不得信，心里不舒服，也不知道是不是收发处把我的信弄掉了。

2月13日—2月25日

又是两个星期没有记日记了。先是三姐说进城来玩，老是不来，后来来了，住在我家。我有两天睡在学校里，又有两天睡在家里的地板上。先光是三姐带了小虎来的，后来沈从文也带了小龙来了。三姐见人就说九小姐的事，对四姐的事一点也不关心。现在真是各人有各人的事，一个人总愿意别人听他诉说自己的苦，而却不愿意去听别人的诉苦。三姑也是的，老是说五姑的不好。三姐来的几天，天气都不好，似乎没有能好好的玩，只看了一两次电影。我们的钱都用得光光的了，我借吴徵镒一百元、三姐三百五十元，还是不够。三姐来时，我们请过三姑、五姑她们。这星期仍然在进行飞机登记，已托刘景源送去，还没有消息呢。我们又拣了不少衣裳，送到"普利拍卖行"去卖，也不知道卖掉没有。若是能全部卖掉，也可以有三千元的样子，钱真是不够用了。

2月26日　金

昨天已开始上课了。其实本来上星期要上课了，但我们都没有上，本星期才开始上。要走还是不走，弄得人很不定心。在家里也不定心，看书而没有书房，杂事要做。这两天讲书也不好讲，讲到王莽和汉光武，其实可讲的很多很好，全是预备的不充分。"史学史"，就拿《四库提要》混下去。只剩十几块钱了，我又要借钱了。晚间姜亮夫请客，在兰道街"光美园"。我们五点多就走了，带了妹妹慢慢的走，又到民众教育馆看了一下，也没有什么好看的。馆子很小，人很多，有十三个人，我们一对，张友铭一对，袁家一对，许宝骙，陶光，王逊，罗莘田，鲍志一，主人自己一对，带妹妹有十四个人。菜盘子很大，可是也吃光了。妹妹还打掉了一个碗，也不知赔了没有。回来人多，陶光、鲍志一都替我抱了一下妹妹。

2月27日　土

上"通史"，点名专点不到的学生。没有钱也没有菜吃，凤竹买了五块钱的肉，烧了一碗豆腐，也看不见肉，又炒了一个白菜。午饭后我睡了觉。凤竹在洗衣裳，洗好了，我替她倒水，一盆一盆地向下倒。一下又要吃晚饭了，说早点吃，七点还要去昆曲班。娃娃一吃饭就要吃开水，我倒一杯给她，她喝一口烫着了，哭了起来，凤竹就和我吵。她总是这样的，无论什么事做坏了，总会怪到我头上来。我生气了，面也不吃了，只吃了一碗饭，拿着笛子到学校去了。唱了下来，凤竹还是不理我，并且不让我睡觉。于是坐起来写日记。日子总好像没有好好的过，生活也好像没有上轨道，到这儿却又想走，到重庆，又能怎样呢？好像永远不定似的，永远是在敷衍的过下去，也不知道哪一天才能好好的过活。以前老是觉得教中学总不是办法，要教大学才成，现在却又感到教书是不成的，还是到军界里去好。我根本想改行了，可是又想起在汉口时，办了小半年的公又想教书了，文章拿起来也生疏了很多，总写不下去。我根本怀疑我不是写文章、教书的人，我应该干别的才合适。

2月28日　日

不发薪水，昨晚向陶某、王逊两个人借了五十元。今天一天，油也没有了，菜也没有了，米也快完了。上午凤竹去买了油和菜回来，吃的好一点。下午，吴徵镒来唱了一会儿曲子，谈谈，留他吃晚饭。只剩十块钱了，买了两个鸡蛋、一块豆腐、五元钱的肉，勉强请了他一次客。凤竹又和我吵，说是只剩了十元钱，还要请人家吃饭。但是上床就好了，大家都睡得很好。

3月1日　月

把房里的事做好后，凤竹洗被子，我一定得去学校拿钱了。早上吃的是葱炒饭。钱可以拿了，一共是一千四百六十元，还姜亮夫三百元，殷炎麟二百，陶光二十，王逊三十，剩九百元回来。还有二姐的三百五十元、吴徵镒的一百没有还。路上买点糖、花生米，回来给娃娃和凤竹吃。到家，凤竹还在洗衣裳。

孙绍先结婚请客。等娃娃睡了一觉起来，我们大家都去了。先到华山南路一家去吃汤团，凤竹最爱吃的了，然后慢慢走到青年会。顺路到普利拍卖行，去问问东西卖了没有。除了西装，别的东西都卖掉了，一共拿到一千五百元，心里似乎很高兴。到青年会还早，我又去找刘景源一趟，不在。到青年会等行礼，礼堂比上次三姑她们的好，梅贻琦证婚。新娘马春浦还不丑，眼睛很媚。梅贻琦照例讲了一套话，现在他讲话的艺术比我们在清华的时候好多了。六时在"曲园"请吃喜酒，人不少，上面有九桌，下面还有两桌回席。我们的熟人太少，找到一个在云大读过的同学，在边上和他谈谈，他是常演新剧的。菜还不错，最少也得一千元一桌，我们都吃得很饱。让凤竹带妹妹坐车先回去，我还得去找刘景源，又不在，留张条子约明天晚上再去。我慢慢的走回来。身上有钱了，买点东西吧，买了三种茶叶。面包、鸡蛋，是为妹妹买的。又买了一块年糕和一点糖，是为凤竹买的。谁知回家来，凤竹说我太浪费，又和我吵，我也不说什么。

3月2日　火

忙了一早上，到十二点才算吃到饭，总算是早的了。我买来的菜，凤竹总是闹着不好，肉也不好，米也不好。她老说，我心里老是不痛快。吃过饭，我到学校去，想看书写写信，结果写了六封信，宗斌、经小川、李知吾、晋启生、窦祖麟、×××。书也没有看，就邀陶某回家吃饭，饭后去刘景源处。陶某近来笛子迷，大吹起笛子，又替凤竹拍《书馆》，预备下一次曲会唱。一碗蒸蛋，一碗蚕豆，一碗菠菜，一碗炒肉，都吃的光光的。两人走出崇善街，八点钟正是这一路上热闹的时候，人多极了。到刘景源运输公司，谈也谈不出什么所以然来，吃吃饼干就回来了。证件已送去，尚未有回音，又走回来。凤竹还在写信给她二哥，写的不错，于是想教她写点文章卖卖。

3月3日　水

早早的吃了午饭，还没有到十二点，就到学校去看书。预备的是"后汉外戚官宦之祸"，做了点笔记，还没有看好。凤竹炖了牛肉，晚上来吃牛肉去。找了一趟罗莘田与姚从吾，都不在。早上把徐仁的一千元还了，心也安了一点。晚上陶某来吃牛肉，大唱一阵，他替凤竹拍《书馆》，十四日的曲会唱的。

3月4日　木

发下钱来，又买了东西，可以请客了。罗先生靛花巷他们诸位都请过了，我还没有请过，于是计划着请客。

3月5日　金

写了一篇谈人性的文章，写的一点也不好，是练练笔的，并不想发表。好久没有写文章了。

3月6日　土

预备星期一请客，去靛花巷通知要找的人，罗、许，以及袁氏夫妇。在罗处得卞的消息，四姐教育部职已辞，和二姐闹翻，有意上昆明来。

3月7日　日

明天请客，今天就忙了一天。上午买菜、买炭、买米，家里又得做狮子头、炖牛肉、炖银耳等等，就忙了一天。晚上又没有电灯。陶某在吹笛子，凤竹一定嫌烦了，一直骂妹妹。下午我到学校去了一趟，写了一段教国文的经验，还写得不错。

3月8日　月

请客忙死人。王逊第一个来，陶某第二个来，一来就吹笛子，碗借不到也不要紧。已经向楼下的小朋友家借了四个盘子、八个调羹、八只饭碗、两把椅子，又上房东家借了两只大碗、一只锑锅煮饭。一切都弄好了，罗头他们还不见来。下雨了，凤竹又怕我话说错了，要我去找他们。在路上遇见他们，都打着伞来了，说请吃饭，现在没有不到的。一到了歇了一下，马上就吃饭。我们居然也弄出十样菜来，狮子头、鱼、素什锦、银耳、牛肉、汤、拌莴苣、西红柿炒鸡蛋、虾米烧白菜、肉丝炒豌豆，大家都吃得很满意。大吃一顿后，又唱曲子，只唱了一会儿，他们就走了。请过客，好像了了一件事，轻松了很多。凤竹躺在床上也睡不着，本来说的是去拿钱，昭通薛人文汇来买肥皂的二千八百八十元也不去拿了，歇一会儿吧。

3月9日　火

说是早上去拿钱，忙了一阵，又到快十点，也不去拿了，索性吃饭后再去拿吧。昨天下午买到一担炭太钢了，烧不着，要命极了。吃完饭我就去中国银行，还没有到两点，先到太和街中航公司去问飞机票的事。办事的人太不客气，几乎同他吵架。航检所的人倒好，替我去查一查，应该是批下来了。再到欧亚公司找查阜西（他现在是中央航空公司副经理），

不在。找到许茹香①，谈了一会儿曲子，告诉他星期日曲会的事。出来再
到中国银行，开门了，但要学校出纳组的图章，于是赶回学校，跑得一身
的大汗。陶某心烦，于是不让我走，说明天再去拿吧。我们买炭的钱还是
借房东的呢。我们谈谈，到我家去吃牛肉。回家，炉子生了三次都生不
着，煽的累死了。凤竹一直发脾气，水也没有，电灯也不亮，又得自己下
去弄，烦极了。到八点钟才吃到晚饭，陶某看我们别扭，也没有兴趣。一
会儿徐仁又来了，我们正在别扭，也不留他吃饭了。吃完饭后，陈盛可、
浦江清来了，唱了一阵曲子，妹妹要睡了他们才走。

3月10日　水

昨天没有拿钱，今天早起事情做好后就去拿钱。二千八百八十元，
拿到了先买点饼干、糖之类给妹妹。又拿染的两件衣裳，三百元，倒染的
不错，从此可以有两件好衣裳穿了。又把身上穿的一件大褂子脱下来染，
别的什么事也没有做。还徐仁一千元。张友铭又来房里谈，谈谈时间就过
去了，也没有谈什么，天又到晚了。回家吃饭，饭后看一点书又倦了，索
性早早的睡了，明天一早起来再读书吧。

---

① 　许茹香（1886—1958）：名宝菜，字茹香，浙江杭州人，业余昆曲家。其父许
璞山在辛亥革命前任苏州审判厅厅长，因此家住苏州。30年代在杭州创办雪社，抗战
期间在重庆曾参加渝社的曲会活动。1941年到昆明欧亚航空公司（后更名为中央航空
公司）供职，参与陶光、张宗和等在云南大学组织的昆明昆曲研究会。他专为青年学
生教唱昆曲，西南联大的朱德熙、王年芳和汪曾祺，都是他教出来的（号称"联大三
杰"）。

3月11日—3月21日

一搁又是十天了，但是我不在乎，仍然记日期。1.凤竹赌气，十四日同期也没有去，我也没有叫她，自己去了。又聚了一次餐，她也不气了，以后两个人还好。2.十四日同期很不错，人很多，唱了十一出戏，还有许多从来不唱的人也唱了。3.卞大相公回来，详述了在渝的经过。4.接四姐信，说吐了一口血，于是去渝的心急。5.飞机票略有办法。6.中文系助教刘桂五写一篇讨论大一"通史"的问题，和我捣乱，已在班上骂过他了。7.对教书很不发生趣味。

3月22日　月

凤竹又不大好。早上我出去了，去学校拿补发的八九月份的米贴，五百六十元。这个月总算没有借钱，昭通来二千八百八十元，自己卖掉的衣裳，学校又多了点外快。在出纳处遇见陈盛可，哼"客来过"。陶某刚起，邀他一同去吃甜品，好久没有两个人一同去"月月新"吃甜品了。莲子没有，吃百合鸡蛋，又吃点心，吃的很饱。然后去联大合作社拿罗头的折子去买面粉，五公斤，重死了，亏好陶某替我拿了一段路。在正义路遇见罗头，他要我去一趟，因为他最近也许要到重庆去，也是等飞机票。在袁太太房里只登了一会儿就十二点了，一会儿我回家，凤竹、妹妹都躺在床上。凤竹说她不好过，不做饭了，出去吃一顿吧。一会儿妹妹醒了，我们便一同到螺峰街口的螺峰食堂去吃两客饭，都没有吃饱。送她们回家，我再到航空公司去。一问还是不成，说飞机票相当紧张，要有公事才能够走。然后再去找查副经理，他写了张片子给办事处处长。到中航公司，我没有进去，我实在怕做这些事，明天再来吧。到子善街找刘景源，不在。

一路走回来，天热。新染的一件布裌子很好，穿在身上也很要得。回家歇一会儿，又做饭。吃了饭，经小川来摆了一会。

3月23日 火

下午到学校找陶某和我一同去航空公司找人。风大。我得了八十元的稿费，很得意的样子。到太和街中国航空公司，到处长那儿一说，拿出查阜西的条子，果然生效，下月九号可走，于是大高兴，说去看电影。到中央航空公司找查阜西，他答应为凤竹也想法，也可以在九号前后的飞机飞渝。到"南屏"已经两点半了，不看了，吃点东西吧。买了肉饺，到五芳斋吃了粥，好了，八十元又差不多了，都吃掉了。回家，真是太热了。

3月24日 水

上午从文来，是预备来吃饭的，可是我们已经早吃过了，再炒鸡蛋饭给他吃。下午我到学校看书，陶某不在。一会儿去罗头那儿，摆了半天，他也要去重庆。晚上卞大相公和陶某都在我这儿，没有灯，瞎谈了一阵。

3月25日 木

和凤竹大吵架，因为她大打娃娃，娃娃跌在面盆里。她吵架提到四姐，说我是为了四姐的事才发脾气的，说我们家不得安宁，是为了别人不安的缘故。做饼吃，吵过了，还是要做饼吃的。因为查阜西明天要去重庆，他走了，我们的票就难弄了，吃了四个饼，还是要走到中央航空公司。查阜西好像很不耐烦似的，也不好多麻烦他。他说本月底就回来，我们要到下月初才走呢，所以不必着急。又找到刘景源，请他设法运东西走，他已不在崇善街住了。

3月27日　土

接二姐电，说"暂缓来渝"，不知出了什么事，只得等她的信再说吧。罗头今日飞渝。上两课回家，凤竹已做好了菜。下午开文法学院会，我没有去，陪凤竹去看袁美云①。等凤竹、妹妹睡一觉，我把里里外外都弄干净了，一点去买票。这场票倒容易买，没有多少人，我先去买了票，再出来接她们。时间早，到里面的茶馆吃点心，春卷还不错。进去已经开演了，但还没有演正片。袁美云有点像凤竹，片子也还不错，金焰好，但还没有完，这只是上集还有下集。凤竹看到他和情人出奔抛下孩子，她就哭了。回家我们一直说电影，吃完晚饭也没有灯，昆曲也不唱了，早早的就睡了。

3月28日　日

吴徵镒和陶某来吃中饭，还带了菜来，香肠和萝卜干。中饭后唱了一阵，他们走，我们都睡了一觉，到四点多才起来。一会儿又要煮晚饭了，晚饭吃的是饺子。我眼睛红，凤竹汆猪肝汤给我吃，饺子也吃不下了。

---

① 袁美云（1917—1999）：原名侯桂凤，浙江杭州人，民国时期著名戏曲演员、电影女演员。

3月29日　月

　　黄花岗七十二烈士纪念日，放假一日。早上一切弄好了，预备到学校去做点事，已经十一点了。崔之兰来，经小川也来了，崔之兰要下午去唱昆曲。崔走后，和经小川一同到学校鲍志一处谈谈，姜亮夫处谈谈，已经两点了。邀陈盛可晚间来吃饭，到崔之兰处说一下，回来拿笛子，又下雨了。在崔家把《寻梦》唱完。有许多我自己也不会唱了。到五点半，该回去帮凤竹做饭了。陶某已先来了，狮子头做成肉酱了，陈盛可来后一会儿吃饭，也不好吃，大约是菜没有做好。睡觉时，凤竹和我大闹，我一句也不说，后来又骂陶某，我也不作声。

3月30日　火

　　早上起来写了一段文章，到学校去，又没有信。睡了一觉起来，到清华研究所找浦江清，他说和陶某找我去唱曲子。在他那儿谈了一会儿回来，丫头、凤竹已睡过了。陶某来唱了一阵，五点多他们走了。卞之琳又来，一直到吃过晚饭才走。

4月1日　木

　　要走不走，上课也不定心。凤竹这一阵子也不好，春天来了，毛病犯了，咳得也凶。

4月2日　金

　　等二姐的信总是等不到，也不知是什么缘故，叫我们"暂缓来渝"，也不知道为什么。今天有警报，"通史"才上了十分钟。

4月3日　土

　　学生闹着放春假，今天去旅行，也没有上课，在陶某处听萧启元摆了一天。下午五点，陶某请去看《大独裁者》。人多，热，娃娃闹，但有许多地方的确不错，叫我们许久不会忘。晚上我们这里停电，到学校拍曲子，几个人点了蜡烛，也不上劲。

4月4日　日

　　儿童节，也没有给妹妹买点什么。下午吴乾就请客，说看两点的一场电影《情天血泪》下集，买不到票，凤竹大不高兴。这几天风大。到学校，再到吴家。陶某老是吹笛子。刘世沐来了便大谈清华的事，九点回家。

4月5日　月

　　刚好什么都弄好，崔之兰来了。我们找过她两次都不在家，今天她预备请我们去看《情天血泪》。下午，我去崔之兰家吹了一小时。三点过，我赶快去长城买票，四点一场的票，票也不容易买。我又回家带凤竹、妹妹去看，凤竹又看哭了，许多地方都是不错的。六点半回家。

4月6日—15日

　　十天来又有一次变动，先是心绪不定，要走还是不走？一定得去重庆一趟才好。本来说九号可以走的，到中航去，又说星期五根本就没有飞机飞，下星期一再来看吧。到十二号，又去不成，于是决定不去了吧。先是决定两个人都走的，所以把房子也回了。后来说我一个人去一趟，房子回了，到学校找一个房子住。托了张友铭费了很大的事儿，才在医学院厕所边上找到一间动物饲养室暂住。又托了李公策（事务主任）帮忙把墙粉好，地弄好。就是一直到现在电灯还是没有装起来，天天点蜡烛也太费了。本来说是要走的，现在一次一次的走不掉，我自己也觉得很不好，闹了不少时候，闹得大家都知道了，又不走，真是太不好了。不过，不走也定下心来，还有两个月就要放假了，学校放假了再走吧。十月十号，我们搬进学校来，在文林食堂包饭，不做饭，事情也就少多了。家里陆八又寄来了四千元，昭通王子和也从陈慧民那儿划了三千元过来，一时间钱好像是很多了。

4月16日　金

陶某也来和我们一同包饭了。下午一个人去上海温泉浴室洗澡，擦背、修脚、捏脚、捶背，样样全来，一个人花了五十元，还坐车回来。

4月17日　土

下午我们睡觉醒来，卞大相公带了周四姐来，她人老精神不老，一谈就是三四个小时，说个不停。我们邀他们一同去翠湖招待所吃咖啡。晚上凤竹就没有睡着，大咳大闹的。借给陶某一千元、卞之琳三百元，还有四千元在邮局没有拿。

4月18日　日

凤竹真是有精神病，老是喜欢和我闹，闹闹又好好，好好又闹闹。上午去看罗头，他没有见到四姐，但四姐有信给他，现在四姐已不比往日。下午在生物系唱一阵，许宝骐为袁太太唱不好发脾气，闹得我们都很僵。晚上在大红楼吃饭还很不错呢，也不贵，十二个人才吃了八百五十元。有月亮，从翠湖回来。现在翠湖正在修，挖挖深，也许要好一点，干净一点。

4月20日　火

校庆纪念，放假一日，晚上还演评戏。放假与我无关，看戏，凤竹大兴奋，好像好多时候没有看过戏一样。的确，到昆明后我们还没有看过京戏呢。上午十二点左右，周四姐来了，正好崔之兰也来，于是碰上了，崔之兰还是周四姐芜湖时代的学生呢。一谈之后，大为高兴，马上周四姐就拉崔吃饭，我们都说大红楼好，于是又到大红楼。还有卞诗人。吃的很满意。晚上没有灯，校庆大煞风景。我们一同在文林食堂吃包饭，回学校已经天黑了。没有灯，汽灯也没有，许多人都摸黑坐在里面，罗头他们也在。凤竹、周四姐也要进去，于是让萧启元带她们进去。我怕娃娃闹，在外面玩了一会儿，汽灯来了，我们才进去。又等了一小时，才演。娃娃闹着要拉屎，带她出来，听见锣鼓响，她又不肯拉了。我和陶某坐在第一排。戏一点也不好，《渭水河》是第二出，做工还稳当。第三出是《贩马记》，名小生陈豫源，原来是个大胖子，一点也不好看，丑角也不好。《贩马记》倒是全本的，做的也一点不好。龙三的《连环套》，鼻子眼睛乱睃，一口云南腔。最后飘云馆主的《钓金龟》，上来连引子也忘了。陶某不看，先走了。我带娃娃，娃娃在我身上乱动，细夹袍子和西装裤都弄坏了。我为了要凤竹好好的看戏，所以没有让娃娃闹她。周四姐住我房里，我睡映秋院一号。

4月21日　水

早上和周四姐一同去潇湘吃面，她不吃东西，吃两个鸡蛋。面坏透了，一点也不好吃。中上是崔之兰请周四小姐，自然我们也在内了，又到崔家大吃一顿。我不敢吃，连孙凤竹也不敢太吃饱了。吃过饭，他们大谈，原来雷海宗太太张景芾，也是周的学生。娃娃在外面院子里大玩，叫她回家也不肯，三点钟我们才出外回家。他们约好星期日去看三姐。星期六昆明广播电台请我们广播昆曲。学生王年芳、汪曾祺、朱德熙，来练习《拾画》和《南浦》，晚上我去了。碰巧娃娃又被张友铭家的大公鸡把脸上啄伤，已经七点半，我又不得不去，去了凤竹更生气，本来娃娃被啄伤，她就生气。我走后，八点钟就赶紧回来了。谁知她还和我大吵，要离婚，吵得我神经大发。离婚就离婚，这次我也坚决了。到夜里三点才睡。

4月22日　木

早上她还是坚决，软话也不肯说。我出去，一夜未睡觉，眼本来就红，现在更红了。课没有预备，也没有心讲书，请一天假吧，我一个人出去静一天吧。先到"简而洁"吃一碗汤面，走不动，叫车子到中央信托局找王一鸣，说已经到大理去了。又到交通银行找蔡耀臣，也没有在，于是到邮局取陆八汇来的四千元。从邮局出来，已经十一点多了，到冠生园吃点心，一点也吃不下，精神不济，只想睡觉。喝一杯咖啡，想到澡堂里去洗澡，睡一觉。时间也还早，在街上荡了一阵，到上海温泉浴室，还没有水，我先睡。因为有四千元在身旁，老是睡不着，也不定心。今天澡倒洗的很舒服，人少，在盆里多睡了一会儿，洗了澡身上似乎爽快多了，气也消了不少。想到为凤竹买一盒山花牌胭脂，原来是八毛钱一盒的。三花牌胭脂起的头，要离婚，也送她一盒做纪念，不离婚就算是新结婚。问了不少家，在南屏戏院边上一家买到，一百七十元一盒。口红二百四十元也买了，又买了香蕉和肉饺。坐车回学校，回家，凤竹还不吃香蕉。她大约也后悔了，倒是后来她吃了两根香蕉。

4月23日　金

考"中国通史"，次序比以前好。累了，两个人都大休息了一天。晚上她肯认错了。

4月24日　土

下午我们正预备出去剃头洗澡，周四姐来了，又谈了一阵。到三点多我们才出去，凤竹还不肯坐车。到"长城"边上一家理发馆，理发，凤竹把头发剪成男人样子，妹妹也修了头，共四十五元。凤竹在路边又要和我吵了，不是我凶她一下，怕又要吵起来了，因为我的帽子和她的头发夹都丢在理发店里了。去洗澡，"三星"没有水了，又走到金碧路"亚洲"，等了一会儿，等到娃娃、凤竹洗好了，已经六点四十了，赶快叫车子回学校。周四姐一个人在我们院子门口等了一点钟了。到学校已七点半了，饭也吃不成了，吃我买来的面包。八点又出门，门口叫不到车子，到逼死坡才叫到一部给凤竹、孩子先坐，我们到华山南路才叫到车子。到中央广播电台，已八点三刻了，说好八点三十五播的，现在为了我这个笛师误了点。一共播了四出戏。朱德熙唱《拾画》，上来两句没有搭调，后来好了。王年芳、汪曾祺播《南浦》，王的嗓子太小，不敢放声。许茹香播《看状》，他要唱尺字调，我不熟他熟，没有打翻。最后凤竹、陶光唱《折阳》，凤竹老是咳，声音太小。四出戏，因为大家都唱的慢，也播了一小时多。大吃茶点，娃娃还带了不少糖回来。周四姐住我处，我只好到陶某家去睡。凤竹今天倒洗的很干净的。

4月25日　日

卞之琳不能陪周四姐下乡，于是我陪她去吧。一早就出去，到"简而洁"吃面，她还是只吃鸡蛋。青云街快修好了。叫车到近日楼，汽车倒并不太挤，很顺利的到了呈贡，大约才十点多。三姐他们已经吃饭了，并没有什么菜，牛肉咸肉而已。我因为刚才吃了，也吃不下饭。饭后歇了一会儿，我还得赶回去开清华校友会，三时在西仓坡举行，于是我先走。要周四姐到大红楼好了，因为今天晚上我请客。车子挤，没有座位，还夹杂着卞大相公的两本稿子，身子一动也不能动。先还能支持，后来一个兵身上有大葱味，我怕又像以前有一次那样，极力不想打呵欠，作恶心，难过透了。到东站我就下来了，叫车到云大，陶某已先到了。我休息了一会儿，快四点，我也去西仓坡。才开会，没有几个人，吃吃茶点。熟人也不多，女同学几乎没有。茶点快吃完了，也散了。崔之兰、张景钺[1]都

---

[1]　张景钺（1895—1975）：原籍江苏武进，生于湖北光化（今属老河口市），植物形态学家、教育家。1920年毕业于清华学校（清华大学前身），后进入美国芝加哥大学植物学系学习，1925年获博士学位。回国后先后在东南大学（后改为中央大学）、北京大学等任教。抗战期间在昆明西南联大任教授。1948年被选聘为中央研究院院士。

约好六点多去大红楼，我们回家去休息一会儿，带了娃娃一同慢慢的走，又遇到崔氏夫妇、周四姐。今晚吃的蜜汁火方没有上次的好，一共吃了五百二十元。张景莳、我、凤竹、娃娃，一路慢慢的走回来，崔、周二人在前面叙旧。周四姐仍然住在我家。

4月26日　月

张景莳请周老师中午吃饭。我早上写信给二姐、祖麟，把信债还还清。下午睡了个午觉，起来又写。包饭已满半月，今天又要交七百元。现在已经涨了，原来只要六百五十元。眼睛还是有点红，晚上不能看书。

4月27日　火

今天一天总算很平静，规规矩矩的做了一天的事，看了一点卷子，看了一点书。下午我和娃娃都睡了一觉，凤竹在洗衣裳。一觉起来，我去陶某处做事，刚看了几本卷子，罗头送以靖来，说以靖一个人跑到楼下大台阶上面去了。晚上王逊来，谈了谈，《晋书》也没有看。到十点钟我们就睡了。

4月28日　水

发空袭警报，接着马上就变紧急警报了，来不及逃走，躲在大楼下边。妹妹很得意，因为躲在那里的人及小孩子很多。敌机投弹，在大楼前远远可以看到黑烟。下午两点，解除警报。三点，开文法学院会议，跑警报的人未回，开不成。改卷子，也没有改几本。晚上七时，座谈会的人到得很多，先讨论就讨论了半天，结果表决时，叫做"中国文化聚谈会"。因为金岳霖、费孝通要出国，于是先由他们两个说话。主席是罗莘田，由罗莘田报告十年来中国语言学发展的情形。闻一多报告文字学，姜亮夫报告经学，雷海宗报告史学。哲学，汤用彤没有说。杨振声报告文学，说的还好，姜亮夫也说的不错。到十点半才结束会议。带三块点心回家。

4月29日　木

早上又发预行警报，也没有上课。今天一天把卷子全改完了。

4月30日　金

发卷子了，考了好分数的人高兴，不好的人不高兴。黎先知作弊，62分，扣成了59分，他和我大吵，我真生气，还有学生来劝了。下午睡了一觉，房里很热。把房子收拾好，凤竹、娃娃都饿了，我到外面去买点心，回来她们都坐在大树下乘凉。一会儿许宝骤从学校上课回来，坐着谈天。一同去文林食堂吃饭，饭后来家唱了一阵《亭会》。我们又到张友铭房里去，我唱了一会儿《受吐》，不会唱，照着谱子而唱。

5月1日　土

上"通史"，讲东晋藩镇之乱，自己觉得讲得还是不错，但有一处讲错了，马上就改过来，后来想想总是不大舒服。下午睡了一大觉，起来快四点。王学信来叫开文法学院会议，人不多，通过章程。得一个消息说，从下月起，米贴将减为六百元了，真是叫人不高兴，本来就不够用了，现在是人［多］，更不够了。晚上他们请费孝通，人多，我们也不去参加了。

5月2日　日

星期天，说是出去玩玩，买点东西吧。本来早上说，想到周四姐乡下小马村去的，谁知昆曲班现在改在星期一上午上课了。许茹香来，他是个大爷，大唱大拍，弄了把二胡来，好听了，我们三个轮流拍，很多，兴趣也好，到十一点散了。许茹香把《小宴》的场面谱都抄来了，我在跟他学。罗头与崔之兰唱了一出《乔醋》。

挂红灯，有预行警报，不唱了，去吃饭吧。一同到文林食堂，本来想到我们房里坐一坐的，现在真是糟糕，有时连开水都没有。到文林食堂，我们三客饭，再加两个菜，陶某下乡去了，连娃娃我们五个人吃。许茹香吃酒，我们也吃了一点，还不错，我和罗头都吃了一点。许茹香吃过酒，话更多了。警报解除，到我房里去，王学信正好送水过来。泡了点好茶，大家就摆开了。先从许宝骙的婚姻问题谈起，然后谈到他家里的情形，然后许茹香自己说自己十四岁时恋爱的事情，好玩极了。罗头要回去休息，唱一曲《亭会》连说白，许茹香一个人做很多，大起劲。客人走后，逼娃娃睡觉。我们也躺下睡。睡不着，躺着谈天，也怪好玩的。看看表快五点钟了，娃娃也醒了，打扮打扮就去青云街。热，打了一把阳伞，一路买买东西，凤竹买了两个小银别针，一只小蝴蝶的，还很细致。走到"南屏"，七点钟的电影还早，买了票子，到对过一家小馆子去吃饭。我吃菜饭，凤竹吃肉丝面，娃娃也吃了一点面，我又吃了包子。片子叫《日暖花香》，歌舞很多，男女主角都还漂亮，女主角跳舞唱歌都好，穿的衣裳也好。电影散场，二十元叫一辆车让她们先回去。我花了一百八十元买了一把好洋锁回家。回家一算，领带、裤子都没有买，一千元已经花得只剩三百多了。但今天玩得还算痛快。

早上刚醒，我同以靖玩，我问她，"你是欢喜爸爸呢，还是欢喜妈咪？"她毫不踌躇地就说"欢喜妈咪"，我便有点生气了。我已经问过她几次，都说"欢喜妈咪"，前几天是假生气，后来就真生气了。我说："爸爸待你多好，没有爸爸，你就糟了，没有妈咪，爸爸还可以照应你。"于是又惹起凤竹生气。我想，以前妹妹小的时候，我为她吃不知多少苦，现在娃娃大一点了，就说不欢喜我，将来再大一点，岂不是又更讨厌我了。想想有点伤心，有点发神经。真的，陶某说的话不错，现代的人多少都有点神经，不神经者甚少，这是一个不正常的时代，是一个容易叫人发神经的时代。

到家之后，娃娃睡了，我们点着灯谈电影。

5月3日 月

昨天玩得很开心，起来想到乡下去看周四姐。凤竹还想把妹妹送给周四姐，自己好痛痛快快清静几天。到小东门就别扭，没有马车，等了半天上了马车，总算不远就到了。向人问，才找到小马村中南橡胶厂，是一所庙。周四姐刚才擦粉，见到我们很高兴，橡胶厂办事人谢先生人也很不错。然后凤竹、娃娃睡觉，我和周四姐、谢先生在外面谈话，讲马来亚（谢先生是马来西亚华侨），讲橡胶厂。他们那儿很清静，树多，凤竹睡醒了，妹妹还睡在。我们趁妹妹未醒之前走，怕妹妹闹，谁知凤竹的小手巾又丢了，找了一阵也没有找到。凤竹满心想把妹妹丢给周四姐，自己痛痛快快的和我玩一阵，我倒不这样想，怕叫周四姐烦。走到公路边两点了，真热，坐上马车，马车颠，她就叫肚子疼，要我和她换一个位置才好。到小东门，她挂在我膀子上走，自从有了娃娃之后，还从来没有两个人挂着膀子走。到"长城"买了票，时间还早。我八块钱买了一本《约克大佐》专号，我知道凤竹不高兴了，加上我嘴干要喝茶，她硬不肯进茶馆，情愿坐在外面，我也赌气不喝茶了。她见我生气，又软了下来，叫我吃冰淇淋。电影照规定四点五十就要开，谁知五点了头一场还没有完。到茶馆里，人多，没有地方坐，凤竹叫泡一碗茶，我生气出来。好容易电影开始了，演到一半机器又坏了，里面空气又不好，我们都难过了半天，才又开演。还不错，好容易罪受完了出来，已经快八点了。我又饿又渴，尿又急，凤竹憋住了气，尿也急，于是到南京经济食堂，吃了两客的饭。饭菜都不好，地方也闷人。我吃了三碗，凤竹吃了一碗。肚子又疼，难过透了。到自来水厂边上的黑地里，把尿放了。凤竹还是疼，叫车回校吧。我怕她中暑，路上买了万金油、仁丹回来。凤竹走上汽车路更难过了，我扶她慢慢的走，到房里躺下，点上蜡烛。她在门口吐了，吃了点八珍丹才好。我也累了。回过气来，我们大说一阵，上床睡觉。凤竹说，以后夏天再也不出去玩了，再不坏心思，刚丢下妹妹去玩，就这样了。我说这是报应。

5月4日　火

"五四"，学校也不放假。听说联大放假，大概是因为北大的缘故。早上因为没有娃娃闹，睡到很晚才起来。表送去修了，也不知道什么时候。这两天凤竹"特别"才好。早上还是我先起来，写前两天的日记，因为有时间所以写的很长。凤竹躺在床上看《小鬼》，一会儿就向我"得牙"。王学信送水来时大约总在九点了，她还没有起来。我替她洗脸，拿苏打饼干就花生米吃。陶某有点发烧，不过来吃中饭。"少爷"瞿同祖也参加我们文林食堂包饭，十二点瞿来找我们去吃饭，三个人吃四客饭，很好。饭后回家睡觉，也没有睡着，我起来到陶某处做事。她也起来写信。陶某不在家，我看《宋书》《武帝本纪》及《中国上古史》。大约读了两点钟的书，眼睛不好，头也有点昏，于是出来。遇见姜氏夫妇在打网球，我也打了一阵，打得不错，就是因为右手跌伤了，没有劲，抽球抽的不好。打得一身的汗，到姜他们房里休息一下。回房六时，瞿、陶都来了，去吃饭。瞿邀到他房里去听无线电，听北平戏，凤竹就迷了，一定要去北平了。还没有播音，我们又回到房里唱昆曲。到八点半，再到瞿的房里，已经在唱《玉堂春》了，是金友琴唱的。凤竹听得很是过瘾，她因为未到北平去过，下雨了她还不肯回去。做了母亲，有时也还有小孩子脾气。十点雨止，回房。凤竹又想到娃娃，说天冷，不知娃娃冷不冷？今天一天她提了好多次娃娃，这是母性。今天一天过得还好，像是新婚。

5月5日　水

凤竹已经想娃娃了。天阴又下雨，我一早起来就下乡去接妹妹。运气好，刚好有一辆马车在，但走了一点路就下起雨来了。雨很大，亏好路不算远，衣裳还没有湿透，已到小马村了。娃娃一点也不闹，乖的很，看见我去，大高兴。只休息了一会儿，就带她回来，周四姐还颇有点舍不得的意思。刚好有公共汽车经过，跳上去，一会儿就到小东门了。和一个刚才认识的军官李视平谈话。我差不多一直把娃娃抱到学校，因为路上烂，没有让她走几步。到学校，她要找陶某，要和玛格丽玩，要找张家奶奶，总不肯进房。妈咪真是想死她了，今天特别欢喜她，尽让她闹，虽然只隔一日，好像已隔了一年似的。在陶某处看书，到三时上街取表，取领带和裤子。又没有像我这样大腰身的裤子，买不到，赶回来吃晚饭。饭后陶某来替凤竹拍《受吐》，他自己唱不好，还要替人家拍，我不赞成。他说我小生也唱得不熟，我生气。看钱穆的《国史大纲》，让他们唱。娃娃不大好，有点发烧，凤竹急，一夜没有睡好。

5月6日　木

预备的材料倒不少，借了周谷城的《中国通史》和钱穆的《国史大纲》来看，可是却讲得不好。梁慧如说她毕业考试要选考三样，其中有一门是"中国史学史"，我有点慌，因为"史学史"上半年没有讲完。

下午睡了一个中觉，起来已经四点了。看了一点书，周谷城的《中国史学史》，觉得有许多地方他说的还不错，但也有不对的地方。晚上又在文林茶馆喝一点茶，吃一点糖山楂。中上文林食堂的老板娘正在煮山楂，我们去算账，添上一个菜。她送了一碗糖山楂给妹妹，凤竹、妹妹都极喜欢吃。妹妹不好，没有吃饭，向张家要了一点粥来给她，她也没有吃完，山楂倒吃了不少。茶馆里坐了一会儿，起来回房。又唱《受吐》，陶某老是说凤竹唱的不熟，凤竹生气了，但没有表示出来。晚上看书到十点半，凤竹被苍蝇闹醒了，和我闹。

5月7日　金

妹妹不大舒服，闹得凶，到周四姐那儿去两天，脾气又惯坏了一点。这两天天又热，房里下午晒得难受得很。

5月8日　土

正在上课，有预行警报，好在课也快下了。看书、做事都不成，娃娃闹，凤竹"得牙"，一刻也不肯离开我。下午我睡中觉。

5月9日　日

说好早早起来到坡下去吃面的，于是很早就起来，用冷水洗洗脸，下坡吃面。先到青云街，新开的"六合居"没有面，买了几个素包子吃。碰到王逊，又到"简而洁"吃打卤面。妹妹好了，大吃面。回来又拍曲子，人到得并不多。大楼下生物系有人在上课，陶某又生气，我们改到另一教室。陶某身体又不好，下午又还要唱同期，所以拍的也没有劲。下午一点多，徐宝芬老先生就来了。今天大同期，有小锣，有鼓板，有二胡，家伙多，也好听，到的人很少，于是大家大过瘾。戏目如下：张友铭、朱德熙，《南浦》；王年芳，《拾画》；孙凤竹、张宗和，《受吐》；罗莘田，《闻铃》（开白陶某开）、《扫花》《三醉》；陶某、王年芳（开白）、沈有鼎，《八阳》；浦江清、许宝骙，《赏荷》；萧启元，《夜奔》；浦江清、孙凤竹，《小宴》（开白代场面）。没有唱完的有许宝骙的《刺虎》，嗓子很好。我唱《思凡》，徐宝芬拉二胡。徐宝芬唱了一段《刀会》。结束已六时多了，于是又到文林食堂聚餐。今天大家都还唱得好。

5月10日　月

早上到陶某处只写了两封信，给定和弟、二姐、×××①一封。×××给我一封信，因为特别当心，倒反而丢了。现在只好请四弟转了。写给L的信很难写，因为是说无情却又有情，说真有情却又无情，于是

---

① 原文如此，人名已被作者隐去。——编者注

写上些不着实际的话。五华中学校长李希泌①来找陶某谈了一阵，他是李根源的儿子。"少爷"来吃饭。我们三个吃饭，饭后睡觉。三点去"六合居"吃素面，和陶某同去，素面很不坏，素鸡也好。说《蝴蝶梦》好，去"南屏"看，让凤竹带娃娃先坐了车去。我就怕娃娃闹，买了一点甘草果，还不错。一会儿娃娃闹了，甘草果也稳不住她，非要喝开水，我带她到外面茶馆四块钱泡了一碗茶来吃。再进去看，自然跳了一段。女主角和男主角都还不错，故事本身不见得佳，场面镜头都还好。吃馅饼也吃不成，关门了，到"德禄"去吃面，还不错。在"德禄"小楼上坐着谈，谈到九点钟才回来。天已太热，尤其是我们住的小房间朝西，无天花板。

5月11日　火

上午读书，《南史·梁本纪》，似乎很有兴趣。读了一阵书，等凤竹、妹妹醒来，到靛花巷去一趟。一来去问姚从吾借"史学史"的书，二来看看罗头，好久没有看罗头了。姚老头不在，在卞之琳处坐了一下。到罗头处，没有谈几分钟，有人找罗头，我就走了。

5月12　水

今天又没有能好好的读书，凤竹和我闹。晚上开文化座谈会，由邵循正主讲"中国民族思想与中国文化"，发言的人很多。结论是，中国人只注重中国文化的保存而没有民族思想。十时多才睡，我已经很倦了，这

---

① 李希泌（1918—2006）：云南腾冲人，国民党元老李根源第五子。少时在苏州生活学习，1942年毕业于西南联大历史系后，在昆明创办私立五华中学，任校长。曾当选国民政府立法院委员。1949年后主要从事历史和文献学的研究。

种讨论也没有多大意思。

5月13日　木

预备得很充分，讲的也挺好的。

5月14日　金

讲的一点也不好，学生也好像少了不少。

5月15日　土

先修班考试，又是和上次一样，先是预行警报，马上就是空袭和紧急警报。女学生大叫一声，把卷子一丢就跑了，于是"通史"也不能上了。一躲警报，妹妹倒换了新衣服，在大楼下面大出风头了，女学生都欢喜她。敌机来炸了两处，都在郊外，据说被打了下来九架。跑警报影响吃饭，到两点才去文林食堂吃饭。睡了一觉，起来想到出去剃头，于是马上去"长城"，还来得及回来吃晚饭。

5月16日　日

上午拍曲子，许茹香来，大卖劲，陶某根本没有来。我们把以前的曲子从头理了一遍，十点半又到我房里唱，人很多，我房里这还是第一次盛会呢。没有水，上张友铭家去烧水。大吃一顿，人挺多的，除了我们五个，加上许茹香、王小姐，再有陈盛可。结果陈盛可出的钱。下午睡醒来，已两点半了，和崔之兰说好，三点上她那儿去，我留下张条子先走了。刚到崔家坐下，就挂红灯预行警报了，于是一起回到学校。马上又解除警报了，再到崔家。这回带着妹妹、凤竹一同去，唱一曲《刺虎》，一曲《寻梦》。吃了些锅贴，没有吃饱，一看表，六点过了，去吃粥吧。从螺峰街走到我们以前住的房子里，去看看汪先生、汪太太、老太太。吃火腿。从翠湖回来，很舒服。天热，到晚上才凉快。

5月17日—21日

日子过得不好，也没有什么可记的事。念书不能好好的念，做事也不能好好的做。全怪这个家，一个凤竹，一个妹妹。但如果是自己诚心做事情，也还是可以有功夫有时间的，就怪自己没有决心不发奋，一天一天的向下拖自己。不发奋就赖环境，说环境不允许自己做工作，这是借故。

5月22日　土

上完"中国通史"，由教室出来，就看到外面有新贴出来的"文史壁报"，我就注意。因为上一次就有刘桂五一篇攻击我教"通史"的文章，所以我就注意了一下。果然又有一篇，作为学生搞的，对我在班上和同学说的话攻击，这篇文章更坏，没有抓住要点，乱说一阵，把我说的话都听错了，我自然更生气。但是我没有作声，放在肚里，一个人思量。我想，上一次刘桂五写的不为奇，他是楚图南一派，不是学生，我觉得没有关系。这一次若仍是刘桂五，仍不怕他，即使学生是楚图南他们一派的学生，也无所谓。我倒是怕是真正平常来用心听书的学生。

5月23日　日

晚上，凤竹和陶某、吴徵镒去看《大齐格飞》，我看过的，不去，在家带妹妹。他们在文林食堂吃过饭走了，我带妹妹回家。和她玩牵羊的把戏，玩了一阵，王学信送水来，替妹妹洗了后，我们一同上床玩藏娃娃。九点了，都还没有回来，我想他们也许没有买到票看九点一场的。逼娃娃睡觉，我看书看杂志，没有什么好文章，一篇一篇都差不多。电灯也特别亮。不爱看的什么剧本都看了，快十二点了，还没有回来。我有点急了，怕凤竹先坐车回来，在陶某房里不敢来。我于是穿上衣裳，到陶某住的映秋院，门还是锁在。月亮很好，夜深了，已经很凉了。我等不到他们，又回"动物饲养室"。两位男士保护着她来了。

5月24日　月

壁报上的事，和陶某说了，和罗头也谈了。到卞大相公处借一千元来过一过生日。明天陶某还过生日呢。（四月二十二日）

5月25日　火

原来在上星期三要演的话剧（联大国文系欢送毕业同学公演），今天晚上演了，仍然要我们去吹笛子。陶某过生日，早上我们带妹妹请他到"简而洁"去吃面。凤竹去买肉，预备做狮子头。吃完面，我们回家，帮她做。好久不做这些家事了，生一个炉子就费了好大的事，零零碎碎的事，做得人烦得要命。到十二点才煮上。房里又弄脏了，又收拾了一阵，去吃饭。饭后回家睡觉，凤竹只睡了一会儿就爬起来了。今天天一亮，为了要做狮子头，她就兴奋的睡不着了，这一点，凤竹还是个孩子。五点半吃饭，浦江清来唱，叫他一同吃狮子头，他不去，我们走了到文林食堂。一会儿许氏兄弟也来了，有狮子头正好招待他们一顿吧，狮子头就吃光了。要许宝骙拉胡琴，许发脾气，不肯。我们回到学校，又唱开了，唱小燕子，许茹香唱的，嗓子很好。朱德熙来找我们，我们才走。到中法大学礼堂，人已经很多了，亏好有熟人，才找到位置。先就是昆曲，王年芳、朱德熙唱《扫花》。王弹琵琶，有几处不搭调。《南浦》，汪曾祺、朱德熙开白，倒是汪唱的好。话剧是《风雪夜归人》，王年芳主演，大体还不错呢。孙毓常可是跑了，怕人说是他导演的。戏长的很，五幕，写一个伶人的不幸的一生，剧本也是不错的。回家一点了。

5月26日　水

这两天，天有点阴了，人也舒服了一点，大约是雨季要来了吧。明天就是三十岁了，似乎该有些感触了，但是却没有。这两天有些事叫人别扭，譬如说壁报上的文章，刘桂五想教"通史"（历史系学院助教）。学生买了一批小山羊，要住我们的动物饲养室。许多事都会令人不舒服。借一千元，也只借到了五百元，还过什么寿呢？凤竹倒似乎很是热心替我过寿的样子。

5月27日　木

阴历四月二十四，我三十岁生日。天阴，我不太舒服。心中颇有感触，但又说不出来，譬如壁报上的文章，我却又不愿意不上课。早上因为要吃面，起来的很早。昨晚陶某请我们在外面吃馅饼，吃过饼后，我们去云南服务社洗澡，凤竹带娃娃。买了一对红烛回来。早上把房里收拾好后，娃娃向我磕了头。我要凤竹向我磕头，她马上就跪下了。我心里一酸，眼红了，但我极力忍住，没有掉下泪来。我也不知道心里那一刻是为什么，那么样难受，大约是想到这几年来所受的苦吧。在"简而洁"吃排骨面，陶某也赶来吃。

　　上课，我把壁报上提出来的四点一一答复了，然后讲书。凤竹说今天是你的好日子，样样都依着你，还不错，但最后却变得很坏。下午照例睡一觉，但我可没有睡着，脑子里老是想许多事。"少爷"说"南屏"的电影不错，去看电影。起来打扮打扮，到快四点又有点下小雨，却不能不出去。让凤竹带娃娃先坐车到"南屏"，我走路遇到杨春城，顺路到她家"云兴"酒庄去看看，杨新楷不在，我马上就走了。快到五点了，于是我快走，还好第一场刚完，凤竹在茶馆里等我。片子叫《×蝶×莺》，名字别扭极了，是歌舞片，还不错。前面的卡通片《小飞象》《水底鸳鸯》，也挺有意思的，娃娃看得拍手大叫。人也不多，空气也好，片子也不长，这件事总算满意。出电影院该吃饭了，我想，最近的就是"南屏咖啡"，很阔的西餐馆，我和凤竹才到昆明时曾在里面吃过一块钱一杯的咖啡，以后因为贵，就没有进去过。现在大着胆子进去，一问，公司菜没有了。但boy说，有人订的菜多了两客，正好拿来吃吧，但要两百元一客。我们身上还有四百二十元，可以够了。面包、奶油果酱、冷盘都很不错，吃到汤，忽然想到，恐怕要加一成捐，这样我们的菜钱可能都不够，不要说小费了。于是心里不安，凤竹说不要紧，你安心吃吧。我心里在打主意，若是不够，该如何办？宝善街胡尔干那儿离这儿最近，可以向他借；"少爷"说九点来看电影，也许可以在"南屏"找到他。汤、鱼、牛肉、鸡，凤竹都说不好，最后是咖啡。我叫他送账单来，果然是四百四十元。没有法，丢下凤竹、娃娃做抵押，马上出去。先到南屏街，没有熟人；又到"裕通"，胡尔干不在；再回到"南屏"，仍不见熟人。于是我马上想到三姑他们那儿。到三姑家，五姑夫妇在打麻将，三姑在服侍张暄。张暄病了，我也不急，多说了两句话，马上就开口借钱。三姑说，张暄病，也没有多钱借了，七十元吧。到"南屏"已经九点了，我倒不觉得难过，觉得好笑。给了四百四十元，又只剩十二元了，坐车子不够，走吧。走到华山路，十二元替凤竹叫了一辆车。她们上了车，我到杨新楷处。本来只预备谈一下，谁知一谈就谈到十点半。走出去我就想到，凤竹在家一定等得着急了，一定害怕了。走到映秋院门口，看见陶光同凤竹一起来找我。没有问题，自然非吵不可了，我不作声，让她骂。大约不到一点钟，我们才睡。

5月28日　金

好久不来的周四姐来了，带了二姐的一封信来，又带了不少东西给妹妹吃。我们又向她借了一千元。下午我到图书馆看书，做了不少事。在房里娃娃闹，到陶某处要摆龙门阵，只有到图书馆最好。借了本《甲申传信录》来看。

5月29日　土

礼拜六不该读书了，下午睡觉也睡得不好。妹妹醒了，带妹妹到事务组找李怀安要床板，替周四姐的钢笔尖兜兜生意。凤竹才起，我看书。晚上没有电影，去文林街中国茶店。和陶某、凤竹三人，每人看一本书。娃娃吃南瓜子，回来把阿罗（张友铭的大儿子）的破网球丢了，凤竹又生气。太小事情她也生气。

5月30日 日

今天一天没有做正经事，也没有出去玩，只写了一封信给宗斌。宗斌待我们太好了，听说我们要坐飞机去重庆，接了我们三次。真没有办法，写回信给他。陶某烦得很，脸上颜色也挺不好看的。萧启元来报告的消息，都是不好的：（1）日本两路进攻重庆；（2）贵州匪风特盛，甘肃、贵州有民变，各地有旱灾；（3）学校有提前放假之意。还有许多都是不快的消息。晚间我们大唱昆曲。早上八点半，也拍昆曲。十一点，崔之兰又到我们家里唱昆曲。晚上凤竹"得牙"。下午我在陶某处睡觉，没有睡着。

5月31日 月

早上上图书馆阅览室里，把"唐代制度"这一节看完。在图书馆做事，要比在家里做事好得多。早上带妹妹出去买了两斤西红柿，二十二元一斤，十个杏子八元。回来凤竹大高兴，对水果她总是很有兴趣的。我对"少爷"不大有好感，因为他太自私，说话总以为他说的对，别人说的都不对。下午午觉也没有睡好。说好叫妹妹和凤竹去洗澡的，也没有去成。

6月1日 火

到图书馆看一会儿书，十点半，职员们请饭，把我们赶出来。妹妹有点不舒服，发热，肚子泻，是昨天吃杏子吃坏的。天气不好，太闷热，晚上没有睡好。

6月2日—7日

　　一星期没有记日记。先是妹妹肚子泻，过两天就好多了。妹妹好了，凤竹又泻了起来，星期六我请了一天假，在家服侍她。痢疾拉得很凶，一天拉三四十回，人马上就瘦了。瞿同祖说，有一种中国药专治痢疾的，叫鸦蛋子。从武成路一家新开的中药店里买来，很便宜，店员告诉我说是毒药，不能多吃。回家给凤竹吃了，立即止住了，但要吐。后来凤竹吃了小半个咸蛋，病又犯了，夜里又拉了。我一夜都没有睡觉，第二天两人都没有劲，吃了点鸦蛋子才好。这下可当心了，只能吃点米汤和藕粉。张友铭家的火给我们不少的方便，还天天吃他们家的稀饭。后来王学信打摆子，我们自己生炉子烧水煮东西吃。

6月8日　火

　　凤竹今天大好，想吃东西。早上请张家老太太带半斤牛肉、一颗莲花白、几个西红柿来炖汤吃，于是忙了一上午。娃娃又跑得不见了。一会儿卞之琳又来了，一会儿崔之兰带了他家小哥哥也来了，和妹妹玩了一阵，睡觉了。我们四个人安安静静的吃了一顿中饭。下午我略睡了一会儿，到陶某处写信，叶至美、杨苏陆、陆八（要钱）、三弟（在重庆找事）。晚上写信给大姐诉苦，要及冯品三。前两天四姐来了一封航空信给凤竹，说她病了，病的是胃溃疡，很厉害，不能吃东西。凤竹在病中，叫我代笔写了一封，我也附了几行。自从她来信骂我之后，我没有写信给她。到十点半睡觉。

6月9日　水

凤竹已经大好了。

6月10日　木

好好的备一下书，马上就讲课很好。今天好像学生也很多似的。

6月11日　金

宗斌来信说施鼎莹担任某校总务组长，要我们去。下午我马上写了一封信去，我现在实在想走。上午教书，下午读书，现贩现卖，自己也很难为情，尤其是在图书馆里碰到学生。

6月12日　土

不知怎么的，我很欢喜上先修班的课。黄菊焕我也挺喜欢的，但只是欢喜欢喜而已，别的男学生如章亦唐、游某某功课都好，我也欢喜。先修班才讲到唐，"通史"才讲到宋。

预定下午出去洗澡。我们吃了午饭，睡午觉。看一阵书，《秘密的中国》，德国人写的，一点不好，翻译得也不好。两点钟动身，三姐带了小虎来了。卞大相公请他们看电影，他们先走，我们后走。在马路上遇见周四姐，说宝善街"顺鑫"好，有女的擦背的，我们就到"顺鑫"。天阴一定要下雨，果然我们到近日楼昆明银行前，就下起雨来了。到"顺鑫"，雨下大了，我们担心我们的房子一定又漏了。从三点沐浴，一直到五点一刻，凤竹、娃娃才洗好。每次洗澡，娃娃都大哭。我抽了两支烟，娃娃吃两块鸡蛋糕，凤竹倒洗的痛快，出来雨已止。本来说到医院去看五姑的，等不到车，我们又走回来。七点了，娃娃也走了不少路。晚上，三姐、小虎来，我睡陶某处我原来的床。

6月13日　日

平常夜里总要起来一趟的，今夜未醒，一早起来就得去上茅房。起来就睡不着了，回信吧，给三弟、二姐一封，四弟、王闻夫、经小川各一封，写好已经八点了。天阴，没有出去，上午在家替三姐吹笛子唱昆曲。到文林食堂吃饭。吃过饭，我带妹妹和小虎去大楼前看大炮玩。三姐她们睡午觉，我又写信。晚上他们去看电影，我们未去。我躺在床上等三姐、小虎，糊糊涂涂的，老是听见外面有从文的声音。十点钟，三姐才回来，我到映秋院去睡。

6月14日　月

一早醒来睡不着，爬起来，一气写了一篇文章《谈反常》，有两千多字的样子。"女鬼"要替《大观楼》拉稿子。到九点写好，陶某看了说不错，凤竹看了也说好，我自己也觉得不错，心里很高兴，一天都高兴。三姐到三姑家去，下午回呈贡。从文叫九妹来看三姐，在我们家把妹妹带走了，从十点到十二点还不回来，我们急了，我又找不到她们，又下雨了。吃了饭，我只得打了伞出去找，到佛教会把她们找到，她们还没有吃饭。于是在"六合"吃面，妈咪在家也急得乱骂了。但还好九小姐没有让她乱吃东西，只是把脚和头都弄湿了。下午我想去看电影，没有看成，大睡觉。下午读《白种人在中国》，写的很不错。

6月15日　火

下午到图书馆，把《谈反常》抄好，十点钟图书馆关门，我还没有抄完，只好到接待室里去抄。抄好了，拿给"女鬼"，要她绝对保密，不能给人知道才好。他们都说《玛丽夫人》好，我没有看过。下午凤竹、妹妹都睡了，我摸了一百元出去，走到翠湖。下了不少天的雨，翠湖也漂亮多了，有了水。到了"南屏"，还早，喝了一杯橘子水，二十四元，一块点心六元。倒是不错，一个人自自在在地看电影。电影很清楚，的确不错，刘别谦导演的手法也很好，马琳旦特里也做得很好。看完了头疼，因为太用心了。赶回来吃饭，赶得一身汗。买了肉饺及面包给妹妹吃。

6月16日　水

吃晚饭有陶某、"少爷"，晚饭后，他们都走了。雨季以来翠湖好看多了，于是一同到翠湖边走走谈谈。在堤上坐下来，磕松子。水上有小艇，划船的人很多。一会儿天黑了，我们才回来。晚上我们都睡了，有人敲门，是周四姐。我只好让她，到陶某处去睡。

6月17日　木

课程全要赶赶，不然上不完，"通史"才讲到宋朝。凤竹只要我到别人的地方去睡，她就睡不好，和三姐和周四姐都睡不好，只有和我睡她才能安心睡好。下午让她们母女好好的睡，我到图书馆看书。说起文林食堂要盘的话，周四姐也有意。于是到文林食堂吃饭，找叶先生大谈一阵。

6月18日　金

早上梁慧如的课没有上，在图书馆读书。

6月19日　土

上三课很累。梁慧如的课不上了，叫她自己有一点时间温书。下午我也睡了一会儿，起来想起该出去玩玩。晚上，陶某在青年会演讲，我们去替他吹笛子。答应凤竹去"南屏"看电影，收拾一阵子，已经四点。凤竹要省钱不坐车，说走走看吧。说去看看五姑她们，她在医院里生孩子。走过耀龙公司，找刘化昭，她说五姑还没有去医院。三姑她们又要去吃喜酒，劝我们不必去花椒巷了。她又送了我两张"长城"九点场的电影票，我赶上凤竹告诉她。于是我们不上东市街了。到"南屏"已五点钟了，三点的电影还没有散场，买票的人已经很多了。和凤竹商量，先到冠生园吃东西吧，于是我送她们上冠生园。六时我再到"南屏"，票已经卖完了，赶快回去找凤竹，她已和妹妹吃完了，告诉她买不到票。但还好还有人送来的票，"长城"的片子虽然不好，不花钱看看，总是值得的。于是我先到青年会去，只许茹香来了，其余的都未到。凤竹把妹妹交给我，去把头发剪了。一会儿陶某、沈有鼎、汪曾祺、王年芳都来了，青年会招待我们吃便饭。真可是便饭，连勺子都没有一把，叫我们一直没有办法吃青豆和花生米。叶先生也只会说"随便吃，随便吃"。七点半演讲，人倒是很多，就是流动性太大，来来往往的，有出有进，他讲得又太专门，许多人着急要听唱。八点一刻，我又和凤竹带妹妹坐车先到"长城"，我要替人吹笛，不能够去看。八点半，陶某演讲完毕。还有王年芳、朱德熙唱《扫花》，沈有鼎、汪曾祺唱《南浦》，最后陶某唱《撒子》，都带白。唱完已经九点五十了。今晚大家唱得都不错。我不等他们完，就快快走到"长城"，已十点了，《荒山四侠》已快完了。妹妹闹。在正义路遇见"少爷"，一路走回来，很慢。先到"少爷"房里吃开水，回房一切收拾好，已十二点了。

6月20日　日

十二点才睡，两点半醒了，替妹妹把尿。凤竹又咳嗽，一点又醒了，马上就爬起来了。下午我也没有睡，把《白种人在中国》读完，文笔很生动，翻的也不错。房里这一阵子很臭，下大雨，把厕所的墙冲倒了，缸歪放着，屎尿全都在外面，下午太阳晒了以后更臭，在房里待着有点不好受。这样的房子别人还不让住，想想真是要哭。五时我头晕，凤竹、娃娃睡过了，让我睡，还是睡不着。晚上早早的睡着了。

6月21日　月

"少爷"要吃包谷，拿了五十元给我，帮他买包谷。我早上起来就忙，要去买炭，一早上才把包谷煮熟了，我们都吃了。早上"少爷"不在，我留张条子，一会儿"少爷"带着吴富衡来吃了。今天一天都不大舒服，头晕，几乎要倒的样子，天阴，人也不舒服。到图书馆读了一会儿书，把元朝弄完了。

6月22日—7月6日

又是半个月没有记日记。其实这半个月很忙，六月二十日起学生忙，我们也好像很忙似的，其实倒只有看卷子那两天忙。学期快要结束，姜亮夫又在跟我说了。有一天，他拉我到城门外说了一大堆话，意思是老龙他们不让他走，而且有要他做校长的意思，他劝我们安心跟着他干。又叫我写篇文章，关于讨论历史教学的，是关于答复刘桂五的，要在《民国日报》上专刊上登。我答应了，一天花上一上午，写好了。姜亮夫看后说还要得，陶某说不成，这一定会引起他们的答辩，打起笔墨官司来讨厌。姜亮夫也就听了他说的话，说不登了吧。回家告诉凤竹，她生气，说关陶某什么事。我想陶某一定不愿我再写专论，因为他刚在《国民日报》上写了一篇《论自信》。我心里这样疑心，也许倒是他的好意。许多人来信劝走，老冯把空白侨中的聘书寄了来，还说最好就当做真聘书吧。杨苏陆也把聘书寄了来。宗斌来信说，施鼎莹的事情还没有回答。二姐也来信叫我们去，因为四姐最近又和她通信了，有和好的希望。许多人要我们走，下大相公也是其中之一。但又有许多人不愿意我们走，如姜亮夫、罗莘田他们。我们到现在为止，还是不走的成分多，因为一动不如一静。而且没有钱，一动必然是负债累累，已经欠了人家周四姐一千元了，又动起来，也实在麻烦。弄飞机已经不行了，汽车时间又长，又吃苦，大概是不走的多了。但也说不定忽然又有件什么事，又想起要走了。

三姐在六月底又来城里一趟，因为沈从文替人点主，人家送了他三千元一桌的酒席，进城来请客，在"乐乡"。我们自然都被请了，是鱼翅席，自然是好的。凤竹为吃这桌席，兴奋了一天。从文花了一千元的小费。

7月7日 水

毕业总得有梁慧如的"中国史学史"，早就把题目出给她了，到堂上做一做就是了。把先修班的卷子也看好了，就算没有事了。凤竹打娃娃衣裳，嫌烦，和我闹，我带了娃娃出来玩。"少爷"到学校包了饭，我们仍在文林食堂包饭。

7月9日　金

妹妹今天三周岁，得让她高兴高兴。昨天我们就炖了牛肉汤，是预备今天早上下面吃的。凤竹还请了卞大相公来。妹妹的生日也是一年不如一年了，今年只能吃吃面了。醒来，整理房间，把面煮好。卞之琳带了不少东西来送妹妹，两本画画书、鸡蛋糕和饼子。我一下吃了两碗，很过瘾。陶某也来吃面，但他说没有钱买东西送妹妹。我们说，就算了吧，这年头大家都没有钱，马马虎虎算了。面吃得太饱，中饭吃不下了。陶某带来了《大观楼》的《婉君》《谈反常》的稿费，两百元。没有钱，还借给陶某一百元。凤竹、妹妹睡觉，我看昨天由袁家骅处借来的杂志。中饭没有吃，妹妹醒来，我们就出去玩。都打扮的好好的，我也穿上了唯一的一套西装。不能坐车子，反正没有事，慢慢地走好了。好多天的阴天，今天忽然放晴了，很叫人高兴，好像特地为妹妹的生日似的。青云街修好了，路也好了。没有吃中饭，先到冠生园吃点心，先吃了一盆炒面，大家都吃得很饱。看电影，到"南屏"，片子叫什么《银国春秋》，男女主角都不好。看到"大光明"是费雯丽主演的《英雄美人》。费雯丽，早在"冒失鬼"口中听到，是个漂亮的最近正红的明星。到"大光明"去看吧。票价涨了，二十八元一张。片子倒是实在不错，写恋爱的事情，费雯丽真是漂亮，差不多每一个镜头都好看。片子太长，妹妹大叫很多次，因为今天是她生日，也不打她了。出戏院，天上有一弯新月，好像很久没有看见过月亮。从宝善街走，顺便去看一下胡师母。胡尔干马上就去补习学校，补英文去了。胡师母的那个小的男孩子比妹妹大一点，瘦的很，老是闹。我们在"裕通"坐了一下就走了，到玉溪街，灯火已盛了。去吃了两碗米线。

车子太贵，还是慢慢的走吧，妹妹已睡着在我的肩膀上了。到家谈的自然是费雯丽了。

7月10日　土

写了不少信，把信债还了一大半。因为没有决定走不走，所以许多信不好写。一共九封信了，二姐、老冯、孙基昌、何聘君、陆鹤仙、李知吾、老朱、杨苏陆、老苏。九封信写了一上午，有些信自己也觉得写得很好，有点舍不得发的样子。在"女鬼"处谈。凤竹、娃娃醒了，来骗了人家十个苹果。这两天自己没有信来，很着急，好像应该有来才对。又到王逊处，他最近在乡下很好，教一个华侨小孩读中文，吃住在人家，还管香烟。凤竹有兴致，晚上唱了一会儿昆曲，张友铭也来唱了一会儿。

7月11日　日

夜里醒来，想起许多苏州的事，于是想到写一篇《回忆苏州》。早上、下午都写了一点，一共才写了一千多字，写不下去了，自己觉得写得并不好。早上又写了几封信，下午才把信发了。星期天去邮局发信，大新街好久没有走，北门街又生疏了。想到崔之兰家去一趟，正好有人正在打他们家的门，我等一等。奶妈出来对那人说，都不在家，出去了，我于是也就没有进去。这两天天好了，有太阳，像是初春，像是晚秋，很舒服。李振麟来，他很能摆。一会儿，罗头带了工尺谱来，一来就唱了。刚唱完《乔醋》，浦江清、沈有鼎也来了，在我们房里开了一次小曲会议。沈有鼎和凤竹合唱《惊梦》，浦江清和凤竹唱《小宴》，罗头唱《三醉》。我和陶某随便唱了几支曲子，我嗓子高处很好，低处没有高处好。晚上有一点月色，在院子里听曲子，比在房里好多了。他们都很知趣，八点半就走了。

7月12日　月

早上起来不舒服，昏昏的，什么事也不想动，勉强把房里收拾好。为了妹妹说一句话，她又跟我吵，说是我冲她。吃中饭时，她替妹妹打的一件毛衣快好了，让妹妹试一试，我还未加批评，她就先嚷了起来，要我说话。一天没有到陶某那儿去，做事就在家里。下午睡了一大觉，起来手脚还是干。晚上马文珍来。

7月13日　火

吃中饭回来的时候，碰到一个戴眼镜的人说："你是张宗和吗？我叫冯新德①。"我一看，全不像他了，他是二弟东吴时的同班同学，后来又到清华去的。讲了两句话，我说："一会儿去看你。"回来我告诉凤竹，他在东吴一中时是个 sp，现在却是一嘴的胡子，他不说，我一点也不认得他的。下午，我准备出去找王鸿图和周四姐。找王鸿图，是为了他要在这儿找事。找周四姐，是为了想到重庆去。出去之前，到映秋院2号，找冯心民，他是费孝通的外孙。在费孝通的房里一谈，就谈的很久。他是到这儿来考留美的。我们谈到许多熟人的消息，非常有趣，一谈就谈到三点才出来。先从螺峰街到昆华女师，找王鸿图。他睡在，又在打摆子，脸色很不好。他躺在床上，我们谈起昭通的许多事来，因为最近许善宣从昭通带来

---

① 冯新德（1915—2005）：江苏吴江人，高分子化学家。1933年考入东吴大学，次年转入清华大学化学系，1937年毕业后担任昆明云南大学化学系教员。1942—1945年就读于浙江大学化工系，毕业后考取公费留美，获博士学位。回国后先后任教于清华大学、北京大学化学系。1980年当选为中国科学院化学学部委员（院士）。

不少国师的消息，也非常有趣。找到华山路，162号王宅，找周四姐，居然在家。我请她打听车子，她拿二姐的信给我看。我觉得安心的，就是家里汇了五万多元钱给二姐他们，她要我去，路费从四姐这里拿。到她那儿还没有坐多久，买了点心和花红回来，花了四十元。晚上我就知道会有人来找我吹笛子，果然萧启元、罗莘田来了。唱了一阵《三醉》和《弹词》之后，罗头正在和凤竹唱《折阳》，查阜西和"工尺"老先生也来了，于是又是个小曲会的样子。大唱了一阵，到九点半，客人才从我们这里走。夜里妹妹大翻，不盖被子，烦死了。

7月14日　水

查阜西请客，在工程部驻滇办事处处长马崇六家，在小西门外新村旁。上午学校的聘书发了，但没有我的聘书，有陶光、王逊的。当时在陶光的房里，我自然心里不舒服。我研究为什么不发，其中一定有蹊跷。我想来想去想不通，姜亮夫、姜太太整天在劝我不要走，但是学校又不下聘书，这还不是有点开玩笑吗？我闷在心里，不作声。今天晚上，是个欢乐的日子，不该为这个事不高兴，自己也不是在想着吗？回想一下，我做事以来，从来没有过让人不下聘书给我，心里着实不痛快。凤竹眼有点肿，打扮起来还看不出来。五点半一大群唱曲子的人齐集在我们门口，崔之兰、陶光、吴徵镒、浦江清、朱德熙、汪曾祺、薛瑞娟、王年芳、萧启元和我们，一同慢慢从翠湖边走出小西门到马宅。军人确实不同，大洋房、大客厅，一溜一溜的皮沙发，客厅里还有小戏台。我们到时人已经很多了，主人马崇六穿了身不整齐的中将军服，初看着很别扭，后来倒觉得主人很好。今晚的玩意儿很多，先有查阜西、彭祉卿[1]的古琴，然后有李廷松[2]的琵琶，×××的筝。吃饭的时候，菜很好，有鱼翅，但人太挤，吃的不太舒服。有人说笑话，装法国人，很有意思。饭后，有大炮台烟、大桃子。接着，昆曲、京戏、滇戏全唱开了。先是罗莘田、王年芳的《扫花》，然后是沈有鼎、朱德熙、汪曾祺的《拾画》，许宝𬴂、崔之兰的《楼会》，陶光、孙凤竹的《折柳》，最后是每人唱一支弹词，闹到十一点多才走。临走时，薛瑞娟还唱《夜奔》，姜太太唱了一支《游园》。大家走回来，月亮很好。

7月15日　木

为了聘书的事，决定要走，于是打走的主意。下午找罗头，房里有人，到卞大相公房里坐了一会儿。下楼，罗头已走。到华山西路找周四姐，又不在。于是到云兴酒店找杨兴凯，请他找车子，他也答应了。坐了一会儿，回。

7月16日　金

说要走，还是接到了补习学校的聘书，教史地。早上在陶某处，姜亮夫来，见到我说聘书的事，"你不要误会，是分两批发的，没有什么别

---

① 彭祉卿（1891—1944）：名庆寿，字祉卿，江西吉安人，现代琴家。他承袭家学，又师从琴家杨时百，精通琴道，主要作品有《忆故人》。曾和查阜西、张子谦共创"今虞琴社"，为现代琴文化的发展做出了很大贡献。

② 李廷松（1906—1976）：祖籍江苏苏州，生于上海，著名琵琶演奏家。少年时期即喜爱民间音乐，曾从琵琶名家汪昱庭学习。1924年参加了上海国乐研究会，1925年又邀集同道发起和组织霄霓国乐学会，并任会长。1937年抗日战争全面爆发后，辗转云南、四川等地，参加义演，受到各地群众欢迎。

的事"。我没有说话，后来陶光也和我说聘书的事。我说，恐怕没有这样
简单吧。上午我找了罗头，罗头已知道这事，是那天晚上在马崇六家陶某
对他说的。他说，一定得逼姜亮夫叫老熊拿出聘书，然后再退还他。我也
是这样想的。想找罗头的人很多，王年芳，还有另外一位学生。我和罗头
谈了，罗头答应给我写信到成都了。找周四姐，她在家，说起路费的话，
她可借我五千元。又到云兴酒店，杨兴凯不在，郝先生在。我请他加紧
给我找车子。回家吃饭，正差不多。下午决定去活动飞机。在陶某房里，
"女鬼"大摆。"女鬼"倒是好人，希望我们能在这里。我要陶某出去，我
到尚义街找查阜西，为凤竹弄飞机票。很快就成了，拿了登记的东西回
来。到花椒巷找三姑，因为三姐来了信，关于买东西的事，和刘大公大谈
经济问题。因为刘大公被云大不聘的，我们有同病相怜之感，平常我和他
谈的并不好。在三姑家吃了晚饭才回来的。

7月17日　土

凤竹、妹妹今天一早下乡到三姐处去，我因为补习学校还有课，星
期二再去。表停了，有同学来找我，我才去，只差一刻钟了。讲了一堂历
史和一堂地理，十点钟回来，凤竹她们早已走了。我把房里理好，快十一
点了。到姜亮夫家去，向姜太太借了四百元，二百给陶某。到大楼下找
许善宜，已经走了。回到房里，张家老太太邀吃饭。十二点，张友铭小公
子回来，来我房里坐一会儿。有学生找到张家吃饭，自然谈到我的聘书的
事。听他的话，知道老熊对我不好，不知听哪个学生说我尽讲故事。这大
概还是表面的理由，实际还是为了姜亮夫，我们都知道。他又说他见到了
聘书，是一定要发的。我们又谈起昨天我遇到雷海宗，雷问我是否愿意在
联大做事。张劝我可回清华，因为老熊觉得在联大一定是好的。饭后也没

有做什么事，心里不定。到吴乾就家，都在睡中觉。到华山西路，替凤
竹、妹妹弄飞机登机照片，顺便到周四姐处，她给了我一张五千元的支
票。又谈起她不愿再负重庆家里的经济责任的事，我也同情她。回到罗头
处，大唱昆曲。自然先谈了一阵我的事，他答应替我去问雷伯伦①。我心
里不痛快，吹得不好。又拍《惊梦》。吃晚饭了，罗头和我在"简而洁"
吃。一碗面、两个荷包蛋、一块排骨，一共花了七十元。九点，我回家睡
觉，一个人又舒服又凄冷。

7月18日　日

　　上午先到靛花巷，告诉卞之琳，周四姐明晚请客，她又送了钢笔尖
及衣服。周四姐谈起崔之兰说她年轻时好看，使她大为感慨，我又不好马
上就走。出来后，顺便找杨兴凯找车，碰到李图麟也来了，很高兴。杨兴
凯房里一大堆人，在谈银子、烟土生意，我和图麟就谈学校的事。他要我
为他找人当教员，十一时出来，我们又谈到刘伟光、小吴等事。他没有吃
饭，邀我在武城路一家小饭馆吃烂肉卤猪肚，吃的不舒服。回家，想睡觉
也睡不着。三点到崔之兰家唱曲子，昨天说好的，顺便想和雷海宗谈谈云
大的事。我们正要唱，雷先生回来了。他真是个老世故人，劝我在云大，
那天说回清华的事，他一字也不提，我也不好提了。后来我们就大唱，崔
伤风，也没有劲，我心里不定，也吹不好。唱一出《折柳阳关》，又唱
《思凡》，我教他说白，说了半天。就在崔家吃饭了，家常饭都很好。饭后
没有唱，不知不觉就九点了，回校。

---

① 即雷海宗。

7月19日　月

　　上两小时补习学校的史地，到张友铭家吃饭。张友铭也在辞职。早上也在他家吃了一碗粥，饿极了，吃了三大碗饭。饭后我又跑了出去，先告诉卞之琳，我不约他了。罗头不在，到照相馆取照片，贴好。到中央航空公司昆明站，他们一看，说少了一个图章，照片也不对，要两寸半身的。我很生气，后来一想，这种事一定是有麻烦的，就算了。坐车到尚义街，老查不在，找许茹香，一谈就谈到六点钟，和许谈话很好玩。到太和街他们的寄宿宿舍去一趟，天下毛毛雨，我赶快坐车回同仁街，雷氏夫妇及女儿、张氏夫妇、卞大相公都已到了。还好，都是才到的。菜不太好，饭太硬，我也只吃两碗饭。饭后各自分散，卞之琳邀我看九点电影《幻想曲》，在"大光明"。时间早，我们转了半天。卡通片子还不错，就是太长了一点。看完后赶回学校，叫开门回房，一个人睡不着。

7月20日　火

　　尚未全醒，一个老校工来打门，我就知道是送聘书的，因为刘玉素那天说，有一个老校工拿了聘书来找我。开门他就说，"恭喜你家"，我觉得好像一刺似的，也不管，盖了图章，收下了，以后再退，我也拿人家开开心。老校工老是不走，我本想再睡一会儿，也不好睡了，穿了衣裳起来，因为老校工来使得我决定要走，到呈贡，凤竹、孩子已先去了。三姐她们现在把楼下一间大房间租了下来，很阴凉，让我们住。床上尽是他们学生的行李，圆顶帐子，我根本就不欢喜。再加上小床又大，老是碍手碍脚的，又是一个人一张床，简直睡不好。

7月21日 水

在呈贡乡下，许多熟悉的地方似乎叫人留恋，一转眼又要走了。昆明附近，呈贡附近，许多好地方，我都没有去过。

7月22日 木

决定走，就得早走。今天回昆明，下汽车先到三姑家，三姑肚子更大了。预备凤竹、孩子坐飞机。旧照片不成，得新照片，在近日楼前一家照相馆照了。东西也并没有偷掉，房里也没有漏，我们谢谢张家。

7月23日 金

既决定走，积极找车。拿了照片到正义路中央航空公司昆明站，一个人都没有。又找许茹香，把登记的东西给他，请他转交站上。他也托我他儿子考扶伦中学的事。到"裕通"找胡尔干，他先劝我不要走，看我一定要走，也帮我找车。楼下许多客人。到泸州常有车，一万有车，一两天就开泸州，但接头的人不在，明天再来看看。有了车，我心里有点高兴。

7月24日 土

午后和陶某一同外出，先找周四姐。又找杨兴凯，不在。陶某找他弟弟借钱，也不在，遇到他弟弟的女朋友，陶某买了几根香蕉送给那位小姐吃。找不到人的时候，正是看电影的时候，于是到"大光明"去看《威震九霄》，是最近的战事影片，不大好，还可以就是了。看完电影五点多，找到胡尔干的哥哥，在车站。跟他谈好，明天一早开，两千元的路费，坐司机位。三四天可以到泸州，一切顺利。丢了四百元的定金，很快的跑回家，赶快叫凤竹理东西，我得赶快办理结束。明天走，是在六时才决定的。许多事做不完，第一，得先到各处去辞行。晚饭后，九点多了，到崔之兰家，总算他们还没有睡，雷先生也刚要睡，谈了一阵。雷还是劝我不要走，崔大约知道云大的情形，所以也不说话。从北门街90号出来，到靛花巷看罗头，辞行，罗头答应写信到成都。卞大相公不在，回云大去了。到姜亮夫房里，又谈了半天，我觉得很对不起姜氏夫妇。回到我们的动物饲养室，一房的东西，凤竹在理，娃娃已经睡了。向周四姐又借了四千元，凑满一万元。卞之琳来了，谈到十二点才睡。东西理好了。

7月25日　日

小时候，一有点什么事，总是睡不着，现在在外面跑惯了，照理不该睡不着。因为要出门，还是兴奋，要不然，人是一夜无眠，仅仅蒙了一会儿工夫。天刚亮，就醒了，赶紧起来。昨天晚上约好的挑夫（学校里挑水的），已经拿了扁担等在门外了。行李大小一共五件，说多也不多，说少也不少，两个人挑。以靖还没有睡醒，不叫她了，不久又要在重庆会面。姜亮夫和"女鬼"一早就赶过来送我，卞之琳也来了，独陶某不起来。凤竹送我到大楼边，不下坡了，下坡又得上坡。姜亮夫送到大门，青云街口很冷静，没有什么人。太早了，没有车，卞之琳送我，一直送到宝善街。裕通堆店很安静，不像有车走的样子。一问，今天走的一行人已经走了，留下话叫我们到四公里处去。我一慌，把胡尔干轰了起来。我和卞商量，叫挑夫挑了行李走，遇到洋车就叫洋车。洋车太贵了，挑到东码头路上遇到马车，留下一名校工送我，卞和另一个校工回学校。胡尔干一头大汗地跑了来，我们碰到一群也是去坐车的人，胡尔干才回去。到四公里处，看到了车子，把东西搬上车去，车上人已经很多了。车主和昨天接头的那位卢先生也都没有来，到小茶馆里待着，等他们。说六七点钟就开车的，到九点人还没有来。司机说，卢老板（卢绍成）据说昨夜输了三千元，还没有起来呢。人来齐了，全是四川人，我反正坐司机位，不用先上车。车上人并不少，东西也不少，坐的高高的。四川人到处摆龙门阵，真是叫人吃不消。司机台一共坐了五个人，卢老板兼司机，副司机兼老板、胡南亭、我和另外一个大肚子的四川丑女人，还抱着一个一岁多的小女孩。女人不时把乳头拖出来喂奶。司机位虽然挤一点，到底舒服。车子老是停，并没有坏，开车的人太担心了。九点半开车，下午五点多才到曲靖。不开了，司机要买酒精，只好找旅馆。熟的旅馆有西南大旅馆，在城里。曲靖大非从前可比，城门一带十分热闹，以饭馆为最多。我一个人在北魏村吃了一碗大油面，卖价不比昆明低。晚饭转了一圈，回旅馆，蚊子太多，点了蚊香还是不成。

7月26日　月

旅馆因为曾经驻兵，墙上挂了许多字，有的作诗骂旅馆招待不周，有的思乡，有的写情歌，[有的]写粗话的。起来太闲了，便看看墙上的字。车子今天不走，没有酒精，要买到才能走。司机昨晚就告诉我不走，不放心，还是去看了一趟，不走也就定心了。在状元楼吃面，吃油条，吃的很饱。回到旅馆，同车的一位联大学生、《中南报》的编辑王铁臣来过，留下一张条子，说昨夜在小旅馆里臭虫太多，预备来西南和我同住。一车都是商人，碰到同行的当然高兴。曲靖我住过多次，熟人不多。中国银行的郭春伍，曾同路去过昭通，还是很熟，找他玩去吧。坐了一天的汽车，已经坐的身上都是灰土了，非换衣裳不能出去，于是换了件大褂。中国银行就在西南旅馆旁，比以前漂亮多了，门口有车到昭通去。郭大胖子穿了衣裳就站在门口，谈了几句应酬的话。又来一位比我阔的长衫朋友，郭马上去应酬他，并邀他到里面去坐。我也跟了去，走到门口，想起他并没有邀我，于是没有进去，心里有点愤愤然。在街上无目的的走走，曲靖地方还不算生，走走还不至于迷路。遇到王铁臣和他的同学宋显昌，一路走走，带他们到曲靖中学去看爨宝子碑。碑亭太新，总算比昭通的那块保存得好。回到大街上，在一家书店遇到云大学生周明，是我上"通史"班上的，于是谈了起来。先在柜台外面谈，一会儿坐到里面，过一会儿泡茶来吃，谈的全是云大的事。周明要转学到中大。又来一个张若愚，同我们学过昆曲的。一谈就谈到下午三时，中饭都没有吃，反正早上吃得饱，不吃也不要紧。一晃一下午也过去了，又去百味居吃炸酱面。夜里在留香园吃茶，回旅馆挂帐子睡觉，睡得比较好，有王铁臣来，比较不寂寞。

7月27日　火

曲靖是一个大检查站，检查得很仔细，每个人的行李都打开了，每人都要登记，费了不少时候才开车。这一路很平，而且是熟路，我在宣威教书的时候常常跑的这条路。坐在司机位，还是很舒服，就是太挤了，女人身上的小孩又闹，我又抱着一个装开水的洋铁桶水瓶。丑女人和我熟了，四个人中她最会谈。她告诉我，她的肚子大不是有孕，是有病，这次就是回去医病的。她的丈夫王先生做生意的，也坐在后面，人倒是个好人。车子上仍然没有酒，快到宣威时，就没有酒精了，抛锚了一小时，派人到洪山拿了酒来，车子才开到宣威。时间很早，但是老板说不开了。宣威反正是很熟的地方，歇一天也没有关系，两年未到的山城。车子不停在交通门，停在小西门。我先下车找旅行社，找挑夫，因为我熟一点。一进小西门，还和以前一样，就是土路上积水太多。叙昆路总段还在，可惜没有人认得了。到下铺街找到旅行社，客满。到新开的交通旅馆，还不错，是下江人开的。我们只有四个人（王、小宋、大胖子、我），我订好房间，再到车子上，他们全都跑了，我又回来才找到他们到旅馆。大洗一阵，坐汽车一点事也做不了，但是最累人了。回过劲来，到对面一家湖南馆子，四人吃了一百元的饭和菜，有腰花，有鸡，大吃一顿，比昆明便宜的多了。到宣威，总得看一看三年未见的宣师。王、宋都是学生，对学校也还是有兴趣，于是我带他们去。大门还是挺伟大的，校徽还是乌龟壳似的。一进门，杨槐林和冬青都长得很高了，有暑假的景象。有一个中年人坐在办公室边，我问包校长，他就是。于是我说明我是这儿以前的老教员，他马上陪我们看各处。好多地方变了，许多地方还没有变，长旗杆、古树、菜园、图书馆，都还和以前一样。后面的新房子，大老鹰正在笼子里。许多东西对我来说还是很亲，但所有的人却都是生疏的了。昭通的学生傅汝义转到这儿来了，他叫我，我已经有点不认得他了。转了一圈，生了不少的感触。回到前面校长室（以前是刘伟光住在西边楼上），坐下来，王、宋他们先回旅馆。包校长是个老经验的人，谈话很有分寸，很殷勤的招待，用松子、瓜子招待我。我在校长室里无非是谈一些学校的事。回到旅馆，晚饭也不想吃了。房间临街，比较凉快，大家躺下来谈。天黑了，点了油灯。一会儿包校长、校务主任就来了，没有地方坐，坐在床上，他谈起要留我在宣威教书。我心想怎么对得起胡尔干，自然不能干。我不愿意吃回头草，只好说等我到重庆再说吧。

包走后，陈休谟、陈应文，以前宣威师范的学生又来了，冯德馨也来了。知道宣师最近不好，我更不愿意来了。傅汝义留下纸笔，一定要我写字，我不会写。他们走后，我对着不亮的油灯，写了一首"少年不识愁滋味……"

7月28日　水

　　一路上我总是睡不好，虽然睡不好，精神总还勉强能打得起来。昨夜睡迟了，今早却醒得早，仍是走小西门外上车。今天车子倒开的早，到哲觉又没有酒了，抛锚了。在路边小茶馆（小茶馆就是个松毛棚子），在坡上，是个好地方。一车子的人全下来，三三两两的在小茶馆坐着，茶馆就坐满了。里面有扎包头的本地女人，衣裳穿得很挺，包头也扎的翘翘的，人长得很美，车上所有的人都觉得她美。于是有几个四川老客，便和她搭七搭八的说些话，女人生气反背着脸。我们一车一共只有三个女人，又丑，而且都物有所归，除了一个女人，那两个都还算正经，不和人"搭讪"。在这样荒的地方，忽然发现这样一个女人，引起大家都注意了。另外有一个四川老乡，在另外一个小茶馆里，又发现了另外一个漂亮女人，他一个人在享受，一边喝酒一边和女人搭讪，这也是一种消遣。公路上胶皮轮的马车很多，这是后方在缺汽油时的一种运输工具。司机在想办法，后面有熟车来，买到酒又开了车。哲觉吃中饭，我曾在那儿吃过一顿中饭，住过一夜，是个在山顶上的好地方。原来说没有酒，不开了，可是有人努力，居然又买到酒了，于是又开，准备晚上到威宁。在路上水箱又坏了，为了修水箱，用扁担绑在底下，又修钢板，费了很多时间。车上的两个女人，就偷了人家的包谷吃，给人骂。坐在我边上的女人就骂那两个婆娘，说一个好吃，一个和丈夫闹。修好车子了，不一会儿天就黑了，车子又只有一盏灯，独眼龙。两个司机很寂静不说话，女人身上的孩子也睡着了。这一段路又是匪多的地方，刚才还听见同车的人说，有一个参谋长带太太和卫兵开小车子遇到匪，本人和卫兵全部被打死了，太太被剥得光光的。现在土匪抢人，总是把人剥的光光的，裤子都不留一条，杀死了人，抢东西。天黑大家安静，匪事在心里转，叫人紧张。到宣威已八九点钟了，亏好车子停在招待所门口。招待所没有东西吃，店都关了门，我找到大宋堆店吃了粥，打了火把回招待所，好一个熟睡。我们睡的是通铺。

7月29日　木

上午根本没有开车。买了酒，车开到涌珠寺前，有一个上校和中校及中校的女人硬要上车，司机跑了，上校发火大骂人，颇叫我不平。中校女人先上了车，拖出奶喂孩子，还是个摩登女人呢，好像特地擦了粉来坐汽车的，她没有知道坐汽车的苦。二点才开车，这一段我是第一次走，特别注意路旁的风景，人家真少。到赫章，中校女人、东西、兵全下去了，车子轻了不少，车子也开得快了。我把香烟请司机吃，从骂上校起，于是两个人慢慢的说到他们身世。卢少诚因为在中学读书打伤了老师，他以为打死了人，跑了出来，进司机学校毕业后，一直在四川公路局做事。胡南琴和他是小时候的朋友、司机学校的同学，两人合股买了这部车，开车的技术都是不错的。但是两人都有司机的习气，欢喜赌钱，昨天晚上就输了钱，输给他们的朋友陈辉。陈老江湖了。这一路山好看，洞也多了，一列一列的大山，大树经过钻天峰最高峰，七星关，都是很险要的很美的地方。到撒拉溪，天已经黑了，不走了吧。一家最好的旅馆是在开军事会议，不让我们进去。我们到另一家馆子吃了晚饭，到张保长家谈一阵地方的情形。回到最大的一家旅馆，只找到一间曾经关过犯人的房间。把行李摊开，睡好，臭虫全来了，捉都捉不完。床上睡了三个人，都没有睡着，躺着看星星。天不亮，我便又窗子里跳出去，在镇口看夜色，看曙光。

7月30日　金

　　早上车子倒开的早，到毕节的时间也早。毕节是个大地方，停一天，倒值得玩一玩吧。八九点钟到毕节旅行社，旅行社在双井寺里，有一个井两个井栏，打水的人非常多。寺门边有副对子："千叠波浪两峰夹水江声远，满庭苍翠双井几天夜夕多。"对子做的不错，似乎太夸大了一点，"千叠波浪""满庭苍翠"，都是吹牛，门口只有一条小河，绝不会掀起千叠波浪来，有水声，但算不得江声，苍翠的树也许早已被人伐了。昨晚一夜未睡，今天可以休息一下了。可是我上午并没有睡，到一个新地方，总想出去玩一下。旅行社的职员陈先生、吴先生，都是下江人，我们又谈了一阵昆明物价的问题，好像很亲切。又到街上跑了一阵，毕节街宽，店也大，有大地方的气象，可是东西很便宜，中午在旅行社吃饭，只六元一客。午后在房里睡觉，被褥干净，睡得放心，到三时才起。小宋仍大睡不起，我便和王铁臣通城去玩。城虽然小，却不错，不大脏，城里有水沟，有清水，女人似乎还生得不错。我们到毕节师范学校里去玩了一阵（文庙），发了一封信给凤竹。出城回到双井寺，在河边看了一下新造的水磨，晚上在大街上"味村"吃馒头。夜里好好的睡觉，忽然下大雨，屋漏雨，和王睡在一起。晚饭后，卢老板、胡老板来我们旅馆，我便知道有事，果然不错，要借钱买酒。我借了一千元，王、宋两人给了一千，说明天到泸州就还给我们。胡不会说话，是胡老实一点。

7月31日　土

雨不止，走还是不走呢？大家都说，要走就走吧。我的伞丢了，又买了一把伞。又买袜子。天热了，昨天晚上又买了一把扇子。毕节检查站很糊涂的就通过了，这一路风景也好。下雨，车上的人淋了雨，我们坐在驾驶室要好一点。但顶棚已经给人坐破了，雨大了，还是漏水下来，而且都是黄水。在燕子口吃中饭。过赤水河大桥，有点像乌江渡，风景不错，河边有小庙。有大镇子，我们车没有停，途中又还有一次大雨，不得到叙永了。夜宿云盘山，进入四川境内了。

8月1日　日

车开到叙永吃中饭，一路下坡。天太热，在镇子里吃饭，小孩子来打扇了。从叙永过去公路沿永宁河走，一路田多船多，有拉纤的大群大群的人唱歌。四川到底要比贵州、云南富得多，有江南风味，路上集镇也多了，行人也多了。到纳溪，离泸州只有十二公里了，谁知又出事了。纳溪检查站说，商车私带黄鱼，把车子扣下了。我下去给卢少诚出出主意，站上的人和我吵，我生气。但后来想想，犯不着，我便不再帮他们出主意了。在小茶馆里坐着，雨不下了，同车的人有的叫船，有的叫车子，都走了。我们三个拿不定主意，天黑了，我们就宿在纳溪一家不关大门的店里。我们睡在两张大桌子上，边上有许多开到昆明的军队。这一路，碰到许多步行到昆明的军队。

8月2日　月

　　清晨把行李全部搬下来，上码头上，有划子划到小船上，小船有到泸州的。纳溪边上已经是大江了，许久没有坐上过船了，坐船亦别有风味。划船很快的就到了泸州。自然先找旅馆，靠江边最近的一带，找到大来宾馆，还是住了不少军队。休息一会儿之后，遛大街，三人一起剃头。想洗澡，没有洗成。在冠生园吃一顿饭，就很贵了。天热得很，非扇扇子不可了。司机卢师傅说，今天下午也要来泸州，我们预备明天走的，叫他还钱。路上遇到陈辉，说胡南琴下午要来的，我有他的地址，皂角巷5号。我们得在泸州玩一玩，人地生疏到哪儿玩呢？报恩寺有点像黄鹤楼，在一个坡上，有一部分被炸了，后面有一座塔，不高，但上不去。我们在寺前菜馆里吃茶。在毕节，我们知道墨索里尼下台了，到泸州，我们知道林主席逝世。喝菊花茶，坐竹椅子，听隔坐的人谈土匪的事，若身不为客，倒是件出闲的事。下午应该回旅馆睡一觉，可是怎样也睡不着，躺在竹床上，看《时与评》。下午睡觉，王铁臣去买船票，我去找胡南琴要钱。我走在大街上，遇见陈辉，说胡来了，在茶馆里。他说晚上找我们，到我们旅馆里来还钱。说好了我也定心了，到小北方馆子里吃水饺。泸州天气太热了。晚上到九点钟，胡才来，带了同车的缝衣店的老板张汉青来，说钱由张到重庆还。这又有点靠不住了，但又有什么办法呢？一夜没有睡好，只在走廊上略谈了一下，因为船说夜里四点钟开。

8月3日　火

　　半夜二时上船。打了灯笼，跟着挑子走，等到船边，警察不准上，说等检查了才能够上。码头上睡了不少人。我们的船是"民文"，在外面得先过一条旧船。等在码头上，我先上船看了，船上也睡了不少人。船是今天早上从叙永来的。在船边遇到徐禅云，他说罗永华、殷祥银都来了，还有雷教官（国师的教官）。这个教员是我走以后去的。有了熟人好多了，谈谈国师的事，没有人不骂的。慢慢的把行李一件一件的运上船，天亮了船还没有开，一直到八点钟才开船。船上到底比车上要舒服多了，可以活动了。在船上登了十小时，吃了两顿饭，和雷教员他们大摆龙门阵，时间倒也并不难过。六时的样子，船靠朝天门了，下划子检查费了不少时间。上码头，找搬夫又费了不少时间，亏好人多，学生多，自己搬，所以花的钱并不算太多。雷带学生去找旅馆，我到川源大楼找宗斌。正好他们要吃晚饭，他叫了个佣人送我到他家。老太太在，还认识我，谈一阵子，天黑了，宗斌才回来。我吃了两碗烤麸面，到国际饭店找雷，他们不在，说在"鸿宾"。找到学生，取了一件行李到宗斌宿舍里。他在福建银行。

8月4日　水

天才明就起了，到外面书桌上写信给凤竹，报告我已经到了。我早上不爱睡觉，宗斌还是老脾气，我却爱睡午觉，我一起来倒把他吵醒了。会里的工友倒不错，一起来就赶着去打水来了，也许是为了宗斌的关系，因为他是什么股长，直接管他们的。宗斌请我吃早饭，到上海菜馆吃的，俄国卷子及鸡汁，倒是很特别的点心，鸡汁太坏，还不如家里煨的鸡汤呢。宗斌他们八时要上班，一同回到曹家巷。到川盐一楼经济部，见到五弟和小韦。五弟瘦了，小韦老了。办公室里人很多，略谈了几句，五弟陪我到昨晚去过的宾馆里去取行李，一起送到福建银行楼上存着。天热死了，一会儿就出汗。中上在宗斌家吃的中饭，很家常。他家，其实该说是他母亲家，住在陕西路128号，和宗斌的宿舍福建省银行还是斜对面，最近了。宗斌胃病还没有好，母亲特地为他下面，妈妈待儿子好是天性。我看到了，触动了几十年的早年丧母的旧伤痕，但我能忍住，只是心里一阵一阵的难受，也就过了。

回宿舍睡中觉。宗斌还和以前一个样子，只是略瘦了一点。他说许多人都变了，只是我还没有变。三时午睡醒，到经济部。天热，下午暂时不办公了。在小桌子上写了两封信给姜亮夫和罗头，信写好，耀平来了。他倒没有变什么。在公司办公室里许多话不好谈，于是耀平、五弟、我一同出来，时间已不早了，吃晚饭吧。是耀平请客，十四元一客的经济饭，真是不错，重庆的东西样样比昆明便宜。见到耀平、五弟，自然谈到四姐的事，我把在昆明听到的谣言告诉耀平。这事，五弟到今天才知道。吃过饭，到新华银行耀平的办事处，又谈到回家的事。到九点钟回宿舍，宗斌不在，我和一切的人都不熟，又和五弟出来吃冰。回宿舍，宗斌仍然未回。天太热，夜里也不凉快。和同室的人谈谈话，都是下江人。

8月5日　木

四时即起。宗斌昨晚深夜才归。向宗斌借了一张汽车特别证，由五弟送我到两路口乘车到青木关。车上人很挤，路上又下雨了，车子不好，许多地方漏雨，我坐的地方总算不错，没有淋到雨。车子到青木关正下大雨，又不得不下车。撑了伞冒着雨找石家沟，真是不容易，一路上全是水，找了半天才找到。问了人，说是常唱昆曲的，才知道。一排五间房子，房子造的太马虎，虽然还不多几年，但已经很旧的样子。老油子第一个看到我，说"宗弟来了"。四姐坐在中间堂屋里，还以为是三弟、五弟呢，不站起来。我看她瘦了，整整有三年没有见到她了，这一次到重庆，一半也是为了要来看看她到底怎样了。她看了一会儿，才认出来是我，才高兴的起来。我衣裳裤子全湿了，于是第一步换衣服谈话。到她房里，她房里布置得倒是不错，小床、大写字台、方桌、小橱，全是新式的、黄色的。只是房子太坏，家具还不错呢。她太可怜，俨然是一个家婆子的样子，什么事全都懂，全都做，一点不像我们在云南、南京时神气。我心里有说不出的难过。中上在青木关新街上中华园吃饭，四姐请客，吃的还好，菜也很好。中午睡午觉，并没有睡着，起来谈话。今天还没有谈到正题目，查阜西的女儿薏蒲也来了，她在青木关考音乐分院，住在四姐处。晚上有学生来请教老油子古琴，又是个吹牛的好机会了。睡四姐的床，有小猫乱跳在床上来捣乱。

8月6日　金

四姐是个能起早的，我也起得早，于是一个人都没有起来之前，我们先起来了。起来就去买菜，菜场在新街上，不算近。买不到肉，买了一只猪脚回来。我们自己在小馆子里吃了包饭，太油，一吃就饱了。遇到一个郑慧，江安的同学说郑慧考音乐学院没有考取。郑慧在四姐眼里看来，像三姐看九小姐似的。回到石家沟20号，查薏蒲来了，说郑慧没有考取江安剧校，来考的人取得很少。一会儿郑慧也回来了，郑慧几年没有见到她了，还是那个样子，说话、动作比以前似乎要老腔多了。没有考取，自然她很不高兴，但是她总不怪自己，这叫人听了不高兴。男人看女人，在一起好像互相有引力似的，我愿意和郑慧说话，郑慧也愿意和我说话，于是我们大谈了一阵。中饭吃猪脚汤很不错。饭后四姐睡觉，我又和郑慧谈。四姐醒后，我和四姐上竹林沟去，老油子到外面去活动了。四姐把她的一个金十字架送了她的干儿子郑颖孙的儿子去了，我心里真是不高兴。

郑慧带了许多学生来吃饭，四姐大不高兴。晚上只有稀饭和小菜，我也没有吃饭，到屋里边坐了一会儿，倒是不错的。晚上我睡在四姐床上，她睡桌子。好像有许多话，应该告诉我似的。

8月7日　土

又起了个早，可是又没有买到肉，很懊丧。据说得三点钟起来才能买到肉，真是难吃到嘴了。便宜倒真是便宜，才卖二十元一斤。买不到肉，回家来写信给凤竹和四弟，写好了自己又跑到街上去发。吃饭又没有菜。饭后睡觉，我让她睡床，我躺在椅子上。在家只讲到二姐，天黑尽了我们才回来，恍恍惚惚，我似乎觉得像看了一部悲剧电影，又像是读了一部小说，我简直不大敢相信这是真实的事情。我们回来，查阜西已经来了。晚饭后，查阜西、老油子他们一家都到外面去喝茶，我们在家里的篱笆边喝茶。又谈，这次她说的还高兴的样子。晚上我睡桌子，我睡不着，我觉得我忽然老了，有隔世之感，这三年的工夫好像是二十年一样，变化实在太多。我心里说不出是"愤"，是"恨"，还是"爱"，还是"怜"。

8月8日　日

查阜西来了，为他买肉，他最欢喜吃肉了。买到一个猪脚，又买到一点坏肉，仍然是我们姐弟俩去买的。我们俩又吃了包饺回来，还带了点回来给他们吃。早饭后，到对过叶静兰家，我前两天在路上遇见他，说到他家去看他，直到今天才去。见到他叔叔叶科长，自然不免又谈起教员的生活之苦。他留我吃饭，我没有吃，回四姐家吃的。天太热了，吃了饭，到竹林沟去避暑。油子不肯去，四姐又生气，结果油子还是去了。天真热，连竹林沟也不凉快。我们带了床席子睡下，小虫实在太多。天热，我们又把衣裳全都脱光了，只剩一条裤子睡，可是睡不着。查阜西、老油子他们在底下，我们又向上面走。于是又谈昨天的话。不谈也罢，也全是不乐意的事，我听了真是伤心。这两天郑慧弄了个学生天天来吃饭，四姐不大高兴。从竹林沟回去，为了救急不救穷的事，查阜西和我谈，我说一点用也没有。查阜西明天要回昆明了，我真捧着他，替他打算，替他做事，为的是要他早早地设法让凤竹飞来。查要走了，薏蒲就哭了，也不能怪孩子，真是小了。有许多心事。因为女儿哭了，于是父亲带着女儿睡。夜里倾盆大雨，心事繁重。

8月9日　月

今天赶场。我们早早的就去赶场，买了不少东西，这许多东西真的是为了支持一个家。中山音乐学院吴院长请查阜西请同学。家里没有人，只有我和四姐两个人吃，吃得很好。饭后也很松闲，躺在椅子上。躺了一会儿，到汽车站送查阜西，薏蒲哭着回来。送查阜西，在车站遇到杨苏陆，我说明天去金刚坡找他们。晚上胡叔异、钱卓升、胡太太来唱曲子。胡叔异还是我们尚公小学的教务主任呢，多年不见，似乎还没有老。他还当我是小孩子，老问我这样会不会，那样会不会。唱的还算过瘾，直到十一点，客人才走。爸爸就在骂女儿考不取学校，她还说嘴，自然该骂。爸爸叫她不要开口，她还非要说，爸爸顿脚，她还是不听。后来郑慧哭了跑了出去，还是我去把她劝了回来的。她和爸爸去睡，我和四姐睡在这边房里。她睡床，我睡床边上的地下。

8月10日　火

两点才睡觉，早上自然起不来了，第一班车没有赶上，坐第二班车。买了票很快，可惜没有座位，一直站到金刚坡。只二十一公里路，不算太远。到金刚坡，汽车爬了半天的山才到。公路边上有一点小市，下去问扶轮中学，还在坡上，于是又爬上去，不大好找。在白水寺下边一个大凹里，有一座一座的小房子，就是扶轮中学了。第一个见到的是曹培良，我叫了一声，他答应了，曹太太易老师也出来了。在校长室里坐了一会儿，校长到重庆去了。中饭有火腿，有鸡蛋饭。照例在杨苏陆房里睡了一觉，睡得很好，三点醒来。和曹培良一同去他家看杨孝辉，她已经生了一个大胖儿子了，人也长胖了，全身都是肉似的。向杨借的一千元，马上就给了小孩一百元。晚上他们好多人，又请客，下山到街上去吃饼和肉。晚上坐在坡边，藤椅上谈谈，十点才睡觉。

8月11日—9月21日

一个月来真是太乱了，这儿跑到那儿，那儿又跑到这儿，钱也跑完了，功夫也跑掉了。结果还是到了扶轮中学。八月二十一日又回到青木关。四姐那儿人更多了，金山、张瑞芳、郑曾潼一帮人，全像到了家里似的。佣人也要走了，我简直没有办法。我们一夜没有睡觉，第二天一早我们两个就进城了，到重庆住小韦处，陕西街38号中国经济问题研究社。一住就是两个星期，四姐说是为接凤竹来的，可是凤竹老是不来，天天打电话去中央公司问，总是没有飞机来。天也真是热，一直停电停水，简直把人热昏了，又非天天洗澡不可。没有水，就买长江里的黄水，也要二十元一挑。等等凤竹实在不耐烦了。有一天在路上，遇见查薏年，知道查阜西刚走，于是我们天天打听，到八月二十四号才知道明天有飞机从昆明来。二十五号上午，陪四姐去张家花园，下午又陪她看牙。赶到珊瑚坝，说飞机在九龙坡降落，到两路口，又没有拦到。到陕西路宗斌经济部门口到处找，我已经绝望了，以为一定不会来了。忽然，在陕西路上看到凤竹带着妹妹、行李坐车来了。马上到小韦处，四姐就在椅子上等着，真是高兴极了。在小韦处只住了两夜，就一同下乡到二姐家去了。二姐我是在重庆时就见到的，为送小平到城里来医病。江北蒙家花园二姐家很不错，见到高干、小达子、周家老太太。这一次我们兄弟姐妹在蒙家花园聚会，一共只有六个人，二姐、四姐、我、三弟、四弟（从成都来，比凤竹还早来两天）、五弟。在八月二十九号，开了个小小的家庭会议，耀平、凤竹、小平列席。决定的原则，要我和四弟回家，四弟要明年春天才得走，我们等筹到钱就走。家人聚会是很快乐的。第二天一早，四弟就陪四姐从磁器口到重庆了。不久，三弟、五弟也进城了，剩下我们一家住在花厅里。名为花厅，比我们寿宁弄的花厅差多了，地也不平，窗子也不亮。本来是二姐夫妇住的，现在让我们了。房里有铁床、大柜，可以放不少东西。一张方桌，一张长桌，就是椅子太少。看到高干，老像有好多话要跟她说似的，总说不完。二姐的另一个佣人徐妈，镇江人，人能吃苦，能做事。在乡下晕了一阵，什么事也没有做，凤竹想起来就和我吵一阵，说我什么事都不管，不想起来也就好了。妹妹整天和小达子打架，小平帮着妹妹欺负弟弟，男孩子总爱和女孩子在一起玩。我终于进城了，我心里不是没有打算的，现在回家至少得有三四万元，我现在已经欠了一万多元的债了，所以我至少得有五万元才能动身。凤竹老和我吵，说我不努力回家，我不是不努力，实在是没有钱。耀平他们全家要到西安，也要钱，他们也没有走，也还不是要借？不如暂时在此找一点事做做，再慢慢的向家里要钱回家。我进城，四弟已经走了，四弟也真是的，来也匆匆，去也匆匆，我好像还有许多话没有和他说完似的。我们到了重庆，四姐也到了重庆，她是来接老杨的。九月八日有飞机飞重庆，早有信给四姐。油子还病倒在家中。上午去七星岗看牙，又到张家花园找舒适，没有找到。见到了黄源礼、黄太太和他们的小孩。又遇到徐商寿。黄源礼还没有变，小徐可真是大变了，头发胡子都长长了，牙齿却落了。他送我一本他翻译的《伊利奥德》，他深沉多了，不多说话。到中午，陈堰如请客吃饭，饭后回小韦处睡觉。晚上六时在珊瑚坝飞机场接到老杨，大家都很高兴。九时，我们在"中德"请老杨吃饭。九号我到青木关，留四姐在城里，下午打长途电话给小韦。我到了青木关，油子睡在床上，病得不太轻，老发烧不退，郑慧小孩子连体温计都不会看。我一去，马上当看护，当佣人，帮郑慧生炉子弄火煮粥，干这些事。晚上我睡四姐床。十号一早我替他们生炉子，油子晚间高热，郑慧也没有起来。我起来做事，我并不是为油子做事，我是为病人，见到别人生病，总是有同情心的。油子自从生病有十几天了，没有去请医生看过。下午我逼他写了张片子找教育部的一个懂医的杨参军来看了一下，郑慧也打摆子发冷。夹了上来一个郑曾潼，算是莫名其妙的人，不会服侍人，还要人服侍呢。我必须得走了。我回到金刚坡，遇到了曹书田，他很客气，马上请我们吃好烟。在街上吃饭吃酒，我又把脸吃红了，昏昏的。杨苏陆四号已经在城里结婚了，带了新娘子刘成华到乡下来。十二号一早，同曹培良、陈会计，还有两个校工，下坡走到磁器口。我过江从石子山兜了远路，到蒙家花园去。在蒙家花园过的中秋节。四姐说老杨要到青木关过中秋，我在江北一直到二十一号才进重庆。在乡下日子过得很平稳，有佣人也很舒适。

又是一年了，我不知怎的总不能安下心来。也许不止我一个人如此，在这种动乱的时代，谁也不能在一个地方安心下来住上十年八年的。不过似乎我动得更快一点，从合肥出来，在汉口只住了半年，在桃源住了一个月以后到广州、香港，到广西、贵州、重庆、昆明，在宣威呆了一年半，到昭通总算长住了两年，到云大又只住了一年，又来到了重庆。在心里老是有个回家的念头，老是不能如愿，最近总算是能有希望回家了，只差一点就是没有钱。我已有信到合肥到上海，希望有钱来，只要有钱来，我们就可以走了。在扶轮中学也不过是个过渡而已，谁又愿意在这儿长干下去呢？地方倒是个好地方，修养修养不错，就是雾太大，太阳太少了，所以我一直没有让凤竹她们来，何况凤竹和杨苏陆又不对，到一起也不好，凤竹也不愿意来。我老这样想，想能住一两个月就走，所以不想再搬动，搬动一下，不知要花多少钱。所以，总以不动为妙，要动就大动。几年来，总是不能安心，时时总想回家。其实回家也不见得有好日子过，还是有问题，到家里，马上绝不会有好日子过的。因为我们一回家，一个地方都没有住的，还得马上去弄起来。人生要求一个安字，真是件不易的事。我现在很想定下心来做一点事，但总好像不安似的，也不知道为什么。到家也许可以安了，可是我想还是不得安，故而我对于我研究的学问的信心发生了动摇。我不比别人差，差的一点就是时时都不能安下心来。

1943 年 10 月 28 日夜，于重庆金刚坡

（第二十三本结束）

（第二十四本遗失）

1944年

8月9日　水

本来说让挑夫歇一天的，但他们因为没有地方住，一定要回去，也只好让他们走了。我写了三封信让他们带回去，一封给四、五弟，一封给老圩子的五姑们，[一封]给五婶妈。很早就把这些事做好，老苏来，和他到外面吃肉包子，太腻了。回服务所剃头。天阴有风，有微雨，入秋以来第一个凉爽的天。早晨剃头铺子里没有人，很清静，还躺着刮胡子。旭和她们已经来了，说童八请吃中饭。剃好头，换上西装，和他们一同走路。还不近呢，在一个山坡上，三间小房子也小巧的很。童家太太大忙一阵，才忙出一大桌子的菜来请我们吃，自己还吃不到嘴，太太看样子脾气一定是好的。孩子有三个男的，一个女的，都还好玩。又来了一位姓周的，说也是我们亲戚，还比我们长一辈呢，也是来考安徽学院的。中饭后说出去，又有点下雨，两个丫头又都要洗衣裳，我们就到房里去睡觉。睡了一大觉起来，一同到供应社去买东西，丫头们又要回去。童八、唐铁笙在大谈。童八走后，又和唐铁笙谈经小川。老苏来，他吃过饭了，我们出去吃面。晚上和老苏看惠民医院的清华同学江涛声①，我安徽学院的事，还是他弄的呢，我和他一点也不熟悉。人是个大胖子，才三十五岁，留了黑胡子，有个漂亮的太太。人非常好，一见如故，也非常健谈，谈到八点

① 江涛声（1910—1949）：原名江晴恩，湖北荆门人。1928年考入清华大学经济系，1930年到德国柏林大学留学。1934年回国，后因掩护地下活动而被捕入狱，1936年获释，后到捷克。1939年率国际红十字医疗队回国参加抗战，历任云南、四川等地几个医学院的副院长、院长。1944年在重庆加入民盟，后到安徽、湖北、江苏等地利用医学博士身份做地下工作。

多，我们才告辞出来。约好明天七点钟和他一同去见朱佛定①院长。

8月10日　木

留老苏等緥和，我一个人找江胖子去。一同去看朱佛定，不在，一早到古碑冲去了。于是回到服务社，丫头们全来送我们。叫了两部洋车，老苏在江家借了一匹马来，我骑马，老苏和緥和坐洋车带东西。马不跑，连洋车都追不上，叫人急得很。一路是小公路，坡不大，有水，风景很不错。这一带已经算是大别山了。古碑冲离立煌二十五里，也在一个山洼里。先找到文启昌、胡嘉、赵景深，算是熟人。后来他们又带我去见院长，无锡人，非常客气，没有架子。找这个，找那个，把緥和一个人丢在胡嘉房里等了半天，也没有吃中饭，后来我们三个人才到饭堂里去吃饭的。饭后才搬房，我住10号。天棚被老鼠咬烂了，地也不平，家具也不好，但勉强还用得，只有一床、一书架、一椅、一书桌、两条板凳而已。我倒也欢喜简单。先没有床板，后来事务主任沈先生来了，才搬铺板来。就只有窗子没有糊了。我把床铺好，东西摆好，也俨然像一间房了。大老姑也来了，赵景深拉着就要唱昆曲。笛子实在是不行，也只好替他吹吹。晚上在胡嘉家吃面，又睡了个好觉。叫緥和到房里来读书。有飞机飞过。

---

① 朱佛定（1889—1981）：名文黼，号黻廷，字佛定，江苏江阴人，著名法学家、外交家、教育家。早年毕业于苏州高等学堂和京师大学堂，后留学法国、瑞士。曾参加巴黎和会。曾担任外交部通商司司长、上海法政学院教务长、广西大学校长。1938年后，先后被任命为安徽省政府委员、秘书长、代主席。1943年9月—1945年8月，任安徽学院首任院长。1947年赴台。

8月11日　金

学校今天招待。昨晚送来一张监考的条子，我也要去监考，第一场理化，七点到九点。我在大礼堂监考，人真是多，两百多人一场，幸亏天不热，一场两小时，腿都跑酸了。[第]二场是国文，我坐了半天。大老姑在我这个大考场里，緵和在第二试场，看样子还是大老姑考得好一点。中饭学校请客，还有酒。我睡了一会儿，五时吃晚饭了，一点也吃不下。胡嘉来找我散步，在学校各处走了一圈，借一点书回来。教音乐的李先生真会说，他认得三弟、二姐，谈起来很有神。朱院长又到我房里来坐了一会儿，谈了一阵。我洗澡，天冷，洗的很舒服。记以前的日记。

8月12日　土

入学考试第二天，我到处跑了一会儿，看看大老姑。还是大老姑考的好一点，她仔细一点，緵和不认真，不会做也就算了。早上考数学，延长时间，一共四小时。下午考英文和史地。学校请我们来监考，有饭吃，也并不好。

8月13日　日

早上还有面试，也还是我们的事。我和文启昌一个试场。问了一个早上，四小时才问完，一百多人。緵和、大老姑都是我问的。下午我们进城，因为姜青山他们请客，请我们。等到大老姑她们，一同进城，胡嘉有自行车，我们都是走路。除了我们，还有緵和他们的两个同学。二十五里路，只走了一下就到了，因为天阴，走起来倒也并不累。我们一直就到了惠民医院，大老姑她们的同学，大约明天就要走。江胖子已在院子里摆上沙发茶点，我们去，他在桥边上就接到我们了，漂亮的江太太，也穿了花衣裳。客人有企业公司，企业里老清华的同学刘振东先生，中国农民银行十一级同学夏登社先生，此外就是文、胡、江、苏、我，清华同学一共七人。此外还有李院长、刘小姐、李小姐、胡太太。胡家太太矮小臃肿，摩登。一桌十二人，在外面叫的，大约他们常叫常吃，每样菜差不多，都很好。酒，江胖子他们都能吃，我只吃了一两杯，脸就红了，不像样子了。文一点也不爽气，酒也不吃。饭后大家在院子里唱曲，说让他唱一支洋歌，他也不肯，弄得大家都不高兴。小姐们都唱了歌，我们唱昆曲，每人都唱了，就是他一个人没有唱。很久大家才散。我们都住在惠民医院里，新铺的床，什么都是新的，很放心。我们累了，一会儿也就睡了。

8月14日　月

一早有病人来开刀，大叫大叫的，把我们都吵醒了。文要赶回去改卷子，我要去找旭和她们，说老实话，真是有点想她们了。昨晚说好，到夏他们的银行去一下，又不好不去。在他们银行里吃了一顿早饭，碰到不少人，一个一个的介绍，结果是一个也不认得。早饭后我们就走了，我又去看老苏，然后才到杨桃冲37号童家去看他们。路上买了把伞，一会儿下雨了，一会儿又天晴。到他们门口，繶和也正好进去。明天他们就要去考试，一个一个都在用功。童八的太太真是不错，忙得不停，三个小孩子真是闹死了，小的孩子拉肚子，太太自己也发疟疾，还忙了一大桌子菜来给我们吃。汤是海带炖肉汤，很不错。上午、下午我都睡了一觉，这一阵子，特别要睡，大约是因为来了立煌还没有好好的休息的缘故。又在他们家洗澡。他们也不大陪我玩。晚上童八（肇纬）要我到他们银行里去住，住在孙存凯房里。房间真是漂亮，比我们古碑冲的宿舍漂亮多了，有天棚，地也是平的，家具是新的，还有纱窗，在立煌大约可以算得上是漂亮的宿舍了。一个人一间，一切都是新的。他们客气极了，拿来烟茶来吃。

8月15日　火

孙先生是五点钟就起床了，我们又晕了一会儿。童八说请看戏，新来的角色，不容易买到票。今天天热了，虽然也下了一阵雨，但是也出了太阳，热的难过。緥和也住在他们的宿舍，住在地方银行的女职员宿舍，她有个朋友在这里做事。早上孙先生客气，还下了面来吃呢。和緥和、童八一同回童家，他们一早就去考试了。等他们吃中饭，我们一同出去。我买了一盏风灯，很得意。又陪他们一同到惠民医院去看病。緥和水泻，请江胖子看，连药都奉送了，还吃了他们家的绿豆糕。到服务处看老苏，又一同回到童家。午睡，天热出汗，睡不着。我洗了澡，一个人在外面走走，想想妹妹。做梦，梦见妹妹瘦了，我想到她呢，又想到凤竹。旭和过来逗我，和我在外面谈话。天黑了，他们都用功去了。我说明天我要回古碑冲去了，他们抢了我的自来水笔，又想抢我的表。我是一定要走的。我拿了包到他们宿舍去，在宿舍外，拿了一把椅子坐了，坐到晚上十点才回来。

8月16日　水

想好好的写信，也只写了六封。现在写信，也不知道什么时候才能有回信来。给旭和、四弟、大姐、二姐、孙基昌、静和三妹，写写也写的烦了，又补日记，补前几天在城里的日记。乱翻翻《元人杂剧》，日子已经觉得难过了，我又不大愿意到人房里瞎谈，只好蹲在房里。下午睡一大觉，天还是热的，难过。晚上一个人到上头去看看山中的晚雾，听听流水，想想凤竹，感到很寂寞。

8月17日　木

今天又写了几封信给三姐、鹤仙、三弟、四姐、宗斌、刁鸿翔。看看元曲，看看小说，到赵景深房里去唱曲子。他把房门关着，房里一股怪味儿，难闻极了，也不能蹲的太久。感到很寂寞，读《六一词》。昨天我就在食堂里包饭了，菜自然不好，三斗米，三百元一月，哪里会有好的？加一个经济菜，十五元一顿，一天二十元也不算贵。可惜我身边只剩三百元了，还不知月底发不发薪水。晚饭后洗了澡，很痛快。今天向下边走了，回到操场上，满天的星星，坐在沙地上，读读诗，百感交集。回房天已黑定了，文启昌来谈学校里的好多事，才来就劝我走，我知道学校一定不会好的。

8月18日　金

日子已显得无聊了。看看《六一词》，看看《山城》，看看《元人杂剧》，又看看《中国文学史新编》，乱七八糟的。放下这本，拿起那本，又写写日记，写写信，一天就这样混过去了。下午到古碑冲街上去走了一趟，想旭和她们也许会来，在街上，站了一会儿，也没有人来。下午睡觉也没有睡好，头昏的很。晚上一个人在篮球场上，甚是思念凤竹，心里难过得很。读诗唱曲，到黑定了才回来。西边有闪电。

8月19日　土

没有事，以写信为消遣，又写了五封信：陶某、叶至美、黄席椿、杨苏陆，向大老姑报告她和缤和已考取的消息。又跑到图书馆去翻了一批书出来，回来慢慢看看书。

8月20日　日

到学校里来已经有十天了，应该把学校写一写。写信给人，有时讲到学校，在日记上倒不大写，现在来写一些。学校在一个山坳里，从外面一点也看不见，即使是到大门口，也只看见房子，非得转一个弯，才看到。房子零零碎碎的，有一两座瓦房，大约是烧剩下来的，其他的全是草屋。学校当中有一条山溪流过，水还是清，可惜水太小了一点，一下雨，大一点，便整夜里都能听到水声了。溪上有几座木桥，全都快坏了。溪边大树很多，这一点增加风景不少，好像是榆树，高大的很。小溪边有一条堤，堤岸两边全是大树，我常常在那里散步。学校没有范围，学校里面有许多小住家，开饭馆子的，有放牛的小孩子常把牛放到操场上来。我们住的河沿岸宿舍，一排有十六间，算是很好的房子了，还是地不平，顶棚碎，但也就算是好的了。我到了这儿，也没有什么满意的，也没有什么不满意，随遇而安就是了。每天一早就起来，晚上也实在睡不着，睡得太早了，早上不得不起来。今天看些丰子恺的散文。我这几天思念妹妹。接旭和来信，把三爷给刘和鼎的信寄来了。我马上穿上长衫去山前战干团找刘副司令，谁知今天礼拜，没有来，白跑一趟。跑了一身大汗，回来还没有吃饭。下午天又阴了，打雷起风，又下雨。秋天来了，雨反而多了起来，真是不痛快。把凤竹的照片放在桌上，靠在椅子上，常常望她，好像她也在望我似的。我感到现在想凤竹，比在圩子里想的厉害，我常常会想她一定会来看我的。我是这样的想她，天上的云，我疑心是她变的，一个小虫，我也疑心是她变的，一天到晚，她在我脑子里的时间真不少。下午睡了一觉起来，看雨打在树上，溪里的水也流得响亮了一点。这儿全是沙路，雨一止，马上路就干了。到"公利互助社"买一包烟，地上站站，看看水，溪里杂草乱，水流得不那么畅快，不好看了。包饭，老是吃煮豇豆、芥菜、冬瓜、豆腐汤，加一个十五元的经济菜，也总是炒肉丝、炒鸡蛋，没有别的花样，也已经吃腻了。食堂是一般的食堂，味道一闻就够了。住在这儿寂寞，就是没有个人谈谈，若有陶某在这儿也是好的。记得凤竹未到昆明前，和陶某一起也不太寂寞，无事还可以到外面去吃一碗甜品。这儿赵景深、文启昌身上都有一股味儿，我疑心他们从来不大洗澡的。胡嘉稍微好一点，苏州人味道，我也不喜欢。今天看完一本《拍庄》，晚饭后又是一个人在操场上吟吟诗，唱唱曲。见到文启昌一批人来了，我赶快躲开他们，回到屋里，在灯下记日记。一会儿就睡了，开始想凤竹睡不着，后来才慢慢睡着。

8月21日　月

昨天没有见到刘和鼎，今天去的。下午想睡觉，也没有睡好，老不定心，以为很迟了，其实还早。穿了绸大褂去的，很顺利的就找到团本部，找到了他的住房。一见面，人样子虽然不好，但是人还怪好的，谈家事，谈国事，一谈就谈了一点多钟，才辞了出来。回到学校，也走得一身的汗，吃饭洗澡。胡嘉来谈的很久，上午我们谈得很高兴，晚上又谈了一阵。明天预备进城的，身边只有三十元了，但是晚上阜阳的卷子来了，心里想，明天又不能进城了。今天邹阜兰来找我，告诉他们，说他们四个全都考取了。

8月22日　火

夜里下雨，早上又下大雨，小溪里的水都浑了，涨了。我才起来，就碰到赵景深，我们改卷子，早饭也没有吃就去改了，所幸一会儿有瓜子、花生、饼干来了，垫了一下。我帮赵景深看国文卷子，就没有看到一本十分满意的，都是瞎说，谈文艺的有，谈中国之命运、三民主义一类的，拍马屁的性质，我定不给他好分数，及格就算了。中饭还是学校请客了，菜还算不错。别人都休息了，我们又看了一会国文，国文看完了，又看国学常识。雨到中午就止了，我看到一点钟就出来了，预备进城。换了皮鞋，背了包，拿了伞，从大路上走，小路虽然近一点，不认得容易走错。走的时候，大约不到两点钟，一路走得还不算慢。溪水大了，没有太阳，也不热。过小溪的时候，水把鞋都弄湿了。一路风景不错，只有九里铺歇了一下，翻过戴家岭，过包公祠一带，到童家还有不少路呢。他们都在家，自然欢迎我。旭和也还在家生气，我去了才好的。刚好人家送童八两张戏票，好，晚上看戏去吧。没有一会儿工夫就吃完饭了，綵和也要去，三个人两张票，旭和也故意闹着要去，其实他们一点也不懂，故意闹的。结果我们走了，他们到包公祠买东西吃。我们到戏院，三个人两张票，就这样走进去了，也没有人问，也没有人查戏票。戏是《教子》《武昭关》《霸王别姬》，实在没有什么好。戏院倒还不错，有电扇，电灯也不太亮。杨洪武并不漂亮，太胖，但是还稳，没有出错。刘艳露唱《武昭关》，扮相要比杨好一点，但是嗓子太窄。舞剑之后我们就出来了，霸王坏极了，毫无气概，嗓子又不行。下毛雨，我把小手巾都给了綵和，自己全身的衣裳都潮了。回来他们正在开留声机，旭和她们都没有睡。一会她们睡了，剩下童八。我们摆了一阵，童八也去睡了。我睡在童八的床上。

8月23日　水

睡得那样迟，早早也就醒了。睡在堂屋里，自然不能睡的很久，来来往往的都是人。文定、巾和来说，他们住的那家二姐——我也不知道是谁，反正是我们家亲戚，张朴安的女儿，大约总是我们的表妹，嫁了一个广西人姓李，在民政厅当秘书——请我们去吃饭，自然不得不去。十点半去，缥和未来，又派人去找她，她来了一同去。我们一共去了九个人，童八、我、缥和、巾和、申和、文定、旭和、志敏，一桌还不止。要翻山，真是累人，好像有点不大值得似的。我规规矩矩的和那个李秘书谈天，他们就在边上笑，真是尴尬。所谓二姐，我一点也不记得了，人倒还不难看，已经有个小孩子，广西人样子，好像个小大人似的，一点不好玩。饭是从大观园叫的。李很会吃酒，我一口酒就上脸，脸马上就红的不像样子。他们大家都搞童八，他也吃了不少酒。菜不如我们上次江胖子家吃的好。饭后大家都醉了，我样子最难看了，脸红得像关公，躺在躺椅上睡着了。一觉醒来，除巾和外，其他的都睡了，四个人睡一张大床。童八睡在长椅子上，让别人画了一脸的胡子，他全不知道。我嘴苦，爬了起来，吃了两杯水。大家在人家吃完以后，睡相不太好，一个个擦擦脸，又都要走了。他们拼命催童八起来，童八晕晕的，满脸的墨。我们就走了，上了山坡，风一吹，童八就吐了。我只怪他们不该催童八走，应该让他多休息一会儿的。

走到江胖子家，江胖子知道我们吃了酒，马上泡上红茶，买白糖放在里面。太太削梨来，大吃了一阵。又写条子把老苏找来，他已在中正中学有事了，教国文。老苏倒霉，又在打摆子，又泻肚子，瘦了不少。讲了一阵，我还是不舒服，晚上李小峰[1]请客，我简直不大想去。五点半，把旭和送走，老苏一直把我送到中正路63号李小峰家。已经来了不少人了，还有曲友孟经理，也不知道是哪儿的经理。一共是三桌。李小峰今天生日，菜和中上的一样，一定也是大观园叫来的。我一口酒都没有喝，人虽然多，但不熟，也没有人劝酒了。这儿的酒都不好，上头，吃一点头就晕。吃完了又唱昆曲。先是三个女的，有胡家的太太，还有一个叫赵景深姑父的，还好看，还有一个小女孩，唱《游园》。我吹笛，一个学生拉提琴，一个学生拉二胡，许多人对赵景深的宁波腔《空城计》，好像更有兴趣。等到我们唱《小宴》的时候，许多人都走了。贵客有韦永成[2]厅长。我因为路远，急着也要走了，有个警察局长和我们一路走，还有一个太太，打着一盏灯回来的。到童家十点钟的样子，继续谈了一会儿才睡。緵和、旭和都不到我们学校去了，志敏她们明天考女中。我叫旭和陪我下乡住几天。晚上比昨天睡得早一点。

8月24日　木

今天天晴了。早上下雾，我就知道要晴，果然等到我们走的时候已经出太阳了。别人都不去，就旭和陪我去的，走不动，走的时候一点也不

---

[1]　李小峰（1897—1971）：字荣弟，江苏江阴人，翻译家、出版家。毕业于北京大学哲学系，曾参加《新潮》和《语丝》的出版发行工作。1925年，在鲁迅支持下，与大哥李志云、夫人蔡漱六及孙伏园集资在北京创立北新书局，后迁到上海，先后出版鲁迅、冰心、郁达夫、蒋光慈等著名作家的作品。但1931年、1932年北新书局几乎被封，元气大伤，书局也改而出版教科书和儿童读物，并收缩业务。全面抗战时期，去安徽立煌（今金寨县）勉强维持营业，抗战胜利后迁回上海。

[2]　韦永成（1907—1997）：广西永福人。1940—1946年任安徽省政府委员兼民政厅厅长，被认为是国民党新桂系少壮派代表人物之一。于1941年10月在安徽省临时省会立煌县和蒋介石唯一的亲侄女蒋华秀结婚。

成。一路上有太阳，打伞，走走说说。有一段路风景好，也不觉得累。我们走大路，走得很慢，一直到十点多钟才到学校。学校都在开会，没有人，安静的很。中饭、晚饭都吃的不错。上午睡了一觉之后，让旭和睡，她便大睡，一直睡到五点吃晚饭了才起来。我便补记这一两天的日记。记好了，我又读《东坡词》。晚饭后把旭和送到女生宿舍去洗澡，她洗完了，又到我房里来讲。一直讲到十点钟，才送她回去睡，女生宿舍的门已经关了。

8月25日　金

一天就和旭和在一起，她倒是会说得很，就是不肯到饭堂里去吃饭。叫到房里来，一顿总要吃七八十元，包饭菜自然不要了，自然好了。下午我让她先睡，从十一点多她一下睡到下午三点。我也倦了，就伏在桌子上睡了，后来她让我上床去睡，我又睡不着了。说今天出榜的人真的到了，天黑了，榜出来，又看不见名字。文启昌说，你妹妹危险的很，因为先定的标准是国文60分才能取，而綵和的国文只有58分。綵和除英文外，倒没有别的人考的好，后来考试标准改了，平均50分以上就可以取了，这样才取了她和旭和。下午我催旭和去洗澡，洗了澡又要吃晚饭了。晚饭后我们到东边的山沟里去转转，到天黑了才回来，今天她回去的早一点。

8月26日　土

说是有人今天要来，接了一天都没有接到，下午打电话去，才说今天不来了，明天再来。真是气人，买了瓜子，我和旭和两人吃了。等人、接人，真是最不好的事。

8月27日　日

旭和还好，还不着急，和我也谈得来，可是就是有点谈得不深，她有时也常说小孩子话，我也装着高兴的去听。我们谈这个谈那个，谈得很投机的。上午我们一直接到战干团前面，也没有接到她们。我们都有点不耐烦了，买了东西在房里吃，她们不来，我们把东西都吃完。一会儿我们到外面去，文启昌正在弄饭弄菜，她们还不来。十点多了，才看见緵和、志敏、巾和三个人来了。洗了脸，就大吃我们买来的东西，又吃饭。旭和借来的一千元这几天又用完了，已经没有钱了，向胡嘉去借，也仅有一百二十元，惨了。巾和不说话，志敏和我们说的来。旭和和我谈，要把志敏讲给四弟的话，我也很赞成。她们一个个都去洗澡了。晚饭后我们到山洞里去玩，天黑了才回来。她们都来陪我，一时又好像人太多了，女生邓大姐让了一张床出来，她们睡觉的问题才解决了。人多一点是好的，我不大想凤竹，也不大想以靖了。

8月28日　月

她们来了，志敏和巾和倒替我们做了不少事。志敏很会收拾，将来是个好太太。今天一早也是志敏先来的，緵和最后来的。旭和借我的一千元已经吃完了，緵和的五百元也快完了，于是想到学校里去支一点钱来。刚好上午老苏又来了，我真有点厌烦他了，但他来了，倒可以替我去借钱了，因为他在这儿的人都熟了。于是写了两千元的收条，他一会儿就取来了。童八打电话来说买到六张票，叫我们都进城去看戏。旭和来得太长了，想走了。我想志敏、巾和不走。于是旭和她们走，志敏她们去送。总务长被老苏邀到我房里来谈，志敏她们不敢进来，回到宿舍去洗澡，这一洗就不来了。老苏走了，要他找江胖子借两万元替旭和她们交学费。一直到吃晚饭的时候，志敏她们才来。晚饭后我们朝上面走，又走的远了一点，我们走在一个小桥边坐下。月亮出来了，再过几天又是十五。回来又到公利互助社（这个名字真是很别扭，干脆叫合作社还好点）买东西回来吃，十元一个的洗沙饼，最贵了，买了六个，又买花生瓜子。晚上每人吃了一个饼，又把一包瓜子吃了。她们走了，我就睡了。夜里给冻醒了。

8月29日　火

不知是不是睡得太早了，很早就醒了，有时很难过，她们倒很早。一点不想吃，中上我也仅吃了一个饼。中饭之后，志敏看我的日记，十七号刚好有说旭和和我谈到志敏、四弟的事。我真着急，我猜志敏一定知道，就是不说而已。巾和把我的一个电木茶杯跌碎了，志敏又把我的衣服弄破了，两个人都造了祸。吃过晚饭，让她们先到上头去，我洗澡。老苏有电话来，款已有了办法，明天可带我们进城。于是说好明天天一亮，我们就进城去。

8月30日　水

我倒是天不亮就起来了，把什么都收拾好了，她们才来。走小路不太熟，逢人便问路，到傅家湾，才转到大路，已经走了七里路了。到响山寺吃早饭，肉丝面，肉似乎有点不大好，志敏就不吃，我们都勉强吃了，倒也没有吐。志敏就有些不太随便，这点是她的不好。到立煌，不过才八点钟。因为和老苏约好在惠民医院碰头，所以我一直就到惠民医院。款子是李院长和老苏担保的，大约是向马一明借的，言明一万元一月一千元的利息，一月还清。到那儿医院里正在忙，因为一个女病人快死了，就是卞景的未婚妻潘耀华，据说和我们还有点亲戚呢。我们到的时候还没有死，但知道不行了，卞景在下面大哭，到九点多钟，病人死了又大哭。我现在真是很坏，看到别人死人了也不伤心，我心里想，我太太死，你太太也死了，这样我才高兴呢。这真是一个坏念头。我们在李院长的小屋里谈江胖子，大家都说江胖子不该留在这儿，这个病人眼看快死了，还留在这儿，又不是大医院，只是个小诊所，会影响营业的，尤其是李院长大不以为然。老苏说看护长也跑了，江胖子天天和宋美莲打架，宋美莲也要跑了。真怪，宋美莲就是不跟江胖子，也不会嫁给老苏。要嫁给张宗和呢？也不能要，太疯了，看不住。学费可以交了，旭和说自己可以定心了。吃了中饭，缦和、旭和她们和我、童八、小毛子、小侉子、童十，一共十一个人，一同吃的饭。我倒真想快快把她们送到学校里去。童家清静一点，和童八一同到大新池洗澡。洗了澡，我到中正找老苏，然后到城里买了一张凉床、一只瓦盆、一条新手巾。

8月31日　木

还是很早就醒了。学校其实很安静，没有什么人。今天送她们去报到注册。和老苏在包公祠一家店里吃油条、炸包子。到童家，他们还没有吃早饭，等她们吃好了，到女中，已经八点了。老苏和这位老校长熟悉，把他闹了起来。我们都见了校长，校长答应明天她们可以来缴费，不够也可以少缴一点。一会儿我们就辞了出去，因为张二姐还在童家等我们呢。童八炒辣子鸡请我们，也不见得佳。本来说到贞干去的，却又下起雨来了，于是看张恨水的《欢喜冤家》。在大椅子上睡着了，后来索性在床上大睡一阵。天也晚了，得回去了，在路上吃了一碗面，老苏又叫了一碗蛋炒饭吃。

9月1日　金

说没有牙粉，今天牙粉就买来了，我猜老苏一定又借了不少账了。又一同出去吃早点，又换了一家，也不见得好。我一个人到童家，她们也还是没有吃早饭。今天到贞干去，陪旭和她们去，比女中要远多了。因为看到有印度奇楠香卖，想到买一个香炉，总是买不到。贞干的房子就是神气些，光是一个大礼堂的戏台子，就很够好的了。她们在吃饭，女生指导员欢喜她们，要她们到宿舍去。交费的人今天就可以搬进来了，一打听只有十几个人。到报到处报到后，陪旭和进城到银行。还是第一次到银行，在十字路口，瓦房。十一时缴了费，两人缴了六千元，还有米没有交。回来再遇到她们，是童八去帮她们，一起也都弄好了。下午都可以搬进学校去了，这样我也定心了一点。下午看她们打行李，童八留她们，叫她们不要走，旭和在打行李了，我就有点猜到，她们都会被留下来的，因为一到学校，就要吃苦了。我因为昨天和张二姐说好的到他们家去，于是和巾和一同去。爬过山才到他们家，秘书老爷上班去了，太太还在睡午觉。巾和倒一杯茶给我，我便看《欢喜冤家》，还亏了好带了这样一本书来，否则真是闷死了。从两点钟一直到五点多钟，饺子也是早就做好的，但等老爷回来了。老爷到了，饺子端上来，已经煮破了不少，张二姐自己吃的一碗差不多全是破了的。乘亮赶回去。今天没有洗澡。老苏自己有个小盆，昨天他拿给我，他身上有点疮，我真是不敢用他的盆。

9月2日 土

　　总算在老苏这儿吃着饭了，两碗粥，几个炸饺子。我就猜到她们不会走，自然这四个一个也没有走。我有些生气，巴巴的跑进城来借钱给你们，把事情都办好了，就是怕你们在人家多住一天，多麻烦人家，谁知道你们又蹲了下来，多给人家添一天的麻烦。一上午，我没有作声，把一部《欢喜冤家》读完。张恨水的东西到底还是不错的，有许多地方写得很入情入理，也颇能打动人。自然也有很多不好的地方。看完了《欢喜冤家》，又翻到别的看。中饭时肚子饿了，緥和要下乡，下午我们就走了。我先到服务处去理发，又去中正取东西，又到菜市，已三点了。旭和她们两个都来送我，我知道她们知道我生气了，故意来送我的，我还是不睬她们，不要她们送。奇楠香到底没有买成，两百元一盒，身边仅有六七百元了，不能买了。今天七月十五是鬼节，买点纸回去烧烧吧。我和緥和走得很快，一点一刻钟就到了响山寺，歇了一下，买了纸和香又走。天阴，慢慢的天黑了，到学校时还能见着亮。在学校旁边的小馆子吃了，也不见得好。收拾洗澡，带了香和纸，到山腰里去烧。我明明知道凤竹不会来，但总想她回到我的身边，希望烧纸能把她引来就好了。每年的七月十五，凤竹总是记着给她的爸爸妈妈，给我的爸爸妈妈烧纸，现在却都轮到我来给她烧纸了。心里很黯然。回房记日记。

9月3日 日

　　两人加在一起也不过只有七百元了，十天还不知能不能度过，照今天这样，一天吃一百元还不止，可就糟了。但得四姑她们来信说，五弟已托经和成在六安，汇四千元来。早上緥和在我房里一直坐到十点钟，谈四爷、四婶妈、她自己的娘的许多事。她口紧，什么话都不肯说，一定要我说，我就傻傻的说了许多。但四婶妈说她不一定是四爷的孩子的事这话，我终于没有说，她大概是不会知道的。讲了许多话，自然一定会勾起她的心事来。下午我在预备睡一会儿，好像才睡着，工人来叫说有电话，我就知道一定是老苏的。穿好衣裳去接电话，原来他报告说，刘和鼎明天一大早就要到重庆去受训，问我们有什么事没有。没有时间，连写几封信让他带去都不可能，还有什么事呢？回来我就想，緃和能和他一同走就好了，可是怎样想也来不及了，我们只能打电话去送行了。今天一天就看看《乐章集》。

9月4日　月

《中原杂志》要稿子，早就说过的，昨天又来了一封信催稿。于是在房里把以前在云大时写的一篇关于谈中国戏曲史的文章改了抄好，大约有三千字的样子。看看，越看越不好，不管好不好，那是骗钱的交易，今天一天就做了这件正事。天又阴了下来，下午赵景深吹笛，唱了一会儿昆曲。

9月5日　火

一整天都下着细雨，秋天来了。我不讨厌雨天，也不讨厌太阳天，天暗阴雨不是一样的要过吗？有点寂寞，但寂寞也好的很。本可以不寂寞，但我却有时甘心一个人蹲在房里就要他寂寞。寂寞我有时也得到快乐。含一支香烟在嘴里不吸也是好的，看着它冒烟。把凤竹做的那块现在当做窗帘的蓝桌布打开，看到外面，看见远山，朦朦胧胧的雨雾，隐隐约约的雨中一两株树，迷迷茫茫。窗边有一枝野花，倒是怪妩媚的，想折它下来，但是一想插在瓶里也未必比在窗外更美，所以就算了。案头有一张凤竹的照片，看书看倦了，便看看她，常常好像真有个人在面前似的。有时我故意喷口烟在她脸上，想着她一定要生气，但有时我却格外地怜惜她，把烟放得远远的。天老是下雨，她的坟上一定湿透了，一定也没有人去看看她，这才是真的寂寞呢。她和我说，常常和我吵嘴的原因，就是因为我不在她旁边，她一个人太寂寞了的缘故。现在又有谁去伴她呢？

读完《小山词》，真不错，如毛晋所说，"字字婥婥袅袅，如揽嫱、施之袂，恨不能起莲鸿、苹云，按红牙板唱和一遍"。在赵景深那儿唱昆曲，替他们拍《八阳》《草地》。有个广西的训导长，很不讨喜，大捧赵教授。从赵景深那儿借来杂志《新文学》，有从文的《摘星录》，毫无精彩，几篇小说也没有什么好的。看了一下午，晚上緵和还谈起老苏的事，真叫人伤脑筋。老苏大约也是我平生的一个患，从学校一直跟到现在，断断续续，总没有怎样断过。要緵和陪我多说一会儿，她要走，我也故意不留她。绵绵秋雨还是不断的下着，看样子，一定还要多下几天才会停。吃饭的钱又快要完了。心里想到，好多的东西可以写，以后慢慢的来写吧。

9月6日　水

今天轮到我的房子装顶棚，一上午我没有在房里，差不多都在赵先生房里唱昆曲、谈昆曲。钱完了，正好六安的四千元钱汇来了。到十一点，房顶才算全部装好，和緵和只好到饭堂里去吃饭。房里还是一塌糊涂的，叫周斌打扫一遍之后，自己又打扫了一遍。緵和也帮我抹桌子，所有东西全都整理了一下，好在我的东西也并不多。理了东西，坐在有顶棚的房子里好像怪舒服的，地也平了一平，就更好了。读《淮海词》，好的也不多，我把我所爱的全部抄了下来，预备读熟它。刚把房子弄好，有人找来了，原来是肥西中学的校警，刘某某，带了五爷的信来找我。他们一共三个人，是来挑书回去的。汇的一万八千元还没有到，他们人倒先到了。问问他们圩子里的事，知道新圩子有人带东西来。一看信，有缦和的，于是又把缦和叫来，有她的衣裳。明天大约又要进城了，本来也是要去拿钱的，但总想过两天再进城。洗了一下澡，水不热，已经有点冷了。寂寞时看看凤竹的照片，她陪陪我，我也陪陪她。

9月7日　木

才修好了顶棚，房里也要重新彻底的整理一下，真有点不想走呢，但是也没有法子。上午读完《山谷词》，抽抽烟，但我相信，我的烟绝不会上瘾的，因为一直到现在还是喷了的。我抽烟，是看看烟，看看自己吐出来的烟圈，散了，消了而已。说要走，上午就把东西整理好。饭后把饭账一起结了，两个人一共只吃了五十元，好在进城就可以拿到五弟他们汇来的四千元了。饭后我等缦和，她摸索了半天才来，我几乎倒在床上睡着了。一出门就下雨，两个人只有一把伞，又走的是小路，不好打伞，好吧，只好轮流着每人淋一段雨。雨不算小，我因为穿的是老布大褂，所以多淋一点是没有关系的，自然我是淋湿了的。好容易盼望到了傅家湾，到了傅家湾就可以转到大路上去了，就可以两人打一把伞了。但到了大路后，雨却又小了，止了，像故意和我们捣乱似的。我们一路只到响山寺停了一停，一直到杨桃冲童家，一看志敏、巾和、申和、文定都在。志敏因为肚子泻，根本没有到学校去住，巾和她们学校还没有开学，女中也还是在马糊之中。把脚洗好，又下雨了，今天不能办事了。好在四千元已经拿到，一万八千元买书的钱也汇到了，倒可以放心了。晚饭后，各人都走了，留下志敏、緁和睡一张床，我睡一张。房里也换了样子，比以前清爽了许多。

9月8日　金

天还是阴着，总算不下雨了，得出去办事了。路还是烂，等童家太太买了菜回来，穿了她的胶鞋出去。到地方银行正平路办事处，问一万八元的款子，靠了老童的关系，取款单子拿到了。时间已不早了，赶到中正老苏处，他还在上课。房间正在拆的一塌糊涂，也不能坐，于是到小馆子里去吃面。之后，找项某为肥西取书，居然一找就找到了，像是苏州人样子，滑头得很。老苏不走了，我又从书库一直到他家。有了书，我马上到大通旅馆找刘甫乾，要他们来挑书回童家。叫刘甫乾来拿钱，给向某把账结清了。路过惠民医院，看看江胖子，顺便替志敏要了点止泻的药。一路买了不少东西，早就想买的奇楠香现在有钱买了，又买了一把小茶壶、两个茶杯，早晚可以烧点香给凤竹，自己也闻闻。这些东西一共就花了四五百元。在江胖子处碰到老苏，回到童家，老苏又来了，可真是有些惹人厌烦。今天一早，旭和、曦和就从学校里来了，我出去时，她们叫我带红糖回来，我忘了，她们生气。我只好又到菜市场去买，买回来了，却是甘蔗糖，大凉的，月经来时不能吃，又买错了。早上就叫人买票，晚上看戏的。我请客，八百元买了十张票。晚饭吃的很早，我还请了孙存凯，他最近将派到六安去当分银行经理，正好请请他。一同走出去，却又碰到李炳奇和张二姐来看我们，只好对不起他们了。为了晚上大家都回童家睡的问题，我就有点不高兴了。到戏院果然早得很，才六点半，还没有开场呢。先是杨氏三英的《追韩信》，做萧何的孩子还不错，那两英都太差了。底下是《飞云浦》《血溅鸳鸯楼》，做武松的也还不差，小兵们翻筋斗，翻得一点也不好。《南天门》是张菊隐、刘艳露的唱功戏，根本他们就演不好。不过刘艳露还漂亮，有两个酒窝深深的，我想她演花旦戏一定要好一点，但是说杨红英不让她演花旦戏。最后是全本《棒打薄情郎》，这戏本来是好戏，演得不坏都可以很动人的，縹和她们都几乎哭了出来。最叫人难受的是，莫稽中了之后，马上就变了脸，不认叫花子岳父，也不爱杠头的女儿了。回童家，我一个人先睡了，志敏还来逗我，我也不理她们。縹和、志敏睡，她们睡在外面的床上。

9月9日　土

　　整整下了一天的雨，不能出去，就在童家蹲了一天，没有出去。好在有一本张恨水的《满江红》可以消遣。张恨水的小说也有它的动人之处，有很多地方写得很近情理，譬如《欢喜冤家》中，雪哥哥在米袋中私赠钱给弟弟，桂英看带弟弟王玉和，许多很动人的地方。张恨水可以抓住读者。志敏陪着我谈，我躺在床上，她坐在床边，我们讲着闲话，也不知道会有那么多闲话来讲，现在想想到底讲了些什么也记不得了。不停的雨，假如在学校，我倒不急了，在童家我真是着急，因为不定，没有事情干，又走不了。站在廊檐下，看看山，山都看不清了，真是无边丝雨细如愁。晚上陈芝美请縹和冒雨看戏，童八又弄了两张票来要我去，不去，懒得动了，志敏她们去了。我和巾和谈谈话就睡了，她们回来我都不知道。

9月10日　日

　　又是一天都在雨中，一天没有出去，让我把一本四十四回的《满江红》看完了。巾和、文定又都来了，就为了闹我。我不管，我看我的书。

旭和、曦和在路上又打架吵嘴，到童家又来讲，真都还是小孩子呢。吃饭之后，一批一批的走了，最后老苏又来了，坐了一会儿。今天雨大，闷人得很。房里漏了，晚上只剩我和緵和在家。大雨中，陈芝美又派人来，叫緵和去看戏。在童家就听着三个孩子闹，我有时还替她们抱小孩子。

9月11日　月

梦见和凤竹睡在一张床上，她还穿着蓝布旗袍，我没有看见她的脸，我还摸着她，醒来天还未明。天有晴的意思，但有时又下一点小雨。在床上就看了几段朱光潜的《谈修养》，起来之后，索性从头至尾的看一下，一上午也就看完了。许多话都说得很恳切，但确如他自己所说的，常有教训的口吻。緵和来了，天也晴了，虽然阴着，但是不下雨了。天阴，倒正好走路。緵和说，吃了中饭就好了。这二天不知怎的，胃总是不好，不想吃东西，吃了东西下去也不受用。今天吃中饭就是非常难受，出汗，手发麻，好像坐汽车晕车似的，难受起来，亏好在床上躺了一会儿才好的。童八他们虽然留，但我怎肯再住下去。汇来的四千元，旭和一千，看戏一千，购物五百，借緵和五百，只剩一千元回来了。下雨，路上溪水很大，有小瀑布，一路倒也并不太烂，走起来也不觉得太累。我们还是从小路走回来的。到校第一件事就是洗澡，理房间。洗好澡，泡一壶新茶，点一支烟，舒服的样子。晚饭吃半碗饭，不敢多吃了。记日记的时候，把小釉缸里装上点灰，点一支奇楠香在凤竹的小照片前面，看烟渺渺的升起。我捉不住它，我想是凤竹故意不让我玩吗？捉在手里闻闻。记好日记，到赵景深的房里去，他和胡太太正在唱昆曲。我去了，正好吹笛，一同到我房里来唱。吴太太唱得实在有点不太佳，也只好替她吹笛子。一直唱到九点多钟，差不多她所会唱的全唱了，等灯油都快完了才回去了。

9月12日　火

晚上就想到要写一篇《谈战时男女关系》，一早起来就写，写得不慢，两点钟就写了，四千字的样子。拿去请赵景深看看，到晚上他也没有替我看好。我真是不努力，努力起来，还是可以干点事的，写这样一点文章，以前并不费事。上午又读完了《珠玉词》一本，只剩《东堂词》没有读了。我想睡觉，也没有睡着，去赵景深房里唱，唱了不少时候昆曲。又是下雨，下午又下大起来了，直到晚上也没有止。

9月13日　水

早上赵景深把我的《谈战时男女关系》送来，我们随便谈到一点文章中的意见，我又仔细的看过，把不清楚的字改清楚了。赵说就寄到《安徽日报·枫叶》上去，于是就封了寄去，也没有留底子下来。下午又看了毛滂的《东堂集》《宋六十名家词》《珠玉词》《六一词》《乐章词》《东坡词》《山谷词》《淮海词》《小山词》。《东堂词》，又拿第二册来读。《放翁词》，很多好的。正在看词，綖和带静和、以延来了，带了我的被子来。全打湿了，马上拿去洗晒。五弟他们又带了两千元来，又带两千元给老苏。问问小以靖，我们都放心得很。又谈到圩子里的许多事。中上我叫了五样菜请他们，大老姑又没有来吃。吃过饭写一封信回大伯，让姚三带回去。姚三送以延到六中即回家去，不到立煌了。下午他们弄定了，都在我房里玩，大老姑还带一个周家的比我们小一辈的高三女生来房里吃瓜子。五点钟又吃晚饭，巾和也很会说，说了不少话。饭后到桃花洞去玩，回来又在房里唱昆曲，把他们笑死了。

9月14日　木

　　早上请她们来吃了面。縹和、静和她们都走了，大老姑她们在房里洗衣裳，于是我房里又冷静了。读完《放翁词》，又读《李义山诗集》。下午把我和凤竹的信整理一下，按年月日排好。看了一份在呈贡的信，凤竹的信比我写得好得多，许多信看得都很动人，看起来也非常难受。三点多钟，头晕，把信收起来，以后再弄吧。现在我早上、晚上在凤竹小照片前烧一支奇楠香，自己案头做事。大老姑没处吃饭，过来和我吃饭。饭后，和胡嘉夫妇到山头上去散步。七点半钟就回来了，回来看《玉溪集》。

9月15日　金

　　上午把以前在云南写的一篇《中学国文教学问题》写好。在李杰民房里吃饼，回来武承尧到我房里来大谈，一上午就这样混过去了。下午读《稼轩词》和《李义山诗集》，又睡了一觉。大老姑来替我钉被子。战干团在打靶，机枪声响在山里，回声很大。

9月16日　土

　　把被单也都换了一套新的，自己看看也觉得舒服。读凤竹怀孕时在呈贡给我的信，有许多信写的真好，不是因为她死了，她是我的太太，才说她好的，别人也说好。看了我非常难受，可怜她只要活十年，但打了个对折从那时起，她只活了五年。信很好，我有五十封，她至少也有三四十封。没有看完，有人送条子来，刘振东明天请客。一会儿又有电话，童家来的，要旭和她们的东西。我心里想，今天进城吧，于是就决定下午走

了。不定心，再理了下东西，下午睡了一觉才走的。真是好天气，穿了老
布长大褂走路，也已经不觉得热了，太阳也觉得可爱了。到傅家湾，脱了
长衣，歇了一会儿。到九里铺头，预备歇一会儿的，谁知前面又失了火烧
了，许多女人还在流眼泪呢。到立煌时已经五点了，在戏院门口碰到卞
景，要我到中心吃饭，我真不很愿意，但也还是应了。又碰到童八，一同
回到他家洗洗脚，又到中心饭店。有一个李炳奇还熟，别人全不熟。菜也
一点不好，都没有吃饱就完了。我要走回杨桃冲，和童八夫妇走了。我一
个人睡一间房。

9月17日　日

星期日，人一个个慢慢的来了，静和、志敏、巾和、文定、旭和，
一大堆人热闹极了。但是我一到十点半，忽然发冷起来，自己觉得不对，
要发疟疾的样子。果然一会儿发热起来，越来越热。中饭没有吃，晚饭也
没有吃，许多人在房里闹，我睡得糊糊涂涂的，觉得讨厌极了。到晚上，
老苏来了，我让他谢谢刘振东，我不能去吃晚饭了。我知道他一定会去找
江胖子来看看的，果然到晚上八点半，他们许多人都走了，我也睡了，老
苏带了赵春露来看我，替我打了一针。拿了体温表量了一下，我已觉得不
热了，但还有三十八度五。他们走了，我又睡了，病了更加想凤竹了，我
白喉的时候，她服侍我真是尽心尽力。也想妹妹。

9月18日　月

整整的睡了一天，头晕，似乎还有点热，没有退尽，难受极了，睡
着也难受。甘良淑倒好，忙了三顿稀饭给我吃。头不晕的时候，看看《夜

深沉》。志敏、巾和下午偷跑出来两次看我。老苏又带了炸麻球来给我吃，我也不欢喜吃，哪个病人会喜欢吃这些油炸的东西？病在外面，更是不舒服了。

9月19日　火

头仍然是晕，站不起来，到十点半的时候又有点怕冷了，但好多了。我奎宁吃的短，只小小的有一点发冷发热的意思，一会儿工夫就好了。文静因为无钱，又不读了，退学回来，一直到下午，旭和才送了退下来的钱来给她。她们这一群当中，还是旭和漂亮些，女人气些，脾气可不好。旭和也是溜出来的，一会儿就吓得跑了回去。晚上童八大约去看戏了，甘良淑、文定两个陪我到十点。

9月20日　水

今天已经大好了，爬了起来想回去，这儿已经登得太闷人了。《夜深沉》也看完了，无聊之极。本来这次进城，想一两天就回去的，什么也没有带，发汗，衣服也没有换的，很难过。但听说他们煮了肉汤给我吃，所以想下午再走吧，谁知他们又硬留下，下午又没有走成。正要走的时候，志敏又来了，老实说我很欢喜志敏，她来了，留了下来特地看我的，怎么好走呢？不走吧。一会儿老苏又带了小麻球来，我们一同到女中去看清华同学刘越石的小儿子，已经十四岁了。他房里弄得很糟，他还在高三兼课。童八又陪我逛街，一路逛到戏院，吃了东西回来。

9月21日　木

今天是非走不可的了，人已大好，在城里无事可办，回校到底还可以做点事。所以等童八早上上班以后，我便走了，她们虽然拉，也没拉住。坐车不坐车，老在盘算，结果居然慢慢的走了回来。安徽学院的人很多，走三个多钟头才走到，还好并不算太累。马上就洗澡，换衣服，吃饭休息。先是大老姑来，后来緵和来。緵和来说得很久，说四弟和静和的事，又谈到别的事。下午觉也没有睡。晚饭后，赵景深、文启昌、胡团长秘书等一同散步。

9月22日　金

一到家来（就算是家吧），就不想出去，老躲在房里，一个人翻翻这样，翻翻那样。早上写了几封信。为了除要我教"通史"之外，还要教一门"中国近代史"，借了许多书来，但没有一本得力的，真气人。下午睡了一个好觉，一觉醒来，又要吃晚饭了。天黑了，一个人外面走走，哼哼，背最近读的词。回来到房里，一个人唱唱。闭着眼睛，不知不觉也就九点了。

9月23日　土

今天不知怎的这样难过，什么事也做不了，翻翻旧日记，记记日记，这本翻翻，那本翻翻，心里老是惶惶的，也不知道是为了什么。下午睡睡觉，起来也是如此。如此下去，我真怕我自己要发神经病。寂寞，但又不愿意找人去谈，连散步的时候都怕碰见人。

9月24日　日

窗子上糊了纱，太阳还是晒进来，人心不足。又到合作社，花了五百五十元买了五尺绿布钉在窗子上，又有了窗帘了。木匠又来把门和气窗上钉上了纱，西边的窗上又糊了纱子，房里漂亮了不少。放下窗帘来，读《清代通史》，今天倒读了不少，明天就要上课了。下午还是睡了一觉，到三点起来。读完《稼轩词》，太皮了，读得反而没有意思。天气倒像热了，昨晚盖了大被子，竟然睡不着。晚上写了两封信，一封给大姐，一封给四姐。凤竹死后，四姐是最亲的人了，可惜她离我太远了。一天老是不大想说话，一个人又抽烟，嘴里老是发苦。

9月25日　月

总算今天上课了。新生有什么入学指导，两星期不上课。我只有一班国文，一班三年级的"中国近代史"，十点半到十一点半。跑去看一看，才一半人不到，没有讲。睡了一觉起来，到赵景深房里谈谈文坛趣事。一谈就谈到吃晚饭，今天包饭菜还好。饭后又唱昆曲，一直唱到熄灯。有两个学生来，一个来吹笛，吹得还好。这两天天又热了起来，手上老是出汗。

9月26日　火

今天倒是讲了一点钟的"满清的兴起"，学生好像还没有昨天多。上午读《清代通史》，下午读信。把所有的信都一起读完，倒并不难过，只是觉得很舒服。天热的很。新来的同事很多，周斌他们忙得很。晚上还是没有洗澡，和许多人一同在河边乘凉谈天。

9月27日　水

一年级的"通史"不上，没有事，一上午把所有爱读的《稼轩词》抄了下来，也算是做了一件事。下午睡觉，老是睡不着，天太热，到三点钟起来。翻阅去年在重庆的日记，人好像回到了去年去了，一直到天黑。我懊悔，有许多事我都没有记上，否则会更多一点回忆，让我在这无聊的时候翻阅一下。我注意看我和凤竹好的事情，吵嘴的事情，我就略过去了。许多事也能引起我的微笑。翻阅旧时的日记，倒也并不痛苦。晚上赵景深又来房里唱昆曲，唱了半天，我自己也哼了一会儿。胡嘉来说："人都睡觉了，还不睡吗？"于是睡下。思想甚多，不易入睡。夜来，天刮大风，又冷了起来，又换大被子盖。

9月28日　木

今天倒做了不少的事。从上午起来后一直到下午三点都在读书，《清朝通史》，做笔记，记袁崇焕的死，清兵入关，倒也记得还有趣味似的。下午蓝先生来看我，在六安就会过的。看到我桌上凤竹的照片，于是叹气说可惜了。他走后我又读书，今天没有睡中觉。三点后，到外面转转，下雨，也没有地方去。听李大胖子瞎吹，以解闷。晚上读完《片玉集》，又读《李义山诗集》。

9月29日　金

这两天天又冷起来了，但我却洗了澡，倒是有点冷，赶快洗洗起来。我赞成寒天洗澡，洗了澡，身上很舒服。早上读《清代通史》，做笔记。

一会儿老苏又带了许多东西来，全是吃的东西，我素来不喜吃零嘴，对这些毫无兴趣。把一万二千元让他带进城去，先还了，少背一点利钱。还有一万元，旭和、静和借的还没有还。又把十五爷的一套西装请他带进城去卖了。老苏来，我又不能做事了，我陪他谈了很久。饭后又叫緱和、大老姑来吃板栗。两点钟老苏骑了马走了，我洗了澡，也没有做事。一会儿，緱和她们又来了，东西已经请赵景深他们吃了，没有了，于是她们敲我。我请她们吃饭，晚饭很迟。她们在我这里大疯大笑的，尤其是緱和，她笑的都不成样子。晚上倒做了不少事，一直到九点半才睡，把郑成功的事都做完了一个段落。上床不像往常那样能睡着，早上也是天不亮就醒了。

9月30日　土

天特别寒。早上起来，去听赵景深对新生演讲修学指导。在大礼堂里，风吹进来，几乎把我冻死了。他讲的并不好，噱头倒是不少，差不多整整讲了两小时。回房把自己做的近代史笔记看了一下，预备一下下午进城去的东西。吃了饭，等緱和来，一等就是半点钟。原来她是去弄头发去了，我几乎等得不耐烦了。一出门就是蒙蒙的细雨，有风，小伞只能保住头和上半身，下半身全淋湿了。走大路，也还烂，皮鞋尽是在这种天这种路上走烂的。好在路上她一点不烦，一个人直往前冲，该歇的地方也全都走过了。于是二十五里路一停都没有停，一直就走到了戴家岭。明天是中秋，到人家去总是不能空手去的，况且许多人都在童家住了那么多的时候，也该送人家点东西。特别是甘良淑，她真是忙坏了。于是一路上买了四样东西，一条烟、一件旗袍料子、两个大月饼、一斤饼干。四样，就花了二千零十块钱，六个人，她们每人三百元，我另出二百元。緱和不到童家，我一个人提了那么多东西，简直把我累坏了。到童家，我知道一定会有人在，果然旭和、曦和、志敏、申和四个在。旭和真会迷人，一见到我就说，"这两天我真是有点想你呢"，不管是真是假，听到以后总叫人心里怪受用的。在许多人之中，还是旭和漂亮些，女人气重些，就是脾气也大。志敏脸上颜色老是不太好。晚饭又是一大堆人吃，吃的还开心。饭后，旭和、曦和回学校，明天约好去给她们请假。见到校长，志敏、巾和，已经请准假了。到童家了，缥和也来了，最讨厌缥和故意叫小毛子同我睡，于是小毛子贴上了不得掉了。我大不高兴，缥和、巾和、志敏这三个人，总要有一个跟甘良淑睡，她们都不肯。

10月1日（中秋） 日

天阴，绝不会有月亮了。早饭吃后，一杯红茶、一支烟，倒也怪舒服的。和缥和一同到贞干院去，从飞机场走去的，路还不算太烂。旭和也下山去，看见我们就大叫大嚷的。她带我们去见她们的校长李寿林，他一眼大一眼小，还正在和学生说话呢。等一会儿，下台了，我们去见他，他并不客气，一个人先走了，我们也只好跟着他走。到会议室坐下，于是谈了起来。他先说明今天为何不放学生出去的理由，其实不成理由，初见面不好驳他。于是他谈到他在上海大夏读过，知道元姐、久心（他非说久心是允和）、李云等人，叙了一大堆亲出来。我实在不大愿意和他叙亲，先前我们都不很说话。我倒像是旭和、曦和她们的家长似的，以后有我的信来，她们就可以外出"看病"。谈得好像很久，我们出来。我说让她们现在和我们一同出去，到下午三点叫她们回校参加同学会好了。他自然也不好意思不答应。于是我们一同到了童家，已经十点了，志敏、巾和没有走。一会儿，静和也来了，她倒会闹得很。中饭，菜非常丰盛，有牛肉、鸭子、鸡等，一大桌子的菜。饭后说去照相，陈芝美也来了，一大堆人，结果申和一定不去，真叫别扭，脾气犟极了，许多人都等她。我和童八、縡和都跑回来劝她，她一定不去。我们都有些生气了，随她去吧，我们大家去，所以不叫了。到"亚洲"，一群人照了，志敏、旭和、曦和、小毛子、小侉子、甘良淑、陈芝美、静和、縡和、童八、童十、以延、我，一共十三人，照好都回去。我想到得买点东西，送李炳奇、江胖子，到助产学校找巾和她们。文定、文思都出来了，就是文贤躲着不出来。文思我是以前在圩子里见到的，那时候就觉得她不错，现在看看脸盘子身材也都还好，很大方，会说的很，我问一句，她总是回答的基本满意。她们三个和我一同买东西，一条烟、两瓶酒、月饼，月饼是要送到李家，烟酒是送到江家。我到江家去送，她们回学校等我。烟酒倒合江胖子的胃口，可惜没有送宋美莲一点东西，她说"这两样我都不能吃"，倒叫我有点不好意思的样子。一支烟工夫，我又出来了，说好了一会儿去吃饭，胡嘉请客。到学校，她马上拿了东西和我一同走，摇铃吃饭了，她们也不管了。倒不远，爬上山就是的，到了，他家的酒席也要开了，也正好上桌去。我和他们没有什么好谈的，巾和她们决定不在那儿吃饭，我马上就辞了出来，说有应酬。下山到助产学校。以级也在助产学校读书了，以级也会说的很，马上报告我一大堆消息。学校已经吃过饭了，我让她们四个一同到童家去吃，文思还不去，其实我最喜欢她，想要多和她在一块。到童家，旭和、曦和、巾和全都走了，我和縡和出去吃，他们也还是一桌。天也已经黑了，我和縡和走了。为了欢喜文思，本来说请她们吃月饼的，她们不要，买了一包饼干请她们吃。到惠民，人都齐了，一共有江胖子夫妇、胡嘉夫妇、刘越石、刘振东、唐铁笙、我、縡和。菜也不好，我一共喝了四杯多一点酒，已经不成了。陈芝美请看戏，还得去呢，坐一下，喝红茶，有点晕，但还好。一下台阶，到小河边就全都吐了，倒好了，人也清爽多了。马上打灯送我们。人满了，《捉放曹》已完了，马上就上《樊梨花》了，刘艳露做的，最后是《嫦娥奔月》，身段还好看。不到十点就散了，和缦和走回来，甘良淑还没有睡。今晚我一个人睡了，缦和带小毛子睡。头晕，睡不着，天又下起小雨来了。心事多，中秋我想到许多许多的事。自凤竹死后，凭良心说，我不是没有想再娶人的事，第一个想到的就是么小姐，这大概是因为最近在成都遇到过。后又听到大姐讲她的情形，想起凤竹对她也不错，似乎也说过"你那时为什么不娶她呢？"后来我仔细想过，有许多不好。一来以前没有要她，现在来要她，她心里想到"那时你有孙凤竹就不要我了，现在凤竹死了你就来了，可见不是真爱我的"，一赌气不肯嫁给我，即便是嫁了，终身是个缺陷。她要是常常提起这话，岂不是叫人难受。二来，湖北人全都很厉害，将来带妹妹不好，也是件麻烦的事。不能叫妹妹来受这份罪。现在再娶的，不光替我自己娶妻子，也要替妹妹找一个好妈妈才对。在家里这许多亲戚中，一个看中的就是文思，脸有点像洋人，身个最好，小小的也不瘦。我不欢喜大个子、胖肥的女人。人也会说话，也会带小孩子，唯一的一个问题就是她太小了一点，好像才二十岁的样子。因为和她没有像文定、志敏她们那样熟悉，所以知道的并不多。以后熟了，一定可以多知道一点。其余的我也想到这里，但志敏也小了一点，脾气也不好。想想这些事，很烦，有时就想，暂时不结婚，清静两年好好的用用功，有点成就，到那时再说吧。

10月2日　月

因为有一堂课，必须赶回去，打晨炮五点的时候，就醒了，就起来了。缦和也起来了，于是他们一家人也都轰了起来。六点钟我没有吃东西就走了，但走出去一摸，笔不在身上，马上回去拿笔，又让他们拖住，一会就到七点钟了。和缫和一同出去，到石稻场，我叫到车子先走了，两百元一辆到古碑冲。我走回去才刚九点半，要十点半才上课，于是把房里整理好。中酒，头晕，怪难受的。想躺一会儿，要上课，又不定心。今天第二次上课，学生倒肯问我，自问讲得也还不错。下午预备好好睡一觉，谁知一上床，就身上发热，知道坏了，怕睡不着。果然就睡不着，看着睡不着，自然就想坏事儿。

11月3日　火

新生训练，要我讲国际的形势。已经有武承尧讲了，于是我去找训导长改一个题目，我自己想讲"谈娱乐""谈青年恋爱的问题"，还没有决定。上午又到图书馆搬了一大批书来，还是没有我最需要的。下午上一课"明之亡"，自己讲的还不错，上课的人也多了起来。赵景深来叫唱昆曲，拖了朱清华先生也来，他一定不肯唱。找女生，女生也还是不来。晚上看旧小说及弗洛伊特的《精神分析引论·序》，不知不觉已经很迟了。

10月4日　水

没有吃早饭，买了点白糖、饼干、花生米，把童八送我的红茶加上白糖，吃了一点就吃不下了。读《精神分析引论》到第二册。晚上刘文恒、孔凡杰请朱清华我们全体教员，我们都有，菜还好，可惜一桌人太多了，十几个人一上来菜就没有了。晚上图书馆职员、事务主任张某，来我房里唱京戏，许多人都来听，有文启昌、赵景深好多人。一房的人，只有我和赵唱，他们都说我唱得好，我心里大为高兴。人散后，我点一支香，看看小说，看得很久。

10月5日　木

早上我去找总务长，想不演讲了，谁知道不行，非讲不可。于是我讲"谈娱乐"，一点材料也没有，全凭我自己想的，写了一张大纲出来。到图书馆去把《日用百科全书》找出来，也还是没有用。有张副司令来演讲什么"哲学与科学"，全是吹牛。我听了一小时，实在蹲不住了，溜了出来。下午想睡觉也没睡好，一会儿爬了起来，和赵景深又谈戏曲，也很不错的。他们来下跳棋，我对这东西没有兴趣，头疼，只能在边上看看。晚饭后，一个人去桃花洞散步，吟诗。回来，昨晚来的张主任不在，王主任又来了。于是又唱了，许多人来唱，赵景深、张主任、卢先生、教官、缵和，又是一房的人，到八点钟，大家才散了。房间里香烟味太重，把门窗打开，出一会儿气，然后点一炷香。

10月6日　金

让我演讲，也没有人来请我，难道让我一个人跑去讲不成？在外面转了几转，训导处有一个人来和我一同去。讲"谈娱乐"，大约还是同赵景深讲的那一段"迷魂党"，连做带唱最引人了，来了不少的人听。下午睡觉，睡不着，也一直到了四点钟才起来，睡睡醒醒，也不知醒了多少次。晚上李杰坤来邀请去吃面食，大谈音乐，光听他一个人说。水饺也还不错，吃得很多。记得以前我们自己做水饺时，我总是吃的不多，非到第二天早上炸了吃，才吃的多。晚上早早的就睡了。

10月7日　土

　　上午抄抄词，下午读读《清代通史》，一天又过了。晚上上图书馆，王主任又来唱戏，学生在外面听的不少，于是找了几个人来唱唱，唱的还不错。晚上又谈戏曲，一直谈得很晚才散。

10月8日　日

　　上午为了等城里来的人，跑出跑进，不知道看了多少次，也没有等到人来，等人真是最着急的事。今天尤其想文思来，但结果我不出去望她们，在屋里看小说，她们倒来了。人真是不少，还有两个我不认识的，是以级的朋友，一个姓唐，文定、巾和，一共五个人。就是文思、文贤没有来，她们因为是老学生，今天有事不能来。她们话匣子全都打开了，抢着说话，我不说话，听她们讲。先讲抢饭、抢菜，她们护士学校怎样怎样的不好，文定怎样每顿饭都能吃饱，别人都吃不饱，因为她会抢，水也要抢。后来不知怎么的，又讲到小五姑的死了，是以级讲的。两点多了，她们也谈够了，我送她们由小路到坡底下。一路上以级又和我说小以靖脸上生疙瘩，痒得很，后来她大约又懊悔了吧，又说已经好了。但我已经知道了。晚上想以靖，一个人呆了半天，又想我该把她带来，又想写信叫人马上把她带来。不想就罢了，想起来，这时还很想她呢。据说她已经不想我了，别人问她爸爸呢，她糊涂的说吐血死了。晚上在李杰全家吃饭，吃水饺，带大老姑、缦和去吃的，吃的很舒服。灯油不多了，想想小以靖，读读词，倦了，睡吧。一觉醒来，听见吹号，大约是熄灯号吧。

10月9日　月

六年级今天才正式上课，但明天又放假一天。上次赵景深就说三文的同学说我讲得很好，很清楚，有条理。上"近代史"的时候人不少，而且有的人站在门外听，我自然心里很高兴，"通史"也只讲了一个钟头。下午无聊，自己实在又不愿意和同事们多敷衍，于是只好一个人闷在房里。晚上特别的想凤竹，算着明天双十节，凤竹死已经整整百天了，光阴真是快，苦雨凄风，她一个人在田野里，也一定在流泪吧。近来看旧小说，有许多鬼怪，我倒很愿意能见见凤竹就好了。每天晚上她若能像小说上的那些鬼一样，能来陪陪我，那岂不是很好吗？又想以靖，在床上睁着眼睛，想了大半天。外面下着雨，绵绵秋雨，树叶子也渐渐落了。

10月10日　火

国庆日。阴雨无聊，想立煌也不见得热闹。早上读《清代通史》，因为感到还够讲不少时候，于是又懒得去弄它了。烟抽了不少，没有做什么事，闷起来便在房里走来走去的，这本书翻翻，那本书翻翻，尤其是旧小说。又和艺术科的某些人谈话。

10月11日　水

上两课，同时老讲同样的，没有劲。下课以后又没有事了，和隔壁的黄荫莱谈谈。他倒是个好人，去年的教务长。晚上赵景深来房里唱昆曲。

10月12日　木

上午两课。下午在胡嘉房里听他讲他自己的经历，又讲了许多人的秘密，讲得很有趣味，于是不要睡午觉。晚上又到小馆子里去吃面。

10月13日　金

又有几天没有做事了。《史记》写了一点，写到周成王，为了刑法的问题，到山东人房里去借书。山东人教"上古史"，也不知道他姓什么，好像很熟悉似的。到他房里，于是讲了起来，讲唯物观的事，谈了半天，倒都是正经话。借了一本《中国社会史教程》，回来翻了一会儿，吃了饭。现在吃饭真是讨厌，饭来了，叫菜，半天总是不得来，菜来了，饭又冷了。饭菜倒是好多了，不来和我算菜账了，将来一给一大堆。昨天就说好，和赵景深下午一同走进城，空时就理理收收东西。和赵景深一同走路。大老姑不进城，借给她三百元。縰和有同学同进城。我们两个走小路，一路走，大家谈得很好，她们什么话都讲，粗话也讲到了，不无聊。她虽然胖，倒也走得动，到傅家湾歇了一会儿，就一直到九里铺。她又吃花生，嘴干，我没有吃几颗。到杂剧社，找张菊隐借笛子，他还没有起来呢，这时都有三点钟了。他儿子出来了，拿了笛子，我们就走了。头发太长了，我到社会服务处理发。赵到李小年家，我们分手了。头剃的还不错，四十元。我又买了五张票，预备请陈芝美的，但縰和她们也不知道陈芝美在哪里。到助产学校，正降旗，先生老说话，等得不耐烦了，我便走了。又到女中看刘越石、志敏她们，她们见了我，又不理我，还是我把她们叫了出来。志敏长胖，也漂亮多了。刘越石不在，到高商去了。我便到童家，正在吃晚饭，甘良淑倒是很欢迎我的样子，马上炒蛋炒饭给我们吃。没有人看戏，怎么办呢？让童八拿了两张票去，找他们那里的人去看吧。我和他太太带了小侉子，抱了小老头子，打了灯笼，我们就去了。戏是《大登殿》《碰碑》和《穆柯寨》。我们回来，我和小侉子睡一个床。没有睡好，每次进城总是睡不好。

10月14日　土

昨天刮风，今天又下雨。六点就爬了起来，到女中去，脚上没有皮鞋。在刘越石那儿吃的早饭，一同去高商。倒真是不近，在李小峰家过去还要半天，脚马上走湿了。刘逊俊非常好，马上买好烟，买瓜子来吃。也会说的很，自然先从四弟说起，谈了整整一小时。下课了，我找到静和来说话，说了两句话，我就走了。刘又把鞋借给我，我穿了他的鞋子去找江胖子，脚后跟被打破了，赵小姐替我涂上药，请江胖子去女中为周某看病。我回童家，又到李小峰家唱曲子。到童家，緵和、陈芝美倒在了。我叫了车子，五十元，到林家山北新书店。他们正在下跳棋，胡嘉病了，睡在里面。孟达成的儿子，在画苏州人的样子，有点"屁"。家里做的菜很好，比上次的酒席还好。饭后又来了一批人，听唱的，唱的一点不好。我没有唱，光是吹。人走了，演话剧的蔡方、曾蕲，又来听唱。孟好像唱得很过瘾，就是土话太多。这样的唱曲子，一点劲也没有。就是赵景深一个人唱的好一点，别人都不行，李太太（范慧英）也不行，胡太太更坏。我对这曲会真是没有一点兴趣。四点半我们一同出来，和蔡方夫妇一路谈李大胖子和重庆戏曲界的情形，他们也都会说的很。在童家吃完饭后，緵和和小毛子急着去看戏，静和也来了，少了一张票，我想不去，但还是去了。果然，刚坐下没有一会儿，人来了，只好让别人。我出去，想回去了，童八出来找我，又进去挤挤，坐在后面，也看不清楚，今晚人真是多。全本的《浔阳楼》《坐楼杀惜》，还可看，后面实在是没有什么好看。回来也没有地方睡，縩和、陈芝美一床，静和、小毛子睡。我不睡，做事，替静和翻一篇蒋中正的演讲稿，为电文，抄好才两点多。看看书，抽抽烟，听到杀猪、鸡叫，四点多，我衣服也没有脱在床上睡了一会儿。七点多又起来了，好像并没有睡。

10月15日　日

星期日，人都来了，先是志敏、申和来，我还没有起来。人来了，睡也睡不着的，倒不如起来的好。今天有比赛，说去看球去，又替周某打电话到学校。到中山路地方银行，打电话打不通，到服务社打，也还是打不通。看球，六中对地方银行，打的一点也不好，志敏她们还看得有劲得很，大叫大嚷的。一场比赛完，不看了，又去看什么战利品展览会，人多极了，没有什么好看的。出来又见有俘虏演说，我不爱听，日本人也还唱歌。我和童八到企业公司找刘振东，在他门口坐着，可以看球，看俘虏，倒是很好的地方。接着他们一个一个的也都回来了。在社会服务处，又遇见了丁先生，还是那个样。我们又都到服务社饭堂，六百元，请了十个人（童八、小毛子、静和、旭和、曦和、申和、志敏、縩和，还有縩和的同学）。然后又到童家，童八又买了票，请大家看戏。到戏院里，申和才告诉我说文思、文定她们要去参加远征军，叫我去劝她们。于是我都没有看好戏，一同到助产学校，她们好像知道我是来劝她们的。我也不会说话，说了一阵，我想起我小时候，到援马团参军的事。我要她们认真想想，多打听一下再做决定，一时的冲动，往往以后会懊悔的，这或者就是一生的关键。文思好像很有沉思的样子。这也难怪，学校不好，饭都吃不饱，家庭又不好，这种环境，很容易使她走上一条自谋出路的路。周长华，我的干女儿也来了，静和把我的包也拿来了，我决定今天走，因为明天有课。虽然下着雨，看戏的也回来了，我还是走了。叫了车子，二百五十元一部，拉到戴家岭过去没有气了，不能走了。好了，我只能自己买了双草鞋走了。当时已经三点多了，天渐渐黑了，小雨蒙蒙，行人稀少，天越来越黑了，我停也不敢停，到傅家湾天已快黑了。在小路上越走越黑，连路也看不见了，爬上山就很难走了，脚老是在水里汪着。路上没有人，我想到在重庆时，到蒙家花园，有时也是如此。但那时有个希望，到了家，有凤竹，有妹妹，有温情。但现在呢，急急地赶回学校去，为什么呢？不禁很难过。后面有一个人，大约也是到学校的，快到的时候，更看不见了。常常跌在田里，草鞋掉了一只，长袍的下半大约全都是泥水了，赤着一只脚，更是不好走。有灯了，半天才摸到学校，所幸还没有走错路，还好。给自己洗脚，一盘一盘的换水，五盆水洗一双脚。把东西放好，下面吃，也吃不下。一支烟，一杯茶，这时才知道舒服，同时也感到了寂寞。

10月16日　月

昨夜匆匆冒雨赶回，谁知今天又不上课。上午李品仙请客，下午举行开学礼。十一时集合，在会议室里，久病初愈的朱院长也来了，自然得来，李品仙主持开学典礼。大家翻过山头到战干团，李品仙也在休息室里等，样子似乎比照片上还要漂亮些，广西话也还不难听。不认得的人，院长介绍了一下。坐下来抽烟，没有话说的时候，最好就是抽烟。吃饭了，我们五个人一桌，菜很好，还有海参。据说办饭的是给罗斯福做过厨子的人，大家都叫他"罗斯福菜多"。可惜鸡太多了，后来我简直吃不下。饭后我们就回来了，学校很紧张一阵，半天李品仙才到，大礼堂布置得也还不错，他上去说了一会儿就下来了。天黑的很，外面又在下小雨了，很早出发。很早就把晚饭开了出来，一点也吃不下。我们正在赵景深房里唱昆曲，王派人来请。房里都是学生，今天晚上唱得很过瘾，学生唱的也有不少，有几个也唱得很不错。九点了，学生们打灯笼送我们回来的。

10月17日　火

　　课程表一改，我今天有四课。上完四课，什么事也不想做了，只是翻翻旧小说。下午看报，看到本省女青年请缨远征，其中有文思、文定的名字，她们真的去报名了。马上去打电话给童八，又不在。到球场去看球去了，心里颇不高兴。想到她们该不会马上就走吧，因为报上并没有说。把繰和叫来，和她谈这个事。其实我心里是为了文思，假如别人去，我一定没有这样紧张。晚上大老姑又来借钱，又借了两百元给她，又谈起远征军的事。

10月18日　水

　　下午大写信，把欠的债还了不少，给平和、中和、妹妹、五弟、四姑、十九爹爹、小老姑、夏妈、巾和等。许多来信叫我高兴。如平和的信上报告妹妹的情形，很详细很好玩。夏妈的来信也使我高兴，多吃了一碗饭。巾和也有信来，说文思她们不去了，我也放心了一点，早上我还写了封信去问她们的呢。晚上赵景深来唱昆曲。现在天黑的早了，五点钟倒已经看不见了，七点赵景深已经要去睡了。我看了一会儿《中国社会史教程》，也很早的就睡了。天还是阴雨，好像永远不会晴似的。这几天又松了下来，懒得做事了，好在预备的多，还有的讲的，也不必着慌。光看些旧小说，一些鬼怪使我想到凤竹。如果真有鬼，凤竹也该来看我一次，我这样的想她。小说上鬼的出现好像很容易，我们却从来没有见到过。晚上睡在床上，我常想做一个梦吧，或者让我看见一下凤竹吧，可是从来没有看见过。

10月19日　木

下午二时半拍曲，在第四教室，人倒很多，没有一个女生。教"携手向花间"，许多人都瞎唱，我们教得十分累人。这才是第一次，我已经没有兴趣了，赵景深也说没有劲。又读《精神分析引论》，这次一定要读完了它。

10月20日　金

夜里梦见凤竹，不清楚，现在只剩下一点片段了。凤竹穿了一件很漂亮的衣服，脸上也擦的很好，躺在床上，但并没有死。又想说凤竹快死了，说有一个方法，很简单，只要一点开水，很普通的方法，一吃就好了，凤竹因为光是生病并没有死，所以只吃了一点就好了。但许多人都以为她死了，送祭席来，头七，老圩子送祭席来，一定要拖凤竹去吃，没有死怎样去吃呢？凤竹一定不去，我也不要她去，好像还有不少的事，也记不得了。

今天其实倒做了不少事。上午读《精神分析引论》，坐着一直未动，下午抄文章，把《谈国文教学问题》改好抄好，预备给《中原月刊》。一直到晚上才弄好，手都抄酸了，大致有五千字的样子。明天又要进城了，路烂，也实在不愿意去唱昆曲，但看看文思也是好的，她们已经来信说不去了。

10月21日　土

　　早上天倒有晴的意思，心里很高兴。进城，走小路，路还是很烂，有几段根本就不能穿鞋子走。脱了鞋子，赤脚走，到小溪边下去大洗一阵，袜子也洗了，再又穿上。一直到六中找以延，他们正在考英文，一个女先生凶极了。我问他钱收到没有，因为先托孔祥杰带给他，结果没有去，又托了别人。他说收到了，我就走了。太阳出的好好的，又阴了，到童家洗脚。在路上就遇见童八，他去洗澡，我没有去。到护士学校，两条猪在门口拦路，不能进去。正好文思在，把文定的伞也还了，文思见我好像很难为情似的，没有说话，我就走了。我到童家去，下午下雨了，昆曲又不能不去唱，只好冒雨去民生路37号。倒不难找，可是太早了，一个人也没有来。一会儿来了一位所有的曲子都懂的某先生，我一点话也不愿意和他说，倒是替王连成拍《学堂》的"论六经"。二点半，三点半，赵景深他们才来，慢慢的人也多了，全是不认得的，我也不爱去敷衍他们。就这样也唱了不少出戏呢：《游园》，胡太太、赵景深；《拾画》，赵景深；《折柳》，赵、胡；《定情》，王连成、张宗和、赵景深；《思凡》，赵景深、胡太太；另外王连成还唱了几个散曲，洋词。因为杨红英、刘艳露不来，好像大家都很煞风景似的，连我也想看看他们。先还说也许要来，后来天都黑了，大约是没有希望了，不来了。晚饭又是"罗斯福"做的菜，很不错，席上有一位圣约翰的姑爷，他们的吴局长也到我们家去过，我也不愿意攀附。饭后为了抵抗杨、刘之不来，大家把戏票烧了，也有人说两个星期不去看戏了。既不开心，我们都走了。我借了一盏灯笼回童家，社会服务处不空，还是只好回到童家去挤。我和童八、小毛子、小侉子四个人睡一张大床，自然睡得不好。

10月22日　日

借着要大便，就起来了，才六点多钟，也睡不着了，一会儿人也都起来了。看看《爱贞姑娘》，也没有什么意思。想到我最宠的志敏（静和说的），到女中找她看看。我们两个一同到女中，叫人把她们接出来，一同到童家。我的确是喜欢志敏的，她也喜欢我。我叫志敏出去买回形针，路上遇见文贤，又遇见文思。把回形针、刮胡子刀买好，回到助产学校，在她们教室外，和文思、文定、巾和、文贤她们谈话。文思、文定脸上好像都有疤，文思好像还多一点，但文思就比文定漂亮多了。又下雨了，我和志敏又回到童家，曦和她们也都来了，和她们一块吃饭。饭后旭和不让我吃烟，我说你又不是我妈，还这样管着我，于是她大生气，不理我了。等静和洗好了澡，她和我一路走回学校，过戴家岭，一路未停，因为怕天黑了。还好到学校天还在亮着，脚自然也全是烂泥。

10月23日　月

上课读错了一个字，心里很不舒服。

10月24日　火

秋深，阴雨天，冷，棉衣无着，已经受不住了。

10月25日　水

找丁洽明先生谈，他在合肥时和爸爸就认识的，我们家的事他也知道一点。又和他谈谈学问。

10月26日　木

上完课，算是没有事了。天又晴了，刷刷脏鞋子，就去了一个钟头。下午到田野上走走，买了十元钱的白果吃吃，看看红叶，看看溪水。昆曲，谁又高兴去唱了？但今天人也还不少。到月底了，还欠了一万块钱的债，有五千是旭和她们的，有五千 [是] 我自己的。家里是不会有钱来的，得想法子。还了赵景深一千，多的也没有还了。这几天又没有好好的做事。

10月27日　金

没有课，一天倒做了不少事。做清代史笔记，讲到平准噶尔之乱，很头疼，一上午全在弄这个，下午原定做近代史的笔记，也没有做成，仍然是弄清代史，总算把康熙朝弄完了，到雍正我就停了。晚上到图书馆去，王大主任来找我去唱戏，也没有唱成。有学生来，来了三四个人，大家谈谈唱唱。反正这两天久雨初晴，有好月色。他们送我回河边，李胖子又拦住我下跳棋，我现在也会下了，以前看他们下头就疼。回学校，没有灯油了，我们才歇了回房。灯草也给老鼠拖走，点自己的小灯睡觉，老是睡不着，想妹妹，想凤竹。日里忙的时候还好一点，空下来就想起许多许多的事来。这两天头老是晕，不好过。赵景深又进城去演讲。唱曲子了，本来要我去，但人家又没有帖子请我，我去干什么？而且每星期都进城不好，城里也没有地方睡。没有钱了，向赵景深借了一千元。但马上以延来了，说要去参加远征军，我也没有深加阻止，叫他打个电报回去，马上就去了一百元。以延走后，沉默半晌，想参加远征军的事，我也有点动心。等到谭青史来了，才把这思想抛开了。我也想默默的就跑，另找一条出路。

10月28日　土

昨天黄荫莱说，我也想，昆曲是不应该随便唱的，然而每星期都进城也不好，所以，早上叫了张国铮去，晚上碰到他，说到驿运管理处去了三趟，说赵先生不来演讲了，所以他晚上回来了。真是叫他白跑了一趟。

早上读《中国社会史教程》及《精神分析引论》。下午没有做什么事，理一理和凤竹的旧信，回纹针买来了，一个时期一个时期的把它夹了起来。刚好罗玉清来了，看见说，你太太的字写的真好。我心里想，你没有看见她的信，她的信才写得真好。人家夸她，我心里又好过，又难过。他又劝我把这些东西收起来，不看见也罢，免得见了伤心。其实不然，我看了并不伤心，有时倒反而觉得高兴呢。好久就想写一点东西纪念凤竹，但总是拿不起笔来，今天他来一提，我又想到要写了。想晚上写日记的时候写的，但王主任又派人来请去唱戏。中上、晚上都有人请。吴韵淞老先生六十七岁生日，请客，是学校小厨房叫来的菜，味道一点也不好。晚上卢请我在他的房里吃，一样笋烧肉，一样肉汤，一样鸡蛋，倒是吃的很高兴，比中上的还好。下午緥和拿了四姆妈的信来，她要到苏州去了。又使我想起我的日记来，我真是念它呢，不知道它现在是烂的呢？霉了？还是丢了？四姆妈给緥和的信上提到她要为我介绍陈之珍的事，我大笑。晚上在王那儿唱，并没有唱多少，嗓子一点也出不来，倒是和学生谈了不少的话。学生跟我学《四郎探母》第一句"袖内机关"，后来唱的上劲了，打花鼓小调全唱了出来。九点多我们才散，一路上也还哼着。天又下雨了，点上灯，热闹以后的冷静很是难过。躺在床上想妹妹，想凤竹，一觉醒了，灯还没有灭。听见有响动，我真希望凤竹能来。

10月29日　日

冷静极了，星期日河边宿舍人都走完了，只有我、黄荫莱、卢宜庆三个人。上午以为城里静和和文思她们要来，自己也不定心，到小铺子里订了一百个水饺，等人来了吃的。到十一点钟也没有人来，大约是不会来了。叫緤和、大老姑一同到小铺子里去吃。三个人吃了九十五个水饺，很饱。回房后天气很好，想到可以出去一下，于是到古碑冲去跑了一趟，买了一副鞋带回来。走热了马上洗了一个澡，倒是很舒服的。洗好了澡，光着身子在床上躺一躺。可惜，张熙修（校工）不识相，来叫我倒水。也没有睡着，马上爬起来，穿上衣服，篦头。凤竹若是活在的话，一定会替我篦头的。慢慢的，赵景深、胡嘉一帮人都回来了。晚上丁老先生来我房里谈学问，很讲了一阵。后来城里有电报来，说美国空军明天要来演讲，大家紧张忙了一阵，准备欢迎，明天可又不上课了。

10月30日　月

有雾，天冷得很，早上越睡越冷，只好爬起来。昨天在小铺子门口采了两枝白菊花来插在小瓶里，把凤竹的照片放在花下，倒怪好看的。我做一些事，除了感伤之外，还带一点喜悦，好像看悲剧，看悲伤的小说一样。美国人五个，由空中堡垒上跳下来的。由海州来的，十点钟才来。先到会议厅里休息，很多人都不肯和洋人坐在一起，把我搁了上去。洋人自然找到我，还好，还能敷衍几句。一共有五个人，有一个黑人，一个是贾比丹，都穿了小衬衫来的，到大礼堂演讲。张宗元做主席。贾比丹讲话，刘振东翻，不外是一套一同作战的话。后来分五组，五个人每人一组，和学生说话，这倒是很好的。我在"阿贝"这一组，听他讲讲还好，学生拦着签名。吃饭，菜还不错，这是我在学校吃过的最好的一顿饭。饭后他们就走了，到战干团去演讲去了。我们也不上课了。回房，綵和来，邀她一同找大老姑一同到桃花洞去。走得热了，我们都脱了头绳衫，坐一阵子，一天又快黑了。又一同到小铺子里吃卷饼，刚好李大胖子也去，邀了他一同去。她们叫他唱，他又大谈其理论。吃的很开心。晚上学生又来找到图书馆去唱，他们又把罗彩芬、綵和找了来，一点也唱不好。今晚唱的人特别多，学生我一个也叫不出名字来，光认得脸。月亮很好，可惜又冷了，不能老蹲在外面。

10月31日　火

仍然是不上课，委座诞辰放假一天，但也没有通知。我倒好，又放了四小时的课。因为昨天和綵和她们采枫叶，想到写一篇《红叶》，短短的，一千字左右，给了《安徽日报》，《枫叶》正合适。早晚天冷，九月衣尚未剪裁，奈何奈何。下午也没有做事，把《精神分析引论》读完，又抄了两首李义山的诗。晚上倒做了不少事，查了不少书。

11月1日　水

天又晴不稳了，又阴又雨又出太阳。早上一起来，我真是气极了，老鼠把菊花吃了，把花瓶打翻了，水流到桌子上，把纸全打湿了。最气人的就是把凤竹的照片咬了一只角，我真生气了。这几天头脑子老是疼，也许是性的关系。下午睡了一会儿，周斌送一封叶至美的信来，这还是到立煌以后第一次收到后方的来信。可惜，她这封信上没有写多少东西。晚上看到报纸上，有老音乐家郑颖孙参加远征军的事。四姐也真是一点消息也没有，打给三弟的电报，也没有回信来。晚上翻了几本书，写了一篇《封建制度》，是通史里的一章。为了吃饭问题，大家纷纷讨论，也没有结果。薪水还不发，又要没有钱用了。

11月2日　木

天又阴雨了，又只得穿上皮鞋了。上完了课，这星期又没有事了，抽着烟，像是很悠闲似的。今天是阴历九月十七，大大的忌日，我还记得大大死时，也是这样一个阴雨天，但这事已经有二十三年了。下午只写了两封信，倒花了我不少时间，一封给四弟，一封给新圩子的四婶、五婶。晚上写一篇初订婚之后到广州去的事。我早想写一点东西纪念凤竹，总不能下笔，现在想根据日记写几篇连贯的东西，从头写起，[从]青岛之行一直到她死。将来自己花钱，好好的印一下，把她的信附在后面。我决定了这样做，晚上写了四张纸，十点钟才睡。

11月3日　金

上星期向赵景深借的一千元又没有了，仅仅只一星期，钱真是不够用。上午写了张条子到总务处去借一千元，说没有，要到下午才有，下午去，只有七百元，还差三百元没有给。我们学校也真是糟糕，十月份的薪水不发，钱还借不到，叫我们吃什么呢？大家都骂学校，上午叫瓦匠来给我们刷房子，老不来，我都有些气了。来了又阴死阳活的，做的一点不上劲，我看着真是着急，只好躲到胡嘉房里，不看他们。后来一问他们，七月份的薪水还没有发，他们自然做得不起劲了。一上午刷房子，理房子就去了，上午就没有做事了。下午房间清洁了，赵说我的书架子不好，我马上用白单子钉了起来。凤竹要活在，她一定不赞成，说把卧单弄坏了。下午多做了不少事，把昨天没有写完的一篇到广州写好了，大约有四千字，题目叫做"汉口—桃源—广州"，我预备用我们经过的地方作篇名。于是晚上写"北平—青岛—苏州"，是我们第一次会面的情形。我写的很慢，脑子里回想到八年前的情形，很多好像很清楚，但许多事也都模糊了。一直到九点多才写好，有两千多字，我自己觉得写的不好，譬如广州母女分别的情形十分动人，但我却没有用心写的好，只有淡淡的句子，不够动人。凤竹自己常说，将来闲了，身体好了，她一定好好的写一写她的这些经历。我相信她一定会写得很好的。上床许久没有睡着。

11月4日　土

上午写西周文化一节，到盛先生房里搬了不少的书来翻，但只写了一点就吃中饭了。现在饭叫周斌做菜，饭还是包饭，饭堂里的饭常常不够，今天中上就不够，又重去要的。饭后刚预备做事，老苏又冒雨来了，这一次倒很好，他替我送大衣来的。他买了一床被面，替我做了件大衣，还不错，棉衣的问题总算解决了。但他又买了小麻球来，我吃了两个，全让缵和、大老姑吃了。我们在房里谈，赵景深就在唱昆曲，老唱《惊梦》"原来……"，他在替图书馆的王主任拍。一会儿他们来我们房找我吹笛，于是叫工友把胡琴拿来，我们唱戏。缵和也唱，《起解》的反二黄，赵景深也唱。马上来了不少人，陆益春、文启昌、陶梦安、刘文恒、李杰民等等全来了，床上都坐满了人，把我的床弄坏。大家叫李唱歌，他一定不唱，他又介绍找金若的太太来唱。果然她倒带了孩子来了，孩子闹极了，要吃东西，赵景深拿东西来，就不哭了。于是也唱了两支，还不错，可惜马上又要吃饭了。叫了两样菜，緂和和老苏也在这儿吃。晚饭后，学生又在赵景深房里唱了半天，老苏已经在房里睡着了，他这次来送寒衣。天冷了身上老是不得热，把所有的衣服都穿上了，还是不成。穿了棉大衣，一会儿手脚马上就热了。

11月5日　日

又一连下了几天的雨。天冷，早上简直不想起来，但醒着也是越睡越冷。凤竹在一起时，早上睡不着，讲讲话也是好的。我起来才到十三号，把老苏叫起来，厨房没有油炸馒头，又没有稀饭。我和老苏一同到小馆子里去吃，有韭菜盒子，于是写了张条子，叫大老姑、緂和也来吃吃。吃的很舒服，小馆子的水饺还没有韭菜盒子好吃。回房来，老苏就走了。下雨，老苏穿我的草鞋走的。緂和和大老姑在我房里谈了一会儿。我做西周文化笔记，到吃中饭时我总算弄好了。今天叫周斌烧了一斤肉，煮十个鸡蛋，又在小馆子里叫了一碗豆腐菠菜和馒头。早上韭菜盒子吃得太多，我只吃了两碗饭。饭后做了一会儿事，到丁洽明房里去，预备问他几点问题。但有人在，也不好问。后来训导长李圃又来谈到广西的水果，大谈一阵。等我问到"刑罚"时，已经快吃晚饭了。晚饭后做了一节近代史的笔记，晚上写信给四姑和叶至美。四姑每次写信都和我说到凤竹，我也欢喜和她谈到她。叶至美很会写信，可惜这次来信太短，没有说什么。写完两封信，已经很晚了。

11月6日　月

今天上课，学生又要求发讲义。我真不愿意编讲义，全是抄书。但我现在想，编编也好，可以有一点成绩。上縯和她们班的课，下课她来找我签字，我叫她晚上来吃牛肉。我吃过饭了，她还不来。我和黄荫莱、张宗元预备去散步时，她们来了，还带着个朋友。牛肉只剩一点点了，我热了，又买了点馒头，让她们吃。想写点东西，翻翻日记，又不写了。通史也还有材料，于是读我自己选的李义山的诗。

11月7日　火

上了四课下来，还要替图书馆的王先生去拍《惊梦》，又替唐家斌翻打花鼓，累得很。所以晚上唱戏，一点也唱不出来。说是明天就发薪水，还不知道发不发呢。向縯和借了二百元，明天买菜就没有钱了。天气真是不好，今天刚刚有点晴，一会儿又阴了下来，晚上又下小雨了。但夜里我起来时，却又是满地的月色。每天上床睡着之前，总想到许多许多，想凤竹，想妹妹以及将来的事。

11月8日　水

天气好了，但也冷了，我又把大衣穿了起来。上午上了两课，下午没有课，做了一点笔记，做春秋时代的郑国。晚饭后和黄荫莱等去小山上散步，从战干团回来，天已经黑了。日记写些什么呢？没有什么好写的。

11月9日　木

天气是晴定了，但天也冷了。上午除上课之外，就在河边上晒太阳，晒得头也晕了。学校出布告开除学生，"有擅入人室，强取物品"，真是不大通。下午想做点事，睡中觉也没有睡着，书也没有看，光抽烟。读读昭通的旧日记，想起许多事。晚上才正式做一点事。隔壁朱清华搬来了，大谈。已经好几晚上了，都是那样吵。明天进城，好几天没有定心了。

11月10日　金

前几天有一晚上，做了一个很古怪的梦。梦见在漆凤竹的棺材，不知为什么漆好一层，要全部拿斧头砍掉一层，我自己砍砍，又把棺材侧过来，听见棺材底下有水，醒来大不舒服。一早起来就收拾，要把东西全收拾起来，桌上的东西也收了。找嫂和来，她不进城。我一个人到小馆子吃炸馒头，吃的很饱。天气也很好，走得很舒服。走过一家门口，一个老头子叫我不要让他的儿子回来，因为他的孩子喜欢逃学。这使我很感动，做父母的为了儿女，真是无微不至。一路走，穿大衣已经热了，但我始终没有脱，一直就到了童家，也没有停。一到，甘良淑正在弄头发，小孩子们正在闹。他家的客人也不少，一个一个都不很认得。十一时下班，肇纬回来了。吃了中饭我出去，先到助产学校，只有文思、文敏在，听说她们又签了字从军了。文思又红了脸和我说话。我站在她对面，仔细的端详了一下她，眼、鼻子都生得很好，秀秀气气的，脸上虽然有疤，但脸盘子也生得不错，圆圆的。站在外面也不可能多谈，谈了一会儿我就走了。到江胖子家，和江胖子大谈其病理，特别谈到肺病。我也是的，一碰到医生，就欢喜谈到肺病。江胖子写条子找老苏，我又写条子，不回童家吃饭了。江胖子请我们到民众茶社的小吃部去吃饭，有宋美莲、赵春露。赵是后来来的，宋一看见赵就不高兴了，我没有听见她们两个说一句话。我知道他们吃过饭要去看戏，我先走了，很早就回到童家，老苏也和我们一同出来的到童家。他们又非要留老苏住，我真不愿意。他们叫小毛子和老苏睡，我一个人睡一张床。有草，有大被子，新洗的床单，很舒适。

11月11日　土

天不亮就醒了，一放晨炮（五点半），老苏就爬起来跑了，我又晕了一会儿也起来了。他们到城里去买小包子来吃，还不错。三星期没有洗澡了，得洗个澡，衣裳也都带来的。肇纬说早上好，人少，池子也干净。于是吃了中饭，我就去，果然人不多，还是大新池。池子里只有一两个人泡在里面，很舒服。半天没有人来擦背，已经快泡晕了还不来。好容易人才来，擦了两遍，倒很仔细。躺在池子边上，让他擦，样子大约有些像杀猪。家里若有一个池子，洗澡一定不错，但家里的池子可一定还要讲究一点。洗好了出去，又捏脚，也还捏得好。出来回童家，又晒太阳。有人来了，是上次睡觉打呼噜的朋友，昨天来过，今天又来了，好像特地来吃饭似的。中饭半天还没有来，我有些着急。本来女中最近，但志敏她们怕我又去找她，我索性不去了，便到贞干。刚到菜市又遇到老苏，一同到贞干，找旭和她们。她们正在篮球场，要她们请假，一同出来。我告诉她，童八已知道他弟弟要去从军，很生气。旭和慌了，赶快去找肇纪，又不在，找不到。我们刚走出大门，童八来了，旭和又陪他去找，不在，只好一同回来。到助产学校，我们又找到了文思、文贤，到童家。童八先走的，我们一到，旭和说他们已经打起来了。原来肇纪已经回家了，童八正在骂肇纪。我们都很尴尬，特别是文思。我又写请假条子，把志敏、巾和找了来，她们现在星期六不准出来了。来了一大堆人，都是我找来的，于是我请他们一同去吃饭。肇纪一定不去，旭和怕他在家里又打架，于是也不去。我带了文思、文敏、志敏、巾和、曦和，一同去大观园吃饭。人很多，她们又怕人，菜又老不来。我借着看灯光，看各人的眉毛，还是文思的最好，弯弯的，非常清楚。今天的几样菜都很好，一样鱼、一样杂酱、一样虾米烧白菜、一样汤、一样牛肉，就是牛肉最不好。最后还有马蹄酥，二十元一个，十二个，二百四十元，最贵了，但的确是好吃。其实我今天，是有心请文思她们，她们和我还不很熟悉，还客气，吃完了，也说谢谢，别人都不会说这样的话了。在饭馆，又遇见老苏、江胖子、赵春露、宋美莲。宋跑到我们这边来，一会儿文思她们都认识她了，叫她过来。老苏给我两张票，一张是戏院的，一张是社会服务处的票友唱的。我因为不很想去看戏，又回到童家。文思她们回学校，我们一同到童家。平和、文定他们来了，旭和说他们兄弟俩又吵了。送曦和、肇纪回贞干，志敏、申和、文定回助产学校，然后我们再去看戏。童八说要看戏，我不愿意，但也跟着走了。进菜市正好遇见静和、陈芝美她们，我趁机不去看戏了，就让童八一个人去吧。他刚好又遇到他们银行里的一大群人，拉了去，我也就回了。我陪甘良淑在她房里烤火，晚上真有点冷呢。回房里睡觉已经十一点了。等我睡了，童八才回来。

11月12日　日

早上也还是在晒太阳，半天一个也不来，因为今天是总理诞辰，都要到省府参加纪念会。先是巾和来了，要她替我补补大衣。再一会儿，静和、周蕴华也来了，旭和、曦和也来了，就是志敏她们不来。旭和我也喜欢，问她去不去江胖子家看病，我因为前天和江胖子谈起她月经不调的事，江胖子说可以打针吃药，所以今天叫她一起到惠民医院。江胖子说，昨晚一夜未睡，医院又忙，宋美莲还没有回来。等了半天，他才问旭和，问得还详细，然后说打针。针名叫"阿贝司令"，是日本药，油剂，老吸不进针管里去，弄坏了两针，江胖子快发火了。他说厨房有一天差一点烧了，真倒霉。弄了半天才打针，针进去很深，很有点疼，还好旭和还没有哭。打好了针，已放过炮了，我们一同又到大观园去吃炒面，真不错。旭和也会说的很，我又借给她八百块钱。因为下午说好童八和我一同到学院去，所以赶忙回去，他们已经等不及了。一路上我又买了一桶烟、一盒香。我和以延一同走，他们已经先走了，我们赶到戴家岭、九里铺还不见他们。我想在后面快点走，但他们都走得很快，我们一直没有赶上他们。到学校天刚黑，房里都是灰，还要整理。叫了菜，又叫了緵和、大老姑她们来吃饭。

11月13日　月

人来多了就不得安，房里总是乱的很。早上陆先生请吃小馆子，吃韭菜盒子，緵和她们都吃过了，只巾和去。吃早饭时，已经上第一节课"纪念周"了，我第三第四都有课。昨天在路上就说起她们偷看我的日记的事，我怕静和偷看，昨晚就把日记锁到箱子里去了。昨天一路上，静和还谈起替我介绍陈芝美的事，我说她不好看。中饭邹德芳又送菜来，我又订了水饺，緵和、大老姑、邹德芳，都来吃的水饺，还剩了不少。下午我有一堂课。下午下起雨来了，下了课，我劝她们不要走，她们一定要走，只好让她们走。走了也清静了，把房里理了一下。中上还剩下许多菜、许多饺子，晚上緵和她们也来吃饭。不知怎么的，谈起幺小姐的事来很有劲。晚上想预备功课写写日记，几天的日记又没有记了。

11月14日　火

上四课，好像很累的样子。天又阴，吃饭又早了，三点半就吃饭。和黄荫莱他们一同到小山去散步，讲他们和人打架的事，很有劲。晚上想做事，但又想睡觉，看看表才七点多钟就睡了。

11月15日　水

《枫叶》上的《红叶》，今天才发表，我真有点不高兴。下午胡嘉来看我的文章，又看我写的日记，记的凤竹的事。我们又谈了半天，引起我不少回忆，我难过了老半天。下午做近代史笔记，年代最讨厌了，一下子就错了，把头都弄晕了。晚上一直做到八点钟，油没有了才停。夜不寐。

11月16日　木

下午没有课了。这两天翻近代史，把头都翻疼了，于是补日记。写汉口—苏州的一段事，又写到广州到重庆的路中的事，自己写的似乎很上劲，一直写到晚上九点钟，写了十二张十一行字。其中有凤竹在重庆仁爱堂医院的日记，有几段写的真好。这两天隔壁朱清华搬来了，总有不少人来大谈，总谈一晚上不得停的样子。我们做事，他们也太不识相了。

11月17日　金

本来可以不进城的，皖干团开什么同乐会，请赵景深唱昆曲，自然要叫我去吹笛了。刚好天气也还好，于是下午和赵一同走进城。要进城，就得预备做点事，上午读清代史，讲到乾隆，十全武功最烦了。做事做得慢极了，硬着头皮也还是要做。早上起来没有吃早饭，和胡嘉到小饭馆去吃韭菜盒子，很饱。中午胡嘉叫我吃中饭，吃的是稀饭馒头。饭后和赵一起走进城，赵一定拖我到桂家，我实在不大欢喜去，因为那儿出来太远了，但到底去了一趟。他家正在到货，忙得很，也没有人倒茶吃。正好，绿杨来找吃饭，于是我们就走了。到门口遇见胡嘉夫妇来，我先到童家去转一下，洗洗脚，马上又出来和他们一同到皖干团。到那儿天已黑了，他们正在吃饭。于是又开饭，吃饭的全是生人，不熟得很，我也不说话。开会了，是联欢会样子的，皖干团学员、贞观中学学生，以及参加远征军的青年一部分人合起来的。先是唱歌一类，马上就请我们表演昆曲，一个很大的台。先是赵景深、胡太太、曹金喜三人合唱《游园》"袅晴丝"一段，绿杨拉提琴，合奏。后又唱一段《絮阁》，然后赵景深又做一段《佳期》的张生。唱完了，台下人大叫，赵又唱戏，学人专门忘词，唱得很滑稽，惹得台下的人大笑，大拍手。下面又有说书什么之类的全不好，又有人叫赵景深上去，他又唱绍兴话诸葛亮，宁波话司马懿，精彩极了。还有旭和、曦和唱英文歌，曦和把脸背着，还是旭和唱的响一点。下面就是京戏了，杨红英的《追韩信》，刘艳露的《武韶关》，一点也不精彩。贞干李校长就坐在我们边上，一见到我，就说旭和她们的钱用多了，要我说说她们，我倒怪不好意思的。九点多散了，我们一同出来，我一个人提了一盏灯笼回童家。

11月18日　土

上星期进城就和江胖子说过，我和文启昌请客的事，所以一早就去找他。他在闲着，没有病人，谈起夏登社的病。我好久没有见到他了，去看看他，他正坐在床边喘气，还要我吃中饭。太阳好，我们晒晒太阳，说说话，江胖子的勤务兵又送来条子，是童肇纬写的，要我们到"大新"洗澡，我于是就去了。时间已经不早了，澡堂里人多起来了，洗的不大舒服。捏捏脚，修修脚，杨又找来了，说皖干团主任蒋一鸣请到他家去吃饭，因为昨晚上我没有吃好。于是只好去了，但要回去一下，所以从澡堂里出来，先到江胖子处，又到农民银行。夏正在喘得凶，不能说话，我来回他的话，就出来。到大华，赵景深、胡太太，都已经在了。绿杨和李校长也来了，他说，"我问了旭和她们两个人，用了两万多，也不算多"。到蒋家，房子还算好，是李品仙的字，不高明。吃蟹，可惜我是外行，不会吃，糟蹋了许多。然后是广东菜，清清爽爽的，菜非常的好。人也不多，除了我们四个人外，李校长、绿杨和另外一个生人一桌，一共才七人。吃的很多，饭后又抽大前门烟。李校长大谈委座最近恋爱的事，非常有趣。三时我们辞了出去，路上遇见童八，一同到护士学校。到那儿最便当，找人也容易，他们总是在学校的时候多。自然文思、文贤都在，巾和她们去打球去了。和童八又到省府前球场去看球，女生打球毫无可看，又回到童家。到他们家门口，緵和才从后面跟了来，让她歇歇，打扮打扮，带她一同去吃饭。带緵和出来，还不坍台，还漂亮，也还大方，还可以说几句话。到菜市，老苏已经来接了，说许多人都来了，等我们呢。到惠民医院，天已经黑了，一上桌，大家都攻击我们。文启昌因为他喝酒不痛快，这样一来他不得不喝了，他大约喝了有二十杯，我也喝了五杯。这一桌有刘振东、江涛声、刘越石、文启昌、胡嘉、胡太太、宋美莲、緵和、我、赵春露、老苏，十一个人。菜是大观园的，一千五百元一桌，还不错，有蟹糊点心不错。文启昌大约有些醉了。饭后大家都去看戏，我送緵和到戏院去，一个人走回童家睡觉。中上喝酒，晚上又喝，口干的很难过。到床上，思想快极了，老想到文思的事，真不好。睡了一觉醒来，童八、緵和看戏回来。緵和睡下，我又和她谈心，几乎把心事都讲了出来，后来我才止住。酒真不能多喝的。

11月19日　日

我和緅和都睡着了，不起来。十点钟起来的时候，天又阴了，有下雨的样子。我们坐在火炉边烤火，陆羽青来了。吃过稀饭，她要到女中去找人，我们都陪她，去了，一个人也没有，志敏、申和都不在，出去了。于是我们又一同到护士学校去，她们都在跳高。巾和说她们要做什么衣服，拿了五百元去，我这一千元还是从赵景深那儿借来的呢。緅和又找陈芝美，我和童八回家等旭和她们，果然曦和她们先来了。她们又没有钱了，要借钱，我可不借给她们。一会儿人全来了，静和、巾和、文定、申和、志敏，就是文思她们不来，她们总是不大肯来，也不大和我熟。到一起大家都吃饭，巾和、文定又先走了，我剩下的五百元又给了巾和她们，她是真没有钱了。饭后，一点多了，赶快走吧。到省府门口，她们看球去了，我一个人独自一个不停的走。到学校，天还没有黑，把房里整理好，实在是太累了，事也做不成。收拾收拾，叫了一碗面来吃，铺铺床就睡了。

11月20日　月

借赵景深的一千元，一起给巾和去了，回来又吃了两千元，还文启昌一千，这一个月又没有钱了。功课都快讲完了，得预备，做了一段世界史的笔记。又写《秋灯忆语》，一直写到在昆明结婚，这算是上半部。下午开什么"清寒贷金委员会"，没有什么意思，院长倒是这么多天没有见到他了。开会时孔祥杰对我说，数学系有一个学生叫陶仁俊，对緅和很好，大约还有一点请他做媒的意思。但他没有说，我也不追问。晚上一直到九点半才睡，十分寒冷，一床被子已经支持不住了。

11月21日　火

　　今天课最多，四堂，很累。学生还来要我参加什么"从军运动讨论会"，是英文系、数学系一年级合班，人不多，可见大家讨论这件事也不是很热心。到会的二十几个人，也不肯说话，都做别的事，结果并不好。我倒说了不少。

11月22日　水

　　铺了草，晚上真是舒服，不但不冷，而且热的很。早上睡得不想起来，听到许多人都起来了，我才赶紧起来，学生已经在升旗了。一开门，赵景深就来报告我说，厕所里有写我的话。问他写的什么，他倒很老实，说一共两条，一条是"张宗和□□□□"，因为写的太没有道理。赵说大约是学生吃□□□醋写的，吃醋也不该找到我的头上来。下午在吴韵志他们房里谈了一会儿，晚上又请他们来听唱昆曲。

11月23日　木

　　夜来做了许多可怕的梦，也记不得了。醒来天还未亮，想想不舒服。今天只两课，本星期就算是没有事了。下午自己放自己半天假，在门口和人闲谈。晚上读《竹山词》，好久没有读词了，读得很不错。又写了几张《秋灯忆语》，写到宣威一段。隔壁11号朱清华谈话不断，十分吵闹，毫无办法，一直到现在还没有停，我真是太受他的影响了。写了三封信，叫城里的丫头们来玩，不知道她们来不来。

11月24日　金

这两天天气忽然热了起来，床上又铺了草，一连两夜都做梦。早上做的一个梦还清楚。说是我从上海坐火车到苏州，家里已经搬了家，一般在一个很大的房子里。好像许多人都在一个房子里，九妈、十九奶奶，还有许多圩子里的人都在吃晚饭。家里只有三弟在，问爸爸呢，坐在门口，替日本人等门，我说我和三弟去替爸爸。到门口看见爸爸，爸爸一把捉住我。爸爸真是瘦得可怜，脸上颜色也不好，看见我们回家，精神很好，和我一同从大门口到家里。

今天开运动会，我是什么终点裁判。早上排队到战干团的操场上去行开幕礼，台子布置的不错。学生什么都不肯出场，好像怕羞似的，尤其是女生，拖了半天也不肯出来。好容易开会了，我可晒的受不住了。先是朱院长说话，我还是第一次听到他正式说话，说的一点也不好。接着教职员说话，没有一个肯说，文启昌上去说了几句。于是绕场、奏乐之类，都做得不很像，不太庄严。运动会开始，第一项是男子小组一百米跑，跑的纪录都是十三秒左右，没有好的。接着是女子五十米决赛，这一项最吸引人了，纪录是九秒多一点。我看过八百米后，晒得实在是受不住了，便把终点裁判的红条子交给一个教官，自己从山上溜了回来，不干了。饭也没有去吃，还是自己花钱叫的菜吃的。下午出题目，抄题目。我不愿意出考试题目，费事，去看卷子更讨厌。晚上王主任又来唱昆曲，唱了一会儿，我就把他们轰走了，我得做事。又写了一两张《秋灯忆语》，这一段写的不好，自己也不愿意看，抄上几段凤竹的信上去吧。写这些事，一静下来，就像回到从前似的。

11月25日　土

　　早上起来的迟了，没有吃东西，把《秋灯忆语》第四段写好，写到我回到呈贡。接着又做近代史笔记，做做，九点半了。老苏又来了，我真是有点讨厌了。我仍然做我的事，不搭理他。但太不理他了，也不好，还得搭讪着和他说话，自然做得就慢了。到十点半，我们就到小馆子里去吃饼，吃的很饱，回来我仍然做事。孔祥杰来我房里，说陶仁俊要订缳和的事，我真是难了。刚好四婶妈来信说到分家，四爷和她闹气的事，要缳和、陆姨娘接收家里的东西，尽是些烦人的事。人走了，我做事，老苏去找文启昌他们。我把缳和叫来，把那一大堆的信给她看看。老苏回来了，我们就没有说话。运动会，说撑杆跳很好，我们都去看。先是在跳远，后来才是撑杆跳，也不好。老苏走了。从山上走回来，饭一点也吃不下，天太热了。晚上缳和来，是我叫她来的。她的心很深，不大肯讲真话。我先问她肯不肯说真话，她就不敢肯定的说，后来，她说她根本和陶没有说过三句话，而陶某已经到家里去说过了，不成的。关于这些事，我不好说什么。我劝她，也是时候了，可以注意了，不要蹉跎下去，二十一二岁的时候，正是谈恋爱的好时候。她总是不肯听，在我这儿登了一会儿，就要走了。我疑心她知道厕所里面写的话。晚上大老姑又来了一阵。我自己又做了一段近代史的笔记。

11月26日　日

　　昨晚到外面去看了一会儿月亮，回来颇有感触，趁灯里还有一点油，写了一千字，题名《月色》，投《枫叶》。早上做笔记，抄《尼布楚条约》。预备写一篇"谈战时心理"，刚写了一页多，听到外面"一二三四五"的大叫，我知道是她们来的。果然有七个，旭和、申和以及志敏、文思、文贤、文定，她们都是我星期四写信叫她们来的。曦和没有来，说是脚疼。一来就翻我的书，把我替她们借的医学上的书一共十本，全搬了出来。马上就到女生宿舍去了，我暂时空了一下，但老丁先生又来谈曲子。快吃中饭了，她们才回来，原来缳和她们买了花生米请她们吃，坐了半天都饿了。缳和、大老姑见人多，不来吃了。一共八个人到小馆子里去吃饺子，有炸的，有煮的，又吃菜，又吃馍馍，但我疑心她们有的还没有吃饱。回房，志敏就吵着要走，说四点钟降旗要点名，不到就要倒霉。别人都跟着她要走，我和缳和、大老姑送她们到坡下面。人不来，我嫌不热闹，人来了，我又嫌烦，真是矛盾。我还有牛肉，叫缳和她们，说晚上来。三点还没有到，就要吃晚饭了，真是莫名其妙。晚上也没有做事，缳和她们来吃晚饭，又大谈什么婚姻期的问题。天冷了，六点半就上了床，在床上看书吧。

11月27日　月

大老姑还我八百块，昨天一顿中饭就是七百，现在又是一个钱也没有。不发薪水，又要借钱了。昨天文思她们来了，使我又想起一些事。昨天晚上睡的早，也起的早，睡不好。天又忽然冷了起来，这样的天气要考学生了，都是问题。晚上考卷送来了，第一个题目就写错了，还好，只一个错的。今天一天除了上课外，可算是没有做事了。

11月28日　火

"通史"不上了。月考，请黄荫莱监考一班，我自己监一班，还有一班，找来找去找不到人，后来找孙百朋。我监文史系一班，一发卷子，底下纷纷翻书，我发了脾气，骂了一阵才好。到快下课的时候，又有许多人偷看，我捉了两个，他们还同我闹，真是莫名其妙。下午除了上课，就是改卷子，一直改到晚上，分数也抄了上去我才睡觉。

11月29日　水

点名报分数，课便讲得少了。天真冷啊，拿笔就冻手。下午写笔记，五分簿子没有了，又买不起，只好用毛笔在十行纸上写。中上霍军长请客，菜一样一样的来，又不好，又慢，又没有吃饱，实在是不好。

11月30日　木

天真是冷，有下雪的意思。上午两堂课，这星期就算没有事。我昨晚就想到要领火盆了，果然我一领，我们河边村大家都领。于是马上都生起火来，就舒服了。想到叫缫和她们来烤火，她们都没有衣裳穿，下午大老姑、缫和都来了，说晚上还来。生了火好做事了，我写《秋灯忆语》第五段，生小以靖的一段情形。晚上，缫和、大老姑过来说说话，事就做得慢了，也没有写好。她们走了，灯油也快完了，我上了床，但隔壁的话匣子开了起来，朱清华和盛先生大谈其地理，一谈就谈到十点钟了。被他们吵得一点也睡不着，气急了，但是想想，忍住了，到底没有说话。盛走了，学生又在房里喊他起来，我等他们不作声了，半天才睡着。这两天睡觉做梦，梦见妹妹。

12月1日　金

今天大冷，好在我昨天晚上埋了一大块炭在灰里，今天一大早起来还燃着，加一点炭，火又大了。果然下雪了，又是雨又是雪，真的冷得很。把房间弄好，就到小馆子里去吃了点饺子。吃了饺子，没有回房，直接就到了张宗元房里去看刘振东，他来我们这儿散步。刘去上课，就和张宗元谈了一下。想到房里的火也许要熄了，赶紧回去。进了门，房里却坐着两个人，是緵和她们，原来她们是爬窗子进来烤火。中上朱院长请刘振东，我们作陪，菜还不错。下午緵和、大老姑又来做事，緵和看我写的《秋灯忆语》，大老姑就抄笔记，我看《清代通史》。晚上请她们吃蹄子。我把《秋灯忆语》第五段写好。

12月2日 土

昨天晚上出了一件奇怪的事。就是緵和、大老姑都在我房里的时候，我正在做事，王德厚说有人喊我，我忙出去，王德厚又说，不是叫我，是叫緵和。于是緵和出去，我想不对，她就没有出去，这一定是3号孔祥杰房里那些学生干的事，说不定就是大家叫陶仁俊叫的。这真是莫名其妙，我倒有些生气了。今天她们一天都在我房里，緵和根本就赖课，没有去上课，一上午都在我房里。我做世界史笔记。今天也真冷，手脚都冻得通红的，天虽然晴了，但太阳一点也不热，还要烤火。人多，谈谈说说，做事就慢了，好像就根本没有做什么事似的。但也总是在房里，人也总有点偏心的。昨天緵和托我替她拿她的棉制服，我托了刘振东带进城，今天叫传达去拿。今天晚上没有做事，光烤火，我没有吃烟，让她们两个人在我桌上做事。我希望她们来玩，但是她们一天到晚在我这儿，我也不免厌烦。晚上把剩下的饭和冻豆腐煮煮，很不错呢。和緵和她们谈谈以前的事情。

12月3日　日

生了炉子，又多了一件事，房里灰大，脏多了，早上多了一番事做。天是真冷啊，早上越睡越冷，非起来不可。今天太阳是出来了，可是一点也不热，才化冻，又冻了起来。早上做近代史笔记，没有做多少。她们在我房里念英文。下午来了一大堆人，什么合肥的朋友、芜湖的朋友、文启昌等等许多人来我房里。我正在看卷子，厌烦得很。他们也不走，讲了一小时，胡嘉和文启昌为请刘振东的事又几乎吵了起来，这真是不好。他们走了，我才来看本子。一会儿又要吃晚饭了，真是太早。早上緵和来，我还没有吃早饭，买了馍回来吃，两个人好像吃的很香。大老姑到下半天才来，晚上又买馍来，我还剩有肉和豆腐，让她们吃。我不大想吃，看她们吃也很高兴。晚饭时，吃不下去，原来只有我一个人吃，寂寞惯了，倒很高兴看她们吃。晚上睡不着，火盆里的火，红红的，很好看。想想凤竹、妹妹，和她们谈话中，也不时想到凤竹和妹妹。我想我永远也不会忘记凤竹的。

12月4日　月

天真是冷，想一个太太呢。凤竹身上虽然没有热气，时常冰冷的，但两个人睡久了，也有热气的。今天出太阳，太值钱了，不大肯多给一点热气。今天一天没有做事，只是晚上看了一看交来的笔记。又把一个风灯收拾了一下，緵和她们来念书，一盏灯不够亮。她们走后，我又看了《情性故事集》，只有一个《篦》好玩，别的却没有什么好。

12月5日　火

这两天又好像不大睡得着了，想到凤竹和妹妹，半天都睡不着。那天写的《月色》登了出来，自己看看也还不错，赵景深也说好，尤其是写厨工唱歌。因为今天上四课，自己原谅自己说，可以不必做事了。天又冷，写黑板的手都冻僵了，学校每房送来一张木沙发，正好烤火。我的炭用的太费了，自从生火以来，就没有熄过，夜里就把它封起来，所以三十斤十天的炭，五天就用完了。晚上做通史笔记，也做得很慢。她们走后，我想做一点事，没有做成。赵和胡看完我最近写的《秋灯忆语》，胡嘉说好，"你一篇比一篇好"。我真是高兴，真事情总容易记得好一点。但还是记得太匆忙了，好像写不完似的。

12月6日　水

胡子长了，天冷也不高兴剃。没有孙凤竹，也没有雪花膏，手巾全有了味道，也懒得去搓它，老想煮一下，但光是想而已，老是不去做它。上了两课下来，正好丁元生到我房里来烤火。丁还是在北平的时候玩熟了，他好像是宗斌、畏民、范学贤他们一党的。我们见了面，话真多，他问我结婚没有，我说不但结了婚，而且太太已经死，孩子都快五岁了。我简单的谈了战时我的经历。他也有两个孩子了，太太在家里，正预备要来。中上本来我要请他的，但本校大四学生吴某（他们法学院），他在高等法学院当书记官的，一个女同事恋爱，他敲她，我也被请。在河边小馆子里，除了烧饼，没有一样好吃的。四样菜，就吃了四百。我又把脸喝红了回来。这几天睡不好，头晕。回来又和丁元生谈话，他还是那样，什么话他都说，緥和还在旁边登着。谈着谈着，我已经腻了，没有好好的留他

吃饭。他走了，法院离这儿还是有十几里路，我送他到大门口，回来。喝
过酒，脸红过了，怕是颜色也不好。晚上綵和和大老姑来，我做笔记，也
没有做多少，都和綵和谈话谈了。没有人，又感到寂寞，她们来，我欢
迎，她们走后，想想，什么事也没有做，觉得许多时间都浪费了，很可
惜。自从她们来我房里做事，事做得少了。头晕，睡吧，点一支香入梦，
希望看见凤竹来。

12月7日　木

今天就算没有事了，舒服了一下。好多时候，自从嘴病来，就没有
吃烟。今天又买了一包烟来，在木沙发上抽。晚饭后点灯太早，天又黑
了，房里阴暗，火盆里的火变红了。火是一样恩物，又热又美，总叫人看
不厌。躺着哼哼戏，我仿佛也很满意了。许多信没有写，该回别人的信
了。有许多信由后方来的，太久了，我没有办法复，看看总懒得复，择近
的复。写给小老姑，以纹这小孩一天到晚已经在嚷嚷，哀怨，愁闷，实在
是不好。我写一封信，本想好好的可成为一篇文章，但后来天黑了，马马
虎虎的就结束了。晚上，吃大老姑带来的山芋。赵景深又叫唱曲，有二
胡，闹了一晚上，乐器多了，似乎好听得多。但一定吵到了别人，现在我
这间房最糟了，一天到晚有客人来。隔壁朱清华，也是一天到晚有客人来
清谈，发发官场中的笑话，简直叫人受不了。而且一谈总是两三小时，精
神充足，声音洪亮，毫无倦意，上至禹贡，下至法国女人，无所不谈。本
来朱老先生，大家都很尊敬，我想去请教。我每天住在隔壁，也请教得够
了，所以我很少到他房里去。刘文恒也是个会谈的。

12月8日　金

今天写了不少封信。给宗斌。宗斌来信，总是那样至情至性，是终身的好朋友。陆八、四姑（附小五姑、小六姑），我想起她们了。大姐信（叫人多么思念的上海、苏州啊）。四弟、五弟，招呼他们不要让以靖生冻疮。以纹（她似乎太悲观了）。还有一封记不得了。上午我们合肥人，我、丁、吴，请刘振东。第四堂课下课之后，我约了刘一同到古碑冲街上杏花村去。一路上我们谈到他在皖南不准人运鸦片烟的事，他这件事做得很得民心，但上司却对他不满意了。桌上一共八个人，除了我们三个主人，还有武承尧、温某某（合肥人）、孙某某、某某某，记不得姓名了。可惜肉太多了，无鸡，无鸭，我只吃了三杯酒，自然还是把脸吃红了。我凭良心说，对吃酒毫无兴趣，尤其是这种坏酒，如果是葡萄酒、白兰地、花雕、茅台酒，似乎还好一点。吃完了饭，和丁、吴二位慢慢的走回来。早上才从出纳处借来的三千，又去了五百。回到房里，大老姑、緁和，已经全在做事。已经下了第一堂课了，坐下来，口干，喝了不少杯茶。心跳，倒床上躺着，躺躺也睡不着。脑子里思想快极了，一会儿到这，一会儿到那。我压住自己不说话，我怕说会说出乱子来，可是总觉得闷得很。喝酒真是难过呢，起来照照镜子，脸也还是白的。胡子因为怕冷，好久没有剃，留待明天进城，一起剃吧。晚饭也不想吃，让緁和吃。我坐在火盆边抽烟，看看《文明与野蛮》。晚上她们走后，我写了五张《秋灯忆语》，现在读的是《炉边忆语》了。隔壁黄先生已经睡了一觉，起来小便。

12月9日　土

为了写昭通时的一段情形，翻阅旧时的日记可以用的材料，用笔画出来。有时我会觉得我的日记写的还不错，可惜不能发表。看了两小时才停，觉得时间已经退了回去，退到昭通时代了。我闭了书本，冥想了半天。等緱和上完了第三堂课走的，因为想早点进城去接洽明天晚上请客的事。说好了要她一下课就来的，谁知还是迟了，她像有些怕我骂，赶快申明理由，说是为了当膳委会算账之故。路上有些地方在化冻，路烂。先前还有些冷，渐渐的身上也热了，走到大路上，已经很舒服了。緱和和我一路谈，她坏的很，几套几套的套我的话。我们还发表一点议论，她也非常会搭，总是答得上。一路上因为讲话，倒也不觉得累了。陶仁俊从我们后面追了上来，到六中，我们走了过去，他又追上我们，一共三次，我疑心他是故意如此的。我早上没有吃早饭，过傅家湾都没有吃，直到翻过戴家岭，才吃了一个三鲜包子，馒头也不知道吃了多少，反正一盘全吃完了。我们两个人很饿。饭后我去理发，在社会服务处，人多的很，我等了一会儿才补上去。三十元一个头，剪得还满意。马上到江胖子处，讨论吃饭的事。胖子很忙，和宋美莲老顶嘴，我又不能不说请客的事。这次是我们乡下清华同学，冯承轩、胡嘉、文启昌、我四个人，请城里的清华同学，伍仟元，托江胖子办。因为看到他好像有心事似的，所以说过了就出来了。路过助产学校，进去看看她们，一个个都在做明天参加省运动会的运动衣，老白布的。文定说是在做孝服，真的有点像。看她们好像都没有衣裳，一个个都冻得脸通红的，抖抖索索的。到童家，老苏已经在那儿等着，緱和自然也在。还有一位张某，躺在床上，一看就不顺眼，相貌坏的很。我这个人就是这样的，我看着不对头的人，我就不搭理，他对我讲话，我也是爱理不理，他说他的父亲还在我们家里教过书的。吃过晚饭之后，跟老苏一同上中正去睡。现在他们的房间变大了，两个人一间，我睡大床，老苏睡竹床，竹床好像比以前的小多了。睡倒后，我坐在火盆边，他告诉我许多消息，说文启昌追緱和。我早就知道了，沈玉明也有意，静和、旭和全都有人追。说说，我真高兴。老布被老是碰在脸上，今天又吹了风，真是有点疼。睡不着，起来小便，一勾下弦月，星星好像很近。若不是冷，我会多站一会。

12月10日　日

老苏自然高兴，忙得很上劲，早上他比我起来的早，把火生好送进来后，才让我起来。又买了油条和烧饼来吃，可惜是冷的，没有吃饱。又到包公祠桥边的一家牛肉铺，吃大油条和鸡蛋皮，鸡蛋皮是我爱吃的东西，吃得很饱。然后去洗澡，已经迟了，但是还好。是到一家新开的新生浴室去洗的，洗的很舒服，大池子自然也是全新的。人在水里泡泡，回到坐的地方，人已经很多了。老苏很快的就洗好了，我们就走了出来，这次没有捏脚。鸡蛋皮和洗澡全是老苏出的钱，他根本没有钱，但我也没有钱了。为了今晚上的请客，所以顺便到刘振东那儿去一趟。有一个什么人在那儿，没有坐一下工夫，我们就出来了，要他今天晚上早点去企业公司。出来又到童家，他们都去看运动会去了，家里只剩小老头子和老王。于是我们也到飞机场去。运动会一点也不好看，没有看台，人挤，更是找不到人了，只看到旭和、静和，但一转眼又不见。我和童八、老苏又回来了，我要买火盆的三脚架，走大路，老苏回去。我和童八又到李炳奇家去了一趟，因为自从中秋节之后，还没有去过呢，是在路上碰到过几次。可是今天去，又不凑巧，他请我们每人吃三个蛋，张妈又不出来，童八说，听到小孩子哭，一定是她又生儿子了。童八说明天叫甘良淑她们来送礼。回到童家吃饭，还是吃得很多。饭后，我们又到飞机场看运动会。毫无次序，早上的人跳绳子，全都倒在地上了，人都在起哄，女生跳远简直莫名其妙。我这儿转转，那儿转转，想看看志敏、文思她们，但独独就没有见到她们，巾和和文定倒都有遇见。静和脚疼开裂，但校长非让她跑不可。男子三千米，只有两个人跑。打听说女子跳栏没有了，我们就回到童家。緤和因为她们校长请她，她们不跟我们去吃了，静和脚疼，也不愿意和我们去吃。我和老苏到江胖子家，天已经快黑了，主人倒来了不少，主客刘振东还没有来。因为有应酬，刘也没有来，他们都在闹，真不好意思，得想法子支吾一下。江胖子、老苏也闹，胡嘉大约心里也明白，不作声。刘振东后来也来了，不吃了，大约他也知道，这种酒不顺口吧。今晚酒闹得并不大，我却吃了五六杯，脸都吃红了。宋美莲也吃了不少，直要吐，但还得招呼人。菜真不错。饭后，大家坐在木沙发上谈国事，江胖子说的还不错。谈国事，宋美莲不爱听，要打扑克。大家又谈名人的最近发展，这最对女人的胃口。这一次我便不敢早走，坐了一会儿，老苏还要我到中正去，我不去。我喝了酒总是难过，讲固然不舒服，也容易引起回想，引起感慨和惆怅。回到杨桃冲，静和、緤和都在，大家围着火盆烤火，我慢慢地追问她们的事。童八也在。话说的很多，我吃了一点酒，话就多了。静和、緤和睡，我一个人睡一张小床，好好的睡了一下。

12月11日　月

到城里来总是睡得不好。早上和緤和一同去买票，请陈芝美看戏。在路上就碰到陈芝美了，她们一路到陈叔叔家去。我一个人买票，戏全是熟的，都是看过的，请客也可以买一下。我买了五张票，就到江胖子处去要冻疮药。老苏、文启昌也在那儿，文马上就要回家去了。在江胖子家吃一点面，和文启昌、老苏一同回来。我回童家等緤和，因为说好的买到票让緵和来拿的。到童家，邹三表叔（阜南）在，他是我们学校的新生。于是我和他们谈学校的事情，特别谈谁教的好，谁教的不好。我问学生对我怎样，他说没有说什么，只说我有点"撒腔"而已。他大约是来向童八借钱的，童八给了他钱，又问我要不要钱，又给了我两千元，我正没有钱，就拿着吧。等緵和老等不来，我有些冒火了。他们谈替我找太太的事，他们都说邹德芳不错，很好，要替我做媒。因为周家和童家也是亲戚，我真是对这些事没有兴趣，不过邹德芳还是不错，她舅舅陆怡清倒很赞同，不知有没有意思。下午緵和还不来，旭和倒来了，因为圩子里来人送东西来，我也有一双棉鞋、两双袜子、一个头绳衣服。旭和来还我钱，还了一千六，还欠一千，又要我给江胖子药钱。童八说我要做衣裳，带我到他们地方银行合作社去买布。买了布，马上又到街上去做。一家说料子不够，又换一家，是童八他们熟悉的店，布还是不够，但还是肯做了。緵和、旭和找来了，邹阜南不来，票还是多了，叫旭和看，她不肯要，回学校，我生气不理她了，她回去了。到童家，志敏、申和来了，也不肯看，我真生气了，让合肥来的刘二看好了。饭后，緵和又吵得要早早去，她有一个她的同学请她，又和我吵。但到了戏院，《武家坡》上场，我们一排五个人，是刘二、我、陈芝美，后来童八有个朋友没有地方坐，才把刘二调后面去。戏不错，张菊隐的《追韩信》，还漂亮，嗓子也还好，《霸王别姬》也比上次好，花脸虽然过火一点，但比上次的好。戏很长。回童家之后，又谈了半天话。先是小毛子闹，后来小侉子闹，也没有睡几个钟头。

12月12日　火

醒得早，但却起得很迟。我因为生气，不大说话，理理东西准备回去了。甘良淑买了大油条来吃，吃的很开心。刘二今天就要回去了，大伯要菊花根，我早同江胖子说好，正好带了刘二去挖。等志敏、申和她们带东西来，回去又"磨换磨换"，已经很迟了。天上飞着小雪花，天冷，她们全没有送我们。我和緙和一同到江胖子处挖了菊花根，替旭和还钱，江胖子不要。我们带着刘二一路到学校，一路上我们讲着话，在路上又遇到陶仁俊，说了一句，"又碰见你们了"。天冷，一路走走谈谈，倒不冷，只在傅家湾停了一下，到学校大约也一点多了。肚子饿，马上叫饭吃。大老姑真好，替我把床单洗，被子也钉好晒好了。写了两封信，让刘二带回去，他今天也要赶路。

12月13日　水

上课没有多少人。真冷啊，说话嘴都抖，讲得一点不好。学生也不多，大约还有许多在立煌没有回来。大约是没有睡好，头晕晕的，思想特别多。晚上仍然没有睡好。

12月14日　木

自从到城里去之后，一直就没有睡够，总是睡一觉就醒了，醒了便想到种种的事情，老是睡不着。天不亮就爬了起来，没有做什么事情，把火盆架起，摸摸这样，碰碰那样，翻翻《地名大辞典》，写写日记，天也就亮了。天还是阴的，有微雪。上第一堂课时也还是冷，但上第二节课时，我定定心，觉得讲的还好。上两课就算没有事了，空了。这两天大老姑、緙和她们要考试，都很用功的念书。晚上我看《文明与野蛮》，许多地方真要笑死人了。因为没有睡好觉，晚上早早的睡了。我睡前点一支香在凤竹面前，希望她保佑我睡一个好觉。她活着的时候看我累了，总劝我好好的睡一觉。这两天又想凤竹、妹妹了。

12月15日　金

今天一天什么事也没有做，头晕晕的，感情特别脆弱，一碰就想哭。一早就醒了，想想还是把《秋灯忆语》发表一部分吧，因为想要大家多知道一点凤竹。为想要一点钱，本想再看一遍修改一下，看看又会不舒服，索性不改了吧。把一、二、三、四段交了出去，大约有一万多字了。赵景深、胡嘉都说我的文章写得好，赵还说这文章一定会风行一时的。他太会捧人了，我不大相信他的话。胡嘉倒是直说，他说我们愿意你写的再详细一点。我自己也觉得写的时候太匆忙了，因为我对这些事太熟悉了。缥和、大老姑也都知道我这两天睡不着觉，心里难过，想凤竹、妹妹，她们都想劝劝我。不劝还好，一劝就更加难过，因为她们说的那些话，全是我想到的而并不能排解的。早上在山头上小馆子吃面，太冷了，人们都说立煌从来没有这样的冷过，天还飘着雪花。中上请缥和、大老姑吃鸡，又叫了一个锅子，大家吃得很开心。晚上学校为从军的学生募捐，叫缥和也去城里向各处去募捐，这分明是利用她的漂亮，因为所找的几个女生，都是一年级漂亮的。缥和不高兴去，和训导长吵了半天，回来又到我房里同我讲了半天。

12月16日　土

今天一天仍然没有做什么事，只写了一封信给四弟，做了一段通史的笔记。沈玉明到我房里来谈，谈起经小川和唐家的人，越谈越上劲，一直讲到吃中饭。缥和早上进城募捐去了，要我去，我想犯不着，天又冷，路上大概又烂，所以没有去。谁知晚上老苏打电话来，说江胖子等我吃饭呢，已经等得着急了，在发火了。本来他上次说要我这个星期去的，请李炳奇，还说发帖子下来，但一直到今天也没有发帖子，天又冷，所以我不去，随他生气去吧。好在江胖子一会儿就会忘记的，也就过去了。日里胡嘉要去图书馆借书，捉我同去，我又搬了不少书回来，有历史书，有闲书，手里都搬不下了。晚上又唱昆曲，有同学拉二胡、京胡，合奏。拉二胡的同学，乐曲拉得还不坏。我又唱了一段京戏，嗓子不够，累人得很。回来，大老姑做的葱油饼，请我吃，可惜太咸了一点。坐在躺椅上烤火，抽一支烟，闲着看看书。下午陪大老姑一同到古碑冲玩，我修表。看着他修表，表并没有坏，就是灰多了一点，上上油就好。

12月17日　日

　　这两天都没有做事，今天得做点事。可是还是不定心的样子，勉强把《晋》写完，下午预备"中国近代史"，做了一点笔记，老是不定心。下午緐和回来了，伤风了，说募捐一塌糊涂，碰许多钉子，招人骂，还没有募捐到多少，真是气人。沈玉明在我房里老谈，我们都要做事，我不搭理他，把他轰走了。他们人一多，我总是做不了多少事。

12月18日　月

　　为这回家不回家的事，正在伤脑筋，二姐又从成都来了一封信，说起么小姐的事。我倒愿意忘了这事情。并且叫我写信到光华大学去，又说到凤竹曾有此意。我不记得是否是凤竹在成都时和八姐谈过，还是我同八姐说过的。本来和凤竹结婚后，这事也就完了，谁知这次回来，在成都又遇见了幺小姐，并且从八姐口中知道许多幺小姐为了我才如此做的事，一直到现在她都不结婚，见到像我的人，她就会注意。无意中，我也和凤竹说过几次，似乎为了这个情形感动，那凤竹曾说过："你要是娶幺小姐不就好了，为什么非要娶我这个病鬼呢？"似乎也说过愿意她的，这些都已经是不可能的话了。现在凤竹已死，在凤竹死的时候，我就想到了她。我这个人毫无主见，尤其是对这些爱情上的事，只要她爱我，我总会爱她的，何况以前还有那么一段。我想她是真正爱我，我一定也会爱她，这样她对妹妹就会好。不过我现在一个人过得很平静，很可以念念书、做做事，再有一个家，对于我的事业前途，也许就要慢一点。况且现在她又在成都那样远，交通那样不方便，两人不会面，光靠通信，总是不好的，总是会有隔膜的。而且现在再要我写爱呀亲爱的这样的书信，自己也觉得肉麻。想来想去，总是伤脑筋，一觉醒来，大致才十二点，就一直想到天亮。最后我决定一个原则吧，不娶便罢，要娶当娶幺小姐。我自己明白自己，我不能说谎，说我不会再结婚的，结婚最多是时间问题，就怕她会等不及，但她已经等了五年了，有希望再等待一会儿。但是我怎样让她知道这个意思呢？从来这儿就没有写过几封信，两个人也没有深谈，忽然说出这样的意思来，岂不是有些荒谬？所以写不写信，真是个大难事。虽然两个人都有意，却实在是难说，如放翁的话一点不错，"都道真情易写，谁只怨句难工"。但是我写是无论怎样一定要写的，我想许多真话可以告诉二姐、八姐。

12月19日　火

今天又接到成都叶至美的信，写得很好很长。和叶至美通信的时候也很长，从二五年（1936）教了她们之后，她们就毕业了，就一直通信，虽然断断续续，但总没有断，不过有时隔的时间长了而已。她的信写得很好，很近情理，文章也做得不错。这两天我真是有点神魂不定，上课我老怕说错话，所以我慢慢的，所以讲的还好。可是今天还是弄错了，把第二堂课缺了，到第三堂课才去上了，一看没有学生，才知道是错了。今天课最多了，又没有睡好，似乎很累，所以又没有做一点事，只看看《处女及其他》。祝秋江有许多写得还不错，很有趣，好玩得很。下午七军和我们学院比赛篮球，友谊赛打得还好，很干净，还好看。七军是全安徽最好的一队，学院也不错，所以打得还精彩。我把军帽戴上，像一个航空员，自己照照镜子，觉得很神气，也很漂亮。晚饭后，我、緐和、大老姑散步，到我们大洋船后面。这两天天又不太冷了。小沈来，有些讨厌他，因为我知道他对緐和有野心，但又不好得罪他。昨天晚上他和我谈得很久，緐和她们走后他还谈，一直到灯油都没有了他才走。今天緐和给我看刘英宏的照片，她说有点像我，其实一点也不像。早上睡睡，我愿意睡得好，因为这两天太疲倦了。为了谈起写文章来，上自习的一小时我写了一篇《温情》，自己觉得很得意，緐和也说好。马上请了赵景深给我点评，他也说有两句很好。但一会儿我自己看看，又觉得不好，这也许是进步了。

12月20日　水

　　天气似乎好一点，不太冷了。黄荫莱先生要到地方银行去当副行长，和我调了一课，上午只有一堂课。黄这个人很严肃很认真，当行长都可以的。本来不大到黄房里来的人都来了，我觉得有些拍马屁的性质。我第一堂、第二堂没有课。来上课前大老姑来了。我到小馆子里去吃面，一面晒太阳，一面看《处女及其他》。很好的文章，很玲珑，许多医学常识，有趣得很。等了半天，才吃到一碗面。今天一天只一课，但仍然没有做什么事，真是糟糕，头还是晕晕的。要写信给二姐、幺小姐，仍然没有写，这种信真是很难写。孔祥杰来，我真不大高兴他们来，吴伟他们来，几乎都有个人的目的。晚上新衣裳来了，是猎装的样子，自己很得意。

12月21日　木

仍然是天没有亮就醒了。昨天晚上把桌子都弄干净了，炭火等都预备着，预备起来写信，记日记，做点事。可是点亮了灯，还是睁着眼，一直到天亮。起来收拾房间，架火，炖水，又是一套。第一堂课下课，第二堂没有课，预备了一小时的书，第三堂上緥和她们的课，第四堂又没有课。肚子真是饿了，上一课就受不住了，近来饭菜吃的不错，不过老吃不下。晒太阳，太阳真好，没有风，小河边站着。就是有时候会踩到屎，太不好了，我们沿河边的宿舍，门口也太脏了。下午还要上黄荫莱的一节课，也是政经系的，下午就算完了。

12月22日　金

今天只做了一件事，就是写了一封信给幺小姐，其实也不是，是抄抄日记而已。我现在好像大胆了，居然敢把日记上的话抄下来，寄了出去，这在以前我绝不会这样做的。想写几封信也来不及了。晚饭时和李杰民谈起卞景带钱来不给我们的事，李大发议论，后来陶梦安、沈玉明、李杰民又在我房里谈音乐，緥和、大老姑也来了，教我们唱歌，大老姑、緥和明天还要考书，烦了，他们才走。

12月23日　土

不进城了，因为下星期就是阳历年，可以大玩一下，所以本星期不进城，可以多做一点事。本来想早点起来的，但一觉睡醒三点半了，睡不着，瞎想瞎想，想得多的很。最近自然想到幺小姐的事，又想到回家。早上起来把房里忙好，已经第一堂课上课了。我一个人到小馆子里，钱又快没有了，縰和还来的一千元，用得已经快没有了。卞景带来的钱，已写信请老苏去要了。回了一封信给叶至美，一下午就没有了。李大胖子起床又来，我同李大谈一阵。河边上的人差不多都走了，只剩了几个人，很安静。我一下午把《秋灯忆语》第六段写好"中"，我算好了，七，写昆明、云大的事，八，写到重庆回家的事，九，写凤竹死，这样大约一共可算有五万字的样子，预备在今年阴历年前，一定要把它写好。下午縰和她们没有来，以前不来也就算了，现在来习惯了，不来倒有点想她们了，因为没有人谈话。晚饭后我一个人正在房里唱，縰和来了，大老姑也来了。她的英文讲义掉了，又找讲义，找了一阵，我忽然瞌睡来了，躺在床上。起来，在火盆上煮晚饭，不知怎么的，一吃饭反而不好，嘴里老吐苦水，现在还是这样。我看《疯狂心理》，晚上我讲鬼，把她们吓死，让我送她们回去。预备明天做事，还得写信，给罗常培和姜亮夫他们。

12月24日　日

计划好，上午做世界史笔记，下午做通史笔记，但事情总不能如愿。早上已经起来的很迟了，收拾收拾房间。把下巴下的胡子剃了，预备把上面的胡子留起来，不知好看不好看，我自己觉得还好。房间还没有收拾好，縰和来了，我还没有吃东西，一同去小馆子里去吃馓子。还不错，四十元一碗，綵和还叫了大老姑一同来吃的。回来做事，一会儿老苏又要来，又说卞景钱的事。叫周斌烧了红烧蹄子，又叫了一个送锅子，买烧饼和馍，李大胖子也来吃。好一顿，把蹄子全都吃了，一点也没有剩，綵和、大老姑大约都没有过瘾。饭后老苏又谈城里的事，老苏现在也会说话了。他这次带了一点蜜枣，是骑车子来的。他走后，我又做了一会儿事，天就黑了。一个钱也没有了，又到小馆子里，我也可以欠账。早上写了一封［给］叶至美的信。

12月25日　月

上文史系课的时候，脱了大衣，马上就冷着了，喉咙渐渐地哑，也伤风淌鼻涕，难过得很，咳嗽。我怕我又会咳一个月的。我算是很当心我自己的了，进出房间都脱衣穿衣的，还是弄得这样伤风了。我说是綵和传染的，因为她现在正在伤风。

12月26日　火

喉咙已经哑了，还得上四课，真是累人。綵和下午没有课，在我房里，我一下课回来说累了，她马上叫我歇歇，要倒茶给我。我马上很感动，我觉得还有人怜惜我。我又马上想到凤竹，又想到綵和要嫁人了，一定也是个好太太呢。这两天学校各处送从军的学生，很忙，文史系找我，拍照，晚上又开同乐会，每个先生都要说话。我说要他们去讨印度老婆的话，我得掌声不少，赵景深自然唱的多。我嗓子哑了，所以没有唱，虽然同学们几次都来请。

12月27日　水

今天就不上课了，因为早上要开会，欢送远征军，下午要拍照。我知道开会一定不会有什么精彩，一定又是大家演讲，所以不想去。正好合肥同学会又给我打电话，找刘振东捐钱，我趁机就不去开会了。在房里写信，都是写的很长的。给宗斌（他吐血），我打电报让许云台给他一万元。给三姐，给四弟，给丁先生还写了半封。给李鼎芳（他也吐血），没有写完。早上又叫大老姑、缫和去吃锅子、馒头，她们就怕开会，急死了。写写信，房里有人来，讨厌极了，尤其是小沈，最叫人讨厌，李大胖子还好一点。下午照相，先是全体照，然后文史系、数学系，然后又是合肥同乡会。合肥老乡有三四十人，最"踏僵"了，老是等不来，等了这个叫那个，一直到吃完饭之后才照好。晚上又有各团体晚会。我有两个约会，一个是艺术科的，一个英数系一年级的。我和赵先生先在艺术科，后来到英数系，他们正演说，艺术科的人又来叫，我逃走了。到艺术科去给赵景深吹笛子，唱《游园》，又唱戏，赵唱老旦，我嗓子哑，一点也唱不出来，反串了一段花脸《刺王》。赵说我唱得很好，院长也在边上。我们一同到教室去看，正好在演说呢，我和赵景深不说了，从军的同学答词。一个个吃醉了，话说的不清，又说些伤感的话，使会场空气很不好。赶快来余兴吧，自然又是我们唱昆曲。赵景深唱《扫花》，又有人唱京戏，陶仁俊第一个唱，唱的一点也不好，都不知道从哪里开口。另一位来唱《南阳关》，后来又有人唱《刺汤》，也好。金若、于果来了，学生起哄要于先生唱，于先生唱的真不少，又唱《起解》，又唱《法门寺》。缫和也唱了四句《起解》。于还唱小调《相思苦》，有"十七八岁的大姑娘想丈夫，妈妈娘你好是糊涂"等句，小调还好听。曹丹文又说笑话，说说自己先笑了。我不知为什么，见了他就讨厌。闹的很迟了才散，回到房里，也不想做什么事。縯和的一本日记放在桌上，才写了两张，就看到她一段晚上睡不着觉的事，记中和的事，说中和，"你真是个害苦了我"。该怪自己不好，不该看她的日记，倒惹起了我许多的心事呢。想到四婶妈说的话，想到在新圩子，他们两个那样的要好，人家说他是她的尾巴。到现在中和病，我想我应该帮助他们，但我想无论怎样，她一定不会把许多真话都告诉我。睡不着，真是自讨苦吃。

12月28日　木

今天全体同学排队，欢迎从军学生入营，我们也准备进城。早上把房里都收拾好，縯和、大老姑点了名后，也留了下来。我们三个人从小路进城，小路有一段路还烂，几乎跌跤。三个人走路倒不着急了，一路走一路说。到戴家岭，老苏已经迎了来，报告好消息，说下景的五千元已经从蔡芳那儿要来了。他说他天天去催的，也算他有本事。有了五千元，心里宽了好些，好，"陶陶"吃饭吧。两点钟又有同乡聚餐，先吃一点垫垫吧，于是四个人，吃了两盘炒面。我因为早上赵先生给我吃了他的饼，一点也吃不下去。大老姑好久没有进城了，这一次就是为着看戏来的，自然得买票。买好了五张票，戏是《黄金印》，我疑心不会太好。縯和、大老姑到陈芝美家去，我到童家洗脚。童八一会儿也回来了，自然，我们谈到他们的新的副行长黄荫莱，我说带童八去见见他。曦和来，又拿了一千元去，说旭和叫她来借东西，星期六要演戏，欢迎远征军。拿了钱，她马上就走了。我和童八到地行副行长家去，坐了半天也不见黄荫莱来，我几乎有点火了，写了一张"张宗和来访"的便条，便走了，两点钟还要吃饭。我到社会服务处时，人也差不多到齐了，于是开会。主席报告，欢送远征军，顺便又提到清寒贷金的事。接着，一个个的"乡先生"致辞，好，这一下就不得了了，丁老先生只说了句，什么陆议长、龚某、高谦都说话了。高谦最大炮了，果然不错，说的一点不好。我只说了两点：一，不要做军阀；二，不娶外国老婆。坐在旁边的陈伟恒（保安副司令），似乎很赞成我的话。最后轮到他自己说了，似乎有点不好意思，说话艺术并不大高明，东拉西扯。慢慢的天黑了，慢慢的我的肚子也饿了，几乎饿的受不了，还以为两点钟就吃饭了，谁知道五点了还没有吃。还有学生答词，也是很长，真不惬意。好啦，总算吃饭了，陈副司令又捐出主席费的一万两千元，为清寒贷金。席间我没有敢吃酒，和陆世奎在一起，我觉得他还好。缦和、大老姑急着要去看戏，还要去找陈芝美，我也去找童八，分开来走。童八不在家，又让小毛子跟上了。小毛子，真是不讨喜。我到戏园，童八已经来了，又有票，陈芝美也有票。好，三个人坐在五个人的位置上，真是空，但也可惜了二百二十块钱。我们去，苏秦正在受家里人的奚落，戏是唱功戏，还好玩。缦和和陈芝美去睡了，我们带大老姑回来。隔壁磨面，吵了一夜，没有睡好。进城总是睡不好。

12月29日　金

一早洗澡去。一个人去吃大油条，到牛肉铺便碰到沈弗瑞和另一个同事，脸是认得的，不知道名字了。我在吃稀饭，我请客，也不过一百多块钱。马上到新生活俱乐部去洗澡，水不热，还浑，说是没有换水，心里别扭。一会儿老苏来了，我们昨天就约好的，一同去看贾主任（四弟的朋友兼同学），于是赶快到省政府去。贾在会计室当主任，很会说，他一定要四弟来。我们谈的很家常。因为还要去看黄荫莱，也没有多谈就走了。碰到胡嘉夫妇，于是拖着一同去看黄。把童八介绍给黄，黄也没有留我吃中饭，说今天还要到学校，明天就要上课。旭和又来借衣裳，我不吃饭，匆匆的就走。她们似乎现在跟我不亲热了，志敏也是如此，倒是以级、文思她们倒很会说，说了一阵，以级就说了不少话，又向我要冻疮药。在童八家吃的中饭，緥和也来了。大老姑听说明天要上课，只好回去了，气死了，我们还预备买社会服务处的票子呢。饭后我去剃头，緥和居然在剃头铺子等我，真是难为她了。为了她不赞成胡子，所以胡子还是剃了，光光的，反而不惯。老苏说，王兆慈说我的文章写得好，去看看他，他也就在社会服务处。到江胖子家去吧，先大家正谈心，江胖子又请吃饭，叫了菜来，大吃蹄髈。饭后，宋美莲要打扑克，我们先以为戏是今天的，谁知道是明天周末晚会，只好就打扑克玩吧。老苏、緥和都不会，一共六个人，江、宋、赵、苏、我、緥玩，大家似乎玩得还上劲。老苏还不大会，还要我教他，他不用心，也笨。差不多八点多，我们辞了出去，又骗了一小包冻疮药。宋美莲把大衣借给緥和穿。我们走回童家，月色很好，其实不早了，他们恐怕已经睡了。原来他们又吵架了，把童八轰到那边房里去睡，小侉子就放在我要睡的床上。和緥和坐在火盆边上闲谈，灯也都快灭了，我们谈的话也很深的样子。她现在和我很熟，差不多什么都说，但我知道，她一定还有些不肯讲的话。话说多了，也不容易睡着。

12月30日　土

昨晚说话说多了，没有睡好，醒来头晕得很。緥和也头晕。和緥和说去看静和，因为听说她害耳朵。到护士学校，把药给她们，巾和把一千元又还给我。我真不要她还这笔钱，因为我知道她们没有钱。但她说平和寄钱来了，让她们买皮鞋，她们没有买，把钱还我吧。到江胖子那儿还大衣，马上上路，快到高三，迎面碰见静和、周蕴华出来，我们自然不去了。緤和要去看李小峰太太，路过那儿，进去一趟，马上出来。緤和说，还没有宋美莲好。静和耳朵病，周蕴华又有冻疮，又到江胖子家看病。老苏自然又在江家，自然又跟了出来。说照相，一同到"亚洲"，和老苏照了一张，一个人照了一张，又和緤和、静和照了一张。肚子饿，吃饭吧。老苏说贞干那边有，谁知没有好馆子，只在一家小馆子里吃羊肉锅子，饱得很。想睡，回童家，正好一个人也没有。我和緤和一个人一张床，静和老在问我，我真正才睡着一小会。不过是躺躺休息休息，也是好的。静和扰得我们简直睡不着。一会儿童八又回来了，也睡不成了，爬起来吧，要吃晚饭了。饭后，一同去看戏，我买了四张票，童也买了四张票。我的四张票好一点，在前面，给她们四个，陈、周、静、緤，后面是我们四个，我、童、甘良淑、白太太，自然又不能不带小毛子去。我们坐在后面看不见。上来是什么《清官册》，老是配角唱，毫无道理。我的目的是看《打花鼓》，刘艳露还不错，这出戏我很喜欢看，不是为了它好不好，是为了它很在理。假如打花鼓的看见大相公有钱，就不要她的丈夫了，这就不好了，为了钱，她可以和大相公调情，但丈夫到底还是丈夫，这充分表现了中国乡下女人的感情。最后是《群英会》，小生和张菊隐都不错，张的嗓子今天忽然好了起来。散戏，陈和静和去睡了，我们一同走回童家。

12月31日　日

　　明天是凤竹的生日，我得回去了。緤和说在城里也没有意思，也要走，今天下午走。今天是星期日，我还想，旭和她们来，看看她们呢。所以上午没有出去，在童家等她们。果然慢慢的，一个个来了，先是志敏、申和、巾和，旭和最后来。人家说她演戏出风头，她又要气了。静和不要我走，说得很，她也知道我为什么一定要回去。志敏手上冻疮破了，包着，静和也有冻疮。我们一大群一同去打电报，我打给许云台，让他交一万元给宗斌。静和打给致道。听说电报局人念"洞洞幺拐"，她们笑死了。电报真贵。童八跟着我们来的，又一同回去吃中饭。饭后又是一大群人出来，旭和、志敏、巾和她们走了，我们到江胖子处，陪静和看耳朵。江正在发脾气，和宋美莲闹了。我们坐了一会儿，緵和到陈家寻东西，也回来了。已经快两点钟了，我们该走了，本说到吴副厅长家去的，也就不去了。巾和、老苏一直送我们到戴家岭。在响山寺，买钱纸带回去。我们走得很慢，一路走一路碰见不少人。我们似乎很谈得来，虽然有许多话还不能谈。我告诉緵和许多四婶妈告诉我的话，但我有一部分没有说。我觉得有许多事情，特别是关于她母亲的事情，应该让她知道。到学校的坡上，已经是黄昏了，收拾房间，吃蛋炒饭，好像什么都定了。说老实话，渐渐爱上了我的这间小房，几天不见它，就有点想它了。点一支烟，看她们两个做事，也是一种安慰。外面有月亮，很好，我走了一会，可惜太冷。并没有做什么事，瞌睡又来了。她们走后，我便安安稳稳的睡觉了，全都放松了。

1945年

1月1日　月

　　一早就补记日记，一直到下午才补记好。一进城就好像很有东西记的样子，我的日记还是不好记，事情太多了，应该多记些感触的思想才好。今天是元旦，阴历一月十八日，凤竹的生日，又是凤竹死后半周年纪念，我特地回来陪她的。明知道一切都是假的、空的，但我非这样想、这样做不成。我总觉得来家要好一点，安心一点，不管怎样，这间房总算是我们的家，假如有灵魂的话，假如她的灵魂还是和活着的时候一样，她一定会跟着我，老是在我周围。她走不动，不会跟我进城，留在房里，那我进城不回来，替她做生日，她一定会生气的。早上没有吃饭，热的很，中上吃排骨汤和小炒，吃得很饱。緁和、大老姑都在我这儿吃的，她们女生伙食撤伙了。大老姑已包到人家，緁和拿米去换了馒头，到我这儿来吃饭。她们都似乎有些不好意思，尤其是大老姑。下午没有做什么事，躺躺，抽抽烟，就过去了。孙百朋、姜某某都来闲谈一阵，我总不喜欢和这些人应酬，我还是不世故。现在緁和、大老姑，都和我皮了，哄我耍嘴皮子，我总觉得她们女孩子多心、好强。今天緁和说起，陈芝美写信给吴志道的事，她们两人都说陈芝美不好。我就说她们想法太多，她们就老和我吵，又辩不过我，强词夺理。在圩子里的时候，我总以为緁和大了，不大和她闹，现在她也打我了，大约我渐渐被她们看着好欺负了。晚饭大家都吃不下，我说迟一点到小馆子里去吃，天黑了，我们才去，刚好卢宜庆也从城里回来了，邀他一同去吃。等了半天，才吃了一个锅子，每人一碗片儿汤，却吃得很饱。晚上有一个合肥同学张竞生，中文系四年级的，因为看到我的一篇《温情》，说好，他们预备出一个文艺刊物，叫《长江》，要拉我的稿子。我又和他谈了半天，自然正如緁和说的，我心里很高兴。她们都做事去，我躺在大椅子上不作声，我想到种种。我想到，我回来一点用也没有，我又没有办一桌祭席，祭祭凤竹，也没有带点果品来供养她。我只烧了一支香，我没有一点举动表示，今天一天也没有全想到她，我还是玩，还是高兴。我想到去年她生日，我们正好从蒙家花园到重庆，王荆福请客吃饭。我想到过成都时，她伏在她爸爸坟上哭着、默默的祷告的情形，我至今不知道，她祷告的是什么。我总疑心，她祝告的是让我好好的活着，不然就让我死的。我也不明白，我为什么偏偏要这样想？她们走了，月亮很好，我夹了香和纸出去。月亮很好，十八了，是弦月，有些惨，有些怕人。四周很静，我走到山洼里，在一块小平地上，烧着了纸，看火。我心里想，凤竹不知会不会来？纸烧得很好，全烧透了，我想她一定来的。等火焰全都熄了，我心想，凤竹，跟我回房吧。我不敢回头，怕阳气冲散了她。回房想写日记，倦了，只写了一句，便睡了。我预知我一定会睡得好的。

1月2日　火

除了写封信给姜亮夫，上午没有做什么事，只是坐在大椅子上，和緵和她们两个谈话。不知道是为什么，和她一谈，就谈到了那些问题上去。我举了许多总行的人要她，譬如像四弟、五弟、纯和、景和、济和、中和等等，她都不肯说，不说话，而且光笑。她一定在心里想，不好说，其实真是不好说。为吃一顿饭，还非得进城不可，文启昌不去。冯永轩昨天一早就走了，不知道他去不去，若是不去，江胖子一定又要生气了。緵和说陪我去，中饭之后，找了大老姑来，她自然也去了，我请她看戏。三个人走，自然不会寂寞了。这两天放假，路上学生、熟人多极了，老招呼人。一路上，我们谈回家不回家的事。我觉得，我无回家的必要，因为家里没有人真正想我们、思念我们的，缺少我们的就是一件憾事。四婶妈、纯和、刘文元全都到上海，所以我们又何必来回奔波呢。我想以靖，明年让四弟带她来就是了。一路谈谈，真要生气了，因为她有人想，有人挂念，我们说她。其实这是应该的，光荣的，又何必生气呢？到红石岩，遇见冯永轩刚要回校，我们又把他拦了回去。让缧和、大老姑买票，我们到江胖子家。戏是《龙凤呈祥》，倒是好戏。江家并无请客模样，我们两个是第一批。老苏也在，说是刘越石因为上次老文敬酒不喝酒，所以一直不来。我说我到女中去看看，老苏自然也去，冯也去。三人翻过山头到女中，不在，早就出去了。我下一张拜年的条子，我们又翻山回江家。刘亚青也来了，一会儿胡嘉夫妇也来了，这就算是全了。菜很好，酒也好。美莲居然闹酒，我和刘都吃了不少，我吃了五杯的样子，头晕脸红，饭也吃不下了。上菜前，缧和、陈芝美来送票给我，我让她们吃马蹄酥。我不能马上走，抽抽烟，喝喝茶，提提神，心跳的很。胡嘉说，我的《温情》写得好，比前面两篇还要好。老江也知道我写文章，我心里自然很高兴，故意装着不高兴，说报馆的人不该泄露消息。刘又以为我要吐，一定要走，好，我就去看戏。老苏怕我吐，买了橘子。到戏院坐定，我好多了，虽然心里不舒服，心跳渐渐好。散戏，缧和送大老姑到廖景南处去睡。早就说好的，到老苏那儿去睡的，一个人走长长的夜路。酒醒后，也怪有意思。老苏预备好了茶、洗脸水、洗脚水、梨子等我。

1月3日　水

　　夜里睡的并不好，可是也睡着了几点钟。嘴干，我并没有吃梨，我不想吃。有老鼠在头上走过。外面有月亮，我以为天亮了，其实还早得很。我朦朦胧胧，似睡非睡。起来了，老苏又大忙一阵。快八点，到院长公馆去拜年，勤务兵很客气。院长不舒服，没有起来，我们留了"张特来拜年"的片子就走了。昨晚说好到陈家聚齐的，我和老苏到，緟和正在梳头，陈芝美马上就去办公去了。等大老姑不来，肚子饿了，緟和吃冷油条，我是不吃的。等人自然等着着急，我们出来迎她，一路从石稻场到金家村。找廖景南，又没有人，我们再折回头，遇到廖景南，才知道他又去陈家找我们了。我猜一定会遇到，果然碰到了。在包公祠桥边吃大油条，大老姑已经吃过了，又吃了不少。大老姑出的钱。吃过了，买买东西。我买了两个小的白茶杯，还得意。六千元印照片，照片也照得好。又买了二两茶叶。买好东西，再回头走。老苏也到响山寺，我真不高兴他和我们走。天热，嘴干，要想喝茶。老苏到伤兵之友社看朋友，我们三个走。老苏今天早上还说替我做媒，真是太多事了。到傅家湾，又歇了一下，喝茶。到家收拾收拾，周斌又没有做饭，中饭就不吃好了，好在晚饭也早。谁知道大老姑她们包的饭别扭，饭没有拿到。我只吃两碗饭，也饱了。晚上做通史笔记，想把"楚"弄完，没有成功。

1月4日　木

好久没有上课，所以讲的一点不好。胡嘉来说出版小型刊物的计划。上完课，又像没有事，谈谈《水》的复刊号后，自己提起笔来想写点什么。马上想起种种，因为没有人在房里，我哭了，我伤心，一切变得太快。我自然想起凤竹的死。费了一点钟的时间，只写了一张纸，大约才四百字。我写的一点不好，没有能写出我当时的感情，我又不想抄上去了。在赵景深房里唱戏，胡嘉来讲写文章、办出版的事，我很赞成他的计划。晚上谈疯犯心理，緟和在抄笔记，大老姑没有来。她明天没有饭吃了，现在緟和在我这儿吃饭呢。天又冷了，买了炭，又领了炭，大烧而特烧。这一点还是少爷脾气，改不掉。头晕，大约火烤的太狠了吧。

1月5日　金

没有课，空闲了。上午看《文艺》，相张竞生送来的，他要我写文章给他们《长江》（我不知道他怎么会知道我会写文章的），当中还居然有一两篇好文章。下午读《疯狂心理》，很好，许多话都很对，可惜我没有读过心理学，应该读一次普通心理学。读了《疯狂心理》，使我更加明白精神分析论。晚上黄荫莱(副行长)来上课，我们在胡嘉房里大谈出版的事，一直谈到十点钟。

1月6日　土

为了韦永成（民政厅厅长）请客，不得不进城，縱和她们都不去，我一个人走。早上在房里做笔记，吃过饭就走。天阴，有雪意。一个人走，很着急，刚走出去就碰到金若夫妇抱了小孩子，也要进城。一路走走，走得很快，到傅家湾，于果带了小孩坐了车子，我和金若走，也走得很快。穿过戴家岭，我们从小路到高商去看巾和。我怕她们不在家，果然不在，只好到桂家三湾。这样绕了一圈，天已经黑了。到大观园，正好遇见童八，他捉住我，说快去，他们都到了，大观园请远征军。我一进去，果然有十几个人，静和、文思、文定、旭和、曦和、申和、志敏、童十、童八等等，两张桌子拼起来，还坐不下。大观园生意又好，菜等了半天才来。酒一来，大家就闹，大家喝远征军的酒，童十、小静和（中间门七爷之子）当场就吃醉了。菜还不错，虽然十六七个人，也都吃饱了。静和等都非常会说，自己吃开水，劝别人吃酒。童十、静和，我对他们印象全不好，有点装疯瞎闹。我们一同出来，我、静和、志敏、申和。从童家拿了灯，送她们回女中，我一脚插在臭水沟里，志敏大约很有点过意不去。我和静和回童家，童八出去打麻将去了，甘良淑又到行里替我拿被子。和静和谈谈，甘良淑回来，去睡了。我们谈了谈幺小姐，谈綵和、旭和，实在要睡了。静和还不肯睡，老叫我一直谈，一直谈到深夜。

1月7日　日

醒得并不迟，两个人还是睡在床上说，一直到以级来找我。他们两个一来，就谈昨晚他们吃醉了的事，两个人都是会说的。起来洗洗，已经九点多了，赶快去社会服务处开文化座谈会。去看没有人，我又到江涛声处为巾和要药，巾和生丹毒很厉害。要了药，我又回护士学校，送药给文思。早上还没有吃东西，到桥边吃大油条。再到社会服务处，已经坐满了一屋子的人，赵景深、胡嘉、文启昌、张宗元全都到了，还有许多不认得的。没有座位，我坐在韩永成边上，我没有话说，很窘的样子。马上就开会了。韩先说，马一鸣说说，说话的人不少，都还不错。请客的菜也好，我没有喝酒，大约说话去了三个小时。吃饭菜也好，我没有喝酒。吃饭时外面已经飞雪花了，我想到赶紧回去。老苏来，我们到童家为綵和拿电线。我不回去了，一吃完饭就走。雪下的很大，我们一同到响山寺，老苏才回去。我一个人走，雪沾在大衣上不容易掉，已经渐渐的有点湿了。一到校，一到房里，綵和、大老姑都说想我。我也想她们。因为昨天我走的时候，她们叫我早点回来。她们忙着服侍我，我很高兴，我忍不住要讲许多事。吃她们给我留下的汤圆和饭，以及老苏送我的饼。

1月8日　月

大雪满地，上课无心。夜眠不足，很累人，叫我烦的事太多了。

1月9日　火

为緱和所逼，虽然没有说，但也算把她不是四爷生的这一个传说说了出来。她已知道，从五姑奶奶那里知道了，她从没有表示过。

1月10日　水

课赶得很累人的样子。吃鸡蛋饺，吃得很是过瘾。做通史笔记，春秋做完，放学在即，各人都不定心了。沈玉明两次来我房里，他对緱和有意吧。我不欢喜他，但有时也还好。

1月11日　木

这两天我又高兴了一点，也不知道是为了什么。一早起来，我就背诗，我是有些故意的背给隔壁朱清华听的。后来我又唱昆曲，唱唱，自然赵景深也来了。久不唱昆曲，我嗓子不好，唱得不好，但倒唱了不少。几天来，每天一早就睡醒，总是在床上胡思乱想，想着想着就有点像做梦的样子。铺床、洗抹桌子的时候，我就哼哼唧唧地唱。上两课，就又没有课了。下第一堂课，到小馆子吃面，好久没有到小馆子里来吃了。我们正在吃，老苏来了，踏雪而来，也是没有什么事，让我看四弟、五弟的来信。二表姑叫他去过年，我们都不想回去了，老苏去干什么呢？胡嘉来谈谈，谈了一个下午。三时老苏走，我送他到战干团，他告诉我，又不想到上海。他真算是莫名其妙的一个好人。大老姑又在瞿家了，她对瞿印象还不错。只剩我和緵和吃饭，吃了不少烫饭。和緵和还谈得来，就是她太口紧了一点，我告诉了她不少我的事，也算是秘密的事了，她却没有说啥。

1月12日　金

早上起来，我还是一个人唱了一阵。把房里收拾好，緵和来吃昨天大老姑带来的牛肉和烫饭。我好像是闲了，看旧《东方杂志》，张东荪的一篇《新有鬼论》，写得真是好的很。调和以前我看的旧小说，想想凤竹，我几乎相信有鬼呢，这一篇文章对我很有效果。他说，年老力衰的和久病的人，鬼小，青年横死的人，鬼大，正合"小人鬼魂大"这一句话。下午緵和陪我到古碑冲，我们没有等到大老姑，因为她有课。说句良心话，我对緵和还是有点偏心，自然为了她讨喜一点，也好看一点。大老姑自然也是好人，可是我没有像喜欢緵和那样喜欢她，虽然我待她也很好。緵和过来，因为和緵和谈得深一点，她跟我也好，今天她要陪我踏雪到古碑冲去拿钱。家里汇来六千元，其中五千是我的，一千是二表姑给緵和做路费回家的。上次已经拿到三千，今天还剩三千也拿到了。表还是灰太多，又上了一次油，花了八十元。买了点花生回来吃。路上还是很冷。晚上在赵先生房里唱昆曲，又唱京戏，緵和也去唱的。我的嗓子不好，唱的也不好。回到房里，大老姑已经伏在床上睡着了。

1月13日　土

昨晚就和赵先生、胡先生说好，一清早进城去看艺术宣传队的话剧。因为怕迟了出太阳路烂，所以我天不亮就醒来，到天亮爬起来，就去打赵先生胡先生的门，把他们都闹了起来。没有吃东西，就走了。赵先生穿了大衣，两手插在大衣口袋，很惬意的样子。谁知道一到叶先生家门口，在下坡路上，就滑了一跤，爬起来，又一连跌了三次，有一次把眼镜都跌了下来，所幸没有跌碎。早上的小路固然冻了起来的，比烂路要好一点，就是太滑，赵先生不大容易把握住，自己眼睛又不太行，所以很容易跌跤。到傅家湾差不多一共跌了八九个筋斗，有两次险些几乎跌在沟里面。后来胡先生扶着他，我在前面走走，在雪地上走，要比较好。傅家湾过后是大路，好多了，到响山寺，我们才吃油条。赵先生跌了几跤就不肯走了，还是胡先生打气才肯向前走。翻过戴家岭，我们三个人就分路了。我到高商，找静和。翻过一座小山，把鞋子全都踏湿了。她正在晒太阳，下星期就考完，她就预备回城里，大概在十八号要放学了。又到校长室休息，看刘同俊。刘倒是非常客气，拿烟倒茶，买花生。歇了一阵，静和又送我出来。路已经很烂了，到护士学校，她们正在吃饭，巾和已经在扒饭。她们要二十八号才放假，文思、文贤、巾和都不想回去，文定大约要回去。又到贞干，在女生宿舍找出了旭和，她在吃饭，一股子花生米味道。我跑了一上午，肚子饿极了，叫她马上带我到小馆子里面去吃面。她一面和我说话。她们也是十八号考完，考完就走，家里还没有寄路费来。没有钱，我给了她两千元。我现在大有钱了，学校加薪之后，每月一起有七千元左右，这次只发了一月份的，我一共拿到一万二千余元，昨天在邮局又拿到三千元，一共有一万五千元。她现在有些怕我，怕我说她用钱太多，两碗面一百元，还是她给的。回到贞干，我要她们临走的时候，都到我学校来，反正她们走，要路过古碑冲。曦和也找来了，还没有走出贞干，老苏又来了，真是怕他这样，找着找着要跟着我。我说到童家去，他一定要我去大新池洗澡。我本来要洗，就预备明天一早去洗，水可以干净一点。但他非逼着我去，老说现在就去，现在就去，我几乎要生气，但我忍住了。我同他一同到大新，找一间空房坐下。两个人马上就谈了起来，他决定不去上海，谈起来，谈到江胖子，倒台，倒霉，和江胖子造他的谣言。他好像是怕我生气，特别到澡堂子来对我说明的，我这才知道，他一定要我来的原因，因为就是要和我谈这些事。他现在会说多了。洗澡池子小，人多不痛快，但擦背擦的还好。从大新出来，天已经快黑了，他还要我在外面吃饭，于是我们到小馆子里面吃锅贴。吃完饭，我要到童家去一趟，他也要陪我去。童八不在家，孙存凯来了，他们请他在外面吃饭。我们只坐了十分钟就走，因为我还要到社会服务处去看戏呢。买个灯笼，提着，又是老苏送我去的。我坐在第二排，江涛声、宋美莲就坐在我后面，以级、文思，和他们也都来的。一共是三个独幕剧，《领港人家》《禁止小便》和《租押顶卖》，全都很短小精干。《领港人家》描写的是汉奸欺骗设计一个老年领港者的，兼枪法精妙的猎户，想要偷盗水运图，结果被老猎户枪杀。但这个汉奸，却是老猎户好朋友的儿子，朋友临死时，曾托付老猎户教养他的儿子，并且有意要娶老猎户的女儿。但女儿并不愿意嫁给这样一个小流氓，靠了女儿的机警，才能拆穿了汉奸的诡计，帮助父亲杀死了汉奸，女儿自己也受了伤。这个戏场面很紧张，从头至尾，都非得用心心的看。我看这幕戏时，张着嘴，担心着剧情的变化。全剧演员都非常合适，特别是黎嘉先生的小汉奸，表现出这个败家子、小流氓，惹人恨，又惹人可怜。看他跪在地上发誓赌咒的，叫人可怜，又叫人讨厌，一旦放了他，却又转身回来偷水运图，真叫人恨。蔡芳先生的老猎户不慌不忙，很有老英雄的风气。其余像女儿和另一个汉奸，也很尽职。第二个《禁止小便》，描写伪组织下的一个腐败机关，有整天发牢骚的老科员，有总被人欺负的小录事，有靠姐妹做局长姨太太便可以整月不［去］办公厅的二百五大学毕业生，有带着女朋友高跟鞋去上办公厅办公的"革命"科长。这些人为了顾问要来视察，老科员之外，全都手忙脚乱，特别是勤务兵，老被人指使，做这样做那样，一块"禁止小便"的牌子，闹出种种笑话。这个戏大致最多得观众的欢喜，老是笑声不断。我看这个戏的时候，虽然没有像孩子那样大声的笑，但嘴总是闭不起来。至于演员，我最爱老科员，不慌不忙，一副死气沉沉、对付什么事全都不动心的样子，真是叫人佩服。小录事也表现一种可怜和无奈的样子。革命科长，化妆得很漂亮，说话也很够味，就是舞台太小了一点，似乎有些展不开，常常把字纸篓踢翻，这正好表示了他们的忙乱。第三出《租押顶卖》，我最喜欢这个戏了，是徐予写的。徐的散文和小说本来就写得很灵活轻松，这个剧本也很灵活轻松，是一个喜剧。剧情是说沦陷后的一家还算富有人家的，因为妈妈赌，把三层楼租给一个赌场，结果输得没有办法，只好把房子顶出去。后来来顶房子的某先生和妈妈没有谈两句话，知道楼上有赌场，于是两个赌棍便上去大赌，结果，预备顶房子的二十多万全都输光了，妈妈倒赢了。等到他太太来的时候，已经只剩下太太的皮大衣，把皮大衣压了一万元，再去捞本。皮大衣正是房东女儿日夜梦想，因为有皮大衣可以漂亮，别的男孩子也愿意追她。正是这个时候，又来了一位没有妻子、不能和爸爸分居的阔大少来顶房子，他大约见到房东女儿还不错，于是顶房子连小姐一起顶去。妈妈为了钱不得已，也愿意。正说好，输了钱的客人又赢了钱了下来，太太又要回皮大衣。小姐虽然被扒了下来，还没有在马路上露一露的机会，心里难过，有了男朋友，也是一件乐事，于是和大少爷挂着膀子。剩下妈妈很懊悔，放声大哭，于是闭了幕。这出戏对白十分漂亮，在各个方正暴露出上海一批人的糜烂生活，但这剧还夸张一点。妈妈演得最成功，老练安详，是一个很合乎身份的好赌的太太。小姐娇小玲珑，卞景先生的大少爷，说北平话，很"膀""率"，也演得恰到好处。我自己非常喜欢玩，京戏、话剧、电影，全都爱看。京戏有许多地方我觉得好，比如一个花脸，我们就知道他是一个坏人，假如他被人杀了，人们一定会很高兴。话剧表现的更加近人生，里面的一些角色，全是一些可怜虫，自然老科员更叫人同情。总之，我看了觉得这儿的话剧并不比重庆、成都的差，所差的是台子和布景，灯光不够而已，至于演员，个个努力认真。希望以后能够有更好的戏，让更多的人可以有正常的娱乐，同时还有教育民众，启发民众。

（第二十五本结束）

1月14日　日

昨晚提了灯笼回去，冷得很，忽然想到手套，又回到社会服务处去找。不在，想到一定丢在童家了，只好两只手换着提灯笼。夜里是真冷，一个人走似乎更冷，但一个人也有一个人的乐趣。到中正，没有讲什么话就睡了。今天也是天不亮就起来了。老苏学校考试，忙得很，我也不要他陪，自己一个人出去。先到大油条店吃了鸡蛋皮泡油条，然后到童家。童八、孙存凯才起来，我把周君度订皖报的一千三百多元又还给了他。他们要去洗澡，我八点钟要开座谈会，所以一路走。到社会服务处，人还没有到几个，卞景、蔡方先陪着我谈。等了很久，人才慢慢的到齐，赵景深、胡嘉也来了。于是各人发言，批评昨天晚上的戏。我也说了，后来胡嘉、赵景深都说我说的不错，我心里自然高兴。说话的人很多，似乎都想说说，出风头似的。有人说"抗战八股"，有人反对"乌龙院"，真是可笑。

后来我的肚子实在饿了，已经十二点，还有人在说，卞景写条子，请我们几个人吃饭，意思是要我们写文章捧场。在社会服务处食堂，一共八九个人，除了我们三个（胡、赵、我）之外，有卞、蔡、李贷思、吕露先（老科员）等。吕说，认识允心五哥、大姐、五弟等人，他很会说。卞景又要我们演戏。我喝了几杯酒，把脸喝红了。看看表（我买了一个透明的表盘，为了怕进灰），已经一点多了，我们还要去看院长的病了。我头有点晕，又歇了一阵才走，我和赵先生去。院长坐在床上，病还没有好，好像是疟疾。一会儿新卫生处处长蒋曾勋也来了，我们看看时候不早了，赶快走吧。到"大华"等老苏，买点蜜枣来（贵极了，一百元只有十个），带回去给緻和她们吃。老苏送灯笼来，又要送我们，我们不要。走时大约三点过。这次进城，老是在跑，似乎很累，但走起来，也就不觉得了。两个人走，我和胡嘉走，也不觉得寂寞。到响山寺歇一歇，喝茶，抽烟，已经快黑了。路上有雪，雪景不难看。到傅家湾，已经全黑了，点上灯笼，在山里走夜路，也别有风味。我在前面打灯笼，路冻起来了一点，但我的脚还是湿了。到了小馆子，叫煮饺子来吃，大老姑、緻和都在等我。说好不理我的，谁知忍不住，还是理我了。给她们吃蜜枣。我总看她们是小孩子，骗骗她们，但她们已经是大孩子，也颇会用心思，会说话俏皮，也会闹。停下来，自然累了。没有做什么事，九点钟就睡了。

1 月 15 日　月

还要上一星期的课。文史系一年级讲的最慢，英数系讲得最快，今天已经结束，"中国近代史"也结束了。晚上，为了写看话剧后的感想，赶稿子到很迟才睡。

1月16日　火

又吃稀饭，不大有兴致，看她们两个吃，我不吃。第一、第二堂都有课，快放假了，学生全都无心上课，文史系和政经系还没有讲完呢。第三堂空课，我和緵和在房里谈了一个小时，我不知道谈的是些什么，只是觉得和她谈谈很有趣。第四堂课，英数系的"通史"，看学生的笔记，刚好翻了一小时，全部都翻了一遍。下午抄昨天的稿子，文章又写得不好，自己又懒得抄，抄的真慢，一下午才抄完，不过才一千多字。中饭和晚饭的时间距离太近，吃不下，但认真去吃它，也吃得下。好久没有出去散步了，她们两个讲，出去一趟。捡好的路走，转转弯弯的走到金若家门口，看看长松岭上的雪。金若在门口砍草引火，让我们到他家去坐，我们都进去了。他的画我还没有看过，他的画还不错。坐在火盆边上逗小金寨玩，于果也来了，小金寨在家里很乖，不闹，一个人唱唱玩玩。看到小孩子，我自然想到我家妹妹。也快黑了，我们才回去。我到赵先生房里唱曲，唱的很久才回房。这一阵子又睡得不好，思想太多了。

1月17号　水

要求我们早点改卷子，全都在星期五改完。改完了也好一点，可以早一点回去。决定了回去，就想早一点回去看看所有的熟人。倒不是想某一个人，确实想很多的人，想许多的东西。连上了两课，又看艺术科的展览会，居然有许多不错的东西。漫画《归来》，也很好玩，画的是故事，还画了许多中国女人的不健康的身体，也画得好。夜里冷，没有睡好觉，想睡一会儿，好像也没有睡着，进来出去的人特别多，闹死了。起来头晕，旭和、曦和带了个女同学王某某来，到两点多，还要赶回去，慌慌张张的，她们就是来拿钱的。王某某来找她的侄儿王维学，文史系一年级的，在我房里谈了半天。王维学翻我的书，惹得我一肚子的不高兴。旭和、曦和她们乱了一阵子，也快吃饭了。正在这时候，英数系的级长王国钧和熊景又来了，要求只考到"楚"，和文史系一样。我真是生气，没有答应。我知道，我那时的相很不好看。学生走后，我还在生气，叫的水饺又不来。旭和她们又慌着要走，又借给她们一千二百元，看她们走。她们一定要赶黑路了。人总是这样的，现在旭和她们都生疏了，反而和緵和熟得很。饺子到了，天黑了，我们三个人又吃了一点。大老姑回去了，开什么七星社的会，我和緵和在房里。她在看我的文史，我躺在火盆边的木沙发椅子上。一时我非常难过，想到种种的不愉快的事，几乎要哭出来。緵和大约也知道我不高兴，于是逗我哼戏，要我教她。这样唱唱，才慢慢的好了。我有时想的很远很细，但又想得很不清楚。半年来，我好像是另一个人，现在就要回去了，又重新回到过去。我不知道我回家后，会不会痛快。

1月18日　木

这半年来的最后一课，各班都上完了，《春秋》太慢了一点，明年不能这样讲了，得照"纪事本末"体来讲。本学院出的《世界月刊》出版了，我的《秋灯忆语》中有很多错字，曹老先生写的一副对子最滑稽了。我不过随便翻了翻，也没有好好的看。今天倒看了一小本《遗传与优生》（万有文库本的，刘雄著），似乎很有趣味。今天不多说话，似乎有些不乐意，不知是为什么心里总有些别扭。小沈又来了，大谈，我不很理他，他还是谈得很有劲。天冷，好久不站在外面了，在走廊上站站也怪有意思的。学生要求提前考试，我的两门课都在明天考，考了也好，早早的把卷子看完。还有卢宜庆的卷子也要我看（可怜他吐血，回六安去了），我得忙了。緵和她们在，我总不出题目，别人以为她们一定知道题目，以为我一定会告诉她们，其实我一点也没有说。晚上只和她们讨论讨论，她们走后，我才出题目。

1月19日　金

这一阵子都不高兴，夜晚也睡得不好，总是睡一觉就醒，有时夜里两点就醒，闭着眼睛想到天亮，心里十分难受。今天又要考试，所以得早点起来。陶梦安先生来说，不准提前考，注册组不会发卷子，我们两个就到注册组去。马主任又请假回家，只有一个姓王的先生还睡在，我们来问，说院长不准提前考。好，我们就请注册组赶快出布告，说一律不得提前考，否则我们答应了学生又不考，岂不是失信于学生吗？他也答应了。于是我们到教室去打学生的招呼，自然学生们都不高兴，他们都预备好的，有的还开了夜车，而照规定考试，有的是一天考四门，实在是吃不消。打完了招呼，我在河沿上买了大饼油条回来和緵和她们吃。正在吃的时候，一年级级长来，仍然要求考，因为有别的班也在考，我真是有些不高兴。后来注册组的人打电话问院长，说可以提前考。第二课考，我监考英数系一年级，赵先生监文史系一年级，胡嘉考政经系一年级。我监的很严，叫大家把书都放在地下，男学生偷看的，被我把笔记本子拉了出来。女学生陈镜钊、郭勇，都偷看的，我看见了，没有作声而已。把她们笔记本子收了，屋里就乱了起来。下午又考三文的"世界通史"，让他们缴笔记本，一个也不缴，还说漂亮话，保证没有人看。我捉出来的就有三四个，我不知怎的，好生气。其实学生作弊，何必认真生气呢？人气，就不免迁怒于别人，就和人辩，和人吵了。正是吃晚饭的时候，又来电话，是童八来的，说旭和她们已经来了。他和孙存凯星期一也是要走的，到六安去，问我可同他们一阵走。我不成，卷子一大堆，还不知道哪一天才能看好。知道她们马上要来，我赶快把床铺铺好，把被子折了起来，人多，一定是往床上坐，一坐就坐坏了。理理床，顺便把东西也都理了一下。果然天黑的时候，静和和周蕴华来了，说她们都在古碑冲小饭店里。静和是特别来拿钱的，我借给了她三千元，和志敏两个人的。留她们在这儿住女生宿舍，静和怕她们在店里的人说她。谈了谈，提了灯笼，把新做的黑短大衣给她穿了去，她还不要呢。路上不烂，提着小灯走也有趣味。小店里果然一大堆，旭和、曦和、志敏都是要回去的，另外还有四个男生，有一个仿佛见过，叫徐元系，人还老实。十个人，一共只有两间房，真是不好睡，叫两个人跟我回学校去睡，不肯去，因为明天要赶早走。静和、旭和都想来住，曦和不让她们来，我冲了她，带着静和、旭和又回到学校。在河沿小馆子里，下面给静和吃，她还没有吃晚饭呢。旭和到我房里就要打瞌睡了，跟别人睡都愿意了。人都走了，静静的我点了一支香，睡觉。

1月20日　土

想送她们走，天不亮我就醒，一觉起来，天刚刚亮。我自己到老虎灶上去打了洗脸水，倒是很热。天亮了，她们怎么还不出来？我到女生宿舍，见旭和正在漱口，我叫快点，我在房里等她们动身。到古碑冲已经六点了，怕被在店里的抱怨。走到店里，他们还没有吃早饭。早上也吃饭，我也居然吃了两碗饭。昨晚他们的饭钱，我也一起算了，一共八百一十元。我送他们一路走出古碑冲，马上就上坡了，一会儿就爬山了。曦和、志敏、申和在前，我和静和、旭和一起。旭和一上山，就不舒服了，老揪住我，要我扶着她走。渐渐地越爬越高了，几乎快要到顶了。又冻，路上很滑，我牵着旭和，我倒跌了一跤，没有跌疼，还好。到山顶，我不送他们了。我下山，一个人走得很快。在古碑冲买一包新炮台烟，盒子装的很漂亮，与其说是买烟，不如说是买盒子。回来才八点多，大老姑正在我房里吃稀饭。和緤和谈谈一同走不一同走的事，她强辩，我有些生气。翻翻学生笔记本，光翻翻，看看谁交了［谁］没有交。下午又到图书馆去翻书。緤和她们来，又有电话来，是老苏打来的，说家里来了人，要我进城去。考卷都没有看，不能去。今天仍然不多说话，看见谁都有些生气。

1月21日　日

改了一天的卷子，才改了两个班的，真是件苦事。中午赵景深回来，说见到老苏来了。我就知道老苏一定会来的，我们都说等他吃饭，果然他来了。原来是景龄五爷到立煌来了，为了学校的事，还有童瑗也来了。此外还有一件不好的事，就是中正不聘老苏了，这真是件伤脑筋的事。我觉得伤脑筋，倒不在乎有事没有事，而在乎他自己不知道自己的短处，譬如他不宜于教书，他偏要教，不宜于作诗，他非要做不可。这真是件最糟不过的事，没有法子告诉他，说你的诗不成，要不得，你最好当识时务。太熟了，反而不好说。而他偏偏又觉得他似乎很会作诗、很会教书似的。吃完了饭，我又叫了个锅子、十个馒头来吃。改卷子的改卷子，读书的读书。老苏看《世界月刊》，看我的《秋灯忆语》。两点半送他们到战干团（土地庙），我给了他一千二百元。回来我坐着抽烟，心里空空的，你的朋友们都倒霉，自己也难过。其实今天刚刚高兴一点，多说一点话，又来了不开心的事。晚上胡嘉来谈出版、写文章、办报纸的事。

1月22日　月

今天开始考试，但是我的功课没有考，又改了一天的卷子。今天改得太慢了，改卷子真是教书人的一件苦事，同样的毫无趣味，但是你又非得改不可。大老姑、缦和也都紧张了起来，预备考书。大老姑尤其紧张，晚上我们讲一两句话，她就发脾气，说考不出来就全怪你们。我有些生气。她自己的事情做完，无事时就讨论什么课。我这一阵，凭良心说，没有好好的用心做事，《秋灯忆语》也没有写下去，就是因为不能真正的静下心来，我只能做一些不要十分用脑筋的事。早上，我特别跑到河边上去买烧饼、油条，来给她们吃。等了半天，抱了回来，已经吹上课号了，缦和也没有吃，等到她们考完了才吃到的。下午沈玉明来，倒是吃到了，我实在不爱让他吃。蔡方又来要我演戏，我说要回去了，不能演。李杰民又来谈，所以总不能好好的看卷子。晚上陶梦安来，说他明天就要回去了。我知道他来，一定有事。过来一会儿，他叫我同他一同出去，走到廊下，又谈给陶仁俊做媒的事。他还说到，以前张家曾到陶家去说过媒。这真是有些令人生气，我说这些事我全不知道，最好让他们自己做主，让他们自己进行的。今天又不大开心，闷闷的，躺在木沙发上几乎睡着了。缦和让我睡，我知道睡得太早，明天天不亮就又睡不着，又会胡思乱想。

1月23日　火

果然天不亮就醒，先有些头晕，后来也好。改一天的卷子，难过的很。晚上实在是闷极了，到赵景深房里去唱昆曲，唱得没有劲。今天大老姑考完了，晚上到童八家去了，也不来了。缦和明天还有一样要考，也不在乎。只是我一个人还是在忙，做教员，真是不好做。

1月24日　水

起来就哼京戏。老早就叫张新陆买油条来，预备给緥和吃，吃了好早早的考。我还是待她好，打心里待她好。待大老姑也好，可不是从心的，是觉得不得不对她好。胡嘉来要喝茶，用小茶壶在火盆上炖，炖裂了，反正一两天就要走，我也不气。緥和考完了回来，为了找头发的夹子，我昨晚答应她替她找，结果没有替她找，她说我口是心非，真是气人。想想犯不着，就不气了。这几个班的卷子已经全部看完，分数也已经记了，我现在也不慌了。小沈来七搭八搭的，我和緥和都讨厌他，我故意算分数，緥和在给我抄。我把我的笔记让她订了起来，我又订封面、写封面，有几本写得还得意。总算完了，也得进城去看五爷了。我到现在还有三分不想回圩子，钱也没有了，回家又得借一大笔钱。

1月25日　木

孙四（十六奶奶家伙计）昨晚就来接我们了，他在古碑冲的小饭店。叫他今天一早就来的，等了半天，他也不来，真是有些叫人着急，我们都吃过早饭了，还留了三个烧饼给他呢。他总不过来，后来我们决定不等他了，我们从古碑冲大路上走，也许可以碰到他。果然在堤上碰到了他和他的朋友，他的朋友是来接孔祥华的，昨晚他把扁担寄存在那儿。朋友去拿扁担，我们一路进城。大路也还是烂，鞋子也湿了，走走，肚子居然饿了，时间大约也长了。翻过戴家岭，到"陶陶"吃饭，要了一盘炒年糕，可惜炒得不大好，杂烩锅子还不错。钱已经没有了，早上又向赵景深借了四千元。人饿了就没有精神，一吃了饭是马上就有精神。我带了孙四先到宣传大队找卞景，大老姑、緥和到陈芝美处，说好了在社会服务处碰头。

我找到宣传大队，卞景在排戏，大叫大叫的。我告诉他，明天我就要走了，十九爹爹的片子印好了没有？他马上就派人去催。金若的画的事，我也就没有提了，因为提也没有用，他和金若不对，据说是为了于果（于果者，金太太也），画是绝没有希望的。至于他借十九爹爹的一万块钱，他倒是提了，叫某人还，也记不清了，大致也是支吾的。从老卞那儿我马上就出来，到社会服务处剃头，孙四就在外面等。我一面剃头，一面正好休息，闭着眼睛静养。一会儿头剃好了，緁和她们还没有来，于是我和孙四再到陈家，原来她们在重新整装。陈芝美也打扮的漂漂亮亮的，为了我没有让緁和带底片来，她又怪我。在包公祠街上遇见老苏，说四弟的事已成功了，是农林示范场场长。督导贾宏宇已有信去，昨天老苏和贾又联名打了一个电报去，叫他马上就来，要我不要走，在这儿等他。我本来就有些不想回去，这样正好，决定不走了。大老姑马上就不愿意了，緁和心里一定也不愿意我不和她们一路走，但她没有说。我和她们两个熟些，我也有些舍不得她们走。以前她们不到我房里来，我孤单惯了，也就算了，现在她们一走，我一个人留在学校里，自然要寂寞了。不过我想我是不怕寂寞的，有时我也许反而欢喜寂寞。一到童家，一房的人，童瑗、童四表叔（躺在床上），还有一个童家的某某，他们全都是来找事的。童瑗真是会说，马上就把话匣子打开，四表叔因为不熟，不大说话。五爷回来了，人比在圩子里时瘦了。房里的人太多了，我们到门外路边谈谈家里的事。她说妹妹小胖子的，我真是高兴。我心里想多问一些关于妹妹的事，可是故意装做不关心的样子，不去问他。晚上观前银行请五爷他们，童家只剩我们几个客人吃饭，童四表叔、童瑗也算是主人，同桌还有一位四表叔他们的朋友杜先生。饭后我们唱戏，杜先生请我唱昆曲，后来借了胡琴来拉，我们大家唱京戏。杜先生京戏唱得不错，在分路口时常和十三爷在一起唱。我唱的很过瘾，青衣、老生、花脸都唱到了。緤和唱得好，大家都夸她。童瑗唱了一个《汾河湾》就不唱了，她嗓子也好。四表叔也唱了几段，也很够味。唱唱，歇歇，谈谈。五爷他们打上了麻将，不会回来的，我倦了，和老苏一同走了。我住在老苏文化服务社的地方，房子还不错，睡得也好。老苏现在是文化服务社的经理，这个机关是胡委员（省党部委员）给他搞的，管吃管住，就是没有说给多少钱。我又给老苏一千二百元。早早就睡了，睡得好。

1月26日　金

睡得早起得早。老苏新接事，要办接收，要陪我出去。到桥边那家牛肉馆吃油条牛肉汤、煮鸡蛋皮，然后顺路到大新池洗澡。人少，洗得真舒服，擦背擦的好。以前我不愿意洗大池子，大约是为了怕丑，现在觉得池塘里躺躺也好。但人多了还是不好，见到满身疮疤的人下池子，真是觉得害怕。躺在池子边上，直挺挺的让人擦背，先还是不习惯，最后也［习］惯。我嘴里还哼着戏，因为假如不哼，就会胡思乱想。我常想这种池子，男女同浴，一定会出事的。在池子里，遇见三文学生蔡淳，他是广西人，是"奉命读书"的，自然读的不好，这次近代史不及格，我真有些怕他。正好他下池子，我已经快洗好，他还叫擦背的好好的替我擦一下。上来之后，我快快的穿，怕他替我会账。和老苏出来，老苏回文化服务社，我到童家。路遇老王说，王老爷昨晚赢了一万元，人都到大观园吃早点去了。于是我进城到电报局打了个电报给四弟，电文是"六安张宇和立即来，宗"，加急电。从电报局回童家，他们都已经回来了。本来说下午五爷和我们一同回学院，明天走。我说现在就走，他们也赞成。于是我们一行六个人（我、緤和、五爷、孙四、胡五、翠），带了一副担子就走了。緤和她们还要到陈家去拿东西，我们在文化服务社等她们，半天才来。我因为茶罐坏了，又买了一把小茶壶、一只大茶缸，心里很高兴。想五爷赢了钱，自然心里也高兴。从小路到学校，五爷已经很累了，緤和她们整理东西，五爷在我大椅子上休息了一会儿。我叫周平在小馆子里要了菜盒子、水饺、素锅子来吃，还好，还剩下许多，正好明天早上让他们早早的吃了上路。五爷一晚就在我床上躺了下来。緤和的衣裳没有干，我帮着她在火盆上烤，她老望着我不作声。我真有些舍不得她走，我们才在一块儿玩熟了，可是我又想怎么能不叫她走呢？她虽然家里没有人在，但有中和，我知道中和一定是她记挂的。烤干了衣裳，她也太疲倦，去睡了。我把留着明天早上吃的东西盖好，五爷已经睡着了，我到2号小吴房里去睡。2号有两张床，我们一人一张。我上床就睡着了，大约是太疲倦。

1月27日　土

夜里醒来小便时，见到月亮已经偏西了，月亮很大，大约快十二月十五了。小便之后就一直没有睡着，听着鸡叫，一遍，二遍，月亮变得惨黄色，我就起来了。开自己的房门，五爷也醒了，于是点上蜡烛，把火架着，把稀饭炖上。我去上茅房回去，五爷起来了，我到桥那边老虎灶上打水来洗脸。五爷说太早，可以刮刮胡子。我去女生宿舍那边叫江妈叫緤和她们，大约没有叫，我又去叫了，緤和也答应了，自然还没有起呢。我又到饭厅，把孙四、胡五叫起来。五爷洗好了，我们先煮饺子吃。孙四、胡五起来，把五爷的行李收拾好，让他们吃了稀饭。緤和、大老姑还没有来，五爷真有点发急了，我们两个大约一共催了六七次。我到女生宿舍，看緤和还在梳头，大老姑没有看见。好容易两位小姐来了，东西可不少，大包小包的，脸盆、脚盆全都带着。五爷说大老姑，大老姑还牛气呢。缐和吃过饺子，大老姑才来，大老姑最后吃。吃完了，我锁锁房门送他们走，已经天亮了好一会了。我把围巾给缐和围，天还是很冷。过古碑冲检查点，从小路上长春岭。五爷说见岭就怕，他又披着件大衣，走走又热，歇歇。遇见两个女学生来了，一个还背着个大包，提着个小包，我替她拎了大包上山，一直到山上小饭馆里。太阳比那天送旭和她们还要高一点，在山上休息，喝茶。仅仅几分钟，他们向东下山，我向西下山。回来心里有些难过，我想妹妹。下山在古碑冲街上找修表的，表是簧断了。要死，修表的有病，不在。回到学校，重新理房间就花了一上午。昨晚还剩了有两个菜盒子，当饭吃了，顺便带许多东西到小馆子里去洗洗补补。累了一上午，饭后躺在椅子上晕了一会，吃支烟。想到出纳组去替缐和、大老姑退费，两人一共退了两千几百块钱，我暂时又可以不借钱了。出纳组主任说沈弗瑞问院长，去看看他。他一坐下，就大骂总务处亏钱了。沈弗瑞也来了，一会儿张宗元也来了，他是听说沈叶仲太太死了，特地从流波硐赶回来的。谈谈天，时间就过去了。胡嘉夫妇回来了，要我在他们房里吃饭，我真没有饭吃，因为今天周斌也回家了。吃了，晚上累极了，早早的睡了，新晒被子舒服极了。她们两个一走，自然空空的。我相信我不会寂寞，因为我有事做。

1月28日　日

醒得还是早，可是懒，不想起来，躺在床上。好多天来没有这样，好像做梦了。买玩意儿带给妹妹，我知道我心里非常想妹妹。起来想到小馆子里吃东西，没有。我便上古碑冲，反正要去修表，还要买牙刷，牙刷丢在城里了。到古碑冲，街上已有卖年画的了。吃了四根油条、一碗粥，饱了。买了牙刷牙膏，去修表，修表的人还没有起来。装上一根簧，又花了两百。回来，补记前两天的日记。今天沈玉明也要走，河边村只有我和胡嘉夫妇三个人了。中饭吃的是面，我是在杨家小馆子里吃的。饭后，又到图书馆去搬了一批书回来。一个学生来，朱清华、刘文恒先生都不在，他们把一个包放在我房里，于是谈起了他们在霍山师范当教员的人，五爷要请现代化教员，他说有人可以介绍。一会儿朱院长从胡嘉房里又到我房里来谈了一会儿，谈到吃晚饭。我带了《时与潮副刊》到小馆子里去吃饭，看了几篇小文章。回来在胡嘉房里一谈，就谈到了九点钟。今天一天算是没有做事，只做了一点日记。我想做一篇文章，叫"思念"或是"相思"，讲想人、想家的事，不知道这两天能不能动笔。为了等四弟来，也有些不安心。

1月29日　月

开始觉得有些无聊了，但还好。读《宣和遗事》，已经快读完了。写二帝北狩流离颠沛的情形，叫人感动。早上在小馆子里吃炸馍，中上也在那儿吃面。吃面烤火，谈国家大事、学校大事。饭后，院长又留下我大谈学校的事和安徽省政治情形。回到胡嘉房里，又大谈。一看表，九点了，胡太太已经躺在床上打呼了。

1月30日　火

今天好像并没有做事，只写了几封信，一上午就完了。先写一封给景龄五爷，介绍陆音峰去教书，昨天一位同学介绍的。又写了一封信给大老姑、緥和，给罗莘田，给四姐，一共发了五封信。另一封给杨苏陆。下午在院长房里，和胡嘉一同去瞎谈，谈了一下午。晚上在胡嘉房里吃葱油饼、稀饭，又谈出版的事业。谈话的时间太多了，没有看什么书。把《宣和遗事》读完。明天得好好的读点书，做点事了。今天想妹妹，想四姐。想人也是件不好过的事，可是我只有一小会工夫，一会儿就好了。

1月31日　水

很早脑子里就想好一篇稿子，叫《思念》，今天上午把它写好，才一千多字，可是却费了不少时候。自己觉得写得一点也不好，好像有许多话没有说尽似的，并且肚子里的意思也没有能完全充分的表达出来。写的时候，我却很伤心的哭了，因为我硬着头皮说我什么也不想念，其实是假的。我自己知道我的软弱，我什么都会想念，我想念凤竹，想念妹妹，这几天尤其想念妹妹，写着写着我哭了，我赶忙收住笔结束了。所以写的很不好。读丰子恺《世界大音乐家与名曲》。这两天老是在小馆子里吃炸馒头，豆浆很不错，和他们家小龙都玩熟了。看到小孩子我更想妹妹。今天天气又特别不好，是个阴天，一点也不冷，大有下雨之意。下午我一个人到外面去走走，到校门口想看看四弟可能会来，我算着这两天他应该到了。一直走到战干团前，又走回来，遇见刘文恒回来了，今天我们河边村又多了两个人，李杰民也回来了。李来就谈老苏中正的事，胡嘉也来谈，他们都说老苏不行。晚上我把灯放在木沙发前面，预备看看书。院长让人送来一张条子，又请我和胡嘉去谈。我们去了，院长腰腿酸疼，在床上哼哼，火气很大。我们谈得很好，我们谈了国事以外，院长还告诉我们他以前跟徐树铮、杨宇霆、白崇禧时的情形，很有趣。有一副对子，是徐树铮出的，是"开公事房，房事公开"，院长对"了私情案，案情私了"，对得很工，大约是他自己得意的。他原来是学律师的。有学生来。学生走了，我们要走，院长不让走，一直到十点钟我们才走。今晚大家谈的很随便，也很有意思。

2月1日　木

到底是下雨了，雨不大，是蒙蒙的细雨，很闷人。篦头照镜子，我才注意到我自己，现在没有人爱。我爱我自己，我觉得我自己美，我把镜子里的我当一件美术作品欣赏了一会儿，自己自然很得意。读《世界大音乐家与名曲》，把世界大音乐家的传记翻译了，名曲的部分有许多没有读。读《心理学概论》，最近对心理学大有趣味。中上在小馆子里吃白菜肉丝炒饭，很过瘾。饭后胡嘉来约到院长室去谈天，他今天腿已经不疼了，又一直谈到天快黑。今天胡嘉讲的话多，他说了许多编《风物志》的意见。院长室有学生的自传，我翻到緤和的，看了一遍，文章写的很不错，虽然里面有许多谎话。大老姑的自传我也看了，写的一点不好。从院长那出来，胡嘉就叫去他那儿吃油饼稀饭，今晚上比那天在他房里吃的还要好。又谈出版的事，大家谈得很上劲，不免就有点吹牛。又谈上海的股票生意。我的新炮台烟已经吃完了。胡太太当然不愿意胡嘉吃烟。谈谈老是不让走，到九点多了才放我回房里睡觉。人多时固然热闹，人少时也清净。我一个人在房里时，我以为凤竹会来，所以说我这一阵子总是等緤和她们走了，我临睡觉时来点香。我相信我点了香上了床，睡着了，做梦就会梦见她。可是最近总是没有梦见她。

2月2日　金

自己渐渐的觉得难过了，天是阴的，早上想多睡一会儿总睡不着，脑子里的思想太多了，可我也没有办法。把《心理学概论》读完，又读完了一本《行为学基础》，文笔非常流利，这样说理的文章，真是好懂，叫人看着也有兴趣。上午写信，一共写了四封信，二姐、三姐、许云台、黄席椿，人都是在后方的，我不知道哪一天才会收到。闲了，我便想到了许多信要写，譬如幺小姐那儿也该写信去，但是很难下笔，已经有一封信去，回信还不知道哪一天收到。叶至美那儿也该写信去了。还有我老想写一封信给扶轮中学的学生，也总没有动笔。我现在心里欢喜的女孩子有：幺姑①、叶至美、文思、緑和、扶轮中学的吴玉文等等。我自己也不明白，关心是不是就是爱，大约两点相差也不远。不过我觉得爱她、欢喜她，也并不一定要娶她，自然能娶她也好，即使不娶，我也欢喜、爱她的。对幺姑，我倒有兴趣娶她，就不知道成不成，相隔这样远，她又从来没有对我表示过她爱我，我只是从别的地方知道她觉得我好，这总有些靠不住。即使她真爱我，马上愿意嫁给我，现在也没有办法，她不能来，我也不能去，许多事实上的困难阻止了我们。这件事还不知道能不能成功。还有妹妹的事也够我想了。叫她来，怕她闹，我怕没有人带她；不叫她来，我又想她，又怕她在家里学坏了。我更希望是四弟马上来，和静和结婚，在立煌有个家就好，以靖就可以放在立煌去了。下午想四弟来，一个人到战干团前去了一趟，一边散步，一边等四弟。可是他今天还是不来，我真有些着急了，等人真是一件苦事。我想写一篇文章叫"等待"。天阴，路都冻了，晚饭后又在胡嘉那里谈一阵。傍晚时候擦风灯，擦好了，高兴得很，马上点了起来，其实天还没有黑。读《解剖学大意》，有许多地方我到现在还闹不清楚。

---

① 即幺小姐。

2月3日　土

夜晚大雪，早上还在下，一直下到下午才停，而且马上就出太阳。早上在床上睡得越来越冷，只好马上起来。凤竹活着的时候，冬天、雨天人睡不着，躺在床上不起来真是舒服。这两天胡嘉夫妇就常常睡到很迟才起来。一来是冷；二来是睡着不起来，不由得要胡思乱想，我自己管住我自己，非要起来不可。今天头晕晕的，也许是房里的火生得太大，也许是转念头转得太多了。没有做什么事，这本书翻到那本书，看看《生命之科学》，又看看《宋六十名家词》，又看看《中国古代社会研究》，又没有好好的看。又写了几封信，给大姐、宗斌、刁鸿翔。现在没有事了，就想到要写信给人了，我自己想想也不对。今天吃饺子、面、鱼，这几天在小馆子里倒吃的很好，就是太贵了一点。不动，老坐在房里我吃不下去。今天下大雪，我知道四弟不会来，也不等他了，但心里好像还是不静。晚饭也吃不下去，又上胡嘉房里玩，谈以前清华的事。谈得很投机，一谈就谈到九点多了。

2月4日　日

早上胡嘉夫妇又进城去了。好，这一排房子就剩我一个人了。虽然还有两个学生，谁又愿意和学生去谈呢？在胡嘉夫妇没有走之前，我也不知道为什么，总不大放心做事。我问他要了他的房门钥匙，预备四弟来，我住他的房子。这一两天等四弟，真的等得叫人有些难过。老等他，他老不来，我有些埋怨老苏，不然我现在一定到家了，一定见到小以靖了。可是他叫我不要走，说四弟马上就来，已经打电报去了，我简直有些疑心［他］今年不会来了。还有一个星期就要过年了，他也许要等到过了年之后再来。今天又写了几封信，叶至美，殷炎麟——好久不知道他的消息了，李鼎芳，洪瑞钊，四封信花了我不少时间。又看了一点《中国古代社会研究》，郭沫若的文章确实写得生动。下午本想到沈弗瑞（出纳主任）那儿预支一点钱，否则便不能进城过年了，谁知他到古碑冲去了。于是我到院长那儿去谈了一下午，谈总务的问题，谈教员，谈做官，谈命运，院长肚里掌故多得很，和他谈谈很好玩。我要走他还不让我走，我尿急了（他每天只撒一次尿，撒一痰盂），才辞了出来。我们还像谈得来，我想他一定当我是个小孩子，不过他对我还是很客气。下午我总要出去望望看看四弟、五弟他们会不会来，今天又失望了。晚上吃面皮，这两天吃的太贵了，明天得省着呢。晚上接老苏电话，知道四弟在六安打电报，问可不可以明年来。贾宏宇已回电报，叫他立即来。这样大约三四天后，他就会来了，让我也定心了。

2月5日　月

梦见我握住文思的手。是的，这两天我在想她了，在许多女孩子中，还是觉得她最好，又能干，又可怜，读书也读得好。早上起来收拾房间，上古碑冲去买东西，发昨天写好的信。其实并没有买什么东西，大约是发了闷，想出去走走而已。今天天又阴，路上不会化冻。饿了，一到街上先是吃东西，在一家馆子里吃素面和包子，一点也不好。看到许多人送米，吵嘴，倒是很好玩。买邮票，买烟，也就回来了。到沈弗瑞处去借钱，答应是答应，但学校里现在没有钱，要过一两天。不要紧的，我在这里还有五百块钱，等四弟来了，进城时再拿也好。在沈处大谈一阵，知道丁老先生也在这儿，于是到他房里去，还没有起来呢。我们便大谈，他大谈乡下圩子里的掌故，很好玩，我听得很有劲，特别讲周二胖子那个事，好玩得很。一谈就谈到一点半，我看他吃过饭之后，我饿了，才走到小馆子里去吃了一个包子，大得很，馅也多，可惜只剩一个了，陈家老奶奶留给我的，却让别人先吃了。我又吃了两个馍、一碗菜，吃完了回来。刚好文启昌回来了，又谈到老苏，又谈上海堂子。刘文恒也回来了，在我房里谈生活问题，一下午全谈完了。天黑透了，我又去吃晚饭，菜粥。晚上看了一点《中国古代社会研究》。

2月6日　火

读完《中国古代社会研究》，今天总算不错，读完了这一本书，也算是一件事。午后接四弟电报，是二号打来的，由立煌邮局寄来的，今天才到，也不能算是电报了。我打了个电话给贾宏宇问他，他说昨天他又打了个电报到六安，请他马上就来，大约三天之后就会来了。好，我又得在古碑冲再等三天了，等人真是等的要命了。早上《水》誊好，家属表填好，交到沈弗瑞处去，填緥和、以靖的名字，可以领米了，有米要好一点。刘文恒昨天就回来了，在隔壁和12号住的一个歪眼睛、口吃的学生大摆，讨厌极了。我真不能听口吃的人说话，听他说不出，我真是替他着急死了。

2月7日　水

尽量地消磨时间，并不是没有事做，预备要做的事很多，例如写《秋灯忆语》，写《等待》，写《打花鼓》，等等。计划做《中国宦官史》，找材料，把通史笔记记下去，就是不高兴，懒得动笔，而且等四弟也不定心，他真是害人不浅。只好看看《茶花女遗事》，文章真是好呢，用那样的古文翻译外国小说，居然不嫌生硬，也真是难得，而且时时有好句子。到老文房里谈老苏、綵和的事。老文声明，他并没有追綵和。我们谈得很好，又谈到清华，谈到邵景渊、邵景路，大乔、小乔。又谈到清华同学小乔的事，小乔在清华时，我倒也知道过的，我并没有追她，同时自己也是胆子小。中上去吃饺子，一个人时，很容易想起以靖，想起凤竹，有时一想起来，心里马上就像腾空了起来，马上就吃不下东西，真是古怪。下午老文叫我陪他上古碑冲买东西，我说路烂，他不信，大家换皮鞋，带了李敬元。果然出太阳都化雪了，路烂极了，有几段路特别坏。我到古碑冲去看看，四弟可会来。从古碑冲回来，听见丁先生在隔壁刘文恒房里，我知道他怕是来找我的。前天听老先生和我谈起来，有人托他替我做媒的事，我就用话抵住了他，他没有说出来，其实我很想知道是谁。今天他来了，我们先在刘文恒房里谈了一阵，又到我房里来谈肺病，谈凤竹的事，他看了我的《秋灯忆语》才谈起来的。我留他和我到小馆子里去吃饭，他又谈逃难时的情形，丁老先生很会说话。饭吃得迟了，点了灯回来，我送他到大庙前。总是一早就醒，晚上打呵欠，想睡觉了，看看《茶花女遗事》都不行，才八点钟就上床，看看就睡着了。

2月8日　木

不知道是什么缘故，每次看《茶花女遗事》我总是非哭不可，看夏康龙译的白话小说，哭了一次，看刘半农译的戏也哭了，今天坐在木沙发上看林纾的《茶花女遗事》，又哭了。不知道为什么这本书特别引我哭，也是古怪。不过这两天我的心情也非常脆弱，老是想哭，看看书也哭。外面太阳很好，到小馆子去吃饭，坐在屋外晒太阳。吃了两碗面，一面吃，一面和老太太谈天。吃完饭，我回房看看《互助论》。没有看几页，就听见有人在问文启昌、张宗和，我就知道一定是四弟来了，果然不错。他带了一副挑子，草鞋上、脚上都是泥。知道他今天会来，但没有想到这样早。他瘦了，黑了一点，胡子多了，大约胃病使他受苦了。他和我一面谈，一面整理东西。叫李敬元打水来给他洗脚洗脸。我很愿意知道家里的事，我慢慢的问，他慢慢的说，几天来等待的焦急全没有了。他把田产概况初步报告给我，我看也没有工夫看，只顾谈话了。一直到天黑，我们才一同到小馆子里去吃馍，周二（挑夫）和我一起去，和我们一桌吃。四弟只吃了一个馍，现在馍十元一个了，四弟只吃了一个，周二吃了六个，最多。周二明天一早要赶回去，他要赶回家去过年。吃完饭，我们提了小灯回来，周二由李敬元带去睡，我们又在房里谈。四弟带来大伯、旭和的信，他们还叫以靖写了封信来，要我带个新妈咪回去，这个倒困难了。和四弟一直谈到十一点，家里的事知道了不少。四弟也非常不满意圩子的环境，尤其恨吃鸦片烟的人。让他睡在我床上，我到赵景深房里去睡，他的被子真脏。老疑心，心里有事，总睡不着。今天又预支了五千元。

2月9日　金

昨晚写了几封信让周二带回去，也给妹妹写了一封信。这些日子我非常想她，想凤竹没有办法，只好退而想妹妹了。綵和的电线要周二带回。我一早就醒了，又写信给綵和，我一向待她真是不错。周二很早就走了，预计他刚好赶回家过年。我们另外雇了一个挑夫，把四弟的行李挑进城，等了好久挑夫才来。我们走小路，路上结冰还好走，一直到响山寺才吃东西，也没有东西吃，吃点萝卜丝饼喝点茶就算了。翻过戴家岭，到文化服务社，老苏居然不在。于是到社会服务处，也没有在，又碰不到一个熟人。遇见以前东吴的张相潭，他现在当什么支队司令了，带了个胖太太，已不认得我了。我和他打招呼，他似理不理的，我为了要去为四弟找地方住，也不去多敷衍他。我们又叫挑子到文化服务社，老苏仍然不在。说新生活俱乐部有房间，我先上去问了，果然有，就是要省委的人介绍，因为它还没有正式开张。这就好了，我说了几句好话，就开了一个房间。一切都好，就是门有点破，但是破门也有个好处，就是别人好认。把行李放好，我们走出来，碰到老苏，于是我们一同去统计室找贾主任。我穿了三婶妈给我做的新年鞋，不走小路，怕弄湿了。从省府大门进去，找到贾宏宇，已快下班了，我们一同到小吃部吃饭，我出的钱。饭后我们都剃头，年底了，剃头也加钱了，真是不上算。在"新生"理发室遇到卞景，他要请我们洗澡，我们怎敢要他请，而且四弟又不洗池子。我们就到大新池，仍然是我们四个人，老苏、老贾、我、四弟，四弟和宏宇先洗。我叫人擦背，在池子里擦得一点不好，擦背的人站到池子里来擦，最叫人"龌龊"。贾带了四弟去见农镇所的所长，我和老苏到护士学校看文思、巾和她们。我知道她们没有钱过年，给了一千元，又给老苏一千元。老苏这个文化服务社的经理，一块钱也没有，还要贴钱，饭也吃不饱，真是没有办法。我找到文思、巾和，一同到童家，童七、童四都在。童七正在替人写字，很得意，叫文思她们几个折纸。其实字写得并不好，我后来很不客气地指出了许多不好的地方出来，他大约有些不高兴。我因为他有些小得意，所以故意叫他不得意的。文思捡了一张童七写坏了的字拿回去，她们也对童七扁嘴，因为他有些蘑菇。老苏照例不在童家吃饭。唱戏的杜先生来了，戴了副黑眼镜，我对他印象不好。童八下班回来，我在他家吃晚饭。饭后，从护士学校旁边过，带了文思、巾和一同回"新生"看四弟。我就住在新生活俱乐部了。

2月10日　土

有很多话和四弟谈，早上一醒就谈，一直谈到天亮大家起来。在大油条店吃了油条、稀饭。到童八家，四弟还没有见过童八呢。我因为中上李小峰请吃饭唱曲，所以早早的走了。李小峰请了不少弄乐器的人，如陆洋、朱先生、小孟等人。饭菜很好，有苏州风味，很精致。饭后排身段，我吹笛子，他们排《小宴》，赵景深做的唐明皇，范慧英做杨贵妃，高档魁做高力士。在李家吃中饭，两点才吃。晚上贾宏宇又请到他家，一点也吃不下，四弟已先到了贾家。贾的太太很好，已经有一个孩子了。我一点也吃不下去，吃了一碗鸡汤。天黑了，先回"新生"早早睡了。

2月11日　日

今天睡得很好。昨天在李家就说好了，等赵景深来，一同到立煌剧团找打鼓板的，所以我早上不出去，在家里等着赵先生。他倒也来得不晚，我们正在吃饼，请他吃，他就吃。赵先生真是好人，不会客气，不会虚伪，童瑗想进皖干团做事，我请赵先生写封信给蒋义民，他马上就写了。我们到立煌剧团找张志斌，他正在剃头，赵景深便叫邓子坚的女儿做宫娥。等他剃好了头，我们只练了一遍就算了。他们有日戏，又要吃饭，我们便走了。杨旭东还怀着个大肚子，他们房里脏得很，房太小，又有孩子，又煮饭，自然不得不脏了。我回"新生"，赵景深回桂家湾去了，回来又是吃午饭的时候。我们一同到戏院对过的小馆子里去吃，老苏又不吃，有些叫人生气。饭后四弟去接头他的事，我替緤和她们拿了照片。一点到江家去，老苏不去，他和江胖子又闹翻了，正好我真怕他跟着去到江家。江家只他们夫妇在，赵春露已到阜阳去了。说好胡嘉来的，他老不来，我们便谈老苏。我对老苏真是没有办法，我把什么话全都说了出来，甚至于把老苏以前说的话都说了，我觉得这些是丑事，但对医生说说，也不要紧。宋美莲都不大相信这些，这些孩子自然不会相信的。胡嘉很迟才来，江胖子说，刘振东也要来吃晚饭，于是我们等到刘振东。江胖子又预备了菜，我们吃的很高兴，比叫的酒席还要好。排骨是宋美莲做的，也不错。晚饭后刘振东的女儿带她们同学也来了。江胖子有杨旭东送的三张票，这个也不去，那个也不去，后来说给我和我弟弟吧，我不客气地收了。回去找四弟，我知道反串的戏没有什么好，我们去戏院。我们一排五个人，江胖子太胖，挤得不舒服，他马上就走了，他走后，我们惬意多了。有个广东人要来坐，我们向他要票，他退下了。戏是张菊隐的《打花鼓》、刘艳露的《丑公子》，杨红英反串《打銮驾》中的包公，全不是味。很早戏就散了，回到"新生"，唐盛铉来瞎吹。他在发展实业公司当专员，又兼不知什么科长，现在选调在青年从军征集处做事。就住在我们隔壁。我们二人一见他就讨厌，油头滑脑的，会说会吹。我和四弟都不打睬他。

2月12日　月

今天是大年夜，旧历的年三十。我总觉得旧历年，要比新历年有意思，好玩一点。同四弟睡在一床上，摆得很迟，很迟起来。出闲的样子，在火盆上烤馒头吃，大年夜该计划怎样玩法。有几家的礼没有送，非得送不可了，所以早上买东西。到"镕昌"，买沙琪玛、寸金糖算两样，又买了烟和酒，凑成四样。我有一个脾气，要买就要买好一点，太坏了自己看着也过意不去。又买了沙琪玛给巾和、文思吃，现在只剩她们两个在这儿过年了。文思说巾和怕要哭，因为她还没有在外面过过年呢。文思说，她自己在外面过习惯了，还不想家。大批人马，我、老苏、宇和、巾和、文思，提了东西到童家，马上叫老王送一半到江胖子家。前次过节，我自己送去的，江胖子说不叫人送，我又不好给钱，所以这次又叫老王送去。前次送的是烟和酒，宋美莲不吃的，这次特别送了点好点心去。昨天胡嘉就同我说，李小峰要借十万块钱，接李希同（他妹妹，赵景深太太和她的孩子们），我答应他，向童八说了，说看看有没有办法。童八他们今天还办公，我赶到"地行"说了，说可以的，利息一毛五，他是向同事私人借的。到"地行"，顺便就看看黄荫菜，谈谈学校里的事。出来马上到"大华"看胡太太，就叫胡嘉下午三点到童家取款定夺。我又回童家吃中饭。童家现在来住的一批人全不顺眼，有个刘家圩子的，脸搽得雪白的，还是文思她们的堂兄，也十分讨厌。又有个姓仇的，也不讨喜，满口的粗话赌经。我实在和他们谈不来。饭后为了等胡嘉，又不能马上走，在童家听他们那一套，实在是不爽。到菜市走了一趟，等人等得着急。其实并不久胡嘉和李小峰就来了，说这款不用借了，已经在孟达成处借到了。我于是马上到"地行"，告诉童八。胡嘉又说院长一定要请到他家去吃年夜饭，他们已经答应了，一定能把我拖来。因此我不得不去，但没有通知四弟他们。走过护士学校，约文思、巾和晚上到我们旅馆来玩，为怕她们想家哭。她们校长今天也请她们吃年夜饭。从护士学校回"新生"，老苏、宇和都在房里，我又到江家借了扑克牌，才到院长家去。天已经黑了，文启昌和一个上海人高某都在，高是院长的亲戚。一会儿，胡嘉夫妇也来了，于是我们吃饭。饭菜很精致，有许多好菜。院长家的大小姐很伶俐，也漂亮，在女高二念书，会说得很。这个太太生的两个小孩子也好玩，都在桌上吃饭。我又喝了两杯酒，把脸吃红了。我真急着想走，因为文思她们在旅馆里等我，但总不好意思马上就走，等了一会儿，等他们吃完了，我提了我买的红纸灯笼，方的，我很欢喜它，同他们一路出来。我到新生活俱乐部5号，文思她们已经等久了。四弟买了些糖食来，还在桌上点了一个红蜡烛（在外面，我和凤竹每年过年，差不多都点红蜡烛）。把那副借来的破扑克牌来打，他们都不会打，只有我和四弟会。教他们玩"岛员"，玩"信不信"。老苏最笨，总不会，玩的也不灵，文思、巾和她们倒一下子就会了。她们不闹，不多说话，所以不热闹。十点钟她们要回去，我提了灯笼送她们回学校。今天我并没有想到凤竹、妹妹，也没有想到伤心的事。

2月13日（年初一） 火

昨夜送她们回校后，一个人走回到石稻场时，看见一个人在前面叫"大哥，大哥"，又叫"妹妹，妹妹"，真令我吃惊。声音叫的很惨，像是有精神病，又像是在找人。夜里我做梦醒来，听见外面还是有叫声，有炮竹声。早上有雪。昨天戏院封箱，今天就开锣了，但只有日夜两场。我一早就去买票，日戏便宜，六十元一张，我买了五张，夜戏贵，一百一十元一张，我也买了五张，座位都不错。初一早上没有地方吃东西，老苏送来萝卜肉汤，吃馍。吃饱了到护士学校找文思、巾和同去李炳奇家拜年，好久没有到他家去了。在路上碰到他，总叫去，我总没有去，可有些不好意思了。他家新加了一间房，李炳奇叫我们以后进城就住在他家去，我有些怕住到不太熟悉的人家。在李家坐了一会儿到童家，李氏夫妇也去，文思、巾和不去，因为人太多了。到童家，一房的人，肇纬不在，甘良淑在，李和他们谈不来，我也谈不来，马上又出来了。我还是到江家去，想到他家去吃顿饭然后看戏，还有两张票可以请他们夫妇一同去。到那儿，文启昌在。日戏十二点开场，看他们毫无吃饭的意思，我们又走了，回到"新生"吃我们的馒头，还有四弟带来的盐鸭子。因为日戏的票没有人看，我走过护士学校时，找她们两个。不在，我请她们的同学告诉她们回来了即刻就到"新生"。我们吃吃饭已经不早了，老苏也跑了，不知道哪去了。我们把老苏的票带走，文思、巾和的票放在桌子上，留了张条子在门上，叫她们拿了票看戏。我和四弟先去了，初一的戏自然不错，杨旭东的《珠帘寨》，唱的还好，可惜没有唱发兵。刘艳露的二皇娘，也扮得好。文思、巾和倒是一会儿就来了，老苏最后来，坐在文思边上，挤着不太自然，大约也看不懂。最后是张菊隐、杨红英的《梅龙镇》，做的还不马虎。日戏散的早，三点就完了。回到"新生"，休息。谈起在童八家遇到的刘某人，文思和巾和都骂他，他把太太的钱用完了，现在要不要人了。太太还为他念佛，现在又在一天到晚想女人的事，这种人真是要不得。早上和李炳奇约好今天晚上到他家吃饭，就请我们几个人。老苏不去也好，我实在是怕他一天到晚跟着我。文思她们先回学校再去。我和四弟到李家，从省府走进去，走了半天也不到，这个山翻到那个山，好容易见到安徽日报社才找到他家。走过去，遇见文思、巾和也来了，有一个实业公司的伍专员也在。文思她们找张二姐谈话去。生客我们总谈不来。李介绍四弟说是场长，介绍我说是安徽学院的，他以为我是四弟的弟弟，以为我在学院读书呢。吃饭时，老叫我"张同学"，又问快毕业了吧，我总是含糊其词，不叫他难为情。其实我心里倒高兴，因为别人见我年轻，我为什么不高兴呢？但另一方面又有点气。菜不好，酒倒是好，是广西的郭甘酒，很厉害的。我不知道，多吃了，一共吃了有三四杯的样子，就不成了，头晕心跳，结果还是吐了，心里很清楚，吐以后好过些。擦擦脸，我们又去看戏，五张票，我们四个再加上李炳奇。到戏院我已经好了，《定军山》也快完了，下面是《御碑亭》。我慢慢的讲给文思、巾和听，她们也不大懂戏。散戏，老苏在房里等我们，他有时待我好的叫我难受。

2月14日（初二） 水

打晨炮之前就醒了，夜晚又没有睡好。今天仍然下雪，时晴时阴。早上没有出去，在房里谈天，吃老苏买的东西。其实真犯不着，自从老苏当经理之后，我已经给他三四千元了，他这个经理根本没有薪水，饭菜也吃不饱。我给他钱，他还买东西来给我们吃，真是犯不着。他不明白这一点。早上吃饱了，人便没有精神，躺在椅子上晕。下午到李小峰家，他们正在吃饭，孟达成也在。他吃了两杯酒便大捧杨红英，我没有吃，听上海来的人说起上海被炸的情景。今天到李家，是拜年，说好和胡嘉、赵景深等人一同到院长家去拜年的。到李家，给范慧英（李太太）的小孩子五百，佣人一百元。等他们吃完饭，胡嘉他们推牌九，胡嘉这两天输的很多。我们唱昆曲，明天就要上台了。今天我教李太太甩袖子，我们又排了一遍《小宴》，马马虎虎可以，孟达成很高兴他的高力士。三点多，我们一大批人到朱院长家去拜年，他先不见，后来我们进去，只好见。他因为伤风，在房里生了大大的火，不能出来。我们只略坐了一会，每人给他两个小孩子发了五百元，佣人二百。觉得太多了，我原来预备每个小孩儿给二百、佣人一百，现在他们大家都加了倍，我也只好加倍。听说邮局开门了，我预备发平和她们的照片，又预备去拿四弟汇来的钱。天快黑了，我到护士学校，把明天的戏票给她们，一共五张，让她们请同学也去看看。又到童家去送票，票子还是托赵先生买的，二百元一张，买了十张，一共两千元。晚上回"新生"吃鸡。

2月15日 木

这两天和文思她们玩的很好，我更欢喜她了。梦见老鼠吃我们的鸡，吃的一地的。醒来和四弟谈家里的事，谈婚事。他说五弟和孝华很好，他并不想结婚。我看他和静和也很好，他说，有人说六冲要不得，他没有坚决表示不要。他要我结婚，他也说文思好，可是我已有信给幺小姐，她还没有回信来。没有幺小姐这一台事，我真要文思，就是她太小了一点，好像才二十岁的样子。不过我现在暂时不想有家，有女人，有麻烦，自然也是有好处，这[是]我很自私的想法。希望四弟和静和结婚有了家，我便把孩子交给他们了。这几天老是在房里吃馍，吃鸡，吃肉炖萝卜，也吃腻了。今天得去拿钱了，一万是我的，两万是旭和买米的，又有一万四千是巾和的。到邮局发画片和照片，拿钱全是小票子，重极了。我好容易搬到"新生"，又赶回社会服务处开戏剧节纪念会。韦永成主持，他先演说，马一鸣演说，又拖赵景深说，最后又拖我上台。毫无准备，讲坏极了，赶快收场下来。我在社会服务处时，老苏也来了，人家又没有请他，他总喜欢盯住我，真叫我烦。下午我送明天话剧票到童家，童八大约这两天输多了，说不要了。甘良淑马上要了，给我、四弟、老苏每人一张，算是请我们。我今天的一张演员条子，又给了童家虎，算是我们的表侄，我也弄不清。昨天约好四点钟到孟达成家聚会，一同到戏院去。我们去了，孟家人待我们很不客气，茶叶没有倒，我肚子饿了，只好吃花生米。陆良书先生也来了，赵景深先来的，胡嘉、李小峰也来了，在孟家吃的晚饭。天黑定了，我们大批人马到戏院，每人手里都有乐器，也不要演员条子就进去了。到后台，乱糟糟的一大堆人。第一幕话剧《正在想》，还没有开场，昆曲是第三幕。我先跳下台，站在角上看，拿着笛子，挤死了，学院的一个教员也站在我边上替我维持，我才能好好的看完。《正在想》演得不好，太乱了一点，但还有趣。话剧完了，我到后头看他们化妆，赵景深扮的很漂亮，李太太也扮得好，我给他们做头。粤剧很长，等了半天，粤剧才完。我们这些场面乐器还没有配好，锣鼓就打了起来，接着高力士（孟达成）就出来了，我们的乐器也不好配了。真是糟糕，配不准，他们也不敢拉，本来有提琴的，二胡、三弦来他们都不敢大声弄，结果只有我的笛子声音，鼓板也打得不对，我吹的也不好，"花繁浓艳"一句还有彩声。最后"态恹恹"唱坏了，赵景深声音响，李太太声音小，我吹笛子的都听不见，很快就完了。在后台转口，我的一双新棉鞋踏湿了，进后台里头太黑了，并且有脏水沟。老苏来了，拿我给四弟的演员条子也到后台来，我后来找他又找不到。昆曲之后是刘艳露的《樊梨花》，我是在后台看的，我没有看清。要演《斩经堂》，我才下台到池子里去看。在李小峰边上找到一个位，看完杨红英、张菊隐的《斩经堂》。今天晚上戏长，到十一点半才完。巾和她们一共五个人，她们不要送，我只送一段就回"新生"，四弟大约早睡着了。

2月16日　金

去听赵景深公开演讲《中国戏剧发展》，谁知去了说韦厅长不能出席，改在明天举行。赵先生是个好人，也不说什么。我看看戏剧展览会便回到"新生"，老想找个机会和老苏谈谈他的诗要不得的话，总不成，今天有机会了，四弟出去了，只有我和老苏在房里。我们便谈了起来，我不客气的先由他在中心解聘讲起，我举许多事是李大胖子说的，他反攻我说，"我毫不在乎"。后来我列举老苏做人做事、作诗的缺点，他也都承认了，就不知他是不是心里服。至少我相信他不会恨我，因为我说的全是实话，他无法驳。我也把记在心里好多年的要说的话直接说了，"他的诗不成"，我觉得痛快的很。四弟回来，我吃他们剩下的面条，鸡汤有味道了，不能吃了。下午我们（四弟）又联合起来教训老苏，老苏说的，我们教训他。我太累了，文思她们来，我和老苏不去，让她们两个和四弟看话剧。今晚文思特别漂亮，穿了一套新染的黑制服，脸上有红有白的。仔细看了，她安安静静的，但不死板，活泼在内里。他们去看话剧，我睡下了。老苏还要和我说，我已经听不见，但四弟回来我是知道。

2月17日　土

年好像已经过了，但街上的店开得不多。我们买了油条，在烧饼店又吃了烧饼。去听赵景深演讲，谁知道他已经讲了起来，而且是长桌子。四弟没有进去，我去了，马一鸣的主席，我坐在他边上。赵景深讲的噱头很好，杨红英、刘艳露和许多戏园子里的人都来，怕他们有些听不懂吧。演讲完了，时间也不早了，开始讨论，先是王先生讲，后来所长讲，都讲的不错，讲完也不早了。快聚餐时，韦所长来了，杨红英她们都走了，张菊隐在吃饭，不太热闹了。菜很家常。我坐在韦永成边上，也没有说多少话。饭后，胡嘉邀去看李泽刚，赵也去，我就去了一趟。没有意思，这些无谓的敷衍。回"新生"休息，又到童家看看童八，去问旭和她们买的米怎样。过护士学校，我知道巾和、文思都没有钱缴柴钱、油钱，我给了她们四千元，我身上也没有钱了。到童家，他们都在呼呼的大睡，甘良淑不在，童八上班去了。我马上到地行，说米已买了，一万多元的，有的是在街上就买的。孙存凯也在，马上下班了，童八硬拖我回家，我实在不很愿意到他家。孙存凯是好人，还可以谈得来。家里的菜是好，这几天老是吃馍也吃腻。饭后马上回"新生"。晚上又看戏，就在新生活俱乐部，是票友的，《四进士》《宝莲灯》，看得很有意思，旧戏的台词都非常好，《四进士》还不错。

2月18日　日

到城里的日子太久，也烦了，得回校做一点自己的事。四弟的事是农政所六安农场立煌园艺部主任，训令昨天下来了，但农林部的督导没有发表，老贾说包在他身上，不然小小的园艺部也没有什么干头。我这几天当中钱真用的太多了，学校里预支的五千元，向四弟借的一万元，家里又汇了一万元来，一共二万五千元，只剩一千多块钱了，算得出的没有几笔，但我这些钱用的也不亏心，不是输了的，这我心里觉得痛快。其中就是送礼的钱用的有些不大高兴而已。借给老苏、借给文思她们的，也值得，看戏的也值得。昨天说今天要回去了，巾和她们说来送送我。我才起来，四弟还睡在床上，她们两个就来了。今天天气真好，四弟说到观音洞去玩，我也没有去过，只有文思去过，我们就去玩一下。在立煌城里从包公祠过，把表送去修，表又坏了，这样一个表越修越坏。天气很舒服，慢慢的走走谈谈，似乎很高兴。春天了，天气好，暖暖的，棉鞋已经穿不住了。到贞干附近，觉得很空旷，从飞机场边上到河边，看到观音洞，小小的还不错，等到我们过河，再看，就显得太渺小。桥倒是个长桥，很窄，很不好走，有几处坏了，我先走也不觉得，后来走走有些怕了。我们坐在河边的沙滩上吃花生，吃山芋，看看远山，看看近水，水虽然不深，也有春意了。文思她们不大说话，趣味少一点。一会儿谈谈，迎着太阳，觉得空空的，没有一会我们又过长桥回来了。文思、巾和在我后面，一定笑我过桥的姿势不大自然吧。取了表，六百元，又换了一根发条，发条断了。拿回"新生"，又坏了，又给老苏去修，我可是要走了。下午天阴，我买了双草鞋走，老苏、四弟送我到戴家岭。我在德林图书馆借的《通鉴纪事本末》，没有全部带来，只带了四本，东西太多了。一个人走，有些急，唱唱曲子也快，天没有黑就到学校了。有不少信。把房里整理好，许多天没有回来，对我这间房子，我真有些想它呢。无论什么东西，和我处长了，我总是爱它，想它，舍不得它，对房间我也是这样。叫李进源去叫碗面来吃吃。马上复五弟的信，信里讲了家里的事，他预备十五之后来，来了我们还有许多事要商量。替四弟写回信给六安的金县长，说不能当农职校的校长了。写了一半困了，没有写好。

2月19日　月

把房间理理好，今天得大大的做事了。第一写信，一共写了不少信，五婶妈、旭和一封，平和、縩和一封，志敏、静和一封，四姑、大老姑一封，金县长一封，蒋茂民一封，为旭和等请假。这许多封信都写得不长，很简单，一共只花了一上午的时间。又补记前好多天的日记，日记缺的太多了，大约有十天的没有记，好在我有大纲，还不会全忘了。记记日记，哼哼曲子，唱唱戏，引起很多心事了。想到縩和要走，我真有些舍不得她呢。现在许多人中，就算她和我玩得最好。又想到她和中和走，又想到我和四姐，想到文思、幺小姐，想到许多许多的问题、困难不能解决。天阴雨，是春天了，有点寒意，但并不冷。我仍旧生了火。又到小馆子里吃东西，老太太欢迎我。赵景深昨天就回来了，文启昌今天也回来了，隔壁的刘文恒前天就回来了。

2月20日　火

今天一天时间全花在补记日记上，总算全部补好了，也是一件大事。夜里就刮风了，今天一天也不停的刮风，但不冷，不穿棉大衣已经行了，在房里我还是生了火。今天除记日记外，到丁老先生那儿去谈了一次。下午，文启昌请吃饭，在赵景深房里唱昆曲。朱清华回来，到隔壁看他。其余的时间全在房里写，抽一支烟，吐吐烟圈子，出去走了一下，再回来写。

2月21日　水

天气太好，完全是春天了，我熄了火，不生炭盆子也好，干净一点，没有灰了。我又到事务处去领了一张茶几来，放在木沙发旁边。茶几太脏了，铺上一幅蓝布也就好看了。我布置好了，心里还有些小得意，工人李进源又调走了，换了一个阮安玉来，是个小孩子。叫他打两盆水来，先篦篦头，然后洗头，很痛快。也不必穿大衣，阳光就是大衣。一切弄好了，去吃炸馍，已经很迟了。回房，上午写了一篇《等待》，写好了马上给赵景深标点，赵说好。他说好，我总有些不大相信。我现在已经觉得写得并不好。写好了一篇文章，我自己宽恕自己，下午便不做事了。到图书馆又搬了一堆书来，也没有看。吃完饭，躺在木沙发上抽烟，听见赵在隔壁唱《硬拷》，叫他过来唱，我吹笛子。又唱了些别的曲子，他唱的不错，我吹的也高兴。报来了，看报纸，有好消息，美军在硫磺岛登陆，大轰炸东京。我真高兴，我们今年大约可以回苏州了。在丁老先生那儿去坐了一会，听沈弗瑞谈。晚上和朱老先生、刘文恒一同去小馆子吃荠菜饺子、小饼子，朱老先生会谈极了，吃的很痛快。回到河边，天已经黑了，胡嘉也回来了，又和我谈李小峰。春天来了，我有些伤心，有些感触，别人看着我很舒服，其实我也有我的苦。

2月22日　木

一天没有做什么事。看看卢那卡尔斯基的《艺术论》，译的太生硬了，有些看不下去。又看看《宋六十名家词》，把《坦庵词》读完，又有好多时候没有读宋词了，读起来又觉得很新鲜呢。想写点什么，懒得很，没有写。头有点晕，于是自己原谅自己不写了。今天三餐都是吃馍，有些"沙牙"。在赵景深房里唱唱昆曲，"刮"了一阵，天黑了，刘文恒、朱清华去了，我才去吃饭。丁老先生总是欢喜摆我们家的事，家乡的事他还比我知道的详细，听他讲讲也很有意思。晚上又在胡嘉房里谈，该睡了才走。这两天有些想文思，以为她们会来，其实我知道她们不会来的。晚上写信给五弟，因为吴静生先生来说，立煌又有谣言了，说日本人增兵。谣言虽然是谣言，总叫人不定心，妹妹是叫她来呢，还是不叫她来？叫她来，怕是一来又要跑反；不叫她来，又想她，有些难了。明知道他们要到十五之后才会来，现在却已经在等她了。谣言是谣言，报上的消息很好，美军已经在硫磺岛登陆了，美机大批轰炸东京。我真想苏州、上海，尤其想我的那一包日记，战事快快的完吧，好让我快一些得到我的旧日记。见到它们，就好像见到以前的我，我爱我自己，更爱以前的我。

2月23日　金

一天到晚下雨，是春雨，并不冷。现在一天跑三次小馆子，也算是运动。教书之后，运动实在太少，不走路吃不下饭，吃下饭也不舒服。我觉得我的胃里不大好，冒清水怕也是毛病。好在我现在吃面食，学校发的供米、供油，我送给小馆子。下午他们家大姐去合作社买，没有买到，饭后我去替她买，买到了。比市面上的便宜的多了，市面上有盐，要一百八十一元一斤，学校只卖一百零五，油外面要一百元一斤，学校卖八十五，小馆子的老太太和大姐自然高兴了。中上请我吃香肠，晚上又请我吃栗子烧肉。早上胡嘉为李小峰不还他的股本的事，又同我说，又同赵景深说，要写信去交涉。下午我陪他一阵到古碑冲去发挂号信。今天没有看什么书，和胡嘉谈，和赵景深谈曲子，谈文学。晚饭后又和丁老先生谈，时间大半是谈完了。到丁老先生处又听到谣言说，日本人要打新四军，要来立煌，立煌又要逃难了。这种消息叫人不定心，我倒不怕逃难，只是踌躇到底要不要以靖来呢？心想明天写信决定，叫他们暂缓来。等两天再说，谣言也很苦人，小馆子里的老太太、大姐也都知道了，晚上胡嘉来房里谈谣言。

2月24日　土

还是个阴天，路也烂，战干团晚会请赵景深唱昆曲，自然又要我去吹了。赵脚上有冻疮，虽然只有这样一点路，他也叫了轿子去。我下午就把灯擦亮，天还没有十分黑，我就往山上过去到战干团大礼堂，一路上几乎要跌跤。到时，正在演奏《孔雀开屏》。我们还是来宾，和他们的秦主任坐在第一排木沙发上，有茶几有点心，还有火烤。乐曲过后是魔术，很不错，有许多很巧妙的魔术。魔术之后，就是我们的昆曲，唱《折柳》。先前我的笛子不行，后来才响，赵景深今晚嗓子还好，很响亮。我心里想，下面大约真正能听懂没有几个人。下台后，秦主任说我吹的好，那也是不得不说的话。京戏清唱在幕后唱的，一面就布置布景，《夜归人》讲沦陷区中汉奸和做特务工作的人的冲突。散会九点半，今天隔壁的学生进城，托他去老苏那儿拿我的牙刷等物品回来，连表也带回来了。我很高兴，没有表的日子，有时很难过。

2月25日　日

赵先生今天早上又坐轿子走，他太太快来了，他到城里去陪她。我这两天跟他学会了一段《醉圆》，"谢夫人……"觉得很好听，老唱老唱的，唱得快背出来了。我又在房里哼诗，一面哼，一面穿衣服做事。今天一天总是和人家讨论"谣言"跑反的事。我的钱又没有了，找了几趟沈弗瑞，没有找到。丁老先生明天也要回去。胡嘉、文启昌预备把东西先送一批到我们家圩子去。我本想明天进城看看动静，听听风声，但今天巾和来信说，她就要来看我。今天天好，路上还不烂，明天她们一定会来的。我进城不是要和她们错过吗？所以我想明天下午再进城。今天看看《贵州苗夷社会研究》，看了很多篇，许多还好玩。总不定心，不能做事，看看这些不用费心的闲书也还可以。

2月26日　月

昨晚月亮就好，今天是个无云的大晴天，早上还有霜。我料到她们今天会来，我腰里一个钱都没有，得向沈弗瑞去借。我写二千元的借条去借，还没有拿回来，四弟、巾和、文思已经来了，他们到的很早，九点多就到了。四弟没有钱，明天还请旧场长。巾和、文思她们都没有钱交学费，校长不要她们吃饭。好，大家都没有钱，索性借它一万八。我马上去改条子，但学校没有钱，要明天才有，而他们今天都要回去。不得已，向沈弗瑞拿了一千元来，又向文启昌借了六千元，二千给四弟，五千给文思她们，总算是有办法了。他们没有吃饭，又陪他们到小馆子里去吃饭，三个菜，请他们吃馍。我一点也吃不下，看他们吃，四弟也吃了两个，文思她们都客气，不吃菜，我给他们点的三样菜，还没有吃完。吃完饭仍然回到我房里，文思总是畏畏缩缩的，不大说话，巾和倒还会说一些。我和四弟谈，到胡嘉房里，把日文《世界文化史大系》，翻几本来给他们看插图。四弟讲，我们都在边上听，站站，腿都站酸了。我到图书馆去借书，胡嘉也去了。我的目的是替四弟借一本《日英字典》，我上次在图书馆里见到的，可是这次去，再也找不到了。另外替她们两个护士，找了许多关于卫生、产科的书，大半是万有文库本的。一共搬了二十五本出来，加上《茶花女遗事》，他们一共借去二十六本。胡嘉说今天天气好，我们可以到响山寺去玩。送他们回去，时间已经一点半了，要走赶快走，于是马上换上单鞋上路。四弟和胡嘉走在前面，走得快，我没有吃中饭，又因为要逗文思她们说话，我走在后面。天气真是已经热了，走走路，非得把衣裳解开不可。巾和说，三爷过年的时候还想到她，自然爸爸总会想孩子的，我还不是在思念我的小以靖吗？到傅家湾我没有吃，一直到响山市街上才吃了一碗半面，四弟吃了半碗面。叫她们吃，她们一个也不吃。我知道她们回去会饿的，有一次她们来，回去就没有吃到饭。从响山寺街上过河到响山寺，寺大半烧了，寺后面廖磊的坟尽是石头砌的。坟有个亭子，我们坐在上面吃花生，女孩子们总不讲话，我们觉得有些无聊。胡嘉又急着要回去，他们要回城，四弟还要回到他那塔子河的农场上去，虽然没有接收，他已经住进去了。从亭子里下来进大殿，新塑的佛像，只有泥胎，有一碑，明朝的碑，大约是最早的了。胡嘉说抄下来，将来作响山寺考。他们三个回城，我们两个回学校，我们一路走一路谈，走回学校时，月亮已经在山头上出现了。今天十四，明天就是元宵节了。又是个节，我有些感触，但也说不出是什么感触。似乎总应该有一点这样，有点春心好像压不住似的。我们回到学校，胡嘉说很累，我倒还好，虽然下午跑了这么多路，但还好不太累。洗了脚，抽支烟，我又到小馆子里去吃饭。月色很好。有些伤风，鼻子不通。

2月27日　火

昨天走了一下午累了，一觉睡得真是舒服极了。醒来又是一床好太阳，实在睡不住了，起来。出纳组的职员送了一万元来，马上还文启昌六千元、沈弗瑞一千元，给小馆子一千元，又只剩两千元了。两千元只够吃几天。吃完早饭回来，在房里看《昆曲大全》上的《梅花簪》和《白蛇传》，又唱《醉圆》，看看《艺术论》。上午有飞机在头顶上绕了几圈，有人说是美国飞机，有人说是敌机。下午在房里生了炉火，准备洗澡，自己擦总是不痛快，擦不干净，但洗好了，光光的躺在床上，很舒服。胡嘉在窗外叫我，我又躺了一会儿才起来，换上长衣裳。我自己觉得穿便服比穿制服好，别人也这样说。洗好澡，自己穿上四弟送我的新皮鞋，并不好，穿惯了布鞋，穿皮鞋一点不自然。中饭吃迟了，晚饭吃不下，邹人孟来，他们都吃过了，于是同去散步。走到校门内的小山坡上，太阳刚下去，一片红云。我们一共五个人，我、胡嘉、文启昌、邹、刘文恒。到战干团前，看见小山上有放烟火的，山坳里面有灯火，这是平常没有的，因为今天是元宵节。这儿的风俗，元宵节要在坟上点灯，叫做孔明灯。我又想起凤竹。野火在山顶上越烧越烈，明亮极了。月亮又刚刚从山背后出来。我们到古碑冲，街上并没有人，只有几个孩子，提着兔子灯玩，冷冷清清的，我们马上就回来了。我还没有吃晚饭，赶回杨家小馆子吃饺子，文启昌也和我一阵去，二十个荠菜饺子就吃饱了。本来饿得很的，不知什么缘故，倒反而吃不下了。月亮升得很高了，但是我看上去，并不很圆。巾和叫我做一篇演讲稿，题目叫"妇女应该如何为人类服务"。这题目真不好做，昨天我已经答应下来了，明天胡嘉进城，晚上非得干不可了。胡嘉找我讲话，也不好意思了，做好一大半，胡嘉又来找我到外面去看月亮。站在门口河边上，渐渐的冷了起来，我们谈谈学问方面的事，身上寒冷了，我们各自回房。我把文章写好，有三张纸，十分钟的演讲材料也够讲的了。写写东西，不知不觉已经十一点。

2月28日　水

没有睡好，难受，手上发干，嘴里发干，有些要生病的样子。我记得以前要有这种情形，我就告诉凤竹，睡半天，现在告诉谁呢？早上胡嘉也进城去了，我翻看我们在昆明云大时的日记，一看就看了半天。又看《艺术论》，又看报纸。吃饭好像吃的太多了，不消化似的，先是不想吃，吃起来又吃的很多。接到大老姑和沈梦英的信。沈梦英到了重庆，也真是奇怪，女学生到现在还写信给我。大老姑信上告诉我小以靖的事，真的想小以靖，很懊悔没有跟他们一阵回去。下午胡嘉来电话，说江胖子三月四日动身，要我们明天进城去为他饯行。要进城，我又不定心了。放了假以来就一直没有定心过，等四弟，现在又等妹妹、等五弟，又有谣言，传得我没有做一点正事。晚上去吃烤包子，荠菜心的很好，又煮一锅杂烩面吃。吃完，天已经黑了，我预备明天一早进城，拿了三个包子，好在早上烤了吃。天黑，老太太给我点灯，从教室下来，灯就不亮了，跌了一跤。回到房里，马上就下暴雨，心想坏了，明天不能进城了。但还希望它只下一阵，不妨事，我还是可以走的。累了，想早早的睡，拿起王萍草的《黄河的海》，把茶几放到床头，点上灯，躺在床上看小说。一下就看完了，大约很晚了才睡，书并不好，讨论问题太多。我许久没有睡着，想起许多事了。

3月1日　木

说是今天上课的，但学校里还是冷冷清清的，没有几个人。一夜的大雷雨，早上天十分的阴暗，阴沉沉的，叫人闷气，和前两天大不相同。我因为这两天都没有睡好，故意想多睡一会儿，谁知道老是睡不着，只好起来了。没有精神，也许是春天来了，需要女人了，也许是春困，也许是人要生病了。这两天鼻子老是不通，真有些要生病的样子。正经事一点也不想做，起来天已经大约九点钟了。天阴雨，外面山涧里的水声很大，水全是浑的。我和文启昌只好不进城了。不进城也无聊的很，我翻翻《商鞅评传》。抽烟也没有味道，看看舌头都还好，也没有什么舌苔。这种天最好在家里和太太腻腻，因为什么事也干不了。胃不好，早上到杨家小馆子里吃了两个炸包子和一碗稀饭，之后一点也不想吃了。十二点又大便一次。老文找我吃腊肉，好久没有吃饭了，先不想吃，后来居然吃了一碗多。下午更难过，天冷了起来，生了火盆，在大椅子上靠靠。想睡着一会儿，上床又睡不着，起来嘴又干，水又浑，好像什么事全不如意似的。一个人的日子有些不好受了，点一支香在凤竹相片前，记日记。我想她，想她也没有用，她不会想念我了。

3月2日　金

今天总算不下雨了，可是还是个阴天。老文有些不想进城的样子，我仍打电话给农行夏登社，问到底请不请。江胖子老是打不通，我倒很想进城，因为在学校又蹲腻了。武承尧来，我们谈到田上的事，我拿四弟的田产的初步报告给他看，他很夸奖了一番，我自然也很得意。武承尧还没有走，外面就有人叫张先生，我一看才知道是新圩子后面的十三爹爹家的裁缝张永明，替旭和她们带东西来了。一篮子咸货，一头许多小包，是旭和、志敏、申和她们三个的，让他们（还有一个傻小子华何发）和张永明一阵来的，担子大约就是他挑的。坐下问起来才知道，旭和她们十四日动身，算起来今天明天也该到了。旭和有封信给我，把东西全开上了，张永明要我点一下，我只马马虎虎的点了一遍。张自己招出来说，吃了四个鸭肫肝，因为那天在路上，小店子里实在没有菜吃才吃的。傻小子是逃壮丁出来的，裁缝有个妹夫在法院做事，华也想到法院去当一名勤务。我替他写了封信给丁先生，把张、华二人打发走，已是吃中饭的时候了。叫周斌再打电话到农行，打通了，夏登社要我们下午四时到城里，说是一切都预备好了。我回来告诉文启昌，他叫轿子，我去小馆子吃饭，忙了一阵才走。我穿着大衣走，又热了，不带大衣又怕冷，我看文启昌坐轿子，我请他带，他说轿只到戴家岭。后来他看见我的包轻，愿意替我带包，我心里有些不高兴，索性都不要他带了，自己拿着走。一手拿着大衣，一手提着包，其实没有走多远，文启昌的轿子赶上来了，他又不好意思，要替我拿大衣，我把大衣丢给他。我走得并不慢，一路没有停，到江家也不过才四点钟。在包公祠桥头还遇见胡嘉夫妇，于是一同走到江家。他家的东西全收起来了，今天要交房子的，他的房子已经卖给人了。略坐了一下，我想到文思她们，要去护士学校看看。因为在江家又没有茶，又没有水洗脚，就脚上难过的很。我要走，他们说马上就吃饭，我说马上就到农行，他们才让我走。到护士学校一问，文思、巾和全都走了，到麻阜去了，因为十一舅来信叫文思去的，巾和陪她一阵去，说一两天就回来。好，我又只好马上到童家洗脚，又和童八出来，他到"好友"吃饭。我到农行去，他在"好友"慢慢的吃，等我，等我同他们一同到农场上去，因为我知道他们农场在塔子河，不好找。我一到，农行人都到了，只是文启昌又走了，又去招待美国空军了。等了一会儿，打了几个电话，没有消息，我们就吃了。菜不错，除我们清华同学之外，还有一个王先生（农行的同事），而清华同学又没有老苏，因为老苏和江胖子、王先生最近都吵过架。我吃了三杯酒，很难过，要吐，脸红了。刘龙东一向不吃酒的，今天也吃了不少。吃完饭，知道已经很迟了，借了一盏灯，马上就走了。街上店门已关了，"好友"早已没有人了，一问说已经走了。我在街上转了一转，决定到塔子河农场上去。到船舫街，就问农场，一路走，一路问，还是走错了不少路，乡下田坎上的路难走极了。我看到有灯的人家，我就问，有灯的人家往往又有狗。问到一个哑巴，一点办法也没有，后来还是在田埂上见到几个小孩子，他们才把我指对了方向。一直找到山脚下一家人家，一位老太太把我指上了正路，才看到了牌子。在山上一条大路上又走了半天，才看到一处有些灯，许多狗都咬起来。我站在窗外喊四弟，没有人答应，又叫了两声，才有人出来讲"张主任没有回来"。我赶快声明说，"我是张主任的哥哥"，他倒很客气的招待我，又带我到四弟房里，又把另一个职员吵了起来。请教之后，才知道一位是技术员高先生，一位是事务卢先生，他们很客气的招待我，又把工友闹起来烧开水。四弟住的房间很大，可惜顶棚全破了，像我才到安徽学院时一样。高先生要更会说一点，马上说了许多前一位李主任的不好的事。酒醒了嘴干，精神也不好，他们又让我睡。我想真是奇怪，糊糊涂涂的睡在一个陌生的地方，一个人也不认得。我睡下想了许多事，老是睡不着。

3月3日　土

　　醒来很早，勤务进来打水，还立正。洗了脸，高先生叫勤务煮面，我吃了没有一会儿，高先生说，"主任回来了"。果然四弟回来了。他昨晚住在老苏处，他以为我一定不会来的，谁知我发傻居然找来了。他领我看他们的农场，这农场实在没有什么好，一共仅仅十八亩地，全在山上。这时场里只有腊梅，梅花也快谢了，一点也不香了，红梅开得也不好。在山头上可以看到塔子河，有沙滩，有水。这一阵子是植树节，各机关来领树苗的很多，他们场里的树苗已经不够分配了。我们在房里听见外面有人叫"好莱坞"，我还以为是五弟来了呢，原来是旭和、申和、曦和、志敏她们一大批全来了。她们是昨天到的，到我学校找我，我不在，连晚进城，住在童家，大家挤死了。静和脚走坏了，东西还在我学校。我就怕她们来，把钥匙丢给周斌，让她们进去的。我写了张条子给以堂（帮旭和家的一个小孩子，二十一岁，很好玩），要他到古碑冲学院找周斌开门，拿挑旭和她们的东西。她们来，就热闹了，旭和告诉我以靖的种种情形，我最愿意知道的自然是以靖的事了。她说本来一直在新圩子五姆妈处，后来五弟来把她接到老圩子去了，她不肯去，躲在棉花堆里。到老圩子，她又不肯到新圩子去，五姆妈为了以靖，到老圩子还哭了几场。小以靖已经坏的很，刁钻古怪的，会顺人，会哄人，又会说人坏话，离开四姆妈到五姆妈家就说四奶奶的坏话，四奶奶罚她跪，离开五奶奶又说五奶奶不让她上桌子吃饭。小孩子欢喜顺人讨人好，这也是没有妈妈的苦处。有爸爸妈妈在的孩子，又何至于有这一种心理呢？！这一点我也很难过，说人坏话、顺人都不是好脾气，我得自己来好好的管教她。旭和她们带来五弟的信，信上说以靖在老圩子很好，不必挂念。綖和、中和都有信来，说起到后方去的事，但其中问题尚多。大伯又带信来，要买字画，又是桩麻烦的事。丫头们到一起就吵死了，旭和、志敏都送我。今天天气又不好，阴阴晴晴的，又下小雨。表又坏了，也不晓得是什么时候坏的了。早上我吃了两碗面和农场里自己种的菠菜，很甜很香。志敏她们也只吃了一顿，我们一同出去吃，再去童家看静和。下山时有点小雨，志敏、旭和、曦和她们穿的很少。志敏大约是月经来了，急着要到童家去拿带子，旭和陪她去。我们一直到"好友"吃饭等她们，谁知我们吃完了，又等了半天还不见来。四弟到童家去了，我和曦和留着，等她们，等等还不来，我们也出来了。顺便修表，表真是太费钱了，我不知道修了多少次，花了多少钱在这个表上了，这次又要四百元，发条又断了。我们走过护士学校，巾和、文思从麻皂回来了。到菜市场，遇见宇和、静和来，说志敏她们还在后面呢。静和已经吃过了，让她们先回农场去布置床铺，买点东西带回去。申和、曦和也跟了去，但一会儿她们两个全都溜了回来，大约是她们坏，不愿意打扰四弟和静和。我走到童家门口，志敏、旭和才出来，还有以延和余本定，我们一同又到大观园吃。旭和、志敏大约饿得很，吃的很多，余本定还先付了账，我当然不能让他出钱。从大观园出来，到童家，等以堂担东西，要他担行李到农场。等等，天快黑了，我想没有灯，路不好走，和旭和出去买灯笼。灯笼没有买到，在店家借了一个灯笼回到童家。童家正在吃饭，我饱了，不吃了，志敏她们都吃了一点。她们说谎说要到学校去，以堂吃了就挑了担子走，真把这个小孩子累苦了。我提了灯笼走，谁知灯笼又烧了一条篾，所幸纸没有烧破，还可以提着走。申和到护士学校去了，我们一行五个人，一盏灯到农场。昨天晚上一个人走夜路，今天许多人又走夜路，志敏说她们昨天也是走的夜路。上山了，以堂看见鬼火，我也看见一点火光，不知是不是鬼火。我要说鬼的故事吓她们，她们不让说，走夜路是有些紧张。到农场，以堂还说他的担子老是摇，似乎有人在摇他的担子似的。四弟已经把地铺铺好，垫上草，我们把被褥铺到地下。我最后睡，我刚睡着一会儿，静和叫我说，窗纸上有亮。窗纸上本来就有些亮，她睡不着瞎疑心，吵得我们都睡不着。

3月4日　日

还是个阴天，睡不着，我第一个起来扫地做事。旭和、志敏、曦和她们，又带着以堂去挑东西，先走了。我和静和在外面山头上走走，谈谈缫和的事，我真替她难过，弄到现在她学费还没有着落。纯和回来了，要她们到沦陷区去，从浙江坐飞机到后方，这岂不是笑话？纯和从上海回来，带回很多东西，据说还有金条，他很有钱，就是不给缫和他们，在家把刘五爷（他的岳父）和他的小姨子们，全接到家里来住，缫和只跟大卢姨娘住在家里。纯和夜里赌钱，日里睡觉，真是糟糕。讲讲，外面冷，我们又回来了。来领树苗的人很多，四弟还要忙着找工人。我叫四弟的勤务员，买一斤肉、一百个馍来，我们用肉汤下馍吃，吃菠菜。上午老苏来，他在军队特别党部当少校干事了，可以好一点。他来就是怕江胖子，我有些不大高兴他尽说别人不好的事。旭和她们都回来了，以堂又挑了不少东西来。晚上他们都睡了，我写信给五弟，给中和，给缫和，志敏来看着了。旭和也写信，预备明天以堂走的时候带回去。后来旭和也去睡了，我在办公室的大桌子上写。我写好信进去，他们让我睡在顶里面。

3月5日　月

夜雨，早上还是在下，真是糟。以堂不能走，我也不能回学校，真是有点着急了。天阴，又没有事做。静和、曦和出去了，静和说去交学费带买东西来。我没有钱，四弟也没有钱了，还是静和还了我三千元，我分给四弟一千五百元。下雨不能走，生冷生冷的，生上火盆。叫以堂到塔子河街上买了山芋、馒头、豆腐，拿盐肉炖豆腐做菜，又煮山芋，烤山芋，一天吃的不停。我对盐肉炖豆腐特别有兴趣，一天大半时间花在加炭扇炉子上。吃吃睡睡，很快的天就黑了，静和她们不会回来了，但还想着她们会回来。

3月6日　火

今天一定得走了，他们顺我，让我，我不走也不成了。我和四弟都起来了，她们两个还没有起来，我就走了。以堂今天也该回家了，我们一路出来，因为不认得路，我们从城里走还有点事，我们仍然从塔子河进城。先到护士学校找到巾和，她正在练习演讲，说是今天十二点就要讲。文思去上课了。叫以堂把担子放下，到童家找曦和。我上街买了两包五弟要的画片，为凤竹买了一盒奇南香，一共又花了七百元。以堂回护士学校，说曦和不在，我们便走到大油条店吃稀饭油条，遇到刘文恒。以堂不吃牛肉包子，我吃了三个，吃好再走。在护士学校时遇到江胖子的勤务兵，说江在新生活俱乐部，我们刚好路过，把旭和送他的两只盐鸭子送了去。江住5号，就是我们以前住的那一间房，才起来，宋美莲在梳头。我把鸭子放下，没一会儿一大堆人来了，有李炳奇，我和他谈了几句关于到后方去的话，马上就出来了。以堂在坡下已经等急了。天晴了，但好像没有晴稳。以堂比我走得快，让他在前面走，我在后面跟。到六中，他又找以延，替他带信回去，一直到傅家湾才歇。太阳出高了，路化了，以堂换上草鞋，我们一同仍然从小路走。到战干团边上，我指他向战干团那边走，他把盐鸭子、鞋子、香烛给我，我给了他一百元。以堂我很是欢喜的，可惜没有能请他看戏，该多给他一点钱的，可是我也没有钱了，身上只剩了一千元，还要留到学校里去吃饭。到校大约才十二点，弄定规了，叫周斌到小馆子里叫东西来吃。接緵和的长信，说到她到后方去的事，写的很好，很可怜。仍然冷，仍然生了火。下午写回信给緤和和五弟，叫他们都快点来才好。晚上在胡嘉房里唱昆曲，又玩扑克，文启昌还拿糖出来吃，玩得开心，累了。

3月7日　水

学校似乎已经来了不少人了，教职员也到了不少，不像以前那样冷清了。今天一天只做了一件事，就是补记前几天的日记。到图书馆去了一趟，《史记》没有借到。院长来，到他那儿去了一趟，为了某某要旁听，他只准进先修班，还要补考证书。新来的事务主任汤先生来访，晚上李圃又来找赵先生，因为赵先生在我房里唱昆曲。今天早上还到小馆子里去吃的，中上、晚上就在房里吃饭，很久没有吃饭了，一下子吃觉得很香，何况又有盐鸭子，更香。想妹妹，想凤竹。

3月8日　木

早上起床，下决心要写《秋灯忆语》，把一切都准备好，又把以前给赵先生改的拿回来。刘文恒来了，谈了一谈，就谈了半天。他走了我才动手写，写了三张纸，又到吃中饭了。饭后太阳很好，和文启昌、刘文恒在河边上谈谈国事，又谈了两点钟。到二时，总务处召开教职员伙食会议，我和赵出席了，结果我们都［被］选为膳食委员会的委员，我们只是吃饭堂里饭，也要当委员，真是不对。开会一开就开到吃晚饭了。回房，见到朱二在房门口，就知道大老姑一定来了。朱二还带了一个小伙子梁际华，预备到农场去当工人的。我想留他在我们学校当校工，问一问汤主任，说没有空了，不过也许有不来的可以补，明天早上可以决定。我想留他在这里，可以在逃难的时候，给我们挑挑东西。我回房一会儿，大老姑就从女生宿舍来了，她已经洗好了脚，铺好了床。我见了她真是高兴，好像有许多话要问她。把朱二和梁际华打发走，我们吃饭，一客饭两个人吃也够了，我们都吃不下饭。饭后我们一同散步谈天，自然谈得最多的是到后方去的问题。我告诉她，綵和、中和他们能去的成分不多，因为钱都没有着落，再叫她不要难过。我想问问家里的事，问问小以靖，她要回宿舍睡觉，我留她再多谈一会，一会儿她就点灯走了，我只好让她走了。其实我很想多留她，我想多知道一点家里的事。大老姑带来五弟、綵和的信，我今天又接到以纹的信。

3月9日　金

一早梁际华就来了，脸都没有洗。我正在洗脸。他是梁二先生的儿子，还有些冲头冲脑，很有点朝奉人的派头。我没有法子，只好拿我的手巾给他洗脸。大老姑来，我们一同到小馆子里去吃粥和炸馒头，都吃的很饱。饭后找汤主任说事情，可以了，要我为他写张保证书。我回来写了，让他拿了去。我在房子里写信给五弟，一会儿他又寻来了，他还是想到农场上去，说这儿只能拿到四斗米，住的地方又不好，漏风。我劝他要吃点苦，他大约不很愿意，我只好让他到农场上去。他还说，不好的话，还要回来在这边当校工。把他打发走，我有些不高兴。我和大老姑正在吃中饭，快吃完了，卞景、蔡方来了，好在只谈了一会儿就走。下午赵先生又喊他们两个吃饭，一直在我房里谈话。他们要到六安三合一带去演戏，问我要不要带东西回去，我有些不大敢托他们带东西了。赵先生和他们一同进城去了，去看刘艳露的《春香闹学》。黄昏时候，闷得很，一个人在房里唱戏。大老姑来了，我们谈许多事情，谈将来的事情，谈志向，都谈得很好。

3月10日　土

一天都沉湎在诗词里。春天了，天气又好，读读诗词，有说不出的味道。睡眠不好，没有写《秋灯忆语》。渐渐的写到难于下笔的地方了，我翻翻日记，翻翻信，简直不知道从哪儿写好。原来我想平静我自己来写这篇东西的，现在我又不能平静了，因此我不动笔，也动不下去。不写文章，我便抄《书舟词》，又读《右任诗存》，晚上又看《唐人故事诗》，空的时候我嘴里老是在哼诗。今天一天都在盼望缥和来，下午我出去走了两趟，希望遇见她，都没有遇到。晚饭后和胡嘉夫妇、文启昌到古碑冲散步，也没有遇见她。我等人就是这样很着急，对缥和我好像有许多话要对她说，最要紧的就是要告诉她，不能和中和好的事。这使我很苦闷，我也欢喜她，但我知道我自己，也不至于走错路。我不赞成她去后方，她在大学里陪陪我，另外一方面，怕他们在一路，更会陷得深了下去。我不知道应该对她怎样说，他们两个都是我所喜欢的，我知道他们好，不能让他们再陷下去。但这种事不好说。我有时为别人的事会想得很多，这两天为这事我烦得很。希望缥和快点来，但来了我也不一定说。一早梁际华说了愿意到农场，好，让他去吧。我是有些生气，因为我还要找汤主任说抱歉的话。大老姑拿了我一担五斗米缴了，又要我的小桌子给她自修，我不大愿意，可是我到底给了她。周斌给我做饭，盐鸡猪肝汤，吃的真好。闷闷的，说不出的不惬意，天阴，不舒服，天好，也难过。早上我在抄词，外面有鸟啼声、锤衣声，还有瞎子的小锣声，一起配合着。这些声音很静，很活，很温柔、甜蜜，正是象征着春天。文启昌说，春天人不想念书，光想女人，要我给他介绍。我故意不说缥和，我想璇和陪他倒好，我觉得璇和还可以一点。看《唐人故事诗》。

3月11日　日

天虽然阴，但很热，中午太阳也出来了。我今天下决心，非把《秋灯忆语》（七）写好，再不写，都变成《春灯忆语》了。到晚上果然写好了，大约四千多字的样子，写得太潦草，写好了自己也没有看。下午，卢宜庆也来了，谈了半天耽误了不少工夫。一早起来，朱清华老先生为椅子大发事务员的脾气，我去劝劝，又闹了半天。写文章时，翻阅旧的信和日记，又费了不少时间。早上把《唐人故事诗》读完，觉得有许多应该背下来。晚饭后到古碑冲去一趟，想接緵和，也没有接到。她给大老姑带来信上说，三四天后来，算着今天明天该来了。上床睡不着，今晚为了写文章，睡的特别迟，反而倒睡不着了，想起许多事情。最近，倒不想文思和幺小姐了，是在想緵和、中和的事，四姐的事，家里的事，抽遗产税的事。其实这些事全不关紧要，我却非得去想它［们］不可。灯油快完了，看一看表，十一点多了。

3月12日　月

天阴，下午下雨，想到緵和她们今天不会来了。今天又是植树节，今天一天倒做了不少事。《秋灯忆语》（八），一共写了十二张，虽有一部分是照日记抄的，自己做的也有八九张。我想在这两天里把它写完，开学上课之后就没有工夫写了。人渐渐的来得多了，教员也来了不少，那就热闹了起来。早上也是一早就醒，许多一个多月不见的人，都说我瘦了。也许是我这一阵烦的缘故，我倒希望瘦一点。

3月13日　火

早上有雾，以为会天晴的，谁知却下雨了。抄《还乡日记》不起劲，春雨闷人。姜有章硬搬到9号来住，我真讨厌他，尤其是他那口扬州话。我又讨厌他敷衍。春天来了，鸟叫得好听，水边的鸟有许多好看的，可以捉两只来玩玩。下午朱清华来谈，李杰民也来。晚上和卢宜庆一同吃饭，和胡太太唱唱昆曲。赵景深来信，要我星期六进城，给尹克明吹《夜奔》。

3月14日　水

阴雨，而且有大雨，闷人的很。早上抄了几段日记，烦得很，不做了。胡嘉说到大庙里去回拜先生们，只在吴韵老房里坐了坐，就吹号了。今天院长请吃开学酒。到院长室，朱清华正在和院长谈徐树铮被杀的事，讲得很起劲。他们所说的都是近代史料，可惜他们老头子不肯写下来。大队的人又到会议室去座谈，院长介绍几位新来的先生给大家。我和武承尧坐在一起，谈国事、省事以及家事，还有田上的事。老不开席，肚子都饿了，花生米、瓜子是填不饱肚子的。到一点钟才吃饭，在食堂里吃的，全体教职员工都在内，张宗元说是"上工酒"。天下雨，到底哪一天能上课还是问题，下星期一也许可以上课了。我和张宗元坐在一起，听他骂汪少伦（教育厅长）。饭菜还好吃，吃完已经两点多了。他们开院务会议，张宗元是教授代表之一。开完会，他们到我房里来闲谈，卢宜庆也来了。天阴了，生了火，很快的天就黑了。我留张宗元吃晚饭，也没有菜，只有一样杂酱和一样盐鸭子，都还是剩的，饭也是冷的。饭后我们又谈了一会儿，文启昌也加入了闲谈，美国的大腿戏，他们两个都看过，谈得很有劲，我也听着。又谈美国堂子、上海堂子里的事。我加了两次灯油，他们才走。一看十一点，我在学校从来没有这样晚睡觉过。接五弟来信，内附二姐给四弟的信，说起幺小姐的事，越使我心烦。

3月15日　木

天还是阴的，想进城，已经不耐烦了。右眼老是跳，不知什么祸事，跳了好多天了。把今天的《秋灯忆语》（八）写好，一直写到张老圩子，再有一段就可以完了。本来明天不进城的，想一下子就写好了它，现在又要搁下了。昨天晚上谈迟了，老是睡不好，早上又醒得早，晚上张宗元讲女人。下午孙百朋来谈学问，谈得还不错，我想把五爷的字画拿给他看，昨天张宗元就说起他懂，而且他是替副长官鉴别字画的人。晚饭后散步，想到过缫和他们，可是又没有遇到，他们又不会来了。

3月16日　金

赵景深来信，要我星期六进城替尹先生吹《夜奔》。在学校也真的烦了，缫和他们又不来，等人着急，不如走了吧。心想他们今天会来的，但走也好。上午天仍然阴着。张宗元说跟我一块儿走，等他去预支薪水，又没有支到，他不走了，我一个人走。路还算好，我穿了皮鞋走的。刚过傅家湾，遇见静和陪她的一个同学姜鹏来学院，她要我回学校，下午再和她一同进城去。我已经往回走了，一回头四弟也来了，我们就一路回学校了。四弟说天阴，想不到我会进城，我也以为他不会来的，谁知竟来了。一同回到学校，生火烤脚，静和不肯洗脚，姜鹏也不肯。饭也只吃了一碗，用开水泡的。学生真是不大方。他是等着找他的姐夫黄鑫。我把五弟的信给四弟看，三弟出国的钱已经汇出去一部分，大老姑带来的两万块，我们一人一万，家里的田已卖给顾志成了，我们每人又可以多得一点钱了。一时我们又一同进城。走到响山寺遇到凤平，把院长批的进先修班的报告交了来。又遇到大老姑回来，我知道緵和他们会到，叫大老姑带信要她明天进城来找我。到六中找以延，说王坤还没有到，姜鹏和他姐夫走了。我们三个一路到老苏处，老苏正站在山头上。天不早了，马上到女中，学生们正在吃饭，传达不让我进去。我跑累了，于是和传达发脾气，还是因为他说，"先生要说话的"。我大叫，"我也是当先生的!"事务主任也出来了，我怕学生围着不好意思，就没有吵，下来和在门口的志敏、申和说话。为了旭和进女中的事，我和传达吵，越想越气。从女中出来，天已经黑了，我到赵景深那儿去了。在包公祠街上小馆子里吃面，我吃了两碗肉丝面，又回到老苏那儿去了。我的一个红灯笼丢在老苏那，又没有了，我又气了。静和陪四弟到农场去了。到老苏那儿，房里的人全不认得。为了修无线电的人，把他们党部修的无线电不还给他们，压在他们那里，他们正在房里谈论，吵得我不能睡。和老苏同屋的是一位查先生，我问他借了四本小书。大约闹了很久，人才散。我睡大床，想吵嘴的事，我也有不对的，老是睡不着。

3月17日 土

天一亮就醒了，还没有洗脸，外面就有人在打篮球。多年没有打过篮球了，篮也投不进了。洗了脸，老苏一定要叫我吃东西，我不吃。他们七点上班，我便出来，一个人吃油条去。吃饱了到桂家山湾，找赵他们去，他还睡在床上，我去了他才起来。佣人每人打四个鸡蛋给我们吃，我只能吃下两个，赵先生又把我剩下的两个也吃了，一共吃了六个。李家正在修理房子，乱糟糟的。赵约我一同到孟达成家去谈晚间唱《夜奔》的事，他的脚上还有冻疮，一走一拐的。到社会服务处，找到刘航宋，刘找人来带我们到杨红英家，我都不大愿意去，尹克明、赵景深一定要去玩，好，就去吧。杨红英家在新生活俱乐部后面，小小的一所房子，杨红英在门口闲步，我们进去，他还和我们打招呼。一间小客厅里还干净，比张菊隐他们住的地方好多了。尹克明出去了，有人去找他。赵请杨唱《刺虎》，我给他吹，唱了两段嗓子很好。尹克明来了，一口北平话，戏子味很重，说这个不好，那个不好的。请他唱唱，也不搭调，本来杨小楼唱的也和我们的不同，要唱一定要大改一下才成。他又说起锣鼓跟他不对，于是这戏自然不好唱了。下星期六也不好唱，即使要唱，得全部理理好，好好的排一下才成。没有一会儿我们就出来了，到孟达成家，也就在边上，不愿意在他家吃饭，假托有事。吹几段，让孟达成唱了过过瘾，又让赵景深唱。后来小孟拉二胡，我唱了一段《游园》，自己觉得自己唱得还不错。一看十一点半了，一起出来，到新生活俱乐部门口大家分手。我去剃头，人多，又等了一会儿，看看从张先生那儿借来的书。头剃的还满意。肚子饿了，在包公祠一家大吃，叫一个木须肉和一个肉片菠菜汤，一个人死吃也吃不完。今晚不去吹笛，晚饭后定定心心的去找四弟。先从童家过，没有人。四弟说，他们想请我去找他们地方银行的补一个练习生。从童家到地行找孙存凯，老凯正在剃头，他也叫我和黄荫莱说，给家浒补上一个练习生的事。我于是到副行长和黄先闲谈上海学院的事，后来才谈到家浒想当练习生的事，他答应了，说有空就补。我辞了出来，又和孙存凯谈凤平的事，已经快六点了，赶快到农场去。许多人都在，中和、縯和也来了，他们昨天到古碑冲的，今天到农场。巾和、文思、旭和都在，旭和已经考入了女中，因为她的好朋友在贞干。人多热闹极了，大闹一阵。谈到家里的事，心里很不痛快。中和只有一万元，怎么能到后方去呢？緺和是根本去不了，已经由卢先生垫了米，先交了，等我回来还卢先生的米好了。我为别人的事也难，我们决定让中和走，我这儿有一万元，两万元可以到界首，由界首到后方，请张俊贤先生先垫钱，然后又由我们负责还他好了。我们就这样商量定了，在立煌等一星期，无同路的，就一个人先到阜阳或界首去，到了那儿，自然就走得掉了。在火盆上弄东西吃，一会儿下面，一会儿烤膜，也吃饱了。文思、巾和先走了，旭和也回贞干了，留下我们四个人，中和、緺和、我、静和，睡地铺。晚饭后我们又煮咖啡吃，日本货的咖啡不好，可是在这儿已经是不容易吃到的了。谈谈已经十一点了，大家睡，我们几个睡地下。緺和瘦了一些，一定是在家里烦的，好久没有睡着。

3月18日　日

醒得早，小十子在床上也醒了，叫唤着，让我凶了他两句，不作声了。天亮起来，慢慢的，一个一个的洗脸漱口。用小锅炒饼吃，旭和早上来的，还抢饼给我吃呢，才炒好，就抢光了。吃饱了大家出去，因为知道志敏他们会来，所以四弟留下来等他们。我们五个人一同出去，走一条新路，走到石稻场新生活俱乐部。让小十子剃头，我们到街上买东西。緺和买牙膏，买料子做制服。算算快半点钟了，去接中和。星期日街上人多极了，也看不清人，我跑到石稻场，看剃头铺子里面没有他，又回到包公祠。她们正在量衣裳，料子差了一尺。找旭和、中和，在路上遇到，又去加一尺，三百元。几跑几跑，已经跑饿了，到大观园吃饭，中和第一次到立煌，还没有吃过大观园呢。大观园人也多，我们五个人吃四样菜，就一样炒肉片还好吃。我身上只带了一千元，两千元借给緺和做衣裳了，怕不够，结果才五百多块钱，还算便宜。吃过饭舒服了，我去拿了图章，六百元刻的，一点也不好。一路到万国洗染厂找丁钰夫，说在何家湾30号，于是让緤和他们回山上，我去找。找到了李炳奇、丁钰夫之后，一同回学校。我和中和先到李家，谈到去后方的事，李答应有人走即通知我们。我们又到何家湾找丁钰夫，中和把五爷的信给他看，王坤没有来，也没有人把东西送来。好了，只好等着他吧。已经两点，雨渐渐的大了，我们到童家借伞，借到一把破伞，两个人打着。我想今天不能回学校了，下雨人多，又跑累了。走到贞干门前，遇见文思、志敏、申和、巾和、旭和（挑了行李，预备到女中）一大批人。曦和跑了，因为怕我骂她为什么不转女中。文思叫谢大和机匠带东西回去，要给一千元，我说不要，因为胡嘉他们要把东西挑到我们圩子里去，何必又要她出钱呢。我们走过塔子河时，买了鸡蛋、馒头回去，因为怕四弟那儿没有东西吃。到山上遇见宇和、緤和送静和出来，我们决定不走了，太累人了。雨渐渐的下大了，我们在四弟房里吃面，累了，早早的睡了。今晚四弟睡床，我们三个睡地上，緤和睡当中，我睡里面，中和睡外面。睡得早，我们大家躺着谈话，我想起我们以前在苏州的时候的"夜谈会"，我们兄弟五人若能再过在一起，真是不容易的事。睡下，看看緤和漂亮多了，因为睡倒，人总是要胖一点。凤竹睡下时也好看一点。

3月19日　月

雨还是在下，夜里下的更大，我决定要走了，早上雨略微小一点。起来替四弟理房间，我看房间乱的很，很着急。吃了面和鸡蛋，雨停了，我借了一双草鞋，不用伞了，带了谢大和机匠。四弟、中和都送我到小路口，四弟指我一条路，不难找，很近就到了响山寺，也不必爬大山。有一处山谷里，有一家很考究的人家，很美丽。从响山寺到傅家湾，我们歇了一下，喝了茶，碰到学生田秉坤又要给茶钱，就让他给吧。一路上谢大、机匠和我谈圩子里的赌风，真叫人生气。到学校，说是说今天上课的，其实大约没有一班上课。我带谢大和机匠来，就是替胡嘉、文启昌挑东西的，他们又都不要了，真是有些生气，又不好说。因为挑子等了两天，叫他白白的贴了钱，只好给他们一千元，算是文思给的，另外我每人给他们两百元，一共花了我一千四百元，不为他们，我不会花这些钱的。我又请他们两个人吃饭，又花了一笔钱。我跑累了，吃了不少。先理房间，把房间整理好，又才叫周斌炒饭［给］我吃。饭后还有一课，跑到山上去，只有三四个人，自然上不成，马上又回来了。中和陪緤和来了，她已经在城里中国农行缴了费。中和说马上就走，我看他身上插着一把牙刷，他还是预备来住的，我没有留他，他不好意思了。我告诉他，从小路走近一点，三点钟他走了。緤和还送他一段，他们两个是好。上课了，无论怎样得预备一下。《史记》又给周斌要回去了，什么都不顺手，做做笔记也做不好。晚上緤和、翠玲来谈。沈玉明又来了，我实在有点烦他。

3月20日　火

算是上课了，但还是没有上成。下雨，雨大，课堂里没有几个人，一点生气也没有，我和学生们闲谈闲谈。下午上三文，一个人也没有，到二文门口，谈起缴米的事，大骂学校，沦陷区来的学生，谈到合肥、南京的事，大高兴，一谈就是一小时。上了一课，雨小了，我回来。緤和、大老姑来，要来我房里做事，我不大愿意了。雨下的急人，做事不高兴，我看了一本冯友兰的小册子《人生哲学》，倒是很好，很快就看完了。我补记日记，又没有记好。她们说买花生来吃，我也觉得可有可无的，就买了三十块钱的来吃吃。吃吃好一点，不会要打瞌睡了。

3月21日　水

　　起来早，我决定今天一定要上课了，不管来多少人。果然我上了两课，人很少，而且讲得很快。大老姑买的冬笋，今天中上我们炒了，买了一点馒头，请緤和、大老姑来吃，笋子到底还是鲜，緤和和大老姑都吃胀了。下午没有什么事儿，这儿讲讲，那儿讲讲。晚上緤和、大老姑来。一会瞿正实来，我和他谈到后方去的路，他很会说，大老姑大约有些欢喜，很帮他的忙。我把日记补记好。緤和写信，我也写了一封信给四爷。緤和把她母亲的照片拿给我看，很漂亮，很像緤和，看样子脾气是一定大。唱一会儿曲子，赵回来。昨天就来的，带来一支苏笛和大姐带给我的刀片，羊毛衣还在他太太的箱子里，没有拿出来。这两天冷，需要穿毛衣了。緤和她们走后，小沈又来瞎讲，我要睡了，把他轰走。

3月22日　木

　　今天人稍微多一点，我因为昨天已经上课了，所以今天还是上了。没有吃早饭，讲了两点钟，是有点累人，口干肚子饿。下午躺在椅子上晕了一会儿，也没有晕成，有人来吵。到图书馆里借《论语》，志敏来信要的，没有借到。图书馆乱得不像样子，总是理不好，也不知道他们吃的是什么饭，做的是什么事。想明天进城去看看戏，去看看中和。晚上写了几封信。緤和来，大老姑没有来。

3月23日　金

　　一切都弄好了，等緤和她们一路进城。我在等的时候，新来的广西教授苏世蕃，来和我闹，我有点不大欢喜，他说要进城，我不愿意和他一路走。倒是大老姑先来，緥和才来。我们都没有吃中饭，走不动，赶到傅家湾吃东西。傅家湾现在新开了不少小店，居然有油条、狮子头吃，就是油条不很泡。吃饱了，走路也有劲了，緥和走得最快，一个人向前直冲，大老姑在当中，我在最后。叫她们两个等等我，她们不听，我只好一个人在后面哼着歌。后来我想着有些气，就慢慢的走，叫她们，她们才停下来，緥和又来顺我。翻过戴家岭，大老姑量衣服，我到戏院里去买票。票已经卖到最后一排了，而且是什么《大溪皇庄》，一点也不好，不买了。既然不买票，我们就往总部，到龙井沟农场。大老姑、緥和都走累了，又上山，一路就骂农场太远。大家都累得很，天又热，走得直出汗。我一走多了路，脚会出汗，非洗脚不可。四弟的农场又不容易弄到热水，好容易弄到一盆水，洗了脸又洗脚，还是和緥和两个人洗的。洗好脚，穿上新鞋子，怪得意的，稍微有点疼，穿穿也许就会好的。走累了，马上弄东西吃，我吃了一碗饭、两碗汤，人吃胀了躺在地铺上歇歇，抽支烟，怪舒服的。心想可以多休息休息，谁知不然，一会赵景深叫人送条子来找我，要我到他们桂家去吃饭，并且唱昆曲。我为了想大姐带给我的毛衣和衬衫，所以又去了。自然又走了不少路，从总部，到省党部，上山到李家，这一路也有十里路。李家乱极了，房里全是货，东西堆得房里乱哄哄的。我们坐在小峰先生的卧房里，赵太太半天也没有出来，大约有事。出来了，并不难看，因为听胡嘉、文启昌说过，赵太太李希同是麻子，看看还好，只是脸上有点包包，老了一点。人会说极了，一见到我就说到大姐的事，说大姐在上海过得舒服得很，看样子和大姐还很熟悉的样子。赵太太来了，我们就唱曲子，她唱的还好，嗓子也还好，乍吹粗笛子累得很。赵太太拿香烟给我吃，又拿点心出来，比赵先生会应酬多了。李小峰的几个女儿也都来了，百囡很好看，但是会闹得很。看到小孩子，我就想到妹妹。吹吹，唱唱，歇歇，唱唱。吃饭了，是酒席，人很多，差不多全是他们书店里的人。开始人不熟，大家不大好闹，后来闹了起来，就厉害了。菜倒是很好，就是太咸了一点，我没有吃多少。吃完了已经九点多了，我得赶快到童家去。月色还好。到童家，甘良淑又不在家，杨少开门让我进去，家福也睡着了，我也就睡了。好在有一个空床，被子还是新洗的。刚睡下，甘良淑和白太太带着小毛子回来了，他们是去看戏的。

3月24日　土

睡得很热，很早就醒了。想到要洗澡，得早一点出去，要买戏票，也要早些去，于是洗洗脸就走。到了戏院，说要到十点才开始卖票，又说就是买票，也没有好的了。我到"新生"洗澡，没有人，在水池里泡泡，擦澡也擦得不好，洗过躺下来修脚，并不舒服，就是为了要派头一点。捏脚，一套全做了，已经八点多了。一算三百多。到戏院买票，连后面的都没有了。今晚社会服务处有票友的戏，甘良淑送了我两张，还得再买三张才够。到社会服务处，票没有了，找到刘航宋和李定生，才弄到三张票，还是最后面的，只好就这样了。票买到了，定心了，不然大老姑、縣和都要不高兴了。昨晚和四弟说好，到党部老苏处等他，一去不在，又出来，预备到农改所去，去见马大浦。马虽然和我是同事，但还没有见过，得去看看他，顺便看四弟在不在那儿。一去，马倒是很客气，寒暄了一下，他说副所长和客人到山上去了，上午四弟大约不回来了。在马大浦处，汪少伦也来了，要他们做标本。快吃饭了，我们一同出来，我又到党部老苏处休息。太累了，老苏搬了一个小房间还很好。坐下一会儿，四弟居然来了，吃了两个馒头，就去找静和去了。我歇了一会，吃了两个馍和一点咸鹅，到女中找旭和她们，要她们明天到童家一同去拍照。然后到童家，本来还要开什么音乐与筹备会，我怕，跑了。写了封信，叫人送到社会服务处给赵先生，还有一盏灯也送去了。自己便躺在床上，想到得到地方银行去一趟，看看黄荫莱，替家浒说练习生的事。在副行长室谈得很久，又到孙成海处。回到童家，中午他们果然一会儿全来了，亏好，还弄得几张票，可惜戏不好。在童家吃的晚饭，银行的大批人来，一同到新生活俱乐部去。我们在前面的票让大老姑和緵和看，我们坐在后面看。一会儿四弟也来了，他找到静和，送静和到贞干，又回来的。为了个女朋友，多跑跑也不要紧。到戏院之前去订席，明天请中和，大观园、中心都不空，最后在社会服务处小食堂订到了，我点的菜还不错。戏是《坐宫》《盗魂铃》，刘艳露的《小放牛》还活泼，最后又是地行票友的《空城计》《斩马谡》，散戏已十一点了。大老姑跟廖景岚去睡了，四弟、中和回山。我以为緵和要到童家，她说牙刷还在山上，我知道她愿意和他们一阵回农场，因为有中和在。菜市口，我一个人回童家。我想到很多事，一个人睡一张大床很好过。

3月25日　日

醒得早，故意迟迟的起来，等女中的旭和、志敏、申和来。申和不说话，旭和她们就顺我，又想我的地图，又想要借《论语》。她们来，甘良淑还没有起来，我们一同到菜市、包公祠去。我饿了，带她们一同去吃牛肉包子，她们都要吃狮子头，真是古怪。吃了饼，离吃酒席还有三个钟头，怎样办呢？她们说到贞干，我们就一同去了，买了烤白薯给她们吃。我骂旭和，旭和生气了，一会儿也就好了。到贞干，曦和、静和都不在，我们一同到河边竹排上玩玩，时间已经不早了。回到包公祠石稻场小食部，酒席已经摆了起来，等他们老不来。我又花了九百五十元买了一瓶葡萄酒，等中和他们不来，急了大家吃点酒。旭和、志敏都抢着要喝，其实酒并不好，但是太贵了，有就算是好的了。先是我们六个，旭和、志敏、申和、巾和、文思、我，等等，等得实在不耐烦了，到十二点半他们才来，他们是中和（主客）、宇、静、曦、以延，一共十二个人。本来还有大老姑，但我们不知道她到哪儿去了，昨晚忘了和大老姑说一声。其实我怕是十三个人不好，不想去找她了，也没有想到她在童家。菜很好，大家都在大吃，就是文思文雅一点，不大吃葡萄酒，其实葡萄酒吃多了也会醉的。旭和、静和喝了不少，中和也吃了不少。我叫文思敬中和，文思不好意思。叫緵和敬，緵和也会红脸，我知道她的心事，故意说："中和是你的尾巴，该喝的一杯。"一顿饭吃得很满意，除了后来的几样吃饭的菜，别的都精光了。饭后一同去照相，文思、巾和把大老姑找来照相了。大老姑很生气，一定以为我故意撇了她。照好了相，大家分路，她们回学校，静和到戴家岭，也和我们一路，以延一路替我拿包到响山寺。我们吃完饭照好相，已经快三点了。好在天长，走到学校天才黑。休息一会儿，正叫了面来吃，瞿正实又来谈豫南的战事。他很会说，大老姑向四弟要的梅花就是送给他的。一会儿他们就走了，大老姑很晕，瞿大约也有点意思。大老姑走后，和緵和谈到他们家的事。真是问题，还是不谈。

3月26日　月

今天该可以正式上课了，昨天上课累得很，好像一点空也没有，因为要预备书，好像做了不少。

3月27日　火

上四课很累人，天热的很，有点不对。下午周蕴华来，请她到小馆子里吃饭，自然緥和、大老姑也一阵。一个钱也没有，反正可以欠的。又向緥和拿了四百元，给小馆子。昨天已经又没有钱买菜了，也是向緥和借的。

3月28日　水

中和说今天来的，早上就等着，我上课还留张条子在门口叫他等我，可是他一直到十点钟我下了第三节课时他才来。时局不好，南阳那边有战事，五弟来信说张俊贤又到上海去了，界首那边没有熟人，钱无法接济，只好再等一些时候。中和到时，緥和正在我房里，大约她也算到他在这时候会来。中午我和中和吃，緥和还是到饭堂里去吃的。大约她觉得昨天才吃过我，不好意思又来吃。刮热风，人很不舒服，晚上风才停了。昨天接五弟的信，今天写回信，又给大伯写信，真是伤脑筋。晚上和程静钊要到古碑冲去拿盆，我们两个陪他们去的。月亮不大亮，山上有野火。说是散步，他们还是走得很快。

3月29日　木

革命先烈纪念日休假一日。天热的很，也没有什么地方好玩，天气一热，人变懒洋洋的了。我不大高兴出去，她们都要出去，于是也就一同出去了。向山里走，竹子已经很青了，山上荒草很多，也有几处有杏花、梨花。从小店买了花生米和杠子糖，一路走到一处人家边上坐下，糖早已吃完了，剩了点花生，也都分给了她们。我看她们简直是小孩子，看她们玩，自己感到已经老了，因为我已经没有兴致抢花生、抢糖吃了。天热，回来时大老姑、緤和又在前面走，走得很快。今天又写了几封信给大姐。大姐来信（替我做媒说陆榴明），我不会要的。给宗斌一万元，他已经收到了。做一点"通史"，就算是正经事了，本想做"近代史"笔记的，也没有做成。中和来在，緤和就差不多整天在这里。緤和坐在那张木沙发上，中和就坐在她身上，他们两个是好，但是恐怕又是悲剧了。这些话叫我怎样开口呢？大老姑是有些晕瞿某，春天来了，也都是时候了，也正是他们年轻人的时候。下晚中和、緤和要打排球，到哪儿去弄球呢？又要叫李杰民来唱歌，把李弄到房里，金若、于果带着小金寨也来了，在我们房里。叫李唱，他不唱，叫中和、緤和唱，也不唱。我气了，吹笛子找赵先生来唱，他们都到李杰民房里去唱了。晚上仍然睡在11号，和刘文恒同房。早上醒得早了，一晚我就想睡了。天热，盖一床被都热了。

3月30日　金

本来说好今天和緤和她们一同进城的，刘因宏寄了两张今天的日戏的票来，请緤和，邵志没有来，我想我要是进城，只有两张票，岂不是发生困难？我这一阵子的确不太想看戏了。所以早上，我告诉她们，我决定明天进城了。她们走后，我也可以静一静，写写文章。音乐节又要我们写文章，我把房里理好，正在写文章，已经快要写完了，忽然丁元生来了。丁一来，卢宜庆也来了，一谈他们原来是熟人，于是很起劲。我的文章还有一小段，拿到赵景深房里去，一面请他改，请他标点，我马上结束。本来还可以多写一点的，被他们闹的打断了思路，才写了不到三张纸，大约只有两千字的样子。写好由赵先生想一个题目，叫《音乐趣味》，胡嘉、胡太太也看了，马上，赵先生写了封信，贴上邮票寄给了陆洋。我们谈了许多以前的事，以前的人的近况，李远义、沈其道、小徐、小小徐，讲讲这些仿佛回到以前，年轻了不少。又觉得这许多人离开我们太远了。丁说他的太太已经来了，还有一个小女儿也来了。我老说看看他，也没有去，他来了，正好跟他去。我叫了菜，请他们吃饭，胡嘉又送了两样菜来。胡嘉为了李小峰欠他两万元不给的事，和丁先生讨论，也没有办法。饭后天热，等到三点钟才动身，我把去年夏天的粗草帽也拿了出来戴了。穿过古碑冲到监狱，我想进去看看犯人，丁这个书记官就是管监牢的。我们先到典狱长的房里坐一下，擦擦脸，吃杯茶。典狱长像是一个管监牢的，穿了夹袍，手捧着水烟袋，很客气地招待我们。丁赶快打电话到法院，叫他太太预备菜。我们要看号子，犯人正在吃饭，稍等了一会儿，申科长带我们进去看。这个监狱是个祠堂改的，不像个监狱的样子，不怕人，一间一间的有木栅栏，房子里有上下铺，像是宿舍。我们去，犯人都站起来，还有人在看书呢。看完号子，看工厂，有石印工厂，有木工厂。然后再看女牢，只有三个女犯人，有一个还穿的很整齐的呢。丁说这个科长管三十几个犯人，对犯人非常熟悉。我想找一个机会和他谈谈犯人的事，我好像对犯人也很有兴趣。辞了科长到杨家桥，天已经快黑了，过杨家桥小集到丁家，是一个大杂院，他们一间房倒弄得很干净。小女孩子才两周岁，太太穿短衣裳，人还漂亮，忙着弄菜。小孩子自然不得不给钱，给了一张二十元的关金券。四百元居然弄了一桌菜，但大半是咸菜，也好的很，我也吃了不少饭。饭后天还没有黑尽，要院长公馆去，听说他家有一间空房好住。我们去了他家，果然很讲究，有地板，家具也好。去的不巧，他们正在打扑克，我们坐在外房。点了灯来，忽然发现一只大老鼠，院长忙叫人抬柜子，又叫人捉猫来。猫来了，追了两圈跳上墙，一口把老鼠咬到了，倒很好玩。看完猫捕老鼠，我们就辞了出来。我一看廖家是住不成了，丁只有一间房，他们一家三口住，叫我到何处去安身才好？晚上有月亮，我一问，到高商只有两三里路，于是我想到高商老苏处去。丁先生也觉得怪不好意思的，一定要送我们到高商。我们一路走一路谈。春天的晚上很旖旎，月亮没有出来之前有点朦胧，也不像日里那样热，正是走路的好时候。到高商，顺便找静和她们，她们正在自习。在门外讲讲，他要寄钱到璧山给吴老通，让我划款。丁也找他们同谈，出来后分手，我一个人顺大路走。月亮已经出来了，不凉快，但并不热，走得很舒服，可是走走真的累了。一问老苏要去了，没有法子，跑到童家去歇。一进去，正好遇见家浒和童八的妹夫马某某在，两个正要出去。我也只歇了一下，就到大新池去洗澡。晚了大池子脏，洗盆池，水淋淋的，倒舒服。洗好躺在椅子上，叫人捏脚，抽支烟，是最安逸的。可惜已经不早了，赶快回童家。甘良淑也回来了，孙存凯又来了。深夜才睡，我一个人睡，太累了，倒反而睡不着。

3月31日　土

天一亮就醒。现在天也亮得早，春夜很短。别人都没有起来，我洗洗脸，送书到女中给旭和她们，又送张条子，要她们明天到皖干团唱歌。从女中到党部，老苏倒又出去了，我留了张条子。到包公祠桥头吃饺子和油条。饺子是韭菜心的，并不好吃。预备上山，从护士学校过，告诉巾和她们，明天到皖干团。走过皖干团，想到进去一下，看看陆洋，又听说，从皖干团，三山就可以到龙井沟。到中山边上，找到陆洋，他正在弄乐器。略坐一下，让他指我一条路到龙井沟，还得上山才到农场。四弟又出去剃头了，只有中和、繅和在。农场上桃花、紫荆，一半都开了。天热了，冷水洗洗脸，脱脱衣裳，躺下休息。一会儿四弟回来了，吃中饭。
吃饱了，睡中觉，先睡不着，后来也居然睡着了一小时，好像舒服一点。
三四点钟，静和、旭和、志敏来了，一来就叫唤说平和来了，和童八一路
来的。还有一个消息，就是五弟要和孝华订婚了，预备秋天结婚。这两个
消息都叫人兴奋，都是好消息。然而平和现在童八家，要我们去。我们一
同下山，一路上，旭和、志敏就和我打着玩。旭和没有志敏好玩，我现在
更喜欢志敏一点。过贞干到包公祠街上，就遇见平和、巾和、申和、文思
一阵。平和看见我就笑，因为她没有看见过我穿制服，又戴一顶草帽，实
在有点不一样。她们已经在童家吃过晚饭，我们一同到大观园，她们看我
们吃。我们谈家里的事，谈五弟和孝华的事，谈隆县长封锁新圩子捉拿燕
和、致和的事，谈以靖说故事，谈五弟和二表姑一阵来立煌，把妹妹带来
的事。许多小节目，很好玩，我就欢喜听这许多琐琐碎碎的事。吃完饭，
四弟给的钱，我已经没有钱了。早上又买了一条皮带给缥和，因为我答应
她很多时候了。吃过饭，大家分手，我和平和到省立医院找刘院长，不
在。我和平和回童家，肇纬、童七、家浒、马某都在，于是大谈家里的
事。平和今天才到，累了，叫她先睡一会。又有人来找童八，我也实在累
了想睡，想到老苏那儿去，他们一定不让走。我知道晚上两个人睡，又睡
不好的，和童七睡，他挤得我一动也不能动。

4月1日　日

当然没有睡好。平和也没有睡好，比我起的还早，起来就在外面溜
达。我洗好脸，和她一同到女中，找到她们，还没有吃早饭。我和平和又
去找老苏，又不在，我可有点气了，又写了一张条子留下。再回到女中，
等她们吃过饭，我和平和一同又回到童家吃早饭。他们都吃过了，我们两

个吃。巾和、文思也过来了，全在等平和。平和自己的事得赶快决定，在医院呢，还是在护士学校教书？我再陪她到医院见到刘院长了，可惜没有谈话，因为有别的客人，而他又要出去出诊，所以一句话也没有谈，我们就走了。到皖干团，李胖子已在等我们，我们去时已经九点钟了。平和唱唱《圣母颂》等，赵景深、赵太太倒来了，一会儿孟达成也来了，最后十点多，山上的人才来。果然他们是走错路了，但来的还是太迟了。我们唱唱昆曲，平和又练习唱《圣母颂》，唱了几遍，又有许多人来音乐会。赵、孟、文都已经走了，我们打台球。我摆大王，中和、四弟都不成。打打更饿了，四弟也饿了，出去吃饭，到包公祠一家最近的小馆子里吃饭。又是一大桌子，十二个人，宗、宇、中、平、緵、巾、申、静、志敏、旭、以延和余本定。天热又饿，大吃了一顿，一千多块钱，又是四弟出的钱，他大约也不会有钱了。吃过饭又分开了，平和她们找刘院长，我们回山，然后回学院。回山的一共有静、宇、宗、延、緵五人。因为爬山，又是正午，简直热得晕了，快快用冷水洗洗，煮茶吃。一会儿中和也来了，我疑心他是赶回来送緵和的。平和也来了。四弟替我折了一点榆叶梅和碧桃，我、緵和、以延同路回来，我们走小路。四弟送我，谈到五弟的婚事的计划。四弟想在桃溪镇办农场。我后来想，他们也许也要结婚的，正好让他们一同结婚吧。和孝棣恐怕不成，和静和大约没有什么问题，就不知道四弟到底爱孝棣呢还是爱静和些？想到他们要结婚，自然又想到自己。么小姐没有回信来，文思倒好，就不知道怎样。今天又听到平和复述以靖讲的故事，说一个小孩子，平常欢喜呕妈咪，呕死了，她就哭了。她又说以靖对周二表叔说的，说的二表叔难过，她对我说，我也难受得很。我爱凤竹的心还没有转移，还没有静下去，我还在想到她，我似乎还不需要娶妻，她好像还活在我的生活中一样。以延替我背包，我们从小路走，一路有水有山花。到响山寺，又带缫和看廖磊墓，她还没有看过呢。我们怕天黑，快快的走，在响山寺就遇见沈玉明，我们先走，到傅家湾也没有歇，但快到学校的时候，沈玉明他们一大批人追了上来，嘴里还说，"到底追上他们了"。他们还是诚心追缫和的。这一批人很多，郑广盛、陶梦安、叶中原一大堆人。到学校，一身的汗，第一件事就是洗澡，痛痛快快的在房里洗了一个澡，换上夏天的绸小褂，到外面来凉快。夜里八十几度，是可以穿绸衣裳。洗过澡，大老姑来了，一会缫和也来了，于是吃面。没有钱了，向缫和借了一千二。吃完饭，我们正在栏杆边闲谈，瞿正实又来了。谈时局，说老河口失守，合肥、蚌埠日本人增兵，何昭纲攻信阳。谈谈时局，忽然想起五姑要证明文件的事，正可以找他们军部，于是忙托他办一下。自习号响了，他才走。大老姑和我们就谈到瞿正实，大老姑说，他对她好是幌子，因为他实在是在转缫和的念头。这话也许有。

4月2日　月

来家睡，到底舒服多了，早上醒了，就是懒得起来，晕到升旗号时才起来。预备"近代史"，很紧张的预备了两小时。又上了一小时的课，上午完了。下午上一小时的课，接着就补记日记，一直到吃晚饭。缫和也在我房里写信给陆姨娘，写得很长，也不给我看，一定是满纸的气话。后来她走了又来了，才把信给我看。写得还好。

4月3日　火

课最多也最忙，空下的一点钟又打电话，又和孙百朋闲谈，让他来看香兰女史的画，又瞎谈谈就完了。下午还有一堂课，下课后孙又来大谈，緵和就在我房里做事。孙来了，和她谈无锡，后来和我谈学问方面的事，谈得很投机。又到冯永轩房里去看字画，也没有什么好的。晚上李杰民来房里唱唱歌，唱得很久。世蕃也来唱《圣母颂》，唱不好，让李杰民骂了两句，怪不好意思的走了。明天后天放春假，又不高兴做事了。忽然想起凤竹来，不是忽然，是常常想起她来。我觉得我现在不能娶人，娶了人总忘不了她，也是件坏事。

4月4日　水

四月四日儿童节，这两天在想以靖，儿童节自然更想她了。昨天学校都有通知今天明天放假，可惜不凑巧得很，今天又下雨，冷得很，谁又能出去玩呢？既不上课，又懒得做事，于是写信。早上写信给五弟和沈凤英。给五弟的信说到他订婚的事，沈凤英从重庆来的信有好久了，没有复她，今天才复她，也没有写好。下午写［给］四姐的信。我知道这种信难写，但又不得不写，我知道我写这样的信会伤心。四姐的信是去年九月九日发的，从圩子里转来还没有多少时候。信上说她已经脱离油子，独自在北京礼乐馆，把一切都看淡了，油子一家不久将到成都。信到这儿已经大半年了，还不知道她现在到底到哪儿去了。是不是到昆明，到贵阳，还是仍然在北碚？和油子的关系到底怎样了？离开了，她没有了安慰，也是一件苦事。我愿意马上去见她，同时我也有我的苦衷，我怕见她，我怕我们又会一直错下去。我写信写到以靖，写到凤竹，我哭了。本来和我最接近、最明白我的人是四姐和凤竹，凤竹死了，四姐又不知道消息，以靖又不在我身边。想到四姐，想到凤竹，想到孩子，我忍不住眼泪滴在纸上，我含着泪花着眼仍然写。緵和坐在椅子上烤火，她看到我哭了，她也没有法子，没有话说。还是我自己压制了我自己，勉强的把一封信写好。可怜这封信还不知几时才会收到，也许根本就收不到。我是寄的双挂号。自从写信之后心情就不大好。天阴雨，要烤火。晚上緵和一个人来，我们谈了一晚上。还是我说的话多，我们谈的大都是关于五弟、孝华的事，四弟、静和的事。点香睡觉，一天不乐。

4月5日　木

清明节，又是音乐节，开会在下午一时，天还是阴着的。緵和不进城，但是我总得去一趟。想向文启昌或胡嘉借一千元，他们却都没有起来，身上还剩一百，不管了，还是进城。一个人拿了伞，把钥匙交给緵和，让她们在我房里做事。我一个人一路唱着昆曲或诗词，走得很快。遇见会拉二胡的李能嘉同学，一路谈谈，原来他和我们家还算是有亲戚呢。到响山寺，我从小路到龙井沟四弟的农场，阴天走路很舒服，我穿了棉大衣也不热，到农场不过才九点多钟。四弟和小十子也正在做事，谈起说平和已经搬到护士学校去住了。他们烧咖啡给我喝。小十子看样子是走不了了，抽一万元还我，我真没有钱，马上就和四弟把请客的账算了，四弟也没有钱用了。他们说也有几天没有下山了，于是我们一同下山，到包公祠吃饭。饭后找平和，平和已经在做产包了。她们护士学校预备开产科医院，她们房三个人一间，一点也不好，但不久忠烈祠的新房子修好就会有办法了。找平和替我钉扣子，好像有很多话要和她说似的，要问她，但却想不起来。下午一点开会，一看表，已经一点多了，到服务社，还没有几个人。我们又一路到皖报社，四弟替五弟订报，我出来买印色。回社会服务处，已经开会了，由朱佛定主席，我进去，他正在说话，说音乐的重要。后来李杰民说，苏世蕃也说，说的不好。又要我说，也说的不好。有女中学生唱《夜》《梦江南》，赵景深来迟了，唱绍兴腔的《空城计》。吃

点心，吃瓜子，吃茶，时间很慢，到五点散会，毫无意思，也没有讨论出
什么所以然来。散会，赵景深拖我到李家去唱昆曲，因为晚上也没有什么
事，我要到老苏处去，答应他晚上去，我就走了。老苏在特党部，他们刚
下班，老苏又搬了间房子。我把东西放在老苏处，想到童家的，再到包公
祠护士学校找平和一同出来吃饭。我想和她谈谈圩子里的事。到中心吃
饭，特地叫两样贵的菜，老苏发薪水了，还我一千元，请平和正好，就等
于他没有还我好了。吃咖喱鸡、炒冬笋、酸辣汤，每人都吃了一个馒头。
我们谈到五弟结婚，静和、四弟的事，她也觉得静和不好，和四弟的血统
太近了，脾气也不好。她也和緥和一样，欢喜志敏。又讲到文思和中和的
事。平和很会说，比緥和还会说一点。谈到七点，吃得痛快，可惜太贵
了，一共九百。我到李家，她回护士学校。天黑的很，好在走大路，我在
路上遇见一个提灯笼的，跟着他很快的走了一段。到李小峰家，上坡，听
见叫"老张"，出来人，拿灯照了才上去。他家还是乱糟糟的，正在吃饭，
小孩子多。正等他们收拾好桌子，唱一阵，赵太太好像不热心唱，范慧英
根本不唱，赵景深一个人唱。笛子是新换的，膜很脆。晚上九点，我吃了
个团子（其实我最怕吃粘的），吃了出来，借了灯，到特党部，老苏全都
给我预备好了。他同屋的是个小孩子，叫郭炳瑞，还不错。我和他谈学院
的事，他是舒城中学毕业的，算起来又有亲。清明老苏买钱纸，又做祭凤
竹的文章，我们一同到后山去烧纸。凤竹有知，见到祭文一定不高兴，因
为做的不好。烧纸，我不信，烧烧也是无妨。不烧纸，我也不会忘记她
的。老鼠多，没有睡好。

4月6日　金

　　老鼠老是在我头边上跑来跑去，说是没有睡好，其实也睡着了一会。

老苏一早就起来吹火煮开水了，我睡着也难过，等他们摇了起床铃，我也起来了。老苏烤馒头，我吃光馒头，也没有什么吃头，吃了一个。童瑗他们今天到阜阳，我赶到头，他们都已经走了，只有家洴、马某在家。我马上到地行，黄荫莱也去送，关行长也去了，我留下条子就走了。到护士学校，平和要上课，她已经正式教书了，教产科和育婴两门。她从来没有上过课，有些害怕，本来想找她一阵去吃油条的，她马上要上课了，我自己去了。又买了不少吃食，如蛋黄饼、糖等，预备带回去给缫和她们吃的。吃过油条，想到还要到老苏那儿去一趟，因为印色忘记拿了，又赶到特党部。老苏他们正在照团体照，等他们照好，找印色，再也找不到了，把老苏急坏了。我也生气，好好的交给他的，怎么会没有呢？他们又吃饭，好了，我也不要了，两百元算没有了，倒霉了，我再买一点好的。买的酱菜汁又滴了出来。我决定坐车回校，反正有钱了。从石稻场过，我又花了一百元，买了一点相当好的印泥。风大，坐车很冷，一个人反倒着急，唱也唱不成调。到学校正在吃饭，缫和看见我回来了，快送钥匙来开门。我已经把窗子打开，把东西放在桌子上了。缫和看见我回来，好像很欢迎似的，我也当她是孩子，买东西给她吃，她们女孩子都好吃，可怜也没有什么好东西吃。她们问我在城里的事，我把和平和谈的话告诉她。下午没有做事，把陈果夫的《医政漫谈》看完。也没有什么道理，倒使我想起凤竹来，因为陈生了三十年的肺病没有死，凤竹却死了。韵老来，我把今天才带回来的画给他们看，坐一阵，谈了一阵才走。晚上大老姑、缫和来，也没有做什么事，讲到女生同性爱、邹德芳被打等等的问题。今晚我特别高兴，说话说的特别多，我这个人真有点古怪，高兴起来话多的，不高兴起来，我可以一句话也不说。缫和又要我告诉她以前不肯说的话，说她不是四爷生的那些问题，我答应明天没有人时告诉她。似乎有好多话要和她说，可是总不好开口，我怕说的不好，引起久的不安和不良的后果。倦得很，她们走后我也睡了。一个人安静舒坦。

4月7日　土

本想今天做一点事的，其实也没有做什么事，只写了两封信，一封给陆八，一封给五姑，另外写了一段文章，也没有写好。早上緺和来要我说，我正在做事，小沈又来闹。第四堂课时她没有课，我们谈了一点钟。她说她早知道，但没有一个人直接对她说过，还是我傻，第一个告诉她，说有人疑心你不是四爷的孩子。我觉得现在不该再提起这种话，要提应该早就要提了，何必到现在才说呢？她说一定要自己弄清楚，其实我说不必，无论怎样，你得承认你自己姓张，因为姓张不姓张，罪过不在你自己。本来说穿了好像也没有什么，但我还有更进一步的话要跟她说，她也许知道，但也许她猜错了。她也许知道我知道她和中和的好，也许猜我会爱她，她很聪明，这些事她会猜到的。想好好的告诉她同中和好，我也愿意他们好，假如她真不是四爷的孩子，那岂不是好？我想把我和四姐的事做例子告诉她，但又不能。这些话都使我不好说，不好写，真像小说，像悲剧，我自己的事，我们家的事，我以后应该好好的写出来才对。下午緺和和大老姑一阵来的，我们没有谈什么。李杰民来教唱歌，又讲杀父娶母的希腊人的悲剧，讲的很好，但把一个悲剧讲成了一个喜剧了。因为他太会形容，太会做表情了。皖干团晚会有戏，緺和、大老姑来说的，我们一阵很多人都去看，不要票，只要有熟人就行。本想找秦主任的，后来我们去的人太多，她们同许多的女学生，马云、刘进朝等等，我们也不好找秦主任了。在他房里坐了一会，去看戏，一点也不好，全是花子乞丐等瞎闹的玩意。最后是话剧《未婚夫妻》，这还不错，剧本是好的。看完了，一大批人回来。明天又不得不进城，赵先生今天打电话来一定要我去，因为有曲会。

4月8日　日

早上把《谈娱乐》赶好，预备进城的，谁知道九点多钟忽然下起雨来了。本来我就不愿意进城，才回来的又要去，而且今天一定又要赶回来，赶来赶去的，只为了吃一顿饭，为了替别人吹笛子，我这样的跑似乎太不值得了。缫和也劝我不要去，我说不好意思，要是下雨就好了，不用去了，果然如愿以偿，下起大雨来了，我正好不去。写好《谈娱乐》了，自己觉得应该休息休息了。和缫和说话谈谈，自然就谈到是不是张家人的身上了。她觉得要弄明白，我以为现在应该是，不是也是，是也是，不必去管它了。闹清楚了，又有什么好处呢？大雨之后，老苏骑马来了，把字帖、图章、犀牛角、玉和我丢在他那儿的印色，全都带来了。我们一同去吃菜盒子，吃不下，老苏来，正好叫了菜到房里来吃。天冷，我们又生了火在房里，老苏又拿眼睛盯着我，我真是讨厌他那双眼睛望我，好像是男人看女人一样，我越想越气。吃了饭两点钟，他走了，我才松一口气，躺在沙发上和缫和谈话。想睡一会儿也没有睡着，缫和看《哲学》，我看丰子恺《艺术趣味》，也没有看几段。坐在木沙发上，把手伸在胸口里焐着，高兴就说说话，不高兴就闭了眼睛养一会儿神，也怪舒服的。大老姑一下午都没有来，晚饭后我和缫和到杨家小馆子去吃稀饭和馒头。晚上大老姑来了，一来就叹气，一问就问出来了，说瞿正实对她冷淡了。我劝劝她，但这种事劝也是没有用的。接鼎芳和五弟的信，鼎芳的信写得很好。晚上也没有做事，老想睡。

4月9日　月

又像是好久没有上课了，才上课生疏得很。下雨天阴，闷气的很，但是倒做了不少的事，也都是逼得非做不可的事。近世纪的笔记好多时候没有做了，光是拿着书上课，"中国通史"笔记倒是在做，也做得很慢。下了课，好像很累了，没有做事。在胡嘉房里听他骂李小峰，我已经听熟了的，不大高兴听了，让他拖着讲，又不好意思马上就走。晚上唱昆曲，今天起大老姑、缫和又在我房里吃饭了。有人在一起吃饭，凭良心说，热闹一点。

4月10日　火

四弟说今天来看於种，他们在日本时是认得的。我今天课多，可巧第三节课没有课，他就在这时候来的。我很想和他谈谈，但他真来了，也没有什么可说的。他谈起要回去办高级农业学校的事，我也赞成，本来爸爸办学的志愿我们应该为他继续下去才对。第四课上课，我带他找於种，在教室里找到了。四弟下午要走，我说留他住一晚的，他不肯。下午三时我们送他走，大老姑、缫和我们都一阵送他到马房下面。天气好了，我们从小路上山绕了回来。棉衣穿不住了。晚上，做"通史"笔记。黄昏时我点上一支香，不点灯，一个人坐坐。我的回想还是太多，几时我能够不回忆，不想以前，我便真的快乐了。和四弟谈起以前和zj写情书的事。我把我和凤竹的信拿出来，缫和要偷看。翻翻看看这些，心里也怪感到温暖的。要睡了，大老姑还在写日记。我和缫和闹，不让她看《艺术趣味》，不然我就非要打盹不可了。她们一走，我马上就睡觉了。

4月11日　水

好像有什么事似的，总不定心，许多事能拖就拖，总不愿意做，除非万不得已的事。我这一阵子总是想妹妹呢，五弟他们老是不来，生气。火气也大，书也一定讲不好。下午没有课，也没有做事，想睡一个中觉，在椅子上没有睡着，和衣躺在床上。緟和又来，没有睡着，努力的睡，等緟和上课去了，我才睡着。一会儿又起来了，吴老先生又来了，座谈了一会儿，又到快要吃晚饭了。今天把一本丰子恺的《艺术趣味》看完，自己很想写一篇关于"美"的文章，可是想想自己对美到底是什么还闹不清，只好糊糊涂涂的写。晚饭后，緟和、大老姑过来，我到小山上去散步。天已经快黑了，一片苍茫，山上有野火。和大老姑谈到"隔"与"不隔"的问题，眼前很好的景，心情也很好，就是不容易写、不容易说，我人也真是太笨了。回到房里，到赵先生处替他拍《描容》，把緟和一个人丢在房里，她在看《块肉余生录》。大老姑来说起瞿家，听到同学说我们的坏话，说我和緟和在一路走不像样子。这地方的人太不开通，大老姑好人还真有点火了，我一点不气，因为茅房里的话更坏。这地方太闭塞了，太不开通了，真是该写一篇文章骂骂，转移一下风气，这儿的人只要看见一男一女在一起，就以为一定非在一起睡觉不可，真是莫名其妙。其实说人坏话的人又怎样呢？自己都是鬼鬼祟祟的和人私通，把正大光明的事自己弄坏了，看着都丑恶。

4月12日　木

早上上完了课，就算没有事了，今天等于星期六，我放我自己，没有做事。我睡午觉也没有睡好，头疼的很，这两天人好像没有劲，人闷的很。春天来了，我虽然不像诗人那样有很敏锐的感觉，可是觉得有点不大对。晚饭后和緜和到古碑冲，预备买一瓶墨水，也没有买到。民生牌的，四百元一瓶，太贵了，一家有，只要三百元，可惜已经卖完了。緜和穿了那套旧制服，小了一点，太合身了，好像一个小丫头，怪好玩的。谈什么呢？自然谈大老姑和瞿正实、五弟和孝华。她又说起有一个时候，五弟才回来的时候，很顺她，带她一阵到三河去玩。买了点菊花、金银花之类下火的东西回来，緜和脸上有疙瘩，泡泡茶吃，下下火。我现在真有点为她好，也像五弟那时候一样的顺着她。晚上在房里翻翻旧时的日记，看到那时的日记，想念凤竹的事，很多很多。想到现在日记上不大提到她了，是不是我已经能渐渐的忘记她呢？我对緜和说，在我没有能忘记她之前，我不会再结婚的，结婚会不好的。可是我要到什么时候才能够忘记她呢？我根本就永远也不会忘记她的。我是不是永远就不再结婚了呢？现在我感到不结婚也不是不可能的事，我可以不结婚，我可以做事，用做事来代替结婚，把感情压制下来，或者把它寄托在一个很高的理想上。我相信我不会失常，不会变。我现在不是不想念凤竹，却是不能忘记她，想念是积极的，不能忘记却是消极的。明知道想念是没有用的，既然没有用，就该忘了她，可是我又不能这样。似乎很矛盾，但也似乎很自然。我点一炷香，人走后静静的，这一炷香是为凤竹点的，现在也只能为她做这样一点事了。即使是这样一点事，也还有一半是为了我自己，我可以闻到香味，我可以安慰我自己，我和她分享这一点香烟，她也一定会很快乐的。有时我觉得自己太愚，有时我忘记了，也就不点香了。緜和在写她的日记，我在翻阅日记，我和她谈一点往事。她还是孩子，有许多话不能够跟她说，她没有那些体验，如果四姐在这里，我们便可以无所不谈了。好朋友，最亲近的人，是需要一个的。许多朋友，许多熟人只能和他们谈一种话，譬如和文启昌谈瞎闹，和赵景深谈昆曲，和胡嘉谈出版骂李小峰，和緅和谈家里的事，和大老姑谈瞿家。对每个人所谈的范围仅仅是那一点点，这是太狭窄了，要谈的很深一点，便需要更熟一点，处得更长一点才成。

4月13日　金

第一堂课是在刘振东、张宗元房里谈了的。张说许多人说，世界上只有两篇好文章，就是我和向恺然[①]的，我听了自然很高兴。刘振东人很好，我很可以和他合得来的，以后应该常常接近他才好。他并没有做大官，他如果做了大官，倒又不会睬他了。第二堂课，刘去上课了，我回房里做事，读一点词，做做日记，想写信，想做"通史"笔记也没有做。刚把书和东西全摆开，听见赵太太等一大批人来了，又不得不出去应酬一下，明知道一出去就不能再做事了，也只好去。赵太太穿了一身红衣裳，很惹人注意。李小峰、李宗凤、长生、邵先生等等一大堆人。赵先生正在上课，我叫周斌把赵先生的房间打开，让他们进去。他们是来玩桃园的，我们学校明天大旅行，也去桃园。昨天就知道他们要来，已经和沈弗瑞说好，请他们吃中饭。已经预备好了，在会议厅，布置的还好，就是没有什么菜。我一连吃了三杯酒，因为自己做主人，不好不吃，敬赵太太一杯、李先生一杯、李宗凤一杯，就把我吃的很难过了。酒不好，天热，昨晚又没有睡好，更容易醉了。他们都闹着要介绍女朋友的事，我心里不好说，嘴里还跟他们敷衍。饭后我有些受不住了，心跳头晕，我赶快到房里，怕亮，心里直跳，直翻，要吐的样子。赵先生他们叫我到桃园，也不能去了，本来就不想去的。躺在床上，思想快极了，嘴干，让緅和泡一杯

---

① 向恺然，即平江不肖生（1889—1957）。

红茶我吃，我几乎不能抬起头来吃。如果凤竹在，看到我醉了，一定又要骂我，又会赶快倒一杯茶给我吃，会打手巾给我擦脸。睡了一会没有睡着，心里不好过，思想太快了。答应緤和让她看我和凤竹的信，她在看，我便睡了。好像并没有睡着一会儿，就听见外面赵太太他们回来了。原来他们只上了一点小山，因为爬不上去，又热，根本就没有去，就回来了。我虽然起来了，头还是疼，让赵太太到我房里来看照片，然后自然是唱昆曲。我泡了红茶请他们吃。胡嘉夫妇来了，后来许多女生都来了，都到我房里来。他们先唱点零碎的曲子，后来女生来了，赵先生夫妇唱了一曲《佳期》，我可是吹累了。女生们走了，他们也要回城里去了，我没有送他们。緤和开会去了，吃饭我们老是等着，饭菜全都冷了，后来我又去热了一趟。今天到桃园，她们两个请我，本不想到古碑冲的，緤和又要我陪她们，我们就三个人去古碑冲街上。天已经黑了，买了梨子、花生，许多东西回来。

4月14日　土

学校今天远足桃园，我也去的，同事之中去的很少，我们河边村就只有我一个人去。吹了很多遍集合号，我们先到瞿家等，瞿正实去集合去了。瞿诗敏让我坐在瞿正实的房里，床什么的全不好，就是窗子是玻璃的还不错。刺目的是桌上的药品很多，瞿诗敏叫人倒香片茶来吃，吃香片茶就想起了北平来。他们在门口截住了瞿正实，我们走在大队的最后面。去的人倒不少，李圃带着病也去了，鲍先生也去了，女生指导员和杨妈都是去的。从河沿往上走，越走越难走，老是在上山上山，到山顶上已经全身是汗了。今天天气好，也没有什么风，太阳很烈，女生都打伞了，我戴着草帽，还提着一个包，倒也并不太累。在山顶上横着走一阵，许多学生把大石头向下面推，看着石头滚很好玩，许多人都笑了。天热了，还有人放野火烧荒。下山的路更难走，滑得很，我的裤脚让荆棘挂破了一大块，好在是老布的。下山老是难走的路，人都要跌倒了。緤和还要扶着王福华。好容易到了一处竹丛边上，有人家，是预先定好的学生饮茶处。茶又太烫了，歇歇，马上就到桃园了。这个桃园在四山之中，桃花都已经谢了，也不多了，松树林倒有不少，实在没有什么好风景。桃园的主人姓于，已经八十多岁了，身体精神都很好，太太七十八岁，也很康健，山里有这样的人家就算不错的了。我们四个人是一小组，瞿正实、大老姑、緤和、我。我们走到一处松林里吃带来的东西，一段坡没有路都是刺，很不容易走。香肠就馒头倒是很好，可惜没有水喝，稍差一点。学校在于家预备有饭菜，先生们有汤吃，所以吃了一个馒头，卤蛋也很好吃。我从松林坡下来跌了几跤，手也刺破了一小点，他们在山坡上都没有看到。瞿他们吃的都快完了，我又吃了两个小馒头，累了也吃不下。孙百朋也来了，我们熟一点。正午没有什么地方好去，坐在于家厨房里喝茶，来来往往的人很多。緤和她们来找我出去，原来她们又吃瞿正实带来的面包和果酱。勤务也给他们送茶去了，所以他们老晕着不来，我就一直在厨房里，等太阳歪一点再回去。许多人都先走了，最后一批合肥老乡和皖干团的人吴某某，冲蛋花又请我们吃，没有糖，一点也不好吃。他们又和于先生说话，两点半我们开拔，吴某某背一支步枪在前面走。此人甚"烧"的很，很会吹。我们从大路回来，不再爬山了，虽然爬了一点，但是比来的时候好多了，也有路可走了。有一处有狗咬，瞿正实在最后，拔出枪来就是一枪，狗大约被他打中了，乡下人叫唤，我们已经走了。走了一大段，瞿正实想想又回去，他大约生气乡下人骂他，遇见一个人来说，狗打中了头，他似乎消气了，又回来了。他打枪，也许是怕狗咬我们。我这次看到他对大老姑还是不错的，大老姑也对他好。回来天阴了，我一路和王蒲田谈北平，所以找他说话。路好走，走着也舒服些。到房里，自然非得洗澡不可了。縹和她们也去洗澡去了。洗好澡没一会儿，平和、中和来了。他们要是来得早，我们还没有回来呢。平和和中和都是我喜欢的。縹和和大老姑洗好澡也上来了，瞿正实也站在外面，大老姑叫他进来，我们说起张秘书要质问我的事。瞿吃过饭，我们吃饭，他坐着。大老姑累了，回去休息了。我们在房里谈，也不记得谈了些什么，又唱戏。天晚了，我到11号刘文恒房里睡。9号新来的一位先生说梦话，叫"有鬼有鬼"。上床后心事很多，老是睡不着，别人的床总是不如自己的。

4月15日　日

　　根本就没有睡好，天不亮就醒来了。昨天爬山全身酸疼，累得很，可是又不能好好的休息。中和也一早就醒，我们都起来了，平和、縹和也来了。黄荫莱来了，他们今天还要上经济学，老火得很。先买油条给縹和、大老姑吃，吃了好上课。我们等她们吃了，再到小馆子里去吃菜盒子。小馆子现在生意好，我倒不欢喜去了，人太多，而且有两次他多算了我的钱，我真有点不大高兴他们。平和、中和他们还没有吃到过菜盒子，中和吃的胀了，他吃了两顿早餐，自然是要胀。带他们到艺术教室去看画，又到图书馆借书，王主任来了。王不在此做了，他还要办交接，约他饭后到我房里来，唱戏玩。平和他们都想打排球，可惜找了半天找不到管球的人，也找不到球，只好待房里坐着，看看谈谈也就算了。中上吃周斌烧的蹄子，烧的不错，可惜吃不大下。下午王来拿胡琴唱京戏，我、中和、縹和、平和，每人都唱了一点，也不过瘾。三河汇来两万两千元，正好托黄荫莱去拿。让中和洗澡，我、平和、縹和到外面走走，中和洗完澡，他们就走。好像还有许多话没有说似的，头一跳一跳的，累极了。晚上仍然做"通史"笔记。大老姑有桌子在房里，非要挤到我对面桌子上，桌子又窄，灯又不行，我用的书又多，真是不便的，做了半天，没有说话，我觉得我颜色不大好。还有一点叫我心里不痛快，就是五弟今天来信说，二表姑头颈子上生疮，暂时不能来立煌。他和孝华大约在阴历六月初结婚，他又不预备带以靖来了。晚上我倦极了，她们两个老是不走，我真是气，可是我压住，没有说。熄灯号响，她们才走。

4月16日　月

天热的很，蛙叫的很厉害，夏天的样子。上几堂课下来，已经觉得很累了，也许是年纪大了的关系，记得以前没有这种情形。下午做了不少事，一直写到秦始皇并吞六国。人容易困得很，很想睡觉，我本想睡中觉，可是一想睡中觉，时间就没有了，现在下午的时间长，可以做事。

4月17日　火

天闷热，下午下起雨来了，叫人难过。上完四课，好像很累，下午希望缦和她们来谈谈的时候，她们倒又不来了。一个人在房里，长江社的学生要出刊物，把我编的《思念》和《等待》拿去了，也不知道他们哪一天可以印出来。向赵先生借了一本《文艺心理学》来看看。坐在椅子上，望窗外的绿树，微风吹动起来，更是美。春天好像是忽然来的，没有留心，草都绿了，雨中更是嫩嫩的。现在每天吃过晚饭后到赵先生处唱一段昆曲，我现在替他拍《描容》，我自己也不大会，正好自己也练练。三河汇来两万元，是十担稻子的钱，可以有钱用了。晚上没有做事，有些生气，大约是为了綵和和我说话没有说好，生气。我就是不说话，她们以为我在想心事，我就想心事好了。好多天没有抽烟了，今天又抽了起来，怪不舒服的，闷得很。到底还是有许多话不能跟她们说，既然如此，也就不该和她们生气，她们还是小孩子呢。已经有几回了，我憋住了气，像和凤竹生气的样子，真是不值得。今天晚上我没有多说话。

4月18日　水

夜，大雷雨，再加上隔壁9号里新来的江北人大说梦话，大叫，一点钟就醒了，一直没有睡着，头疼得很。上文学系的课人多，讲话累得很。现在似乎不成了，整天大雨到下晚才停。雨天门前小沟里的水浑了，也大了，声音更响了。下午正式脱脱衣裳，上床睡觉，也没有睡着。常有人来推门，闹得睡不着。最后是沈弗瑞送钱来，黄荫莱的薪水，两个月的，一共两万零九百五十元。我交给黄的三河汇票，是二万二千元，他还该找我一千零五十元才对，拿来的钱又少了一张二十元的关金券，后来我去补来。读朱光潜《文艺心理学》。晚上开什么月圆晚会筹备会，我一会儿就溜了出来。因为綵和一个人在我房里，我回来大老姑也占了我的位置在抄笔记，我只好看看《文学大纲》。李杰民又来叫唱，教綵和唱《纺纱女》。累了想睡，她们还不走，綵和看图，大老姑写日记。

4月19日　木

这两天不知为什么，气特别大，容易生气得很，好像女人"特别"要来时的样子。吃晚饭时，我一句话没有讲，她们两个逗我，我一句也不说，綵和又来猜了，说我有心事。其实我并没有心事，就是不高兴得很，故意不讲话。要说我有心事呢，也对，但心事太多了，不知到底是为哪一件事。晚饭后，我们一同到山里走走，下过雨，山水很大。许多学生从山里采了兰花，香极了。这两天是兰花的季节，今天我也剪了一朵兰花，插在小瓶子里。下午没有事了，本星期就算没有事了，在躺椅上晕了一会儿，看看《文艺心理学》。叫剃头的来理发，在房里理的。理好了发，刘振东来看照片，我告诉他这是我女儿，这是我太太，心里温暖，同时也有点凄凉。他去上课，我又洗头洗澡，把自己收拾干净。今天天气好，雨过天凉，我觉得正是洗澡的好时候。晚上在房里无聊，拿一支笔在瞎画。缫和又在抄笔记，和她说话总是不大对劲，她太小了一点，许多事她没有经验。现在假如有陶光、宗斌或是四姐在跟前就好，我就可以有一个谈得来的人，少生些闷气。有四年级英文系的来找去唱戏，赵先生也去了，大家唱一阵，我从青衣唱到丫头，总算是过瘾了。回到房里，缫和、大老姑也正和李大胖子唱完《纺纱女》。明天进城不进城？有钱了可以进城去玩一下，玩也没有什么意思，又不想去了。希望她们快些回去，我好睡觉。这两天没有点香，太阳大，窗帘要放下来了，不然凤竹的照片都晒翘了。

4月20日　金

想想还是不进城，进城也还是找不到快乐的，反而会多花钱，多吃，多浪费时间。而且今天进城，又找不到旭和她们玩，只能找平和玩。要进城还是明天一早进城吧，一进城就买票看戏，星期日回来，买点东西玩一天，也消消这两天的闷气。老蹲在学校里，真的烦了，对缫和她们也好像没有什么话可说了，再说，也就说的太深了一点，不好了。早上写了几封信，给五弟，给鼎芳，给叶至美。下午做做"通史"笔记，饭后在大椅子上睡觉，睡了一个钟头，睡得晕晕的起来，怪舒服的。这两天天气真是太好，是像个正常的春天了，暖而不热，凉而不冷，人也很爽快。就可惜心上有些不舒服，容易生气。我自己知道有许多原因，但是现在已经分不清楚。五弟不把以靖带来，緑和不理我，大老姑坐在我的床上，李大胖子来找我，许许多多琐琐碎碎的小事，全都令我生气。下晚小沈、孙百朋全在我房里，一会儿李圃和事务主任唐某也来了，约一同去散步，没有等緑和她们，我想早点回来。大老姑因为瞿正实又和緑和和好，她心里不痛快。我也没有法子劝她，这种事谁又好说。

4月21日　土

想到要进城，似乎就非进城不可，还是小孩子脾气。昨天晚上已经把东西预备好，要买的东西也开了个单子，大老姑、緑和的东西也都开上了。天不亮就醒了，穿了绸夹袍子，在吹早操号之前我就走了。但是刚走一段路，想到一个钱也没有带，钥匙昨晚又交给了大老姑，于是我只好爬窗子进去拿钱。带了七千多块钱，我知道钱带多了一定会用得更的。清早上一个人走路也怪有意思的。穿着绸衣裳凉凉的，似乎有点冷，走走也就好了。一路上翠鸟很多，在水面上飞，好看得很。嘴里也老是哼着小调，一路走没有停，也没有吃东西，一直到陶家吃面。到了城里，还不到八点，戏院门都关着，一大群买票的人。我看挤不上，就在街上走走，花五百元买了一条丝裤带。等人松了一点，再去买票，已经没有了。有一个人说，我六点钟就来，也没有买到票。今晚的戏是《盘丝洞》，戏票买不到，再到社会服务处，只剩最后四张了，三百二十元一起买了下来。买票给平和看戏，平和到这儿，还没有看过戏呢。从戏院到包公祠，一路买东西，买袜子、鞋油、肥皂等等，到护士学校，只剩了不到一千元了，还有许多东西没有买呢。到护士学校，平和在房里换衣裳，我坐在她们的饭厅里。文思来和我说话，我注意看她，圆圆的脸，是很好看的，我注意到她的脸上手上有碘酒。和她谈谈，我的确有些欢喜她了，但是我没有对别人说，我看到她就很高兴，很欢喜和她说话。她们护士学校学生说我追她——这是平和对我说的，我虽然没有追她，倒是觉得这许多女孩子中还是她最好。平和出来了，文思有课，上课去了，我和平和谈，坐着歇了一会儿，一直到吃饭的时候。我把买好的东西丢在她房里，我去找老苏。快正午时正热，到特党部，他又出去了，我正在生气，他却回来了。歇了一会儿，他陪我到参议会去找刘振东。先到小馆子里，吃炸酱面，咸死了，也不好吃。到参议会，刘振东不在，房里坐了一房的人，我留了张条子。到李家去唱曲子，老苏回去办公室。到李家又没有人，全都去应酬去了，只剩范慧英一个人。把笛子贴好了膜，吹吹真想走了，赵景深却回来了。这才好，于是我们大唱，范慧英也抱着个小的来唱，唱的比胡太太好一点，但是还不带劲。赵太太也回来了，这才有人来办招待，请我们吃枣子。我们又唱，一直唱到五点钟，我得走了，因为晚上还要看戏。到护士学校，已经六点钟了，平和说，四弟和静和一直在护士学校等，等了半天才走的，以为我就要回去的，谁知老不回。明天童八请客，他们都要下山来的。她们已经吃过饭了，我还没有吃饭呢，让她们陪我一阵出去吃。还多了一张票，送给医院的护士小姐、平和的朋友张大姐。我们到社会服务处食堂吃饭，老苏又赶来了。看戏在最后一排，前面一排一个女人抱着一个小孩子，很像I，我不免多看了她两眼，她也望我，还和丈夫一阵望我，我不敢多望她了。戏是杨红英的《汾河湾》，刘艳露的《宇宙风》，刘艳华的《宝莲灯》，送酒"骚"极了，说话声音也怪肉麻的。最后是票友的《九更天》，还带滚钉板，可惜我们坐在后面，看不见做工。散戏，其实有月亮，我还点上新买的小灯。新买一样东西，我要高兴半天，还是个小孩子脾气。回到特党部睡觉，老苏头屋的小孩子也有一个朋友来，四个人一间房，我不太痛快。在李家时，范慧英提及我的《秋灯忆语》，问我底下写出来没有。不知为什么，我忽然脸红了起来。

4月22日　日

晨炮以前就醒，睡不好，总不惬意。换上新裤带，也高兴。天又冷，肚子有点不好。洗好脸，六点钟出去，老苏就一直跟着我。先吃油条，今天油条刚炸的，好得很。吃过就到护士学校去等她们。我们去时平和她们刚吃过早饭，真是太早。等等，我们买杯子、买壶回来，她们还不来。我看报，平和说话，就不和老苏说话。他总不过是老叮嘱我，真是烦了。等等，我们也等得不耐烦了，先到童家去吧。童家现在住在对过白太太那儿了，倒不错，干净多了。我和平和去时，旭和、曦和、志敏、申和全在那儿了，和小孩子们玩一会儿，又和他们闹了。童八说我好久不来了，其实，我真是好久没有来了。但是中和他们老是不来。南瓜子吃腻了，小孩子们都着急了，一直到十一点，宇和、中和、巾和才过来，他们在山上打乒乓球，打忘记了。饭菜不错，可惜我们人太多了，一眨眼就吃光了，鸡汤还不错，很好喝。饭后中和到丁家去，我们在童家。中和回来了，他们一组一组的谈话，平和家三个，吴家两个，旭和和他们两个，我和四弟一组，其实也没有谈什么。到两点多，我们要走了，我得回学校。一同到护士学校，又坐在饭厅里，我买了沙琪玛请她们，让她们一抢就光了，文思、巾和还没有吃到。我留给她们买的半斤蛋糕，本来预备带回去给緵和她们吃的，也让她们分了。文思吃过了，也不说话。一个大包，还是平和替我收拾的，到底是大姐好。她又把巾和还给我的钱三千九百元给我，钱用完了，又有了。我回学校就叫车子到古碑冲，四百一个人。走路急，坐车也急，路长总是急，到学校已经天黑了。我知道緤和她们一定在等我。到我房里，已经点灯了，緤和她们都正在我房里吃东西。叫了一碗面来吃，有霉味，不好吃。我把中和、平和还她的五千元给她，又把买的肥皂、袜子、鞋油、笔等东西给她。她坐在我边上，我把丝裤带也给了她，因为在城里见到静和扎着我送她的皮带，我对静和说皮带就送给你吧，我再送给她一条。也不知道是为什么，也许是因为觉得她可怜了，还是觉得她可爱。可是她有时候总是和我冲，一点不顺我。我待她好，也真是真心的，不为什么，这也许是我傻的地方。五弟来信，说起他要结婚的事，在十号报告上把四弟、孝棣好的消息也宣布了。我看也是和孝棣好一点，但静和的落空了，也不好过。吹熄灯号了，大老姑来等瞿正实，没有等到，生气。我叫她不要太常到瞿家去，她太晕了。

4月24日　火

今天一天最累了，四点钟的课，还要打球。教职员队和学生打，我们都跑不动，自然不成，输的一塌糊涂。我投了两个球，腿都跑酸了，只投进一个球，许多球投不进，好久不打球了，上场慌得很。打完球已经是吃晚饭了，打累了自然一点也吃不下，让他们吃。今天吃的是卤菜，还不错呢。我吃不下，先洗澡，洗洗舒服得很，然后吃烫饭。许多人已经在河边上乘凉了，胡嘉和他太太老是说我像他们的干女儿松青，我倒是很高兴，因为松青很好看，也很好玩。晚上预备做一点事。八点半赵先生来叫唱戏了，叫我过去唱，我和緤和都去了。唱了一会儿，大老姑来说，丁先生找我。我知道一定有事，果然丁先生来说起，学生说我和程静钊好的事，真是莫名其妙。他说又不是三文的学生说出来的，我更不懂了。快熄灯了，我回房里，李杰民在教緤和唱歌。卢宜庆也和我说过，李有点神经，不要常睬他。我就知道是李常到我房里来唱歌的缘故，我一肚子不高兴。緵和她们走后，李又告诉我说，三文的学生要罢我的课，因为我给了几个人不及格，要补考，要给我一点颜色看看。后来还是赵先生去把学生拉来上课的。怪不得今天"近代史"的人不多呢。而丁先生又说是三文闹的，我一点也不气，只是觉得可笑而已。

4月25日　水

这阵子好像夜里总睡不好，其实也睡了一觉的，总觉得睡的不足。人在床上也没有赖头，假如凤竹在，则可以谈谈，抱着搂着谈谈话是挺舒服的。现在没有法子，只好赶快起来，免得在床上胡思乱想的。上文史系的课，桌子上、黑板上全有"张宗和"的字样，底下的看不大清，总不是好话。我也不问，一定是说程静钐的事，学生们对这种事是最热心的。下午也没有做事，要睡，也没有睡着。高等法院廖院长来谈一会儿，我又出去看报，柏林快打下来了。第三节课又到李则纲房里开史地系公费生审查会，其实这个会没有什么开头，就是去吃茶，吃了很多，很难过。我又和马大浦谈四弟办农场的事。晚上听老丁请刘天予（新从后方来的），请我作陪。别人都走了，我一个人去古碑冲，其实他们还没有来。刘天予当二中的校长。吃的还满意。回来緵和她们来找我一同到图书馆唱戏，今天还开心。

4月26日　木

想做事做不成，心里不痛快的□□□宗课，又懒得做事了，读《文艺心理学》。胡嘉说汪德全来说，印刷所不肯□□□□，因为字写的太潦草了。我有点不高兴，但是一想自己的字的确写的太草了一点，有许多自己也看不出来了。晚饭后我一个人出去走，好久没有一个人走，一个人走又怪有意思的。今天一个人走一条新路，向东面走，看到几棵很怪的大树，根全部在外面，还有一棵大树的根像一条大鲸鱼。我又走到山涧里，采到了嫩红色的红叶，很好看，叶子本来应该是绿的，红了都觉得特别可喜，却又不是花。我默默地站在池塘边看着青蛙、蝌蚪，都非常有生气。回来时看到緥和、大老姑一群女生在山上，我没有理她们，从后面绕了回来。

4月27日　金

没有课，也没有做事。早上正在看《文艺心理学》，四弟、中和他们来了，我好像兴奋得很。也高兴一点，要有人来，好似生活有变化一点。四弟一来，我们就谈到办农场的事。他谈到没有人替他打气，我说我会替他打气的。我现在又想不在这儿教书了，我这个人就是这样的，事做了一年就做腻了，得换换环境才好，这也许就是我失败的原因。我这个人也还是欢喜新鲜。办学校继承爸爸的事业，固然是应该的，但家里办学，也一定有许多困难，我们自然不能怕困难。趁现在年轻，我们还可以受得住困难，多做一点事，多做学问，暂时不结婚为好，一结婚生活就不会平静，也就不能做事了。四弟很认真的做事，做学问，将来都会有成就的。和他合作很好，我真应该考虑考虑了。安徽学院的事没有干头，也不会增加我的地位和资格，要教书自然还是得到后方去，要做事业就应该在家里。大老姑把五弟发来的消息、四弟和孝棣好的话说了出来，并且拿报告给他看，他有些窘。我们一群人在房里谈五弟、孝华的事，大家自然都欢喜谈这类的事，在他们结婚时，各人穿什么衣裳，自己都想好了。中上，刚好昨天晚上叫周斌卤的许多东西在，买点馒头来就够了。饭后看"国际风云照片展览"，就在大庙里。让四弟在房里洗澡，我们几个在外面走。到小馆子里面去订菜盒子，预备晚上吃的，又在山头上走走。看操场上他们在布置会场，今天晚上开月圆晚会。今天一天都在忙，考试题目简直没有工夫出。早上小沈来，孙百朋来，四弟、中和来，赵太太来。赵景深又找去吹笛子，女学生唱《游园》。下午陆洋他们又来了，在赵景深房里，预备演《小宴》，许多乐器响起来。晚上胡嘉请客，请李希同，我和文启昌作陪，菜不错，我只喝了一杯酒，又喝醉了。就说我专门会逗女人，逗縿和、大老姑她们，大致都有点吃醋了。我吃卤菜吃饱了，饭菜全吃不下了，四弟他们还在房里等我去吃饼呢。天不黑，我们到小馆子里吃菜盒子，我一点也吃不下。太阳下去了，凉快了，在山头上散步，看到场子上已经有不少人了，灯一点也不亮。我们回来歇了一歇，已经唱过国歌了，奏乐了，节目真多，但好的不多。沦陷区的两个学生用方言描写沦陷区的情形，很好，醉八仙也打得好。縿和唱歌唱戏，唱戏的人很多，还好玩。李唱《花子拾金》，太长了不好。最后，赵景深做《三娘教子》，还很好。露水重得很，身上都打湿了，我们四个坐在一张长凳子上。我唱一段"苏三离了洪洞县"。散会已经十一点，让中和睡我房里，我和四弟睡16号张宗元的房里，房里有两张床。我们两个讲了大约两三小时，又一同出去小便再睡，谈得很投机。

4月28日　土

实在是睁不开眼，等我们回到房里来，大老姑、縿和已经又备好早饭了。中和正在和李大胖子练歌，房里乱哄哄的，略为整理整理。李又叫我们去吃饼，到河边上吃。李要上课，四弟也要走，大家都没有睡好，又懒了一会，他们才走，我没有送他们。我们去吃中饭时，綖和把我的房间整理好了，难得，她不大肯做这种事的，但做起来也还是能做好。她替我做做这种事，我高兴多了。难过的很，我老想睡，睡不着，我把《文艺心理学》读完，也就是一件事。中饭没有吃，綖和她们聚餐，只有大老姑吃了一碗饭。饭后我才睡觉，可是老睡不好，我又怕綖和她们要来，把门闩上又打开。晚上吃炸酱面，也没有吃饱。綖和、大老姑和我一同去散步，到东边去前天我刚去看的大树林，一边走一边听綖和、大老姑她们唱歌。今天散步散的很高兴，回来想做事也没有做，补记日记。到外面和黄荫莱他们谈谈旧金山会议，关于金子涨价的事。大老姑走了，綖和一个人在，和她谈谈。她有时也冲我了，她自己也说她脾气不好。她要看我的日记，自然不能给她看，但有些地方她看看也不要紧。她大点，懂事一点，也许我会待她更好。

* * * * * *

这本日记记了三个多月，总算没有间断。这里面的人物，差不多都是家里［人］，特别是綖和，她和我接近，所以她的事也特别多——无怪乎她要看我的日记。本来一切很平静，这两天又不定心了，想不在安徽学院教书了。一起了这个心，知道就坏了，在宣威在昭通，在云南也是这样走的，其实也讲不出什么真正的缘故了。《秋灯忆语》一直没有结束，这也是憾事。我虽然希望和綖和常常谈谈玩玩，但有时我也不想她们来，因为我一个人在房里安安静静的时候，好做比较想要做的事。寂寞的时候，却又想她们来陪我。我是自私的。关于凤竹和妹妹，我还是想念她们。凤竹是想不到了，妹妹、五弟又不来，就不会有人把她带来了，我再也不存这个希望了。只希望这个暑假快快的来，我好回去看她，我没有哪一天不想她。有时缐和她们谈起凤竹和妹妹，谈多了，我自己也觉得有些难为情，怕她们不爱听。我太傻，我提到她们，心里好像会痛快一点。我到什么时候才能忘记凤竹、撇下妹妹呢？

1945 年 4 月 28 日晚

（第二十六本结束）

4月29日　日

从来就没有买一本好的日记本，这个簿子买得也还不得意，还花了四百块钱。写写号头，是劫后的第十册。日记一天一天的增多，老了，学问、事业一点也没有成就。想起来真有点着急，应该怎样鞭策自己才对？往常说起来，总说有家、有孩子累着，不能用功做事，现在凤竹死了，孩子又丢在家里，还有什么理由不能用功做事呢？人总欢喜推，不把罪过放在自己头上，去把它向环境身上推，我自己也是如此。譬如今天就没有做什么事，早上只是写信，因为在合作社买了一种学校的洋信封、信纸，很得意，于是就多写了几封信。给小五姑、小六姑每人一封，这两个孩子我倒很想念的。又写了一张给妹妹，我知道妹妹她不会跟五弟来了，我写爸爸总是妹妹的，我又要哭了，但是这次我忍住了，虽然房里并没有人。一上午都花在写信上。天雾，燥热得很。下午睡午觉，一点多钟做了一个梦，梦见我要解她的衣裳，摸奶头，醒来迷迷糊糊的，非常难过，晕了半天才起来。我几乎没有一天不想她，有意无意中，无论在得意〔还是〕失意的时候，都会想到她，想到她时也不一定难过，有时候还有点好过呢。下晚朱清华先生来我们这儿谈时事，坐在河边，胡嘉来邀到河边看失火后的情形，其实早上我去过一趟了。早上以延和余本立来，我带余本立到学校各处走走。河边上烧掉的都是小饭店，这儿全是草房篱笆墙，自然非常容易烧着。晚上想做一点事，大老姑又拿了文章来要我改，我自己做"世界史"笔记，也没有做多少，很多时间全浪费了，不大值得。还有和别人七搭八搭的时间也太多了，走过6号胡嘉总叫，于是就会扯掉了半点钟一刻钟，这些时间全是白费的。

4月30日　月

早上两堂空课，忙着做一点事，查地名做笔记。今天上课一点也不痛快，自己觉得讲的一点也不好，而且觉得时间过得很快。上文史一年级课时，不见程静钊，心里也不痛快，不知她是不是怕谣言不来上课。上三年级课时，也怕他们要和我闹，下午到缫和他们课时，讲秦始皇，也是讲得不好。课后觉也没有睡好，因为有课不敢睡着。其实今天下午得到一点上课，从十一点到一点，有两小时的空，大可以睡中觉。闷得很，很想打人的样子。米饭又硬，今天的菜也不好。天气忽然冷了起来，阴冷得很，盼望它下雨，它又不下。吃过饭第二堂课，王树平来补考，全是在抄书，还抄的不好，真是没有法子。天阴的很，加一件衣服，到外面去走走才好。今天又走一条新路，回来时走到瞿家，大老姑又进去了，我和缫和回房做事。我做笔记，总不安心，找她讲话，她看书又嫌烦，冲我。我只好憋住气，不作声了，自己做自己的事，也不理她。我这个也不好，不知怎的爱生气，这真是犯不着，以前有家的时候生气，还有情可说，现在和妹妹小孩子们生气，真是有点不值得。以后不可如此才好。

5月1日　火

　　上课之前卢宜庆来和我说起学生所以造我的谣和我闹，全是为了縰和她们在我房里吃饭做事的缘故。换句话说，就是我们太接近了，学生们看不来不算，连先生们也看不来。真是莫名奇妙的事，本来去年茅房写那些话的时候，我就想到不好，不如叫她们不要来，后来想想，若是不让她们来，反而不好，显得有痕迹。我并没有对她们说，真是麻烦，真叫人生气，一天都不痛快，想马上就走，请假进城，去散散心，太闷人了。吃早饭时，我忍不住，和縰和、大老姑讲了，她们也生气，我们都想离开这儿，但是又走不通，着急。不高兴，却偏偏又是四课，非上不可，真是不高兴。

5月2日　水

　　还是不高兴，什么事都惹人生气似的，都不愿意做。早上也懒得起，总想多躺一会，其实还是睡不着。躺着也是白躺，躺着瞎想心思，反而不好，还做一套房里的事，用脑筋的事不想做。便整理东西，把东西理得整整齐齐的，也高兴一点。上两课下了，又无聊了，翻了翻《六十家词》，想到以前看起来很有耐心，现在也不成了，心活动的很，努力要它静下来，但是总办不到。肚子很饿，但是一吃饭就饱了，虽然今天是红烧蹄子，也吃得不多。縰和伤风，我好像也有点鼻子不通，恐怕就是她传染的。饭后睡觉，睡得很甜，不容易醒，縰和来写信，我还是迷迷糊糊的。瞿思敏在外面用光溜溜的声音问姜先生的病，才把我吵醒了。醒来的滋味很特别，好像是在阴阳交界的地方一样，很舒服，同时又很难过，乍醒也是不容易描述的。我喜欢縰和在我房里，可是又觉得没有什么话跟她说，还是有许多隔膜，大约她有时会常常错会我的意思和我说的话。门前树荫下苏世蕃他们在拉提琴，弹月琴，许多先生们都聚在那儿唱歌玩。后来我又唱昆曲，睡醒后的时间就这样消磨了。报纸老是不来，大家都等着看报。这两天德国快完了，墨索里尼被杀，旧金山会议，许多大事真是好，可惜《皖报》《安徽日报》都印得非常不清楚，叫人看了眼花。晚上我在房里看报，等缂和她们洗脚回来去散步，她们老是不来。天黑了，解实五和李宗璜来了，他们来看我。解是老圩中间门三爷的儿子、张义和的小舅子，但他姐姐已死，以和介绍他来看我。其实以和我都不认得，谈起来才认得，知道他们自己有房子住在杨家小馆子后面。我说去看看的，今天他们来了，和他们一同到他们住的地方去看看。有两间房，很干净，门前还有一块空地。我们就在空地上坐着吃花生、瓜子，谈谈心。谈得自然不外是家里的事，数辈分的事，他们都很会说话。夏光也来坐谈，吃花生米、瓜子，吃完了我就走了。缂和、大老姑在我房里做事。缂和要吃饺，又下饺子来吃，吃完了，大老姑要睡觉，拉着缂和就走了，其实我很想和她们谈谈。人走后，我读一首新录小楷朱彝尊的词，并不好。因为有关于死的事，所以我才读的。

5月3日　木

希望赶快上完课，这个星期就没有事了，好玩了。早上赖到吹集合号后才起来，现在天亮的太早，半天还没有上课，有些急人。第四堂空课，也就这样混了。下午很想睡觉。因为老苏在这儿，他正好赶来吃饭。刘振东又来在我的房里，我们谈谈词。一点老苏到古碑冲集合（他们特党部旅行来的），刘振东上课去了，我于是洗澡、篦头，把自己收拾得干净、舒服得多了。篦好头，又自己剔篦子，把一切都弄妥帖了，泡点新茶，喝一杯茶，看看报纸。写一封信，代人写的"情书"，断断续续的写了好多时候才写好。自己看看，觉得一点也不好。给赵景深点一遍，他说的很婉转。我老觉得自己写的东西有些说不清楚，请赵景深点一遍，努力希望说清楚，可是总觉得没有说尽，不能把所想的全部都写出来，有些词不达意，到什么时候能够完全把自己想说的全部都写出来就好。饭后约好緺和她们来散步，可是瞿来了，在我房里谈，大老姑她们来了。赵景深又来叫唱昆曲，我便到8号。她们两个在我房里呆了半天。吹了一阵，我回来，他们三个全在。又和我谈军队上的事，緺和要做事，着急了。我不大搭理他，他走了，大老姑也随着他走了。

5月4日　金

有好多天没有进城，在学校里也闷得很，也想进城去玩一玩。緺和、大老姑也早就说今天进城，明天回来，因为星期日还有黄荫棻的课，所以必须回来。好在天长，又热，下晚走正好。我下午还有课，也得等下了课才得走。李大胖子回来说，在路上遇见中和说今天来。等了一上午，他也没有来，一直到快下午两点钟了，他才来，原来他是吃了中饭才来的。我们正在理东西，要进城了，他跑来，自然得歇歇，不能马上就走。叫他洗澡，他也不洗，因为想到要到城里，还是小孩子脾气。上午本来可以做点正经事的，可是什么事也没有做——所谓正经事，是做"通史"笔记或是"近代史"笔记——只把好久没有看完的卢那卡尔斯基的《艺术论》读完。好久没读它了，接着读，前面的都忘记了，说老实话，真是不大懂，硬着头皮看下去的。我有一个脾气，书看一本不看完，总觉得不舒服，非看完才好，无论懂不懂。这本书虽然不大懂，但也有些很好的地方可以懂得。又看《惜香乐府》词，分春夏秋冬景。一小时一小时过去了，眼看着时间浪费了。中午又睡了一个舒适的午觉，緵和来吵醒了我。接着中和也来了，等大老姑下了第一堂课，马上要走。我们因为中和来了，要歇歇，她大约就有点不高兴。后来又说到进城后怎样住？到哪儿去住？一起住，还是分开住？我说不住童家，也许住农场。我［又］说恐怕农场也住不下，我们一去就是三个人。这样说说，她本来就不大想去，就生气了。我和緵和在看报纸，她坐在我床上，半天不出声，我知道她气了。后来她说不去了，把要买东西开给我，我把钥匙也交给她了。緵和走后，她说，到底你们还是亲的。我劝劝她，她又去了。我早就知道她不想进城，大约她也不愿意和她一阵进城。我其实也想和緵和两个人走，中和我也是欢喜的，大老姑好像不叫人欢喜，但是她真的去，我又顺了她。中和在李杰民房里唱歌，下午四点钟我们才走。走到小路上，又遇到詹云青。他是个不常在云南的云南人，和［我］这个不常在安徽的安徽人差不多。我们一路谈云南的事，谈得很高兴，许多云南的事情还要我告诉他。他们三个在前面走，我们在后面一直谈到响山寺。他先走了，我们还要吃饭，因为我知道到农场不会有东西吃的。在一家广西人开的店里面吃面，吃莴笋炒肉，吃油炸花生米，大家都吃得很高兴。大老姑好像气也消了。从响山寺到农场一段路，我们一路走，一路谈，我自己好像年轻多了，一会儿拉大老姑，一会再拉緵和一把。这几天不知道为什么话这么多，这样调皮。到农场天已黑了，现在天黑总在七点的样子，很累。接下来喝茶，现在四弟的房也清爽，开水也有了。让他们一个一个的洗，我最后一个洗。大老姑躺在小床上，我们四个都坐在大床上吃咖啡，吃糖。晚上緵和、大老姑睡小床，我们兄弟三个睡大床，没有枕头，用衣服枕，怪难过的。

5月5日　土

　　夜里緁和闹肚子疼，我就知道一定是她"特别"来了，中和他们以为她要大便了。中和这出去大便，后来又陪緁和出去，闹闹天都快亮了，想要再睡一会儿也不成。中和自己爬了起来，大老姑又着急要去烫头发。出门的时候，她们在园里看了一圈，剪了不少月季带着。芍药花开得正盛，早上有露水在上面，好像镶一圈白色的边，很美。我马上想到，"牡丹含露珍珠颗，美人折向庭前过"那首词。早上他们农场很好，可惜大家都有事，不能多盘桓一下。下山从总部走，因为没有吃东西，大家都饿了。各人的火气都大的很，緁和又冲我，我不作声。四弟在前面走，走得很快，到总部边一家小店先吃点油炸饺子垫一下。四弟倒是需要垫一下，不然他的胃病要犯了。吃了一点，压压火，大家又好了。顺路先到瑞中公司去看常潘疾（洹芳，九老太太的侄儿，大老姑的三表伯），安徽革命的元老，现任安徽参政员，应该叫三表爹爹。因为长两辈，大家说话都不自在，还是我老枪，敷衍了一阵。他叫我们把名字都开给他，他大约在这儿还要住一阵，长官们对他都很拉拢的样子。他年纪好像并不大，精神也很好，说话很有道理。他谈到地方武力的问题，他大约很有办法，可惜许多人都不照他说的做。我们早上出来的目的是到民众食堂去吃广东点心"文武胜利球"，所以不便多谈，辞了出来。民众食堂也焕然一新了，大椅子是对坐的，仿佛冠生园的样子。我们一进去，就看到赵景深一家和李小峰一家也在吃，他们用两张桌子拼起来。百囡、湘囡都来的，百囡老叫我，我也欢喜她，百囡最漂亮了。我们已经来迟了，古怪的"胜利球"完全没有了，连叉烧也完了。我们吃到鸡大包和饺子，另外吃了点面。赵景深、赵太太两次过来邀我下午到他们家去，也要中和、緁和他们去唱昆曲。他们自然不会去的，我也不想去，可是不好意思。从馆子出来，大老姑和四弟去理发，大老姑烫头发。我和绲和一起买东西，到包公祠看平和。大老姑一会就回来了，说没有烫头发的，于是去买东西。我是没有什么东西要买，看着她们买，平和也在路上遇到的。我们一同到护士学校，巾和看到了，没有看到文思，大约上课去了。歇了一会，大老姑去"新生"烫头发，烫头发的出去了，"丽丽"说今天不能烫，要预备明天烫，二千五百元电烫一下，大老姑烫头的兴趣也没有了。不烫头发，就去吃中饭吧。到"中心"底下很阴凉，大老姑、平和、绲和全要睡。我们要了四样新鲜菜，蚕豆、豌豆、鳜鱼、杂素，吃的很高兴。可惜绲和吃不下多少，倒想她多吃点。饭后找到李家，说好四时绲和、中和到李家找我。我也真是为了她们这些丫头才回去的，不然我很可以在城里多玩一天，叫朋友们也高兴些。从小山上到桂家湾，赵太太正把台布铺在桌上。今天他们房里清爽多了，我到他们家也好的很，让他们唱唱天使。赵先生、赵太太排《小宴》身段，看我吹笛也没有看到多少。后来我又叫李太太唱《刺虎》，人长得好看，是占便宜一点，我好像都愿意替她吹笛，其实她唱的并不好。《刺虎》也是全的，是赵景深配的，一支《刺虎》代说白唱，孟达成又来了，孟又和赵太太唱《折柳》《阳关》，也是整出的。唱完已经四点，绲和、大老姑也来了，吃了点点心，又把《阳关》唱完。四点半，我们辞了出来，从高商杨家桥这一条路到古碑冲的，到土地庙换了旧鞋。到高商，绲和送静和衣裳，静和已经和四弟到农场去了，赵景深在路上碰到他们的。绲和说四弟居然也会变坏，撇下了人，单独去找静和，下次非闹他不可。从法院这一条新路走，我只走过一次，还是夜里走的，不很熟，于是一路问人。绲和、大老姑都累了，看着看着天就黑了，大家都走得很快，不作声了。我知道她们会怪我，我说一句话，绲和就冲我，她"特别"来，火气大。好在我一路问，还没有走错路。到杨家桥法院，找了丁元生，他们全家已经到舒城，《世界》也不还我了，也许带走了。从法院到监牢一段路，叫人着急，老是走不到监狱。过了监狱都快黑了，但还看得见路，到古碑冲，已经是人家点灯的时候了。上了公路，我叹了一口气，正想好了，谁知緤和又说"快走，快走，看什么看？"我一句话也不说，直到学校。到河沿，胡嘉、黄荫莱他们都知道我们来了，一起都到我房里来。凳子上的灰都让他们揩干净了，小沈、小文、老卢全在我房里，我自己连坐的地方都没有。不洗澡，也得洗洗脚。闹了一阵，他们走了，我才定心。面也来了，把緤和叫来，大老姑又跑到瞿家去了，一碗面和两个蛋给周斌吃了。吃过了，房里只有我和緤和，我感到安定了。我马上想到在重庆的时候，每次从金刚坡回到蒙家花园时，凤竹、妹妹、小达子、高干都迎我，服侍我，我那时把路上的疲劳马上全都忘了，充满了温情。晚上躺下和凤竹腻一下，谈谈天，真是太安慰了。现在呢？同样的累，赶回来，赶回来为着什么呢？只有安，却没有"慰"，更没有"乐"了。我大约一生不会有一个好好的家。九时緤和要走，我想叫她陪我谈谈，但是她也累了，让她走吧。我睡下，大老姑在河边上和瞿正实谈心，谈晕了，不知道时间，饭也不想吃了。太累了，我没有想什么就睡下了。

5月6日　日

这一觉真是太香甜。但是还是很早的醒来，一个人在床上真是没有什么留恋的，以前我还在床上哼哼叽叽的唱唱，现在也不唱，一醒来还不如早点起来的好。今天总算做了不少的事，把日记补上，又做"通史"笔记，看《史记·项羽本纪》，黄荫莱来。上午緤和她们上课，九点到十一点，她来抄笔记。下午黄荫莱来我房里，大谈一阵，我们对于学校和立煌都不满意，谈的都是学校不好的地方。缥和把四婶妈的信拿来给我看，信上说要回来了，还要带夏某某（她的干女儿）回来，问四弟农场有没有空可以安插她，意思是想替四弟介绍。缥和看到这种信，自然不高兴，猜测妈妈的心理。讲起这些事了，她总睁大眼睛，后来我没有谈到她脾气的事，她自己也许不能受人捧，她能够明白这些还不错。能改过来倒是个好孩子，将来嫁一个好好的人家，让她精神上、物质上都享享福才好。我怕她会命苦的。下午说说做做事饿了，买麻花、花生糖来吃，晚饭又吃不下，勉强吃了一点。到外面去散步，走在小小的田埂上，又惹她们骂，我故意装作可怜的样子，这样真会把她们给惯坏的。到一片草地上坐坐，天黑了，从河边回来。晚上缥和也累了，要睡了，写了一封信给四婶妈。我看看报，查查地名字典，也累了。她们走了，我马上就睡了。

5月7日　月

上课心乱的很，讲的也不好。下午上三文"世界史"，忽然有个新来的广西学生含着烟上课，已经叫人不快活了，后来他又问些问题，并无道理。下课我问赵景深，原来是李长官下条子叫他来读书的，和蔡淳一样，是个"奉命读书"的。这个学校简直没有办法。卢宜庆也来说，叫我马虎点，晚上大老姑过来告诉我说，瞿正实也劝我不要认真，说太认真了，学生要闹你的。我真是生气了。这两天也快小考了，紧着呢，还是松着呢？紧吧，学生们骂你；松了，学生们又会说你怕他们。这真是难了，这种学校想想真没有教头，回家去，自己办学校去。为了这些事，这两天也不开心，我不能在这一方面受气。晚上缥和、大老姑都在做事，我做了不少"世界史"的笔记。近来大老姑不大来了，缥和倒是常来，下午也是她一个人在我房里做事。我下午大半时间是在胡嘉房里瞎讲，讲掉了。

5月8日　火

一天上四课，已经累了，还碰到许多这样讨厌的莫名其妙的事，真叫人又好笑，又好气。先是大老姑来说瞿正实告诉她，张秘枢要和我拼命，因为我破坏了他的恋爱，他现在正在追求瞿思敏，他说我叫张翠玲、张绲和破坏他的好事。我们都知道张是神经病，我不明白他为什么会找到我头上，就是为桃园那一次的事，也不会这样的恨我，一定有别的原因。果然，晚饭后瞿正实来说起，他还以为我也在追瞿思敏，是他的情敌，所以才会如此的恨我。晚上瞿把张给瞿思敏的信拿来给我看，果然满纸的怨恨、愤怒。我真不知道他从什么地方看出我在追瞿思敏，全是臆想，他把他想的当成是真的事，真是神经病。神经病的人你有什么法子？不过你不睬他，也许他真的越想越以为你是他的情敌，害你一下子，可真是不值得了。我对同事们说，冯永轩拖着我也告诉我说前天晚上，张秘枢就找到他谈这事了，说我破坏恋爱，卢宜庆也晓得，小沈也晓得，就是我一个人到今天才知道。据说连孙百朋也知道，真是没有法子的事。不过总有些讨厌，他到处乱说你的谣言，你就受不了了。下午大老姑和我两个人在房里，她告诉我她和瞿正实的事，他们已经吻过了好多回了，从去年冬天起。但是最近瞿又对她很冷淡，她很痛苦，她一直到现在还摸不透瞿正实的心到底怎样，是和她玩玩的呢？还是真心的爱她？还是要利用她，因为她的功课好？为着大老姑的事，我们谈了两小时。我劝她不要太认真，看开一点，玩就玩，好就好，不好就不好，不要放在心上。这些话她也知道，但是做不到，她太没有经验了，在这一方面。我劝她打退堂鼓，免得将来陷深了，更是苦。但是大老姑有时也怪明白的，她明白自己并不好看，瞿也许在拿她玩，就是她不能自拔。一个人能够掌握自己，也是件不容易的事。晚上照片来了，不太好。緥和走后，我还是睡得很好。

5月9日　水

早上想早点起，总不成，睡着睡着总是不想起，睡着也是迷迷糊糊的，不一定睡得着，春天瞌睡多一点不错的。吹上早操的号，想到她们一会儿就要来吃早饭，于是不得不爬起来。

第一课没有，到丁老先生房里谈张秘枢事，吴军志也在。他们说找孙百朋出出主意看，老先生们都对我很好。第二课、第三课都有课，孔祥杰又在我房里谈到緥和、陶仁俊的事。陶这个小孩子太胆小，看见我们就脸红，说不出话了，这怎么能成功呢。中上吃蚕豆，很过瘾，三个人把一碗蚕豆全吃完了。吃完饭就睡觉，午觉老睡不醒。大老姑叫醒我，丁老先生带了三个学生来找我，一个是打醉八仙的花迪生，合肥人，两个是沦陷区来的新学生，一个叫林蔚青（和县人），一个叫谷映汉，他们来找我当什么文艺剧社的副社长。因为觉得我年轻，会玩，也会写文章，所以找到了我。丁先生走了，我们大谈一阵，特别谈到南京的情形，他们都在南京中国公学读过书。到学生大舞厅里面很热闹，我也变小了，问他们南京的事，因为我也在南京住过半年，对南京的感情还是很不错的。一谈就谈了两三个钟头，谈得很投机，也很有趣，特别是林蔚青，活泼会说。緥和来了，一会儿要吃饭了，他们也就走了。晚饭后和胡、文一同到山里走走，散步。一会儿回来洗澡，洗完澡还热，在河边上乘凉。在河边乘凉的人不少。

5月10日　木

今天起的特别早，早饭没有吃饱，上完大老姑他们班的课，预备到杨钟兴家去吃，谁知他家也没有面，要现擀面，我也不吃了。刚好李宗璜在边上，邀我到他家去，那天我到他家是晚上，没有看清楚，反正这一小时也做不了什么事，就到他家去了。他家先有一位客人，一谈起来，他和纯和熟，一同从上海回来的，合肥人，在独山军部工作。李很会招待，他看到我在小馆要吃没有吃到，就去叫了炸馒头和菜来，硬要叫我，我也就不客气吃了。后来又来了一位唱戏的同学，在一起吃的，谈谈吃吃，一小时很快的，马上又上课了。这次是緓和他们的课，上完第三课，这一星期就算是没有事了。下午睡睡中觉，下决心要把《秋灯忆语》写完。醒后写第九段，这是最后一段，写到圩子之后，一直到凤竹死，不到半年间的事。可是只写了一点点，三四十张纸的样子，老有人来闹。晚上又唱唱昆曲。

5月11日　金

今天可以说是多事之天。早上写第九段，写的还不算慢，虽然有日记在边上做蓝本，但有许多事也不能真抄日记，还得想着，有许多不能让人知道的也只好不写。緓和下了课来了，我写一张，她就看一张，这一段她是第一个读的。写的时候，许多次都要哭，所以写的不好。我一定要在今天写好，因为去年阴历的五月十一日是凤竹死的日子，我想在今年的五月十一日赶好。我知道我这一段写的不好，事实太多，感情太少，假如在当时写，也许会写得好一点。下午刚吃完晚饭，緓和她们回去洗脸，瞿正实和姜有章来了，自然是谈起了张秘枢的事，而且又多了枝节。说是临泉女同学告诉瞿思敏的，说刘文恒先生说的我亲口对他说过的，瞿家请我到他们家去吃过几顿饭，我也常到他们家去玩，而且我确实对她有意思。本来一个神经病的人造谣言还不要紧，现在连先生也造谣了，岂不是糟糕。不过这话真不真，还不是问题，他们来的意思是要报告院长开除了张秘枢。正在谈的时候，花迪生、谷映汉、林蔚青又来谈文学艺术社的事情，拿了章程来让我看，又说星期日在社会服务处开成立大会。正好，我预备明天进城。大老姑就急死，一定要我今天进城，但是我今天无论如何要把《秋灯忆语》写完，所以不走。花迪生等走后，缵和来了。我又写《秋灯忆语》，下午总算写好了，自己觉得一点不精彩，又写了一小段后记。看完大老姑，看胡太太，早就说要写完了，自然送给她看。关于张秘枢的事，我还没有直接和学校当局去说，虽然我知道李（训导长）和孙百朋全都知道了，但是我到底没有和他们直接谈过。早上去找他们，他们房里有人，随便说了两句话就走了。晚饭后在胡嘉房里，大家一起出去散步，我们四个人加上老文，一同到草地上去谈的，无非是张秘枢的事。回到房里，缵和、大老姑来说又出事，原来她们两个和王福华一同散步，在瞿家门前遇到张秘枢和王福华谈膳食的事，王不理他。她们从瞿家出来，一个卫兵用手枪对着张秘枢大叫"捉强盗"，缵和和大老姑都吓死。到我房里来就纷纷发牢骚，说这个学校不能呆了，下半年一定要走。缵和又告诉大老姑说，程静钊偷看大老姑的日记，缵和也生气，因为程一定偷看了她的日记，许多事情叫大家都不开心，我倒还好。午饭都吃不下。今天二千五百的薪水补发了下来，又发到一万多块钱了，发的都是旧票子，我理了半天，很高兴。她们两个都气死了。我又去找孙百朋，他不在，在李圃房里我找到了他。我们在房里谈，他们自然都相信我不会有这样的事，又说叫张秘枢训过了，没有事了。我回到房里，预备明天一早进城。

5月12日　土

现在天亮的太早，在吹起床号之前，我已经走了，早上走路很舒服。我也有点神经，怕张秘枢在后面跟着，一路背词，总是想不起，也不去想它了。轻松的走到响山寺，吃炸饺，吃倒是吃饱，一点也不好吃。到戴家岭附近又遇见詹云青，一路谈《安徽日报》的事，他还要我写文章，我答应了，只好再改名字写。一路到石稻场，我剃头，他走了。理发店早上很清闲，只有我一个人在剃头，发倒理得很仔细。剃好头，漂漂亮亮的到常枢芳那儿去，谈到我的事和办农校的事。一会儿小孟来找我去唱曲子，又还有一位拉手风琴的，他弹弦子，我唱了"花繁浓艳"，倒很好听。后来又拉二胡唱《游园》，我吹笛子，让孟达成唱《弹词》。陆洋又来了，说到晚上开音乐晚会的事，我答应唱一支"花繁"，让他们两个伴奏。已经快十一点了，得走了。本来想去找陈耳东，说是在总部那边，太远了，又热，不去。我到护士学校找平和，和卢汉一路走到护士学校。平和走了，送中和到学院去了，我把东西交给巾和，到童家去。在菜市买了一顶大草帽，但穿了大褂子，戴草帽一定不好看。到童家，肇纬装病在家，我去了，他马上爬起。"大马"胖呆呆的在家。中午吃素菜，我吃了三碗饭。饭后我真想睡一会，可惜不行，躺在椅子上听留声机，歌曲片子多，而且尽是些情歌，很挑人，又使人难过。还有一套《奇冤报》。饭后小马（老三）回来，小马倒还漂亮，看他挂着一个地方银行的徽章，一定在银行里当练习生。甘良淑敲我竹杠，叫我带小老头照相，我只好答应。到包公祠照了相，我到护士学校，平和回来了，但马上要到新校舍去开会。她替我在草帽上钉了带子，一路出来到忠烈祠，我看看房子也快造好。我到老苏处，路上遇到小郭，说老苏不在。到刘振东参议会，人又不在，我出来再遇见他回来，总算没有摸空。他的房子很阴凉，夏天真是好。他答应送我一段好墨，连盒子都送了。我们谈了许多正经话。我很欢喜刘，很真诚，够交朋友。他留我吃饭，因为皖干团请我们吃，我没有吃就走。他送我出来，碰见他的女儿回来，我请她告诉旭和她们，叫她们明天一大早到农场。其实在童家也写过信给她们了。从参议会又到护士学校，平和开会还没有回来，叫文思把我的包拿出来，晚上到农场去歇了。在路上遇到老苏。在小张家买沙琪玛和蛋糕，预备带回去给緤和她们吃的。肚子饿了，和老苏在小馆子里吃蚕豆、蛋炒饭。老苏已经吃过了，但是还是吃了一大碗。他替我拿东西，送我到皖干团。赵景深他们都在吃饭，一会儿来了人，安徽学院的人更多。开会之前，我们早点到中山堂，我们都坐在第一排，有人来赶，我们自然坐到后面去了。我就满肚子的不高兴，我就知道第一排一定是留给什么要人坐的。果然，符教育长来了，有人喊"立正"，我们还以为是开会呢，也站了起来。其实不是，惹人生气。你们教育长和我们客人有什么相干？我们何必对他那样恭敬，我更气了。坐下之后，唱党歌，开会，符一个人坐在前面太空了，又来请我到前面去坐。赵他们过去了，我就是不过去，一定要请我，我真有点火了，我用苏州话说真烦，刚才赶我现在又请我。符居然认得我，说我是合肥人，是他的老师，冒充苏州人。我倒不好意思生气。他们有扩音机，很好听，先有乐队奏乐，奏国歌，但小学的土风舞，女声独唱，小歌剧《黄花曲》，演得一点也不好。我唱"花繁浓艳"，只有小孟拉胡琴。赵先生夫妇唱《折柳》，唱的还好，我吹笛子。节目很多，精彩的有苏世蕃的黑人舞，连文启昌也唱了一支英文歌。很迟了，我要走了。东西全在陆洋房里，他一个人又忙得很，一直等到完了，我才拿到东西。我觉得他们的晚会比我们的月圆会好得多。我提了我的小灯，从塔子河到农场，夜已深了，在窗外叫醒四弟起来开门。

正好他还有热水、开水，可以洗脚，吃茶。正饿了，正好吃点沙琪玛。我真是累了，谈谈五弟的婚姻、四弟的婚姻，不知怎的拉到"可怜的人"上的去了。很久才睡着，实在是累了，跑了一天。一个人一张床，干干净净的，真是舒服。

5月13日　日

因为昨晚睡得很晚，本想多睡一会，谁知一早就醒了。虽然是醒了，但是眼睛还是睁不开，高先生又来叫四弟打图章，我们只好起来。还没有洗脸之前，四弟把孝棣写给他的信全都给我看了，信写得很好，很顺当，虽然有些很热情的话，还不太肉麻，好像很自然的说了出来似的。静和的信，没有她的好。洗好脸，煎荷包蛋，吃稀饭。正在吃的时候，旭和、志敏、申和来了。旭和还是那样子，志敏瘦了，脸黄了。她们一来就看我买来的《世界》第三期中的《秋灯忆语》。我和她们在一起，和志敏就不大说话。我也是偏心，喜欢和她们闹着玩。一会儿平和也来了，到底她要大一点。今天中上志敏的好朋友杨爱莲请客，她们去吃黄鳝，杨家还在高商呢，远的很，十点钟她们就走了，只剩下平和没有去。中上我当大师傅，菜全是我炒的，炒嫩豌豆一盆，肉丝炒蒜薹，一碗木须肉，还有肉汤。四弟他们在农场从来就没有吃过这样好的菜。饭后我是什么都不管了，躺倒了睡觉，四弟、平和烧咖啡吃。平和坐在我床前来和我谈文思，他们都说文思好，我也很欢喜她，就是太小了一点。还不知道她怎样想。我说我要是结婚，也得再等三年，做一点事再结婚。平和也欢喜谈谈这些事，她说了不少别人的事。谈谈四弟，要睡着了。讲着讲着，静和、中和从古碑冲回来了，静和回来还生气，说再也不去。我把沙琪玛拿出来给他们吃。静和他们才来了一会，老苏又来了，我实在支持不住，非得睡一下。不管他们说什么，倒在大床上向里面睡着，睡了一小时，到四点钟非回去不可。平和、静和她们也走了，我和四弟一路走。说起中和常写信给緵和，緵和也常来信，他们两个的确是很好，不过这种事情将来也是悲剧。四弟说他一天很不定心，看不下去书，做不了事，晕晕的。我们两个都为他们难过，这得想一个办法才好，又不好说明，说明了反而不好。我们走过一段路，坐在土地庙边上又谈了孝棣、静和的事。太阳不烈了，我才走，翻过小山，到响山寺一段路没有停，一直走到学院，天还没有黑。我就怕她们去散步去了，果然门锁在。坐在老冯房里等，王玉海去找她们，半天才把钥匙拿了回来。接着她两个也回来了，我气了，不说话，叫周斌赶快打水洗澡。房里全是灰，洗完澡还得理房。理房时打了好大一个雷，一会儿下了一阵大雨，马上就停了，地都没有打湿。她们都来了，緵和擦灯。晚上吃蛋糕，实在是太累了，没有做事。她们走后，我也就睡了。

5月14日　月

明天考"通史"，今天不预备讲书了。院长昨天来的，胡嘉已经把我的事和院长说了，我想去看看他，早上把课预备好，就到他那儿去。一房的人，什么话也不好说，坐坐又吹号了，我只好辞出来，老头子还送到了门口，真是太会敷衍。一下午补记日记，一进城，事情就多，一记就是一大堆。下午就全完了，没有做别的事。

5月15日　火

本来今天最累，有四节课，可是三节课我全考了。昨天她们一直在我房里，熄灯号之后她们才走。我赶着出了一两个题目就累了，马上就睡着了。今天早早的起，把房里的事做好，马上就出题目，十五个，每班五个选四个做，因为只有二小时。监考其实也很累，站着跑来跑去的看，今天三个班都是我一个人监考。次序很好，没有什么作弊的，我拿掉几本翻开的书。现在饭后到上课时间太长，有两小时，从十一点到一点，可以睡一觉，不睡觉也难过得很。上近代世界史，热的话都说不出来。緤和下午没有课，一直在我房里，她想套我的话，关于她和中和的事。我真是想说，但是每次话到嘴边上就停住了。她这个人很有自尊心，许多话都说穿了，会使得她太难堪了。她也许会恨我的，以为我曾经偷看过她的日记，其实我们早就知道。我想我们在分别的时候再把一切都说通，不过我也许忍不住，我不知道该怎样开始讲这样的话，用怎样的方式来讲。我想到可以用我和四姐的事情讲起来，这也许太绕圈子了，我对他们两个都好，似乎是应该问一问这事的。晚上大老姑不在，她就套我，我还是没有说。我在改我的《秋灯忆语》，预备明天带进城去，请中和替我抄。晚上大老姑来，我们正在谈瞿正实的事，外面突然有瞿正实的声音，大老姑的话被他听去，气了半天。今天看完一本《性病》，讲梅毒、软性下疳和淋病的，看得人汗毛直竖，真是怕人。

5月16日　水

昨晚把《秋灯忆语》（七）（八）改好，今天早上叫传达送进城去给中和抄。天太热，说话都说不出，人难受得很，非得下下雨才好，如果不下雨，真是不得了。今天又把前两天写的（九）改了一遍，自己看看自己的文章，觉得还是很顺当的，可是并不觉得好。下午睡中觉，花迪生他们又来了。所幸他们一会就走，我再睡，一直等到緤和来把我叫醒。今天吃卤菜、鸡蛋、肉和猪肝，夏天吃卤菜很好，又吃豌豆。想到现在要有凤竹在此，不是好过得很吗？也可以叫周斌做菜，妹妹也可以一天到晚在外面玩了。晚上又开什么月圆晚会筹备会，无聊之极，我一会儿就回来了。读陶希圣的《中国社会之史的分析》，他的文章的确很流利。

5月17日　木

今天一天除了上课，没有出去，老是在房里，天热的很，房里也热。第二堂空课，看《中国社会之史的分析》。下午睡一觉，起来已经很迟了，人晕晕的，身上有汗水。昨天晚上开完会回到房里，她们两个不知道为什么惹气了我，我便一个人在河边上走。一弯新月，我走来走去，想了很久，想到应该写一篇"寂寞"，又想到该写一篇谈风气的文章。本来想回到房里就写，也没有写，今天上完课，算是没有事了，睡了中觉起来拿起笔来就写，才写了一点。緵和下课回来了，我一写她就要看，打断了我，一直到吃晚饭后才写好，一共三张纸。再看一遍，觉得并不满意，但还好，因为还有一部分想说的话没有说出来。天热，她们是穿了衬衫在我房里做事，緵和的衬衫上有花，是陈芝美做的。有时她们俩偶尔笑一笑，笑的很好。晚上有什么幻灯片放映，在中山门口，人多极了，全带了凳子来，站在凳子上看。我到这儿到那儿也看不见，索性不看了。

5月18日　金

一天躲在房里没有出来，倒做了不少事，也睡了不少觉。上午做"通史"笔记，做"世界史"笔记。一篇《寂寞》送给詹云青，署名"墨君"，我预备不让人知道的。天太热了，晚饭后洗澡，洗澡都叫人出汗。

5 月 19 日　土

　　天阴，以为要下雨，也没有下下来，真是叫人着急。上午到图书馆去还书借书。现在图书馆又改了样子，改来改去是个外行借书，借一本书费很大事，还是弄不清头绪，我借了十几本就花了半点钟，还是自己到书库里去找的。借了书回来马上就看，本来想改卷子也没有改，才看了几本就不高兴看了。胡嘉也到我房里来看我的新书。我看金仲华《太平洋巡礼》，虽然过时了，看看还是好的，文章也很顺，一下子就看完。今天我们吃鸡汤、煮鸡蛋，很满意，缫和鸡翅膀吃，她还不吃呢，我真有点气了。下午叫人来重新翻地，把地重新整整，房子里地实在太不平了，早就想要弄它，一直怕烦。今天我下了决心，预备自己出钱，叫人来捶地，叫周斌去叫两个人来，一直弄到吃晚饭才弄好。本来想今天下午进城的，这样子一来又要到明天一早进城了。我把东西全搬到隔壁刘文恒房里，在他房里登了一下午。缫和晚上黄荫莱还要考她们经济学，我一会儿出来看看，一会儿进去看看书。林蔚青写的一个剧本，叫《血溅征衣》，也写好了，我马马虎虎的看了一遍，还好，但也不见得全好，小孩子们自己欢喜吹吹，兴致非常好。在刘文恒房里吃的晚饭，饭后搬房间，想改一个样子也没有改，只是把椅子放到书架外面去了。房间收拾好，很累了，歇了一会儿。缫和她们走后，黄荫莱考过以后到我房里来拿行李，一来就和我算账，说我的《秋灯忆语》太好了，看了使他觉得没有睡着。讲着讲着，胡嘉、胡太太、文启昌都来了，大家都谈我的《秋灯忆语》。黄说，有许多地方写得非常近人情，譬如卖戒指时的情形；又说每一小段里面都有许多好的；又说凤竹信写的很好。夸凤竹，我倒是很高兴，捧我，我自然也高兴。但是当着面捧，似乎有些太难为情了。很迟他们才散，我躺下了，又是高兴，又是惆怅。

5月20日　日

夜来突然下起了雨，真是令人高兴，好多时候没有下雨了，下雨是大家所希望的事。但是我今天要进城，开什么文学剧艺社的成立大会，似乎不得不去，昨天就想去的，因为平地的没有去。早上天已经不下了，还是阴天，我想了一下，还是带着伞，阴天走路也是件痛快的事。山里的金银花很香，闻到了香气，却找不到花，山鸟特别美，也不怕人。我一个人走路，哼着一句诗或是昆曲。亏好带了伞，到傅家湾就下大雨。赶快到傅家湾吃糖糕，肚子饿了，也不管好不好吃了。又买了一双草鞋，套在布鞋上穿。在路上，一会儿下雨一会儿停，沙里的水浸到鞋上，从草鞋浸到布鞋里。

前一阵子接到写《淮军轶话》的陈耳东问靖达公的事，我回信说昨天进城去看他的，昨天没有去，今天去。走到红石岩过去就分路了，到总部问到刘副司令公馆，弯弯曲曲的走到陈先生房里。原来是一位老先生，他是在刘和鼎家当家庭教师的，庐江人。坐下来就谈到靖达公的事，我知道的也很少，讲不出什么所以然来。他也谈到我的《秋灯忆语》，说我白话文写得好，我总以为他不赞成白话文的。从总部到社会服务处，碰到老苏，又碰到花迪生，说开会还早，才八点半，十点钟才开会呢。我便和老苏一阵到"好友"去吃面，肚子太容易饿了。自然到护士学校，平和才起来，洗草莓给我们吃，老苏远远的坐着。叫文思、巾和也来吃，都不来，后来巾和来了，文思到底没有出现。我想也许她有些怕我了，一定别人也说起了。平和说，有人说我在学校里老追人，緤和老被人追，你想气人不气人？谈谈又下大雨，快到十点，雨小了一点，我留下了包去开会。老苏也跟着我，他大约并不明白我不高兴他跟着我，开会他自然不好跟了，他走了。但是等我到了社会服务处，还在刘处坐下来，他又来了。来送一封刘光琼的信来，因为他就要到立煌，这也是老苏倒霉，替他找工作的事，现在又不成了。但是老苏已经打电话叫刘来，刘现在已经来了。老是不开会，和万科长、侯干事、刘某某等等谈话，这才是叫做敷衍。下雨，等学院来的同学，一直等到下午一两点钟才开会，要不是吃一碗面，简直要饿死。开会很隆重，发起人花迪生一点不会说话，糟透了，万科长、侯干事、我都说了话，都说的不好。今天这是通过章程，选举理事，其实全是派好的。定名字，我就觉得不好，叫"文学剧艺社"，后来大家讨论改为"文学艺术社"，也不好，总是觉得有些别扭。会越开越饿，越开越没有意思，大家也都饿了，到大观园吃饭，聚餐性质，一点不好。一面开理事会，自然推我当理事长。好了，理事长自然得出钱，吃饭我出了一千元，本来每人只要出二三百元成了。蒯文炳、瞿先生又来了，和我敷衍。蒯又拉关系，我最怕这样的了。瞿在田粮处做事，会演戏，跟过田汉，样子还好，还不错。没有谈几句，天还在下雨，许多人都回去了，我也想回去。刚印七学校，旭和、平和正在吃晚饭，她们都劝我不要回去。不回去，上哪儿去呢？老苏那儿不愿意去，想到山上去又太远。旭和现在好了，因此简省。这一次文思、巾和都没有出来，我好像看见她穿了红头衣裳坐在床上。旭和要我送她回女中，我们走出来，雨不止。在张家买沙琪玛、蛋黄饼给她们，回去给志敏吃，另外又买了一斤沙琪玛预备带回学院。我忽然决定到山上去，和旭和分别，我一个人打着伞走。风大，下半身全湿了，我有时有点傻劲，决定走就非走不可，无论怎样。还没有黑，但是因为风雨，行人简直太少了，路不好走，伞不好打，亏好我的伞还结实，没有被风吹坏。我背着包，两手支撑着伞，走得很快。到山上了——我总是常常这样尴尬的时候到山上来——赶快脱衣裳。我到山上来，可以说是因为我欢喜上了四弟，想和四弟谈谈才来的。他们还没有吃饭，正好吃，没有菜，吃烫饭。饭后高先生来谈，打扰了我，一直到我们睡他才走。雨未止，不知道明天能不能走？

5月21日　月

夜来风雨，早上却停了。累了一夜，睡得很熟，有一个清明的清晨，本来很可以赶回来上第二课的。可是我懒，想赖课，快一年了，我没有缺过课。不缺课，学生不见得高兴你，何必这样认真呢，落得休歇一天。吃过中饭，来要花草的人很多。这种事我也烦，不相识的人不给他，他非要不可，公家的东西就像是私人的样子。晴朗的山色特别好，我们在山顶上看塔子河，走着走着，河就变了样子，一幅一幅的过去都不同。天算是晴定了，又热了。我们回到房里，中和也从山下回来了，于是我们做中饭吃。我替他们做一个锅塌豆腐，我自己觉得做这个最拿手了。中和、四弟都帮忙，莴苣肉汤、蚕豆肉丝、豆腐三样菜。吃完了，让中和收拾，我们躺下谈学校的事。我现在对办学校也很热心。谈谈我们都很高兴，可是瞌睡上来了，一觉睡醒，四弟已经在桌上做事。他早就起来了，一看表，三点多了，非走不可。可是太阳还好，所幸我有伞。他们两个都送我，一直送到上次的那个土地庙。看到打柴的兵打水蛇，我有点怕看这些，心里很禁止他们，可惜办不到。坐坐歇一歇，也该走了，又是一个人慢慢的走。人大约总是这样的，到快要到的时候心里更着急。说以靖要来，我着急，算着算着，现在已经索性不来了，倒也不希望她来了，所谓近乡情怯。我一回到学校，路上就想到学校，想到我的房里的地，不知道干了没有？不知给人踏坏了没有？又想到緥和她们。天热，嘴巴干，到傅家湾一家新开的很干净的茶馆里喝了茶。回到学校，她们正在吃晚饭。我也饿了，饭太硬，也吃了两碗。带回的草莓、沙琪玛都引起她们的兴趣。天还没有黑，洗澡已经有点冷了。晚上开什么月圆晚会。大老姑来说起花迪生他们主持的文学剧艺社的目的在追缲和，说我被利用了。这一点我早就明白的，不过我也想利用利用他们。我没有猜到是花迪生，倒以为是谷、林他们。知道这件事，我自然不高兴了。晚上没有做事。

5月22日　火

吃中饭的时候我下课先回来了，大老姑在房里，她掏我，要我告诉她缲和的朋友的事，我没有讲。正在这时候，缲和来了，知道我们在讲她，先就不高兴了，脸就放下了，说我最恨人"绍"了。我已经不高兴了，因为她这样已经说过我几回了。坐下来吃饭时，她又说该说的就说，不该说的就不要说，说不该说的，说了就是"绍"。我只整的实在是受不住了，我知道我的脸上变得很难看，我不说话。肚子很饿，但吃不下，吃一碗饭，就剩下了一半，好像是在和凤竹怄气时一样。马上心里就不舒服，脑子里的话多极了，一句也不想说，我竭力的闭着嘴，不说话，心里真是生气。放下饭碗，我到胡嘉房里去玩，知道她们吃过饭就要走，等她们走了我再回来。下午还有一课，还是要勉强打起精神来讲书，真是一件苦事。一下午没有做事，也做不了事，马上又到吃饭了。一小时读完了一本《盛世才与新新疆》，这是一本已经过时的书，在当时很红，我没有看过，现在看。写得并不好，但书中好像很自命他是一个会写文章的人。书是在生气的时候看，倒很快。吃晚饭我还在气，缲和望着我笑，也不说话。我知道她绝不会向我说话，而且知道她绝不会觉得她自己错。果然，她说："你还气啊？"房里只有两个人，只有两个人时，她才说："不要气，假如我错了，我向你赔罪好了。"她还没有觉得她错。我吃过饭，怕人找我打排球，我便一个人到山里去走走，想消消气。坐在一块大石头上，有山涧里小小的一股水流出来。我一定要等到天黑了再回。走走，就听见有人唱歌，我知道是緻和她们来了，我故意不向前走。我大约走了一圈，气消了。我预备以后不再和她多讲，我们不必再谈得很深。心里想想，也犯不着和她们生这种气，自己已经吃亏了，干什么呢，读一点书好了，不必太关心别人，也不必待人太好，不会有什么好报的。她和中和的事，也不预备说了。但是两个人说说，就说到了这件事上，她也知道我知道了。还没有说到什么，大老姑来了，就停了下来，我装作生气的样子。

5月23日　水

又在不高兴了，好像女人月经快要来的那两天，什么事全都不高兴。早上第一堂课，大老姑来讲瞿正实讲掉了，我一面篦头，一面听她讲。一点小事，她全放在心上，恋爱的时候就是这样的。第四课空课，胡嘉、文启昌、胡太太、赵景深都到我房里来看画，看照片，看掉了。緻和在边上，我想和她说话，他们老是不走，我知道她着急，我也着急。一直到快吃饭的时候，他们才走，马上大老姑又来。饭后我累了，睡了，慢慢的大老姑、緻和走了。我睡的迷迷糊糊的，许多事都晓得，到两点钟，緻和来叫我，我才起来。我们一起继续说昨天的事，她倒还好，虽然有些难为情，还大方。我问她，他们好到怎么样的程度，她说还不是和大老姑他们差不多，信一个星期一封，或是两封。又说道，她不是四爷的孩子这事情上面，这是件不好的事，但是为了和中和恋爱，这倒是一件可以利用的事，索性将错就错，就承认了，岂不是好？还可以扩大这件事，让大家都知道，这样不就是可以成功了吗？她的确还是很爱他的，是她先追他的。

在寒假的时候，他们更好，先中和还不知道他是不是爱她，现在都知道，为了这件事，她很苦，他自然也很苦，想起来真是着急。谈谈这些事，我又讲到我以前和四姐的事，我说了许多这样的事。我以前除对凤竹说过之外，从来没有对第二个人说过。说说自己也痛快一点，但是同时也痛苦，许多年来，已经埋在心里的旧痕，现在又去碰它，叫人好苦。

下晚，我一个人在外面走，想到我真不该说出来。假如凤竹在，四姐要知道我把这些事告诉了别人，她不知道是要怎样的生气。夜来，想头太多，看《婚姻进化史》，想压住思虑，也不行。书也看不下去，我不知道要再过几天才能够静下来。

5月24日　木

还是不开心，烦得很，不能做事，上课也是勉强的。记得以前也有这样的，好像有办法的一点，只要跑出去，花一点钱看看电影，玩一玩，再回去就会好的。现在只有进城，但进城也未必见得又高兴，因为进城除花钱之外，还累人，这儿跑到那儿，回来想想，也真是劳民伤财，不大值得的事。心里一不高兴，看见什么人都不高兴，不愿意见人，总想避开人，一个人去闷着，因为既没有好朋友可以说，普通人也犯不着说，只好自己闷着。吃了晚饭，一个人到田里去走走。时间过去，夕阳照在嫩秧苗上，透明而又温柔，叫我凝视了半天。緱和她们都要做事，我其实也有很多事要做，就是不做，不做事在房里就要找她们说话。这岂不是闹人吗？还不如一个人出来的好，今天一天就在外面荡。我自己分析，我这两天为什么不高兴？那太复杂了，我可以开出来：一、文学艺术社的事；二、緱和、中和的事；三、想妹妹；四、想凤竹；五、下半年怎样；六、别人造我谣言的事。总之我在学校里，所以会有这么多的事，全是为了緱和。我倒是对她很好，但是说我一定爱她，我自己也不敢说。不过我倒是毫无表示，根本就没有什么表示。我愿意他们好，我愿意他们成功，自己没有能成的事，看见别人成功了，也是很高兴的事。晚上老苏来电话说刘光琼来了，我先还以为五弟来了，但是将错就错，说五弟来了。明天一早进城，明知道进城也不会开心的。

5月25日　金

睡眠不足。大老姑今天考书，不能进城，緺和跟我进城。我也愿意大老姑不去，两个人好好谈谈昨天晚上的话。昨天晚上说好，吹起床号就走。她今天这还不慢，起床号后一会儿就来了，我倒还没有弄好。两个人一路走出去，又一路讲个不停。我这个人大约是有点迂，有点烦，有点"绍"，老讲个不停，她也有些烦。早上没有吃东西，现在太阳又出的早，走走就累了，亏好我们都带了草帽。我把大草帽给她戴，到响山寺镇上吃面。到城里呢还是到农场？到城里可以买票看戏，到农场可以先见到中和。我问她，她说先到城里买票，然后再到农场。她自然两样都欢喜。到戏院买到了票，她说要印照片，还得到包公祠，我也要送票给平和，她又说我要去看文思。倒是想看看她，也不过就是看看。到护士学校，平和正要去上课，留下条子，叫她告诉童八太太。为大老姑烫头发的事，我们就上山了，那正是热的时候。我们才从护士学校出来，老苏又赶来了，他在路上看见我来了。我见他追了来，一肚子的气，把两张戏票给了他，说晚上请刘光琼和他看戏。其实老苏看戏真是糟蹋钱，他自己一点也不懂。我们马上就走了，到山上自然热的很，出了一身的臭汗。有中和打水抹澡，衣裳也带来的，正好换换。因为事情讲过了，看到他们两个在一起，有一种很古怪的感觉。中上，我又为他们做菜，可惜没有什么材料。饭后想睡一会，也睡不着。四弟出去看工人做工去了。緃和睡大床，我睡小床，中和坐在她边上。我很想出去，让他们两个好好的谈一谈，可惜外面太阳太大了。緃和睡了一觉起来，中和叫她到外面亭子上去玩。四弟来房里睡中觉，刚睡下来，静和来了，还带了三个女同学来。她们是到工职参观，溜了下来的。三个同学中，有一个好像是面捏的，没有捏好，有一个还好，都拘谨得很，不敢吃花生。静和倒活泼，招待她们，又和四弟一同去采草莓给她们吃。四点钟我们都送她们出去，回来做饭，四弟又不在房里，我一个人做菜，煎锅塌豆腐。緃和、中和两个人在床上腻，说闲话，一个也不来帮忙，我真有点火了，不高兴了半天，也不说话。吃饭的时候，他们倒都来吃了。吃了饭，大家都磨厌厌的，天黑了才一同下山看戏。还得从塔子河走，因为我要找平和。我们从贞干边上的大路走，有月亮，很好。到护士学校，平和大约已经等急了。戏一点不好，《马前泼水》和《盘丝洞》，我因为常和刘光琼他们说话，所以也没有用心看戏，好像很快就完了，一点不过瘾。我们大批人马回山上，四弟在最前面走，我在中间，緃和和中和在后面。一路走，我偶尔一回头，看见緃和头一偏，我知道一定要中和吻她。后来我也不大回头和他们说话了，緃和说过，"我们没有机会"，我应该多给他们机会。可是我心里矛盾的很，我怕他们会陷下去，陷深了，不能自拔，同时又觉得应该让他们好。

5月26日　土

和大老姑说好的今天来烫头发，大老姑到童家等一会又要生气了，非要早点去不可。早点去也好，让緃和他们腻腻。早早的做了饭，我就下山了。一个人走，他们两个送我，走到要下山的地方。到童家，大老姑还没有来呢，等一会也马上就到了。甘良淑和大马在家，说叫行里的勤务去叫烫头发的。我给了三千元给大老姑，就到特党部去看刘光琼。老苏为了刘请三天假，他还是整天在家里不出去，真是莫名其妙。和刘光琼也没有什么话可说，因为他和老苏好的关系，所以有些不高兴他，他下半年很想到学院来教书。我说出去吃饭，他们都已经吃过了，老苏叫了两碗面来给我吃，其实才十点钟的样子。吃了面，话也讲完了，大家睡觉，我和刘睡在老苏的大床上。我根本就没有睡着，到十二点多，实在耐不住了，一个人爬起来，到平和那儿去，因为繸和和我说过，可以把他们的事跟平和说。大约中和已经和平和说过一点了吧。老苏起来，还要送我。到护士学校，又没有地方谈话，平和说到社会服务处食堂去喝茶，坐着谈吧。在路上她就问我什么事，我慢慢的说出来，她也知道一些，不过她没有我知道得这样详细。我没有告诉她是繸和亲自和我谈的，说是自己看到的。坐下来喝茶，她什么也不吃，我倒吃了两块蛋糕。她好像有些不快乐，她说他们两个太糊涂，这种事是不可能的。我又说到繸和不是四爷养的事，她觉得也没有办法，最没有办法的就是三婶妈。她说她拿不准到底三婶妈知道了这件事会怎样，三婶妈不能再受刺激，年老了，应该让她过得快乐一点的日子才好，心上的刺激会使她受不住的，而且他们脑子里的观念和我们都不同。后来我们又谈到怎样解决这个问题。最好自然是让中和走，现在没有路可走，即使走也有危险，谁又担保得住呢？她说她现在又没有办法，不然她倒可以送他走，中和又嫩得很，路上什么都不行，又怕他一旦到没有法子的时候会急出事来，再加上爱情上不顺利。她替中和想的很周到，到底是姐姐。我和她的看法稍微有点不同，我觉得能成全就应该成全他们，他们没有罪，这也许是我自己有了以往的事，才会有这样的［看法］。只要三婶妈确信繸和不是四爷生的，这就可以了，我们应该帮忙扩大这个谣言，使它们成为一种事实。平和可不这样想，她想拆开他们，我心里也想拆开他们，他们也许会更好起来，暂时的分开，反而会更加增加他们的爱情。我们讲的很久，天热，扇着扇子讲，讲到四点钟，我想到去请刘光琼吃饭，要走了。平和说，星期一得好好的和中和谈一谈。我们一路回护士学校，我先到童家看看大老姑的头发烫的怎样。在路上遇见大老姑，她说没有工夫，又没有烫成，得赶回去上经济学，把三千元钱又还给了我。我又有钱用了，大老姑就白跑了。我陪她到常三表爹那里去坐了一会，得到一个消息，说两个月后，日本就要投降了，这倒是个好消息。我到社会服务处打电话给老苏，不想跑了，谁知道打不通，没有办法，大热的天又跑到特党部找老苏。老刘一同到大观园吃饭，菜一点也不好，没有叫好，吃不下去，还吃了我一千元。今晚平和请我们看话剧，别了苏、刘，我就到护士学校。坐在新房子里，平和好像很懊伤。我说，是不是不快乐？告诉你这些事情叫你心烦了？她说不出来。她去吃饭，叫巾和来陪我，文思没有出来，我很想她出来陪我谈谈。等天黑了，平和的好朋友钟太太也见到了，山上的人老不下来。太累了，没有睡好，难过的很，不想看戏，想回山一个人睡觉去。和平和走到桥边，遇见旭和、申和，我叫她们去看，我一个人踏着月回山上。从大路走，想碰到他们也没有碰到，到山上，他们都走了。我心想可以好好的一个人睡几小时，他们看戏至少也得十二点才能回来。谁知是刚坐下，静和先进来了，四弟也进来了。原来那一对走了，这一对留了下来，我真不该来。有人自然又谈了起来，不能早睡了。今晚还算睡得好，中和、緤和回来，我倒也知道的。

5月27日　日

　　緤和要赶回学校上经济学，一早中和就把她同静和闹了起来，闹了一阵，走了。我们再睡睡，睡不够似的，又睡睡。今天得好好的休息，毕竟下午还要请客。一上午我们都在床上闲谈，谈些什么呢？无非是家里的琐事。我说在学校受缜和她们的气的事，我故意骂她，说她脾气不好。不知怎的，我欢喜的人，我却欢喜说她不好、坏脾气。以前我也常常说四姐不好，我好像挺得意似的。我屡次趁四弟出去的时候，想问问静和到底对四弟好到什么程度，可是总没有机会，仅仅只说了一点，她脸涨得通红。睡睡谈谈，上午睡，下午也睡，今天总算补足了，但日里睡得不大好。到三点钟，我们一路下山，因为请客是四点，明知道大家不会到得这样早，但总不能不早点到。三点钟正是热的时候，我穿了小褂子，戴了大草帽走的。四弟光着头，静和打着伞，四弟真是不怕晒。到了贞干门口的大路上，我穿上绸大褂子和黄皮鞋，看起也觉得有些难为情，正式请客不能不穿的好一点。到张家买点蛋黄饼，带回去给他们吃，又买了五个给静和、四弟。到护士学校找平和，她们先走了。平和、巾和、文思一起出来，巾和、文思都穿了她们的新白旗袍，倒是怪好看的，我自然觉得文思更好看。到大观园，客人都没有来，我们五个人先吃一点点心，马蹄酥和锅贴很好。可惜天太热，我们还有酒席，我只吃了几个锅贴，多看了文思两眼。客人慢慢的来了，她们都吓得逃走了。客人共有马联芳（农政所的所长）、马大浦、童八、李主任（金陵同学，农行的）、常恒芳、刘遇静、刘觉凡、贾宏宇、马逵成。客人都是一个一个慢慢的来的，所以席开得很迟。看天热，老头子多，大家都客气，又不闹酒，菜全都吃不下，一直到月亮上来了才吃完。还得赶回学校去，别人劝我不要走，我不肯。客人散后，我独自一个走，表又停了，大约已经快八点。我到戴家岭边上，居然叫到一部车子，是古碑冲的，要回去，正好我坐上了。晚上已经不热了，坐在车上看月夜。春天的月夜是旖旎的，不像秋天那样挺凄清，春天的月夜更容易想起爱情来。要不是车夫和我啰嗦，我一定会更欣赏一会月色的。到傅家湾，他不愿意拉，我也不愿意坐了，因为他拉得并不快，我从小路走还快一点。给他三百五十元钱，我独自走这最后的一段路。因为怕太迟了，綵和不在我房里，锁了房门，我又要翻窗户，不好，赶快走。到学校，已经十点过了，她们倒还在房里。没有洗澡，虽然走的很热。

5月28日　月

被窝盖厚了，天热。一天都松懈的很，什么事都打不起精神来做。赵太太来了，住在这儿了，自然又唱昆曲。下午就唱，唱得又不好，我真有些厌了。昨天就该洗澡，没有洗，今天好好的洗了一下许多脚垢，一直把水都洗冷了才起来。

5月29日　火

现在只能盖薄被子。读《婚姻进化史》，很有味道，到底是外国人弄的好，有证有据的，有出处的。功课多，又没有预备，全是临时弄起来的，所以总是赶事。下午我们都在做事，赵景深又来叫唱昆曲。唐家斌、张国铮一个吹一个拉，我唱了一两段，我又替他们吹。后来我就跑回来看书了。晚上林蔚青他们带皖干团的张竟和、王珍平还有几个同学到我房里来对词，预备演林自己编的《血溅征衣》。为了演这个戏，找女主角也不知道和我烦了几回了，他们一定想逼綵和演，我已经推过几回了。五姑来信给綵和，说起静和和四弟的事，很长。对四姆妈大不满意，说她从中破坏。下午我写了封信给四弟，把五姑的信附去。他们三个人的事倒也是个问题。还是没有做什么事，全给人闹了。五姑信来后，又和綵和谈到四弟和静和的事，她不赞成两边都吊。补记日记，照着大纲记。

5月30日　水

下午总算下雨了，又刮风。是暴雨，下了一阵就停了，也不济事，倒是把我的窗子刮坏了，洗澡的时候只好用蓝布挡起来。把日记补记好，让缫和看我和平和谈话的那一段，我知道她会不高兴平和的态度。平和自然是维护她的弟弟多一点，替她弟弟着想，为他们一家子着想，不能怪她。一谈到这些事情，她总是装着很硬的样子，很不在乎的样子，其实我知道她心里很难过，今天她就老是要哭的样子。她说她不像别的女人，她很硬气，说分开就分开。她又说平和一定疑心她缠着中和不让他走，而她却没有这个意思。后来又说到，中和问她说"大哥和你很好吧？"我就想到中和会疑心。我也爱她的，他并不知道我们的好，不是那种好。我也是心里矛盾的很，我把她当成亲妹妹、亲女儿一样的欢喜，我太关心她了。我要把她当成情人看待，那是不成，也不可能的。把我以前对董晌的情形来比，我现在对她比对董晌还要好，我看她们又像看下一辈样。因为十年前的我们，就是现在的他们，叫我又怎能不关心他们呢？因为和缫和熟一点，在一起也快一年了，所以平和维护中和，我好像维护缫和一点。雨后洗澡，不再出汗，但雨还没有下好，要再多下一些，就会凉快一点。今天我还算高兴，也做了不少，看了不少书，看《婚姻进化史》。

5月31日　木

天下的事情有许多是不能计算的。第二堂课没有课，昨天算上好，在这一点钟预备缫和的"通史"，可是偏偏老苏和刘光琼又在这时候来了。老苏还好，可以不理他，刘光琼初次来，自然不能不招待他，陪着他谈了半天。第三节课我还是去上课了，以前预备的材料还没有讲，现在也还可以讲讲。第四堂课，带刘光琼去看胡嘉、文启昌等清华的同学。中上我请他们在杨家小馆子里吃饼，没有什么菜，喝了点酒，天热不能喝酒，喝一点酒难过得很，我脸马上就红了。下午回来，老苏、刘光琼倒在我的床上就睡着了，我自己坐在大沙发上看《婚姻进化史》，也看不下去，晕了一会自己也睡着了。老苏一觉醒来，已经三点半了，找马，马又跑了。我和老刘谈老苏，他也是感到老苏太好，好得叫人难过，譬如人家不想吃的东西，他一定叫人家吃，人不想睡觉，他一定叫人睡觉，这些都是叫人难受。他现在也尝到他的不好。四点多了，他们骑马走了。下午想做的事情也没有做，明天縩和还要拉我进城去。晚饭，老文请赵太太吃鸡，炖坏了，锅底掉了，鸡汤全完了，这有什么吃头呢？老文气的没有话说。吃过饭，自然又是唱曲。明天赵太太就要回城了，一直唱到天黑。我回房里，縩和在房里，我们又谈到她的事。为了平和，她大约有些不高兴，她的个性是偏强的。她就说，她不能将就人，她说假如平和为了她弟弟的前途，为了他们整个家庭的幸福，跟她说要她和中和分开，她一定答应。我马上联想到茶花女的事。大老姑过来，我们才不谈了。我改卷子，她抄笔记、看《伦理》。大老姑没有事，就老讲话。

6月1日　金

预备今天下午进城的，但是老不说。本来还真不想进城，同乡欢迎毕业同学聚会，已经交了六百元，一个人不去也不要紧。縩和小姐一定要进城，要我陪，我真是宠着她，样样都依着她。要是大老姑，我就不一定非要陪她进城。每星期进城，什么事也没有做。既然下午进城，早上也得做一点事。小考的卷子放着好久没有看，今天看了一班最多的，我总是把最难的、最多的放在前面做。赵太太在这儿一个星期了，要走了，我叫杨家做了几个韭菜盒子送给他们吃。自己也做了几个，请刘振东来吃。今天早上我很早就醒了，是不是为了进城不定心？又改改那些无味的卷子。躺在床上睡，也没有睡着，有人来闹。中午我又请刘振东来吃饭。縡和他们老要走，找找刘，看可认得几个美国人，能不能带他们坐飞机走。他也没有法子。下午，我又改卷子，等縡和睡中觉，洗澡。大老姑到我房里，说别人说她以前为了失恋得了神经病就用功，现在有了瞿正实又好了，气得哭，说要自杀。我劝了她，又骂她几句。她又要我们明天早上和她一路，因为她今天必须把"经济学"的笔记弄好，明天要交的。縡和不肯等她，我也不肯。进城之前一定要把稿子的问题弄好，汪德文明天要进城，今天我的稿子需要给他，而稿子还在城里，早上已经叫传达进城去拿了，下午我又要走，招呼传达交给汪先生，我也得和汪先生说好才能进城。四点我们才走，縡和"特别"又来了，我说我们慢慢的走。今天进城的同学很多，我们一路走一路谈。她说她并不想中和，将来就是完了也不要紧，平和对她的态度，她不高兴。等到响山寺，陶仁俊他们从后面赶来了。我们买了点面和鸡蛋到山上去，因为怕山上没有东西吃。一路上我们都没有停，翻过山后，在路边歇了歇，我站着，她坐在地上。确实我喜欢她，当一个妹妹看是很好的。到农场，天快黑了，四弟、小十子正在外面散步，看见我们来了，大叫起来。他自然欢迎我们来，最欢喜他姐姐来了。他们打水给我们洗。縡和在洗的时候，我在外面，我问中和，"大姐和你说了些什么话？"他吞吞吐吐说了两句，说平和骂他上不进、不正常。刚说两句，四弟出来了，我们就停住了。吃了面，谈五姑的事。睡得不早，我要一个人睡小床，结果还是我们三个人睡的。进城来睡觉，总是睡得不好，这也是一件不大好的事。

6月2日　土

中和我疑心他夜里不大睡得着，天不亮他就起来大便，大便后，就在缫和床边上腻了起来，把我们都吵醒了。其实我也早醒了，不过是他把我吵得更醒一点而已。想早点下山的，可以不热一点，谁知吃了早饭，缫和去上茅厕，中和陪她，两个人就跑到山头上去玩了。太阳很高了，我们要下山了，找他们找不到。我们大叫，四弟又跑到山上去找。我走了，在前山口上找到他们，我们一路从塔子河下来。我订了一挂帘子，预备在窗子西边挂起来的。到包公祠，一路上买了不少东西。学校薪水发了一万多，家里又汇来两万多，又有钱了，所以就大用。买了几尺做桌布，又买了一件衬衫，不好。买了头油、小扇子，预备送给孝华的。在包公祠碰到平和、静和、大老姑，吃饭的时间还早，我们一大堆人都到常三表爹那儿去看看有没有法子让他们走。太阳烈的很，我亏好买到一顶细草帽，五百元一顶，很好看，可以不戴大草帽在街上走了。把大草帽送了静和，七个人一起到瑞中公司，听三表爹讲他以前民国二年革命被捕的事，很好玩。缫和、静和她们笑的很不礼貌，我瞪了她们两眼，她们还是笑。看看表，快十二点了，该去聚餐了。在路上，我骂她们几句，她们还不服，静和就说他好笑。到大观园，平和、中和、静和到护士学校。我们三个进去，人已经到得不少了，大观园全让我们学校包下来了，合肥、舒城、立煌三县学院的同学都在这儿请毕业生。等了一阵才吃。我们这一桌大半是先生，刘振东、小沈、韵老、渝老、郑广胜，还有几个学生。因为先生多，还不闹酒，文雅多了。别的桌上有的闹的很凶。缫和他们那一桌，有潘某某，想追缫和的，大喝酒，有人用茶杯喝，闹得很凶，说话也没有说的好。这种场合，还是不说话的为妙，大家都饿了要吃饭，谁来理你？我先吃完，对缦和她们说，到护士学校等她们。护士学校一个人也没有，平和未回来，巾和上课，我又不好意思找文思，只有平和同房间的董先生在，招待我坐下。一会儿缦和和大老姑就来了，打水洗脸，又重新梳妆。平和、中和、静和、四弟来了，一同到李炳奇家去。他的小女孩瘦的很，鬼精精的，静和说，怕活不长。略坐了一坐，谈到以璞他已经来了，我有些不大高兴他。略坐了坐，我要去剃头，要他们在小食部等我，我就去剃头了。在"新生"，有人拉大风扇，还不热，睡也睡不着。头剃的还好，也不擦油，七十元不算贵。到茶园，他们都等在，在门口遇见马云，大老姑说好的和她一路回学校，我让她去追她。其实我是不愿意她和我们一路，我只要缦和一个人和我走就成了。他们都没有叫点心吃，等着我呢。大老姑走后，我们一共六个人，他们说起，刚才碰到四弟的一个同学在当翻译，说可以谈谈坐飞机到后方去，大家都高兴极了。中和、缦和、大老姑都是要想走的，连四弟的心也活动了起来，想要走。大家都在讲要走的事，四弟说要走，静和马上不作声了。我知道桌子上六个人都各有心事，除我和平和好一点之外。五点钟了，我们得回去了，不然天就会黑的。走出门就碰到了以璞，一会儿又碰见瑞生四爷家的聚和。我问了问以璞家乡的情形，说没有雨，今年又坏了。他们送我们一段路，我们便走了。我穿着白绸大褂，一路走回来，天阴，没有太阳，走得慢，还不热。一路都有学生回来。我们也没有谈什么，我知道她自然欢喜和中和一路走。一路走到傅家湾茶馆，茶馆里坐满了人，我们喝了两碗枣子汤，还甜。回到学校，天刚黑，赶快打水洗澡换衣裳。衬衫就穿上了，背心短裤都没有换的啦。洗好澡，把房里弄好，缦和来了，吃面。原想做点事的，太累了，缦和不做，我也不做。缦和坐在我对面谈了一晚上，累了，大家都要睡了。她走了，我就熄灯睡觉。

1945 年 | 345

6月3日　日

　　今天一天都做了不少，还是回来的好，差不多一天都没有走出房，除了晚饭后和胡嘉到外面去走走，就是整天的呆在房里做事。下午睡了一大觉。今天的饭菜又好，有黄瓜，有洋葱，吃的很满意。睡一觉起来，三点多，《婚姻进化史》看完，近代史，大老姑来了，说起中上在瞿家吃饭的事。就说起要订婚的事，这倒是一桩好事，说说我们大家都高兴，大老姑自己大约也高兴得很。中觉睡的太长，没有做多少事。又到吃晚饭的时候了。明天是我的生日，他们说来吃面。周斌买了只鸡来下面吃，多预备一点菜。可是晚上为了五姑拿了封信没有送到农振所，就和厂长生气，又和緜和生气。明天我一定会不开心的，一到生日就会想起好多事来，今年去年前年的生日全是不同的，明天又不知道怎样，难过的很。

6月4日　月

　　今天是阴历四月二十四，我的生日，今年三十二岁了。早早就醒来，就睡不着了，心事甚多。很早就起来整理房间，每天我都是这个习惯，今天特别多一下。因为中和要来，理好房间，赶紧做一点事，改卷子，记笔记。上午第三堂课还有课，上课的时候碰见緜和回来，叫她赶快到房里去，让她好和中和叙一叙。到文史系的课，报告了分数，只有几个人不及格，也有50分的。分数报过之后，马上就有人不满意，说预备的很好，为什么考得不好，都很灰心的样子，并且要看卷子，好像你不能给他不及格。是的，你给他不及格，他总要用词问你的态度。历史及格了，分数不好，他们还是不高兴。所以我对这个班的学生一点好感也没有，每次碰到考试，总叫我不开心。下午还有两个学生，要求加分数，真是不知道害臊。我们以前谁还敢去见先生，远远的见到先生，就怕先生吗？躲都躲不过。上午上了两课，他们都在房里等，他们带了不少东西来给我。我买了一对红蜡烛，也没有东西点，就放在那儿吧。昨天晚上我就预备好吃的，周斌买了只鸡来煨汤，中午六个人一桌吃面吃鸡，大家都觉得很好吃，很过瘾。吃饱了，都累了，一个个都想睡，只有一张床，这样大家都不能睡，我下午还要上课呢，还是緟和他们的课。她说不去算了。也不要她去上，陪陪他们。上课的人少极了，下午大家都睡晕了，一个一个的来，一点精神也没有，叫教的人也不高兴，天热口干，上课也真是累人，下课已经三点了，回到房里，床上自然睡的。中和坐在我桌边，不谈这事，我都看在眼里，听着有些说不出的滋味，我想找借口出去谈谈。太阳很大，他倒也跟着我走，到于家门口的大树下坐着，他自然知道我要向他问些什么，不知道的样子，我要问的就是问他和四弟到底怎么样，跑到什么程度？他说没有事，和大哥一样，讲了半天，嘴都说干了，到于家喝茶，李东海很客气，招待我到五点钟我们才回去，也没有收到什么话，他们要走了。又碰到不及格的学生来闹，心里很不高兴。今天生日，许多不如意的事，叫我不开心。他们走了，我们送到叶先生家门口再回来，吃饭之后洗澡，洗个澡还是热，到外面休息乘凉，赵先生又叫吹笛子，鼻子干，也不响，一点也不好听。晚上回房做事，做事累了要睡觉。

6月5日　火

想想学生也是无聊，昨天报了分数，分数不好的今天就在黑板上写"张宗和"。据说还有些什么话，在我去之前就擦掉了。我进文史系教室，也不喊起立了，我出来才有人喊立正，还有笑声。我一点也不气，只觉得好笑，因为学生闹的太幼稚了。后来听大老姑说，学生说我给静和80分，太多了，偏心，就是闹也闹得没有名堂。昨天起，我就开始穿绸大褂了，戴了新草帽去上课，倒还没有人笑。没有衬裤，裤子洗了，昨晚光着屁股睡觉，盖小被子倒怪舒服的。我想到不开心的事，下午好好的睡了一觉。中上大老姑在瞿家，没有回来吃中饭，大老姑的事大约有几分成就了。我们总替她担心。一觉睡得很长，三点多了，我还在懒，不想起来，起来了也是晕晕的，改卷子。缥和写小字，她老和我说话，问我静和和我说些什么，又问我怎样可以结了婚不生小孩子。我于是翻《生命的科学》给她看，又和她说。她写字反正不用心思，老是找着我讲话。一会儿刮风，突然下起冰雹来，大家都出来看。冰雹很大，把窗口的书全都打湿了，冰雹还夹着雨。所幸冰雹只下了一会儿就停了，一会儿又下雨，又下冰雹的，我们把桌子抬到当中来做事。冰雹雨下了一阵，也就停了。希望雨多一点才好，可是下晚的太阳它又出来了。晚上缥和去看皖干团演戏，我因为卷子今晚非改完不可，还要预备功课，所以赵先生叫我，我也没有去。晚上和大老姑在家里用功，缥和不在，好像不热闹，本来这种时候是她应该来的时候，没有她，像是缺了点什么似的，有些想她了。

6月6日　水

把三文的近代史调到今天上午第四堂课上，这样一早便连着上了三课了。人老了，一连三课也累了，天又热，下午刮大风刮的人好不耐烦，手上发干，好像要生病的样子，但是一会儿手又有汗了，下午睡了一大觉。这一阵子又睡中觉。生活好像又有规律起来了，事情好像也做得好一点了，什么事都有一定的时候做。下午睡觉起来，想起写一篇《生气》，只写了一张纸，缥和来了说话，于是没有写成功。大老姑今天差不多一天都在瞿家，饭后一定要我替她拿着丝线，让她编花篮送瞿正实。缥和说她怕瞿正实，大约不错。大老姑晚上很迟才来上自习，来了就要睡觉，倒在我的床上睡了一阵。我的事也没有做多少，留着明天一早起来做吧。

6月7日　木

刮风，天干，水都快要没有，人也难过。早上醒得很早，起得也很早，倒做了不少事，老想写一篇《生气》，今天总算写好了。写好之后，自己看看，一点也不好，预备给詹云青，署名"墨君"。下午睡了一大觉，老不得行，醒了也半天不能做事，叫学生把笔记本子交了上来，一大堆也没有看几本。明天又要进城了，这一阵子差不多每个星期都进城。后天是四弟的生日，我的生日他来了，他的生日我也要去，大家热闹热闹，玩玩也是好的。

6月8日　金

昨天晚上和綵和就说好的，今天一早走的，天太热了，不早走没有法子。可是今天合肥同乡拍照，欢送毕业同学的照片，没有人来打招呼，我们都预备溜掉就不去了。綵和倒来的很早，才吹起床号之后就来。我因为怕碰到学生，不从上边走，叫綵和送钥匙给大老姑。走过桥，就遇见合肥同学王某某，叫不要走要照相了，说早操之后马上就照，只好回去。綵和又给大老姑缠住了，大老姑说不进城的，现在又要进城，还生我们的气，说我们撇开她。好了，不能走，只好等照相。到操场照相，还是和舒城同乡在一起照的，无聊得很。去年我们照的相，自己都没有看见。照好相，太阳已经很高了，赶紧走吧。一路上大老姑就和我们吵，有点吵的烦了，我最怕大家都一阵走，不走就不走，吵吵嚷嚷的，真是烦。吵了一阵，也就没有事。没有吃东西，一路都没有停，因为说到小食部去吃点心的，所以大家都卖劲的走。在戏院买票，有杨红英、尹克明的《挑滑车》压台，我们算是捧尹克明的。刚走出来，又碰到尹克明本人，向我要《夜奔》的谱子，挺客气的。到小食部吃点心，今天倒吃了不少东西，吃吃歇歇，回过气来，再到护士学校。一路买小手巾，这一阵子我专门欢喜买漂亮的小手巾。一同到护士学校，平和在，方谷英生病，她在照应她的两个小孩。孩子真会闹。我是不到山上去了，正热的时候。綵和自然要去，大老姑也去，我就留在护士学校。她们说我想看文思，这倒是真的，我有点想看看她，好多次都没有看见她，她大约有点躲着我。在护士学校平和房里坐坐，一直到吃饭，我还不饿。和平和一同到"好友"吃瓠子，因为早上吃包子吃饱了，没有吃多少。又送她一条小手巾，是她自己拣的。瓠子炒得清清的，像丝瓜一样。饭后我想到童家去睡一觉歇歇，大热天的，只好中上跑去了。房里又有女客在，我们坐在外房，门开着，看着太阳，天热喝红茶。他们还叫我吃烟，我是不能吃了，看样子不能睡觉，只好靠靠，和童八、大马谈谈。三点多钟童八上班，女客也走了，四点多太阳不太逼人了，我便到特党部去。路过女中，把刘文恒的请假信给他们交了。老苏在吃饭，他又叫面给我吃，硬逼着我吃面，又不好吃，我吃了三小碗。老苏就是这样，多吃一点少吃一点，没有关系的。老刘已经到兵站总署部去当中校秘书去了，他上班去了还没有回来。我们吃过面，他回来了，没有吃饭，又要逼我去吃点心。我因为要到参议会去找刘振东，晚上预备睡在他那里，送票给他们看戏，所以不情愿他们去。谁知老刘一定要和我一同去，老苏自然又跟着。从山上到参议会，刘振东才从学院回来，他马上叫人打扫议长室给我睡，我暂时做了一夜的议长，还有电灯，很不错，好像好多年没有看见电灯了。问他们去不去看戏，他们说累了，不去了。我想天热，正好一个人坐两个位子，舒服一点，所以我就走了。天黑了，在外面走还是不凉快。到戏院，人很少，正好演《六月雪》，缥和、宇和、中和来了，平和她们老不来，后来童八太太和大马带了小毛子来，我真不高兴，甘良淑挤在我边上，热死。戏是《逍遥津》《挑滑车》，还好。散戏穿大褂子，掉了一把扇子。一出戏院门，听刘振东的嘱咐叫了一部车子，两百元钱到参议会。一天的星星，美得很。在车上，绸大褂子飘飘然的，自己觉得很骄傲。到参议会，果然有人等在门口，房里已经有水有茶有蚊烟，刘振东已经替我全都弄好了，他倒想得周到，今晚一定能够好好的睡一觉。

6月9日　土

还是很早就起来了，因为早上要到四弟农场上去。刘也起得早，他邀我一同到小吃部吃早点，清早上走走还不错。太早，没有什么东西好吃，只吃了一个粽子和鸡蛋糕。刘去看马一鸣，我买了点绿豆糕之类的点心，又看到两条很漂亮的小手巾，花三百元买了，然后从总部边上上山。到山上，已经很热了。四弟今天生日，四月二十九日，把房里收拾好，他们现在也有沙发了。中上大老姑来，下午静和来了，别人都没有来。也是吃鸡汤下面，不过是红烧鸡，有瓠子。今天有不少东西吃，吃果子露、蛋糕、莲子、糖等东西，吃个不停。大老姑打台球打晕了，老不知道要走，走时静和又叫缥和不要走，缥和自然也不想走，后来走了又磨叽了半天，走出去又不认得路，又叫中和送。天黑中和才回来，我们才吃晚饭。饭后我和中和出来，我劝他不要太想心事，不然真要变神经病的，他自己也明白。在亭子里谈了一小时的样子，回房里他写信，让我带去给缥和。四弟、静和他们那一对也在外面坐了半天才回来。又有蚊子，老睡不着。

6月10日 日

没有睡几个钟头就起，趁早走舒服一点。静和还要留，把我的小手巾藏了起来，我还是走了。慢慢地走，一路不停，还不算太热。到校我知道她们一定都在上黄荫莱的课，把门锁了，果然，房门还锁在，我只好从窗户里爬进去。我还要洗澡，只好从窗子里传水进来。我正在洗澡，下第一课，縲和来了，开门了。第二课下课，我才把房子弄好。縲和来了，我就骂她，为什么把小手巾又退回来？昨天看我后买的小手巾好，就要换，到路上又叫中和带回去，真是莫名其妙。昨天我就气了，今天气还不消。我说说她，她都要哭了，我也就不说了，把手巾还是给了她。今天天气真是热得很，昨夜未睡好，上午难过得头晕，又饿。我大睡了一觉，好像还没有回过来的样子。

6月11日 月

这半年我真是太不用功了，时常进城，时常玩，什么事也没有做，连书也没有看几本，功课也非逼到头上来才做，不做书，不看文章，文章也不写。早上两节空课，预备书，马上就要教了。下午也没有睡觉，正要上课时，林蔚清他们又到我房里来对词，王某某、两位女的也来了。我似乎有些不大愿意他们在我房里闹，但也没有法子，只好让他们在我房里，我自己去上课。下午上课真是受罪，学生可以穿衬衫，抱小茶壶，我们先生倒要穿得整整齐齐的，把嘴都讲干了，真是不值得，还要受气。下了课回来，他们还在排戏，又要对一通给我听，其实我实在不要听，也只好听，我这个人就是这样。縲和来了，看见人多，又走了。我没有睡觉，人走了，留下许多烟头在地下，不高兴只好放在心里，算了。

今天开院务会议，连这个星期还有两个星期的课了，最多三星期后就可以回去了。偶尔我会想念起小以靖来，我怎能不想起她来呢？现在她又和二表姑到周圩子去了。晚饭后，中和来了，他是接洽飞机的事，顺路到这儿来的，他已经吃过饭了。緤和她们回去了，没有来，我没有找她。和中和去看大树，回来天黑了，緤和一个人在我房里。中和在外面看见她，简直不相信她会来，我躲出去到外面走走，让他们两个在房里谈话。一直到第三遍号吹了，我才进房，緤和还不走，腻了半天才走。本来隔壁房就有空，我不高兴去睡，把书桌和方桌拼起来，让中和睡。天太热了，一点也不能盖。

6月12日　火

看着要下雨的样子，但是就是不下，天阴，阴一阵子也就算了，太阳又出来了。今天来吃菜饭，天热，饭也吃不下。洗澡洗头，弄得　干净了，自己也高兴。

6月13日　水

全不定心，不知为了什么？上了三课，下午睡觉。

6月14日　木

赵景深接到太太的电话，昨天就和我说，要我一同去他家过节。我真不大想进城，每个礼拜进城，也腻了，到城里也没有什么好，还不是多用出去一点钱。再有緤和她们也不进城，也劝我不要去。因为不好意思，到底还是去了。早上本来还有两课的，因为今天是端阳，学生们许多都进城了，无形之中放了假，我们也不上课了。到古碑冲，赵先生请我坐车子，一路尽碰到学生，全是进城过节的。我穿了绸大褂子，坐在洋车上，和学生点头打招呼，好像很得意的样子。天气不好，阴阴的，快要下雨的样子。到省党部上山到李家，就下起雨来了，白囡腿上生疮，不能起来，在床上也不好玩了，李太太把头发剪短也不好看。孟达成也来了，穿了白哔叽的小褂裤，很令人羡慕，唱曲子也起劲。饭菜也还不错，就是可惜太咸一点，菜吃多了，老想喝茶，水倒灌了不少，还是不解渴。下午人渐渐的来得多了，童曼倩的女儿李太太也来了，他们下面的某小姐某先生、侯大哥，另外还有两位会拉胡琴的都来了。于是放下昆曲唱京戏。某小姐唱得很丑，我唱了一段《打渔杀家》的旦，后来又唱《刺王僚》，唱坏了，不大高兴。才吃饭没有一会儿，又吃莲子西米、点心，吃不下了。大家都走了，我买了李家一盒胭脂、一把小刀。小刀子买的最有意思了，一盒胭脂，想送緅和，又想送小五姑、小六姑她们，又想拿回去给大老姑，决定不下，不管它，先买一盒再讲。和孟达成、童小姐一路走，走了一段路孟又分路了，和童小姐走。这位李太太还很好玩的，一会儿北平话，一会儿上海话，和我一路谈到农民银行，她说她也认得张平和。我到护士学校天已经快黑了，在包公祠又替緅和、大老姑放大照片，七百元一张，真是贵。看到平和，我马上就要上山，要平和和我一路上山，她不愿意。我觉得她有些古怪，为什么不陪我走走呢，要我一个人走这样长的路？但我想，我自己也有些古怪，她送我一直走了不少路，替我做的绸衬衫也做好了，可惜脏了，得洗一洗才成。微雨，我很快的上了山，只四弟一个人在，点着灯在做事。一问，知道中和到我们学校去了，我不在，正好让他们"泡"了。我其实一点也吃不下，吃四弟吃剩下来的面，已经有点冷了，我吃了也就饱了。夜里下雨，我们早早上床，一个人睡一张床。

到他们山上，这还是第一次舒服的睡觉，可惜一夜都没有睡，我们兄弟两个全在谈话。先我问他和静和、孝棣的事，后来谈到结婚怎样性交的事，我详详细细的讲给他听。后来轮到他讲了，他讲他在日本和日本子爵小姐的事，真是好像小说一样，以后有机会，该替他写一篇小说才好。知道他和子爵小姐的事，真有些替他伤心，假如不打仗，不就可以成功了吗？头疼，说话太多了，反而睡不着。

6月15日　金

一阵一阵的大雨下了一夜，又下了一天，早上简直睁不开眼，觉得天太亮了。起来了又睡，今天几乎睡了一天。四弟没有怎样睡，他大约有点心事。他告诉我说，有人说八姑爷（文思的父亲）整天喝酒，我听了也很嘀咕，因为我欢喜文思。天阴，最好有个女孩子来陪着谈谈玩玩，和四弟虽然也十分谈得来，总觉得没有和女孩子在一起好。

6月16日　土

雨小了点，但还是时下时停的，今天非得走了。好像非要到学校才能做事，其实我知道，即使回到学校，也还是不能做事。想到繰和要吃粽子，叫徐庆海到小食部去买，一上午把我们都饿死，粽子和沙琪玛都没有买到，还是大姐平和买了一点鸡蛋糕来。饭后我想一定得走，没有睡中觉，这雨天也是睡得太多了。穿了新买的草鞋，拿了四弟新买的雨伞，一个人走了，书我都没有带，带了些农场上的桃子去给她们吃。下过雨走走，还是热，有些蒸人，小路上也烂了。到响山寺，正碰到中和打了我的雨伞回来了。我们在茶馆里坐下，他告诉我去找了陈，飞机据传说没有问题，但据他看却是毫无希望的。坐下来吃茶和花生米，我怕天气不好，赶快走了。小路烂，草鞋老是陷在泥里，有一次把包掉在泥水里了。到房里，緵和一个人在，已经快吃晚饭了，我马上洗澡。

6月17日　日

并没有做事，一天全晕了，功课也懒得预备。说起来是为了凤竹的周年祭快到了，心里不痛快，实际上也不是为这个。难过起来有些说不出话，说不出来，总想好好的哭一场。有时故意造成哭的空气，叫自己哭，但一点也哭不出来。

6月18日　月

睡不好，不舒服。学生说课都该结束了，我赶着替他们抄笔记。文史系的学生又喊立正了，真是莫名其妙，小孩子脾气。大约是因为快考试了，人也多了，快顺顺，还可以多给两分。中午二十位先生请客，菜一点也不好，许多人大发脾气，尤其是卢宜庆，大骂事务处赚钱。我吃了三杯酒，难过得很，躺下也睡不着。緵和看书，不理我，叫她倒茶才倒。为了这些，又想到凤竹的体贴处，凤竹自然常常和我吵，可是我要是病了，或者是吃醉了回来，她总是特别的照拂我，坐到床边上和我谈谈。现在緵和坐在我桌子上，我醉了，她睬也不睬我，到底是有差异。凭良心说，我有一个时候，待她比我待凤竹还要好呢。中和下午又来了，他老来，我也有些烦了，不是别的，我得让床，去睡别人的床，总不爽快。可是我还是欢迎他来的，緵和见他来了，精神也好了，也会找话讲了。我让出来，让他们在我房里腻去，看上去他们还没有我们以前会腻呢，也许是不好意思。吃晚饭的时候，郑广盛和孔祥杰打架，孔的头打破了，把拉架的陶梦安脸也打破了。先生们还打架，给一大堆学生们围着看，真是坏极了。后来据卢宜庆说，原因并不简单，因为快放假了，快发聘书了，大家心里不安心，所以才会有冲突的。其实打架真是犯不着，给人笑话。晚上我和赵景深、胡嘉、文启昌在外面乘凉谈心，让中和他们两个在房里。三次号响了，我没有吃晚饭，叫饺子来吃，他们两个也吃。我睡到11号张学骞床上，有风，被窝有点霉味，但还睡得挺好的，这两天太累了。晴了，小溪里也有水了，水也清了。

6月19日　火

整天难过的，上课也是快要结束的时期了，饭也吃不下。从本星期一到星期四，每天中上都有人请客，昨天喝了三杯酒难过，今天也不敢喝了。这几天不知道为什么难过，说是因为明天是凤竹的忌日，死后一周年的忌日，又不像。自然也是为了这个，可是不全是这个，这一阵子不痛快，是真的。

6月20日　（阴历五月十一日）　水

逢到祭祀这样的事，我总相信阴历，凤竹是去年五月十一日，阳历七月一日死的。我今天没有为她点一支香，也没有为她什么动作，除了下午一个人跑到古碑冲去买了一百四十元的黄裱纸、三股香，走到山头上的大树下烧了，没有为她做什么事，也是只能为她做这些了。烧纸的时候，我还怕别人看到，怕人家笑我，别人会笑你受过高等教育的人，还相信这一套。我并不相信，可是我愿意这样做，做做也好像安心一点。上午

空下来，我就看照片，我们在重庆时的一张最好，连眼角上湿湿的地方都
照了出来。我有许多事最容易忘记了，譬如说对一个人的脸，哪怕是再熟
的人，就是凤竹死到现在才不过一年，她脸上哪儿有痣，哪儿有雀斑，都
记不清楚了。今天我自然想到凤竹的时候特别多，我叫我自己不要和緤和
她们闹，因为凤竹最不欢喜我和女孩子们闹。我疑心她今天会来跟着我，
烧纸的时候，烟刮到我身上，我想到是凤竹来抱我，烟老向我身上刮，我
很得意。从古碑冲回来，和女生指导钟先生一路走，回来的一路上谈地
瓜。到房里，四弟来了，中和也来了，身上全淋湿了，马上来找衣裳给他
们换。中和后来到飞机场去了，四弟已经上辞呈给马大浦了。晚上下雨，
雨又停了，又演话剧，我们全没有去看，在房里累得很，我不说话。我叫
中和、緤和出去走走，她还怕难为情，不肯出去，出去走了一会儿，又回
来了。四弟躺在我床上，中和睡桌子上，我睡到隔壁张学骞的床上。老睡
不着，并没有想什么。

6月21日　木

　　操场上的人散了之后，河边上马上热闹起来。刘文恒进房来又出去，
又进来，我全知道，半天半天的才睡着，听到隔壁四弟他们来了，我也
起来了。四弟中上不预备到於种家去吃饭，所以一早我和他去辞行，到
他家看画报，回房他们已经吃过早饭了。四弟吃一点就要走。我写了两封
介绍信，给宗斌、陶光，给中和带去。中和今天进城，明天到乌家店飞机
场去。信写好了，中和走了，叫緤和送他，她还不肯，她还有点怕难为情
吧，尤其是当着我的面。我说我去送了，出去，才把她叫出来。天还阴，
有雨意，送到叶先生家门口坡下，我们不下坡了，看中和下坡，在小路上
走了。我马上想到在重庆的时候，和镕和分别的情形，他到印度去打仗，

我们要回来，他对我敬礼，很大的力握住我的手。我想到他去打仗，不知何时得回来，又想到以前他那样小，现在已经是大人了，我马上眼泪就落了下来。今天送中和，有同感。我回头对缵和说镕和的事，我也马上掉下眼泪水。自己也讲不出，我好像是在替他难过，又像是在为自己伤心，一时间许多感情涌了上来，不由得哭了。我也想到中和很小，又没有钱，恋爱的事又不如意，即使走到后方，他又不活络，没有接济的时候也很糟糕。缵和的眼也有点红，她忍住了。我这几天是太软弱了，老想哭，可是想哭的时候倒不一定哭的出来，不想哭的时候却偏偏会哭出来。坡上站了一会儿，缵和还劝我两句，她也不大会说话，自然她也说不出什么话来，她一定也很难过。我看到他们的情形和我们一样，我又同情又伤心，我巴不得他们成功。好像小说中的老人们愿意自己的女儿结亲一样，因为他们自己在年轻的时候没有成功，只好希望下一代。我还没有吃早饭，到小馆子里吃面，面下的一点不好，不如他们家大姐煮的汤好，我没有吃完，心里也不好受。上午常三表爹爹来了，还带了一个洪老头子，也是寿州人，省政参议。先在孙百朋房里，后来到教务主任房里，人太多了，我退了出来。晚上还有请客，闹酒闹得很凶。下午，常三爹爹来找我，在我房里睡中觉，和大老姑说话。晚上吴老先生、孙百朋、我们寝长老头子和洪老头子，下大雨，吃的很迟，杨红英的戏也不能看，就去我房里谈天。好了，我的房里便大受影响，全坐满了人，朱清华、刘觉凡、刘天予、吴遁生、李则纲、常洪、孙百朋、我十几个人。老头子说话，我一点兴趣也没有，我就倒茶拿烟，做堂倌的事。朱清华的高论实在是太多了，话也最多，常不大说话，刘根本不开口，吴遁生就是笑。人散后，说句老实话，我真怕人多在我房里闹，我收拾房间，扫烟头。一连阴了几天，身上都黏抓抓的，叫王玉海打水来洗澡，预备好好的睡一觉。

6月22日　金

吃不下，睡不好，天倒晴了。老头子下午走了，我好像去了一件心事。老苏又打电话来要我进城，我不能再进城了，老进城，也没意思。今天一天在看小说，赵景深送来一本《文哨》，学生又送来一本《长江》，于是翻来翻去的看，拣着看。懒得自己动笔，懒得做事，只好看看小说。小说可惜纸太坏，印得不清楚。胡太太说我在《长江》上的一篇《思念》很好，我高兴，不过我自己看看不觉得好，我还觉得《等待》好一点。今天的菜是卤菜，縰和说肉有点味道，不吃肉，光吃豆腐干，我有点不高兴。晚上只有我们两个吃，大老姑现在是常常不在家吃饭了。菜不好，又吃不下。我看縰和脸色不大好，又说到想死的话，我逗了她两句，马上把她逗哭了，我也不好过，于是每人只吃了一碗饭。中和走，她一定有不少心里话，自然不一定是舍不得他，譬如下半年怎样？哪里来钱？将来怎样？这许多问题都会使她哭的。她哭了，我劝劝她，也劝不出什么话来，话说的不彻底，不痛快。我问她为什么哭，她也讲不出来。本来这两天大家都不痛快，能痛痛快快的哭一场倒是好事，可是大人哭哭，自己都觉得丢人。人家问为什么哭，自己也答不出来，只是要哭了，分析起来自然有原因，但原因好像太复杂了点，说不出来。我想写一篇《眼泪》，还没有写就已经先怕了，怕写不好。

6月23日　土

快要考试了，她们两个都用功。大老姑早上没有来，縰和一个人在我房里。我写《眼泪》第二段，后来小沈来，孙百朋来，胡嘉来几闹几闹的，只写了三张稿子，一点也不好，自己看看也要不得，改都不想改了，写的时候就别扭。晚上想把《秋灯忆语》从头看一遍，改一遍。灯不亮，天又热，三个人共用一盏灯，笔又不尖，本来印得不清楚，改了一点，黄荫莱来，叫我出去乘凉，我们就在外面谈了半天。

6月24日　日

一天没有讲话，嘴里发苦，下午又睡了一大觉。縯和一天都和我生气，一直到晚上才好。是因为早上吃早饭的时候，卖饼的老不来，她又要去上黄荫莱的经济学，有些冒火，我说了她两句，她便一直沉着脸。我知道她看都不看我一眼，大老姑也用功不说话。我便在房里闷着看《可怜的人》，一气看了三章，文章很顺，就是议论多了一点，可是警句也不少，例如，"杀人的人上帝会饶恕的，让他复活"，"他并不想用遗忘去消除痛苦，但用希望去赞扬他，尊荣他"。有些地方看了，真是要哭，大约今天心情也不好。旭和来信说，家里来信叫她们不要回去，因为家里全住上了兵。吃中饭的时候，縯和说话就冲人，眼睛又一红一红的要哭了，只吃了一碗饭。晚上我说你们别太用功了紧张了，我们出去走走吧，买点东西回来吃吃。万金油给縯和弄丢了，也快用完了，花了二百五十元再买一盒，买点瓜子、花生米来吃吃。縯和吃了晚饭回去，洗过脚再来，这时脸色就好多了。晚上我不看书，也不做事，月亮好，我到外面走走。在河边上遇到邹阜南，他说他住在黄家老屋。我一同到他们的住处，是一间堂屋隔的，热的很，还有几个学生，有一个大约叫汪某某，在国文系一年级的，还好玩。和学生谈谈，总是谈学校，骂学校。坐一会儿我出来，邹阜南送我出来，我们在田坎上又谈到学生对我的谣言，关于程静钊、张縯和的。只有一个是新的，我没有听到过的，就是学生说縯和是我们家抱来的，不姓张。回来告诉縯和，縯和倒高兴，说你为什么不说就是抱的呢？我知道

1945 年 | 361

这事，后来才明白人家为什么造我和繗和的谣，我这才恍然大悟。

6月25日　月

二十七号考试，学生们都比较紧张一点呢。大老姑和繗和在我房里很用功。

6月29日　金

考试不但是考学生，也是考我们先生，二十七、二十八，我的考试全在大礼堂抽考。我心里不大好过，前几天为了聘书的问题，大家心里不痛快，流言众多，有的说某人解聘了。有一天在胡嘉房里，说到谣言很多，很多人都解聘了，我们这几个人当中都有一两个。当时我们一共有赵景深、文启昌、胡嘉、苏世蕃和我，除了苏世蕃在谣言之外，我知道他说的一两个人的"两"字是指我和文。有一次焦祖阴也有意思，说又不请我的消息，不过还没有说出口，我知道是关于程静钊、瞿正实的谣言，有许多地方一定传得很厉害，这些谣言对我的影响很大，学校对我聘不聘的谣言全是从这儿来的，这种事一直叫人难过。直到考试的第二天，聘书都发了下来，这才大家定了心，没有聘书的人据说只有刘文恒、曹丹两个，后来又说金若、蔡方都没有，不知道到底是怎样。聘书发下来，还是三百六，没有加钱，胡嘉他们都替我抱不平，我倒还好，不在乎钱，本来就是加二十块钱，也不济事，不过是好听一点。我一直就觉得做事拿钱很难为情，第一次我做事拿到薪水，我还难过了半天呢。聘书的事总算告一结束。不过我的应聘书还没有送去，好在期限有两个星期。考试的这两天，在大礼堂抽考虽然好一点，但是也还是有人作弊，看别人的卷子，学校里也还是没有办法，甚至院长捉作弊的学生，还捉错了人，真是笑话。先是扣考的，后来又准许他考了，这个学校实在不像个学校的样子，一切都还没有上轨道，差得还远呢。还有为緵和的事也不开心，有一次我惹她，她不耐烦，说："怪不得人家要说呢。"我真生气，好了，从此我再也不惹她了，本来就是我不好，为什么欢喜捏人家的脸，抱人家摸人家呢？这些全是来家在圩子里打惯了，男人们和女孩子们打打闹闹起起哄，说句老实话，也是一种发泄，以后自己要节制自己，不要太放纵了才好。

6月30日　土

本来不想改卷子，今天就进城的，谁知道又下起雨来了。同事之中也有不少人已经走了，我不定心，一切都准备好了，又不能走，真是有点懊丧。雨越下越大，幸亏没有走，不然真淋得一塌糊涂。不走，正好改卷子，拼命的改了一天工夫，把卷子全都改好了。凭良心说，有许多分数真是瞎给的。一直到很晚才改好，我又把房间整理好，抽屉理干净。不下雨，明天进城买点东西，一到雨天之后，路就好走了。也真是想妹妹，有一夜我梦见妹妹，已经长成一个大姑娘了，像緵和她们一样。心里想，买点什么给她呢？回家买东西也是一件大事。晚上做事太多了，想得太多了，反而没有睡着。

7月1日　日

昨天中和打电话来，我们说今天不下雨，我们就进城，他就来古碑冲看她。今天一起床，天又像要晴，又像要阴。昨天晚上緵和就说好的，到我房里来的，她又不来了，中和的电话也没有告诉她。早上她很迟才来，我把房间又理得好好的，我总欢喜这样，即使是走也得理好。又把钥匙给周斌，让他替我晒被子。到吃早饭的时候她们才来，大老姑也进城，因为瞿正实他们也是今天走。我们才走出去，就下雨，但不大，一会儿又停了。在傅家湾遇到瞿家大队人马，瞿思敏坐四人轿，瞿正实骑马，另外还有一顶四人轿子，女先生、小丫头、王荣萼全都坐小轿子，两个人抬的。另外马驮了行李，勤务兵组成一大队人。瞿在后面，见到我们，马上就停住了马跳了下来，说了几句话。到六中门口下雨了，他又换轿子坐了。大老姑追上去，走的很快。到农场一段全是大雨，緱和她们走得很快，把我甩在后面，但是她们都不认得路，常常走错，还要我叫回来。好容易到了农场，中和不在，她自然不大高兴，不过我算到中和一定会来的。果然等我们都洗好了澡，中和来了，他一来，緱和就高兴了。四弟身上生湿气，不能走路，他们农场又没有米了，没有饭吃，又叫徐庆海去买馍。中和为了四弟要请陈，所以又下山，说下午还来。我们正在吃馍吃瓠子的时候，平和、静和也冒雨来了，本来想睡中觉的，人来多了，自然大谈，觉也睡不成了。下午天倒晴了，本来中上刘光琼请客，我累了，怕跑，没有去。等中和回来，一回来平和就和他吵，我跑出去了。晚上吃面，趁天还没有黑，我们下山。我知道，中和留在山上，我们三个人睡一张床，我睡不着的，所以我说送静和回去，我到赵景深那儿去。到护士学校，已快黑了，我们没有进去，平和回去了，我们两个走。一路上我们谈到緱和，谈到四弟，静和问我可问过四弟，意思是可问过四弟欢喜哪一个。到李家借灯送静和回高商，晚上路好像很长，我一直把她送到学校里。我一个人回李家，李家把我的睡床已经预备好。在客房里大家谈谈，我就睡了，也是睡不好。

7月2日　月

夜来大风雨，把纸窗都打破了。早上他们为了寄国（李小峰的侄子）病了，喉咙痛，赵太太慌了，一早晨看样子是不太会定心唱曲子的，于是赵太太去请医生，我就跟着一起走了。在李家买的一些化妆品，送孝华的，买的一点不称心，没有好东西。陪赵太太到省立医院，找到李世兴，介绍五官科的主任姜医生去，我便到护士学校。文思和她的好朋友沈文坐在门口念书，我去了，她马上站起来，在省立医院时，她就看见我了。她瘦了一点，颜色也没有以前好了，我又有好多时候没有进城来了。平和不在，把包放下，找到地方银行，为黄荫莱送薪水去。黄住在行长家，房子很大，我去，他正和潘襄理在谈话，潘见到我去，他就走了。我们坐在廊檐下谈话，一会儿看看，行长家房子也不见得好，不过有几间房子还是不错的。从黄那儿出来，又到护士学校，走菜市场，把鞋子全都走湿了。中上苏世荃请客，席上还有生客，平和找了一双学生的篮球鞋给我穿了去。在社会服务处食堂里，除赵景深、刘文恒之外，其余的都是生客，我不认得就不说话了。有一位方先生，是新任的省府委员，他说话最多了，我不很有兴趣，吃完了我先走。打电话给刘振东，不在家。我又到护士学校找平和，一阵出去买料子送孝华，三千元一件，还好看。又替以靖买两件料子，平和说马上就可以给她做起来。买料子又买小手巾，一万多块钱都没有了。还有一件料子很好看，没有钱了。在大华门口碰到老苏，他已经到山上去过了，问他，他也只有几百元在身上。我们便说到童家去借钱，老苏自然陪我去。童家也没有多的钱，又七凑八凑才凑了四千五百。到女中，旭和、志敏、申和都出来了，旭和回家，志敏就要走了，申和也不走。志敏又黄又瘦，要生病的样子，我劝她不要太用功了，和她们说说话就生气了。从菜市场到护士学校，想到要到常老头子处去骗茶叶，所以非得去一趟。老苏又伴着我去，请常写信给丘。天快黑了，老苏要我到小食部去吃饭，我知道他没有钱，吃了七百多，不痛快。我肚子这两天不好，也不敢多吃。到特党部洗澡，下大雨，凉爽，老苏把有帐子的床让给我睡。

7月3日　火

一早出门，想先理发，理发店还没有开门，又到民荣茶社吃蛋糕。一会儿去"新生"理发，出来又下雨，到安徽日报社找詹云青，正是大雨倾盆。到李炳奇家躲雨，张三姐还没有起来，雨小一点，我再到报馆，詹云青刚来。我的目的是要报，要我的文章，詹叫人找了半天，只找到一份，他写了张条子，让我到营业部去找找看有没有剩的旧报纸。参观一下他们的报馆，糟糕得很。回到李家吃饭，李也下班回来了。他们今天的菜不好，肠子都弄老了。饭后找李写了封介绍信，给龙武功。下午天倒晴了，从李家出来，又到护士学校，文思托我带衣服回去给文贤。我正想多看看她，平和、巾和就来找我闹，昨天她说谢谢我的小手巾，很难为情的样子。不知她们有没有和她闹过。到安徽日报营业部，居然把《生气》《寂寞》弄到了，可惜《生气》没有一张清楚的。打电话给刘振东，我便到参议会去，他房里阴凉得很，坐着谈学校里的事。晚上我们吃葡萄酒。到汪家，汪太太又小又瘦，汪自己脚上在生脚气。一谈起学校的事，他要我们办女中，因为那一带没有一个女子中学。我们原来自然是要办农职，但是他们说那一带农职校已经有两个了。在汪家没有谈几句话，我们便到常老头子处去了，在那里我又骗了两斤茶叶，昨天大老姑已经骗了一斤了。天黑了，我和大老姑一同回来，他们到廖景岚那儿去住，我到老苏处去。我们同一段路，到特党部天已经黑了。老苏不在，亏好常先生在他房里坐着，他又叫人打水给我洗澡，很殷勤，就是老等老苏不来。到十点多了，郭先生回来，老苏也回来了，我今天实在太累了。

7月4日　水

在城里就像走马灯似的，老是这儿跑到那儿，那儿跑到这儿，没有停一会儿的时间。早上又拉稀，肚子还不大好，醒了，其实还想再睡睡，想想还是赶快到农场吧，本来预计昨天就要回学校的。于是很早就到护士学校去拿东西，意思是想在临走前见见文思，但是没有见到，倒带着不少东西。叫车到塔子河，把鞋脱了走过河，刚好有三个人到山上砍柴，请他们替我拿了东西到农场，给一百元钱，大约太多了。緵和在，我知道她等急了，昨天中和又走了。累了就睡，中饭又吃得很迟，还是稀饭，他们农场真糟。大老姑在饭前也来了，饭后没有一会儿我们就走了，东西太多，留下大半，让四弟明天派人送来，我们带了一部分走。真是热，在傅家湾喝茶，等到学校还没有黑。几天不见，东西都上霉了。洗过澡也还是热，一直到天黑了才好。理理房间，我真舍不得走了，不是五弟结婚，我真是在这儿过夏了。进城，刘振东又提到做媒的事，说到有人在打我的主意，而且有两家，大老姑也说廖景岚羡慕我，又闹文思，我好像很红的样子，自己也得意。平和又说，潘太太看了《秋灯忆语》，把在平和跟前的凤竹的照片拿了去，我也高兴。晚上大记日记，后天一定得走了。

7月5日　木

今天歇一天。其实理东西也并不要一天的，可是老拖着不理，理理歇歇，又睡睡，一天毫无头绪，又乱又累。到晚上房里也变了样。夜来睡不着，和小时候一样，要上路之前，总是睡不着。

7月6日　金

一切都弄好，又等了半天，小姐们从学校里雇伕子，一千元到流波砏。挑子挑上要走，又是根要断的扁担，另外拿根棍子绑上，勉强挑着。走到古碑冲街上吃面，上长松岭，天热，好像格外的累，大家都是面红耳赤的，一出门就是这样一座高山，一路上也真不容易。下山到茅坪吃中饭，兵太多了，把大饭店全都占了，我们在小茶馆里吃粽子当中饭，也是不错的。茅坪之下就是公路了，走走挺痛快的，一路有时过水，有时下雨，有时出太阳。到流波砏，天还很早。据说最好的一家客栈是"三民"，住下了，房间又小又黑，同学杨孝通、杜德春、孔祥华也住在里面。洗澡弄干净了，吃饭，第一天的路程总算告结束了。说是流波砏的杠子糖好，和缥和到山上去买，原来天热不做了，扫兴而归。晚上听杨孝通讲张秘枢事，颇逗人笑。夜来蚊虫咬倒还好，臭虫实在是受不住，没有睡好是当然的。路上就是如此。伕子要回去，另雇伕子，二千三百元一直到家，真不算贵。

7月7日　土

游记我最不会记了，记得最不好，零零碎碎的。天不亮就起来，走了十里路吃粥，今天的路好走多了。中上到麻铺，又是到"醉仙楼"吃中饭的，好好的大吃了一顿，有炸糯米圆子。饭后我睡板凳，她们找到老板娘的床睡了一觉，再走精神似乎要好一点。走路特别容易生气，和缥和生气，闷在，走得很快。还剩二十里到独山，遇到一辆空的小车，让大老姑坐了先走，我和缤和还是不讲话，走路。在独山口就看见一张社会服务处的牌子，好像在四川时看到中国旅行社一样的高兴，但大老姑先去找旅馆去了，我找社会服务处住，自然好多了，还是新开的。叫佚子去把大老姑和缤和找来。样子都好，就是没有厕所，不要说没有女厕所，连男厕所都没有，缤和她们上茅房，还要由服务生带到隔壁老百姓人家里去。晚饭我们吃的不错，院子里有一群人在谈嫖经粗话，没有听头，早早的睡。我一个人一间小房，点上蚊香，总算睡了一个好觉。

7月8日　日

独山出来，没有一点路上小山了，又遇到昨天大老姑坐的那辆小车，我们又雇了他，佚子也愿意，因为可以轻一点。一辆车三个人坐，总是推来推去的，不爽快。我未坐车，和缤和生气，大老姑便坐得最多了。到了苏家埠，索性再雇两部车，每人一部，该没有人可以让了。坐小车颠，过缺口，水大，缺口又特别多，还要下车子来，最不好了，而且不能坐，非躺着不可，坐着车夫就看不见前面的路了。麻埠、独山、舒家埠、六安一带都是麻林，麻叶的影子印在伞上，真是怪好看的。快到六安了，还要过两道河，有船摆渡军队，多等了半天才摆渡过去。走沙滩到六安，天已经快黑了，到社会服务处，客满，只好到"淮南"，房间坏极了。缤和到陈芝美银行去歇，我和大老姑住旅馆。晚上陈芝美送一桶冰淇淋来请我们吃，好久没有吃冰淇淋了，做的还不错。陈又叫社会服务处小孩子送来帐子，可是有臭虫。明天不走，歇一天，搬到社会服务处去住。

7月9日　月

　　早上搬到社会服务处二号去，自然舒服多了。想好好的歇一下，多睡一会儿，谁知小老姑、小老爷们（琼龄、璇龄）都来闹。他们走了，陈芝美又来了，一直没有睡。中上，在食堂里吃四百元的合菜，还不错。饭后要睡，也没有睡成，下午出去买东西，小老爷等一大堆人跟着。今天一天吃了很多次冰，把钱都快吃完了。这儿社会服务处的主任，原来在立煌社会服务处做事，认得我，把房间钱都不要了。叫好了轿子，明天一定得走了。晚上陈芝美请客看戏，《大登殿》和《三战白牡丹》，旦角多，有的长得还不错。看完戏，自然又睡不好了。緵和没有到银行歇，因为明天要走。

7月10日　火

　　查户口断绝交通，不能走。我们是早就起来了，等了半天可以走了，但是走过一岗，另一岗又不准走。我们又走一条小路，和一个班长商量，到城外的一个口上，又不准走，和班长说了许多好话都不成。等着等着，太阳已经很高了，眼看着今天又要走不成了，可是身边没有几个钱了，算着不够再住一天了，只好走。遇到一个人指点，从小南海小路走到十里铺、二十里铺，不走先生店了。上午我和大老姑坐轿，叫緵和坐，硬不坐，真是气人，我气得不说话。从六安到枣林店，这四十里长极了，老是走不到，早上又走得迟，晚上一定要摸黑了。在枣林店吃中饭，我吐了，没有吃，天太热了。等到我们到分路口，天已经快黑了，让緵和坐轿了，先到新圩子，我们快快的赶到聚兴集，也没有停。到新圩子，天黑了，新圩子里军队唱戏，前圩子的人全到后圩看戏去了，只有五爷一个人蹲在大门口。我看到了，叫了一声，五爷才知道。五爷把五婶妈、四婶妈全叫了回来，緎和的轿子还没有来，黑了，我真有些着急，一会儿来了，原来是他们走错了路。吃稀饭、馍馍，到家到底舒服了。晚上我睡三婶妈的房里，緎和、大老姑、三婶妈，三个人睡一床。

7月11日　水

听说小以靖到周家圩子去，五弟十四号在周新圩招亲。我今天要到老圩去，早上各处跑了一下。后圩子十三奶奶、小四姑、小老爷，都回来了。昨晚他们就说宁和来了，在老圩，我真想见见他。我在十三爹爹家的时候，他来了，人长得比我还要长，我几乎不认得他了。他很多地方都像爸爸，也戴一副近视眼镜，时常出汗。傍晚我和宁弟一同去老圩，带了箱子去的，因为马上就要到周家圩子去做主婚人了。到老圩子，看到我想见的人，小五姑、小六姑，她们都和一年前差不多，我送她们每人一盒胭脂、一条小手巾，她们都不要，怕难为情。到十六奶奶家看到四婶妈大肚子，马上就要养小孩子了，人矮，肚子大，不大好看。我们预备明天去周家圩子，明天是初四了，五弟也应该去了。

7月13日　木

下雨，而且是大雨。五弟和周家说好的，今天去的，上午李家旭和周景又来接五弟，说下锤子也要去。下午雨略止，我们走，一路上涉水而过，穿了大草鞋，又磨脚。五弟是为了结婚，我是为了小女儿，受点苦还不要紧。宁弟也跟着我们受苦，一路又没有什么店子，只有一个青龙集。到青龙集就已经快要到了，早就听说周二表叔的圩子好，果然不错，花木很多。小以靖、二表姑、大表姑她们都在大门口接我们。小以靖不认识我，我疑惑她并没有长多长，她看见我害羞似的，不敢叫爸爸。我看到她还好，不大难过。到里面一会儿，小以靖就和我熟了，要吃我带来的鸡蛋糕了。二表叔在家里真不容易，能不吃大烟不赌钱，还作作诗。孝棣、孝乐都见到了，孝乐胖了一点，长得更好看了。我一见到她们就和她们逗，她们大约也欢喜和我玩。晚上睡三表叔外房，一个人睡，有纱窗，没有蚊虫，很痛快。五弟和小弟睡新房，是新盖的，布置得也还不俗气，清清爽爽的。

7月13日　金

到三表叔家去了一趟，怪风凉的，三表叔吃大烟，但不瘦。不爱和男客玩，只爱和孝乐、孝棣她们谈着玩。

7月14日　土

六月初六，下午二时，婚礼在小堂屋里举行。房子小的很，人很多，天又暗，又热得很。证婚人是胡老先生，说的一点不好。五弟穿藏青色西装，孝华穿粉红色旗袍，戴花拿花，妹妹还拿花篮。孝华瘦了，打扮起来还怪好看的，就是嘴好像大了一点。她倒一点不害羞，因为在周家也没有人闹她。这个新娘子倒做的最舒服，晚上也没有人闹房。先是新式的，由侯三表叔司仪，小弟拉提琴。介绍人是江济枕和苏景泉，苏没有来，请人代鞠的躬，之后用印交换饰物，然后演说。我讲的一点不好，全是些感谢的话。二表叔讲孝华从小又没有娘，几乎要哭了，引得我们都很难过。后来五弟换了长袍马褂出来团拜时，我叫以靖向他们磕头，说以后要五婶妈照应了，我也几乎哭了出来。今天人多，菜并不好。

7月15日—18日

这几天全是晕晕的，到周老圩去了两趟，一趟和五弟夫妇一阵去拜客，一趟是小翠（麟和少奶奶）的母亲九表婶请客。周家人也不少，搞不清，头上认得在立煌认的干女儿周艳华。九表婶家的一桌席很好，菜都可吃得很，很雅致。三表叔家也请了一次客。除了吃之外，就是睡，好好的睡，睡好了就和孝乐、孝棣她们闹着玩。孝棣大约也知道我知道她给四弟的信，好在她还不怕难为情。有一夜和二表姑在院子里谈到深夜，谈五爷吃鸦片烟的事，真是叫人痛心。家里的许多事真是一部好小说的材料，暑假中好好的来收集，先做大纲，慢慢的来写。我早就有些野心，就不知道什么时候可以写好。孝棣老成一点，孝乐漂亮，但是有点刺，不大好顺，其实心肠也是很好的。我们老是在谈郑慧，谈向云休，谈我以前和孙凤竹的事，女孩子们也总欢喜听这些恋爱的故事。也不知道是谁说的，她们都知道刘文思的事了。

7月19日　木

在周家圩子已经住了有一个星期了，整天和女孩子们哄，心里也怪难过的。赶快回老圩子，縱和为我预备的好好的，住以前四婶妈那间房，好做一点事。不说别的，日记也有半个月没有做了。下午我们走了，一共有二表姑、以靖、大头、孝乐、怡和、我、宁和等人。我们一起回张老圩，路上还是有几处要过水，经青龙集、柿园、鬼门关、龙潭寺、滚马堰到老圩子，天还没有黑。以靖眼上生偷针，鼻子上又生暑豆子，还不止一个，有几个，腿又一瘸一歪的，我一看见她就着急。想到凤竹如果在的话，看妹妹这样，一定急死了。

7月20日　金

在小五姑、小六姑、三姑、四姑房里玩，睡中觉，谈心。一定得到新圩子去，十婶妈生了个小妹妹，自然没有生儿子高兴。十六奶奶还好。

7月21日　土

和孝乐谈她家余姑娘，孝乐就像大人一样侃侃而谈，我倒真有些喜欢孝乐。小六姑长胖多了，五姑笑笑的，不出头，不过她们待我都好，小五姑又来剥西红柿给我吃。

今天一定得到新圩子去住了。早上写了张条子，把緓和"的溜"了出来，真的我喜欢緓和，这几天不见她，已经有些想她了。她来了，陪她谈谈，谈起纯和在浙江用枪打死人，差一点偿命，后来还是别人替他。她家也真是倒霉，出了这样一个哥哥，连緓和都糟糕。太阳落山，吃过十六奶奶家的粥，我们才出来走了。小以靖知道我要走了，老来我身边靠着我，她洗澡时我们走了，她还哭了，小孩子没有娘真是可怜。一路看到夕阳，看晚霞，到新圩子天已经快黑了。我到凤竹坟上去一趟，以纹陪我去的，下雨下的大，土松了，牛踏了一个大脚印子，坟头上也开裂了，我看着又不舒服。进新圩子洗澡，在院子里谈心，曦和、巾和回来了。晚上，一人一间房收拾得干干净净的，有蚊子反而睡不着。

7月22日　日

到新圩子，算是安静了，但是想起以靖的腿还未好，还是不安逸。早上五婶妈她们到老圩子，写了张条子叫以靖来，我知道恐怕接不来，果然下晚五婶妈、四婶妈她们回来了，没有她。今天一天补记日记，马马虎虎的总算补好了，谁知道最后的日子还是弄错了。两天就做了这么一点事，其实也不少，若能够每天做这么多事也就好了。饭在陆姨娘家，今天她杀鸡款待我，又买西瓜吃。中午睡了，下午和緵和、琪和、陆姨娘她们一同出去散步。到凤竹坟上，发现裂痕更多了，要建文叫人来重新弄一下才成。晚上大家在院子里乘凉，预备明天改《秋灯忆语》。

7月23日　月

天太热了，改一天的文章还没有改完，停下来找緵和玩玩。本想晚上到老圩去接以靖来，也没有去成。新圩旁边有许多兵，小姐们都不愿意出。

7月24日　火

天亮就起来了，没有吃东西就到老圩，路上已经有太阳了。到老圩，四弟、静和、志敏都回来了，是昨天晚上到的。于是在老圩玩了一天，一直到吃了晚饭，我才知静和和志敏叫人抱了小以靖，拿了东西到新圩子去了呢。晚上带小以靖睡，不惯得很，老睡不着。

7月25日—28日

在新圩子住几天没有走动，可是也没有做事，连日记都没有记。天也实在太热，不能做什么事，本想到新圩子来，能写点文章做点事的，谁知也办不到，每天还是糊糊涂涂的。一会儿被五爷拖着迁一会，一会儿又给大伯伯拖住。晚上在院子里乘凉，又怕三爷来迁，平常我欢喜说话的，和迁的人在一起，我便不想说话了。来到家里，因为欢喜和女孩子们打打闹闹的，又摸人家的手膀子，又加上欢喜说话，特别欢喜说别人的恋爱的事，连大伯伯都说我别的都好，大约就是嘴不大好，大受刺激，改过自新，以后绝不多说话，也不和女孩子们闹了。以靖到新圩，想找医生看，也还是找不到，每天五婶妈和三婶妈用葱和艾条给以靖敷，有时疑心她好一点，有时又觉得并没有什么好。为了这个事，真有些着急，真想带她到立煌去看医生了。这几天因为见到老圩十婶妈生了一个小妹妹，又听到傅翰屏死了，因此想到写篇《生死》，可是总没有用，时间全是空谈了。最近空谈的材料，自然是纯和打死人的事，现在此事已经公开了，新圩子的人全都知道了，二十七四弟到新圩，和他一路各处转了一圈。四婶妈和瓜四爷处我们都没有去过，趁此也去了一趟。看到璇和，她已经和人订婚了，好像很高兴的样子，我倒很替她可惜。二十八晚上到老圩，预备明天到周家圩子。碰到四弟，现在我们弟兄有四个人在此，我们也可以开一个会了，家里的确有许多事情要解决。

7月29日　日

昨晚睡觉没有枕，没有被，天有点冷，阴阴的，要下雨的样子。说是老不走，又给十四爹爹叫到房里去迁，到了十点钟才走的。静和、志敏又不上去了，只有我们兄弟三人、二婶妈、大头、新圩子十三爹爹家的四姑、孝乐、緤和、家旭，几人一路，又是过水，绕了不少的路，还是要过水，讨厌极了。幸亏和孝乐在一阵走，谈谈还好一点，走了三点半才走到周新圩。晚上拉提琴，唱歌，还好玩。

7月30日　月

到周新圩倒也居然能做事了，早上爬起来，一气就写了两篇东西。一篇是昨晚上写的乘凉的事，叫《纳凉》，一篇写了五弟的婚礼，完全是事实，看过的人已经很多，都说很好。五弟的婚礼预备寄到《水》上去发表，让大家都看一看。《纳凉》预备寄到《安徽日报》。两篇一共七张小十行纸，写好了，还没有吃午饭。下午睡觉，到楼上各处找孝乐、孝棣玩一阵。隔壁四表叔请客，我剃了一个头，弄干净了才去的。菜、饭都很好，尤其是地点好，在南边的壕沟上，有风有杨柳，在水边上吃饭吃酒。下午我们开了一个家庭会议，叫新来我们家的孝华也加入了旁听，她一点兴趣也没有，像在坐牢一样。

7月31日　火

今天又没有做什么事。我在早上写了几封信，信还没有写好。上午在五弟新房里睡着，他们还在练歌，下午又在他们大更楼上大睡，直睡到吃饭。二表叔请十三爹爹家小四姑，一共两桌，还有周家他们自己一桌。孝乐、孝棣邀我喝酒，几乎把我喝醉了，在凉床上睡了，半天才好，很晚才去洗澡。今天我们继续开会，讨论到办学校的事，孝华没有来"坐牢"，昨天大约已经坐的很难过了。

8月15日　水

　　半个月来全都跑了，在周家圩子又住了一星期的样子，回老圩，五弟、孝华也回来了。又请了两天的客，陆八来了。我和陆八先到三河，一路经过自己的田上，这儿看看，那儿看看，又听陆八迁。一路上第一天歇在桃镇潘乐山家，第二天到三河。一路上我们家的田很多，有岗田，有圩田，佃户们并不顺从，据说还有许多是当过土匪的呢。到三河住远庆坊，原来是家里的一座碾房，现在也不碾米了，房子的材料很好，可惜住家办学校全不合适，要大大的修改一下才成。假如要修改，一定非大花钱不可。许多房客一定要多花工夫去撵，所以我一到那儿一看就知道办学校不成。第二天，陆八又带我去看我们在三河的市房，房子倒真的不少，但没有一处像样子的、可以住家的，全是破破烂烂的。依我说，这些房子全该卖掉才对。我到三河第二天，四弟、静和、志敏、露龄四姑也到了，在吴二爹爹家。七表叔的女儿吴馨梅就来在仓房里考学校的，她和一个同学张小姐一同来的。吴我们在以前时见过，那时她还是一个小孩子呢，现在已经十八岁了。静和、志敏是回陆家畈自己的家去，因为五姑屡次来信说要她们姐妹回去。在三河歇了一天，第二天一早，我们送她们上船，先到长临河，志敏在船上哭了，本来她们一定要我们到她们家去，我无可无不可的，到时候我不去了。我想我去干什么呢？假如四弟答应了和静和的订婚，那我去一趟还有点意思，现在这样僵着，我去了也不好说。在三河也住了有一星期，天天就是睡，白天在雨楼底下的凉床，上晚就到院子里来乘凉，毫无精神。除了听到日本无条件投降这个好消息，大为兴奋，别的都是谣言了。晚上到新华村茶馆里吃过两次点心，干丝、锅贴之类还不错。傍晚上街一趟，街上生意也不算繁荣，我想象中的三河，比真的还要热闹些呢。陆八天天用大鱼大肉的供养我们，天天总要和我们迁一阵，一件事从头说起，总要说上三四遍。他儿子全良大约也很怕他迁，媳妇夏丫头怀着一个大肚子，整天的忙，陆八还说她笨。胜利之后，我们也不用在三河办学校了，一切问题全待胜利后解决，所以我们也就回圩子了。走了一天，我是坐了四十五里路的轿子。到三河之后就生疮了，好像是洋疮，又好像是湿气，腿有点疖子。最糟糕的是生殖器上都有一点，一粒粒的痒得很，非抓不可，抓起来像又很坏，但是我总是忍不住不抓。在三河登了一个星期，什么事也没有做，买了点糖食，四姑又一路回来了，我还坐了四十五路的轿子，都受不了，路上真是热，真是受罪。回到老圩子，在老圩住了一天，又到新圩子来了。妹妹的脚好了不少，但是一脸都是暑豆子，难看极了，我看了一点也不舒服。二表姑说我回新圩，是想緤和，不是［想］小妹妹，倒是真的。妹妹也想。

8月16日　木

我一到新圩，妹妹就不跟五奶奶睡，要跟我睡了，今晚倒乖的很，也没有闹。因为又有一件大喜事，就是以纹和前面政治处的方干事订婚了，别人都不赞成方，我也觉得是件惨事，不是喜事。因为以纹觉得自己家里经济情形太坏，不能读书了，又不能做事，反不如年轻嫁人的好。这也是一条出路，所以别人反对，她自己愿意。这事使我很有感触，我也好像贾宝玉一样，见到女孩子们给人家，心里就不舒服。到家来见到是什么生孩子，傅翰屏死，五弟结婚，璇和订婚，如今这样小的以纹也要订婚结婚。这一大串事，给我一种感触，说不出来，想写一篇《生死》，总没有动笔。七姐中上请我们吃锅贴，烧鸭很肥，我们都大吃一顿。吃完了又在她家凉床上大睡一觉，到晚上才回来。晚饭又吃不下了，只吃了一碗粥。

晚饭后到凤竹坟上去了一趟，因为坟给牛踏坏了，最近才又挑了些土重新抿过。今天妹妹跟我睡，有点哼哼唧唧的，不安逸了。

8月17日　金

妹妹眼上的疮好多了。我腿上、身上破的地方也好了，就是腿还痒，抓起来实在难过，有时一下痒起来，痒到心里。早上写写日记，倦了，睡了一大觉。中午倒没有睡，坐在陆姨娘房里，和这个闹和那个谈。十三爷又来了，晚上在十三爷家吃面。饭后我没有走，以纹来，拖了我坐老半天，也没有出去。十三爷、綵和、我和陆姨娘大唱戏，最后剩我和十三爷两个人，大家都去睡了。

8月18日　土

梦见和四姐在路上走，月亮很好，一路有阴处，碰到没有月亮的地方，舒服得很。早上躺在床上看《红楼梦》，睡了一会儿，下午没有睡。今天看了十四、十三婶妈。看见有全的《红楼梦》，想把《红楼梦》再看一遍。晚上到外面走了一圈，买了点生菱回来吃。在院子里乘凉，和綵和、十三爷谈话，到最后只剩我和十三爷了。

8月19日　日

近来入夜做梦，睡得不大着。今天一天把第一册《红楼梦》看完，共有二十几回。

8月20日　月

十三爷杀鸭请我。老圩只有四弟、宁弟来，早上来了，一直到很迟才吃中饭，夏天油腻腻的东西也吃不下，吃了一碗饭。下午没有睡中觉，浑身痒得很，想到床上去抓痒。可巧下大雨，我们都回到房里去。睡了一觉醒来，听见外面闹，原来是中和回来了。我起来大便，顺便也就起来了，和他说了半天以后就睡不着了，想到许多事情。

9月10日　月

这三十天来又是浑浑噩噩的过去了。先说二十四、二十五走的，又说二十八，又说九月一日，后来一直到九月三日才走成。家里有时也实在不能蹲了，整天听三爷吵嘴骂人。中和来家只蹲了一天，就和外国人一同到合肥。三爷还是忍不住要迁，吵得不停。妹妹脸上的疮一天一天的好，脸也好看起来了。有一天天阴，腿又有些歪了，过一天就好了。本来来家是带妹妹到立煌的，现在抗战胜利了，我们都要回苏州，所以不带她去了，仍然把她搁在五婶妈处，等年假回来，我们一同到上海去。妹妹我虽然欢喜，可是现在一年没有带，再带她，恐怕也没有那时耐烦了。看到她一脸的疮，我就生气，后来疮好了，我才欢喜她一点。妹妹有一个好处，跟了一个人，再不要别人，才来家的时候跟我睡，便再不到前面去找五奶奶，现在跟了五奶奶也不要我了。先说九月一日和四弟、静和、志敏一同走，还有一个周本玉也要跟我们到立煌去读护士学校，谁知先几天緟和打"摆子"，不能走。先是緟和和我吵，有一次她冲我说，"你少和我说话"，我气了几天，没有理她。老在房里看《红楼梦》，几天工夫，把一部《红楼梦》看完了。的确有许多地方写得好，也有不紧凑的地方。后来緟和病得凶了，我去看她，陪她服侍她，替她抹头，陪她说话，她还哭了一场，自然是因为没有什么人管她的事。奎宁丸还是我写条子到老圩子去要的。等缫和病好，歇上一天，我们三号才走的。先一天到老圩子去看看小孩子们，小五姑都不送我，倒是孝棣（这次回家和孝棣闹得很熟了）、孝乐、小六姑她们一大堆人送我们的。五弟到合肥去了一趟，回来说合肥城里的房子全部收回来，没有问题。中和他们一行也起早到南京去了，还送回一块巧克力糖来给我，我全让给缫和吃了。三号启程，天还算好，没有什么太阳，五爷一路一直送我们到聚兴集才回去。我们一行五人，一匹大骡子，让缫和骑，因为她是病才好的，怕走不动。任二挑担子，姚三牵牲口，于是一共五个人了，先还好不太累。快到六安的一段路，突然下起大雨来，我们全淋湿了，路又烂，一步一滑的，真是太不好走了，这种路真是要命。我们走一次怨一次，但现在还是要走，没有法子。到六安天已经黑了，所幸社会服务处居然还有房间，还是我们上次住的2号。晚上缫和睡的那张床上有臭虫，在大椅子上睡睡，又到桌子上去睡，盖的全是白被子。第二天我们把牲口放回去，骑牲口也还是累，雇了一顶轿子、两部土车（小车子），小车子到舒家埠，轿子到独山，我坐了一天轿子，算是没有走路，但是屁股上有疮，坐轿子也是怪不舒服的。第二天先在独山服务处还是上次的那两间房，被窝脏，我晚上根本就没有盖被子睡觉。第三天下雨，一天都是毛毛雨，我们先不想走了，后来把轿子叫来，我们又决定走了，一共只有两顶轿子，我、缫和坐到麻埠。路烂极了，到麻埠吃中饭，轿夫都不愿意抬了，我们又重新雇了两顶，一直到古碑冲。才抬了二十里路，到回龙集小站住，被倒都干净，才订起来的。第四天，我们三顶轿子，才吃过饭后，一会儿就到古碑冲了。房里一股子霉气，收拾了大半天才算弄干净，晚上总算睡了一个好觉。七号进城，我是特别为看疮才进城的，找李世桢开了单子。我想到一定要回去，于是不顾䌷和、平和的留，天也黑了，在戴家岭六百元叫一部车，回到古碑冲，洗澡擦药，痛快一点。八号发了一天的烧，不敢洗澡了，每天洗澡擦药，手上的疮倒是很快就全好了，就是屁股上的难好，但自己疑心也好多了。

9月11日—15日

这几天老在家里睡觉，搽药，弄得一房间都是硫磺味道。我倒不怕硫磺味道，反而喜欢闻它。不过生疮，心里发潮，没有精神，什么事都不想做，懒得很，要等疮好不知道什么时候呢。十五号下午四弟来了，我们就猜到静和会来的，果然，他们两个带了徐庆海一副担子来了，在隔壁住了一晚。

9月16日　日

天刚亮，就让徐庆海吵醒了，静和倒也很早就从女生宿舍来了。等䌷和来，我们一直送她到古碑冲，在杏花村吃的早饭，看她上山，我们才回来。静和要我陪她进城，我真是不太愿意进城呢，没有法子，只好陪她去。临走时，我还洗了个澡，搽了药走的。两个人走，自然不寂寞，刚好一点到戴家岭。她回学校，我到戏院，看是《林冲夜奔》《打鼓骂曹》《春秋配》，都还是好戏，所以买了两张票，还是第四排的很好的位置。预备住老苏那儿，和他一块儿去看的，谁知到特党部他又不在，到安徽学院办事处又住满了。不管了，吃了饭再说。新生活俱乐部餐厅是新开的，还有西餐，一客整的太贵了，我试试叫了两样菜、一样汤，还不错，一共才五百多。吃完饭看戏正好，《林冲夜奔》还不错，张菊隐的嗓子也好了，唱《骂曹》，很有几句好的。刘艳露的《查头关》没有意思，《春秋配》也没有唱完，到快十一点钟了。出来还有点微雨，一会儿天上云开，已经看见星星了。到特党部叫醒老苏，睡他的床，一夜没有睡着，疮痒得很。

9月17日　月

早上老苏老早就起来了，门开来开去的，吵得我一点也睡不着，躺躺就起来了。到护士学校，现在她们搬到忠烈祠新房子里去了，平和一个人一间房，很好了。平和正好没有课，陪我到街上买东西。五千元还不够呢，緤和小姐的东西自然不能不买，全买了。东西买得差不多了，到省立医院，再找找李世桢，他说仍然还是擦那个药好了。在医院里碰到三姑，又遇到刘光琼，他一定要请我们吃饭，三姑和平和自然都不去。他算替老苏饯行的，老苏马上就要到凤阳师范去教书了。又到新生活俱乐部餐厅，我又提议吃西餐，也还吃得很好，就是不该吃咖喱鸡，饭都没有吃光。饭后到护士学校去睡中觉，见到文思了，平和上课。我睡觉也没有睡熟，三点钟平和下课来了，我们谈谈以前在北平的情形，倒很有趣味。一直挨到四点多钟，他们降旗了，我才走。老苏一天都跟着我，一直到我上了洋车，六百元到古碑冲。到学校，天也黑了，緤和正好散步回来，开了门。到房里到底要舒服些，一晚就睡了。

9月18日　火

今天才算好一点，有点精神，没有一天都躺在床上，还做了一点事。二、三、四年级他们昨天就已经上课了。早上起来把房间理好，写日记，下午睡一觉，起来洗澡搽药。赵太太来了，到他们房里去唱曲子。早上他们又请在"绿野"食堂吃锅贴，时间不对，吃了中饭又吃不下了。我吃饭这一阵子还是不香，不行得很，每顿一碗饭都勉强得很。緵和现在就是要每天三顿饭的时候来，其他时候也不来了。写了一封信给大姐，慢慢的写，还是不高兴写。

9月19日　水

这两天总不大睡了，早上起来看《春》和《可怜的人》，《春》自然差多了。老苏来了，他今天动身先到六安，从六安再到蚌埠，除了伏子外，还带上了一名勤务，连澡盆都带了。老苏这个人真没有办法，路费还是我凑的一万，刘光琼凑了一万五千元，他才能走掉的。他还要带人，我有些不高兴了，知道说也没有用的，我便不作声了。中饭时他走了，我知道不到半年在南京、上海这种地方，他又会找到我，缠着我，我好像欠下了他的债似的。下午中觉也没有睡着，起来洗洗澡倒舒服。下午和赵先生夫妇、胡嘉夫妇、文启昌，一直散步到"魂断蓝桥"。回房，小沈又来谈了半天的书。书倒看了不少，就是没有做什么事，赶快要把《秋灯忆语》的事办了，自己也着急。想找詹云青的报社印，自己出钱，也许可以快一点。

9月20日（中秋）　木

又开什么月圆晚会，无聊之极，没有打我们的招呼，就把我们的节目写上了。我和緵和清唱京戏，还有如意情侣似的演《月光曲》。得二姐自成都寄来的《水》，其中有四姐的一篇日记，许多人我都不认得的。读《可怜的人》，一早上读了两小段，忽然想起《秋灯忆语》，赶快找稿子，到晚上已收集得差不多了，只差第四期了。晚会无聊之极，听了三个人的演讲，替赵先生、赵太太吹了笛子之后，我一个人在河边上步月，月亮还不太圆。中秋节好像照例应该有很多的感想，但实际上并没有什么。可是躺到床上之后，还是睡不着。疮痒得很，还没有好，不知道哪一天才能完全好起来。

9月21日　金

今天一天把《秋灯忆语》全部改好，正好二表姑派人来托我们到教育厅为肥西领书，我明天又要进城了。重看《秋灯忆语》，觉得有许多地方我还是写得不错的。

9月22日　土

一早那个伕子就来了，把我叫醒，我们一同进城。天阴，路上下起雨来了，但到了立煌，天却又晴了。先办取书的事，到教育厅编辑室找邹仁贤，他现在在那儿当主任。找编审室就费了很大的事，领书倒不费事，因为有熟人，一会儿就办好了。还欠七万七千多块钱，也就让我们领了，书在护士学校。从省府出来，到地方银行中行办事处，看童八，童八正在腿上害疮，不能走。到民生药房为周本德送行李后，又到地方银行吃腰花面，很好吃，清清淡淡的。饭后叫人找平和，说病了，我便赶去，原来是疟疾，躺在床。一问，领书就在她们学校，就在平和房间隔壁，于是一下子把书全领到了，差一百一十本，在安徽日报社。我反正也要到安徽日报社找詹云青，回地行，和解华绍等再一同到日报社。翻山实在累人，一问，书还没有装订好，要明天下午才好的，白跑了一趟，再回到护士学校。一千多本书，三个人担都不行，非叫小车子不可，而且还要到明天才能走。从护士学校找到四维村詹云青家，和他商量印《秋灯忆语》，他说没有什么问题，约好明天到日报社决定。对于印书的事，我又非常的热心起来。回到地行办事处，可以休息了，等晚上有话剧。一到，正好他家送饭来，我饿了，有板栗烧鸡，我吃了三小碗饭。等到天黑，小毛子十分讨厌，催着一定要去看戏。去了，早得很，人才到一半，等了有一小时的样子，等美国人来了才开戏。第一个《恶邻》，一点不好看，看着名字就知道是写日本人的，浅薄得很。第二个戏《贼》，也不好看。第三个戏《处女的心》，还有趣，可惜布景太慢了。回地行，我一个人睡童八的床。月光照在脸上，想到《秋灯忆语》的事，老睡不着，摸了摸头才好一点。

9月23日　日

起来吃叉烧包。到护士学校，文思正在门口洗衣裳。平和房里一大堆人，旭和、曦和、志敏、申和、窦祖韫都在闹，闹了一阵，她们都在说文思。走出去，先到医院打电话给詹云青，他已经到报社了。再到前面刘院长家看沈玉铭的太太，是志敏、旭和她们的同学，脸上光光的，好像刮过了似的，不太好看，还不如她的妹妹好看。坐一下，我便一个人到日报社，把稿子交了去，二十天可以印好，印刷费要七万多块钱，但不管了，印了再说。又把《眼泪》和《纳凉》的两张报纸要来。从日报社出来，到新生活餐厅吃菜饭。又到护士学校，等他们把书捆好，和文思谈了一会儿。两点多钟的样子，我们一同走了，走过"明永"，买了月饼和点心，给縏和吃。为縏和的事，我总不会忘记的，又为她买十行纸。叫车子，在路上并没有碰到他们的小车子，他们一定在后面了。到学校还早，没有吃晚饭，马上洗澡，吃晚饭休息，累了，等明天再说吧。晚上等解华绍不来，有些着急，他还拿了我一个包呢，不过他明天一定会来的。9号新来的一个先生，有太太和孩子，孩子小的很，没有奶，整天的哭，使得我想起我们以前的情形。

9月24日　月

早上把房间整理好，写一篇《秋灯忆语》的序，写得一点也不好，我不想用它了，也许自己再重新写一篇。把《可怜的人》和《春》都读完了，下午睡了一觉，起来没有做事。晚上冯品三来了，真是太高兴了，老朋友了，又谈了一会儿。他有学生在这儿，到学生那儿去住了。

9月25日　火

要到十月八号才上课，还是和去年一样，早得很呢。不上课没有事做，无聊之极，现在也不大到胡嘉他们房里去了，一个人老闷在房里。下午睡觉，简直是晕了，不得起来，一直迷迷糊糊的，非常难过，醒醒又睡睡，到下午第三课下课时我才起来。搽搽药，晚饭后唱了一会儿昆曲，赵先生今天嗓子不好，也没有唱多少就歇了。我知道今天睡多了，晚上一定会睡不好的，果然，晚上就睡不着了。一阵一阵的大雨，老鼠又闹了两次，弄翻了我的桌子上的碗筷。隔壁的小孩子倒不大哭了。

9月26日　水

夜里大雨，日里也下了一天的雨，天已经凉了，真是"已凉天气未寒时"，正是好时候。今天总算做了不少的事，早上写了一篇《生死》，又在一天之中写了十封信，给二姐、三姐、叶至美、刁集亭、杨苏陆、周孝棣、张露龄、张宇和、窦祖麟、三弟。想写信给四姐，总没有动笔，写给她的信也真是难写。字写的太多了，手都酸了，每天若能如此的做事，倒可以做不少的事。明天还有几封信要写。做做事真是闷得很，緰和现在一天三顿饭的时候来，除此之外，她总不在，而且一吃完饭她就走，也不肯多蹲一会儿，不知道是不是有些怕我。

9月27日　木

仍然是阴雨绵绵。早上写了两封信，给四姐，给李宗斌。每次写四姐的信，总觉得很困难，也总写不好，好像难解释的，吃力的样子。写好了信，上午把《枫叶》上发表的文章贴了起来，订成一本书，叫《温情集》。贴好了，自己很得意。下午睡觉又没有睡好，洗了一个澡，瞎谈谈。想写几篇文章，像《风雨》《凉意》。给文思、緰和的信总没有写，脑子里像乱得很，不能定下来。

9月28日　金

早上写了一篇《感伤》，把《不幸的女子》读完，又读《李义山诗集》，只剩一卷，晚上又读了一卷《珠玉词》。我选的《宋六十名家词》前篇的还差几家的，当时读过没有选，现在在重读、重选。今天还做了不少的事，照这样一天一天的还不错，能每天写一两千字的文章，读一两本这样的书，一定会有进步的。下午卢宜庆来，看我正在选李义山的诗，又看到我桌上放着凤竹的照片，说："我看了她的信，你以后娶太太，能再像她那样的，恐怕不容易了。"我被他说得非常难过。下晚，我一个人到"绿野"食堂去买月饼，看见有女先生远远的来，我想到这时候赶快回到房里了。希望明天能照今天一样的，能做事就好了。

9 月 29 日　土

今天也做了不少事，早上把《感伤》标点好，读《李义山诗集》，把它读完，抄了下来，这几首也用正楷写的。又读《六一词》，《六一词》也是写的正楷，手都抄酸了。饭后睡了一觉，也没有睡好，又洗了一个澡，身上还是有些痒疮，还没有完全好。晚上在孙百朋他们新房子门口坐着，和孙百朋、卢宜庆、张宗元谈心。天黑定了回房，点上灯，刚拿起笔来写《离别》，冯品三来了。他今天上午就来了，已经到这儿来当训导员了。坐下来谈了半天以前的事。他走后，我才开始写《离别》，总算一气写好了，明天再改再点吧。能每天这样写一点东西练练也是好的，这样每天大约写一千多字。其实还可以多写一点，不过这种东西写多了也不好。

9 月 30 日　日

能做事了，倒不能睡着觉了。夜来半天没有睡着，早上把《六一词》抄好，又读了《乐章集》。没有抄，等选好了再抄。天天阴雨，有秋天的气象，绵绵细雨。下午睡了一个好觉起来，再读《六一词》，晚上又写了一篇《初恋》。

10 月 1 日　月

阴雨凄凉，大有秋意。读《东坡词》，选出若干首，晚上抄了几首。老冯来谈了一阵，倒怪有意思的。晚上卢宜庆来，有些怕他烦，他什么都要问，问得我很不高兴。一天老是在看书抄书，也无聊得很，今天没有写文章。老冯来，我们谈起昭通，想起秦湘君来，我得为她写一篇文章，早就想用小说体裁给她写一篇，一直没有写，现在想用散文的体裁写一篇《记秦湘君》。夜来大风，奇冷，被里一点热气也没有。

10月2日　火

早上老冯来，陪他去拜客，到第三宿舍去看另一训导员汪先生，又去看程希明、武承尧，不在。又到图书馆去看一会，到第一宿舍看赵宝瑞，不在。回房已经快吃饭，刘光琼的家眷来了，太太早上来的。吃过饭后，我们都到他家去，孩子有四个，可惜一个也不好玩。在门口晒太阳，太阳已经可喜。回房写一篇《记秦湘君》，拿给赵景深看，他点了一遍。今天又读了《小山词》，没有读完。晚上老冯又来谈心，谈宣威的事，很有味道，我拿出日记来对。

10月3日　水

读《小山词》，又把它抄完。下午开什么"史地研究会"，费了两小时，无聊之极，凡是开什么会总是无聊的。夜晚看《西北视察记》，是旧书，只乱翻翻，找爱看的看了。这两天疮好多了，性欲也强，不免有些胡思乱想。方云昆来了，马上又走，同他一路来的还有几个人。这两天总要到很晚才睡着，早上醒得还是早，但也总要弄到吹吃早饭号后才爬起来，因为再不起，綵和就要来了。

10月4日　木

天天吃油条，吃腻了，也不好吃。把房子收拾好，我心里就打算到杨忠兴家吃鸡蛋皮，去吃了，总是没有我想的好，也没有在白家吃的好，一股子香油味。顺便到图书馆，又把《侠隐记》借来，又到朱老先生那把我上半年借的《宋六十名家词》借来，因为上面有我圈过的，把我圈过的赵师侠、赵长卿的词抄上。今天接到不少信，四姐的，孝棣、四弟等人的一大堆。读完一本《侠隐记》，我记得我没有读过这本书。这两天都没有写文章，我正计划我的长篇小说呢。我不敢动笔，因为我想前前后后好好的想一下，做一个大纲才行，从二六年"七七"起，一直写到胜利为止，叫《张南圩》。我想用几天工夫好好的想一想，等一下再动笔。小说不像散文，可以随便拿起笔来就写。晚上把《离别》《初恋》和《记秦湘君》三篇都交给詹云青。

10月5日　金

今天看《侠隐记》，一直到晚上上床之后看完一本，还有一本没有读。预备明天进城，綵和、老冯都去。现在还有点像小孩子，两星期没有进城，听说进城还是很高兴的。又陪老冯看武承尧，汪梦兰在，样子怪得很，我不喜欢他。他老说还我的稿子，老没有还，可能是敷衍我，想问他，又没有问。一个人散步，遇见刘光琼，和他一同到桃源洞走走，又走到"南桥"。下午，刘光琼在我房里谈话，还有趣。生活安定了，没有什么事好记了。

10月6日　土

约好老冯一同进城，綵和还有一堂课，要等她上完这堂课才能走。谁知又下起雨来了，心里不大痛快，好在一会儿雨就止了。我们一路到响山寺，雨才停，老冯去找朋友，我们在店里喝茶。吃了芝麻片糖，这种糖昭通时凤竹最喜欢吃的。在路上看到有报纸。今天的戏一点不好，刘艳露她们一个也不唱，光有张菊隐唱《古城会》，谁愿意去看呢？所以我们就先去找静和，和老冯约好，四点到他住处去看他。我们到高商，正遇见她们要吃饭。緤和洗洗脸就走了，静和下午还要考英文，不能陪我们一同出去玩，说好了下午到护士学校聚齐。我们顺着大路，一直到新生活餐厅吃西菜，緤和还没有吃过。今天我们每人吃了三样菜、一样汤，辣酱油和番茄酱全不好，菜还好。饭后到护士学校找到平和大姐，文思来了就走了，好像怕人似的。在护士学校和緤和打板羽球，老等静和不来，半天才来。我到段家湾去找老冯，不在，说到张家湾去了，今晚不知要睡到哪里。从段家回来，旭和、曦和、志敏都来了，曦和向我借了一千块钱。一阵走到地行办事处，正好童八出来，一同拖到行里去吃饭，又是一大桌子，买了馒头来吃。饭后童八有许多朋友来找他，我们出去走走，到戏院门口看见戏是《四盘山》，准备回去。緤和懊恼的很，已经没有好票了，只好走走。送平和回学校，静和又把文思叫来，我和她逗一下。后来问到晚上要自修，她趁势说道，"我的灯还点在，不陪你了"，笑笑，就跑了。临走时那一笑，笑的挺好的。静和、平和算账，亏了六千元。我们回办事处，童八太太他们一家也在，住在办事处来了，因为在杨桃坪怕抢，甘良淑他们不久也要回到合肥去。另搭一张床给緤和、静和睡。我和童八睡，又会睡不好了。

10月7日　日

即使睡不着，也赖着不起来了。起来了，静和拖住，写关于双十节的文章，这种文章我最不会写，逼着也只好写。吃过早饭，他们出去了，我一个人还在办公室里写文章。写好了，我也到包公祠，碰到他们从大华出来。我因为还要到安徽日报社去一趟，看看我的《秋灯忆语》排得怎样了。我也到大华，想买袜子，没有买到，买到了两条小手巾，还好看。到日报社，詹不在，找到营业部主任刘先生，说没有排，一星期可以排好，一星期可以印好，两个星期后就可以出版了。希望快一点。回到支行办事处吃中饭，饭后旭和、志敏、中和来了，他们又没有吃饭。我们买了六张票，他们又没有看戏，闹闹就走了，我们十二点半才到戏院，还在唱头一出，緵和在家就急得不得了。从地行出来，我就不大高兴，緵和老催，旭和他们不吃饭。每次花了钱去请人看戏还落得个不讨好，不痛快，真是何苦来呢。到戏院，我一个人坐一排，不说话。刘艳露的《金锁记》，刘艳华唱《双摇会》，杨、张的《戏凤》，都没有什么好。三点钟戏就散了，也亏好三点钟就散了，不然我们还赶不回来。一路上不太说话，緵和一直往前面走，她就是这样。我想，假如大姐、二姐、三姐、二弟、三弟他们随便哪个和我一路走，[也]不会像她这样一个人远远的不睬人，亲疏到底不同，她同中和在一起走，就不是这样的。因为怕黑，一路我们都没有停，到校天刚黑。没有洗澡，洗洗脚，明天再洗澡。吃鸡蛋皮，半天才来，吃不饱，又叫了饺子来吃才差不多。累得很，进一趟城回来是懊悔，緵和一个钱没有花，吃了两菜一汤，看了戏，还说下次不进城了。我自然更懊悔了，花了钱不讨好，自己还累，还生气，真不值得。

10月8日 月

　　去年好像是十月八日才开始上课，今年也是如此。一年级的人真多，还有许多人站着，也不是办法。连上三课，肚子真饿了，赶快吃饭。下午午觉睡得很长，刮风，天真是冷了。前两天写文章倒很有兴趣，现在又好像淡了，应该保持那两天的情形就好，能每天写一篇短文章也是不错的。昨天回来走路，我又想到"亲疏"可以写一篇文章。

10月9日　火

这一阵子天冷，我又买烟抽了。胜利以后，东西都便宜了，烟便宜了不少。现在緵和只三顿饭来，余下的时间我做事，做累了，寂寞了，就叫烟陪陪我。我今天自己有三课，已正式讲书了，明天双十节又要放假一天。晚上出去走走，碰到李大胖子，拖到"绿野"食堂去吃茶，吃了许多瓜子、花生，胀得很难过。上午得四弟信，说四爷死了，是死吃吃死的，三十二块糍粑、六根老包谷、三碗新米饭、四个咸蛋。我看了，笑了半天，噩耗变成了笑谈。晚上写信告知镕和小弟。

10月10日　水

双十节，也没有什么特别，学校里扎了两座牌坊，难看极了。早上开纪念会，我们也都没有到。读《竹屋痴语》，没有什么好的词。下午睡了一大觉起来，吃晚饭。赵景深他们全家人今天走，歇在古碑冲。下午他们夫妇来了，写了封信，让他们带到上海去发。没有送他们到古碑冲，预备明天一早去送赵太太他们，他们还不高兴的样子。晚上小沈先来，不久，老冯又来了。做梦，梦见在吃饭的时候，幺小姐来了信，厚厚的一叠，拆开来尽是些画片，画片后面写的字，有些画片还没有字，歪歪倒倒的，我看了半天，也没有看出什么所以然来。这两天晚上又常做梦了，双十节，想写点东西也写不好。

10月11日　木

早上算是起得早，才吹吃饭号，我把什么都弄好了，到古碑冲去送赵景深他们。天一早一晚都很冷，穿了棉衣裳，谁知道他们已经走了。我想到李希同一定以为我没有去，一路回来，想到杜甫的"苍惶已就长途往，邂逅无端出饯迟"诗。今天上午一课，下午无课，下课时想睡觉。读《梦窗词》，全是长调，没有什么好的，无聊就抽烟。立煌大火，胡嘉回来说包公祠一带全烧了。晚上点上一支香，坐在桌边做些什么呢？我词也看不下去，于是翻阅在昆明的日记看看，自然想凤竹了，还有许多好材料没有写进去。譬如我手酸腿酸，我说我若是疯瘫了怎样，她说她带着娃娃讨饭，也要讨给我吃。当时我就很难受，现在想想更难过了。我想现在是她死了，假如我死了，她还不知道怎样呢，一定也要死，否则她也绝不会再嫁人了，会守着妹妹好好的过。我想想她，看看放在桌上她的照片，她好像也在望着我。真是这些事叫我到哪一天才会忘记啊。明天想进城。

10月12日　金

进城也并不早，弄到第一堂课上课了才走。一个人走，无聊得很，一路都没有停。先到"新生"浴室去洗澡，早上没有人洗，先只有我一个人，洗的很痛快，修脚捏脚全做了。出来又剃头，在民众食堂吃炒粉。最近立煌两次大火，一次戴家岭，一次在包公祠，火场都还在，立煌的精华全烧了，若是再烧一次石稻场，立煌就没有了。饭后到地行办事处，人不在，人家请出去吃饭了。把东西放到了包公祠，看火场，从大桥、牛肉铺一直烧到省立医院，山上的许多房子都烧了，几乎烧到护士学校，东西都买不到了。我到省立医院，找到三姑，带她到常三表爹那儿去。和她一路出来，要到护士学校时，刚好平和出来了，又一同到地行办事处。童八的太太、小孩子明天回家，都在理东西。平和写信，我到民生路孟家找三表爹，吃了不少夹心饼干和沙琪玛。回到地行，我、三姑、平和三个人谈，吃了晚饭还是我们谈，三姑最会说了，说的最多了，我们都听她的。我送她们回去，先到医院，后再到护士学校，我都没有进去。回地行，我先睡了，一个人睡童八的床，很舒服。

10月13日　土

还没有亮就让他们吵醒，我也忙想起来送他们。看他们上了轿子，挑子都走了，我、童八才回来洗脸。小孩子们走了，安静得多，我想到以前我也巴不得凤竹、孩子离开我，让我清静清静，但是过过就不行，就想她们了。现在早上晚上都冷了，我亏得带了短大衣来。七点多到"新生"吃小笼包子，还好。吃完了，我想把东西买买，今天也该回去了，在城里也无聊。这两天在唱什么《啼笑姻缘》，毫无看头。到护士学校去，平和房门锁在，我就出来了。到荣昌家买吃的东西，提着到日报社，詹不在，连营业部的刘主任也出去了。一会儿刘先回来了，带我看排字，已经排好两段了。从排字间出来，詹也回来了，又在他房里坐了一下。从省府出来，回地行吃中饭，光是我和童八两个人吃饭。我大睡一觉，醒来才一点多，我便走了。五百元在戴家岭叫到一辆车子，车子拉的很慢，到学校正好吃饭号。到房里，緥和正在吃饭，许多吃食，她自然高兴多了，登了一会了。晚上得孙基昌从南京来的信，问凤竹的后事。拿起笔来想写，方荣品和一个什么王队长来了，坐了一会儿走了。我没有写信，对着凤竹的相呆了半天，现在叫我再来写凤竹的后事，怎样写呢？我差不多有一炷香的工夫在发呆，明天一定得回他的信，还有许多别人的信也要复。

10 月 14 日　日

接到不少信，都复了，一共五封信，给二表姑、孝棣、五爷、小老姑、孙基昌。写了一上午，下午也没有做些什么事，晚上读《梦窗词》。我不欢喜长调，也不欢喜他的堆砌，选得很少，有许多读不断，读不懂，也马马虎虎的让它去。

10 月 15 日　月

读完《梦窗词》。总算读完了，费了我不少时间，以下便没有这样尽是长调的词了，而且都只是一卷一卷的，比较的容易读了。《感伤》到今天才登了出来，我现在天天看报，就是看有没有我的文章。一上午都没有空，在上课。下午天热人困，睡了一觉，老不得醒，难过得很。一天闷得很，这一阵子这样的日子很多。傍晚上灯之前就唱唱戏，一个人在房里唱，点上灯做事。

10 月 16 日　火

读《竹斋诗余》和《金谷遗音》。《金谷遗音》里很有许多好词，读起来还有兴趣一点。晚上老冯一定要请客，我们就到"绿野"食堂去吃一点小酒和水饺，已经吃得太饱了。这阵子淫思比较多了，常常会头疼，应该做点事写写文章才好。老冯说我是两种气味合起来的，一是大家公子味，一是书生气，这话就是恭维得很不错。这一阵子也老在想，倒希望日子快点过去，让我的书快一点出来才好。

10月17日　水

　　今天好像有些病的样子，头晕的很，也痛起来了。也许这一阵子想的太多了，想回苏州，想到上海，想到许多人，头痛的原因太多了，不知道到底是为了什么。下午睡了一觉，醒来更不好，没有精神。勉强读完《金谷遗音》《散花庵词》和《清真词》，除了《金谷遗音》有好词外，其余的都没有我所喜欢的。闲暇时就想到凤竹。隔壁9号里又住了一位高杰文先生，他也是死了太太，带着个男孩子住在学校，晚上听到小孩子轻轻的哭，我心里非常难过。这几天特别抑郁，也懒得动笔写文章，想倒是想写，就是不想写字。还有长篇的《张南圩》，一直也没有敢动笔去写。夜来常做梦，做梦说已经到了上海，但住在旅馆里，一直没有去看老伯伯。那天得去，坐在电车上又睡着了，坐过了站，来回走了几趟，才到老伯伯他们一家。老伯伯仿佛知道我今天会要去似的，早就预备好了，老伯伯在门口迎接我，还是那个样子，没有老。楼上放了许多粉皮、鱼肉等等，是预备给我吃的。到房里只有静华和小六妹在，小六妹也长长了，她们两个打扮得一样的，都穿一件淡绿色的旗袍，头上都戴了花，脸上还搽了粉，搽的粉团团的。我就抓住小六妹的膀子，不记得说了些什么话，她老是笑嘻嘻的，偶然她一回身，我看到她的侧面十分像凤竹，我心里马上一冷，就醒了。头疼，晚上也并没有早睡，看词看到很迟才睡。

10月18日　木

　　9号高杰文又搬走了，11号原是苏世蕃，也搬走了。新来的一个张先生，王玉海说他一脸的浑肉，果然不错，又高又大，说话是江阴人的口音，真不愧为是"江阴强盗"。他夜晚鼾声大作，我本来头就疼，一吵就更加睡不着了，受他影响不少，海派人我们总不欢喜。早上一课，下午一课，中觉也不能睡。看许多书，全是这本翻翻那本翻翻的，《吴梅村选集》、《先秦史》、日记等等，乱七八糟的。词今天没有读，晚上在孙百朋房里大谈，先有刘光琼，后有张宗元、吴韵松、小沈等等，从结婚问题谈到办税，一直到吹就寝号我们才走。想凤竹，这两天特别想她，不知是为什么。

10月19日　金

想今天进城，后来又耽误了，说明天进城吧。一上午就在看词抄词，这一阵子对词又特别起劲起来了。下午到老冯处去坐坐，他那儿有一份报，到胡嘉处去看报，总惹他们不高兴，以后索性不去了。老冯处有，别人处都没有报。老冯那儿等报来了，一看今天晚上的戏是全本的《玉堂春》，好戏，不可不看。这两天真闷，正好进城去玩玩，决定马上走。老冯不能进城，我一个人走，捡捡东西，马上到古碑冲叫车子。其实已经两点多了，叫到车子还算快，一路又是下坡。到石稻场停下来一看，票已经卖到最后一排了，没有什么看头，只好去找童八。本来制服上的扣子就掉了一个，后来又掉了一个，五个扣子倒掉了两个，赶快到街上去买到了。到护士学校找平和钉，平和又不在。出来再到地方银行办事处，等他们下班了，童八说找尹克明去，因为我还认得他，于是一同去。还有一位刘先生，原来也是他们银行里的，也是一个戏迷。他们还想去看看杨红英，我知道以前尹住在杨红英家，现在不知是不是仍然住在她家。到了戏园子去问，居然前面还有票，二排的，我们买了三张。好啦，也不必找尹克明了，赶快回银行吃饭。等天黑了饭吃过了，张学赢又派人来请刘去吃饭，他们先说好的，他只好去了。我们等月亮上来了，到戏园还没有开戏，等了半天才开，还有一出《求寿》，然后才从《嫖院》起。先是刘艳华做，太妖艳了，苏三初接客时一定是很腼腆的，绝不会十分风流，角色不符合她的身份。不过有一个身段很好，就是见到周昌时一吓，向地下一顿，那一下还好。从三次进院《赠银梳妆》起就是刘艳露做，扮相并不太好，唱也唱得差，《起解》倒唱全的原版，还不错。《会审》自然是杨红英了，慢版、原版都不见长，后来流水倒颇有可听的，《探监团圆》，戏倒很过瘾的。回行里洗脚，又谈了半天。刘是合肥人，也很会"刮蛋"，他的床让我睡，他和童八睡，倒叫我不好意思，不过仍然没有睡好。在戏院里，遇见平和她们，就坐在我们后一排，她明天早上到行里来。

10月20日　土

醒来就头疼，睡不好更疼，咬硬的东西头都会疼，这两天就是想的太多了。今天的戏是《一捧雪》，买不到票也莫奈何。还睡在床上，平和就来了，吃包子，谈天。童八他们还要上班，盖图章忙得很。到十点钟的样子，我叫了平和陪我到日报社去催书。一去，詹正在，一看还是才排到第三，下星期还不能印出来，真是糟，已经一个月了。只好叫平和常常来催吧。到护士学校叫粉皮来，半天才来，又吃了一小点亏，好在不饿，还可以。我还有一个扣子没有钉。平和叫文思替我钉。她倒好，替我把一件衣裳上所有不稳的扣子全都钉稳。我找话和她说，她才说因为周本玉发神经，我们就谈到神经。后来，后来她又借一个机会溜了，她总有些怕我似的。在护士学校蹲了一天，终于把曦和、申和、静和等来了，说一同出去吃晚饭。平和说准文思、巾和出去，我没有答腔，她们也就不说了，于是我们一同出来。平和有人请，不去，静和还有个朋友在理发店里，我们又等了她半天，姓邓，小小的，还好玩，很会说话。到"新生"，又碰到童八，于是我们在一起七个人，还有一个曦和的朋友。吃蟹糊、虾仁，还不错，可惜太少了，一下子就吃光了。又碰到以璞，也在请客，我是从来不大看见他的，他也从没有到学校来看过我。吃完天已经快黑了，静和、邓小姐还要回学校，路远，我们一路送她们。半路上月亮就出来了，送过土地庙，已经快到她们学校了，我们才慢慢的步月而归。回行里，我洗澡去，"新生"居然有大洋瓷盆，我还不知道，地方也好，盆也好，就是冷一点。出来刘还要到戏院去站着看一会儿，我们都笑他。没有去银行谈天，许多事我都不知道，听听也还是有趣。我到十点钟就睡了，洗了澡，今晚睡的很好。

10月21日　日

　　早上仍然谈得很迟才出去，童八和我一阵先到蓉滋家买夹心饼干、凤尾豆等东西，又等他看腿，然后到护士学校。平和不在，巾和、文思都在，站着说了两句话就出来了。遇到静和，一同回行里，平和也来了，我就和静和逗四弟的事，她一定高兴。童八请行里的两个人来吃饭，生人不大自然。饭后又去找三姑，三姑很好玩，自然一见到她就说到黄宗秀了。和她在一起总不得寂寞，她说起话来欢快得很，我们却都笑她，她倒不好意思了。到两点钟我们得走了，出来回行里，童八、平和都送我。静和是可以从戴家岭走的，到戴家岭车子还要六百元，我没有坐，于是一路都没有车子了。一个包又重，还有緵和的一把伞，亏好我的一件大衣落在童八处了，否则真是没有办法拿了。我走得又慢，许多人追过我走远了。秋天的太阳是这样的容易下去，先还不炙人，最后走到阴处就冷了。到小路上，外面的风吹着冷冷的，里面还在出汗，不大好过。我一路都没有停，累得很，到学校简直不能动了，拿了钥匙来开了门。緵和也来了，自然就是问伞和照片，倒都带来了，至于我累的事，她自然没有想到。我常想到一句"其所厚者薄"，说缥和真是对的，叫她替我桌上的灰掸掸，她还不愿意。喝一杯红茶，把买来的酸橘放进去，还有点柠檬的味道。喝喝茶，抽支烟，缥和也要走了，她总蹲不到半点钟。一个人记这几天的日记，一气写完，还没有下自习。

10月22日　月

城里回来头还是疼，身体也累，人也没有精神，睡觉起来，嘴里发苦，今天还连上了三节课，饭一点也吃不下。说他病，又好像是好好的，说不病，他又难过得很。晚上我把四弟的信给缥和看，因为信上说的，中和至昆明，有信给他们，她看了信，脸色就变了。因为中和给平和也有信，为什么没有信给她呢？但是她马上就压住了自己，没有哭出来。我们又谈了一会儿他们的事，很多时候没有谈这些事了，她不愿意人说，我也不说。她走后，我觉得身上冷的很，穿了棉大衣都不中用，于是我一早就睡了。也是老睡不着，反而头痛。

10月23日　火

到晚上还是有些怕冷，怕是疟疾，我又很早就睡了。刚上床，就听到外面有人叫失火了，赶快爬了起来去看，原来还在很远，是於种他们家那边。许多人都在看，我也看了半天，果然好看的很，等到回来已经吹号了。

10 月 24 日　水

还是头疼，没有精神，嘴里没有味道，不做事了也不成。晚上縴和来吃饭，还要和我生气。她一进来就叹气，我说她，她说我又不是冲着你叹气，好，我便不说了。她脚上生了个东西疼，走路不便，今天买了两粒奎林来吃，晚上好像好一点，睡的略迟一点。

10 月 25 日　木

上午一课，下午一课，英数系班上有个漂亮的女生，文史系班上也有一个，都不知道名字。下午看体育系学生翻筋斗。晚上不冷，不过这几天比前几天好一点，也能看看书了，否则真是太无聊。

10 月 26 日　金

看看词，看看《初民社会》，头还是疼，不过似乎要比前两天好一点。縴和脚疼，早上没有来吃早饭。我又把胡子留下了，把下面的剃掉，两边也修得短一点，很得意，常照镜子。今天还有一件得意的事，是《秋灯忆语》的原稿拿回来了一大半，只有第八段还在企业公司，汪已答应叫人再去找，大约全可以找回来的。下午写几封信，本星期不预备进城了，杨红英、刘艳露他们都走了，只有张菊隐还在唱，也没有看头。没有玩的，去干什么呢？头疼，也不想写东西，但这两天总得耐下性子来写点东西才好。

10月27日　土

头又忽然晕得很厉害，什么事也不能做，苦极了，这一阵子被头疼磨苦了。《记秦湘君》今天才登出来。

10月28日　日

家里来人把皮衣箱子拿走了。本来也该拿走，拿走了好一点，省得负责任。星期日整天在头疼之中。

10月29日　月

今天头大好，不大疼了，上了两课。下午好好的睡了一觉，晚上又读了半天的词，写了半天，头好了就可以做事了。平和托人带信来说下星期四可以印出来了，这也是一件好事，不然也不知道哪一天可以印出来。黄昏时候，一个人唱唱吹吹，还是太无聊。

10月30日　火

又把胡子留了起来，看这一次能留多少时候。上午两课，下午一课，下了课又睡了一觉，一睡就睡到第四课了。晚饭后，自己唱唱昆曲，又唱唱京戏，到吹上自习号才做事。读词，读《初民社会》，到吹号才睡。

10月31日　水

只上一课，今天是蒋总裁的生日，出了一张大壁报，我可没有看。

下午提早一小时吃饭，还开什么游艺会。我们去散步去了，从皖干团那儿兜了一个大圈子回来，天黑了，听到中山堂里几句《玉堂春》，还不错。晚上李大胖子来房里，翻《夜奔》，闹了大半天。我看了一会儿词，就睡了。这两天头还好，不大疼了。

11月1日　木

本来今天就可以进城了，可是緤和说星期六进城，只好陪她星期六去了。我这两天为《秋灯忆语》在想心事，怎样卖，怎样销，怎样寄，为它我也不知花了多少脑筋。今天上午一课，下午一课，上完本星期就没有课了。上午空的时候读词抄词，《宋六十名家词》也快读完了。也该读完了，已经有快一年了。晚上和文启昌一同出去散步，他老讲胡嘉和胡太太的事。晚上又读词。

11月2日　金

上午写了一篇《凉意》，不好得很，和原来的意思又不同了。读吕思勉《先秦史》，做一点札记就吃中饭。下午睡觉起来，到孙百朋那儿看他写字。晚上读词。明天进城了，老想到出书的事，好像见到书就像见到孙凤竹一样。

11月3日　土

两星期没有进城了，这次进城去拿书。早上收拾好了，便站在房门口吸烟，看女学生。我们对河就是女生宿舍，上课下课，人们来来往往，正好看看。可惜新生一个也不认得。等緤和下了第一课，我们一同进城。

才走到金若家门口，就碰到老冯，于是一同走，一路走的并不慢。快十月了，走路太阳晒着还是很热的。到傅家湾，縥和要脱衣裳，我们歇了下来喝茶。到响山寺，老冯到六中去找人，我们先走了。先到高商，这次进城就是为看静和病的，她来信说，头颈里生疮痛的厉害，我们才去的。到高商，谁知她已经请假到医院去看病了，住在护士学校了。縥和跑得一头的汗，第一下就没有找到人，就生气。我和她说话，她就吵，我也不作声，肚子又饿了，走了一会儿才好。到护士学校，静和又不在，到医院去了。洗洗脸，喝杯水，歇一歇，文思来陪我们。她们的校长姚先生又生病，要去住院，平和还要去招呼她。她说书要下星期四才出，意思是说十一月八日，我又算白跑了。歇了一会儿，她们都吃过饭了，我们两个去吃，没有蟹，就吃虾仁、软炸腌肝，我们把菜都吃光了，每人只吃了一个馒头，吃的很胀。"新生"可惜苍蝇太多，茶房在厅的长椅上睡觉，是个关门的气象。饭后到童八处，静和在，正在拿热水敷头颈，头颈上起了三个核桃一样的包，一个大一点，厉害一点。在吃饭的时候，我去买了票，今晚是全本《范仲禹问樵·闹村·打棍·出箱》，五张票，请请刘先生，上次是他请听《玉堂春》的。在办事处，和静和玩玩，我去剃头，正式把胡子留起来了。回来他们已经吃过饭，我们炒鸡蛋饭吃，我吃不下，只把鸡蛋拣了吃了。晚上看戏，就只看了《问樵·闹村·打棍·出箱》一段，其余的都是瞎闹，不过还好玩而已。回来洗脚，我睡外房，縥和、静和睡里面童八的床，童八和刘睡。冷，我睡不着，听到到十二点了。

11月4日　日

我第一个起来，一会儿旭和、志敏来了，旭和一来就和我闹吵，志敏倒好。吃了早饭，童八闹着要去照相，目的是去照胡子，其实他的胡子比我的差多了。照了相去看三姑，又闹了一阵，旭和和志敏回校，我买了夹心饼干和沙琪玛给她们带回去吃。缥和她们到护士学校，我们去洗澡。星期日上午人也多，洗得不开心，擦也擦得不好。洗了澡出来到护士学校，平和睡在床上，疟疾，心思又不好。在"荣昌"买吃食碰到文思，文思就说周本玉死了。我一呆，真的谁信她会死？说是还死在路上，在流波硐死的，这真是糟糕，周本玉是和我们一路来的，只说她有些神经病，神经病也不至于会死啊，真是料不到，我心里冷了半天。和平和谈谈三爷的事，也没有办法。我们去吃饭，巾和不去，文思也不去，我们三个到中心饭店吃蟹糊、鱼，全是发物。回地行拿了东西，休息了一会就走了。静和和我们一路到戴家岭，又找钱存济的中医看了一看，开了方子。静和和我们分手时，都要哭的样子。我们一路走，天黑的真快，到傅家湾已经快黑了，喝了一点茶，再走天就黑了。缥和想到要洗澡，要打水，就急了。到学校，我叫她带今天的报来，《初恋》今天才登出来。她又和我吵，我真有点火了，说"你不拿好了！"一到房里，我还在洗脚，卢殿宜就来了，才到家，我什么都是乱的，最怕人来吵了。没有吃饭，只吃了点夹心饼干。缥和来洗澡，水顺利，也没有气了，报也带来了。

11月5日　月

进一趟城总是累得很，可是吃吃喝喝看看戏，也还是值得。缥和就说不值得，下次再也不进城了。早上把《初恋》贴好，《温情集》已经有十四篇了，这半年来，我想至少要凑满二十篇才好。贴好了，不时翻翻看，也怪舒服的。上午上课，讲西周文化贵族的生活，学生们感觉很有趣，许多人都笑了。下午睡了一觉，好像也没有睡好。晚上读词，快读完了，只有最后一本了。读完了抄好，我想自己再选一下，然后自己注，注古典的意思才好。晚上睡下来，思绪颇多，这一阵子又是这样了。

11月6日　火

以前每天早上吃稀饭，总是吃油条，现在自从发现牛肉包子以后就大吃牛肉包子了。上课前翻翻《先秦史》，也没有什么材料可以参考。连上两课，讲"六礼"，学生们都高兴听，大笑。下午老冯来说刘天予一定要叫他做出纳组主任，他也只好干了。其实这种事自然不干，如果叫我，我是绝对不干这事的。晚上又读词，读了一卷，倦了，一个人玩灯芯，意思是油快一点点掉，我好睡觉。

11月7日　水

只有一课，上了就没有事了。接宇和和孝棣的信，说到孝华有孩子的事，孝棣还叹气说孝华的黄金时代已经过去了。接城里带来的信，童八写的，说平和的病有转伤寒的可能，要我进城一趟，有事商量。我想明天进去，本来也要进城去拿书。平和病真是倒霉，他家若是她死了，那才真是糟糕呢。下午睡觉，老冯来闹醒了，到沈弗瑞那儿去混了一下午。快吃饭前这一段时间最无聊了，没有办法看书，把《宋六十名家词》第十三册看完，只有一本了。晚饭后和胡嘉夫妇、文启昌外出散步，到天黑尽了才回来。抄词一直抄到吹熄灯号才抄好。读完《宋六十名家词》，算是一件大事情，已经读了一年多了。

11月8日　木

平和来信说，书星期四可以有了。平和又病了，所以我今天一定得进城去。中饭豆腐烧肉烧坏了，一点也不好吃。下午还要上一课，上完课就到古碑冲叫车子进城。一路下坡倒是快得很，一下就到了地行，天还早得很呢，才三点多钟。于是我到报馆去一趟，没有人在，看书还没有全印好，也没有切出来，我留了张条子给刘主任，约好明天再去。回到童八处吃完饭，他们现在在大伙食团吃饭，人多的很，全不熟，吃饭很不自在。饭后到医院看平和，平和住在头等病房，不过他们这儿的头等病房也抱歉得很。平和是伤寒，热度不高，算是最轻的伤寒了。三姑最会说了，有了她，不愁寂寞，也不愁没有话说了。我和童八又回到地行，先谈家里圩子里的事，后来刘延武、吴某来了。吴结婚几年没有孩子，急着要孩子，刘就骗他说有法子逗他，后来我们也掺在里面谈。本来这种养孩子的事，大家都愿意谈的，闹了一阵就闹到十一点了。

11月9日　金

昨夜睡迟了，早上都睁不开眼，听到隔壁刘、吴他们在吵。原来吴昨夜"跑马"，把刘的床的卧单弄脏了，刘说他"作"。吃了早饭，我一个人就溜出去洗澡，早上人少了一点，谁知道池子里就碰到了李炳奇，自然是他会了账。又邀我到他家去吃中饭，我不好不去。洗了澡出来，他们去办公厅，我花了二千元，买了一罐牛奶，带到医院去给平和吃。到医院才一会儿，省府就下班了，我便到李家去。他们也要走了，省府已决定暂时搬到合肥，李家的家眷也定在星期日先到合肥。他们还是叫了菜来请我吃的，这次没有喝酒，没有丢人。在李家吃过饭，一同到报馆，先到装订间，说只要明天能下版，那么星期二可以印一百本出来，其余的到星期三才好。我只好等等了，好在星期一放假，这几天可以天天催他搞快一点。从报馆到李家，又到办公厅看看。我买了橘子又到医院，平和要汇钱给中和，又要给家里兑钱。我们老答应帮助中和，老没有给他钱，我说会汇两万元到昆明去吧。于是到地行里，找到童八汇去钱。从办事处出来，我又到高商，一个人走了半天，找到静和，静和的头颈好了一点。碰到孔祥杰，坐了一会我就走了。静和和我说，她明天出来到银行来。我一个人出来，本不想在他们行里吃饭的，因为人多，可是在门口碰到童八，在上面叫我进去，没有办法。今天晚上不能再"刮蛋"了，童八到隔壁，我早早的就关门睡了。

11月10日 土

再不想在他们那里吃早饭了，早早就溜了出来。包公祠一带又有许多房子盖了起来，在一家小馆子吃面，不佳。买了梨和橘子到医院，三姑叫到她房里去，她的房在高坡上，现在她一个人一间房了。到房里看到护士她们大批人都来了，文思是自然在内，我自然想下去看她。学生们都走了，文思一个人留在病房里，服侍平和，倒是真会做事，一会儿打牛肉汤的沫，一会儿洗碗，忙得不歇。巾和也来了，中上找张大姐（梅珍）、三姑，我们一同出去吃饭，鱼虾蟹好像都不新鲜，吃了之后，三姑、文思都不舒服，我第二天才知道。吃了饭她们回学校，我回医院，童八买了糖来，还好吃。童八上班去，我再到安徽日报社去催书，看他们正在印，没有几张了，说明天可以下版了，这样后天我就可以拿一部分走了。我把原稿带了回来。本来今天静和和女中的一批都该来的，她们都不来，我到大街上去迎她们。看到有许多女中的学生，知道她们要来了，果然在桥上遇见她们四个，旭和、曦和、申和、志敏，一同到医院看大姐。晚上又带女中的一批出去吃饭，到"新生"，仍然吃蟹和虾，新鲜多了。我吃馆子，饭一点也吃不下，光吃菜。饭后天已经黑了，送她们回女中，我回地行。

没有人，我看张恨水的《似水流年》，一点也不好看。早上王福田要出院，没有钱，我借给他八千元，身上快没有钱了。

11月11日　日

又是一个人溜出去吃锅贴，吃了八个很好，馅也很好。回地行办事处，等静和老是不来，我再到医院，静和在医院躲着，怕我骂她。文思先走，等文彭，有姐夫叫他们去。他们走了。申和、曦和出来，旭和做菜，没有出来。中上我们到一家广西人开的馆子，吃叉烧肉、香肠、炒粉、炒腰花，味道都很好，也很便宜，就是来得太慢了一点，我们吃的都还满意。回医院，到三姑房里，我这两天差不多整天都在医院里，从三姑她们房到报社很近。和静和一同去看装订，房间里已经摆好了，只等装订的人装订了，说明天一百本是可以有的，我也定心了。又带静和到各部分去看了看，印刷房、数字房都走到了。回到三姑房里，旭和和志敏听说报馆好看，又要去看，又要把我拖去，静和就拖住我了，几乎把衣裳都撕破了，结果没有去成。旭和、志敏她们一会走了，她们女中马上就要放学了，十号便可以走了。晚上又到广西饭店吃叉烧和汤，吃的很饱，黄芽白也炒得很好。饭后一同到童八办事处，本来说好，张大姐替她找地方住的，但是谈谈，她不肯走了，又下起雨来了，刘延武又出去打麻将去了，童八打电话叫他不要回来了，这才有地方住。一会儿童八倦了，先睡了，我和静和坐在房里谈话。也不知有那么多话说，她也会说得很，现在叫我再说那么几个钟头到底说了些什么，我真是一句也不记得了。谈谈我要去睡了，她不让，一直到十二点，电灯熄了，才点上洋蜡走的。童八已经大睡着了，我和他睡一张床。夜雨。

11月12日　月

总理诞辰，放假一日。早上醒了，但眼老是睁不开，都是昨夜静和闹的，她倒是一早就爬起来了。今天不在大伙食团吃，我们三个在房里吃。九点多到医院，平和热度又高了一点，说是人多闹的，又说是她昨天写信写的。她半天不作声，大家也不说话。坐了一会儿，陈志杰来找我了，他是我们在昭通时的同事，并不很好，也不熟。他是教劳作的，我时常在街上碰见他，昨天也碰见他了，今天他找来了，所以约我和夏登社一同去吃饭。老夏和他是同乡（庐江人），又熟一点，我想了一下，只好跟他一同去。到农业银行去找老夏，马上出来吃饭，时间已经有十一点。我说先到报馆去取书，他们两个都陪我一同翻山去。果然有了一百本，我很高兴抱了出来，从省府出来，到"新生"吃饭，自然要送他们一人一本。老夏答应替我带一百本书到安庆去销，这倒很不错。饭菜还好，"新生"就是贵了一点，一千多，我看陈好像很有点舍不得的样子。陈替我把书送到地行，没有人在，只是老杜在。等童八来，放下了书，又拿了四十本到医院找平和，静和还在。她们都说印的还好，尤其是封面，很简单很大方，我很满意。平和、静和又是一人一本，静和带十本到高商去销，留下三十五本给平和销。从医院内我就叫了车子，今天非回去不可，一百元。先到地行拿了书，五十本，又买梨和鸡蛋糕，都是为縿和的。和静和在一起像是自己的妹妹，和縿和有点不同，我待她太好了一点，不怪乎有人要吃醋，有人要造谣了。坐上车，天还好，没有下雨，过了响山寺就下起雨，渐渐的就下大了。拉上棚子，前面遮着闷住了，车子上坡，又是一颠一颠的，马上头就疼了，把前面的油布拿下来才好一点。车一直拉到学校门前的土地庙，雨也小了。我抱了书回房，周斌去向縿和要钥匙，周斌来了，縿和半天不来，我心里不大高兴。又看到五婶妈带来的信，说妹妹的腿还是时常犯，犯起来就是一跛一跛，我心里面很不舒服。把房间理好，就到吃晚饭了，緱和才来。我头疼，心里也不痛快，吃了一碗，也吃不下了。晚上什么事也没有做，抽抽烟，早早的我就睡了。

11月13日　火

今天起得特别早，往常在学校，总要到吹升旗号才起来，今天还没有起床号就起来了，忙着把房子弄好。孙百朋写了两张《秋灯忆语》的广告，把书交给传达室去卖，到中上已经卖了十八本了，传达又来拿了十本，一共给他三十本。又寄了一本给孙二哥，这是我最早寄出去的一本。早上上两课，下午一课，又送了不少本给同事，于是和人又谈起《秋灯忆语》，特别和胡嘉夫妇谈到。晚上我把书看了三段，改了一下错字，很费了一些时间。

11月14日　水

《秋灯忆语》的出版，又引起了许多人的注意，同事们碰到我，都和我谈起。老冯说书好处是"真"，在细腻，又特别说到序的开头的两句，看上去很平淡，其实却是含着泪写的，他看了，心里也酸酸的。刘光琼又说文章十分顺利，叫人要看。刘太太就要来看看凤竹的照片。已经快到吃饭的时候，旭和、申和来，在外面伸伸头。她们已经可以回家了，从这儿路过，志敏、曦和，还有王和生都在外面，怕没有地方住。我出去，走到校门口，才看见她们，把她们叫了进来，旭和她们已经在偷看我的日记了。一会儿，緱和也来了，因为快要吃晚饭了，倒不是为了看她们。旭和说她们拿了二十本到女中，在一个里班就销掉了，还可以再去卖。我们学校昨天一天也就卖了二十几本，剩下的八本也给传达室拿出去了，现在也没有了。旭和说同学都说肉麻，但是也就是要看肉麻的，上几何课大家都不听课了，都在底下偷看《秋灯忆语》。我自然为这事很高兴，但是大家提了这事，使我更加想念凤竹。她们一来就是五个，怎样住呢？我的房里可以睡三个，床上两个、桌子上一个，到女生宿舍去两个。緵和是有些不大"各式"，她们来了，她不但不欢迎，而且表示出不高兴的样子，说我顶多把我的床让出去就完了，别的没有办法。晚饭叫了菜来吃了，别人都不叫，就是她一个人叫饿，菜来了，是她先吃，真叫我不高兴。她临走还说，你们最好就在这儿洗脚，女生宿舍没有水。晚上汪先生（教地理的景和的朋友）来，在隔壁9号，他很感兴趣，大约是我所到过的地方，他也都到过，我们大谈起云南的情形。吹过就寝号，催旭和她们到女生宿舍，曦和、王和生睡我的床，志敏一个人睡桌子。我睡9号，向刘光琼又借了一床被子。

11月15日　木

开什么院务会议，我根本没有去，我最怕开会了。饭也没有去吃，我知道这种饭人那样多，一定没有什么吃头，所以没有去，倒不如在房里吃我们自己的菜饭。今天也上了两课，上午一课，下午一课。緵和中上说，我这两天心里不痛快，一定是为了《秋灯忆语》引起来的，其实倒不是在和我生气。她这样一说，倒引起我想到了今天在学校的书已经全部卖完了，学校销了四十本，女中二十本，我这儿已收到九千元了，明天我又想进城去拿书了，因为大家对于这本书的欢迎，颇使我感到高兴，也叫我伤心，我这不是靠着凤竹在出名吗？下午夏登社来了，他带一百本到安庆，还替我写了张电影式的广告。晚上刘光琼请在"绿野"吃饭，又谈到

《秋灯忆语》。老夏谈到他追沈露的事，老夏就是这里好，一切都很坦白，有什么说什么，天真得很。今天把书读完，觉得自己也很难过，错字不算太多，可是也已经不少。

11月16日　金

老夏一早就走了。我听见吹起床号了，我也起来，因为预备今天进城，没有吃早饭就到古碑冲。谁知没有车子，只好走路了，走了不少路，到傅家湾吃点东西，再也走不动了。到了响山寺才叫到车子，还要三百元。拉到"新生"去洗澡，早上人少一点，池子干净些，泡了半天起来，让他擦擦背，擦的还不错，可惜来捏脚的都走了，没有捏脚的，不过瘾。马上穿穿衣服起来，到前面去修面修胡子。胡子修好了，到"星光"照相，然后到地行办事处找童八，不在。我于是到省立医院，平和已经好了，已经起来了，不过还要人扶，还有点晕晕的。在外面晒太阳，我们陪她坐了一会儿。我请三姑、张大姐去吃广西馆子，没有上一次好了，但是还不错，我们都还吃得满意。饭后到三姑她们房里闹玩，又到平和的病房登了一会儿，我还要走，今天我还得赶回古碑冲去，所以再到地行，买了点糖和饼干带去。到地行，童八还没有回来，说说话，他就回来了，一会儿静和也来了，可是我要走了，已经叫车子了。我又带了一百五十本书到学校，过六中，拿了五十本给以延，叫他在六中卖。到学校正在吃饭，传达说，今天也不知多少人来问书还有吗。我真是高兴，马上拿了二十本给他。糖果然能骗住綵和，她每种吃了一块，一共吃了三块。黄荫莱来了，晚上和他大谈一阵。书销的好，使我又高兴又难受，我不求别的，只求保本，现在只要卖出去五百本就能够捞回本钱来了。为了这书，我也是尽心尽力的，跑了不少路，今天还进城去拿书呢。

＊＊＊＊＊＊

　　古碑冲这个美丽"出静"的地方，又快要住不成了。这几天大家一见面所谈的就是什么时候搬走，已经开始在迁徙了。我进城，一路上就碰到不少走的，连家具都挑了。学校据说要到下月十五号才停课，那么我们下月十五号后才能走。许多人都急着要先走，我也急着要到上海、苏州去看看大姐他们，看看我的日记可在。一年多以来，在立煌总算还不错，印了一本书，写了将近二十篇短文章，做了几大本笔记，也读了不少本书。结婚对我似乎并不太需要，虽然有时候晚上有些难过，想坏事，但也只是一会儿工夫就过去了。不结婚，我能做不少的事，也许将来成就就要大一点，所以我不想结婚，至少最近几年。这几天因为《秋灯忆语》的出版，大家一见面找我谈的那些事，叫我更不舒服。放假之后，我想先到上海去一趟，方便的话还想到北平去。一心只想到北平去做事，能在清华自然是好，不然北大也行。有机会有钱，还想出去一趟，到外国去跑一圈，玩玩也是好的，能带着妹妹去自然更好。四姐也想去，重庆到上海虽然路远，他们也不知什么时候能到上海，我希望能够早见到他们。为了凤竹，为了四姐，为了文思，为了小以靖，都是为了这些女人的事，我时常在想心事。这几天晚上又开始睡得少了，头又有些疼了，平平静静的日子又太平凡了，不平静的日子又叫人头疼，也真是太难了。日记一本一本的多起来了，日子一天一天的过去了，人一天一天的老了。我留起小胡子来，我得装老一点，其实是老了，光阴太快，该自己怎样努力才好啊。

1945年11月17日晨跋

（第二十七本结束）

11月17日　土

没有簿子了，立煌市面上也买不到洋纸本，不久又要到上海，当买一本好好的。凤竹的日记再也不会续下去了，于是我接着来写。

昨晚隔壁黄荫莱来，吵得很久才睡，我也没有睡好。下午补了一个中觉，今天把《宋六十名家词》最后一本读完，而且都抄好，以后的问题是怎样注了。晚上孙百朋送来八万元，买五爷的那两幅画（董浩和马湘兰的），老冯也来谈了一会。四婶妈又到三河了，綵和又和我谈到家事了。

11月18日　日

今天又重读《淮海词》和《山谷词》，因为有好的，上次没有写上名家词，大体都读了两遍。读《淮海词》，又使我想起在广州市和凤竹一起同背《淮海词》的情形，很难过。下午睡了一大觉，醒来没一会儿工夫就吃晚饭了。还说马上就要走，现在看样子马上又走不成了。听说是要到下月十五日才停课，那我们一定要到十五日之后才能走。

11月19日　月

天阴雨，昨夜下了几阵雨。我醒了，怕漏到床上，还好没有漏。上午上三课，午睡起来抄《淮海词》，抄好了，我的《宋六十名家词选》就全了。天阴暗的很，早早的就看不见，写字也不便当了。晚上点词，得童八、平和信，他们都要走。我希望他们先一天到古碑冲来住一晚上，我有许多话同他们说，许多事要他们办。写信给黄荫莱，明天带进城给他。

11月20日　火

阴雨连绵。"中国通史"已经讲到齐桓公了，这半年算是教得很快的了。近来留起小胡子，本来许多人都反对，可是现在修修好，又有人说很俏皮。唐德刚来，他还比我们晚一辈，教緤和他们一班的"西洋通史"，谈起《秋灯忆语》，我送了他一本，又请他带十本到中正去销，他也在中正教国文。下晚开什么音乐研究会，简直就是演讲会，各教授都大谈音乐的功用，把我的晚饭也踏掉了，一直开到天黑吹上自习号的时候才散会。我只好叫鸡蛋皮来吃。晚上写了不少封信，给孝棣、老苏、大姐、四姑又寄了几本书出去，弄了一晚上。

11月21日　水

渐渐的觉得日子长了，没有事可做，只等着走了。而走又好像是很远的样子，今天一个谣言，明天一个谣言，共产党在这出现，又在那儿出现。今天只上一课，余下的时间全消磨掉了。早上篦头，下午洗，把头弄干净了，擦上油，自己也觉得怪高兴的。又睡觉，总之设法使时间过去的快一点才好过。晚上读《初民社会》，又有好多时候没有读它了。

11月22日　木

上上课，改改学生的笔记，把抄好的词点点，又看看比球，晚上又开开会，一天就过了。许多大教授开会也还是浅薄的很，毫无意思，不过是混时间而已。流星雨。说课上到下个星期，就是到这个月，下个月初就可以走。

11月23日　金

童八不来，明天不知道他来不来。一天没有课，也没有做什么事，还还书。我把《被侮辱与损害的》早还了，账没有销，他说我没有还，气急了。晚上刘光琼来谈天。

11月24日　土

没有事做，找点事做做，把这一年多以来来往的信件，理的好好的。把我所喜欢的人的信留下来，已经不多了，包包，只有一小包。又理抽屉，就是一上午。下午又翻翻，把不要的东西烧了。没有睡中觉，快吃晚饭的时候到刘光琼房里谈谈。他家一房的人，丈母娘有病在，床上乱糟糟的。和刘光琼谈谈，还不错。晚上卢宜庆又来，在我房里谈他逃难的经过。我本来不愿他来谈的，现在因为无聊了，倒愿意他不走，来谈谈也是好的。这两天也真是无聊，常常站在门口看学生们，我所喜欢的那个英文系的一年级的叫陆苏梅的，还看见她跑来跑去的。等童八过来，晚上得三姑信，说童八已经在今天上午坐汽车走了，五爷的钱又没有办法。睡到床上，忽然想起凤竹、以靖，想起以靖的脚来，心里马上着急起来。

11月25日　日

礼拜天无聊极了，早上写两封信给五爷，给孙基昌，也算是做了一点事。下午小沈来谈，晚上汪永波和黄德傅来谈。这两天倒欢喜人来谈，不然实在没有事做。

11月26日　月

可以有事做了，今天起开始各班考试，今天就考了英文系和数学系。下午一大堆人在胡嘉房里大谈，有卢殿宜、卢宜庆、陈曦明等等。他们谈钱，谈我的《秋灯忆语》，自然都恭维了一阵。他们还互相考试，对于这些事，我自然很得意的。晚上改了一部分卷子。

11月27日　火

一起考三班。考试自然总不惹学生欢喜，作弊的事总是有的，坏在总容易捉到。考中文系时，次序最坏，偷看笔记是常事，还有人从窗外丢小纸团进来，两次都给我抓住。于是自然有人生气，不丢纸团，丢泥巴团子在我桌子上。我当时自然很生气，后来想想通，也就好了。考试也是很累人的，只有比上课累人，因为要走来走去的，不好停下来。下午考一史，漂亮女生马宏锦居然也翻笔记本。晚上看看考卷、周谷城的《中国通史》，就下自习了。

11月28日　水

为了放假的事闹了好多天，现在好了，这星期就可以结束了，这是晚上的消息。改卷子。

11月29日　木

今天把课全部结束了。下午已经有很多学生来问分数了，我又改了不少本子出来。自己找麻烦，还要看本子，改卷子。

11月30日　金

前两天天阴，走的人还少，今天天气晴了，已经有不少人走。胡嘉他们明天走，在对面"绿野"食堂请他们夫妇，文启昌、刘光琼、胡嘉夫妇，一共才五个人，吃的很不错。今天家里来人了，不是来接我，是五爷叫解华绍来送书钱的。但也只送了五万元来，还给我垫两万多。解来正好，做我们的挑夫，留下他来替我们挑东西，我们大约一两天之后就要走。明天进城去还钱，找平和她们，看她们哪天走。

12月1日　土

天不亮就醒了。今天已经有好多人走了，胡嘉、文启昌他们一些上海来的人都是今天走，学生走的也不少。我也今天早上进城，刘光琼也要进城找车子，我们便一阵走，孙百朋也要进城。我找緤和给她钥匙，她老是不出来，我又要生气了，后来她才蓬头垢面的出来。我们三个带着解华绍，一共四个人一阵，一路上没有停，说说，不知不觉的就到了。我早上还没有吃早饭，先到小店吃锅贴。立煌冷清多了，吃过锅贴，孙先走，我们去洗浴。洗好澡，到省政府，已经下班了。于是我到护士学校找平和商量回家的事。平和说到医院找三姑，我们一路去，文思也去。因为有同学说可以包一部汽车到六安，所以三姑、巾和、平和她们都说跟我一起走。和平和去看她们姚校长，她马上就变了，又说不去了，要跟姚校长一同走。于是文思也不去了。决定三姑、巾和和我一同走。于是我写条子叫静和来，她马上就来了。平和问她为什么老是不来，一定是生气了。于是她不高兴了，也不说话，问她到底走不走，她也不说。平和她们吃饭，我才吃过锅贴，一点也不饿，没有吃。我们最后是这样决定的：旭和、志敏她们还有一大堆东西在这儿，叫一部小车子一万二千元，叫解华绍押回去，明天三姑她们来古碑冲，解去叫小车来。我便和静和一同去替她请假，她们学校还要一直维持到十五号。一路上就紧张了，因为她怕去请不到假，她紧张，害得我也紧张了。到学校，她向宿舍里一躲，我在办公室见到张茂林（她们的训导主任），说起请假的事。他说怕不成，不过静和头颈子长东西，说是有病也许可以。于是我去见校长刘迎俊，倒很客气，拿烟、倒茶、买花生，一提请假的话，他就打断了，马上谈到我的《秋灯忆语》。平时别人谈到我的《秋灯忆语》，我总是很高兴。现在我看到天晚了，我是来替静和请假的，决定了我马上好走。后来他说许多人都没有准假，我自然也不好太勉强了，只好走了。静和说，本来就不准，许多人都没有准。她陪我回古碑冲，一路上越走越黑了，到傅家湾已经黑尽了，我们一直没有停。到学校那段小路，有水，我一腿跌在水里，鞋子、裤子全都湿了。到学校马上洗脚。为人跑了一天，晚上还要和緁和生气，真是不值得。晚上让静和睡我的床，我睡16号。打开他们一个行李，也不知是谁的，小车和解华绍早就来了。

12月2日　日

昨晚我实在累。静和替我整理箱子，把两个箱子和一个包带回去，我走时就只有一个行李了。实在没有什么东西好理，东西少得很，一下子就理好。早上天一亮，就让解和车走了。又把房间理理，改改卷子，静和来陪我谈谈。三姑她们都说来，一直都没有来。到下午高洁文拉住我，替我做媒的时候，平和和文思来了。我自然很高兴，马上忙着打水，热水瓶带走，茶杯也带走，只有饭碗。中上预备了鸡和汤，没有人来，我们早上在"绿野"吃了面，我一点也吃不下。晚上又没有菜了，周斌拌碗生萝卜，还好。今天走的人不少，刘光琼昨天叫小车，今天就走了。晚上緥和带静和去睡，文思、平和睡我的床，我睡9号，向周斌借了床被子来。平和和文思都睡倒了，文思是睡在里面，平和要我陪她谈谈，我便坐在床边上。灯背着，照不到文思，我把灯移近些，完全照在文思的脸上，我可以看清楚她的脸。平和也会说，谈二弟、三姐许多人。我们谈得很久，我很欢喜这样的谈谈，一两个人好好的谈谈正事。文思总不大说话，听着我们说。平和、文思都说，她们学校学生有人看《秋灯忆语》，还哭了呢。我真是高兴很久。我到隔壁去睡，睡不着，我不知道高兴还是忧愁。

12月3日　月

天不亮就醒了，睡在隔壁听她们睡得很好，还听见有人打呼，早上听平和说是文思在打呼。我起来，她们都没有起来，开了门，文思就赶快穿了起来。梳洗好，等緥和、静和来了，一同到"绿野"去吃锅贴。锅贴倒好，可惜都粘住，我是吃了破的。喝茶，回房，三姑她们还没有来，平和吵着要晒太阳。我带她们到竹林后面的小草地上去，她们都说不错。我就回来改卷子，还有一班的分数没有出来呢。回家改卷，改改，三姑的挑子先来了，说一会儿就到。外面刮风，我知道平和她们快回来了，果然她们回来了。一会儿三姑、巾和也来了，她一来就热闹了，"咦……哟""讲搞的"，总不离她的口。又说她现在和一个戚医师很好。中饭吃的很丰富，全是肉，周斌做的红烧蹄子、卤猪肝、炒肉片、虾米白菜、千张菠菜，大家一共七个人，吃的光光的，除了一个拌萝卜没有吃完。吃饭后，闹了一阵，静了一会儿，静的时候大家都看书。三姑看《不灭的灵魂》，文思看《秋灯忆语》，昨天她就把我的《温情集》看了。我现在觉得用这个名字不好，太肉麻了，想另换一个才行。静和看破杂志。文思总不大说话，我很想她能和我们一同走。别人我都很熟，一见到就可以摸摸捏捏、敲敲打打，文思我可从来没有和她敲打过，拍拍她倒是有过的。分数结好了送去，现在专等汽车的消息了。李宗谨、周玉刚他们一个也不来，我到他们家已经去了两次，都没有回来。晚上可没有菜了，剩的也不够吃了。天黑了，李宗谨他们才回来，说汽车要明天才到，后天休息一天，六号才走，他们不等，明天走了。于是我们也决定明天走。但没有挑夫，还得明天去雇挑夫。周玉刚借钱，上次借二千，这次八千，一共是一万，还是我送去。我不高兴借给他，但是不好意思，还是借了。决定明天走，平和、静和、文思回来，平和要十三号才能走，文思后天和沈文一同走，静和还要等学校放假才能走。晚补记日记，又理一下东西。让平和、巾和睡9号，我仍然睡我的床。

12月4日　火

说雇到夫子今天就走，一早我就起来了，居然雇到两个伕子，四千元一个，自然是贵了。伕子雇好，我们就赶快理东西，叫人打綒和招呼赶快收拾。文思昨晚和她的一个朋友睡的，没有和我在一起。一切收拾好，已经不早了，大家一路走，平和、文思回立煌，我们走到小桥边上分手，不走古碑冲。到大学街吃早饭，是稀饭和馍。碰到周玉刚，他和我们一路走。过了大学街，马上就上岭了，这一次三姑最不行了，走走就走不动了。同学今天走得也是多极了，沿路全是熟人同事。同事中，叶仲襄、温元白、吴静生也都在路上走。快到岭上时，三姑叫"要吐血了"，我搀着她走了一小段路。到顶上休息一下才下山。下山很快，一路都没有休息。一路上人很多，倒不很寂寞，三姑又会闹笑话。到毛坪时，人倒不多了，我们在一家吃中饭，几样菜也做的挺好。这一路全是汽车路，大路好走，路边又有水，有风景，风景不错。我们碰到两部汽车，大家都懊悔为什么没有坐汽车呢。到流波硐，我们早已有前站，都是同学替我在三民订了房间。整个三民旅馆，全都是我们学院的学生。她们三个女生有两张床，我一个人一张小床。三民比以前好了，重新粉刷了，干净了不少。三姑一到就躺倒，緤和也不成了，大约是"特别"又来了，脚上还有疮。晚饭，四人吃得很痛快。吃完饭她们全去睡了，我一个人在床上躺躺。几乎要睡着了，外面学生吃饭在闹，又出去和他们谈了一阵。我也早早的就睡了，明天还得早赶路呢。

12月5日　水

今天走得早一点。天下霜，已经很冷，緤和围了我的围巾，我到底是待她好一点。在山边上走，都希望走到有太阳的地方。在小集镇上吃稀饭和馍馍，有点臭盐菜更好。过回龙集（我们上次来时的宿处，上次来时我们还和周本玉一同来的，现在她已经死了），雇小车，居然雇到了。緤和月经来了，走不动，又磨着疼，让她坐。三姑屁股上有疮，不能坐车，于是让巾和坐。我和三姑走，她又会讲，讲讲戚医生、黄钟秀。我这一次很好，不太累，因为是冬天，我不怕冬天就怕夏天。一路走到麻埠，倒是我们先到。我们仍到以前常吃的那家大馆子醉仙楼去吃饭，虽然它不在大路上，绕了一点路。想买点茶叶带回去，挑子又在头里，和李宗璜他们的挑子在一起，买了不好拿，于是大家都没有买。在醉仙楼吃羊肉和腰花、白菜，在路上我们吃的都不错。小车子到麻埠就不推了，六百元。緤和、三姑都走不动了，于是叫轿子。轿子来了，三十五元一里，她们又嫌贵，不坐了，说大家走着好，一起就走了。从麻埠一出来就爬香花岭，三姑又不成，遇到的车子、轿子都不肯抬，下了岭才叫到一顶轿子，仍然是三十五元一里，三姑坐了。縡和也走不动了，快到观音洞时，遇到后面李宗璜坐了轿子来，他让縡和坐，縡和就坐了坐，坐了有十几里路。为了早上听巾和说，护士学校的同学说文思在后面赶来了，和我们一天到流波碉的，我和巾和走，一路就在等她。在观音洞边上的小坡上等最长了，一会儿见远远的两个人来，走近了一看，又不是的，等了半天，天都快要黑了，走到独山天已经黑了。学生替我们在服务社订了两间房，都是只有一张床，再搭一张。到独山一问，三姑说她把轿子留在观音洞，让縡和坐。结果我们都没有坐，轿子不知道跑到哪儿去了，他们都说明天轿子在独山镇外等我们的。服务所里很安静，有人弄了一盆火来，买了烟、糖来吃。晚上大家吃面。

12月6日　木

昨晚到独山就叫服务生雇车轿，都没有雇到，我们都希望昨天的那顶轿子会在路上等我们，谁知到小山上还没有，知道没有希望了。今天才出来，就遇到一大阵挑夫，挑了家具在前面挡住了路。我们的挑子今天也跟我们一起走，挑夫是叔侄两个人，还老实，但我总要跟着他们。走了一段路，碰到李忠衡他们，都雇到了车轿，于是縡和就埋怨我没有用，说我不会雇，不中用，我又生气了。縡和一路走，一路叫着走不动了，腿叉子又磨破了。到流波碉的轿子是藤轿、躺椅，要四十元一里路，更贵了，自然就不雇了。走了一段路，遇到一顶三十五元一里路的，我叫縡和坐，她一句话也不说就坐了，大约实在是走不动了。縡和坐上，我们三个人走路，也不知道说了一句什么话，得罪了三姑，她一个人向前面走，不理我了。我和巾和在后面就谈文思，谈沈文（文思的好朋友，和巾和也很好，她们三个是"三角恋爱"）。到沙滩，縡和的轿子早已先过去了。我们等了半天，因为人多，运家具运了几船，我们才挤上。到苏家埠镇口吃饭，轿子车子都叫到了，轿子三十元一里，便宜一点。大家都不走路了，三姑坐轿子，我和繰和坐车。我坐不好，老向下塌，头老是碰在前面的横棍上，一碰一碰的，都碰疼了，而且走几步就要拉垫子，垫在下面的被子也怪别扭的。三姑因为屁股疼，在轿子上都是歪着的。从苏家埠到六安是大路，到公路上更好走。到六安，天还没有黑。我和三姑先到的，找到"淮南"隔壁家的胜利旅馆，只有一间房。我们一到，瑷龄和琼龄都在，只没有睿龄，一问，说请假回家去了，我心想也许又出事了。接下来洗脚、铺床。她们想在六安蹲一天，我想快回家，决定明天仍然走。挑夫不挑了，车子还愿意推，轿子也愿意抬，我们只剩一车一轿。把钱开了，我们一同到桃春园吃饭，繰和写条子把陈家玫找来。她不吃，我送她一本《秋灯忆语》。交了几本给琼龄，到他们学校里去卖。叫了不少菜，都吃完了。饭后买了点东西，特别买了灯笼，预备明天赶不到家走夜路用的。旅馆隔壁房里有人开梅兰芳的《玉堂春》。

12月7日　金

天刚亮，我叫她们两个起来，都不肯起来。一会儿巾和、瑷龄她们来了（巾和昨晚睡在县中），我们收拾收拾，天已经大亮了。东西全捆在小车上，还可以坐一个人，小车子实在很便宜。从六安出来，繰和坐轿子，巾和、三姑走，我在后面坐小车。今天绑得好，我坐在后面很舒服，不像昨天要向下塌似的。公路坏极了，车子一点也不好推，走得慢，还没有三姑她们走得快了，自然更赶不上轿车。从大路一直走到三十里铺，车夫已经累了，走不动了，大个子人挺好，力气也大，就是饿不起，饿了就走不动了。我下来走，他光推行李。到枣树店吃中饭，闭集，没有人，没有菜吃，吃盐鸭子，已经是家乡风味了。饭后三姑坐轿子，巾和坐车，我和緵和走小路。小路更坏，车子不好推，巾和也下来了。过堰墩刘五房，到分路口，遇见带平和的何干，说起三爷发神经，在家里打人，申和都在蟠龙墩，叫巾和不要回去了。巾和听了就要哭了，不走了。于是我们两个人走聚兴集到陆家祠堂，天都还没有黑，慢慢的天黑了，点上灯。越走越不对，又不知道是不是走错了，又碰不到人问路，车夫老是埋怨我。到一处有人家，打门都不开，明明家里有人。后来到一个小更楼，打了半天门，一个老头子出来，裤子都没有穿，披了一件衣裳出来。说了半天，叫他送，他不肯，后来说送到大路上。到大路上有人守夜，叫唤着要开枪，我们正好叫他来。来了一个年轻的，还好，肯送我们，还帮着推小车子，一问才知道我们多走了四五里路。由他带路来到新圩子。家里的路也太别扭了，回家都要走错路。到新圩子，家里已经派了几个人去接我们。因为我们走错了路，没有遇到。一进圩子，就有人叫"宗和"，问是哪一个，我猜是小老爷，原来是童八也在这儿。先到五爷处。一到家乱乱的，原来三爷发疯，非要枪，要子弹，到处乱闹，还打人。我们来了半天，都把我们冷着。这个家真是没有什么好，尽出些不好的事。三婶妈哭丧着脸，要我去说没有子弹。我和緵和、旭和、曦和都去了，旭和、曦和被轰了出来，因为她们没有一来家就去见他。我们被请坐下来，马上就骂四爷、四婶妈、陆姨娘、刘文婉，骂的我们都不懂。借着还没有洗脚，我叫緵和先走，我也走了。到五爷处吃面，洗澡，我想起妹妹来，说是又被接到老圩子去了。很晚我们才睡，睡五爷的大床的有童八和童四，表叔睡我的床，凉床。和童八谈谈，又睡迟了。躺着，我想着这个家真是要得。我老说要放把火烧了就好了，果然后圩中间门失火，烧了一路房屋。

12月8日　土

　　到家还是不得休歇，上午童八、童十要进城，早就起来了，我们也起来了。这好多天了也总没有睡好，天不亮就醒，起来把童他们送走，安静一点了。上午到大伯圩子去转了一趟。到后圩，胖大姑已经结婚了，有两间新房。在新房里坐了一会，他们都来集中和我闹。刘文思家里人也真糟，一点事大家都知道了。回到五爷处，理理东西。下午剃头的来了，剃了一个头，人清爽多了。我为了想看小以靖，一个人到老圩子去了。出新圩子，先绕道到凤竹的坟上去看一看，有些地方已经长得很长的草，好像小树林子一样。我没有多留恋，就到老圩子。穿了件短棉大衣，留了胡子，戴了军帽，门口都不认得我，问我说："大先生，你找谁呀？"到里面冷冷清清的，大房的厨房门口也干净了。到五爷的院子，妹妹就在佣人们房里玩，一看见我就呆了，过了一下才认得我是爸爸。手生有几个痒疮，腿好多了，但还像有点歪。二表姑到合肥城里去了，四弟、五弟都到上海了，五爷又在学校，家里全是小孩子。孝华好像瘦了一点，但胸部和腰部却粗了，已经看得出是有孕了，孝华胖了一点也好看了。妹妹看见我后，就盯住了我。马上告诉我，十六爹爹家的睿龄小老爷，自己用刀砍断了小拇指的事。原来他又赌钱了，输了几万块钱，我猜的一定不错。到老圩子，自然得到十四、十六、十九几位太爷处去跑一趟。到十九爹爹处，谈谈倒还有趣。可惜一会晴江三爷来了，他有点病，我们让他走了。小五姑、小六姑也还是那个样子，小六姑还有点怕难为情，和我生疏了，但一会儿也就熟了。在四姑房里玩的时候最多了。晚上五爷、景颜从学校回来。吃火锅，烫白菜，吃了好多好多盆，很过瘾。五爷他们走了，家里又只剩下小孩子们了。先我们在孝华房里谈，有孝乐、孝华，志敏后来到小房间（我今晚睡的，妹妹的房里）和老李（老李是孝华陪嫁过来的，算是我家的佣人）睡，来谈谈。谈到肥西风潮的事，孝华的话最多了，现在看看孝华也很会说了。讲讲，就到十时了，她们都睡了，我一个人写写日记。很多事得好好的想一想，所以花的时间很多，到十一点我才睡。

12月9日　日

　　早上听到妹妹在哭，闹着要起来，我爬起来凶她一顿，自己也就起来了。今天是星期天，孝乐、大头都不到学校去，在家里玩热闹一点。上午在十九爹爹家烤火，吃烧荸荠，小六姑剥给妹妹和我吃，三姑、四姑、大鼻子都在边上，一家子倒也喜气融融的。和十九爹爹谈到三爷和小老爷的事，我们都有同感，弗洛伊德"唯性论"，有些地方并不太过分。我们在十九爹爹处，縠和、旭和来了，縠和换了袍子，比穿棉制服苗条多了。陪她们到十六爹爹处又坐了一会，就吃饭了。我们仍到后面吃，来家倒吃得下饭了，我吃了三碗饭。饭后，在小房里听陆姨娘说三爷和她谈恋爱的事。下午送她们回新圩子，我和志敏在碑亭边上谈了一会。晚上志敏、孝乐、孝华在房里一同听我谈怎样养小孩子等等一类的事，她们都很愿意听。但她们还要打我，说我说的太那个了，一会儿她们就大笑大笑的，其实我讲的全是有科学根据的，一点也不瞎说。后来小五姑来了，孝乐她们还要听，志敏要睡，我才去小房间里睡。今晚又睡得不早。

12月10日　月

　　孝乐她们又上学去了，家里没有人。上午替妹妹理理东西，看哪些东西不要带走的，丢下来。下午志敏陪着我，叫谭树海拿着包，到新圩子。妹妹也是一直走的。在两河口，遇到刘文婉。到新圩子，赶快到三爷处，因为今天一早他便打发人来叫我到新圩子吃早饭，不去怕他发火。但他今天没有发疯，原因是中和自昆明来了信，说起不必要家里的钱了。一封信的力量真大，三爷不疯了，三婶妈也高兴。我对緵和说，你看看，这封信的力量多大呀！眼泪在她的眼睛里打转，我不知道她心里是怎样想的，不过这封信也一定对她影响不小。晚上吃面、油炸包子。但也待我这样好，我知道一定有事，他一定要向我借钱吧？晚上大家在五爷洗澡房里洗澡，洗了澡睡觉太好。五爷出去了，我睡仪和的床，仪和睡五爷的床。今天看到八姑（一直没有看到她），和她说了几句话，旭和她们就大叫"岳婿"。

12月11日　火

三爷没有起来，在三婶处吃发糕，又到緵和处（她和文婉睡），蹲了一会，谈一谈。时光真快得很，得赶快记日记了。写了一上午，肚子饿了还没有写好。下午要理东西，理东西真是件麻烦的事。想睡觉，旭和来谈了半天。旭和也是会说的，谈的自然是四弟和孝棣的事，旭和自己和童十的事。后来倒谈到正事，就是将来她学什么，我看学教育比较好，她自己也想学教育，或者是医学。吃过晚饭，五爷回来了，收买到一幅"致琦"的牡丹，很得意，一家子人也高兴，又送了妹妹一个小玉人，于是拖着我大讲古董经。緵和、陆姨娘也都来看画，于是一房的人热闹似的。以靖和五婶妈、旭和睡，我仍然睡仪和的床。明天我又想到老圩子去了，在新圩子怕三爷借钱。五爷迂。晚把日记全部补上。

12月12日　水

晚上和人一间房睡，总是睡得不舒服。又怕五爷迁，圩子也乱糟糟的，所以今天想到老圩子去了。新圩有旭和还讨喜，老圩有小五姑、小六姑、孝华她们也好玩，到哪儿都有人和我玩。今天天阴，上午没有走，在旭和她们房里，陆姨娘、旭和、曦和、以繁都在看我的《温情集》，我自然很得意。裁缝正在替妹妹做衣裳。中上吃南瓜绿豆，菜有很多，都是旭和做的，她和曦和一人做三天菜。饭后歇了一会儿，我们就走了。又从凤竹坟上过了一下，我还是不能忘记凤竹，虽然大家都在闹什么文思文思的。一路讲讲到老圩，到学校去的都已经回来了，老圩也热闹了。在十四爹爹房里谈，一直到吃晚饭的时候才回后面来吃烫饭。晚上在十九爹爹处，十九爹爹到前面去谈"捐"的事，房里只有三姑、四姑、小六姑和大鼻子，烧荸荠吃，又吃糖，谈黄钟秀、刘文思。晚上回到孝华房里，又和小五姑、志敏掷色子，我老是赢，老是打她们两个的手心，她们两个大哭大闹的。到老圩，我和志敏就把小房布置好，可以住两天，写几封信，做几天事了。

12月13日　木

昨天晚上没有和孝乐她们玩，我回，她们已经睡了，坐在床边上和她们玩一阵。早上她们一早就醒，天还黑着，我也醒了。自从上路，就没有迟醒过。起来她们走了，就没有人玩了。写了三封信，给大姐、孙基昌和夏登社，告诉他们我要走。信写好，到十九爹爹家，又到十六爹爹家和大老姑晒太阳。太阳又太热了，回到后面和志敏玩，志敏在补袜子。等孝华回来，我们才吃中饭，已经很饿了。饭后她又走了。我睡中觉，又没有睡着，三爷又叫"小卡子"来叫我吃荸荠圆子，我晕了一阵起来。黄玉海又从舒城来了，一来我就知道他是来替沈玉明拿衣裳的。果然衣裳还在新圩。正好要到新圩子，和他一路走。妹妹看见我来了，趴在我身上"得牙"了一阵。晚上在三爷家吃圆子，还不错，荠菜火锅。黄玉海明天到舒城，让他带二十本书交给孝棣，请她代售。和旭和、妹妹在床上谈心，谈谈，妹妹就睡着了。

12月14日　金

这一阵在家总是天不亮就醒了。在新圩，五爷起得早，在老圩，孝乐她们上学也起得早。总是睡得不好，新圩三爷发神经，五爷天天出外抄古董，在出去之前还要摸索半天，还要"砸刮"。旭和、曦和她们都怕他，希望他快快出去才好。老圩这两天就是怡和在，和她家姨太太周姑娘吵嘴。晚上四婶妈自三河派人来找，叫我去，叫缫和也去，大伯不叫我们去。晚上就听说后圩十三爹爹家三姑来了，说五弟也到了老圩，我决定明天不走，迟一天再走。我实在是怕办交涉，也怕听陆八那一套迂劲儿。

12月15日　土

早上我和旭和到后圩去看上海来的摩登人物三姑。果然不错，头飞得有两三寸高，四边全是飞起来的，可惜脸还没有洗，黄黄的。小以靖吃到上海带来的三块夹心饼干，以靖"阿木林"，拆开来三片变成六片慢慢的吃。在后圩蹲了一会儿，回前圩。到老圩，缫和还不肯去，听说二表姐也回来了，又要我陪她到三河。我们一路走就一路谈到三河见到四婶妈时的情形。到老圩，见到五弟，他瘦多了。问问上海的情形，知道九妈、七弟都住在大姐家。听到许多久未见到的人的消息，心里更急，更想赶快去见到他们。五弟到上海还没有到十天。陪緵和到十九爹爹家大老姑处，到处玩，和人闹了。吃中饭，孝乐她们回来了。孝乐还可爱，天真得很，和她闹闹不要紧。饭后没有一会儿，我们就走了。五弟还后圩子三姑六万元钱，徐庆海拖着我们回新圩子。緵和又歪到后圩，我去，三姑、大姑都睡在，大姑爷（童五）在。一会，五婶妈带以靖找了来。我们到家，好像要人似的，许多人都来了，有时我真怕到后圩来。五婶妈下蛋皮给我吃，旭和她们就看不来，说我就是给妈妈惯坏了。也不错，家里的男人都要捧这一点，在立煌我总是伺候小姐，到家里来小姐们就要服侍我了。晚上小以靖叫我讲故事，我从来不讲的，忽然想起讲一个"白雪公主"给她听，她听得很凝神，听完了她说"可怜的很"，老问老问的。她虽然小，但都懂得了，问得我很难过，因为故事中讲到晚妈要害白雪公主的事。后来我又讲一个人鱼公主，她大约不大懂，她总问起白雪公主，我有点懊悔，不该讲这样一个故事给她听，因为她老是问。我知道这个故事一定感动了她，因为她常说要娶一个新妈咪，我再问她要不要了，她便说不要了。上了床，我趴在以靖一头亲她，又说《罗密欧和朱丽叶》。旭和倒听得很过瘾，妹妹不会懂的，我说有仇，她就不懂。五爷今晚没有回来，我一个人睡两间房。想想明天又要上路了，心里不定，睡不着。

12月16日　日

鸡叫之前就醒了，憋到鸡叫才起来，见到緵和她们那边灯也已经亮了，问陆姨娘，说已经起来了。我爬起来，五爷家一个人也没有起来，这儿转到那儿，也没有地方走。找到报纸，开大门出去上茅房，天上有星星。昨晚还下雨，以为不能走，现在可以走了。大便之后到緵和处，叫开门，陆姨娘说三爷夜里三点钟就把緱和叫去了，文婉也去了。我想我去解围吧，果然緱和、文婉站着，三爷躺在床上，斜依着正在说些什么呢。自然又是说四爷、四婶妈的事。原来四爷来信给三爷，其中有给四婶妈的信，有许多条件都是不好的事。我救了她们，叫她们去洗脸。三爷捉住了我，说我，真讨厌这一套废话。吃了面，三爷又说房子的事，他好像什么事都懂，什么事都有最好的办法，其实他的主意全不对。他上次说到，"非要有整个的系统才能做事业"，这种全不通。天大亮，我们要走，他还在迂，真没有办法。我们就是被他闹迟了，还没有出门就别扭，上轿子也别扭，老要向下滑，被子拿的也不行，到了两河口，重新捆上垫子，也还是不好，老要动。天冷，围巾、手套都给緱和了。从老圩边上走，到凤凰尾上来，他们都走得很慢。到小店要捆轿子，这样子才好坐一点。坐轿子不舒服，走走还热一点的。到花子岗吃中饭，怕天黑，快快的赶。饭后抬我的人换了，快多了，一下子就把緱和的轿子丢下了。从花子岗到丰乐河三十里没有店，轿子在后面看不见了，他们又不肯等。到丰乐河茶馆里坐下来等了半点钟，才等到他们。从丰乐河到三河这十五里，我全是走路的，而且走的很快，总是走在轿子前面。慢慢的天就黑了，緱和坐我的轿子，她那顶轿子又丢在后面了。天阴，没有月亮，但还不是黑得看不见路。这一路有水，船上有人吹笛，隔岸有锣声。快快的走，也别有风味。到瑗庆陇房里，陆八不在，我就知道怕不在。全良在。马上忙起来，洗洗脸。吃过蛋炒饭，全良带我们去宝凤银楼找四婶妈。四婶妈还不老，也有精神，还不像饱经忧患的样子。我在路上就和緱和说，四婶妈见到你，一定会捉住你的手，和你亲热的不得了，不但和你亲热，而且还和我亲热。果然一见面，我的手就被她捉住，还亲緱和，摸她的脸，当着一房人，倒叫緱和很难为情。李家太狭小，人多，一时间闹不清，东西又多。谈了一阵，谈到房子的事，我头都胀了。九点了，我们回去，本来预备四婶妈一定要留緥和一同住的，谁知道她和别人睡一张床，不能留她，我们便回来了。八爷的房子有两张床，躺着睡不着，我知道今晚又睡不好。

12月17日　月

整天刮大风，天太冷，轿夫他们今天不走。整天睡在地上，怕冷，不起来。本来说早上去看四婶妈的，谁知我们起来迟了，她倒先来了。天冷，也不出去吃点心了，就在房里烤火谈心。早上因为昨晚全良太太又生了一个儿子，请我们吃面，吃鸡蛋。我饿了，吃了四个鸡蛋、两碗面，太胀了。没一会儿，李家又来请客吃饭，去吃牛肉，吃鸡。我总不喜欢他们生意人，和我们味道到底不同，谈不来。饭后他们家的儿子李启超来了，拉胡琴唱戏，姓丁的、姓孔的，我们三个人唱。还有屈先生、李启祥等，一大堆人，气味都不太好。唱一阵，我们走了。四婶妈也和我们一头回陇房烤火，买了花生米来吃，烤火吃花生谈天。可惜和四婶妈也谈不好，假如大姑奶活在，和大姑奶谈倒是挺好。谈谈天黑了，吃晚饭，都吃的不少。金、屈、李启祥又来了，早上他们就来过的，现在又来。来了就谈土匪的事，我真不爱听，我正在记日记呢。四婶和緥和睡，我留下的。

12月18日　火

夜晚睡不着，早上醒得早，起得迟。到新华楼去吃点心，是上次来三河时去的地方，好像变了，不是那个地方的样子。四婶妈吃素，吃豆沙包子，我们吃锅贴和干丝，都吃不下。又遇到上次的周锦璋，问起金家房子的事，他又大吹一顿，我真不爱听。说老实话，我对于这些事真糟糕，所谓金家房屋的事，我虽然听陆八、全良、四婶妈他们说了好多时候，但是我没有弄明白，原因是我根本不爱听，他们说的时候就没有用心听，压根我就没有弄清楚，自己也不愿意弄清楚。周某孝字辈，和我们平辈，说话很会吹，茶馆出来又到他们家坐了一阵，也是无聊。回来我就和全良去洗澡，池子一条一条的很狭小，水也不干净，不痛快。所幸后来一个捏脚，捏的还过瘾。在澡堂里见到前三河第一红人守备司令杨飞龙。吃中饭。饭后我想睡一会，四婶妈替我盖好被子，预备睡，启祥和吴三斤又来了，又睡不成了。索性到周家去借新闻报纸来看看，翻翻看看天也黑了。和四婶妈谈，也总是纯和的事，各人结婚的事。晚上我们三人烤火谈天，谈家里爷们的丑事，如三爷要强奸钱毛子的事，九老太爷在外面有姨太太有儿子的事，五爹爹和奶妈的事，二伯伯和什么寡妇的事，倒都是好材料。家里的人看上去道貌俨然，一肚子的男盗女娼，大都好色，发神经，也都是为了女人。今天晚上睡的早。

12月19日　水

陆八不回来，着急。三河实在没有什么好。早上緵和上马桶，我在院子里晒太阳，四婶妈也出来了。于是谈起緵和的事，说到緵和不是四爷生的事，大约她已经忘记对我说过，我也不作声，听她说。又说起她妈后来两次嫁人和生孩子死的事，又说别人劝她不要管緵和的事。我真想问个水落石出，但又怕她疑心，没有太追问。一会儿緵和也出来了，我们自然停了。中饭太丰富了，有菊花锅、鸡汤烫菠菜、腰花，此外还有十样菜，这样的供给，真是太麻烦人了，我们也不安。下午我在外面晒太阳，緵和来，我们自然谈到上午四婶妈讲的话，自然就引起了她的心事来。她现在自然愿意不是的好，但又有谁来证明呢？除非四爷自己说，他又怎肯说呢？她得当面问问妈妈，这也不错。晚上陆八回来了。四婶妈咳得凶，喉咙有点哑，时常有点发愣，才来看她精神还好，现在觉得她是差劲。她一生好强，就像金家的事她都怪陆八不好。晚上陆八洗过澡，吃过晚饭，我到他后面，他摆上四个小碟子，我听他大谈。他自然不满意四婶妈，因为她不说纯和不对，反怪陆八不该给她当上。我们在后面谈的很久，照他说，此事非打官司不得解决。我真烦了，我要走，晚上头疼，我本来最怕这些事。

12月20日　木

早上我不想出去，在院子里晒太阳，这儿的院子很好。我背着太阳写日记，想写信给宗斌。縱和来看看。陆八来了，硬叫我出去走走。我也不想买东西，想买件棉袍料，也没有看成功，看看都不好，又太贵了。陆八拖我一阵，一定要到河南路走走。也没有什么可买，就回来了。现在顿顿吃烫腰花、菠菜，倒是丰富得很。现在一天到晚屈先生、吴军民、李启祥总在这儿，下午还有李启超也来，说起陆八回来了，事情可以解决了，明天他们请客，好像就这样办。晚上我都睡倒了，屈又来了，坐在我床边，和四婶妈又骂李启超。四婶妈今天一上午都没有去，睡在床上，大约她心里也不舒服，身体也不好，又咳嗽。不过她一生好强，绝不说纯和不好，现在金家房子的事，她也不怪纯和，反怪陆八。现在她自然想收回九万元，还要叫我们吃亏的意思，想我们出点钱，最好是还拿点钱给她。这又怎么能办到呢？最叫人不满意的，就是要把一切罪过都加在别人身上。

12月21日 金

天不算晴，阴阴的。四婶妈到家去，一会儿帖子来了，请我们到"聚和春"去"吃讲茶"。我和陆八去，把綵和一个人丢在陇房。我们到聚和春，满地的痰和瓜子壳，实在有点叫人难过。我们去时，李启超、丁剑平在，后来慢慢的赵济明、李寿亭也来了，最后当事人金季隆也来了，于是一面吃一面谈。我是不说话的，陆八也不说。菜一点也不好，炒虾仁太咸了，冷盆太硬了，不能吃，此外就是一盘炒肉丝和一个锅子，不如我们在磐墩吃的好。饭后他们在外面大讲，有一阵子几乎要打架的样子。后来说好，让一点东西作为还传奇的九万块钱，关于我们房租的事，一字也未提，实在是要我们去一点用也没有。下午我们回来，四婶也回来了，请客还是我们出的钱，金四没有吃，别人都吃的。一会儿届先生的太太、吴军民、李启祥都来了，大吃一台，吃的一房壳子。他们走后，下了几点雨，我们明天要走，买了点东西，两顶轿子也叫好了，就怕下雨，怕路烂。晚上陆八来和四婶妈迁，说大姐不好，四爷不好，陈礼贤不好，我真怕他们迁。昨夜做了一个梦，梦见凤竹、以靖和我睡一个床，床里有衣裳，挤得很。我和凤竹亲嘴，摸她的奶，好像很费事才解开她的衣裳，又褪她的裤子，好像正在瘾，有人打门。凤竹又起来开门，一开门有两个男人进来，从那个门出去，又不关门。我老是睡不着，因为不关门，我总疑心睡不着，其实在梦里正睡在。明天旧历十一月十八日，凤竹的生日，我应该赶回去的，可是赶回去了，也赶不及去祭她了。一时间我很难过，我老是提到她，忘不了她。

12月22日　土

昨夜就听见屋上淅淅沥沥的下了一夜的雨，我们总希望它晴，早上屋顶上倒不响，可是起来一看，外面还在下着蒙淞。全良说，"早上蒙蒙无大雨"，雨不会下来的。于是我把轿子叫来了，轿夫不下我们就到花子岗歇，我们自然不愿意在路道上过夜，于是叫他们今天晚上来，明天一早就走。整天阴冷，四婶妈又到李家去了，只有我和緤和在房里。实在我也欢喜她走了，我们说话还可以自由些，陆八我们也怕他进来迁。上午我们谈纯和、四婶妈的事。中饭四婶妈也没有回来吃。下午我们坐在火炉边上，她问我想不想孙凤竹，今天是孙凤竹的生日。我自然想她，我哭了，等一会儿我们讲到别的事，又岔过去了。陆八说要把金四找来，叫我直接跟他谈一下，催他赶快和四婶妈把手续结了，好结我们这边的事。我自然无可无不可，其实我真不愿意干这些事，说句老实话，我真愿意他有事不能来。果然，来人说他不在家，等一会就来，只好等他。天快黑了，金四才来。因为房里有緤和，到后面仓房里去说。先上来，他就不让我讲话，后来压根不认我是房东，只认緤和，而且还说四婶妈不是緤和的母亲。他说这些话全是混账话，说得我真是气了，发了火，他不再说了。陆八忙打灯笼送他走，怕我们再吵起来。我们出来到前面送金四，一看，一房的人，李寿亭、李启超、丁建平、屈先生他们全都来了。他们说，好了，交涉有希望了，就是金四答应无论怎样，也要还纯和这九万元，现在说好，以他自己在我们房里的装修做抵押，拆了赔。现在就要我们拿租约去对那些东西，哪些是他们的，哪些是我们的，拆的时候，还要我们到现场，特别要陆八到现场。这点陆八自然不答应，我也不能答应，因为说来说去还是以前那句话。后来我和李寿亭说，你们反正要钱，不要东西，他既然答应拆屋还钱，那就叫他自己拆，我们一概不管。他自然不敢拆我们的东西了。

他们也没有话说。后来吃过饭，刚开始许多人都说陆八，一定要他答应，陆八就推在我身上。我看样子也不对，全是替四婶妈讲话的人，而且话全没有理。四婶妈坐在，我们不好回她，其实他们一点理也没有，硬要我们意见，是要我们赔钱还纯和这九万块钱不成？这真是欺人太甚了，我们不能忍受，我说了半天，四婶妈一句话也不说。自然她不好说，不过有好多人替她说，就是她教他们说的。李他们看我不行，不答应拿钱出来，自然觉得没有希望，说到金家去说，就走了。他们走后，我生气，陆八也气，我们在后面仓房里谈了半天，我们绝不让步，打官司好了。回到前面，綵和已经睡了，四婶妈还没睡，说等他们回来。我也睡了，他们终于没有来，我早就料到他们不会来的。我们的佚子已经来了，今天下午天晴了，明天走了。我到三河算是白跑了一趟，不过是为了陪綵和。晚上四婶妈睡不着，我也睡不着。

12月23日　日

天上还有月亮，我们就起来了。轿夫已经在院子里扎轿子，等綵和小姐起来梳洗好。上路，天已经大亮了，四婶妈没有起来。我想她心里一定不高兴，不过她实际上还是很欢喜我的。好冷的天，全良、陆八送我们一段路，过济公桥。我们坐在轿子上，越坐越冷，脚特别冷，我又伤风，老淌鼻涕，难过得很，又是迎面的风。从十里沟过渡，我就走路，还可以暖和一点。到丰乐河吃早饭，在"一洞天"茶园吃春卷，可惜是藕心的，不好吃。丰乐河街上送军粮的车太多，小车子、挑子挤满了一街，轿子再夹在里面更难走，半天才走出街。太阳出来了，我们坐上轿子，从丰乐河到花子岗三十里，当中没有店，又是小路。我们还走错了一段路，绕到孔家祠堂后面去了，问了人才走上大路，佚子的钱也还是我出。穿过公路又走小路，伕子也不认得。我们一路先到雷小店，离花子岗十二里，吃中饭，还是鸡蛋咸肉，伕子的钱也还是我出的。穿过公路，又走小路，凤凰尾这一段好像很长，过了凤凰尾，就问张圩子。到了老圩闸门口，还不认得，一直到龙潭寺，才认得的。到老圩门口，天已经黑了，緛和也不能回新圩了，只好就住在老圩。二表姑、五弟、镕和又都到合肥城里去，家里又全是小孩子，我心里不大高兴。孝华、孝乐告诉我，说刘文思的事已经说成了。一会儿，四姑又叫小六姑过来叫我，说刘文思的事，他们都说成了，八姑、八姑爷也没有话说，八字也合过了，合的很。吃面，十四太爷叫我。我真怕十四太爷，但不得不去。丫头也在老圩，就跟着我转。我转到十四太爷处出来，在四姑房里，小五姑、小六姑要剪我的胡子，说有胡子不成，不能结婚。她们说得倒便当得很，现在又怎么能结婚？昨天、今天都还在想孙凤竹，丫头一见到我，就说梦见妈咪，还梦见吃奶呢。这好像又有点奇巧。在十九爹爹处一谈，就谈到十一点半，先是为了我受了四婶妈的气，说说到后来我说够，听他说迂话，几次要走，又不准走，到十一点半才走。到后面，我睡在大爷外面的房，那是四弟以前住的。

12月24日　月

早上和緛和、以靖、徐庆海一同到新圩。以靖还走得动，没有要人抱。我们是吃过中饭去的。一到五婶妈处，旭和、志敏她们就闹，说刘文思给平和留了下来，就是为了你的事情，都已经说成了，就等你回来订婚了。非拖我到三爷处去，我去了，果然平和、巾和、申和、文思都在。八姑爷早上才走的，我去了，文思站起来叫一声，然后就没有说话了。于是就让她们闹她，她真是太难了，什么事都当面开销，说得文思脸都通红，一句话也不说，光打头绳衣裳，低着头痴痴的笑。我到三爷、大伯处去转了一下，就已经吃饭了，回到五婶妈家吃中饭。中饭后，旭和她们又硬要拖我到后面来，拖得我真着急了，在縰和房里坐了一阵，才去的。十三爷也在我们这儿，坐在火盆边上烤火。七姐一进房就大笑，笑得眼水都出来了。下午我们都好一点，不大窘，闹的人也好了一点。一会儿三婶又下鸡蛋皮给我和十三爷吃，吃过我就溜走了，文思也早就溜走了，说徐姨奶叫她。晚上我吃了一碗粥，到前面，身上发冷，澡也不想洗，就想睡。五婶妈叫我睡五爷外房，外房还有五爷和毛毛匠在谈话，我也不管就睡了。一会儿文思到她们小房里洗澡，又给旭和捉住，要她送咳嗽药给我，房里没有灯，黑黑的，他们都走了。我也没有说什么，文思也溜走了。我躺着在想，三河去了几天回来，也不知道是谁，大约很多人，把我的事情就说成功了，我总觉得太快了一点。五婶妈来，我告诉她实在话，现在事情既然已经说成这样了，许多人都在问哪天订婚、哪天结婚。但我看还得迟一点，我最近要到上海。本来说不一定回来，现在自然得回来一趟，想赶回来拢坟，风竹和爸爸的坟葬也就安心了。回来过年，想明年春天订婚，也许根本就不想订婚了，只到上海去打两个戒指来就算了。等春假之后，明年秋天或是冬天再结婚，甚至到后年也说不定。大约是太累了，晚上睡的很好。

12月25日　火

　　五爷家也不好，真是烦人。一早五爷就起来了，其实呢，我也是早就醒了的。我想今天不起来的，在床上睡睡，伤风可会好一点，再一层也躲躲他们，免得他们闹。早上看五爷吃了一两小时的早饭，先和仪和吃，仪和吃完走了，和任和、以靖吃，最后又吃饼，给狗吃，好容易一顿饭才吃完。五爷走后，家里就没有人了，只有以靖和小凯和在火盆边上玩。我叫以靖去叫八姑和二表姑来，第一次说是在吃早饭，没有来。后来縰和来了，平和、文思、巾和也来了，旭和、志敏也来了，一房的人热闹了起来。我想，老不和文思说话不好，于是问问她那次在路上等她的情形，她也很大方的回答了。今天还好，她们也不大闹，就是后来我吃鸡蛋皮时，她们都走了，不接碗，还是文思接的，倒是她好意思，我倒不好意思叫她拿了。她们走了，又怪冷静的，也快吃中饭了，我也睡不着了，只好起来了。吃了一碗多饭，但我没有出去，和旭和、志敏、十三爷一同烤火玩。快晚了，老圩来人说十九太爷叫我去，我知道大约是为了粮的事。走到路上已经下起雨了，到老圩天才黑。十九爹等着吃饭，大招待我。到老圩，自然玩的人有孝乐、小五姑、小六姑、小三姑、小四姑。晚上写了一封兑米的信给陆八，睡小房间。

12月26日　水

起来吃过早饭就走，三姑想跟我走，到上海，但我想明天就走。她没有钱，不能走，着急。我一个人走，到土地庙遇到志敏，知道静和还没有回来。我从田里走到孙凤竹坟上，坟背上的土松，有许多蹄印，心里挺不舒服。回新圩到三爷处，看见文思在外面晒太阳，十三爷也在。后来縰和和平和她们都来了，坐坐谈谈。文思总不说话，老在打东西。中上在五爷家吃的饭，饭后理东西，理出一箱子东西，都是妹妹的。妹妹不预备让她回来，所以多带一点东西去。其实也可怜，没有多少东西，一会儿就理好了。下午三爷请客，请后圩三姑、大姑等。早早的就把东西摆好了，平和她们姐妹忙了一上午，连文思也帮忙。天还没有黑，后圩的人来了，三姑、四姑、大姑、童五、文思、旭和、志敏、小老爷、縰和、我，十个人一桌。菜很好，很精致，文思不好意思吃，他们又闹，但到底是长辈，不好意思闹得凶。后来剩一条鱼，我想给文思，也没有刀。一顿饭就把天吃黑了。明天走了，到各处去走一下。到大伯处，大伯要买药，七姐要写信，緥和要买书，文婉带钱。妹妹有些衣裳在三婶处洗了，在烤，我来了，大家又坐在火旁边谈了起来。一切都弄好了，洗洗脚预备睡了，拖了平和来，想同她说说。我告诉她我的意思，叫她问问文思对我怎样。她说，她没有不愿意的意思，因为以前别人提亲她都拒绝，这次八姑和她说，她没有作声。大家和她闹，她也不生气，可见得愿意的。说话老有人来打岔，洗洗脚，想睡了，旭和又捉住我到后面去。二姑已经坐在床上，我想要文思照片，向平和要，文思也愿意给，说有一张单人的，平和没有找到，找到两张合照的。我们坐下烤火，她们把我搁到文思边上，人多，都围着一个火盆，自然挤着。旭和在我边上更闹得凶，文思也不说话。晚上我倒好了，不难为情了，我烤小手巾，文思打衣裳。闹到十点多钟，我和旭和才回房。我睡了，旭和在火盆边上用手煽火，陪我说话。她回去，我马上就睡着了，明天一定要走了。

12月27日　木

听着鸡叫就睡不着了，想心事，晚上也想文思，想到以后怎样结婚、怎样做事。听到外面有人起来了，妹妹已经起来了，吃了鸡蛋皮，三婶妈也来了，喂了小以靖，让旭和她们去叫平和、文思、巾和她们，她们全都来了，文思替我烤洗脸手巾，没有干我们就走了。妹妹坐到箩筐一头，一头放行李箱子，徐庆海挑货，我坐轿子。一出新圩闸门，我就上轿，免得他们送。送的人，女人多，她们把文思放前面。早上我让平和叫文思戴一戴我的戒指，看合不合适。上轿走一段路，下来走走，在小以靖边上和她说说话。到焦婆店十二里，很快从焦婆店到雷麻店，让妹妹坐轿子，我走路。妹妹在轿子里哭，想五奶奶，我倒很伤心。到雷麻店，很大，从雷麻店之后我坐轿子，一直到城西桥吃饭，城西桥不大。我们一行同戴二姐一阵来的，她患疟疾，不能吃东西，我和妹妹吃。徐庆海和我们一同吃。白果不错。吃完马上就走路，路并不长，慢慢的走，就到大蜀山了，抬轿子的倒很快。到十八大井，我记得以前很大，现在看，可太小了。过了八里岗，已经望到城墙了，很高大。我们超过一大队警察局的伕子，已经进城了，城门缩在里面，很庄严。进城等后面的挑子，等到了我们一路从西门大街问到芒人巷张枚棠住处，芒人巷房子是我们的。到芒人巷天还没有黑，他们都不在家，张太太招待我们洗面。一会他们也都回来了，五爷、镕和、二表姑都在。进城最想见的人是夏妈，一到我就问二表姑，叫人去找夏妈。一会儿，一个小丫头提着灯笼引她来了，自然她是老了，今年已经六十三了。妹妹一看见就欢喜她。我们没有谈什么，一会儿张枚棠回来了，又和我迁了。夏妈走了，我和妹妹老睡不着，房里的人太多。房子还不错。

12月28日　金

下弦月照在窗上，我就醒了，起得很早。在家里吃点心、稀饭，然后一阵出去洗澡，把妹妹交到范巷口夏妈家，我们到中华池洗澡。早上人少，池水还干净，池子没有立煌的好。修脚、捏脚时，老冯来了，他因为见到小以靖，才知道我在洗澡，找来了。问冯，才知道学校已经指定了房子，在仁和集东乡李家仓房，已经有人去修理了。冯先走，我们也出来了。五爷还说要下乡，也不能下乡了。我回芒人巷换了李家旭的袍子，到省府找贾宏宇，不在。到大同医院找刘志遂，替旭和送信，也不在，刘太太接了去的。到安徽日报社找詹，都不在，只好回芒人巷。童八已经来了，我们一同吃饭。饭后到他家，他家很小，是日本式的房子。白太太那位会闹的也在，他们正在吃饭。坐一阵又到地方银行看黄荫莱，黄又说到，有人看到我的书哭了，我很高兴。从银行出来，到公兴药房，是吴七表叔开的。和他谈起卖书的事，他说在店里也可以代卖书。从公兴药房又去找吴二爹爹，在街上遇到胡子头，鬓全白了，又到他家坐了一会。回范巷口夏妈处，妹妹不肯回来，要跟夏妈睡。我叫夏妈回来看看凤竹的照片。夏妈走时，妹妹又和她走了。昨天和妹妹睡就没有睡好，今晚我一个人早早的就睡了。

12 月 29 日　土

一个人睡大床，舒服的很，睡得很好，但是也是天一亮就醒。昨天镕和生日说请吃面，没有请，今天早上吃面，到迎宾楼吃的，吃饺子和面，还不错。吃过早饭，到地方银行找童八，到他家拿了一百五十本书，到公兴药店找七表叔，请他代售。到隔壁修表店去修粿和送我的那只西蒙表，发条断了，接一接，洗一洗，八百元。我看着他修，大约修了一点钟才修好。拿了表走回芒人巷，到范巷口找夏妈，给夏妈一万元，和夏妈谈谈。一会儿五弟、镕和、二表姑来了，我们一阵吃饭，我请客，仍然是在迎宾楼。饭后我们大家去照相，夏妈和小以靖就回去了，我们到公馆祠堂一趟。回芒人巷，我写日记。孝粹来了，本来今天有车可走，现在不成了。我刚出去找童八，碰到贾宏宇，又回来讲到天快黑。我出去找童八，不在，太太在，告诉她请找车子。回来吃晚饭。一天到晚来的都是房客，讲房子的事，烦极了。明天又不能走，无论如何后天一定要走，没有车子坐洋车也得走。

12月30日　日

走得买票。先到童八家，不在，昨夜打了一夜的牌，早上到澡堂里去晕了。在范巷口看到报，知道一、三、五有车到蚌埠，决定找公路局问问。到得胜门口，好容易找到卖车票的地方，车票四千七百四十元一张，小孩子还要买票，一共买了四张票。买到票，我也就定心了。回到夏妈处，又带小以靖到七表叔家，给他们看看。没有在他们家吃饭。以靖不肯到上海，一定要跟干奶奶，一提走就要闹，所以还是让她带去吧。下午我写了两封信，一封给平和，一封给文思，请平和转。也没有写什么话，信实在是不好写，我没有写好。写好信，又到夏妈家，和她多谈了一会儿，把放在她家洗的衣裳全拿了回来。以靖仍和夏妈睡。回家，家里来了两个女客，一个是刘文浩，是刘家的，一个是李二姐，李忠纯的姐姐，都像太太样子。因为有人说我见到女人话就多了，所以故意不说话，但后来也说了。她们是孝粹的朋友，吃了饭她们拉孝粹一同走了。我们就谈祠堂的事，再去找吴天？，不在学校，到家，又说不在家，我们找了他几趟，都没有找到，真是有点火了。我写了张条子，写的不大客气。我们回家都有点生气，镕和最气了，发了一大阵牢骚。明天要走，得早点睡才好。

12月31日　月

看表五点了，天还未明，也应该起来了。起来把两个行李打好，洗好脸，我和镕和去找以靖。到范巷口打开他们家后门，夏妈和小以靖已经起来了，点了灯在吃挂面。我也吃了一碗，热乎乎的。等到我们吃完了，已经不用灯了，回芒人巷，他们也才吃。因为说七点钟开车，我们早早的就去了。慢慢的人多了，等了半天，车来了，是到六安的，许多人一拥而上，有些到蚌埠的也上去了，只好下来。一会儿车来了，大家也是抢着上，东西乱放，人其实并不多，好好的排一下，大家都好坐，可是谁也不肯让，乱挤。孝粹找到一个位置，我坐在人家的网篮上，以靖就坐在孝粹身上，这样总算好了，大家都有座了。送我们的有二表姑、夏妈、五弟、镕和。刚出三孝口，一转弯一拐，把一个人甩了下去，都还不知道，有人叫了，才停下来。跌下去的人又上来了，一点没有跌伤，最奇怪的是一把茶壶跌了下去，也没有跌破，上车大家都拿他开心。车出北门上公路，快得很，我们原来都伤风，这样更不得了。车很快很好，一路都没有停，没有抛锚。到水家湖停了一下，我们下去小便一下就走了。到九龙岗，大站，有火车站，吃中饭。在小馆子吃一个馍，一碗牛肉汤，马上车又走了。到河边，不知是不是淮河，河中有一条长堤，堤上有桥，给新四军破坏了，不得过，非摆渡不可。一路就有里把路，我在堤上跑了几趟，风大极了。孝粹、以靖也下车了，我们走到快到尽头，坐小船渡河到镇上喝茶买花生吃。等汽车过来，这一段时间很长。有长官由蚌埠回合肥，一共六部车，非得等他们的汽车全部渡过了，才让我们渡，空船返回也不顺便带我，真是太岂有此理。一等就等了两小时。等我们上了车，车飞快的开，到蚌埠已是上灯时了，总算到了。在上车时碰到一位瞿国钧先生，是在一七二师部里做事的，快下车时，他就跟我们说，在蚌埠，旅馆难找的很，假如没有地方住，可以到他们办事处去。我们到公路局下的车，人都走了，我们还在叫洋车。到二马路找到旅馆一问，客满，又问了一家，也是客满。没有办法，我想到他们办事处去，我把号头记错了，还是孝粹记得，说是二百九十五号。在路上我跌了一跤，因为大马路在拆路，又黑又看不见。找到瞿先生，总算好了，他说没有房间，就在他住的房里挤挤。我们见他的房子很好，也就算了，总算有地方住了。出去吃饭，到最近的一家回回馆子叫玲珑村去吃饭，自然是我给的钱了，一共三千元。我请的，就算是房钱了。瞿人还不错，他和纯和、泳和都认得的，但都说他们不好。吃了饭回来，找一张大绷子床来，我和瞿睡小床，让孝粹带以靖睡大床，睡时已经快十一点了。

1946年

1月1日（元旦） 火

说是下午有车走，我们也不慌，早上定定心心的起来，其实还是天未明就醒了。叫了车，瞿先生也陪我们一同到车站。今天元旦，街上有许多人放炮竹。到车站一问，早上两班车都开了，只有下午一点钟一班快车，说是在旅行社买票。我和瞿先生跑到旅行社，人都挤在窗口，一会儿就卖完了。我看看里面坐着两个人，像是唐韵生，原来不预备找他的，现在可以找一找。进去他并不站起来，他也是来找票的，没有办法。旅行社人说车站还有票，我又赶回车站，一问果然还没有卖，很多人都不知道。我挤到窗口，第一个买到了两张头等票、一张二等票，一千七百元，加上特别快车费，才二千七百，真是不算贵。买到了票就算定心了，瞿先生也走了，我们把东西交给徐庆海看管。我们到车站附近小馆子里吃中饭，其实才十点多钟。我咳得很，一点也没有吃，光喝了点茶就走了。我们看行李，换徐庆海来吃饭。现在唯一的事就是拿行李票和上车了，行李要到十二点才扣。我们等这半天过磅，写票子，真是太慢，打好行李票已经十二点半。我们上了车，车倒是好，蓝丝绒的垫子，和在汽车上自然不能比。坐下，对面来了一位卢先生，一谈很投机。车开了，泡了茶，卖东西的人也来了，和我们以前坐火车一样。我忽然饿了，想到前面有餐厅，于是一个人去吃了一客午餐，七百元，不算贵，咖啡也好，不是糖水了，还带了一块点心来给妹妹。看在车厢那头有铜铃和两个男人，带了妹妹去玩了一阵，骗了一只梨来吃。车上水太热，和昨天在汽车上，刚刚是一个对照，一天太冷，一天太热。我想睡一会儿，睡不着，起来和吴陆先生谈谈，他就住在大姐家附近。慢慢的，车上的灯亮，过浦镇就到浦口，到浦口天就黑了，出站上车的人已经排成了长队。我们排在最后面，行李又没

有取，今晚九点半的快车是赶不上了。孝粹又劝我到他们家去，决定明天
再走吧。轮船坐满了，我们等下一班的轮渡。开船很快的就到了下关，叫
了马车，一直到太平路。从二十六年一直到现在没有到南京，这还是元旦
节晚上，晚上也不热闹了。车过国府路，还是我们以前住过的地方，故土
也并没有什么感想。到太平路，没有灯，我到麟和里三妈打开门，上床，
洗脸，洗脚，吃面，睡觉。我和妹妹睡一个被筒，他家两个小孩子睡一个
被窝，还是闹到十一点才睡。他们家只有一张床、一张桌子和几个板凳，
房间倒不少。我带小孩子们睡着床，他们都睡地板。

1月2日　水

夜晚水滴了一夜，吵了我一夜，没有睡好。让我想要到宁海路去一
趟，看看孙基昌，虽然我想他大约是不会在的，不过不去一趟总不放心。
所以我没有吃早饭就走，花了一千元叫车来到宁海路，一问，他们的宣道
委员会早就已经解散了，只好回来。叫洋车拉到中国旅行社买车票，十一
时的车赶不上了，只好搭夜车，买了两张头等、一张三等票。买票出来我
就走路，不坐车了，走过一家粥店，吃了两碗粥、两根油条。南京太大，
太荒凉，回麟和里16号，三妈已经又出去了。她这几天每天一大早就出
去，晚上才回来，怕人找她，不知道为什么。一回家，孝粹就着急，麟和
又到芜湖去了，家里只有三妈、孩子们，孩子们对她都很陌生，不大要
她。她好像也不在乎似的，她还年轻，才二十五岁，已经做了三个孩子的
母亲了。她叫我陪她出去买东西，我就和她一同出去，沿太平路到大行
宫，到新街口，到大华，她只买了点牙膏之类的东西。我们一路谈天，她
还和我谈得来，还好不太土。我们从小路走回家吃中饭。饭后天阴了，我
们两人靠着窗户谈心，谈到麟和和李家贤的事，她好像也不大在乎的样

子。窗户外是一个大大的池塘，可惜边上太脏了。孝粹说，"你走了，我更着急了"，她吩咐我回家走南京时，一定要找她玩。我老是看表，四点多了，叫他们佣人们煮饭。我和妹妹吃了，我到门口去叫了一辆洋车，一直到下关。许早就到，他取了行李先到下关等我了。天已经快黑了，洋车坐的有些急人，妹妹都要睡着了，几次叫醒她。到下关车站，很容易找到了许，才七点多钟。我们马上上车，车上已经有人了，我们在车里占了两个座位，让妹妹睡觉。京沪路上的头等车还没有"胜利车"好。上车就等开车了，等等真是着急。人越来越多，我边上有人，对过也有人了，车上热，我脱了大衣给妹妹盖着。车准备九点开，我到餐车里去吃了一碗饭、一盆汤，我怕妹妹醒了找爸爸，便赶快的吃了到车里去。车只停大站，但是还是要走九个多小时，太慢了。妹妹三四点钟时醒，吐了一阵，又睡了。我根本没有睡，我买的几张报纸全部都看完了，又和对过的人谈谈。渐渐的快亮了，妹妹醒来，叫一杯牛奶给她吃，也没有吃完，我喝了。车过南翔，很快的就到上海。下车出站，在公用电话亭处打电话要汽车，一直到福履理路大姐家。

1月3日　木

上海好像并没有大变，汽车走了三十五分钟才到懿园31号。我们打开后门，第一个迎接我们的是高干的外孙女、小金大姐的女儿小毛子。她已经是大人了，不过脸还是像的。第二个在楼梯口迎接我们的是大姐，她穿了件红睡衣，一点也不显得老。接着二姐、耀平、四弟都来了。顾志成还在睡觉，他也留了个小胡子，我觉得他的胡子还没有我的胡子好。最后见到的是二弟，他颜色不大好，眼圈黑，一定是睡觉没有睡好。他仍然在申报馆，现在当了出纳主任。妈妈不在家，昨晚就没有回来，七弟也在他们这儿，这几乎就是张家了，太热闹了。房子自然是好，有一切卫生设备，家具东西也好，东西就是太多了一点，东西多就不容易布置了。马上他们冲奶粉，打水洗妹妹，妹妹睡了我也睡不着，自然有好多话要说。水来了，我在浴室里洗了个澡，很舒服，把一身的衣服换了，穿耀平的皮袍子，也暖和了。吃了中饭，睡在三层楼二弟的床上，老睡不着。早上一到之后就打了个电话给孙基昌，他说要到江湾去，下午三时来看我。三点了，我起来，果然孙二嫂来了，基昌兄没有来，说要我们去。二嫂带了两盒饼干来给妹妹，妹妹马上就想吃，拆开一盒，坐一会儿，我们便一同走了。坐上公共汽车，我也不认得路，到上海我也变成"阿木林"了。汽车一直坐到大世界附近的大三元来，孙基昌在上面等我们。到三层楼上一间小房里，找到孙基昌，他好像比以前胖了一点。他们自然欢喜妹妹，给妹妹吃东西。我们自然又谈到凤竹了，还好，他们还不大伤心，不过一见到妹妹时眼里有水。为了南京房子的事，他介绍我和一位徐先生面谈了一阵。我们一同出来，坐三轮车到他住处蒲白路吉益里一间亭子间里，他们要到他的干儿子家里去吃晚饭。我们走了，他替我叫了一辆洋车回去，正好吃晚饭。晚饭后我给他们吹笛子，传芳也在这儿，让他们唱了几段，早早的睡了。妹妹闹，九妈也回来了，看着我们睡觉。我和妹妹睡一张小床，在二层楼，总不大定心。我看他们家也太乱了，大姐是个会理的人，不过这东西也太多了。

1月4日　金

上午和四弟、以靖到老伯伯家去，房子也不错，也并不如所传的那样窄。赵大姐来开后门，她已经太老了，好像比夏妈还要老一点。老伯伯也下楼来了，并不老，嘴有点歪，说话不大清楚，但是还好。家里的小孩子们全出去了，做事的做事，读书的读书，只有小六妹在家。我先还当她是小三妹，后来见到她走路一拐一拐，才知道是小六妹。老婆婆房里也还是干干净净的，房子自然没有大姐家的好，不过也还是要的。老伯伯坐下来，和我谈到这几年来所吃的苦，一会儿丫头回来了。她在圣约翰中学读书，还没毕业。又一会儿，小四妹也回来，摩登得很。她是个女清客，赚钱最多，可是一个钱也不给家里用。老伯伯给我说，我发誓不要她的钱。因为老伯伯家里窘，我们先就说好不在他家吃饭，骗老伯伯说孙家要请客。仍然是三个人坐三轮车回来，大姐家还没有吃饭。下午因为和孙二哥约好去参加文艺晚会，要我早一点去的，四五点钟我就带了妹妹去了。车子不认得蒲柏路，他以为事故挤路，又走了不少冤枉路。到吉益里，只有二嫂在，说二哥去洗澡了，一会儿就来。妹妹闹着要看电影，于是让二嫂带她去看五点半的一场电影。坐在家里等孙二哥，我坐着看报纸，看书，看上海杂志，倒看了不少，可惜也没有多少可看。一小时后孙二哥才回来，我们一同到"瘦西湖"（电影明星韩兰根开的）吃饭，一盆炒鱼片，一锅狮子头，菜就吃饱了。饭后到拉菲戏院，已经八点，张俊祥正在台上报告后方的戏剧工作情形。讲完后，一位女士唱各种小调。我们进去时看没有位子了，走到前面，看到二嫂带了小以靖在前面。原来小以靖看完电影之后一定要找我，二嫂又带她来了。文艺晚会中老是演讲，对她没有趣味，她在我身上睡着了。赵景深当主席，自然也表演昆曲，参加晚会表演的有吴祖光、柳亚子演说，白杨与某某的对台词，李健吾的朗诵，某某某的相声，其中最精彩的一句是，中国最后和了一个全球人。我到台前叫了赵景深，散会后在门口碰头。

在这里又碰到不少熟人，如胡嘉夫妇、李小峰太太。妹妹睡着了，没有精神，马上带她坐车回懿园。我们今晚睡三楼，弄来一张双层床，一睡就断了，妹妹睡在沙发上。

1月5日 土

打电话给赵景深，说到他们那儿去。他们那儿在霞飞路鲁班路口，叫车去的。李太太才在梳头，赵先生他们住在三楼，妹妹和百囡玩，赵太太还拿出四个盘子来。等他们吃过早饭，赵先生陪我一同到胡嘉家去，很近，就在爱多亚路淡水路口。他们自己开一个小学，许多小学生，闹极了。他们住在二楼一间大房间，还不错，胡嘉家要比李家好一些，熟一些。胡嘉把小学生叫了进来，还有他们的干女儿，一共五个人，来和妹妹玩。妹妹先唱歌，他们就听，松青也唱《起解》，松青、百吕都很好。玩一玩，已经吃午饭了，我们就在他家吃的。饭后我想到要大姐陪我出去买东西，所以得赶快回去。谁知到家大姐他们都不肯去买，说开了单子叫人去买好了，买戒指，叫金子店送来好了。他们都不去，我也就不能去了。下午孙二哥和二嫂来了，我们已经把三层楼上的房子布置好了，他们在楼上坐，看我们的照片。还有许多是孙二哥的照片，正好还他。天已经黑了，他们要走，我正要吃饭，没有让他们走。晚上，妈妈、大姐、二姐、我、四弟、二弟开了个分家谈话会，大致决定。后来谈到圩子里的事，一直谈的很久才睡。我今天换了张木床，妹妹仍然睡在我床上。

1月6日 日

一早上和妈妈在楼上房里看大姐的照片，谈话，妹妹在边上玩洋娃娃，倒乖的很，没有闹。下午先到二姐家，二姐今天搬家，搬到霞飞路，房子不错，但是太小了。又碰到在西安时遇到的陈家辉。从二姐家再到老伯伯家，姑爷今天过五十岁生日，房里一房的人，我也闹不清楚，只认得大表叔一帮子在上海的人。现在烧柴没有烟筒，房里人多，又抽烟，空气更不好。他们家的人，小红、丫头、三毛、四毛、大姐都看到了。小红瘦了，丫头胖了，三毛也瘦，不胖了，很漂亮。静华是老了，围了条围裙，老在厨房里忙。人多，不请客吃饭，吃一点点心，鸡蛋糕。姑爷清瘦了一点，也不显老，他现在自然不得意的很，是在善后救济总署上海方面署当秘书。他倒是一个好人，不会贪赃枉法，但是结果却很失意的。客人散了，我们没有走，留在他们家吃粥。静华忙了半天也不吃，我倒怪心疼她的。叫车回家，丫头又睡着了在三轮车上。今天大姐又搬房，二弟、四弟都搬到我房里来，我们三个睡三楼大房，隔壁小房让广英带小圭和妹妹睡。叫妹妹一个人睡一张小床，我陪妹妹睡着了才走，二弟回来了我都不知道。

1月7日　月

天不亮妹妹就醒了，闹，把她抱到我床上来玩到天亮。好多东西没有买，得赶快买才行。大姐又不陪我去，叫四弟陪我买书，把綵和的字典和书都买到了，又到大公司去转。老女洋人已经在家里等，女洋人是顾志成请来的先生，他自己不上，让给四弟上。他自己又到南京去了，从苏州打长途电话来，叫我们明天去，因为房子可以接收了。二弟已经在气替我们买车票，妹妹和女洋人闹，闹的很好玩。下午我和大姐、妹妹要去七姑家（七姑是土地老爷的女儿），七姑家离大姐家很近。在七姑家遇到三姑爷（后圩十三爷家的三姑），他用汽车送我到凌先生家。凌先生出去了，凌太太在家，他家自然很考究，一切都很舒服。凌太太肺病，老是睡在床上，我们去，还和我们谈谈。一会儿小妹妹从学校回来了，她十五岁了，和在汉口时做米老鼠的情形已大不相同，那时候她不过比妹妹大一点。妹妹就在他们家地板上爬，不怪她的，地板比她的衣裳还要干净一点。从凌家出来，天已经快黑了，回到懿园，孙二哥已经打电话来催过了。于是马上再到孙家，郭大姐的儿子必昌也在上海踏三轮车，不过他的三轮车小一点，是一个人朝前面坐的。到蒲柏路吉益里，孙二哥引我们在前楼坐，自然他们住的亭子间太小，呆不下这么多客人。二嫂不下来，她在亭子间里哭，为了基昌说明年要送她回家去，这个"送"字，她以为是不要她的意思，所以绕了好半天才下来。二弟来了，客人也都到齐，大家下楼吃饭，菜丰富的很。可惜二弟今晚又请我们去黄金大戏院看麒麟童的《四进士》，我为了看戏不定心。到八点我们不得不去了，我们先是让妹妹跟大姐一同回去，我们去看戏。坐洋车赶去，正好，宋士杰还没有上场，还在柳林写状。麒麟童是不错，确实值得一看。一直到十一点才完，回懿园，妹妹还没有睡，一定要等我。我发脾气，她才睡倒。我们又理理东西。买了三张票，二姐不去，妈妈不去，于是只好让我和四弟、徐庆海去了。整理东西，睡时已经十二点过了。

1月8日　火

六时大姐来叫我，正好睡，不得不起来走了。起来打好行李，一切弄好，都快七点。叫了洋车到车站，差一刻钟就到八点，就要开车了。四弟的车子又在后面，等了五分钟才来。我们把东西搬上车门口，五分钟不到车就开了，特别快。一路不停就到苏州了，一点五十分钟，比我们在立煌进城还要快。上车，我坐在行李上，一直没有下来就到。顾志成来车站接我们。我们也没有吃午饭，先到他住的旅馆去洗脸，到观前街松鹤楼吃面，吃过东西再去乐益。乐益现在住着第九十一师师部，说明天就要走了，所以可以让给我们。找到他们的参谋长刘志澄和副官主任张德生（据说是清华的同学，十级的），一谈之下，说没有问题，房子可以让给我们了。从学校到朱一熊家吃饭，然后到教育局找人，王局长不在。中午我想睡一会也没有睡着。五点多钟我们再到乐益，说是都不在。我们把行李搬了进来，打听他们的住处，他们都住在外面，明天师部就全部要搬完，房子让给他们的野战医院。我们睡在家里东边楼上原来堆着东西的房里，现在全部打通了，变成了一个大通房，住着唐大姐、郭大姐她们。她们睡的中间的房做了参谋长的办公室。变化太大了，一时也讲不清。

1月9日　水

早上他们就慢慢的搬走了，许多人都进来搬东西，警察、政工所、老百姓，全来搬东西。野战医院的人也慢慢的来了，负责人是李医官，梁院长到南通去了，他们队伍是要到南边去的。我和四弟都太软弱，没法应付他们。师部走了，忠义救国军又要来住，野战医院似乎有些怕忠义救国军。不过他们已经先进了，忠义救国军还不知道明天来不来。不过我们总算住进来了，现在的问题是怎样保全房子，不再让人进来住，怎样保留还在里面的东西。两个都是不容易的问题。我们人手太少了，只有我们兄弟二人和徐庆海、顾志成，今天来了一下，又走了，没有用的。我们还得看我们自己的东西，水和饭都没有。我们好像新搬来的一样，什么都没有，早上还要去冲开水，两人一瓶水。早上我们到平桥头去吃油条，到小馆子里去吃鸡蛋炒饭，晚上在观前街吃西餐。这几天最高兴的事，就是昨天拿到了我的日记和笔记本，这些东西已经离开我八年了，一旦见到真是太高兴了。先到九如巷一问，李家的房子已经卖了，李家搬走了。可巧有个送棚子的人，知道李家在十梓街45号，他带我们去。李家只有小嫂在，一提起来，跟他们一提，都知道有我们。小哥哥出去了，晚上才回来。昨天晚上我又去了一趟，日记全部拿了回来。今天上午没有出去，下午去找孙二哥介绍的徐仁琨，又不在家，倒是在路上遇见卫一萍。晚上买了点东西，水瓶、茶杯，回来记日记。生活不定，太乱了，写不好。

1月10日—12日

这三天老是在外面跑，拜访熟人，如教育局王芝九①先生，在苏州教书的周侯于先生，王遗珠、傅公雷、卫一萍、刘重荫、顾启华，许多人都见到了。二姐早上来了，下午孙二哥也来了。本来学校一趟糊涂，好像无从着手的样子，现在慢慢的，我们从陆颂谟先生家（他已经死了），把一点残余的家具搬了来，原来楼上的五间房变成了三间房，布置了一下，也慢慢的有了样子。渐渐的，我们都高兴了，一切都是我们自己动手做起来的。

1月12日　土

我们三个人都睡在楼上大姐她们的那间房，二姐到王遗珠家去睡了。孙二哥一早就起来，他来苏州是为了汉奸案证人的事，今天在高等法院开审。我们洗个脸，留下四弟看家，我们就一同出去。从十梓街一直到观前街，在高等法院边上一家面馆吃大肉面和汤包，苏州风味。到高等法院，还没有人来，一直要到十点钟了才开审。我们出来，走杀猪街以前孙二哥

住过的去看看，顺便去看看我们的小花园。还是那个样子，有母女两个人在看守，是刘家找来的。我们从小花园回来，又到刘大伯家打了半天门，我怕他们怕我，说明了我是什么人，才让我们进去。重荫也在家，于是我们谈开了，还有一个安定中学校长王季绪先生，话很多。孙二哥出去出庭去了，我便刘家吃中饭，乱谈了一阵。刘大伯跑了。他自然要跑，他当过伪安徽民政厅厅长，做过不少事。我给他最小的儿子一千元，饭后我不耐烦听王老先生发牢骚，走了。先到寿宁街看看原来的住家，头一排都炸毁，房子里都破坏了。到后面姚家，和房东姚先生一谈之下，他倒要叫我替他找事，在乐益教书。到花园看看，花厅全坏了，栏杆也都倒了，破烂不堪的。从寿宁街出来，一直回乐益，二哥也在，我一同出去。先到沧浪亭县中可园去看了一看，县中破坏的厉害，比乐益还要厉害得多，原先做过修械厂。又到实小，驻兵，不能进去。从护龙街、十梓街到东吴，日本人还不少，一个矮小的日本兵爬不上马了，孙哥还帮他上去。到东吴，孙蕴璞①在开会，我们去看了一看，还好，从游泳池边上走出来。今天我们跑了不少路，都累了，到学校歇了一歇，又出去吃饭，还是在松鹤楼。今天吃奶油白菜，吃的很过瘾，黄酒也吃了，吃的有点晕晕的。回去睡觉，一个人一张床，想明天和孙二哥一同回上海，还有许多事没有办。

* * * * * *

在立煌时买不到写钢笔字的本子，刚好凤竹的日记后面还有一段没有写，虽然已经很旧了，我也仍然写了下去。从立煌到圩子，从圩子到合肥，从合肥到蚌埠，从蚌埠到南京，从南京到上海，回苏州，今天又回到上海了。到上海是为了两个女人，为了看 ZJ 和为了买订婚戒指。现在已

---

① 孙蕴璞，曾任东吴附中主任。

经决定我来办乐益，所以我还得回苏州到镇江到南京再到合肥圩子。到明年过了阴历年，回到苏州，正式开学。别人都不肯当乐益校长，只好我来了，我自信可以把乐益办好。

1946年1月13日，于上海懿园

（第二十八本结束）

1月13日　日

　　早上天阴，我们等太阳出来再起来，太阳老是不出来。我等不及了，自己先起来了，也为了屎尿都急了，非起来不可。和他们兵们一同大便，无怪乎孙二哥要便不出来了。洗了脸，吃我们昨天晚上在马咏斋买的肫肝、熏鱼和面包。我补记两天来的日记，还是为了昨天新买了这本日记本，想起来赶快记它，所以非先把旧的日记本记完不可，日记也不能好好的记。老是来人，李珉贞和她的哥哥、侄儿来，徐素英和她的女儿，王遗珠抱了她的小女儿，叫人送草来。野战医院的人不让我们封门，得和他们办交涉。周五姐又来送东西。烦人，说了半天的话，日记也没有记好，马马虎虎的就算了。

　　王遗珠又等着和我们去吃饭，是小阿姐请客。小阿姐的丈夫就是陈杨彬了，如今家在多贵桥，就和顾启华家不远。我们都一同去了，孙二哥托故看人先走了，约好两点钟回来，周末我们决定五点二十三分的车到上海。到杨家，小阿姐也到，还认得我，我留了胡子，他们都不大认得了。饭菜很丰富，虾特别多，二姐喜欢吃虾，所以有炸虾、炝虾、炒虾仁三种。我吃了两杯酒，是烧酒，脸红了，拼命的喝茶。饭后没有一会儿，我们都走了，回学校，等钟点上火车。

1月14日　月

朱一熊来了，问他买票可有办法。他说他兄弟有办法。约好请他把他弟弟的介绍片子送到观前一家店里，我们去拿。可是等我们四点钟到观前，到两脚门文具钢笔公司，一问，他还没有送到。我们不等便走了，反正记得周五姐介绍的一位张先生在卖票房里。我们坐车到车站，车站已经挤满了人，大家都在排队。孙二哥靠着嘴讲认得张先生，居然没有排队就买到了票，两张头等的。车是塌班了，老是不来。站上人多，等到上海的慢车过了，才放人到月台上。六点三刻车子才来，我们一下子就跳上了车，居然有位子坐，后上来已经有许多站着的了。车里太热，脱了耀平借我的皮袍子，还是热。和基昌兄一路谈着，很快的，不到九点钟就到上海了。没有吃饭，饿了，在车站上一家北方馆子里吃了打卤面和锅贴。很贵的，七百多，苏州的东西到底要便宜些。吃了东西，叫三轮车，先到孙二哥家蒲柏路吉益里。马上我把我的东西拿了出来，赶忙又上车，一直到懿园。他们都睡了，只有三层楼上小毛子房里二弟还没有睡。妹妹睡着了，乖乖的。问他们，说这两天还乖，但也曾放过赖。我已经有点想以靖了。

1月15日　火

到上海来，难得好好的睡觉，早上躺在床上和妹妹玩了一阵，耀平打电话来我才起来。又打了电话给孙基昌，下午来一同带着妹妹去看她的腿。吃了早饭，我就到耀平的江苏银行去，还了他的皮袍子。今天公共汽车怠工，不要车票，我一直坐到河南路，下来问了人，才找到江苏银行，三楼新原公司。耀平好像很忙，我们略谈了学校的事，他明天还要到苏州去。我去的目的并非谈学校的事，实在是要问他ZJ的地址，他抄了给我。

出来已经十一点，等十六路无轨电车，挤不上，我叫了一辆单人的三轮车到槟榔路华日沙厂，找到他们的职员宿舍，找到了60号，问毛庭襄先生。他出来了，我还认得他，他可不认得我了。在房里，一堆孩子，一共是四个，两男两女都还好玩，女的大的一个很像ZJ。一谈之后，看ZJ老不出来，后来才知道到海格路她母亲那里去了，昨天去的，昨晚上没有回来。我自然很失望，只好打起精神来和毛谈话。因为他们的房子原来是日本人住过的，所以全是日本式的，我只好赞美他们的房子和他们的小孩，他自然觉得很僵。说起王弗民在他们这儿，我去找，也不在家。回他家中吃饭，菜很好，还吃了牛油面包。饭后略坐了一下，已经二时了，赶快走吧。毛说回福履理路要走他们海园过的，所以我走海园过了一下。只老太太、三姐在家，又失望了一次，马上坐原来的车回到懿园。丫头正在闹脾气，在后门口，孙二哥也早来了。一同到红十字医院，张百合不在，小儿科、骨科今天都不看病，要到星期四才看，我们又碰壁了。再到海园，这次ZJ和四姐都回来了。ZJ一看见我，就捉住我的手，我倒怪不好意思的，因为孙二哥就在边上。她瘦了，也老了，但是肚子又大了，又要生娃娃了。他们都忙得很，客人很多，忙忙乱乱的。ZJ和我说说话，一会儿又去理东西，她精神却好像很充足的样子。孙二哥不熟，自然先走了。ZJ在，我自然不走，多谈了一会。吃煮年糕，不好吃，我也吃不下。ZJ还是那样会亲热人。她收拾东西，五点钟走了，我们也走了，没有约定她。我想到苏州之前再见她一次，能约她出来最好。回家再详细看文思来的信，今晚可以好好的休息一下了，写了回信。还有平和也有信来。文思的信中有一照片不很好，信写得还好，就是说些客气话，有些叫人难受，我回信去叫她以后不要写这一套信来。回了三封信，縱和、文思、平和。大姐、志成来谈。写日记，一直到十一点，二弟也回来了。

1月16日　水

　　每天总好像睡眠不足似的，乡下的生活就是比上海好得多，我们这些乡下人，过不惯上海的日子了，我要回去了。上午又在楼下和妈妈谈到小弟弟的事。小弟弟现在住在朋友家，他朋友的父亲母亲都回来了，没有地方住，想住到大姐这儿来，大姐大约很不愿意他住到这儿来。后来谈起才知道，顾家老太太，不欢喜妈妈，也不欢喜小弟弟，所以这事情很糟，大姐大约也不欢喜他们来。大姐说他来了，就要长期住在这儿不走。昨天说去买东西的，没有买成，今天再去替文思买点料子。说一吃了饭就走，但是还是摸索了半天才走的。公共汽车今天还是罢工，不要钱，人多。我们向文林路坐了，再坐到河南路，为旭和买圆规。到大马路利华买料子，一件一万，一件八千，真是贵，不过我觉得还好。没有钱了，东西也买差不多了，叫了三轮车到龚尔鸣路瑞民药房找孙基昌，不太费事就找到了，他打电话叫我去看电影。现在正是时候，五点一刻到新世界边上的国联，片子是《轰炸东京记》，还不错，不过好像太长了一点。里面有许多镜头很热情，假如凤竹和我在一起，她一定依着我的，紧紧的捏着我的手，要和我好了。看完戏出来，还有孙二哥的一个结拜兄弟一阵到"老正兴"吃饭，人太挤，叫了拼盘、圆子和鱼头。吃过了，孙二哥打电话叫欧姑娘来，又老不来。我们也吃饱了，九点多了，我们到维也纳舞厅坐一下。我不会跳，只好坐着看他们。他们也老不跳，后来叫了周美君来坐台，也不好看。舞厅的女人倒很多，可是没有几个好看的。假如把刘文思和家里的那些小姐打扮一下，放到舞厅里来也都算是漂亮的呢。他们三个和周美君跳过了，舞女是会吹米汤的，和哪个跳就和哪个窃窃私语，把别人冰着。因为算是来替她捧场，所以茶钱舞女请客，但是坐台的钱五千元是要给的。我看看实在没有兴趣，音乐又不好，老是彭彭的叫人难受，空气也不好。算是捧场，不好意思就走，过了十一点我们才出来。叫三轮车回福履理路，已经快十二点了。上海十二点之后还是戒严呢。

1月17日　木

本来想今天走，谁知今天志成过生日，大姐留一天，明天走吧。早上老睡着不想起来，起来已经十时了。把东西理好，凌先生来，给他看看刘文思的照片，他说很好，眉眼展开，人也厚实得很。中午吃的面。饭后和小弟一同出去转一转，想到书报摊上买几本新杂志，没有买成功，又回来。孙基昌来了，一同到红十字会医院找到三姑介绍的张百和小姐。她带我们先让医生听听妹妹的肺，又去照X光片，又照腿，又照肺。都很好，我们放心出来。于是再去照相，万籁鸣照相馆。然后去拿凤竹的戒指，没有到，明天还不知道有没有。孙二哥还要我去看跳舞，我不去了，得回去了，晚上还得好好的歇一歇，明天又要到苏州去了。到了懿园，妈妈、汪小姐、凌先生、凌老太太在我们房里打牌。一会儿凌宴池先生、许柏猷、传芳、汪太太、李太太，许多人都来了。我和凌先生谈了半天，很迟才吃晚饭。算这次到上海，又一共借了六万元的债，大姐五万，二弟一万，不过乐益的公账欠我四万，算借二万元的债。仍然十一点才睡。志成说他也明天到苏州，和我一路走。早上打电话给ZJ，想叫她来，谁知她又病了，接电话的是他们家的佣人，我心里又失望得很。另外打电话给赵景深、胡嘉，都打不通。明天又要走了，这一走就要到明年正月里再来了。晚上把什么都预备好，预备天一亮就走，赶八点钟的特别快车。

1月18日　金

有事总睡不着，五点三刻我就起来了，洗好脸下去，他也起来了。吃了一块鸡蛋糕，六点半动身，天才刚刚亮。叫到两部洋车，半点钟就到车站了，八点、九点的票都卖完了，十一点的票，人都挤满了。后来志成转了半天，到旅行社才买到九点钟的票。我们马上进站，到最前面一节车厢，才找到了位子，还不错。志成又走了，一直到车开过南翔之后才回来，原来他在和别人说话。我倦得很，好在快，十一点就到苏州了。叫车子一直到乐益，墙洞已经封好了，进来，耀平、徐素英、二姐都在，灶也打好了，就可以煮饭吃了。下午他们都出去，我想睡一会儿，也没有睡着。后来又来了不少人，小学同学陈文龙，县师同学查鼎甫（这名字都很不熟），中午王遗珠送来的晚饭菜也是他们送来的。饭新灶上煮的。下午王遗珠的先生胡南琛也来看我，我们大谈一阵，头晕得很，想早早睡觉。

1月19日　土

今天请客，我们先把楼上一间房布置好，预备给客人们坐。我们还没有弄好，王遗珠和胡南琛就来了，请我们吃早点。等耀平起来了，我们才走到护龙街一家面馆吃汤包和面。生意真好，候补的人太多了。吃完了，正好遇到陈明斋，他是苏州最著名的外科医生，动手术的事，非找他不可。不过，和他略谈了一下，就回来了。天阴，后来又下雨了，但并没有下大。傅公雷和王芝九都不来，别的人都来了。今天吃的大约都是教育界的人，而且都是我的先生，如孙蕴璞、周增炜、周侯于、黄础先等人，另外还有陈璧筠、项坚白、许宪明没有来，另外还有王遗珠、徐素英等人。大家都很客气，都吃的不多，不过大家都是老先生，谈得都很快乐，不大拘束。饭后顾志成、周耀平都来了。顾又吹了一阵，谈到三点钟，带他们看了一圈。送走了人，我们就去洗澡了，到清泉池洗，太热了，别的都很舒服。洗好了，回校吃今天中上剩下的一个大砂锅烫饭，叫人很安逸。苏州是一个舒适的地方，人到这儿渐渐的就懒了。吃了晚饭，他们坐在火盆边谈心，我写信。一点也写不好，我还是在做事的时候怕人吵，我做事，人吵了，我心里就来气，大不高兴。

1月20日　日

今天预备开校友会，昨天二姐就把点心东西买好了。上午我一个人出去了一趟，到观前街买了本生活日记，预备送𥻦和的。又到护龙街杂志公司里去买了些新的杂志回来。到教育局看王芝九，先到苏中看黄础先。回到家里来马上就吃饭，把茶点东西摆起来，等人来开会。慢慢的人来了，我比较认得的有范先瑞、丁怡等人，其余的人全不熟了，一共到了有十七个人，先生中有傅公雷和以前教音乐的姜守江。二时开会时，公推傅公雷当主席，由我报告复校的经过，二姐报告选举几个筹备委员，就算完了。余兴有二姐唱了一个昆曲，后来大家就瞎谈谈了。送大家出去，遇到许多宪兵来，正好什么江南站又要来接收东西，大家和他们辩了一顿，交涉之后才走。晚饭之后，耀平和我又大谈起学校的事。我真是头疼想睡，我办行政的事，实在是不行，我不知道我能不能把乐益办好，不过我有这个自信办好学校之事。又谈到郑慧、四姐和丁西林的事。

1月21日　月

今天要到镇江去了，四姐老害怕我不来，老叮嘱我不要在家里晕、不来。早饭之后还早，不过我要买点东西带到镇江去，送凤竹的二姨妈他们，所以得早一点去。坐了耀平雇来的车，先到采芝斋买糖食，就用了四千多。又买了个装洗面手巾的橡皮口袋。到中国旅行社找来一张纸，写了个条子，找车站上的熟人买票。靠了条子，很快就买到了票了。进站等了半小时，车来了，我乘的是十一时的特别车。车上很挤，我倒找到了一个座位。太阳晒在身上太热了，有些受不住了。到无锡、常州，上下的人都很多，车子还是没有空，到镇江下午三点。先到车站外小吃店吃了饭，然后叫车到城内宝塔巷4号，找到二姨妈。二姨妈脚坏了，杵着两根拐杖还可以走。马上忙着叫文德、文珍帮着打扫孙二哥的房间给我睡，孙二哥还没有来，不过我想他明天总会来的，二舅也来了。又带我到3号去见了一对夫妇，也不知是谁。谈凤竹谈了半天，吃点心，一会儿又吃饭，实在是吃不下。晚上又和二姨妈谈凤竹的年龄问题，二姨妈说她属兔，三十一岁，我一直知道她属猴，二十六岁，相差了五岁，太大了。我有些不大相信凤竹为什么老瞒着我年纪，而且假年纪又和我是六冲了，这不知是什么原因，我总猜不透，也不知道到底是三十一呢还是二十六。二姨妈是从小带凤竹的，举出了许多证据来，三十一似乎可靠。不过看样子凤竹小，而且这许多年和我不说，也不一定二十六就一定是假。这真是个谜。晚上我们又谈到凤竹、孙老伯、孙二哥等等事情，二姨妈很会说，也好玩得很。

1月22日　火

天刚亮我就醒了，想到基昌兄会来。果然，他来了，是坐夜车来的，他每次到镇江都是这时候，我预备他今天再不来，我就要打长途电话给他了。他来了和我睡一张床，只睡了一会就起来了，可是已经快十点了。延怅（二舅的儿子，是抱来的）来，二舅来邀我们去吃茶。洗洗脸就走了，就在门口马路上的仁皇餐厅去吃。中市其实已经过了，我们先吃酒肴。酒肴的确不错，大块，嫩，又吃干丝，下江到底好。最后又吃点心，点心很细，面也很白，大约是美国来的面粉。还要吃面，我是实在吃不下了。吃完了出来，已经十一点，回到宝塔巷，拿了凤竹瓷像戒指，戴一个。我还像小孩子似的，来一样东西（基昌带来的）总是高兴，原来手上有一只七成金的戒指，再戴一个，一共两个。到教育厅去找曹书田，教育厅也就在门口不远，找曹主任，他忙得很，会客。先到原来在县中的殷芷源先生，以前我们叫他殷阿胡，现在他在教育厅当文牍，和他大谈一阵。又遇到施仁夫①先生，和他谈到学校的事，他原来是校董，自然应该帮忙的。最后才见到曹书田，还是那样客气，也没有怎样谈，就摇铃下班了。他有应酬，我也要回了，说到城外去看二叔他们，我们一路走，他到"味珍"，我回宝塔巷。又晕了一阵，才坐车到大舞台，边上弯弯曲曲的进去，在小胡同里才是他们的家。基昌兄先就和我说，见到二叔不要怕，他瘦得不像样子，所以我先留神了。到他们家，房子很小，二叔、三叔全脏得可以，马上泡茶我们吃。二叔一看就知道是个吃鸦片烟的，三叔戒烟，脸上黑酱酱的，三叔还胖一点，二叔领来的女儿也不好看。我们略坐了一会，我也没有什么话说，他们就谈到三婶的事，我们就走了。昨天轮船翻了，死了不少人，我们坐车先到江边去看。一排一排的，还不大难看，进去了，不能出来，兜了半天的大圈子才出来。到马场原来他们孙家的地方去看一看，才回来，已经四五点了。早茶吃迟了，一直到晚上才吃，吃镇江有名的斩肉，的确好，茨菇鸡面筋烧的，还有冬笋烧野鸭，二舅、延怵都来吃的。酒害的，饭也吃不大下了，吃了一碗还直要吐，后来吃了一个橘子才

---

① 施仁夫（1908—2005）：江苏江阴人，知名会计学家，是民国时期会计学界"立信系"的代表人物。

好。我们谈凤竹，谈以靖，谈他们家里的事。下午我们从二叔家回来，二姨娘在家大哭，她们两姐妹，凤竹、凤滋都是她带大的，现在都死了，昨天见到我来就已经难受了。她哭了，我也伤心，几乎要哭，幸而一会儿她就停了。晚上写了两封信，一封给刘亚青（日里就打了个电报去了），一封给四弟，谈西游记（嫖外国堂子的西游记也）。晚上灯熄了才睡，孙二哥已睡着了。

1月23日　水

昨晚倒睡得很好，早上起来得也不早。昨天约好九点看曹书田，已经迟了，表又坏了，不知道时间，吃了炖蛋、烫饭我就走了。到教育厅人又多，又等了半天才和曹谈到话，也没有谈什么就下班了。因为约好今天到三叔家吃中饭的，所以我回宝塔巷。汪丹秋来，在凤竹口中，汪丹秋是个美人，又是她的好朋友。现在自然老了，三十六七岁了，不过风韵还不错。她带了三个孩子来，我给了一千五百元，还是基昌兄出的。歇歇，就到三叔家吃中饭，鱼肚子里塞肉，最好的是猪肝，也嫩，味道也好，二叔是有名的会弄菜的。瞎眼的二婶（不是二婶，是二叔弄的丫头），现在也老了，也在家了，会说的很。一度失踪的三叔家的小弟也回来了，脏极了，他逃在外面做勤务兵，孙二哥又训他一顿。吃了饭又吃大烟，我只吃了一口，这次还好，没有醉。下雨了，本来今天想走的，一吃饭就吃到三点，怎样走也走不了了，只好明天再走了。下雨，我们出来一路慢慢的走，买点东西。走回家吃稀饭，饭后他们打牌，有女牌大王赵太太。在赵太太他们房里打，一直打到十一点。我不懂牌，是孙二哥、二姨、二舅妈、赵太太他们打，灯熄了才停，点蜡烛睡觉。

1月24日　木

　　和孙二哥睡一头还好，不窘，我总以为两个男人睡一床不好，睡一头更不好了。和他谈谈舞经，他很会说话，而且说的全是人爱听的话。文德、文俊他们都服侍我们，下面、买"板凳腿"给我们吃，很多时候没有吃这种东西呢。孙二哥拿了气枪打麻雀，我也跟着放了几下，孩子都跟着我们跑，麻雀一个也没有打到。看看已经快十一点半了，又看孙二哥理理东西，到十二点才到二叔家吃饭，是昨天说好的。我们带了两个箱子到城外，预备乘三点车到南京，到二叔家，斩肉还没有做呢。我们慌了，赶快催二叔，二叔做菜拿手得很。一会儿二舅、延怵都来了，我又咳嗽了，吃不下。斩肉倒是很好，蛤蜊做的鲜极了，可惜我只吃了一碗饭。三叔先去替我们买票，所以我们又定定心心的吃了。两点了，我们叫车到车站，三叔票已经买好了。离开车还有半小时，我们进了站，在月台上看杂志。车来了，我们爬上餐车，还有座位可坐。坐着倒还舒服，好在快两小时就到了，看看人家的小报，睡睡觉，孙二哥也睡了。一觉就到了，下车才五点多，天还没有黑。明天星期五，有"胜利车"可以乘，一问，要到中山码头才卖。孙二哥在站上等，我叫了车子跑一趟，票早卖完了，只好回到站上，明天再买普通车子了。我想在下关找个旅馆，今天晚上仍回下关住，明天一早就过江买票。和孙二哥到扬子饭店、南京饭店，都没有房间，我们决定进城了。三轮车没有叫到，叫了马车，马又不走，三百元搭到新街口，真不贵。我坐倒坐，非用手拉着不可，很难受，好在也跑开了，也跑得快了。到新街口，再换洋车到太平路麟和里16号，楼下已经租给别人做新房了。麟和已回来，房里也买了两张沙发床，床还是只有一张。麟和头大身子矮，穿了西装很不等样，孝粹也出来了，好像倒胖了一点。洗洗脸，又叫了菜来给我们吃饭，中上没有吃多少，晚上倒是饿了。吃了饭，我们就出去办事。先和孙二哥一同到小火瓦巷，找到姓杨的。找到了，没有说两句话，我们又一同到江苏银行。一问，杨成不在，到北平去了，李副理也不在家，好，明天又不能走了，只好回来。明天不走，我们定定心，从太平路走回来，买了不少东西。我买了电筒、香烟，基昌兄买梅子、肚子。回麟和里，一会儿怡和和怡清从合肥来了，倒是热闹了。问了他们合肥的事，说是爸爸的坟已经葬了，平和、三姑她们都在合肥城里。怡和还是那样胖。晚上自然又是让我们两个睡那张唯一的床，可惜床上有小孩子来的一泡尿。十二点才睡，人走来走去的，睡不着。

1月25日　金

今天也不知跑了好多人家。一早洗洗脸就跑出去，先到江苏银行，总算见到了李副理。把地契交给了他，看他的意思，好像收回房子是件很麻烦的事，我和孙二哥都不大高兴。从江苏银行出来，我们就到小火瓦巷杨营长家，搬孙二哥寄存的箱子。昨天没有看到他太太，今天看到了，很漂亮。杨营长老以为我们是去捉他的，好像很害怕的样子。拿了箱子，我们马上就坐车回麟和里，再拿孙二哥带来的另一只，再到双龙巷徐仁琨家。路过天章绸缎店，老板是孙二哥的表弟，刚好在家，马上留住我们吃中饭。把箱子就放在他店里，他又叫人替孙二哥买车票。听戈老板说话，知道果然是个精明的人。孙二哥知道他的历史，他是个苦出生的。饭后，基昌把要带走的东西理好，我们到双龙巷六号找到徐仁琨，房子也和他谈了。他丈母娘漂亮，也年轻，我以为比他太太还漂亮呢。从徐家出来又到"天章"，因为孙二哥又托了个徐家的房东小姐，到下关去接人，替他买票，所以回去看看，票买到没有，果然没有买到。基昌兄写了封信给查阜西，他最近考取了中央航空公司，预备去做事，请他特别关照。从"天章"出来，我们又到育婴堂去看七姨妈。七姨妈在凤竹口中是个摩登的人物（也是那时的摩登人物），果然好得很，有风韵。育婴堂没有钱，小孩都是营养不良，还常常死，我们看了很惨。看护小姐也都是尽义务的，也都不错。七姨妈说到凤竹哭了两次，害得我伤心，不知说了一句什么话，我说，"亲戚是亲戚，凤竹死了，难过就不认这门亲了吗？"我说说，也伤心了。我们出来再到杨营长家，他们一家三口闭了门，在睡中觉。基昌今晚晚车走，我不送他了，我想回麟和里休歇休歇。一到三妈家，只三妈一个人在家，他们都出去看电影，我们晚饭之后八点了，他们才回来。我本想早睡的，谁知他们回来之后，大家坐下来一谈就谈到十一点。我一个人睡床，而且是一张大床，他们一家都睡地板，有些不好意思。

1月26日　土

没有惊动人，天还没有亮，六点我和陆怡清就走了。六百元一辆叫了人力车到下关码头，排队买轮渡票。一个人托我买一张票，但一转眼，人不见了，我们也上轮渡了。他吃亏了一百元，一定要骂我，我心里怪不舒服的。十点三十的车票，倒没有几个人排队，可是车上已经很挤，车已经全满。只好上没有篷的货车，就连这样没有篷的车也挤不上去，我和一个湖北女人坐我的箱子上，怡清就坐在火车边沿。没有开车之前，就有些下小雨。十点半就开车了，一路每小站，站站停，上上下下的不得空。一会儿下雨了，一会儿又停了，真是要命。上路真不是人过的，小便急了，到一小站，下车去小便，又怕车开了，在铁路边上小便，兵又拿泥巴摔过来，又骂我，我心里真是气。从上车到下车，只吃了半个馒头。快要到蚌埠时下大雨，衣裳都湿透了，亏好车上就有卖伞的，一千元一把，大敲竹杠。到站，大雨。出站之后，怡清说他们来时住的颖川旅店，还是新开的。原来是一家三等旅馆，小得很，什么都没有，连开水也没有。洗了脸赶快出去吃饭，马路上也是行人稀少，到一家天津馆子吃面，一点也不好吃。吃了一点酒，避避湿气。回旅馆睡觉，好在被子还干净。

1月27日　日

做梦见到家了，在平和处看东西，文思也在圩子，没有回家，和她谈得很高兴。旅馆实在太小，开水也没有，洗脸水还要现烧起来，昨天晚上看看房间还好，今天看看实在太差劲了。一早没有洗脸，怡清就出去，到汽车站看车子去了。回来说没有车，要等合肥的车来，才能有车，这两天天不好，路不好走。洗了脸，我也出去了，我是去找旅馆的。问问社会服务处，说有房间空着，但管事的人没有在。我在食堂里吃了一碗面，一个包子，又烧包和鸡大包，吃的很舒服。昨天一天没有吃东西，今天是该吃好一点。吃完了，我又回旅馆，路上遇到车子，和他谈谈，要一万元到水家湖，实在是太贵了。回颖川，陆没有回来，我再到服务处找到人，叫我十二时来，可以有房间。我于是坐了车子到公路局，问有没有车子，说车子在路上出事了，翻了，还跌伤了人，说有船可以到田家庵。我又想搭船了，坐了车又到大马路一趟，找霍国钧不在，人到合肥去了。再坐车到颖川，陆也回来了。他在路上找车，碰到了一个也要到合肥去的王先生，于是一同去设法。我们把箱子搬到社会服务处，住到4号房，房间虽然大，床上也不干净，但比颖川总要好得多。我又在食堂里吃了饭，钱快不够了。陆怡清找到了架子车，一万五一部到合肥，说两天可以到。我又想坐架子车了，叫怡清去定了下来。下午王先生又在和人接洽包汽车，我没有事，一个人逛二马路。蚌埠就是二马路热闹，大马路不成，路又不好，生意也不好。我逛了马路，就买书，反正钱是不够了，叫车到合肥，到合肥总有法子可以借到钱，所以还是用。买了点电影杂志之类的书，还买了一本老舍的《火葬》，六百元。在床上躺一会也睡不着，晚饭也吃不下。到食堂，刚好遇到七表叔和几个朋友在吃饭，他们今天才到的，翻那辆车，就是他们的车。一谈之下很高兴，我没有好开口借钱，明天再说吧。吃不下，吃了两个半碗饭。同桌的另外还有四个人，他们到我们房里来坐了一下就走了。王先生也来了，和我们同住，他有朋友来，房里的电灯又不亮。我到食堂里去要了杯咖啡，写日记。一对夫妇带了个小孩子，在吃西菜，他们走了，女招待在收拾东西，我记日记，还没有写完，也只好走了。用被单包着棉被睡，睡的还好。夜来，听到外面下雨，而且很大，心里着急，更睡不着了。

1月28日　月

今天一天又是荡了，主意也知道出了多少，结果还是没有走，王煌仁也老在外面走来走去。早上我一起来就想到没有钱了，身上只有九千元了，得问七表叔去借。于是到万华楼，他们的旅馆更不行，墙上都是字。和他们一阵出来，到餐厅吃点心，吃完点心，我才向他借了两万元，心定了。于是我到16号去找郑二爷，看他的汽车明天还没有把握，我想到得赶紧坐架子车走吧。和陆怡清到架子行，叫他赶快来，那么今天还可以赶到考城。我们把一切弄好了，只等架子车来好走。正在这个时候，王先生和叶先生回来了，说车子明天一定有希望了，于是又改了主意坐汽车了。后来汽车的希望越来越大了，好，再等一天吧。下午，我去洗澡、剃头，把人弄得精神一点。吃晚饭时，在餐厅遇见张相潭，在立煌遇到一次，没有深谈。在饭厅，我们谈了半天，请他设法弄车子，他也没有办法。

1月29日　火

　　仍然是没有头绪，真是急死人的。社会服务处4号已经住了几天了，住得也不开心，我一天到晚就在房里。食堂的菜太贵，中午我要了个汤锅豆腐，没有吃完，留着晚上吃，我和怡清一同吃的。看书，看《文艺复兴》，房里电灯一点也不亮，食堂里有日光灯好多了。下晚说车的事情有希望了，郑二爷他们包一部车子运糖，可以少装两包糖，把我们带走。这就比较定心了。先是郑二爷他们说包两部车的，但是没有那么多人，每人开的钱多，我看没有希望，就到公路局去问。昨上午还开走一部，只有七八个人，要到后天星期四才有车。其实早上怡清去问过，说没有车，不知怎么忽然又有了。

1月30日　水

　　满以为今天一定可以走掉了，我们在门口等了一上午，车子也没有来，先说上汽油，又说有事故，压根儿就没有来，等人本是件最叫人着急的事呢。天不亮就起来，因为昨夜说好六点开车，其实现在要七点天才亮，我们是天不亮就起来了，出出进进地跑了五六趟。叶、陆、郑许多人都着急，我虽然常坐在房里，其实也着急得很，尤其是今天更急。今天阴历二十八，只有明天、后天的机会了，假如明天再走不掉，我们只好回到南京三妈家去过年了，这是最后一招。我们等过九点、十点、十一点，我们知道没有希望了。小消息说，是汽油没有弄好，今天不走了，明天准备可以走。食堂太贵，老是走不掉，借来的两万元又要用完了，不敢大吃。于是到小馆子三星园去吃炸酱面，很便宜，才一百多元，不过不大好。下午到公路局去一趟，说明天有车开合肥，早点来买票。我回旅馆，老躺在床上，也睡不着，躺躺而已。晚上叶来说梁科员他们车子有望了，而且明天一天可以到六安，你们正好从官亭下。我们因为梁科员的车子已经骗了我们一次，我们不相信了，后来梁科员自己来了几趟，我想大致可以了，不过还是不信。郑二爷包的车，也说明天一定开了，两处总有一处，不然我们再到公路局去。晚上我仍然在二马路三星园吃花卷去，昨天碰到李杰民，今天又看到他，他大致要在蚌埠过年了。八点我就睡了，今天太累了，好像还睡得好。叶把东西拿来和王睡，怡清就和我睡了。

1月31日　木

上过当，我们不再早起。但也七点多就起来了，起来要等消息。郑的包车先来，我们就坐他的，梁科员的车来，我们就坐他。八点了，九点的车都不来，我们以为又不成了。后来叶来了，说："来了，来了，车子在管理处门口上油。"我们把东西马上搬到门口，等叶。又去打听说汽车，叶叫我们去，他们等我们。我出来，车已经开过去了，说在中圳路大马路口等我们，叫那些小拖车拖了东西去，还好，果然在马路上。我们把东西上上去，车又开了一段，到了前面，许多军人来上东西。东西真是不少，桌椅茶几都带了去。我一直在车上，所以还好有地方坐，人也有十几个。上好东西，开车，大约已经十点半了。刚开出去没有走几步，前面的车子挡住了路，又等了半天，超过他们才好。两个朝鲜人开车，开的还好，很快过刘府，一会儿下了山就摆渡了。今天没有车摆渡，过河也好，过九龙岗，在水家湖吃中饭，我不敢吃，吃的一点饼。我坐在麻布袋上还算是好的，以前有个小丫头，挤着不舒服，过水家湖后新调整了一下，好一点。过水家湖走火车路，一路顺利，四点多就到合肥了。好了，到东门大街下车，先把东西搁在张枚棠家，一打听医院，人没有在。我马上到省三医院找到三姑和平和她们，她们见到我高兴极了，大叫大闹的。平和马上决定和我回圩子去，刚好新圩子叫人送东西给平和，明天叫他拿箱子，我们一路走。三姑又急了，她不能回去，要一个人在城里过年了。从医院到广东店吃饭。汽车钱两人给了一万五，我又没有钱了，向平和借了一万元。吃过饭，到夏妈那儿去一趟。那儿只剩了她一个人，她也答应我可以一人到苏州去，不过现在不能去，要到明年春天再去。在夏妈家喝茶，三姑拿下我两本杂志、一条围巾，回芒人巷。明天到她们医院，为她们请假，三姑不行，平和可以走了。我一个人回到芒人巷睡觉。明天一定可以到圩子了，今天得好好的睡一下，明天还有九十里路要走。

2月1日（阴历除夕年三十） 金

到了合肥自然没有问题了。睡在张枚棠床上，被褥都是挺干净的，可是为了今天要走，还是睡不着。天一亮就起来了，没有洗脸，我就到医院找平和上茅房去了。我看看昨天的人来了没有，我回张家洗脸，天已经大亮了，再到医院，人还没有来，怕不会来了。找平和的熟人，车坏了，找人挑东西，人也都不肯，因为今天是年三十，谁愿意到乡下去过年呢？没有法子，到范巷口找夏妈找熟人。在太白酒家门口有汽车开往六安，要三千一个人。好，三千，叫车夫去找到平和，到芒人巷拿箱子上车。平和老不来，车子要开了，车开一段，平和、三姑都来了。三姑也回家去过年，皆大欢喜。上车就大谈大笑的，引起车上的人注意。车开到三孝口，团长又去看县长，半天不来，车上的人都骂他，半小时后才回来，这才开车。我们昨天的车已经过去了，怡清还在上面，我叫他先到官亭，给我们找人挑东西。我们的车开的很慢，常常停，倒没有什么大毛病。十一点半才到官亭。我们都高兴了，在车上风大，他们都不说话了。下车找到陆怡清染房，找人替我们挑东西，三百元送到新圩子。我们一路没有停，我疑惑并没有十二里路就到了，他们还没有吃中饭呢，别人都料不到我今天会回来的。到三爷、大伯处转了一转，在五爷家吃的中饭。又在緤和处谈了一会儿，她的东西最多了。晚饭前先祭祖宗，又辞岁，东头、后圩都跑了一趟，马上就回来了。在大伯家吃的年夜饭，菜是祭祖的菜，并不好。晚饭后在五婶妈处大家唱戏玩，还热闹，一大房的人，旭和、曦和、小八姐、仪和、偕和、铁球、以纹、以繁、以敏、緤和、六姨娘、应和等人，倒还热闹。到十二点，才到三婶妈为我布置好的后面以前五姑住的房里去睡觉。听到外面放炮，开门迎财神，现在已经是年初一了。

2月2日　土

初一，没有睡几个钟头就醒了，脑子里想头太多了。八点钟，一个人一间房好像很大，太空了一点，起来上茅房。洗洗脸，在三婶妈房里吃枣子汤。先在西头各处跑，向大伯拜年，吃了一杯莲子茶，又在緤和处吃莲子。

早饭在三婶妈家吃羊肉面，吃了早饭，就跟他们各处去拜年。和驼大哥一阵，大伯伯他们都拿了香，先去迎财神，然后大批到后圩十三爹爹处。中间门两头，到北闸徐姨奶处，然后到前圩子东头三婶妈、瓜四爷处。这样人跑了一圈，已经不早了，我还要到老圩子去。平和早上就叫小谭子送信到蟠龙墩给文思，叫她来，只说有事，没有说我来了。我们到老圩子的是緤和、旭和、曦和、平和、仪和、申和、小八、我，八个人。先到五爷处，送他四匣烟，然后大爷又带我各处跑了一遍，连三表姑处都去了，没有人在，大像也磕了头。跑了一遍，最后到十九爹爹处，定了下来，谈到学校的事。然后到后面和五弟谈家事。许多人都要跟我出去，真是糟糕得很，我们算算，都有十几个人一同出去。我昨晚还想到，要文思也和我们一同出去。在二表姑处吃的饭，饭后十四爷叫我去。十四爹爹病狠了，看到我们说，这次十四爹爹恐怕要和你们家永诀了，说着说着就哭了，我也怪伤心的。然后又说了许多话。他房里太热，我真是受不住，又穿了三爷的黑紫羔袍子，更热了。一会儿新圩子小姐们叫我回去了，也该走了，文思也许已经来了。到三婶妈房里，文思已经来了有一个多钟头了，一房的人。后圩小老爷又来谈，我和文思没有说一句话。人渐渐走，房里只剩三爷家人了，我们才坐到火盆边上谈话。先说学校的事，她们护士学校校长还没有定，校址也还没有定，不知哪天才能开学，也不知哪天才能上课，能上几天的课。她又三年级了，半年就毕业了，又说要延长一年。我自然想她和我们一同出去，到苏州进学校，或是到上海进助产学校，她也答应了，就看八姑、八姑爷。又把带来的戒指、翠和衣料拿了出来给她，她戒指马上就戴上了。我的食指上戴的是新的戒指，中指上戴的是凤竹的照片的戒指。我有些难受，没有说出来。我们吃我带回来的咖啡糖。还是在三爷家吃的晚饭。三婶妈一定要我们到前面大厅去玩，好，我们都去了。先蒙猫，他们自然要我蒙，故意把文思推给我，我捉了。后来文思怕他们闹，坐到边上不来了。小的一班来玩，我们又玩老鹰捉小鸡，我做老鹰，旭和做母鸡，一个一个的都给我捉住了，累的很，出了一身的大汗。到綵和房里又唱戏，又到三婶妈房里谈心。又到我临时的房里，平和、文思、巾和、申和都来了，围着火盆，先说三爷吃烟的事，后来说到各家。文思也说八姑爷整天吃酒吃醉，八姑可倒又怀起来了，又要生了，家里的田也是没有办法。她们说说，都走了，我还没有找到机会和她一个人谈谈。明天吧。

2月3日（初二） 日

今天仍然没有机会和文思单独说话。早上在七姐家，三嫂她们和我大闹，乱打乱捉的，一点意思也没有，我真不喜欢这样。不过我老好人，尽他们闹就是了。文思也不作声，尽人闹。老圩子的人来，小五姑、小六姑她们都来了，我们又在一块儿玩了半天。一天也老是和文思在一起，想晚上谈谈，晚上她们又都要洗澡。等我们唱了戏回来，她们已经在大椅子上睡着了，自然不好意思叫她到我房里来谈心。平和、緤和陪我去房里谈了半天才睡。

2月4日（初三） 月

本来讲到蟠龙墩去的，三婶妈说雨天就不要去了吧，找八姑爷、十三爷来，昨天就派人去了，昨天没有来。今天早上，新圩子人到老圩子拜年，我没有去，为了等老岳丈，今天有机会和她一个人谈话了。上午在我的房里生了点火，两个人在房里谈，有时总觉得没有话说，都是我说话。她说一句话，很有意思，说文言文她知道，她和我订婚都高兴得很，又说沈云和巾和还比她好。我捉住她的手，她也紧紧地捉住我的手，她说手都粗的很，全是做事做的。我们在说话，旭和就来闹了，骗我们说八姑爷来了，其实没有来。我们又回来，我们又回到房里站在桌子边，还好，不大窘迫，不脸红，虽然并不老资格。吃中饭八姑爷才来，文思又要走了，得回家去了。理东西，约好后天早上来，我们初六动身到合肥城。送文思、巾和到闸门，我回来，拿围巾帽子，我也要到老圩子去了。昨天和老圩人说好，今天回去的。天阴阴的，这次到老圩，不要到处跑了，只到十九爹爹家和五爷家，因为这次是十九爹爹叫我去的。原来叫我去问苏州的物价，想叫大鼻子、小老爷也一同去。在十九爹爹房里一谈就是一下午，大老姑、十六奶奶又来了，谈大老姑和我们一同出去念书的事，又说了半天。晚上就去十九爹爹家吃饭。想早点睡，还是睡不着，睡在大爷外房镕和床上，一个人睡的。

2月5日　火

上午天阴，下午要走，没有走掉。和小五姑、小六姑玩的时间最多了，也该和她们玩玩。我们要走了，明天到新圩，后天就走，和她们玩，也就是混混而已，没有多少意思。下午三爷请客来叫我，我也没有去。下午倒不下雨，天也晴了。小朋友们又留住我，不让我走，反正文思今天又不到新圩，不回去也不要紧，我又在老圩住一天，讨论小朋友们的好。下午想睡一会也睡不着，这几天总是睡不着，盘算的事情好像很多，其实也谈不出什么所以然来。晚上早早的睡，想睡一个好觉，后天可要动身了。这次人也多，路上一定热闹的。

2月6日　水

昨晚睡得很好，可是今天还是醒得很早，想早点走。可是五弟他们理东西，老是不开早饭。五弟他们今天到周家圩子，明天进城，我们明天进城，大家在城里会齐。我在十九爹爹家吃的早饭，因为他家的早饭早一点。吃过早饭，我就走了。在路上，遇见八姑爷上老圩子，又遇见文婉。到新圩，他们都骗我说，八姑不让文思来，文思都哭了，我有点不大相信。平和说叫我下午跟她一同上蟠龙墩去一趟，我真的预备去了，后来才知道，是他们骗我的。在七姐家吃的中饭，她请客，有大伯、三姑、大嫂他们。饭后，大伯迂了一阵，他们打纸牌，我们走了。和平和去接文思，走了一趟，没有接到，好像真的不来了似的。四点了，还不见人来，等人也等得怪着急的，等人总是着急的。后来，以纹来说，来了来了，叫我到菜园上去接他们。果然，十三爷、五表叔、小老爷先进来了，后面一大堆，文思也来了。一来就整理东西，今天又没有和她说成几句话。緵和、旭和、曦和她们也决定和我们一同走了，又和我商量了半天。晚上又在緵和房里大唱戏，十三爷、我、緵和、平和、五爷、童五表叔都唱了，十三奶奶都来听了，大家唱得很热闹。文思也默默的坐在边上，我看她怕没有什么兴趣。一玩就玩到十点钟才散，我和十三爷睡一床，床很大。

2月7日　木

夜里老像在唱戏似的，而且好像在唱"王宝钏低头用目看"，夜来也醒过几次。天亮了，五婶妈来叫我，我已经起来了。临走还要到大伯伯那儿去，大伯伯又迂了一阵，我们才走，走时天已大亮。今天走的是我、平和、巾和、文思、旭和五个人，明天緵和、曦和再来。她们先都一阵走，轿子赶来了，让旭和坐，其实已经走了不少路了。平和、巾和在前面走，我捏着文思的手（戴着手套的，我给她的手套），一路走，一路谈，今天自然多了。她要我买糖给她们家弟弟妹妹们吃，她说她一回家，小孩子们就和她闹，要糖吃。我们说到合肥城买了给人带回去。到焦婆店，让巾和坐，平和、旭和在前面，我们仍然在后面，手捏了手，她倒也捏得我紧紧的。一路走，走走谈谈倒不累人。到雷麻店，在街上喝茶，让平和坐了一段，到城西桥吃饭。饭后，我要到小河湾去看一看。于是我坐轿子，穿过街心向北走了一段路，问人问到了，远远的就望见有稀疏的白树林。我下轿走了去，树差不多全没有了，坟远远的就看到了，大爹爹、大奶奶的坟最大，爸爸去年新葬的也大，是和大大合葬的。凤竹的在边上，也不小。我看了一圈，看坟场的杨广才来，跟着一大堆人都来了。我到他们家坐了一下，怕赶不及进城，马上走了。到三十岗才上汽车，一直到三里庵，遇见挑子，知道她们在前面，到城边上，才赶到她们。我又把围巾给文思，因为她的脸冻得通红的。她倒很有心，见到我脚上的鞋带是纱的，容易断，就从口袋里摸出一副新鞋带。我在城西桥就换了，这一点我心里很高兴。进城，先到省立医院把东西放了，再到芒人巷吃饭。孝华、孝棣、孝乐、大头、大老姑，他们早就来了，还没有吃饭，正好开饭。不够坐，只好站着吃饭。饭后又送文思她们到医院去，去看她们的姚校长。我走了，回芒人巷歇一歇。

2月8日　金

起来之后就去找文思她们，一同出来。我肚子饿了，赶快吃早点要紧。到迎宾楼，谁知在新年里不开门，我们只好再绕到前街，到太白酒家吃点心。女招待难看透了。吃点心的一共有四人，是文思、平和、旭和、我。吃完早饭，到范巷口看夏妈，特为送文思给她看看。夏妈做了不少的米面粑粑和春卷送我们，正合我意。从夏妈家出来，文思她们就走了，到同学家去了。我到芒人巷。

今天一天老在外面跑，也不知道到医院几趟。二表姑要汇钱，我们带孝棣、孝华、孝乐去玩明教寺，一路先到银行，十一时已经下班了。到童家正好甘良淑［在］，漂亮了，周家姐妹就是来找八表嫂的。童八说他们银行就要买我们祠堂房子的事，找他们要价一千万，八百万可成。从童八家到明教寺，和尚寄塝一听说我们是张家人，大招待。亲奶奶曾经给过他们庙上田，是个大施主，自然要大招待我们。马上在方丈室里拿四个碟子出来，给钱硬是不要。到十二点多了，我们才回来。一路上二表姑又买东西，慢极了，到芒人巷已经一点多了。他们都等急了，五弟一个人在家，他又在发火了，大约是饿火。马上开饭，我们吃了面，但又马上还吃了两碗饭。饭后只想睡觉，还得到公路局去找一趟刘越石，他在那儿当公务科的科长。出来先到医院找文思，自然叫她陪我一同到公路局找刘越石。又见到车务科的王主任，说后天车子没有问题，明天有几部车子要来。谈了几句，我们就出来了。文思说要买点东西给人带回去，给八姑和弟弟妹妹们，他们老和她闹，要糖吃。从公路局出来，我们就一路买东西，零零碎碎的倒是买了不少，为八姑，为十三爷，为文彭，为文媛，为小弟弟，每人都买了一点东西，一共还不到一万元，已经买了一包了。从童八家门口过，碰到八表嫂，我们又进去坐了一下，然后让文思回医院写信。我陪童八到芒人巷，谈祠堂房子的事，他要到医院，我们又到医院。文思还在写信，她说她们家的彭姨今天要叫她晚上去歇，同学又叫她去吃饭。约好晚上再到医院去送她。我们回芒人巷吃晚饭，正在吃着，文思、旭和又来了，说缜和、曦和已经到了。在很远，南门的德胜门那儿，我们又走错了路，但两个人走，多走一点也不在乎。月亮又很好，我们走的又全都是小路，问了人，才找到小马厂30号。在门口，我说就这样就算了，意思是要吻她，因为早就想好了，今天晚上送她可以走小路，没有人，又有月亮，正是恋爱的好时候。在门口，我抱住她，吻她，她不会吻舌头的，我教她，她才会，我吻了她两次，她推开了我。我不知道她怕不怕脏。回家缜和她们正在吃粥，吃完粥，我又送她们回医院。不早了，我得早早的睡了。

2月9日　土

走不了了，可以舒舒服服的睡一会。起来洗洗脸，就到省立医院去找緺和她们来吃早饭，顺便把东西都带过去，叫了一辆车子。早饭吃春卷、米面粑粑、粥，很过瘾。吃完了，许多人都出去了，我们不走，在院子里晒太阳，和孝乐玩。等文思老不来，一直到吃了中饭，她才回家，还带了她的一个堂弟媳，是特地来看我的。可惜我胡子今天早上想想还是没有刮。弟媳是她们原来肥西的同学，叫张永芳，人很不错的。她弟弟文麟不在合肥，到芜湖去了。坐了一会儿她们走了，我半天没有见到文思，她要到医院，叫她在医院等我，我的裤子上还有一个洞，还要她补呢。她先走，我马上就到医院，她正在给自己的裤子上钉口袋，钉好了就要替我补裤子，弯着腰大约很累吧。从医院回来，我们要去看车子，叫她也去。到小马厂她彭姨家找他们，先到公路局找到刘越石，说车子还没有回来。我们等了一会儿，等到王主任（管车的）回来我们才走，约好五点再去找刘越石。五弟、景颜回去了，我到彭姨家看文思，他们还客气请吃饺子。彭姨又说客气话，说文思老实，年轻不懂事，意思是关照我不要欺负她。张永芳招待我们，彭姨忙着小孩子，小孩子病了，有点发烧。我们坐到五点才走。到汽车场一问，有汽车来了，是从蚌埠回来的。我们赶快回去叫五弟去接头，我们在家等。五弟回来了，说好了，明天一早开到芒人巷来装货，好极了。我马上带文思去童八家拿书，又到夏妈家打招呼。正好蒸好了米面粑粑，大吃一阵，回芒人巷又吃一碗稀饭。医院今天院长报告，不准家人歇宿，把她们全赶出来了。本来也该来住，明天好一阵子走，所以她们都在外面打地铺，文思、大老姑、旭和、曦和、平和、申和六个人全睡在地板上。文思她们一早就睡了，她睡在曦和里面。我坐在地板上，隔着曦和，把手伸进文思的被里，她先捉住我的手，后来她也明白了，侧过身子来，让我摸奶头顶子，奶头顶子小小的，奶很大很软的。对接吻她好像很外行，对这个又好像很内行的样子。我捏着她的奶，说话都有些晕了。后来她们又来和我闹，我仍然一个人睡大床。许多人打地铺躺着，我一个人睡一张床，好像不大应该吧。

2月10日　日

四点半就醒，天还不亮，大家就说话。起来天刚亮，忙乱一阵，我们把东西搬到院子里。东西真不少，有号头的一共有四十件，没有号头的还不在其内。五弟去带车子来，到八点多车子才来。到芒人巷搬东西，堆东西，又费了不少时间。东西实在也不少，人也不少。五弟不去，现在我们一起十五人，外面还有几个，一共二十几。我挤在文思边上。车开之后一切顺利，一路毫无阻碍，就是太挤了，大家坐得不大舒服，东西在前面老向下面掉，打人的头。到水家湖他们都下去吃饭，我和景颜又重新捆行李，捆紧一点，重新安排一下，让大家好坐得舒服一点。其实我也是站着在，文思老怕我跌，用手拦住我的脚。摆渡也顺利，四点二十五就到蚌埠社会服务处门口了。房间也顺利，居然有三间房可住，大家搬东西，五点多一切弄好了。吃饭不带老李，十四个人，很热闹。我自然饿了，但也只吃了两碗饭。在食堂里晕了一会儿，我就和景颜去洗澡，舒服一下，自己的被褥晚上该可以好好的睡一下了。我们回旅馆，隔壁4号里的四个人（文思、平和、巾和、曦和）已经睡下了。我要摸文思，我摸了一下她的头。我没有和她闹，回到3号来记日记。

2月11日　月

　　昨天弄到三间房，3号，4号，24号。我们男人可怜，只有两个人。文思她们住4号，楼上最多。今天一天得设法买票，昨天周先生答应七张。今早我们在吃饭，看见人排队买票，叫他们也排队。大头挤到前面，买到一张，一共八张，还差七张。昨天郑二爷白搭了我们的车子，他答应给我们弄票子的。我到楼上18号，他不在，一个凌先生在。他说他可能给我们设法弄票，叫我给钱给他，我给了他一万元，他说下午给我回话。我们怕票买不到，下午三点到车站买票，二表姑带一部分人先去了，只剩我们五个人（巾、思、旭、华、我）在家吃中饭。饭后，我想我不到车站一定不好，所以我去了，他们都正挤在门口。我和琼林、小姥爷挤在三等售票口，乱挤一阵，原来卖的是明天早上的慢车票。他们那边已经买到四张，不必再买了。我们回到社会服务处，我和文思出去逛街。文思看到明天小姥爷他们要回合肥去，想买个热水瓶带回去。我和她一同去买，一千元买了一个藤壳子的。回来，周先生已叫人送票来了，是两张二等、五张三等的。现在好了，只差三张票了。凌已答应了要弄票的，还说可有七张的，假如有七张的话，我们明天的那四张慢车的，可以卖给别人了。在旅馆3号开了门和文思在房里，旭和老在外面闹，文思只要一抱她一吻，她就不作声了。一会儿，她们的同学来了，她去了。我上楼，巾和来说他们要糖吃，我们一同去门口买了一千元的糖，请他们吃。我们在楼上，一会儿凌先生来了，约我一同到车站去拿票。我们匆匆的去了，在路上赶上文思、巾和她们同学。到车站，站长房里一房的人，凌和车站上的人都是熟的，说晚上八点才能拿到票子。回来我们决定四个人先走，二表姑带孝乐、大老姑和老李，明晨坐慢车，我们下午做胜利快车。八时到16号拿到三张票，一张头等、两张二等。好的，有票子了，总算好了，今天大家都可以走了，虽然不一阵。晚上大头来睡，和景颜一个被子，我仍然睡外面。说好了明天上午我送他们上车。

2月12日　火

天亮我就起来了，点上灯，洗脸弄好，天已亮了。叫了车子到车站，把东西堆在过磅的边上，我看着，让二表姑先带他们去占位子，谁知道一会儿，二表姑来说，位子早就没有了，都上不上车。我等到牌子扣好，再进站一看，全是人，二等车门都布满的人，而且挤不上去。我们找了兵来轰不是二等票的人，轰了一阵，才让二表姑、孝乐她们上去。孝乐急得都要哭了，二表姑又骂她，我说二表姑，叫二表姑不要骂她。好不容易上了车，居然又找到座位了。我又买了面包、糖、梨子等东西给她们吃，孝乐才不哭了。大老姑吃了一个面包，还不够，还要吃。我一直等到她们的车开了，我才走的。她们今天不在南京歇了，预备一直到苏州，晚上九点有夜车。等她们车开，我回到旅馆，他们等我吃早饭又等急了，不敢吃，因为怕我骂。吃了早点，我们也要到车站了，因为还有十五件行李要扣牌子。又叫了十七部洋车，全是自己的人搬的，人多了，又省钱。胜利车扣牌子的人少，我们第一个，一切顺利。车票我们是这样规定的：孝华有小孩子，自然头等车，孝棣、平和、緵和二等车，其余的全是三等车。好在三等车都在一节车厢中，大家都有座位。我不知怎的，这两天特别饿，一上车，文思先到餐车里去吃了一碗汤、一盘炸猪排、一点鸡蛋炒饭。以后就换他们来吃，我一直坐在餐车里吃咖啡。三等车里太闷，我们在头等车包房边上的走廊上站站，很舒服。后来旭和、景颜他们都来了。到浦口天还未黑，可是我们下车迟了，过江排在后面，过江天已经黑了。到中山码

头，我去找马车，他们都在等。马车没有，说是今天汉口到了两只船，马
车全叫空了。我一直走到扬子饭店，想找旅馆住也没有空，到热河路，也
没有车，洋车要一人一千，不值得，我们人太多了。我叫车回到码头，没
有办法，说是车站有马车，再到车站，有一辆又不拉，野鸡汽车也没有。
警察说一会儿就有得来的，等了半天，才来了一部。七千元包来，先到码
头。我们有十一个人，还有东西，总是不够的。这样吧，让东西和孝华、
旭和、曦和、景颜先坐上走，我们空手走，都可以走的。走到热河路口，
又遇到一部搭客的小汽车，把平和、大头塞上去，只剩我们五个人了。街
上都没有什么人了，进城要走一段路，遇见一部车子，把我们五个人全带
到了新街口。车开得快极了，风大冷，到新街口下来，我们想先吃点东西
吧。在一家上海酒家吃春卷和面，吃饱了，慢慢的晃到太平路。他们三个
在前面，我和文思在后面走。到三妈家，他们还没有吃饭，等我们在。一
大堆人乱闹得很，人都不能睡了。小孩子们又都生病在，佣人也有病在。
我们又在麟和小房子里吃咖啡，闹到一点钟。我和景颜、大头睡楼下佣人
们的床。

2月13日　水

睡得那样迟，还是早早的就醒了，想到要去买票。孝棣、旭和、曦
和要在南京考学校，暂时不走了，我有事，明天和文思一阵子走，所以只
要买六张票。一早没有吃东西，我就到旅行社买票，今晚九时的夜车，靠
了安徽学院的片子，居然买到了六张票。还想买明天十一时的，他们不
卖，我想到回去再叫文思来买。到三妈家，拖了文思一阵出来，在旅行社
门口遇到景颜，把票交给他，要他过江拿行李。到下关的事我不管了，预
备好和文思玩一天。从旅行社出来，就到夫子庙、秦淮河看看，然后进小

馆子吃饼、莲子、豆腐捞。又遇到景颜和大头，我们避开了他们。先办正事，到江苏银行找到杨成，也没有什么所以然，房子要一两个月之后才能够收回，还有老客房的问题。我们一会儿就辞了出来。到双龙巷6号找徐仁琨，人不在，到苏州去了。好，没有事了，我们可以玩了。自然是先到中山路，不过没有吃饭，我们又走回新街口，到中央商场里给文思买两条小手巾。然后上楼到中央餐厅，吃西餐，一千五一客，菜多，文思都吃不下了，她还算能吃的呢。吃饱饱的出来，到新街口，居然叫到三轮车，两个人坐惬意得很，一路出中山门。我告诉她，这就是励志社，这是中央医院，这是党史陈列馆，这是明故宫，飞机场。又到中山门，先到明陵，在明孝陵的路上下来走一段。以前以为中山陵都很远，现在看看也不远了。明陵我喜欢的梅花正要开了。车夫说，梅花山葬的是汪主席，但是现在都已经挖掉了。梅树不少很香。孝陵好像变了，我记得有大石牌坊的，现在也没有了。我们搀着手一路走，游人不少，从孝陵到中山陵，过一座小山就是了。我们一路上坡没有停，都有些累了，到顶上转了一圈出来，到后面看雪松。在后面，我们接吻，没有人看见，我又摸她的奶，还摸了几回。她大约现在尝到接吻、拥抱的好滋味了。回来时响堂的门闭了，我搀她，她说不行，有规则说不准搀手。我说，是携手杖，她不信，输了摸奶头的东道，自然是她输了。下山又到音乐台，我觉得中山陵还就是音乐台还好玩。回程一路上下坡，车子都不用踏，一会儿就到了太平路。他们都已经等急了，要去上车子了。好，马上吃饭，叫马车，到天黑才走。我本来不预备去的，所以没有吃饭。后来一看，不行，没有男人，景颜又不行，我不去，她们一定要说死了。而且在南京考学校的人又不考了，也要走了，票也差三张，还要去买票。叫了两部马车来，我跳上车和车夫一起，留下文思一个人在路上。我老想到非和她们一同去苏州不可，叫旭和回去，不肯。我想，到站上再叫景颜回去，明天和文思一阵走吧，我要是不去一定要给她们说死了。到车站一见到景颜，就说不行，牌子没有扣，宪兵要查行李，箱子又没有钥匙，车上位子已经没有了。好，让景颜扣牌子，我陪她们找位子。我们全是头等车票，但头等车也满了，到二等车，二等车也满了。縧和、平和先进去，然后一个两个的带着也都进去了。东西拿进去，替孝华找到一个位子在二等车厢，大头也找到了，他发疟疾还在发烧。最后把旭和、巾和、曦和、孝棣一起带到头等卧铺车厢的门口，行李也堆在那里，给四张票给她们。平和、縧和在一起，给一张，让她们去补。我叫景颜回去，和孝华、大头在一节车厢中，也只有一张票。一切弄定了，车也快开了，忙乱得头都晕了，晚饭又没有吃。我没有位置，站着，后来有一个人很客气，让我们，因为他只到镇江。车开了，一路顺利，十一点到镇江，我的座位算是定了。和大头坐在一起的宁波人，坏极了，说大头老向他身上靠，叫我抱他。不过，马上有好人叫大头到那边去坐。我靠着迷迷糊糊的，差不多整夜没有睡。

2月14日　木

　　车过常州、无锡，心想快了，孝华又晕车吐在，无锡、苏州之间本来不该停的，现在却都停了两次，真是急人，眼看要到了还要别扭。天快亮了才到苏州，下车。在车上时，只平和她们补了一张票，我根本没有补票，还差两张。下车我们一下子全都混了出去，因为我们几次搬东西，把查票的都弄晕了。出了站我们就定心了，叫了车子，浩浩荡荡的到乐益，天已经大亮了。车子一直拉进去，四弟来开门，二表姑她们自然先到了。一夜未睡，我还是不能睡，让许多人都睡了一觉。二姐也在苏州。上午到处看看，帮帮忙，搬大桌子。我们把底下一间爸爸的房做会客室兼饭厅，布置起来倒也还好，中饭我们就在外面大桌子上吃的。连四弟、董才庄一共有十五个人。我去洗澡，到清泉，一个人去的，衣裳没有带来，拿四弟的。睡了一下，几乎睡着了。不能睡，还要剃头，还要去接人，到"白玫瑰"赶快修修胡子，洗洗头。看时间还早，到杂志公司买了一本《电影画报》，准备等车子时看。出来才叫车子到车站，时间是四点一刻，从小门进去根本没有要票，月台上等车的人真多。过了一段，车就来了，找头等车没有，回来文思在叫我了。一同出站，取了十五件行李，行李多，叫车子一起拉到乐益，旅程才算告终。到家天黑了。我把以前的门房布置成一间房，以前只有一张床，门房现在有天棚、地板、门窗，是很好的一间房。旁边有徐庆海和才庄睡。晚上我实在太倦了，但还有文思腻在，在房里亲嘴。孝棣、文思都洗澡。文思洗澡时，我已经上床了，是她铺的。等她洗好澡出来，我已经昏昏沉沉的了。

2月15日　金

一觉之后，人好多了。早上陪她们去报名，先到东吴，找到孙蕴璞先生。大学只有一年级，要到四月才有下学期的。中学没有问题，都报名了。到各处看了一看，縩和她们又打秋千。再到景海，又报名，遇到周韶烨，是以前县中的同学，在景海做事，我还以为他是周绍逵。到振华，考期都是十六号，和东吴冲突，她们说不报了，我们就回来了。在路上，遇到上次在重荫家遇见的王校长，和他谈话，她们都先走了。后来找不到曦和，曦和是到她外婆家去了，縩和、孝棣、大老姑迎上了。我肚子饿了，赶快来家吃饭。吃过中饭，我们算账，我反正是贴钱得一塌糊涂。算算账，戴广运家的和一位小姐来了。和秀老了，戴更胖了，我们谈了许多别后的情形。他们都出去，二姐带着孝华、文思去洗头、烫头，我和大老姑把账算好，我也到北局去。文思头已经洗好了，在等人梳头。二姐叫她梳高一点，又烫两卷，又替她搽了口红，把她弄得非常的不自在。我和她一同先出来，叫她照相，她也不照，买了几件棉毛衣裤给她，就花了一万多。到观里吃血汤，然后由宫巷回来。七弟又送小平来了，更热闹了。人多，叫徐庆海搬了书桌来，我们又找几张小凳子来，房里就像样了。就是没有电灯，点蜡烛，晚上，文思在房里腻。十时了，以前她们一定都睡了，谁知道许多人还在客房里写信。我们又玩了半天，饿了，四弟找来年糕，用电灯烤了吃，吃得很多。十二点才睡。

2月16日　土

　　昨天我们讨论应该做些什么事。我是到江苏银行去，签透支合同的。早上和二姐、小平一同去银行，门口挤满了换伪票的人。从小门走，小门也挤满了，不开门，二姐好容易才挤进去，我和小平都挤在外面。我们不能老登，我带了小平坐车，到相思巷找丁怡要文凭，不在。再坐车到乐群中学看张念椿，他在当教务主任，各项事情可以请教请教他，谈到十一点回来吃中饭。下午是我和文思的时间了，我们预备到虎丘去，到观前街，到胥门。现在胥门变了样子，一出去就是万年桥，桥也是重新修过的了，过桥到马路上。文思今天活泼了，她还是穿蓝布褂子短头发，好多事情她也都自动了，譬如她自动的拉着我的手和我说话。今天我觉得她特别可爱。别人说她有点像凤竹，的确，特别是鼻子像，两人都是鹰钩鼻子。走了一段，我怕迟了赶不回家，要叫车子，马车要六千元，叫洋车她一定不要。后来，八百元讲成了，到留园、西园，然后到虎丘。她先不坐，叫来了，自然也只好坐了。到留园，留园的门票自然很便宜，不过里面破烂的很，家具东西全没有了，我们很快的跑了一圈。留园出来，到西园，先进庙，以前以为很大的，现在看着太小。到罗汉堂，我叫她数，她数着个凶样子的，我的倒好。又到放生池，倒修的很新的，没有什么好玩的。坐车到虎丘，她抢了个有垫子的车，说我要生气了，其实我一点也不生气。虎丘还是那个样子，不过好像更热闹了。我做向导讲给她听，什么断梁殿、贞娘墓、鸳鸯塚、千人石、二仙亭、剑池等等，望苏台、小吴轩好像全没有了。到塔边上从观音殿下来，到冷香阁吃茶，吃炒面。梅花开了，一部分还没有全开，但是已经香了。游人大约都回去了，在冷香阁上看苏州城，真是怪好的。文思有说有笑的了，活泼得多了，好容易她刚和我玩熟一点，而她又要到上海去考学校了，我倒真有些舍不得她了。从虎丘下来在山塘街走，文思不坐车，我也不坐。山塘街我觉得很好，能代表苏州，一边是水，一边是人家，一路有桥。我觉得比走马路好多了，走走，天就黑了。从"顾得起"买酱菜，但酱菜弄得不好，太咸。又从五人墓过一下，一直走到新民桥上马路。今天是元宵节，十五月亮正圆，我们在大桥上一会儿，看月亮映在水里，水上还有小船，很美。走到观前，已经快八点了，回家吃饭又麻烦，于是到松鹤楼吃口蘑锅巴汤、韭黄肉丝。吃得痛快，今天也总算玩得很痛快。一路我们也谈起凤竹，假如凤竹活在，我还不是也带她到苏州玩吗？她一天到晚想回江南，结果是没有成功，这是件憾事。吃完饭后回校，她在我房里钉被子，钉好了，我们就在房里腻。她明天还要走，让她去睡，我也睡了。这两天我上床总看看我以前的日记。

2月17日　日

　　早上给他们买票没有买到，拿到朱一寿的一封介绍信，可以到车站去买。我马上回来，现在我没有钱了，不买东西了。回来帮他们打行李，今天平和、綵和、大老姑、巾和、文思、宁和六个都要到上海去。等他们吃中饭，有人还没有回来。要走了，又舍不得文思。吃了中饭送他们上洋车，因为有宁和，还有纯和，所以不必我送了。下午睡一觉，旭和、曦和、孝棣来叫我讲历史自然，又讲了半天，她们还买了花生米来请客，吃得我一房的。讲完一遍中国，旭和都要睡觉了。晚上写日记，补日记，好多天来的，写写累了。孝棣来说，文思不在，没有人陪你，我来陪你吧。我问她和四弟怎么样了，她红着脸不讲。闹闹，我也累了，她也走了。今晚许、董两人都搬走了，我一个人睡五间房，要是昨晚他们走了该多好啊。好像总没有睡足，九点多就睡了。今天换了张矮床，桌上、凳子上都铺了东西，房里渐渐的像样子了。

2月18日　月

东吴今天八点招生，我一早就醒了，预备送她们小姐们去考。谁知四弟送，我便不送了，在房里写日记。一会儿昨天说好去东吴考的王遗珠的侄儿王继贤和王遗珠的儿子来了，已经七时半了，太迟了，因为他还没有报名，我很不高兴，但又不得不陪他去。到平桥头，三百元叫了两部车子去。到那儿还没有考，要八点半才考，四弟、孝棣他们都在等。王继贤还要报名，办公室没有人，找孙蕴璞，没有出来，等一会儿出来了，一同到办公室报名。已经快考了，王连一个"婶"字都不会写，恐怕考不取的。我们看他们都进课堂考了，我们才出来。我还没有吃早饭，肚子饿得很，和四弟一同到松鹤楼吃面。然后我买点文具，墨水、钢笔之类的东西，钱已经没有了，不能再买，只好回来吃中饭。饭后二姐、二表姑、孝乐三人到上海，我则睡了一大觉，弥补以前之不足。醒来，小金大姐来了，但还不能来上工，她还要送他儿子到上海去做事，大约要到下月才能来。我和她说说，她走了。晚上想写信，什么都不全，懒得写了。看看以前的日记，抠抠脚，清闲清闲，晚上就上床睡了。旭和来谈了一会，我倦了，她也走了。

2月19日　火

早上吃过早饭就出去跑，先到王遗珠家，人不在。到乐群，张念椿也没有来。到傅公雷处，还没有起来呢。等着他起来，把乐益学生的文凭拿给他看。下午为了文凭我又跑了不少路。先到平桥直街，找吴中麟，没有在。后来到十全街找童光瑞，不在，又到振华找到他，又一同回来到他家拿了文凭。下晚吴中麟又送了别人的一张文凭来了，因为文凭上校长是他，现在恐怕还要他当校长。谈一会儿，他吃了奶粉鸡蛋，他现在是很享受的了。我走了，再到乐群一问，他们学费是自己收的，于是到顾启华家请他兼课，他不肯。又到观前买了笔筒和小茶壶、笔等东西。到江苏银行找何副理，谈代收学费和投资的事，何先生很会说话。一会儿辞了出来，顺路再找陈明斋，也还是请他兼课的事。这样一转，已经快十二点，得回去吃饭。到家吃了四碗饭，这两天特别吃得下去，不知道怎的，大约是跑多了累了，所以更吃得多了。饭后又睡了一大觉。文思来信了，小平、大头拿着不给我看，我发火了，他们才给。文思的信写得不错。一下午、一晚上我写了十几封信。这一阵子到处跑，也没有工夫写信，是应该好好的写一写。

2月20日　水

昨晚五弟来了，我其实已经睡了，又爬起来。我们谈得很久，大约到十一二点才睡。今天又是一早就醒了，在床上看日记，有许多地方真是可笑，自己看了也觉得好笑。赶快起来，去告诉四弟、五弟他们。吃了早饭，我和五弟上观前街买东西，学校有许多东西还没有，譬如铃、文具之类，我们今天都买了不少。又在观里转了几圈，吃了血汤和排骨。又到江苏银行送一百万去，是卖掉祠堂的钱，乐益这又可以维持了。到邮局去，把昨天写好的大批信件寄掉。回来又接到文思的信，这次旭和不给我了。信上没有说什么，光说找学校的事，写得不好。下午睡一觉，起来已经三点钟了，到东吴去一趟，看看榜，问问注册缴费的手续。孝棣取了，旭和、曦和都没有取。坐车到振华找童光瑞，不在。到他家在的，跟他要注册东西，还要找他兼课教体育，他家母亲还请我们吃糕。回校正遇到四弟、孝棣出去，她早知道她考取了，他们去看过了。我从东吴出来，顺便看看阿花，她在博习医院割盲肠，已经快要好了，明天就可以出院了。晚上和景颜、五弟去洗澡，到清泉。回来算账，我的钱真是不得了，用得太多了，而且开不出账来。

2月21日　木

自文思走后，每天总接到她的信，今天的信也还写得不错。早上，陪五弟、孝华一同出去，到观前去替孝华买鞋子和皮夹子。转了一上午，吃了排骨、馄饨，东西都吃不下了，剩下了。到观前之前，我们还先到振华去了一趟，要注册的东西。又见到了王校长，谈了一会儿，童光瑞陪我到各处看了一下，我就出来了。回到校门口，刚好遇见孝棣、孝华站在门口，她们拖我到观前，我就去了。又遇到小平和景颜，只买了一点东西就回来了。下午，又陪五弟、孝华去买皮鞋、皮夹子，从观前西一直跑到观前东。又在官府吃馄饨，不好吃，回来我还要吃晚饭。

2月22日　金

昨天晚上就把考试的东西预备好了，今天早上八点半考，一上午就考完了。虽然人少一点，但还像样子，来考的一共有二十八个人，下午考过了，还有人来报名。上午先考国文，是我出的题目，初一是"我的母亲"，初二是"我的母校"。第二是考常识，大约他们常识考得最糟。最后考英文，初一考生字很容易，口试也没有问几句就完了。下午我睡了一觉起来，又到观前去了一趟，买东西，拿橡皮图章。苏州电影院开《美人鱼》，我去看，人多，闷热，又不清楚，要不是为了出过四百元，我才不去看呢。我以为一定可以看到点肉感的镜头，谁知道并没有，大上其当。出来天已经黑了，在门口小店吃面和菜饭，又没有吃下。晚上四弟和小弟在我房里谈。电灯有了开关。看看第一册日记，很迟才睡着。

2月23日　土

上午我们改卷子，英文、国文、常识都改好了，四弟不回来，算学卷子没有人改。后来已经有人来问，出榜在什么时候，我们反正都取的，算学卷子我们就不看了，一律全都取了。马上请景颜写，出榜吧，多写几张。二十五日开始缴学费，注册的通知就算好了。中上王遗珠又来请我们吃饭，四弟伤风没有去，旭和、曦和她们去考"景海"，孝棣也不去，只有我和五弟去，孝华、景颜、小平、大头去的。一出门又下小雨。到老胡家吃的很开心。雨是越下越大了。后来五弟、景颜他们打牌，我们下下五子棋。家里送鞋来了，我们就回去了，雨下得很大。

2月24日　日

　　早上天还阴在，下午就晴了。上午我们把明天注册用的表格、收据弄好，明天开学，不举行仪式，光缴费注册，等下星期一纪念周时再举行仪式。下午想睡一会儿，好像没有睡着。早上就和旭和说好，请她去吃排骨的，三时我们一阵出去。先带她看看观前街上的糖食店，买了一点松子糖就花了一千多，然后到观里去吃排骨血汤。一点也不好吃，虾仁还有点臭。吃饱了出来又剃头，旭和也洗头，她洗得很舒服。回来天已经黑了，马上就吃晚饭了，我们又带回面点和马咏斋的肫肝回来吃稀饭。文思差不多每天都有信来，其中只有一天没有她的信，她待我真是太好了。我自己呢对写情书这件事，好像不热心了，所以没有她写得勤快。这是不对的，以后要多写一点。她的学校不定，闹得我也不定，信上老说，这儿不成功，那儿也不成功，不知到底怎样了。

2月25日　月

　　今天开学，没有举行仪式，不举行也好，我最怕这种无意思的事了，开学光注册缴费。今天一共有三十一人注册交费了，我们希望本学期有六十人就很好了，不过考取的一共才不到五十人。上午我为请兼课先生，跑出去了一趟。先到华群，张念椿正在作纪念周，等了半天才散会。大头也已经在上课了，一副尴尬面孔，他大约不大懂，所以很乖。向张要了课程表，看了看，又和他说起请他教化学的事，他也答应了。于是到护龙街陈明斋家，请他兼生理卫生课，只一小时，他也答应了。现在只缺音乐、美术先生了，于是到沧浪亭美专找胡粹中。我记得朱世杰可以教音乐的，请他两样功课都教不是很好吗？可惜他本人不在，谈了一会儿出来。在燕家巷口，遇到朱世杰，一谈没有问题，他可以来教的，于是我很高兴。现在兼课教员，只童光瑞没有定，大约也没有什么大问题，明天再去和他说一说好了。上午到家吃饭很高兴，下午也没有睡觉。本来每天都接到文思的信，今天却没有，不知是不是怕学校没有考上，不好意思来信。我今天写了两封信，下午写一封自己送到饮马桥去发，晚上又写一封。晚上五弟、四弟来谈许多家里、学校里的事，看看所有的事，渐渐的像样了，心里也很高兴的，因为这都是我们一手弄起来的。

2月26日　火

今天仍然上课，上三课。我教国文、历史，学生我很欢喜他们。倒霉，一开学就下雨，而且不会马上就停，像要下得很长似的。下午二表姑、孝乐回来了，还带了个家旭也来了。孝乐变得漂亮了，穿上新大衣，搽上口红，穿新皮鞋，人也好像长大了。晚上志敏和李家林也来了，志敏是来找学校进的，家林送她来的。他们来已经很晚了，我们陪他们到电灯熄了，我们才睡觉，已经十一时了。二表姑来家说，文思她们学校不进了，因为太贵又不好，还要从二年级读起。学校不好，文思她们不愿意念，已经搬进去了，又退了出来。我倒有些不高兴，因为是带她出来读书的，进都进了学校，又退了费出来的。大约今天不到，明天她就要回苏州来了。

2月27日　水

因为知道文思她们今天要回来了，不过今天又下雨了，她们［可能］不来。下午，我正在和江南站来拿东西的人吵嘴，她们来了，她们是文思、巾和、缦和、四婶妈四人。冒雨而来，马上弄饭给她们吃，也到三点钟才吃饭。缦和、四婶妈都穿了雨衣，文思没有，只买了一双胶鞋，样子还不错。下午文思在我房，打小以靖的头绳衣裳。四婶妈、缦和要睡我隔壁的床，帮她们理房间，顺箱子。缦和用两只大箱子拼成一张床，拖箱子最累人了。房子弄好了，天已经黑了，吃饭。烧水给文思、缦和洗，在我房里洗澡。文思洗好了，和我到客房坐在沙发上谈心。缦和洗好了，和四婶妈都上床了，我们回房。我从前以为她笨，老实，不会说话，现在觉得她很会说话了。送她上楼，我平静下来了。

2月28日　木

早上醒得早，文思来到我房里洗脸，她洗脸的一套东西在上海丢掉了。我今天只有两课，第一课时间在房里腻了，第二课、第三课上了。下午陪文思一阵冒雨出去买东西，三万元全用完了。其实没有买一点东西，只买了一点布给她做大褂子，给妹妹做裤子，另外买点洗脸用具。李家旭说《胜利之歌》好，我们就去看，在青年会。第一场还没有完，等等看着急，到小馆子去吃大肉面，然后买票。买了，三百元一张，还不算贵。下雨看电影的人不多，我们吃吃糖看看，还不错，是歌舞片子，但歌舞场面并不多。在电影院里因为边上有人，出院已经快七点，天黑了，我们怕回去没有饭吃，不回去吃，就在北局小菜馆里，每人吃了一客菜饭。从小弄堂里走回来，两人都打伞，还在一起走，老是碰着，也太亲热了。以前我怕她不会，现在她已很会了。很多人来我房里，孝乐、志敏、巾和、缦和、四婶妈都在我们房里玩，吃糖，后来一个一个都走了。我十时放她上去。

3月1日　金

下雨真是讨厌，闷的很，不能出去，但下午不得已，还是自己出去一趟的。到十全街振华找童光瑞，没有找到，吃晚饭时他来了，和他说定兼课的事。好了，体育、童军又有人上了。上午我上两小时的课，下午和文思在房里腻，老是不想走，一直到四点钟才出去的。晚上许多人都在我房里，又不能好，文思就做以靖的裤子，最后四婶妈走了，我们才腻。但是为了我不当心说了一句，不许她到安庆，我说"不给你钱，看你怎样走"，刺伤了她。她哭了半天，我又劝了半天才好。十点多了，我怕灯要灭了，催她快走，其实我也想多留她一会儿呢。

3月2日　土

雨还是不得停，下了一星期了，真讨厌。上午上上课，老苏又来了，他现在在上海教育局做事，今天星期，算是特别来看我们的。下星期要正式上课了，不能老上临时课，昨天晚上我已经排了一张课程表，今天再修改修改。下午把请帖和各位先生的课程表发了出去，明天中上请各位先生一顿开学酒。下午，纯和来了，说请我出去洗澡，我自然高兴去了。别人都不去，我们两个人去。他把雨衣给我穿，自己打伞。先剃头，我修面，下雨街上冷静，店里也没有人。剃了头去洗澡，洗得很舒服。吃了包子，纯和老和我谈嫖经，我也听着长长见识。躺得很久，出来到观前松鹤楼订菜，又买一点糖食。纯和看见个老叫花子，还给了他一百元，这点纯和还不错的。回来正好吃饭。今天没有电灯，纯和、老苏、四婶妈、志敏、文思都在我房里玩，吃纯和买的花生米。一会儿，他们都走了，去睡了。今天他们倒散得早，八点就走了，可以让我们腻一会儿，也早点睡。我先上床，她在床边上陪我谈话，后来不知怎的，讲到凤竹，我忽然伤心起来。其实我们每天都提到凤竹的。

3月3日　日

昨天发了帖，今天请先生们开学酒。早上，已经吃早饭了，纯和请我们去吃蟹壳黄。我和四弟、五弟先到紫兰巷去看一看房子，然后四弟、五弟回来，我到红星茶室去，纯和、缫和、文思、大头、小平都已经先到了。太慢了，我们吃到十点多，我要走了，因为十二点还要在松鹤楼请客呢。回家曦和又等我去看眼，好，再陪曦和、缫和一同到陈明斋家。把她们丢下，我到松鹤楼，已经十一点半了，张念椿、周侯于都来了。接着，朱世杰、董才庄、王芝九、李孝侯夫妇、王遗珠夫妇都来了。先我怕没有人来，现在我又怕童光瑞来，因为再来就坐不下了。吃倒是吃的很好，大家吃的很开心，到两点钟才散。没有钱，签一张支票给他们。把客人们送走我们才走。回来在路上遇到缫和、巾和，在体育馆门口看到游行，想看旭和也没有看到。我们回来碰到戴小棠，他是在临泽看房子的，和我谈了一谈，谈到这几年吃苦的事情和在临泽支持的情形。小帽子，瘦瘦的，典型的老板样子，来了又不能不和他谈谈，实在有些不大投机，亏好有许多事。一会儿学校九十一师的梁院长来了，一会儿又有军队来了，没有工夫和文思腻。晚上打电话叫了义昌福的几样菜来请他，老不来。这两天没有电，没有灯，灯一点也不亮，更着急。吃了饭，叫车子送戴回旅馆。很累的，想早点睡，但是还是腻了半天，每天总要到十点多。

3月4日　月

第一个纪念周是我一个人说的，报告一点学校开办的经过就散了。算学没有人上，我们分了上，但是总觉得不好。本来今天我只有一课的，现在却等于上了四课。下午睡了一会儿，怕朱世杰来，又醒了，去会他。和文思一同出去，没有钱，借了緵和一万元。先到观前，为以靖配头绳，然后又到景德路，找江南助产学校。走了不少的路才找到了，还不错，是一个旧园子样子。在学校和先生们谈谈学校的情形，我觉得还是很好的，她可以进三年级，不是很好吗？不过我不一定叫她进，随她自己她怎样决定。从景德路回观前，又为文思买脸盆、漱口杯，没有钱了，只得吃一杯酒酿。天又阴了，赶快回家，到家写不少封信，没有出去。晚上没有出去，许多人在我房里，我们又不好腻了。现在四婶妈来了，下面人多了，我反而不安定了。

3月5日　火

现在每天一早，文思就来在我房里洗脸、漱口，就在我房里做事。她倒怪会服侍人的，一直到晚上，等大家都睡了，她才上去。今天一年级作文，我又出了两个题目，一个是"雨"，一个是"我的学校"。下午又上了一课历史，然后陪緵和上东吴，文思也去的。看到旭和、曦和她们欢迎由重庆回来的先生们。到东吴，孙蕴璞到上海去了，找到孝棣，在她宿舍里坐了一会就出来了。走走饿了，在望星桥边上一家茶馆里吃饼。回来纯和已经把我的房里的台灯装好了，点上台灯，写字好多了。

3月6日　水

　　四婶妈介绍纯和教数学，他倒高兴，今天就上课了，他倒还认真。数学有人上了，便齐全了，我也不着急了。下午他们都说《胜利之歌》好，我们两个人没有钱，还要到银行里去拿，下午摸索了一会再去拿钱，出来买票，已经迟了。我们便到处走走，买买东西，拿了五万元，差不多全买了。一双文思的皮鞋。又想到表，到"华盛顿"看看，买了一只二万八的日本表，样子还好，可惜戴在手上一会儿工夫就不走。把信发了，又到观里吃鱿鱼、排骨。出来再到钟表店里，把表交给他擦擦油。我们赶四点半的电影，在大光明，的确不错，跳舞的、唱歌的场面很多。出来，身上的钱已经不够吃晚饭了，走回家。有一弯新月，已经二月初了。回家正赶上吃晚饭。晚上总是和文思腻，不放她走，每天总等着我睡了，到十点才放她走。

3月7日　木

　　今天一天最不高兴了。早上上四课。为了江南站家具的事，两次到教育局。第一次十点过，乐益同学吴薇之在教育局做事，他和我谈了半天，王芝九才来了，说马志超有信给陆县长，说我们家具的事，说他们有人来。但到十时他们人还不来，我要上课，等不及了，先走了。到十二时，教育局又派人来找我，说江南站的人来了，现在他不要东西了，只要我们写张借条给他，王在中调解。我们答应回去找一部分我们要的东西，因为我们不能要他们东西在我们这儿。下午，又上了一堂课。和文思一同到东吴，替𦂅和问学校的事。找到孙蕴璞，谈了一会，往南园回来，到沧浪亭看了看，回家。晚上四婶妈她们搬到学校里去睡了，因为军队走了，隔壁只有老李和新来的金妈。文思在我们房里陪我。

3月8日　金

　　昨天一晚就睡，今天早上两课，睡得迟迟的起来，总算还是过瘾。上午上了两课，下午又没有课了。再睡，脱脱衣裳，正式睡，反倒一点睡不着，一直睡到四点半。现在只要我一下课，一回到房里，文思就倒茶打水，给我洗，她倒很会服侍我的。下午天就阴了，等我睡了一觉起来，天又下起雨来了，我们明天还要到上海，真是要命。晚上文思在给以靖打头绳衣裳。我这一阵子，也不静心，什么事都不能做，好好的写几封信都不成，不要说做文章了。

3月9日　土

　　今天我们分家地点在上海大姑家。本来分家应该在苏州我们自己家的，但是他们都不来，却叫我们去。又要我们花钱，我们现在又都没有钱。上午我还有三课要上，又碰到江南站来要家具，我是不管了，上课去了。我们搭两点半的车，吃了饭就走了，天还下着雨。到门口叫车，三部，除我和五弟外，还有二表姑和小平。到车站，已经一点多了，买票找张运财，老找不到，我又不认得这个人。楼上楼下跑了一圈，还是五弟给了站上伙计一千元，叫他找一找，才把张运财找来，原来是个低低的个子戴着眼镜的广东人。一问，说两点半的票没有了，没有办法，后来我们两个人硬拖他说了许多好话，他才答应我们两张票。小平、二表姑，还有王遗珠夫妇，只好赶五点的车子了。根本站上就有车，是加车，等车来就挂上了。我们拿了票，进站，找到车子，人已经满了，只好站着。火车来了，接上了就走。先我们在车厢里，很热，后来我们出来，站在门口，吃过包子站着，风吹着很冷，可是比里面闷着却好多了。下车仍然是在下雨，不过小一点罢了。一千二百元才叫到一辆三轮车，踏的很慢。天不下雨了，到懿园，天还没有黑。最先见到镕和，以靖马上跑出来和我亲热了，此后一直跟着我。郭大姐也在上海，还和以前差不多的样子，自然是老多了。大姐在家，四弟在，我们先谈了一点家里的事和学校的事。然后慢慢的，人都到齐了。等晚饭吃，等得饿死了，先吃了点东西，差不多到九点钟了才吃饭。我们一家在上海的有大姐、二姐、我、二弟、四弟、五弟、七弟，一共有七个人，加上姑爷、公亲、镕和、顾家老太太，还有一个吴国俊，一共十一个人一桌。是叫来的席，还不错，我也吃了不少杯酒，是黄酒。吃完饭已经十点多了，于是抽签分田。妈妈已经挑好了三河的第一份，三姐有密封号码，四姐、三弟由大姐代抽，然后依次拈阄，我拈到的是第九份，在城郊的。拈好，我填写议票上的空白部分。一会儿，姑爷、二姐都先走了，二姐家老太太明天还要过八十岁的生日呢。人走后，我们到二楼书房开会，一直开到两点钟，我实在没有办法支持了。大家谈了许多，关于房产，关于乐益，关于公产，等等。晚上，我睡三楼堆东西的房里。上床反而睡不着，不知是为了什么。

3月10日 日

应该是迟迟的起来才对的，但是天一亮就醒了，不过眼总是睁不开。我穿了起来，妹妹正坐在她的床上，我替她穿了起来。她现在说话难听极了，官语不像官语，上海话不像上海话，南腔北调的，一点也不好听。手上还有点疥疮，身上也痒，昨晚也是我替她脱的。起来的很早，早上把我预备今天带回去的东西理理，放在床上，我便等着到二姐家去了。因为我知道，ZJ他们今天一定在二姐家。可是他们老磨叽不走，一直到了十一点，才乘汽车一直到二姐家，以靖也换了新衣裳去的。到了一问，原来没有人，只有老太太、王遗珠、二姐在，别人都在家里。我自然很失望，因为我知道时间很少，我们下午就要走的。我们一共六个人，向他家老太太鞠躬拜寿。坐了一会儿，等二姐一同去"万民"拍团体照，我们一共是七个。走了一大段路，才到"万民"拍了照。我们回二姐家，吴国俊已经带了以靖来找我。回到二姐家，他们全在了，他们是周三姐一家，她丈夫屠伯范，孩子乐平、阿琴、阿新、阿玫，周四姐，周五姐和她的孩子小马子，ZJ、毛和他们的孩子阿帆、三妹阿园，她肚里的还有一个。ZJ这次比上次我见到好一点，因为打扮的不太妖气了，老是实在老腔了。周三姐五十岁了，还看不出来。房里的人那样多，一房间太挤太闹了，ZJ又常常跑出跑进的，不能和她谈心，自然更找不到可以让两人谈心的地方了。十二点过，我们饿了，先吃人家送的大蛋糕，我一连吃了两大块，不饱，寿面来了，我又吃了两碗，吃饱了，定心了。老苏又赶来，他不进来，在街口外面等我说话，只说了几句，我就进去了。下午，镕和、吴国俊去替我们买票，我留在二姐家。五弟回大姐家理东西，我坐在楼上沙发上，阿琴陪我说话，后来ZJ家的三姐、四姐都来和我说了。她说起有信给她，一时我简直不记得了。说到我有信给她时，她好像很难说出口似的，她还是那样会卖弄风情，虽然似乎已经不该是卖弄风情的时候了。我说我们马上要走，她一惊，她是故意的，其实并不惊，也记不得谈了些什么，总是很多琐碎的家常话，时候很快的就过去了。我为了表不在身上，打电话回大姐家去问，知道票已经买到了，定心了，可以稍微迟一点去。外面回来我们就在楼下，楼下全是小孩子在玩。慢慢的人都散了，只剩ZJ一家和四姐他们，毛也出去了，弄汽车去了。我、ZJ、四姐坐在一张沙发上，一开门毛进来了，一会儿他要吃茶，ZJ马上起来给他去倒。四点钟了，我们要走了，他也说该走了。我带上小平走，大宝送以靖回大姐家，我们一同走。他们都送到门口。到马路上和以靖分手，我关照她要好好读书，不要闹。我心里很酸，我老想不该把她寄养在别人家，老不领她回来。三轮车很慢，到北站已经五点多了。赶快上车，二等车已经满了，到三等车，第一节还空，一会儿又找到五弟。开车后很无聊，睡了一会儿，后来就和五弟谈到郑慧的事，小平已经睡着了。到苏州九点，到家十点了。文思他们已经睡了，上楼她不睬我，装着，原来她已经读了我的十本日记了。她不起来，叫她也不作声，问她要房门钥匙也不给，后来，把钥匙丢在地上。我拾起来，下去吃了一点饭，洗脚弄好了睡觉，已经又快十二点了。

3月11日　月

早上，正急着想纪念周怎样办，吃饭时王芝九来了，正好请他演说。上次和他说过，他没有空，说本星期一来的。我粥都没有吃完，陪他一阵在办公室里坐了一会，他说了些以前乐益的情形。摇铃了下课了，送他走，我再回家吃粥，叫文思陪我坐坐。今天我只有一课，在第四节，还有两堂空课，预备一堂上，一堂改卷子。这几天文思腻我，舍不得我，整天在我房里，腻了一小时，不成，得赶快去改卷子。一小时把一年级的大小字都改了，上堂又叫学生默书，没有讲什么课。好几天没有睡好，下午想睡一会儿，脱脱衣服上了床。文思坐在边上，腻腻之后，我要睡了。睡睡，其实我还没有睡着，我故意一动不动，让她离开。她自己做衣裳，有人来其实我都知道的，故意不作声，后来睡着了一会。家旭送生煎馒头来，吃了起来去洗澡，把文思也带去乐群社，不知开着不开，但是去试一试。到了，倒是开的，八百元一次，于是让她洗，我到清泉。跟她说好了，洗好了在门口等我。我便到清泉洗了一个很痛快的澡，再到乐群社，她已经在看报了。又和她一阵到观前一趟，买点丝线，又买点吃食，然后回家吃晚饭。晚饭后有人来我房里吃花生，一会儿他们走了，五弟又来了，吃花生，谈了一大阵。五弟走后，我和文思又做事，我写前四天的日记，她做衣裳。弄好又腻了一会，到十二点她才上去，反正放假，总理逝世纪念。

3月12日　火

文思今天来得并不迟，又在我被窝里睡了一会才起来。今天要改卷子，但一会儿旭和、曦和来了，一会儿纯和来了，我都不能改卷子了。下午想睡一会，也没有功夫，老说要照相，今天去吧。于是文思逼我把胡子剃掉，让她也换上了从上海带来的绸衬绒袍子，太小了一点，要她把头发梳好。到五弟那里支了八千元，他们也没有钱了。出去，今天倒不下雨了。在乐益就有学生看我们，大约他们知道文思是我的太太呢。先到乐群，因为她昨天丢了一条围巾在那儿，一问倒在，但是花了五百元。然后到"紫罗兰"让文思做头发，我到"国际"去问问，因为怕钱不够。一问，四寸的四千元，放心了。一路买点吃的，再到"紫罗兰"。文思做好头发，一路去照相。没有钱，不敢吃东西，马上回来吃晚饭。晚上又改了一会儿卷子，睡了，文思陪我躺在床上。五弟在外面叫门，她吓得向我怀里躲。五弟走了，她简直不想走了。到十点半过了，她才走，我也倦极了。

3月13日　水

今天把簿子差不多全发了，又和学生说了不少关于做日记、写大小字的话，才讲书。下午我们一同出去，因为有许多地方要去一趟才对。先到观前，看照片样子，还好，她比我照的好，我照的太呆了。拿了照片，到江苏银行办透支续约的事，然后发信。然后到东吴看许振寰，因为她曾有信给我。在路上我和文思讲到许，她还生气。我不知道，她是真生气还是假生气。到她家，她正在坐月子，包了头睡在床上。我们略谈了一会儿，我还给她小孩子二千元，真是吃亏。出来到柳巷找查阜西太太，不在。到司前街找费浩然，为祖麟房子的事。看好，我们又到胥门小花园看看，到刘家，重荫不在。然后，到观前街找曦和的外婆家，一问就问到了。曦和没有回去，但一会就回来了。想吃馄饨，她不请，没有吃到，我们就回来了。房叫金妈拖了一下，干净多了。晚上又改卷子，改一班的国文卷子。晚上我已经睡了，四姑来了，还带一个学生来，还有大鼻子、小姥爷也来了。我只好又爬起来上楼去。四姑带来一个消息，就是文思她们的学校搬到安庆，校长姓张，十五上课，二十号一定要到。文思又要走了，她就是一直在等消息，现在马上就要走。我说星期五晚上送她到南京，看她上轮船，然后我再回来。要走了，马上就走，没有几天了，她才和我熟一点，和我好，才爱上了我。又要走，自然她会舍不得的，所以晚上更和我腻了，腻到十二点。

3月14日　木

今天的课最多了，又下雨，说好出去买点东西的，贷十万元出来，给文思做路费和学费。学校和家里，已经没有钱了，今天又得透支，契约办好。第二堂去迟了一点，纯和替我代上了，好让我回来腻了一下。第二课、第三课两课都是我一个人上的，一年级作文，二年级历史，然后再去上第四堂。我们出去还下雨，正遇见四弟、二姐、二表姑从上海回来，我们还是出去了。透支了十万元，又把透支手续办好，我买了双胶鞋，和文思两人每人买了支活动铅笔，也还好，又买了些零用品。肚子饿了，到上海菜饭店去吃菜饭，吃好了又买茶叶才回来。我还要上一课历史。下午，因为替文思买了本日记簿，要她记日记，想到在她本子上写点东西，于是马上就写。她还很兴奋的，马上就记，因为马上就要走，所以更亲热一点。现在我又这样决定，四弟、二表姑星期一要回合肥，让他们带她到南京，送她上船，又省事又省钱。我去送她，自然又要多花一笔钱，并不是我怕送她。晚上我们四个人，二姐、四弟、五弟、我，讨论家里的伙食问题。我卷子也没有改，就上去了，我其实最怕做这种讨论。到九点多钟，我下来睡觉，文思又来和我好。今天晚上，我没有精神，她在写日记，我已经睡着了。

3月15日　金

文思来，叫她在我床上睡一会，她总是不肯。第一、第二课没有课，我改卷子，她替我钉被子。上课去，一下课，总想赶紧回来看看，像以前要回来看凤竹一样。今天下午没有课，四姑叫我陪她一同去实小找朱震西，替大鼻子讲进学校的事。我们先到草桥的二院，说在一院，我们又到三元坊，从后门进去。真是大变样了，许多房子全毁完了，只有两条廊边上的几间教室还在，雨中操场也积水，显得十分的荒凉，比我们乐益破坏得更多。找到办公室，就是以前的二十一室，一问，没有在，只有吴先生在，说是到二院去开会了，我们没有法子。看到小平上课。我们只好再到草桥，又下雨了，我们先就买了伞。回来走长署前，四姑又到她以前住过的家去看看，一切都变了样子。又到二院，不在，实在没有性味一直去找。我和文思到观前，四姑他们回去了。我们先到青年会看《月宫宝盒》，会飞的毯子，大人化烟，都很好玩，公主也好看。这片子是我们看的片子中最好的了。出来仍然下雨，拿了我的签字图章，买了点果片就回了家。饭后我写信，写的很倦，文思没有和我腻，让我睡。还没睡着，文思上去又下来，说三哥来了，带了小达子和高干。我自然得起来，又谈了半天，到十二点才睡。三弟瘦了，也白了，高干还是那个样子。上床想起以靖来，半天睡不着，想的是到底要不要她来？什么时候来呢？头疼。

3月16日　　土

早上我刚醒，文思就来了，后来我骗文思说四婶妈劝我早早的结婚。早上有三课，每堂课我总回来喝茶，她总是忙着倒茶给我。下午旭和、曦和都来了，我又陪四姑到草桥实小找到朱震西，一谈可以了，叫她下星期一去上课。好了我又回来，因为这次没有带文思出来，她正在写信，回来又拖她一同出去。这几天因为没有钱，所以每次出去只带一点钱。原来是预备去修表，看看相片可好了，所以没有带多少钱。到金星门口，看到有话剧《蝴蝶夫人》，文思想看，对号的票一千元一张，我们身上总共只有一千八百元，后排六百元。我说明天再来看吧，走了出来后，我看她想看，我就买了后排的进去了。我还是大少爷脾气，觉得后排的看得不好，她这点还好，没有小姐习气。坐定了，已经演了一幕了。演员并不好，比以前演文明戏的演员金微高一点，剧本改编的也太不好了。不过文思已经看得要哭了，我告诉她世界上比这些惨的事情还很多呢，不要这样傻。我告诉她三弟的事和四姐的事，她也很感动。出院，天还没有黑，我们催了一下照片，说明天下午来拿。没有钱了，从宫巷回来吃晚饭，之后我改卷子。一会儿他们来叫去教跳舞，在楼上四弟房里玩。看了好一会儿，到九点多了，我们才下来，文思又拖住我不放了。一到晚上，我就没有精神，但是她却很有精神。她说这几天老睡不着，大约我睡着了，她才走呢。

3月17日　日

星期日我还不得空。早上文思来，我起来就改卷子，今天改了一天的卷子，一、二年级的日记全都看好。天还是不得晴，上午、下午都没有出去。下午开欢迎、欢送会，欢迎三弟他们来，欢送四弟、二表姑、文思他们走。买了许多点心糖果来吃，又做卖花游戏，还算热闹。五点多，我们得去拿照片了，于是走了。到"国际"把照片拿到，还不错，文思很好，我不如她，她还有些笑容，我呆了一点。一共只带了三千元，印照片就要了三千，我们只给了二千，留一千还要买"电"，只好赶快回家吃饭。之后我又改卷子。文思大约太倦了，她好多天来都兴奋得睡不着，我看她躺在我床上，睡睡就睡着了。我没有闹她，让她好好的睡吧。我下午倒睡了一觉。她醒了，在床边上缝鞋垫子。

3月18日　月

昨晚写了张条子，请傅公雷来演讲，他居然一早就来了。我夜里三点钟醒了，肚子疼，到隔壁高干那去拉了屎，就一直没有睡着。听着鸡叫，看着天亮了，想着很多事，根本就睡不着。一会儿文思又来了，今天早上没有大腻，我就起来了。起来后就忙着到学校，跑了不少趟，傅公雷也来了，纪念周请他演讲。他讲得并不好，也讲了一小时。我到第四堂课时才有课。因为天下雨，四弟他们不一定走，所以文思急了，说要到上海去乘船，我自然得送她去。于是就这样决定了，我说到上海去又可以看到 ZJ 了。我一定要亲她一下，她就生气了，又打我压我，一会儿又哭了。我不明白，她和凤竹为什么这样的不赞成 ZJ，一提起她来就讨厌。一会儿我上课去了，她才好一点。下午我想睡午觉，没有睡，把椅子调整了一会，搬来搬去的累了，文思倒在我的床上睡着了。我搬了一会儿，得要去买票了，明天到上海，所以一路打伞。她不大说话，我也不大说话。到旅行社买到了，明天早上九点钟的三等票。从观前到护龙街怡园边上吃了面，吃了后到怡园里面去走了一走。怡园以前很荒凉，现在却热闹了，里面有越剧，有茶室，有票房，有画厅，我们转了一圈就出来了。我在杂志公司买了一些杂志回来，预备给学校阅览室用的。回家晚饭后，又改卷子。明天就要走了，课暂时请纯和代一下。文思忙着烘衣裳，老是不得干，真是急死人了。

3月19日　火

今天没有等文思来，我就起来了，我正在起床，她也就来了。赶紧理理东西，行李文思自己已经打好。吃了早饭，我们叫了车子去，天还是阴着，不过没有下雨了。到车站，正好八点钟的车才到，还没有开。一问，可以上去，于是马上上车，还有座位，我们刚上车，车就开了。文思坐在我边上，头靠在我肩膀上。我们看昨天买来的小报，先还不急，一路看小报，到昆山小报看完了，于是急了，本该十一点到的，但是十二点多了才到。下车，三轮车又走错了路，又下小雨，半天才到大姐家。已经三点钟了，我们每人吃了三碗炒饭，叫文思换换衣裳，马上出去买轮船票。大姐把凤竹的那件大衣已经改好了，文思穿着正好。打扮好，一同坐汽车到河南路，走到四川路旅行社一问，二十一号有船，正合我们的理想，票也刚好还有，还要牛痘证。钱也不够，要二万多，我身上一共才带了一万多。所以先到海关检疫处去种痘，马上又乘汽车到二姐家。耀平睡在床上，徐素英也来了，马上向她借了二万元。再坐汽车到河南路，坐三轮车到旅行社，因为五点半他们就不办公了。去了总算买到票了，后天可以走了。旅行社人说还不一定，也许二十一号不开，我们倒希望再迟一天开，让我们多在一起玩一天。买好票定心了，我们一同回到大马路。她的皮鞋又有点夹脚，疼，我又和她吵，后来我们在惠罗公司门口都擦了皮鞋。我要给她买双网球鞋，她又不肯，和我闹别扭。后来，她又不要我搀着她走了。我们就从大世界走到二姐家，他们正在吃饭，便一同到隔壁的馆子里去吃。周家三姐、四姐都在，吴国俊也在。吃完我们马上乘汽车回大姐家，我们想早点休息。让文思睡三楼后房堆东西的地方，因为是一个人一间房，保密一点。到家她就洗身上，用冷水洗，我不赞成。洗好，我就叫她睡到床上去，腻一会儿，我就想睡了。

3月20日　水

昨天我们到，以靖还在学校，晚上她又睡倒了。今天早上送她到学校，学校叫仁育小学，还不错，我们送她到课堂里就走了。夜里，因为肚子不好，起来了一次上茅房，上了茅房，总是睡不着，一会儿我又回到自己的床上了。早上送以靖上学校后，先到二姐家，然后坐电车到赵景深家，正好传芳在，于是又唱曲。文思无聊就看书。我们说要拍照，赵先生介绍说对过"青岛"很好，我们就去拍了一张三寸的，预备拍得好就拿了这张送人，还可以便宜一点。回到赵家吃中饭，蔡漱六也在，饭后又唱了一阵。我这一阵子喉咙好，一点不像上一次来上海，一点也唱不出。文思因为在人家，饭只吃了两碗，大约没有吃饱，我吃了三碗，倒吃饱了。今天出来目的是去书店，从赵家出来，走到四马路看书。先我们拍过照，就去找生生助产学校，说有书卖，一问在医院卖，又找到医院，说书卖完了，只好丧气。饭后到四马路找了半天也没有，还是在旧书摊上找到一本《助产学》、一本《产科手术学》，还算是便宜的。书买好了，到开明书店看看，碰到叶绍钧先生，和他谈起叶至美的婚事。他家都不赞成她嫁一个军界的空军军官，但现在都快要生儿子了，还有什么话可说呢？从开明书店出来，先到申报馆，再到旅行社问问，明天一定开。再到新兴送股票，已经快五点。因为和二弟约好五点到他们报馆，他请我们看电影。到申报馆，二弟还有点事没有完，我们也在会客室里坐了一会。会客室里还有别人在会客，文思看看产科学，一会儿人来了开会，又赶我们，于是到他的办公室。他带我们参观了机器间、制版间，又吃汤包，然后叫洋车，到"大华"看《平地青云》。二弟买的是楼上的票，一千八百元一张，还没有开，每人先吃了一杯冰淇淋，文思还没有吃过冰淇淋呢。我们的位置很好，在楼上第一排，片子也很好，许多镜头美极了，跳舞的场面也非常好。文思说，是我们这次出来之中看到的一次最好的片子。看完了出来，已经快九点，再走到吃饭的地方，叫"罗茜"，吃鸡，是西菜，也很痛快。吃完已经快十点，我和文思先坐三轮车回福履理路，二弟后来。到家洗洗让她先睡，明天她就要走了。她睡倒，我睡了，已经十一时了。

3月21日　木

自然睡不着。帮她把行李打好，然后吃早饭，叫三轮车，直到码头（金利源码头）。一看没有轮船，江顺号船在黄浦江中。叫划子上去，有东西，他要我们一千五百元。上了船，找到铺位，是一等舱4号，刚好在角上。我们上船时，人并不多，位子都空在，我们有座在角上，慢慢的来的人多了。文思的上铺来了一位熊先生，到汉口去的。后来来了一位女的，文思高兴了，是寿州人，也到汉口。看见她和人谈熟了，我就可以走了。我们到船舷上，看看，听说十二点后开，后来又说两点。她送我到船上，她说一会儿开船，人挤，叫我先下划子，就分别了。在船边上，她也不怕丑了，抱住我，我贴她的脸。我下了划子，她便站在船舷上看我，我因为高一点，划子到了码头，只看见她人，却看不清她的脸。挥挥手，我在码头上等等，想等她的船开，谁知道老是不开。有人上船，我乘划子再上去一趟，她自然高兴。但没有几分钟，我又回到码头上来了。其时晚潮已经来了，渐渐淹到码头了，我得走了。但我还时时见到她在挥手，我也挥手。后来舟山船横过来了，我这头走走，那头走走，我就找不到她了，她一定走进船舱里去了。问问人，说船四点钟开，又说今天不开，明天再开，我也不知怎么样才好。我想，先去看看照片样子吧。走到十六铺，乘电车一直到鲁班路，到"青岛"，没有好，几乎和他吵架。又到二姐家，周耀平正在睡觉，说要去跳舞的，约我。我还想再到码头上去一趟，没有和他们去跳舞。我又坐电车到十六铺码头，"江顺号"已经开了。我饿极了，只在船上时和文思每人吃了两个面包，饿的很。吃了两碗担担面，再坐电车到大姐家。我太累了，该好好的歇一歇了。到大姐家，传芳又在，于是又唱了一阵曲。一会儿，汪小姐又来了，又唱了一阵。我吃了晚饭就倦了，他们在底下唱《藏舟》，我已经藏在被窝里睡着了。

3月22日　金

　　昨天天还是好好的，今天又倒下起雨来了，文思倒真是运气呢，在船上又不怕下雨。今天没有事了，又下雨，不想出去了。早上替二弟把房理理好，收拾干净，于是写信给文思，给四姐，给 ZJ。信写好，我又看整理好的二弟的画报杂志，只看看画，没有看文章。中饭之后又想睡，想想还是去看丁西林，大姐说他们物理研究所就在对面。找到了他，他在睡午觉，让我闹起来，陪着说一大阵话，自然我们都希望四姐赶快来。我怕他有事，不过也还是谈了不少时候。出来，他约说明天一早来看我们。回家，三弟、小达子、高干都来了，淋得湿湿的。他们在楼上时，凌先生就和我谈到顾志成的事，说了好些话，这些我还不知道。就不知道凌先生说的是不是真的。顾之为人，和我们不一路，我们是早就知道的。晚上上了床，我们很早就上床了，但我又和三弟谈了许多重庆的事，在苏州时，没有细谈。而谈到二弟回来，应该大致是很夜深了。二弟、三弟大约有八年没有会过了。

3月23日　土

不马上就回苏州，还不是为了今天的曲会吗？早上因为约定丁西林，所以没有出去，等他来。他带了三包糖来给小孩子们，他和三弟在重庆就很熟的，自然他们很随便的说话。丁老不走，我们又不好出去，十一时，他走了，我们也走了。今天天倒好了一点，我先到"青岛"看样子，比我们在苏州时拍的要活泼自然一点，心里很高兴。到"万氏"取照片，人多极了，都是来拍身份证的照片的，挤了半天，才拿到我们七个人的照片，拍得并不算太好，不过还可以就是了。拿了照片，刚好回大姐家吃中饭。我们刚吃过饭，赵先生就来了，我就知道他今天会第一个来的。接着许多人都来了，女的比男的多，本来他们的曲社就是女的组织的，我们男的是客人。慢慢的，人来了许多，我都不认识，最使我高兴的就是见到了传芷。他是我和凤竹的媒人，他还称她"孙小姐"，是在青岛时的称呼，他说小以靖很像凤竹的。聚会开始，今天的曲会还算正式，有五个人的家伙齐全。第一出，我和赵景深唱开场戏，我们唱《折阳》之前，还有一个合唱《咏花》。后来全是整出的戏，有《藏舟》《守门》《探监》《望乡》《情挑》《小宴》《佳期》《三醉》等。最后我又唱《南浦》，和一个不认识的先生，是万能博士，样样都会唱的。唱曲子又没有人定定心心的听，大家都在说话，唱完，反正总是好的拍手，没有人说不好。许多人之中，还是殷小姐和汪小姐好看一点，不过也都是老了。殷小姐她们，多吃了两杯酒后，也就不行了。我也上楼写信给文思，但总不定心，写写又下来吃饭。又给丫头洗脚，下来，饭菜一点也吃不下。吃完了，他们又唱散曲，直到十时才散。

3月24日　日

耀平来请客，明天的日子，请为乐益募捐的委员，二姐说叫我一定要来。我想耽误得太久，要回去了。我一早就到耀平家去一趟，问问他是不是一定要我出席，假如不一定，我今天就要走了，因为二弟已经替我把车票买好了，是今天的。到周家一问，说不一定要我到。于是我马上回大姐家，为丫头理东西，叫了三轮车，带了丫头到车站。怕赶不及，到站上一看，还有五分钟，车挤不上，把丫头由窗子递餐车里，我由门口挤进去的。把包袱放下，丫头还可以坐在上面。一路很快的就到了苏州了，才两点不到。吃了饭后，马上带丫头去看疥疮，陈明斋不在，到观前街买了药。到清泉洗澡，给丫头也上了药，又去"紫罗兰"理发。把丫头的头发也剪短了，因为我不会替她梳辫子。家里人走了不少，二表姑已经回合肥了，纯和和四婶妈又到南京去了。洗好头，回家吃粥。好啦，这一次应该可以好好的休息一下了。

3 月 25 日　月

昨晚和以靖剃头回来，顺便请周侯于先生今天来上纪念周演说，他答应了，而且准备到时候讲讲校名"乐益"二字。讲的同学们很开心，大笑了几次。今天又下雨，简直是。我今天有一课国文，讲《五岳祠盟记》。下午没有课，写写日记，写写信。已经接到文思南京寄来的信了，昨天发的，今天就到了，很快的。冒雨出去一趟，取添印的照片，又买了果片回来，给以靖吃。以靖一晚就睡了，大约有些发烧，不舒服，也许是冻着的。

3 月 26 日　火

以靖发热，叫我很不定心，上午没有让她起来。下午她一定要起来，又让她起来了。上午还上了两课。天还是老下雨，没有办法，家里到处都在漏，再漏房子就要倒了。晚上看以前的日记本，文思到上海去时，我天天看自己的日记，这次她来了，每晚和她腻，也没有工夫看日记了，她走了我再来看。下午在图书室里又理了半天书，理的头昏眼花的，理生气了，不理了，丫头也来闹了。

3 月 27 日　水

以靖今天睡了一天没有起，请顾启华来看，说是怕是出痧子，她已经出过的。上午我只有一课，其余的时间都在陪以靖，也没有做事。五弟昨天也由南京回来了，说南京房子的事一时不易解决，所以先回来，等杨成一的信来。为了以靖生病，想到文思若是在，一定会帮我不少忙。

3月28日　木

以靖一天老是闹，叫唤，叫我什么事也不定心做。一会儿上课，一会儿又有许多别的杂事，丫头又哭又要起来。下午顾启华又来看了一次，断定说一定是出疹子。絿和又发疟疾，我也常去看看她，整天不得定心做事，别扭极了。以靖总是要几天才得好的，我这几天又不能做事。

3月29日　金

丫头今天脸上全出来了。今天黄花岗青年节，放假一天，我就一天在房里陪她。只给她吃些奶粉和米汤，她不小便，今天倒大便了一次。今天接到文思自安庆来的电报，又接到她从芜湖来的信，安庆大约还要一两天才会有信到吧。我没有事，看看《拍案惊奇》和《儒林外史》，给丫头闹得我昏头昏脑。

3月30日　土

上午四课，实在上得有些累了。丫头的疹子没有好，我又不能出去。

3月31日　日

一天没有出去，天倒晴了。

4月1日　月

纪念周，我自己演讲，报告考试和春假两件事。下午没有课，和曦和、四姑三个人一同出去玩，到沧浪亭、可园、孔庙、怡园等地，在怡园喝茶。这几天一直没有出去，这次偷闲了半天，把丫头放在家里，给小金大姐看，出来玩一会。

4月2日　火

文思到了安庆，昨天来了一信，今天又来了一信，她有点发热，也是病了，不过我相信她马上就会好。我一听见人生病总是不高兴。下午緙和、大老姑找东吴孙蕴璞，她又到上海去了，摸了一个空。找到孝棣，她送我们到望星桥。我们从廉溪坊到观前，先吃酒酿又吃排骨，又看緙和照相。回家，七姐、陆姨娘她们来了，还带了小孩子。晚饭后又和大头、小平去洗澡，回来又写信给文思。

4月3日　水

丫头已经好了，今天一定要去，就让她起来了，我在上课，她也去了。为了叫緙和搬到楼上，把她那间大房让给七姐、陆姨娘她们住，还和我生气，真是没有法子，这孩子。下午我有课呢。晚上我已经躺在床上看《儒林外史》，说有女客找我，南京来的。我就知道是七姨妈来了，因为我写信去叫她来的。我马上起来招待她，让她吃点稀饭、饺子，又给她看看小以靖。今天我已经把小以靖搬到隔壁房里去睡了，丫头不醒，我们谈了一会。就让她在高干床上睡一晚，明天再搬来。这一招待又到十一点才睡。

4月4日　木

今天起我们放春假，三天，今天又是儿童节，一天都在忙。早早起来，叫人买生煎馒头待客，又替家人写信。忙了丫头，又替七姐她们的孩子到吴中麟处去问平子小学可以进去否的事。又到"义昌福"叫菜。回家来，又理隔壁房里的书。中饭因为许多人去玩虎丘，学生又回家了，所以变成一大桌。我又叫了菜，大家大吃一顿，但是真是客气。七姨妈因为看我的《秋灯忆语》，心里不舒服，只吃了一碗饭。下午我仍然理书，七姨妈的老朋友徐仁琨和丈母娘丁少华来了，是今早我写信去的。她还带了一个小孩子来，很白，很好玩，坐了一会儿，也没有吃什么就走了。丫头整天的玩，现在孩子多了，毛毛、以兴、琪和都来了，他们闹得凶。晚上七姨妈到乐益楼上去睡了，我们已经把她的房布置好了，就是没有家具。昨天、今天都没有收到文思的信，心里有些挂念，因为她生病在，得写一封信去了。

4月5日　金

一天没有出去，在家做了不少事，把卷子一起改好了，又写了不少封信。文思今天还是没有信来，很有些着急，不知她的病到底怎样？早上发了一封信，晚上又写了一封。一会儿天晴了。今天是清明，老苏上次来，还带了点钱纸来预备烧给凤竹，早上我也曾想起，后来又忘记了。和七姨妈谈谈以前的事，又谈到她的身世，说到十六离婚的事，为了她的盛先生和他自己的妹妹，婆婆又难缠，所以决定离婚。天下也就有了这许多。丫头老缠着奶奶闹，闹得奶奶不安宁，奶奶也惯，好了，本来脾气就不好，惯惯更要坏了。

4月6日　土

　　还是没有接到文思的信，我真是着急了。昨天晚上在床上想想，我真是倒霉，又来为这些恋爱的事情烦恼自己了。今天早上起来，又写了一封信给文思。早上和以靖、七姨妈到公园去玩，我自己到宫巷去把信发了，又回来。这几天天天冲奶粉给以靖和七姨妈吃，希望丫头长胖一点。上午，江苏银行的何副理来了，坐一坐就走。下午七姨妈到殷太太家去，把丫头也带去了，我正好清闲一会儿，躺一会儿。和綵和一同出去看电影，旭和、曦和也一同去的。綵和买票，挤死了。我们到江苏农民银行去问乐益契约的事，总经理不在家，有一个人出来，后说东西已经到上海，不知有没有契约。马上到电影院，电影是《野女郎》，还算好的呢。我看看，也没有什么好。出来，我又到观前去买点面包、松糕给丫头吃。晚上我有点冷，丫头的事我也不管了，八时我就睡了。

4月7日　日

　　今天仍然没有信，我有些着急了。上午醒来之后，我自己便到观前去打了个加急电报，文曰"愈否"。回来，正好吃中饭。下午又陪七姨妈、小以靖逛观前。先到观里看了一看，买了个小木鱼给以靖玩。出来，从观前西一直到护龙街，到怡园，在荷花厅前坐着晒太阳，喝茶，似乎很安逸的样子。坐到两点多钟，我们才回家。上午我到观前去，顺便到大陆饭店，去看胡山源①夫妇，因为他们昨天来看我们。我去时他们不在，我留了张条子说晚上再去。下晚他们夫妇来了，见到以靖，大为高兴，说和他们家的孩子一样。他们的孩子在公园玩，我们一同到公园，七姐捉了小毛子、小以靖去的。她和胡山源太太方培茵②是同班的同学。他们有三个孩子，两个大的都十几岁了，女孩子小，才九岁，真的和妹妹一样的好玩。身上没有带钱，没有敢邀他们吃饭，让他们走了。他们明天早上乘九点钟的车回上海，不然可以请胡先生来演讲一次。晚上也没有什么，七姨妈明天要到沈家去住几天，晚上我就到她楼上房里坐了一会。下来，在床上看以前的日记，一直到现在在苏州的日记，一遍还没有看完。

4月8日　月

纪念周没有上，陪緪和、大老姑到东吴去，一问，说要考，于是只好回来。路过凤凰街，找顾新，不在家。再到平真小学看丫头，他们教室里一塌糊涂，先生还没有来。七姐看他们，我就回来了。今天拿到大批的信，有文思的两封信，假如信是昨天到的，我就可以不打电报了。看看信，江南站的人又来要家具了，所幸一会儿五弟回来了，让他和他们交涉

---

① 胡山源（1897—1988）：原名胡三元，江苏江阴人，作家、文学翻译家。1920年肄业于杭州之江大学。曾创建新文学团体"弥洒社"，投身新文学运动，受到鲁迅的重视。胡山源也长期致力于中小学教育，1949年前曾在松江景贤女中、苏州乐益女中等学校任教，还曾先后担任上海惠风小学、集英学校校长。1946年曾主编上海《中央日报》副刊《文综》。

② 方培茵：浙江定海人，在苏州出生长大。作家，昆曲爱好者，教育工作者。和丈夫胡山源于1941年在上海愚园路创办集英学校（先开办集英小学，后扩充为中学），胡山源自任校长兼教员，方培茵负责教务工作，该学校有公益性质，免费学习的学生占四分之一。还曾在家乡定海创办义桥小学。

去。我在上第四课时，查阜西和他太太来看我，约好十二点到松鹤楼再谈，我又去上课了。一下课，我就到松鹤楼，查等不及了，已经偷吃了几块酱鸭肉。我们谈了很多话，其中一件重要的事，就是查的太太说，老油子已经死了，在重庆，还说很惨。又说到他在美国的情形。饭后又谈了一会儿，我们就分手了。我到江苏银行，把透支单子送去。又到渔家岸找传芳，说仍在上海没有回来，我只好回来。找他的目的，是想问阿用的地址，想找他来拍曲子。回家我正在写信给文思，陆姨娘来，说小以靖走走不见了，她去接只接到了琪和。我一点不慌，两个孩子不会不见的，于是等信写好再去找。已经有很多人在外面找。我先到公园，又到平桥头转了一圈，小金大姐在十梓街上把他们找到了。这也就算了。晚上去清泉洗澡，一个人花了一千五，也太贵了。

4月9日　火

上午三课，高干来了，稍微好一点，因为以靖可以交给她了。下午没有课，但烦人的事很多，我想睡一下，都不成。先是丫头来闹了，胡嘉夫妇又来了，一会儿顾启华又来了。因为孝华快要生了，女医生也来了。顾来给我们种牛痘，走了。又有什么韩先生来，为我们家茅厕对了他家后门，来烦。五弟来了，正好让他和他去谈。我躺了一会儿也没有睡着，起来，孝华已经生下一个男孩子了，我上楼看了一看，就下来了。写信，写了不少封信，就是文思的信没有写，留在晚上写。晚上也写信，晚上也只写了一点就累了。

4月10日　水

早上还有点下雨。信写好，封好，上完一课，正想出去发信，五弟说出去，就让他带去发了。我找钥匙开图书馆，找不到，等五弟回来才拿到。理了一会儿，就吃中饭了。饭后发动学生搬书，把我隔壁房里的所有书都搬走。下午我有课作文，我出了题目，又去理书了。今天对于理书，我似乎很有兴趣。读日记，读到在北京和四姐好的时候，很好玩。

4月11日　木

上午两堂课，就整理书，我想要每天整理几小时的书，一星期之后，书应该可以理好了。下午到观前街，为丫头买文具。因为她已经正式上学了，一年级了，要什么蜡笔、橡皮、砚台之类的东西。买了东西就回来，也没有吃东西。晚饭时，和以靖发脾气，心里不大舒服。上午接到她的信。

4月12日　金

上过一堂课，我就出去。一看就买了一大堆书，用了一万多，不但钱用完了，还欠了不少钱，等明天来还。除买的杂志之外，还买了几本好书，如《性心理》《复活》《霜叶红似二月花》《四世同堂》等书。钱没有了，从瑞裕里买了点茶叶就回来了。晚上为了七姐和缫和她们不自己烧饭，要和我们同吃，我的锅又煮不下的事，很叫人难过，不舒服。缫和又涨红了脸来和我说，大有质问我的样子，因为我先还不知道，以为锅可以煮得下了，实在锅是煮不下了。晚上看看《文艺复兴》。躺在床上时，读读《性心理》，真不愧为一本好书。

4月13日　土

人好像是真的老了，早上吃两碗稀饭，上了四堂课，真是吃不消。到第二堂课时，已讲不动了，第四堂课实在是拼命了，下了课马上就催开饭，吃饱了再说。下午想睡一会儿，总是睡不着，一会儿有人来，一会儿有人来，门扣上也不中用。一点半我又起来了，三时还要开什么尊师会，在元和路青年团。天热了，太阳晒人，先从护龙街到杂志公司把昨天欠的钱还了。人已到了不少，大约到三点半才开会，熟人碰到了王芝九、黄础先、朱公振等。开会无聊极了，由师长（一七五）主席，讨论了半天。最使我不舒服的是，光倒两杯水，一杯给施师长，一杯给副师长，而我们大批的校长全望着。尊师会也不过是尊敬师长而已。开会时外面天气变了，刮起了大风，天马上就冷了，散会时已经将近六时了，出来，个个都叫冷了。昨晚睡迟了，又被风吹了，头疼得很，我一晚就睡了。看一会儿《性心理》，头还是胀，就关灯睡了。今天接文思九日的信，晚上要写回信，因为头疼没有写好。

4月14日　日

在学校里书理得头昏眼花的，没有钱又不能出去玩，只好蹲在家里。王遗珠家请去吃面，她的大儿子生日，遇到项馨吾也在。

4月15日　月

纪念周时劝学生用功。本周起，下午三时半到四时，加一节自修课。下午没有课时，都在整理书，我希望本星期中全部整理好，这也是一件大事。

4月16日　火

为了表格的事，上午到教育局，局长在开会，下午又去的。一天都在理书，已经差不多了，有头绪了。没有文思的信。

4月17日　水

整理书，接文思的信，我很高兴。下午作文课，我在堂上改了两小时的文章，一个一个学生的叫来改。晚上，读《霜叶红似二月花》。

4月18日　木

这两天对理书又冷淡了下来，因为现在理到"集"部，很困难，不好分，又多，所以说就冷了下来了。又接文思的信。现在写情书写的不好，生活没有在立煌那样安静。假如在立煌要写情书，倒是很好的环境。

4月19日　金

我把地理、公民又让给五弟，我的课又空了一点，只十小时了。今天只有一课，又接文思一信，她倒很热心的写信。我所遇到过的女孩子，全是很天真、很直的样子，凤竹和文思她们都是死心塌地的爱我，但我却有许多地方对不起她们。下午去理发，一千元，真是不便宜。

4月20日　土

把《霜叶红似二月花》读完。这样一部名著，却没有什么好，我一点也看不出它的好处来，乱得很，没有故事，叫人不好读，文章对话倒很流利。早上在上课之前，陪七姐、小以靖去看疖子，到顾启华家我就走了，遇到小平他们学校旅行到虎丘，在宫巷口碰到他们队伍。下午没有事了，我一到不做事的时候，总到楼上去看五弟的小孩子。对小孩子，我倒还有兴趣，还有一点，就是想去看看孝华喂奶。前两天，还有趣味，现在可不行了。在楼上和孝乐闹闹，她把我的手抓破了。我装死，睡着不动，丫头叫叫我，我也不动。她急了，在地上打滚，大哭大闹的，我才爬起来。我抱着她，心里很难过，凤竹死，她还不知道哭，不知道是什么一回事，现在她知道了，假如爸爸再死了，她真的要哭了，真的没有人管她了。我马上想到很多以后的事，我倒不作声了。孝乐抓伤我，我也气了，我便下楼，带她去看电影。我以为滑稽片子《大炮》一定还如小孩子们的意，谁知一点也不好，她老问，"可完了吗？可完了吗？"出来买一点面包，她也不吃，从护龙街回来。

4月21日　日

　　星期日想睡得迟一点起，仍不算迟。星期日一天没有事，没有出去，天热了。只晚上和孝乐、志敏到公园里去走了一趟，还有孝棣。回来时遇到家旭、景颜他们，要家旭请看《魂归离恨天》，一定要拖我去。我因为已经拖着以靖，也没有那么多兴致。为了以靖身上的疥疮又厉害了，好像去年夏天一样了，我真着急，今天又替她洗澡。七姐又来，谈到郝春德不来信的事。这一阵子，接到不少信，每天差不多都有我的信。今天文思又有信来了，她说一想到我的时候，奶头就会硬起来。

4月22日　月

　　把《性心理》读完，昨天又花很多时间读《复活》。这是一部好书，自然该好好的读一读才对。昨天读了一百多页，今天没有读，因为一整天都有事。上午上纪念周，骂学生。两堂空课时写信、记日记，又去图书馆理理书。在上第四堂课时，学生背不出书，不好，又惹我生气了半天。下午睡一会儿，也没有睡好。我在整理书时，小窦来了，他一来我马上就想到他在蒙家花园在人家抽屉里拉屎的事。他现在电信总局做事，是这次坐飞机来的，他母亲和太太、小孩子（已有两个小孩）都坐船来了。看见他来，我就想到四姐也该来了，不过不知道怎么了她老是不来。她也是中央机关，也该都来才对呀。下午我正在睡觉，钟文治来了，他是来看小窦的。小窦和五弟到观前去了，他等着，我们谈了半天的话。五弟来说，他要晚上才回来呢，于是他走了，说明天早上再来。今天特别热，好像是夏天的样子，我洗了澡，也替以靖洗了。想不到小窦说要来住一两天，可以住在纯和的房子里，问緛和拿钥匙。緛和这一阵子老和我不说话，自从叫她搬房上楼和吃饭的事，她曾和我红了脸。向她要钥匙，她又大不高兴的样子，话说的很不好听，像是很不愿意的样子，被子还不让人盖。我真是生气，想想很不值得，为了他们，我花钱、赔精神还不算，现在他们进了学校，一点点不如意的事，就和我这样。我也决定不再睬她了。上次大风，叫她关窗户，也是这样阴死阳活的，叫人不痛快。緛和我以前倒和她很好，看她很可怜，现在她好像处处跟我做难，倒叫我不舒服了，我气了半天。不过，这也许是我这几天生气的缘故吧。

4月23日　火

好像夏天一样热的要命，昨天洗澡，今天还得洗。早上一课历史，人觉得困得很，春天来了人总是很乏。今天也没有理书，文思的信也懒得写，大约是春天，老想着色情方面的事，亏好文思不在，不然一定保不住了。早上看到《大公报》广告上有《芝兰画报》，其中有个《割乳记》一篇，我不知怎么的，不能看到"乳"字，我以为这篇东西一定讲到了日本人的暴行，强奸女人，因此得买来看看。正好下午预备到教育局去接洽校董会的事，顺便到观前。天太热了，下午也没有睡着。教育局王局长不在，找到以前在乐益读书而现在在教育局做事的倪小姐，她替我找了一阵，只找到旧的校董组织法规。我略微抄了几条，就到观前转转，买了两份小报，自然《割乳记》也买了来。想到这次回苏，还没有到吴园去过，于是走了进去。还是以前的老样子，人真是多。我坐下看画报，原来是乳上生了脓才割的，其余的也很少色情的文字，只能算是软性读物，还不够格称色情。我觉得这种文章最不痛快了，要不就像《金瓶梅》那样的，正面描写，要不就写爱情，这种躲躲藏藏半隐半露，又没有文字价值。可是就是这种东西销路最好，可见现在社会上一般人全是这样的。不敢大胆的谈性交，从旗袍缝里看女人的大腿，这最坏了。可是这是食色性，也是不能怪人的。

我自己这两天也很难过，又不甘心手淫，脑子里隐私很多，好像有许多精力蕴藏着，没有处发泄似的。无怪乎有许多以前的军阀没有女人就睡不着觉了。

4月24日 水

昨夜很迟才睡。本来小窦回来就很迟了，送他到纯和房，然后再回房里写信，写了很多信。刚好上床闭了灯，外面就打雷了，打雷闪电，一会儿大雨就来。我怕睡不着，果然不错。下了雨，稍微凉快一点，但还是热，这一两天春天来了，太热了，一夜没有睡好。丫头又从床上滚下来。亏好今天天阴凉了，不太困了。早上上课，正在改作文，徐仁琨来了，一直到快吃中饭他才走。我有些讨厌他了，大约是他逼我叫我帮他找事的缘故。下午作文我也没有改，觉也没有睡成，又写了不少封信。文思我差不多天天有信给她。别人也有很多信，我现在差不多天天都在接到信。

4月25日 木

国文讲《祭妹文》，我想一定可以讲好的，因为这课书我在初一时读过，而且全背得出来。第四堂课，是学生家长谷中的母亲尹先生来参观，和她的二弟一同来的。陪他们各处看看，又到我房里坐了一下，倒茶给他们吃。他们是贵州人，还很爽快。下午到江苏银行去，从银行出来，买了印泥、笔架、毛巾、牙签等东西，回家吃饭。接到四封信，但没有文思的信，有四姐的一封。马上又出去汇钱给文思。先到大光明，买了《缅甸风月》的票。再到江苏银行去取了钱，再到江苏农民银行汇了二万元给文思。赶到大光明看电影，电影一点不好看，我看得头晕了。出来去拿风竹放大照片，要一万元一张，又替二姐去裱画，然后回家。学生们发现我的《秋灯忆语》，大家抢着看，又像以前一样了，我心里自然很高兴的。晚饭后，和志敏一阵去看《蛇蝎美人》，比《缅甸风月》好多了。回家快十点了，还写了几封信。

4月29日　月

　　鸡叫就醒了，因为是七点半的车，得早点起来，居然来了不少人来送我们。到车站还早，毛雨冷，人多极了。车一到，我们都往窗口爬，爬了进去，我坐在窗子上，风吹煤灰全身都是，头发里自然更多了。后来雨下大一点了，窗口不能坐了，我只好挤到里面来，站着。幸亏今天的慢车，也还好，不踏车，十一点就到了。五爷去找什么人了，我和耀平坐三轮车到他家，他家搬在巨籁达路，很好找。我饿了，吃了四小碗饭，和她家四姐、老太太谈谈，我们就去洗澡了。到霞飞路一家，很好很干净，池子里是白瓷砖的。我又想到我自己家里有这样一个浴室就好了。洗完睡一阵，我坐车到大姐家。大姐家只有大姐和老太太在家。和大姐谈了一阵，顾志成来了，一句话也没有和我说，我有点生气，以后我也不理他了。方英达在此大谈一阵。晚饭，我、大姐、老太太三个人吃的。饭后我写信给文思，没有写好，我就想到老伯伯家去了，因为我几次来，都没有去看老伯伯，这次应该去一下。到二姐家打电话，找宗斌，他已经坐昨天的夜车到南京去了，这使我很失望。到老伯伯家，又只有小妹妹和丫头在家，老伯伯到七姥姥家去了。小妹妹吃完饭，和我一同去七姥姥家，略坐坐，又一同回老伯伯家。到十时，我才坐车回懿园，写信给文思。上次和文思一同来，文思睡后房，今天又想到这些事了。

4月30日　火

　　昨晚我正要睡觉时，二弟回来了，没有谈几句，我也睡了。一早我就起来，想出去买点东西，坐公共汽车到大世界，走到大新公司才开门的样子。各处跑了一下，想买的东西都没有买，只买了不少看到的东西，如照片架子、小刀子、信纸、口袋等东西。转转，很累了，出大新公司叫车，鲁班路口"青岛"照相馆印照片。然后又坐车到二姐家，一上楼就看见ZJ在，她的肚子更大了。几次到上海来，这次和她一谈之下，周三姐就告诉我，她在和毛廷襄闹气，住在海园不回家去了。好，于是我们就谈到这些事了，自然她总说毛不好。我老想劝劝她，我心里想，没有用的，再不好，已经养了四个孩子了，现在是第五个，还有什么话说呢？她又说到毛老是为了许多小事使她大不开心。我们又到三楼上去，吃了饭，我要她们请我去看电影。到大华看《出水芙蓉》，因为据说这张片子很好。饭后走之前我们又在楼上谈心。五点半的第二场，我们三点就去了，叫了两辆三轮车，我和J坐一辆，周三姐、二姐坐一辆。我想，假如在路上遇到毛廷襄又会怎样呢？到大华是ZJ出的钱，二千三一人，四个人几乎要一万元。时候还早，我们在外面走走，到小店吃冰淇淋。吃了橘子水，小姐她们都说不好，我一个人几乎吃了两瓶橘子水。到隔壁一家吃冰淇淋，一点也不好，我没有吃，只要了两杯。她们又在摊上买了不少罐头，我让J拿了一罐最大的。进到戏院，也是我坐在J的左边，因为她的右耳朵还是像以前那样，淌脓，听不见。戏院里热，我脱了衣裳。她还是那样柔和，黑暗［中］我看不见她的脸，捏着她的手，我想到我们还都只有十八九岁的样子。片子很滑稽，很好玩，很美，在水里游泳、跳舞的镜头真是美极了。片子似乎很长，我的手都捏出汗来了，往往是这样的。散戏，我们一同坐三轮车到巨籁达路，又钻到楼上去谈心，也说了许多废话……下楼吃饭，菜很好，二姐请郎毓秀他们，还有个小孩子来，很好玩。饭后八点钟，我送ZJ回海园，很近，就在门口不远，转两个弯就到了。很快就到了三姐家，我又唱戏给他们听，他们都很高兴。不早了，我要走，故意说不认得路，ZJ又送我出来，说晚上人静，雨后灰少，可以在马路上走走。我们又兜了一个圈子，兜回二姐家，J的罐头没有拿，我又进去拿了出来，再送她回海园。门已闭了，把阿兴叫了出来开门，她又送我到弄堂口。回二姐家来，他们房里正在开无线电，老太太、四姐都在听梅兰芳的《宇宙锋》，二姐躺在床上，耀平坐在边上。我也马上加入听，梅的声音是好的，不过好像没有以前润味了，也许是不太唱了、年龄老的缘故。小弟在三楼亭子间睡着了，我拿了一本书来看。

5月1日　水

小弟七时要上课去，爬起来，我也起来了。我也早就醒了，他们家一个人也没有起，问小金大姐，说要九点半才起来，我只好先到海园。先前说好的八点钟去，八点半了，学生们都走了，J的两个大孩子也都到学校去了。J刚爬起来，于是赶快洗脸，弄早饭给我们吃。我们一共只有三个人，我、J，还有三姐，J讲廷襄不好，三姐就讲伯范不好，太太们到一起就讲这些。现在J和廷襄在闹，自然更是说他不好。吃过早饭，耀平打电话来叫我去，我叫J一会就来，我先去了。到二姐家和耀平商量校董会的事，其实也没有什么要紧的事，谈了一会儿，耀平走了，只有二姐在家等J。等等还不来，我又打电话去催，把她叫来。到门口去接她，刚好碰到她来了。她来了，我又要走了，因为前天和大姐说好，到凌家去，凌家老太太今天生日。我要走，J就不高兴，本来才打电话把她叫来，自己倒又要走了。我说四点就回来，J说，"随你来哉"。和二姐坐三轮车到凌家吃面。饭后我们看凌先生收藏的画，都是小的，全是扇面，倒有不少是好的，名人的如马守贞、汪中、洪亮吉、文徵明等人的都有一点。看完画，二姐她们打牌，我就走了。先乘电车，到百雅路把照片拿来，又把底片两张也拿回来了。到赵家，景深先生不在家，范慧英倒在家，说了几句话我就出来了。乘电车到亚尔培路，预备坐红汽车到大姐家，谁知道红汽车改了线路，我只好叫洋车到大姐家拿东西，再到二姐家。车票已经买好了，是晚上九点钟的车。J不愿意我走，还想我多玩两天，她也想到苏州来玩，不过大肚子不大方便。到二姐家都快五点了，没有几小时我就要走，小弟不在家，我和J到他房里去。两个人都坐在他的小矮床上，谈谈，说说。我说："我还和你一样待你。"她说也是一样。一会儿就吃晚饭了，在吃晚饭前我又吃了臭豆腐，晚饭吃不下了，吃了一点。她就要送我到车站，我觉得不好，因为她大肚子，又是一个人出去，怕给他们说。但是她不，一定要送，只好让她送了，让她涂上口红。坐在耀平的小汽车上，太矮了，头伸不直，又闷，先还好，J后来和我说话，我都不能理了。很难过，身上出汗，嘴里也发麻，后来把窗子打开一点，才好一点。一直到车站，才八点，但车上人已经满了。J没有票，又不得进，我便先进去了。把东西放好，再出来告诉她，位子都没有了，她说那你快上去吧。我走出栅栏，再回头，隔着栅栏，我叫她到苏州来玩。后来，我走了，天还下着雨，看她还站在栅栏边上。上了车，先站在走廊上，后来搬到一个窗口，把自己带来的包袱放在地下坐坐，倒也还好。有人告诉我说，包房里有两个女，可以进去。我趁她们开门进去了，但女人们推我，和我吵，我又出来了。好在车子还快，和边上的人谈谈，睡睡觉，一会儿就到昆山了。十二点到苏州车站。

5月2日　木

下车，雨仍然很大，叫车子，一千五百元，到家已经一点。弄弄，大约到两点钟的样子才睡觉。天刚亮又倒醒了，童八来玩，今天只好陪他一天，自己又没有上课。就和他一同到护龙街朱鸿兴去吃面和烧卖，顺便到怡园。然后到玄妙观，他居然套到一个小人。又在观里买了些团扇回来，到观口寄在书店。然后坐马车到阊门，搭得好，还便宜，从阊门外走到留园、西园。留园更糟了，全是养马的，墙都拆坏了不少。西园还好，在放生池边吃甘蔗水。童八想看鼋，到底没有看到。从西园出来，叫车到虎丘。我因为未睡好，累的很，实在没有精神。兜了一圈，到了冷香阁，女人很会招待，很会说话，我老和她搭棚闹。把皮鞋脱了，坐了一会儿，舒服一下。汗干了，慢慢的下山，从山塘街叫车叫到狮子林，顺便找阿用。狮子林我这次到苏州来还没有去过呢，里面很新，我们喝茶，游人很多。从狮子林临顿路，我们是走回来的，太累了。又好几天没有睡好，一晚我就睡了，大约才八点多钟，妹妹没有睡，我就睡了。

5月3日　金

今天得好好的上课了，还预备补几堂课。我上完了第一堂课，在办公室写日记。十一时，查阜西来了，说有个曲会要我参加，我只好跟他去了。坐车到谢衙街一家很旧的房子里，但里面确实很好，很讲究的。主人叫吴逸群，是个典型的苏州少爷。我们在厅上唱曲子，见到阿用了，他说明天下午来我家。戏没有唱几出，我和吴唱了一出《南浦》，嗓子不好，唱不上去，很累人。唱完《南浦》就吃饭了。在《南浦》之前还有《扫花》《三醉》《惊梦》和《刺虎》，唱的都不好。饭吃得我实在难过，虽然都是些很好的酒席，因为上菜太慢了，我真饿的很，吃的一点也不开心，零零碎碎的，好像吃饱了，又好像没有吃饱的样子。饭后听了一出《定赐》和《玩签》。唱《芦林》时，我们就走了，阿用还要留我听，我们没有听就走了。出来到照相馆，把上次我放的凤竹大照片拿了，很好，一万元真是贵啊。然后和查一同理发。从理发店出来，一直到护龙街、三元坊，一直走到东大街他们家。他家在瑞光塔下，城边上靠水，小小的几间房，很好，但还有许多没有修好，客厅、外房都已经布置得很好了。我坐在沙发上看照片，一会儿吃饭了。饭后，查开他从美国带来的灯，然后又看电影。可惜是无声的，五彩的倒有。因为他们那儿太荒凉，不敢多登，八点一刻，我走了出来，他家佣人还送了我到三多桥。叫到车子，才坐车子回来，到家还写了封信给文思。

5月4日　土

早上我上三课。得宗斌、文思的信，文思的信还是二十五日的，但二十八号的信早就来了。童八今天早上走，纯和又来了，说下午就走，到上海，然后再到西安。今天一天没有出去，为了昨天阿用说的，今天下午二点钟来，但一直没有来。他就是这样，专门扯烂污，我昨天不知道招呼他多少遍，还是忘记了，没有来。他没有来，我写了不少信。早上写一封文思的信，给童八带到南京去发，下午又写一封。又复了不少信，把到上海去时所有欠下的信债全部都还了。一直写到晚上倦了，丫头们都还没有睡，我就睡了。

5月5日　日

早上王校长（安定校长，是刘重荫表兄的六姨父）来，说刘家已经查封了。我们马上就想到我们的小花园，于是和五弟马上就去一趟，孝棣、孝乐也去的。先到小花园看一看，正好种园子的王阿大在园里，于是叫他马上写张租的字条给我们。我们又到刘家去一趟，只表嫂一个人在家，家里面乱的很，还有许多人要住进来。我们和检察官说了半天，我们说有许多东西是我们的，他们也不让我们拿出来。说了半天，没有头绪，我们只好出来。到朱家园子孝棣她们以前住的地方，看看，全没有了，只有走廊了。再到寿宁路我们以前的家去看一看，也不成了。到胥门，从观前街、十梓街回来吃中饭。下午我想睡一下，七姐她们又叫到狮子林，我才去过的，不想去，只送她们到观前街。我带了妹妹，买了灭疥疮的药，又在观里吃酒酿。到三清殿看画，妹妹高兴极了，看的不肯回来。我不知怎的特别累，几乎走都走不动了。回家躺着看日记，写信给文思，晚上八点就睡了，太累了。

5月6日　月

这两天十分好睡，本来昨晚睡的很好，今天也应该起来得早，谁知道却并不早。上纪念周，没有到半点钟就下了，没有说什么，也没有什么可说的。第二堂课回房写信给文思，预备第三课时到教室里去，接到ZJ的信。口袋里装了两封信，一封是寄给文思的，一封是ZJ来的。到教育局，王局长不在，和职员谈了一会出来。到宫巷，发了信就回来了。上课，下午我又大睡一觉，去补上两课。晚上回信给J，又写一封给文思。想想很滑稽，两个人同时写信。

5月7日　火

昨天就听说韦布打电话来找董才庄，今天早上他来了，还带了一个他顶小的孩子，才会走路的。周敏如上坟去了，他带了小孩子来的。我第一课没有课，陪他谈谈，又看看学校。第二课我又上课了，下了课，我陪他一同出去。先去找傅公雷，不在，到上海去了，只好回到他的旅馆里。他们住在乐乡饭店。一到那儿，已经有两个人在等他了。一个女的很面熟，一问才知道，是以前乐益的学生严文娟，很矮小。大家谈了一会，天阴阴的要下雨，他们走了。我说吃饭吧，他说吃面吧，节省一点，小孩子又只能吃粥，我们就到观前老丹凤去吃。这两天天气坏，总是阴阴的，好像黄梅天的样子，叫人不舒服。韦布比以前老练多了，看他带孩子也很耐烦。他吃的也少了，我吃两碗面，他只吃一碗，吃点他孩子剩下来的粥。饭后，我们先到吴苑坐坐，到四面厅谈谈话，也很好。话好像谈完了，孩子也在他身上睡着了。我们吃烟看小报，买花生和脆梅吃。坐了半天，我先出来到学校，张念椿因为病没有来，我又上了两课，真是累人得很。下课回家，一会儿，刘家大相公（庆曾）又来了，说他们家没有封的东西要搬到我们这儿来，谈了好半天。他在东吴读书，和緥和她们同班，我叫人把緥和叫下来陪他。他倒很会说的，在学校一定是个活动分子。晚饭前他走了。我很早就睡了。和小舅舅约好，一定要再洗个澡，因为以前我们一直是在乐群社洗澡的朋友。现在乐群社没有了，到清泉，吃完饭，我带了衣服，再到乐乡。周敏如自然回来了，老腔，麻子，更不好看了。韦布说，快走吧，不然一定会又有人来了。我们到清泉，已经八点了，洗澡、谈天到十时才出来。他说明天一早就走，到上海，然后再到台湾。我们搀了一搀手，就算分别了。

5月8日　水

天好像永远没有晴朗的日子，什么东西都是腻腻的，不爽气。上完一堂课，改卷子，没有一本好卷子，又叫人生气，改了半天，也改不下去。又有刘家来送东西，又下雨，又要忙着招呼他们，几跑几跑，时间就跑掉了。到十一时又饿得要命，早上吃两碗粥，一点不济事，还没有到十一时，就饿得什么事也不能做了。这样长久下去，终不是事，所以我老想有个小家庭才好，大家庭总是弄不好。譬如我们现在吃饭，就非到十二点，等小平、大头回来，好容易都回来了，吃饭，菜又不够，我又太饿了，一下子吃了三碗饭，吃的一点不舒服。下午又有作文课，不能睡觉，只在课堂里转转，看住学生，不让他们闹。到四点才来家，回来很累了，以靖来就哭。原来她在学校里上课睡觉，先生骂她，陆姨娘也骂她。我真没有精神来管这些事了。我看看墙上凤竹的相片，有些黯然，无论怎样，她活在总要好一点，我从来不管妹妹的读书，她要是活在，一定可以教她读书了。现在一累了，无聊了，没有事了，就到楼上和孝乐、志敏玩。縣和她们已经不是时候了，我不和她们打着玩了，没有劲。日记和信都不写，文思这两天也没有信来，一晚就睡了。十二时，耀平又来了。

5月9日　木

第三次小考又要来了。我第一课后，耀平才起，起来就出去了，中上又回来，他是来办理五姐房屋的事的。我今天一天没有出去，老在学校里转转，看学生上课。写信给文思，因为心境不好，是些气话，也写不好。

5月10日　金

早上总是懒得起来。第一堂课考书，上午理书，又有学生来找。理书也累了，又饿了，七姐出去吃饭，縰和还是不理我，我心里很不高兴，一顿饭也吃得不开心。睡觉老是迷迷糊糊的，睡不着，睡了半天起来，到学校看学生打一会球。又到七姐她们房里，谈郝春德的事，谈了很久。我也是没有一个人可以谈心，才会找她们瞎谈。我知道自然一找到她，总是谈这些，这也是没有法子的事。看看到四点半钟了，约了景颜一同到查家去，查阜西是前天来的。和周一同去，到查家，已经有不少人在了。客人是荷兰大使馆驻华一等秘书高罗佩，是个大洋人，很风雅，会弹琴，会写字，会画画，还会刻图章，中国话也说得很不错，见到人会说"久仰久仰"。来客中的熟人有吴逸群、王闻喜，此外都不熟了。还有樊少云①，说起来他女儿樊诵芬②也是唱曲子的。人到的差不多了，于是查阜西先介绍一阵高博士，然后大家表演古琴。先是高洋人弹《梅花三弄》，然后，查阜西弹《潇湘夜雨》，吴逸群弹《平沙落雁》，小孩弹弹《普庵咒》，吴洋弹《渔樵问答》，这样一弹，天已经黑了。然后吃饭，之后看沙灯，九时大家一同出来。月亮很好，我常说苏州的小街弄堂很好，很静，很有诗意。一大批人走过三多桥，又到司前街、观前街。我和周景颜从十梓街回来，精神好像很好，想做点事情再睡。

5月11日　土

为了耀平说也许明天要带上海方面的几个为乐益捐款的人来看，所

---

① 　樊少云（1885—1962）：名浩霖，字少云，上海崇明人，近现代著名国画家。1912年移居苏州，拜陆廉夫为师，专攻山水画。20世纪20年代初在苏州创办冷江画会。1938年移居上海。抗战胜利后重返苏州。他的两个女儿樊颖初、樊诵芬承继樊氏山水，是民国时期声名鹊起的姐妹画家。

② 　樊诵芬（1910—2000）：樊少云次女。青年时随父定居苏州，与张家姐妹活跃在当时苏州女子昆曲社团。

以今天得把学校打扫一下。早上我起来后，就去看一遍，从会客室起，一直到里面，都叫新来的一个小校工戴某某跟着我收拾。自己到饮马桥去发信给文思，这使我想到以前自己常到五马桥发信给 ZJ 的事。ZJ 还没有信来，我已经回了信给她了。我想到她们这些人，都是在丈夫不在身边时，或者是和丈夫吵架时，就来写信给我，J 和 I 都是这样的，又和我通信了。现在大约 J 和她的丈夫好了，所以又不回我的信了。下午理书，总算是勉勉强强的把图书室弄好了，已经理了有好多天了。又把我自己的一张床换了换，换了刘家新寄存的床。睡了一会儿中觉，也没有睡着。其余的时间，都和孝乐、志敏、曦和她们玩。现在我更不好，孝乐、志敏她们，我一见到就抱住她们，亲她们的腮帮子，今天居然孝乐也敢在我的腮上吻了一下，真是想不到。她们全都没有心，这倒是好的，我也没有心，不过是哄哄玩玩而已，也和吻小以靖一样的。

5月12日　日

今天一天没有做正经事，想改改卷子，也没有改，早上等等信，和陆姨娘她们谈谈。下午睡午觉，志敏、孝乐又来，硬要看文思的信，我还睡在床上，你想我怎么睡得着。一会儿，传镇又来了，我们在客房里唱。先唱《断桥》，又唱《絮阁》，然后唱几支散曲，我已经很累了，唱不动了。晚上孝棣在我房里讲了半天，她走后我写信，晚上似乎精神要好。今天不大高兴，也为了五弟，我说的话他总不大听。譬如我叫刘家把东西放学校，他偏要放在家里，我把东西归一间房子，他偏要搁两间，我不要拆雨中操场，他偏要拆。只好随他去了，不然又要吵了。

5月13日　月

纪念周我讲尊师运动，一会儿就下来了。我一连上了四课，因为四姑到上海没有回来，我代她上的课，自然不上数学了，上国文和历史。下午我想睡一会儿，也没有睡着。有人来说有人找我，一问，是吴逸群。于是让他进来到我房里谈谈，自然就唱起来了，我吹他唱，他吹我唱，他也还吹得好，后来大家都没有劲了，于是我们谈谈。一会儿送他出去，我到体育场看实小运动会，因为丫头她们也在看。看了两个接力赛跑，丫头要回家喝茶，我也因为见到了她手上又有几颗疥疮，心里头生气，要赶紧带她回家洗澡，所以也就回来了。回来替她洗澡。曦和、志敏、孝乐她们都一定要来看文思的信。晚上在床上读读《聊斋》，见到有一段叫《窦氏》，写一世家子始乱终弃，窦氏女生下子，世家子不认窦氏母子，僵死户外。我看了真的很感动，中国小说也有这样很好的，可惜他后面写的都是报应的话，就不好了。看到很迟才睡，早上把信交给佣人去发。

5月14日　火

起来就听说昨天失窃，七姐不见单被一床、毛衣一件，志敏不见大褂一件，别无损失。最奇怪的就是学校的铃也被打过了印了，印色也用过了，我们都猜不透这个贼为什么要盖铃印。上午我上了一课就走，去赶曲会，因为据说今天是大曲会，在王介安家里。昨天和吴逸群约好早上到他家去，然后一同去王家，所以下了第一课就走了。身上一个钱也没有，家里也没有钱了，还是昨天五弟到银行去拿的，我拿了一万元。走路刚到公共体育场场口，遇见徐素英和方培茵来了，她们下了车，车夫正在和她们捣乱，我去帮她们打发了。我到谢衙前吴家已经十时了，吴在书房里，他还弹一曲《阳春白雪》给我听，然后我们一同到王家去。人是个老头子，我分明记得他就是战前在怡园大同期时唱《琴挑》旦的，唱的一点不好，但对昆曲却十分热心的一个人。今天曲友甚多，大多我都不认识，倒是女的之中，陈企文、老关还熟。自然我们又讲到四姐。我从上午一直到下午六时半才走。

　　我们所听到的戏如下：一《赐福》，二《扫花》《三醉》（钱葭青、陈企文），三《训子》（王君九①），四《井遇》（金桂芬、陈企文），五《看状》（秦秋坤），六《定赐》（吴逸群、张宗和），七《撞钟》（潘宜德），八《亭会》（俞锡侯、毛凤九），九《议剑》（吴纪群、雷养直），以上是上午。下午是：十《别母》（王维康、金桂芳②），十一《仙圆》（吴仲培、张紫东、王君九、贝晋眉、金桂芳、王星东、王士义、雷养直、俞锡侯），十二《开眼》《上路》（张紫东、金桂芳、王星东），十三《痴梦》（王士义），十四《辞阳》（周承举），十五《小宴》（钱大赍、张宗和），十六《游园》（吴礼初、俞锡侯），十七《惊梦》（王介安、俞锡侯），十八《乔醋》（俞启华、姚志民），十九《断桥》（王闻喜、陈企文、陈韵兰）。我听到《乔醋》之后。所以要听《乔醋》，因为俞太太还漂亮，我记得我们逃难到香山的时候，还一同唱过曲子的。等到《断桥》上场，我就走了。到五卅路口遇到曦和、缲和来了，她们去刻图章，一定要拖我去。我又回转了，也是为了最近缲和不和我说话，现在她们既然拖，就陪陪她们了。缲

----

① 即王季烈（1873—1952）：号君九，江苏苏州人，清末民初物理学著作翻译家。翻译了中国第一本以物理学命名、具有大学水平的教科书，编著了中国第一本中学物理课本，主持编印了《物理学语汇》，为近代物理在中国的传播做出了重要贡献。其母为近代著名女教育家振华女中创始人谢长达。他又是业余曲家，精通曲律，民国初年在天津入审音社，20世纪30年代曾组织螾庐曲社，著有《螾庐曲谈》。

② 金桂芳（1903—1984）：又名金生全，浙江嵊县（今嵊州市）人，著名越剧小生演员，为越剧历史上最早的共产党员。

和之所以拖我，也许也正是此意，也许她们两个女的不好。我没有吃饭，也就陪她们走了。先在观前，刻了张缇和的图章，缇和取钱用的。我说去吃菜饭，走到苏州大戏院门口，正开《神灯》，买票也不拥挤，就买了票，自然是我请客了。我饭吃不成了，买了点蛋糕吃。到里面已经非常挤了，找到一个位置，也不能坐，因为前面的人都站着。不过片子真是好，好看得很，女的很美，景致也很漂亮，在我所看的电影里算是好看的了。故事自然是神话，也好玩。回家已九点半了，老李说高干病了。我回房写写日记，听高干咳嗽，过去看看。原来高干在吐血，这使我马上想到凤竹，我们又讲了一会儿凤竹。我不知怎的，一见到人吐血，我马上就心冷了一半。

5月15日　水

这两天唱曲子唱昏了。昨天在曲会上遇到传芷，他说今天到我家来玩。果然，我上了第一堂课，他就来了。同时又有个为《时北月刊》来的生意人，讨厌极了，四千元打发了他。要传芷进来，还有个马传青也一同来的，坐一会儿，我把《秋灯忆语》送他，因为传芷才是我和凤竹真正的媒人。他说到雷家去，就在仓米巷，我因为要多交几个唱曲子的朋友，所以就跟他们去了。到了他们家，房子很好，可惜人全不在家。一会儿雷太太先回来了，又一会儿，雷养直也回来了，他们夫妇昨天我们在曲会上都会过的，自然一到就唱。我先唱一段《应考》，雷太太唱《思凡》，又唱《痴诉》，唱的还好。雷先生是唱丑的，一到家就唱《活捉》。我唱旦，第一段还唱得不好，他又叫人把王闻喜找来了接着唱。唱完《活捉》，又唱《南浦》，我们好多人唱的。我下午还有课，要走了，初次不好意思在人家吃饭。为了曲子，为了人家留我，我也就吃了，吃了饭，我就走了。

回校正好上课，我作文还没有改，现在堂上改。三点半下课，因为传铮又来了，可是我唱不动了，自拍了一段《书馆》，就让他走了。给了他两次的钱，三千元，约好下星期三再来。下晚，方培茵来了，她是和徐素英昨天一同来的。为了解决徐素英的事，会说的很，一见到我们就谈和张大痴交涉的经过。我其实不爱听这些，但也只好听了。家里一点菜也没有，后来连粥也没有了。晚饭后邀她们到我房里来唱曲子，我替她们吹，我们谈谈唱唱，似乎很合得来。她零零碎碎的唱了《惊梦》等，给办交涉把嗓子办哑了，唱不出来。明天她一早又要走了，所以让她上楼去睡了。我也睡了，这两天老想睡觉，像是睡不足似的，天太长了。

5月16日　木

历史考初二的，第二堂课改卷子。景颜三表兄早早下课，后来一问，原来是学生闹得太厉害了。我上课，便把钱某某、杨某某叫了起来，叫她们回家，她们都哭。钱还要多说话，我更生气了，一定要她们走，后来她们讨饶，于是叫她们休学三天。她们还要说，我不睬她们，讲书了。接文思两封信，写的全是想我的话，看得我也兴奋起来了。这两天没有写信给她，她倒一共有四封信来了，都写得很不错。晚上只复了她一封信。下午我刚睡醒，陈企文和二老倌来了，她们是来替我做媒的，说贝七叔的女儿。我把放在桌上的文思的照片给她们看，她们说像凤竹。凤竹的大照片也在墙上，真有点奇怪，自然她们也不说了。又谈到把家具寄在我们的家的事，我也答应了。于是唱曲子，她们先合唱《折阳》，又合唱《楼会》，都不是她们的本行，后来二老倌唱两段《弹词》，很好。我们吃了点点心，一会儿吃饭了，跟她们约好，星期六再来玩。丫头一脸的墨回来了，就和她们闹。晚上查查丫头，她的书破完了，笔丢了，砚台碎了，蜡笔没有了，本子也没有了。只好给一千元给陆姨娘，明天替她去买。没有妈妈的孩子是最可怜的，我其实也可以管管的，不过我这个爸爸还是不好，懒得很，懒得去管她。

5月17日　金

为了耀平昨天来了电报，说十九号校董有七个人要来，害得我们忙了一天。早上上了一堂国文，就出去办事，昨天因为想得多了，没有睡好觉。先到教育局，带董先生去抄校董会组织章程，和王局长谈学生学籍的问题。然后到观前江苏农民银行找方副理，谈乐益契约的事，据说还没有，又去汇款，说要从南京转，所以很慢。银行出来，去发文思的信，昨晚写了一封信比较长，怕邮局加价，所以自己去发，谁知并没有加价。到旅行社为客人们定十九日的车票，只有三张票，我又没有钱，只好明天再去。从护龙街回来，接到四姐信，这两天为四姐要来也叫我挂念，定定心。下午睡了一觉，也没有睡好，起来理书。早上写了几封信，给宗斌（为介绍人事），给四姐，给文思，也还是弄到很迟才睡。又睡不着了，想明天怎样弄清洁，学校怎样招待人，怎样怎样。后来越想越多，想到了乐益的前途，自己的前途，写信给谁？在小花园造怎样的房子？怎样结婚？怎样演戏？怎样怎样？睡不着，起来小便，高干起来打老鼠，我也起来。已经十二时了，我开灯读《聊斋》，又关灯，也还是睡不着，头胀。失眠的滋味，颇不好受。

5月18日　土

只睡了三小时就起来，马上理书，去图书馆真是太费我的时间了，不过我对它还是很有兴趣的。五弟出去办事，订票，订菜，买东西，我招呼小戴打扫，忙了一天，我还要上课。下午旭和来谈谈，也没有睡觉。一会儿，陈企文、二老倌来了，自然睡不成了，又唱。她们知道我有事，唱唱也就走了，但是也唱了不少，都是我吹的。我吹了一曲《惊梦》《看状》，散的有《洋词》。她们走后，我又去理书，总算把图书馆弄好了。今天接到文思信，为了我又见了 ZJ，在信上大吃醋，发脾气。她的醋劲也不小，今天、明天，都没有工夫复她的信了。

5月19日　日

昨晚睡得早，今天一早，一时半就醒，想想学校的前途，想想个人的前途，想想结婚的事，想想这样，想想那样，一点也没有瞌睡了。想想还是起来写信吧，写一封信给文思，因为她来信吃醋，我回信索性一个字也不提，只装着没有收到她这封信。信写得比平时长一点，我自己也觉得写的还不错。又写了一封给孙基昌，又躺到床上看看《聊斋》。三点多鸡叫了，四点多天就亮了，又到学校各处去看了一遍。吃了早饭，已经八点多了，我出去买花，买晚饭的小菜。走到富仁坊，遇到安徽学院的文书组主任朱某某——名字也想不起来了，他现在江苏财政厅做事，来视察。他太太是苏州人，搬到苏州来住，家里房子倒很好，就是没有家具。我为了耀平他们大致十时左右会来，不敢多坐，马上就到观前买东西。刚买了点水果，到观前，就遇到大批的车子过去，其中有耀平。马上叫车子回校，一问没有来，我便想到一定在外面吃早饭。果然一会儿耀平打电话来了，在馆子里打来的，说是他们正在吃早饭，要过一小时以后再来。等人最着急了，我只好到处混一会儿。一会儿他们来了，一共七个，都是新华银行的，耀平介绍了我们，脸一时也闹不清。只知道一位瘦瘦的是新华银行总经理王志莘，肥西女人是他太太。一位很漂亮的是副理孙瑞璜，其余的大约都是他们银行里的高级职员。我现在记得一位严先生是小胡子，因为我和他说话比较多一点。这些大人先生们，大约早上赶七点钟的上海早班车，太辛苦，没有睡好，看学校一点精神也没有，就是匆匆的走过。我花很多时间整理的图书室，他们在窗外看了。自然我们特地把破坏的地方，让他们看了，他们对于西边那一排办公室，有十八间日伪时期被改作拘留所的办公室，特别有兴趣。我一向对生人就拙于应酬，亏好以靖来了，王太太、严先生逗她，又叫她唱歌。然后拖他们到我房里，我房里凳子太少，叫丫头送客人们每人一本《秋灯忆语》。再到客厅里坐，吃饭了，菜是叫的，很好。才吃，傅公雷来了，我那天就和他说好的。亏好他来了，他很会说，说说苏州，说说米价之类——米价涨到六七万了。他们吃菜很少，大家都太客气了。饭后，我、耀平、王志莘、孙瑞璜、傅公雷、五弟，我们几个人略谈一下校董会，大致把再要邀请的校董决定了。我们这一下就算是个校董会的筹备会了，我们想在暑假前开一次正式的校董会。谈好了，他们要出去玩了，我要陪他们，他们一定不要。我这两天也太累了，正好让他们走，我松一下，想到睡中午觉。睡不着，到十全街王君九老先生家去唱同期。循着旧房子，跟着笛声进去，他们在一个大厅里唱，人很少，几个人，场面也没有了。一个钱大赉在吹，后来，阿用才来了，也帮着吹。他们唱的戏我都不会吹，什么《湖楼》《议剑》等。我唱了一曲《思凡》，阿用吹的，唱的很舒服，可是嗓子不行了。一会儿，陈企文来了，她唱《认子》，二老倌没有来。因为这两天老睡不好，太累了，没有一会儿就走。和阿用说好，叫他明天到我家来。耀平没有走，明天走。晚上先到学校楼上看看四姑的病，她发热，肚子疼，打下虫子来，和大鼻子一样，看看他们，谈谈。后来和耀平谈正事，谈学校前途、国家前途，都觉得很悲观。后来又谈到顾志成，我们都不满意他的为人。十一时，他上楼去睡了，我又不睡着了。最近睡不着的原因，我自己分析：一、学校前途的事；二、个人前途的事；三、公处债务的事；四、自己的债务；五、四姐要来不来；六、文思为ZJ吃醋的事；七、高干吐血；八、小以靖和高干在一起；九、汇款收条遗失。细细说大小事情，真可以叫人死，叫人得神经。爸爸所以会得神经，我现在才深深的明白。

5月20日　月

这两天每天大致只睡三四小时。那天和六姨父王校长（安定中学校长）说好请他来演讲，他准时到了，我们还没有改夏令时刻，先请他在客厅里坐。我们谈到他当北洋工学院院长时逢"九一八"他绝食的事，老先生自己说说也伤心了，我们也很不好过。演讲他讲的很好，可惜学生程度太浅，不很能听得懂。他有事，下一个纪念周他就走了。九时到十时，没有课，陪耀平。我因为从江苏农民银行汇给文思的钱，老是收不到，收条又丢了，所以想再邮汇二万去。正好现在借了王遗珠那儿二十万元，和耀平一同走出去。他一定要坐车，我们又不一路，让他坐车吧。我到邮局一问，要下午二时才汇出去，我拿了单子，从观前街走了回来。问问各银行，到安庆都不通汇。回来正好上十一时的课，没有预备，只好瞎谈谈，把蔡元培的一篇《怎样才配做一个现代学生》讲完。下午，耀平原来说要看傅公雷，但他要睡中觉，我因为要去汇钱，又和阿用说好今天三点来，所以得马上出去。到护龙街邮局汇了钱，双挂号寄去的。顺便去看看书，买了两本回来，阿用正好在学校会客室等我。到房里唱曲，拍《盘夫》，又唱《硬拷》，太累了，没有精神。阿用走了，给他二千元，约好下星期一再来。晚上三弟回来，今天又下雨，谈谈高干吐血，又到十一点才睡。

四姐还不来。

5月21日　火

仍然是两点钟就醒，老是睡不着，心里也发急。还是爬起来吧，起来做事，记记日记。一封信给文思，因为精神不好，写的潦草，字也写得很大，她看了，也一定会知道我正在不高兴不舒服。文思的醋心这样重，真叫我没有法。现在她还没有结婚，我到上海只看一看ZJ，我写给她的信上又没有说什么，就害她吃不下，睡不安，又哭又生气，将来结了婚后，怎办呢？我这个人又常常欢喜和女人们逗逗，她这样吃醋，一定又会吵架了。照这样看来，她比凤竹的醋性还要大，凤竹还相信我，她大致还没有到相信我的时候。这一点我得好好的和她说，本来信上可以说，但说起来太费劲了，只好等见面时再说了，何况我现在正为许多事睡不着。烦的时候动笔也写不好，忽然想起我的小盒子了，里面有翡翠莲蓬、簪子、小珠子、别针、红豆、凤竹照片、戒指等等小东西，找来找去找不到，心里不大痛快。我疑心有人拿，今天我忽然想起问问以靖，果然是她拿到学校里去了，弄丢了。又有什么话说呢？里面全是不值钱的东西，但都是纪念品，真叫我说不出话来。第二节课后，带小以达、三弟一同到陈明斋那儿看小以达身上的疮，顺便送王正仪在美国的地址给他。他开了张方子，三弟、小以达又回去，我到观前街买灯头、开关，我替小以达配药回来。这两天，文思才来信，倒不气了，我心里好过一点，今天的信更好。下午睡觉也是睡不着，阳光太强了，想到买帘子。爬起来，把戴正明叫来搬字画，整理放在我房的柜子里。三弟来了，我们计划怎样布置上头的东边的房子，房间因为太大了，需要隔四间。到底怎样隔，他说隔四分之一，我赞成。这间房隔好了，可以给四姐和女客们住，还可以做我将来的新房，所以我特别有兴趣。自修时，三弟教校歌。晚上八时半睡，三弟睡我右隔壁。房里今天也布置好，三弟几天就要走的。我睡了一个好觉。

5月22日　水

一早起，写了信给文思，给张友铭和刘光琼，叫戴正明去发。因为睡得好一点，精神还好。上完第一堂课后，到办公室理抽屉，现在改了夏日时刻，提早一小时，去也到得早一点。我今天一下子得到文思三封信，有几句话写的还不错。但她也有许多烦恼，和我一样，她忧虑她的家庭、她的前途、她的弟妹们。我本来想改卷子和写聘请校董的信的，还有复校公示，这些全是些讨厌和困难的事。叫景颜写，景颜也说困难得很，好好的想，五弟也怕做。我对做公事、写客气的信最怕了，这三样是一样也没有做。童光瑞来了，和他谈谈校友会开会的事，我找他宣传宣传，捐点钱来。下午有课，作文卷子又没有改，只好到堂上去改。这期的作文都还好，我看了还高兴，两小时没有改几本，问问说说，自然慢多了。今天我比较开心一点，因为有文思的信，学生的作文又还好。可是晚上又不对了，为了以靖又使我生气，她在学校里骂人"死鬼"，给先生打了，又把凤竹的别针弄丢了，又好说谎，又好掉东西。又和小达子在房里弄水，把开水瓶里的水倒在地上，三弟把小达子站在门角上。晚上，我罚以靖抄书，可是高干叫她洗脚，她又闹别扭，给我好好的打了一顿，逼她睡了。打了她，我自然也难过，她还不是为了没有一个好母亲好好的管她的缘故嘛？凤竹在，她自然会把她管得好好的。看报。今天五弟把我房的灯重新装了，把线接长了，拉在桌边，写字、看书都亮一点，又可以拉到床边上。

5月23日　木

这两天老是睡不大好，麻烦的事很多，其实想想也很无聊，因为都还是容易解决的事。以前差不多是每天晚上写信给文思，现在大都是早上。我睡不好，到十一时我就没有精神了，讲书也讲得不好。下午想睡一会，也没有睡着。一会儿，二表姑带了一个男工、一个女工来了，工人又多了。为了分配工人的工作，和五弟争执起来。五弟近来总是觉得他是对的，譬如说，我一出房门看到院子里种了番茄就生气，他不听我的话，种的东西东一块西一块的，一点也不整齐，他还以为好得很呢。有许多事我也懒得和他去烦，烦一烦两个人都又要抬杠了，我没有那么多精神去烦。二表姑来，自然又问问合肥的情形，三弟也上楼，大家谈了一会，知道公款有一部分四弟汇到上海，大部分买了茶叶，运到上海可以赚一点。知道公款有着，我才放心一点，不然学校和家里都维持不下去了。早上骑车到东吴一趟，找凌景埏唱曲，和緛和她们玩了一下，这两天太闷了。

5月24日　金

今天又是阴历的四月二十四日，高干记得。二弟、五弟替我做生日，每人拿点钱出来买面、买菜吃。我也拿了一千元，叫徐庆海买冬菇、虾米，做酱。香菇买成香菌，徐庆海又去换，真笨。第一堂国文课上完，和五弟弄复校公文。我今天一早醒来就弄了个稿子，也是近来一件伤脑筋的事，让五弟改，因为他老办公文的。今天为我们改新钟点，提早一点钟。我想到乐群去看一看张念椿，顺便看看他的病。我自己也有几天没有出去了。刚走到校门口，遇到教育局的工人说局长请我，我去了。原来明天尊师足球义赛，要借我们的凳子，自然没有不可以的。到乐群，张念椿正在上课，把他叫了出来，说了几句话，他又叫我到教育局去替他报尊师运动的名单。回到家，在三弟房里谈天，吃炸酱面，吃得很舒服。现在以靖归老李带，和高干、小达子一间，用箱子隔了起来。文思来信，都不定心，看她今天来的信，写得很好，我还高兴，不过自然她也有她的苦闷的地方。下午，五弟和二表姑出去，孝华一人在房里摇孩子，一面哭。我上楼看见了，问她，她诉苦，自然有许多地方是五弟不对。但小孩子一早就结婚，自然是吃苦的，有了孩子自然更苦。我知道五弟对她不对的地方一定很多，五弟脾气硬，嘴碎，烦得厉害。晚上我想到要替二姐拿画，叫志敏、曦和陪我去。又买了点丫头用的东西，钱又是向高干借的五千元。回来在五卅路上，我们正在说五弟和孝华的事，他们两个来了，五弟说孝华去洗头发。回来洗个澡，想也许可以睡得好一点。三弟今天下午到上海。下午和张念椿谈谈学校的事。

5月25日　土

　　还是睡不着，开了灯写信做事。上三课。五弟今天到上海，上午课不上了，孝华、小孩也去。也是该带她去玩玩，孝华一个人在家太闷了。下午还是睡不着，二老倌来唱曲，唱了一会儿，还好，还散心。五弟走了，家里烦事更多了。想到找顾启华开方子买点安眠药，带丫头去看看疮，谁知顾还没有回来。于是拖了丫头，到观前安妮药店，没有医生条子，买不到药，买了点糖，坐车回来。早睡，十一时许，是被大头他们回来吵醒的。一直又没有睡着。

5月26日　日

又没有睡好，今天一定得设法去买安眠药了。为了请钟文治来代五弟的课，我带了以靖一同出去。先到双塔寺前空慈寺巷去找钟文治，他和三弟同他哥文移和我在平林初中同学。后来到县中，遇到文治，我看他瘦了，他看我胖了。我们叙了一下八年来的事，他一度做过伪组织的法官，现在幸好不做事了。文治因为病没有做事，现在想做事，五弟说到我们学校来，正好把些难排的课让他教。说请他明天八时来校，谈课上的事。从钟家到顾启华家，他忙极了，许多人等着看病。他还没有吃午饭，等了半天出来，他开一张安眠药的方子。又拖了丫头上观前买药，又买了点糖给丫头吃。累的很，眼睛睁不开，和丫头坐车回来。这两天的钱老是向高干借，已借了一万元。下午想睡也没有睡着，不过躺躺也是好的。三点多到王君九家去，孝棣、孝乐替我打扮，要我穿西装。西装五弟才熨的，很挺的，穿上了，我又打领带，正式得很。到王家，场面上一个人也没有来，一会阿用来了，我们才开始唱。我替二老倌吹一曲《刺虎》，我自己和陈企文唱《折阳》，之后又和金桂芳唱《草地》，我嗓子不好，唱不出来。我还要回家吃饭呢，点心是粽子，我也不欢喜。回家和孝棣、孝乐、大头、小平、以靖、小达子一同吃饭，他们小孩子坐小桌子。晚上又吃了安眠药，一定可以睡一个好觉了。

5月27日　月

夏天的样子了。纪念周报告王毓麟事和各种杂事，钟文治来谈他要上的课。我自己又预备功课，第四课上国文，教国文自己预备很有劲。下午中觉又没有睡着，起来为丫头买草帽。又到观前，我除了买草帽外，我自己又买了太阳眼镜、扇子等东西回来。今天一天还高兴，又买了七把扇子，送七个佣人。现在小侉子、徐广海管厨房，戴正明管学校，女工有高干、老李、张干。七个佣人，该可以够了吧。

5月28日　火

睡不好觉真难过，天气又热，杂事又多，问这样问那样。譬如昨天叫了打帘子的来，今天要等他得空时来。又要到教育局去一趟，问公事，送尊师运动会的钱。下午想睡一会儿，忽然想到要整理上头房，于是叫徐广海、小侉子搬了房，高干、老李、张妈全来帮忙。正搬着，二老倌来了，请他到客房里坐。一会儿，阿荣也来了。今天我唱《撇子》，念白真不好念，又唱《盘夫》。后来我吹《弹词》，二老倌唱，上字调，我不会吹，让阿荣吹。买了点心请他们两个吃，好像还上劲的样，快吃晚饭了，他们还不走。没有菜，不能留客，阿荣又要吃酒，没有酒，他走了，留二老倌吃点饭。徐素英、阿花都回来了，她们的事解决了，徐带来小姑爷的股票。晚上洗洗澡睡觉，失眠，眼睛睁不开，但脑子里老是不停的转。想想以前的人，想想以前的事，想想学校前途的事，想到将来结婚，想到家里的种种事。

5月29日　水

昨天房里又打了滴滴涕，蚊子少了，一觉睡到鸡叫之前，很舒服。今天天阴，可以穿夹衣了。早上上完一课，我又来家睡了一觉，也居然睡着了一小时。上国文，没有出题目，叫学生上来改卷子，刚好遇到沙晓雯和黄国瑞的卷子，都是难改的，三堂课只改了四五本，伤脑筋极了。下课周美珍来看我，她和叶至美都是我的得意学生。她现在有了三个孩子了，但人才二十六岁，还是和以前一样的会说。我们大家谈谈别后之事，自然我们都谈到叶至美。她走了一会儿，凌景埏先生和一位顾先生来了，他是来找周传珍拍曲子的，说好叫他星期五下午去。我吹吹笛子，让顾先生唱，他拍起拍子来，手很难过，送他们走了。晚饭后，孝乐来玩，孝乐怕学生们在客房看见我们起哄，把门窗关起来。现在孝乐玩得最熟，因为我教她，又住得近。她们志敏、曦和住在学堂楼上，不常见面。晚饭后，到志敏、曦和楼上谈谈。下来回房，景颜来，也听他谈谈他的历史履历，十时倦了。

5月30日　木

仍然是天不亮就起来了，写信记日记，现在似乎成了习惯，倒也不觉得了，不过自然是睡得太少了一点。我记得我有一阵子自己也是这样的，只要中上能睡就得了。今天上午第四堂课没有课，睡了一会儿，做梦，但下午却睡着了一会，精神很好。上午国文背书，吴志芬和沙小文没有背出来，沙小文哭了，沙倒是很漂亮，就是太不用功了。我睡了一会儿起来，到学校办公室，刚去，佣工就来说四小姐来了。这是我日夜盼望的，我赶快跑回家。她在高干房里，我开了房门，让她坐。她瘦了，嘴瘪了，一看有点像周五姐，后来看看还好。我们心里的话太多了，好像都要问，反而说不出来了。让她洗了脸，在家里各处看了看，然后让她看看她的房。她说还要隔一下，明天叫木匠来隔就是了。张镰来了，我们也无心唱曲，两人合唱一出《絮阁》，没有唱完，就打发他走了。她洗了澡，带她到学校各处看看，她都转累了。到家里歇歇，吃奶粉，躺在客厅里的沙发上。今天她睡我隔壁房，因为那间三弟睡过的，还干净，等明后天上房弄好了，再让她搬进去。晚饭后，我挂着她一同到公园去走走，她打扮一下，并不老，还是那样娇小的样子。她才到苏州，自然什么都似乎很新鲜，和我才来时一样。从公园路我们到干将坊、宫巷、观前，买了点吃的东西回来。高干早已把她的睡铺铺好了，她的东西也都拿到房里。坐下谈谈，吃香蕉，我们零零碎碎的说这个，说那个，说得太多了。到十时，我到隔壁房里来睡。四姐来了，我真好了，许多话可以和她说了。

5月31日　金

又是三四点钟就起来了，起来拿了电筒去上茅房。写写日记，又写了两封信，文思和孙基昌的。鸡叫了，天亮了，学校打钟了，才到四姐睡的隔壁房里去。我坐在她床边上，又像以前那样了。她也太瘦了，比文思差多了。我们谈了半天，她说因为没有帐子，没有睡好。我怪她为什么不说，替她打滴滴涕，她还是像从前在后方那样的节省。我有一课，她便写信给老丁，我上了国文回来就陪着她。今天叫了木匠来隔她的房，还有几块地板也要修一下。上午我们便翻看家里的破字画，让她挑挑能用的，我们再装裱一下。吃饭，她也觉得我们的菜很好呢，到底是吃过苦来的。饭后想睡一会，不过我好像才睡了下去，就起来了，看看这样，看看那样。又有童光瑞带了以前的毕业生郑琳来，很会说话，也很好看，可惜我没有睡好，没有精神吃她的豆腐。她走了，四姐也起来了，四姐、七姐、高干、我，我们四个在我房里，谈管家的事，自然大家都讲五弟、二表姑等等。太阳下去了一点，以靖回来了，高干用枣子桂圆汤来补四姐，我们也都吃到了。和四姐、小以靖一同出去裱画，我换了西装，丫头也换了新衣裳，戴了草帽，到苏九裱，四姐带来沈尹默的字和张大千的画。碰到吴逸群，我们谈一阵，因为四姐这两天想清静一点，不愿意唱曲，所以没有替他们介绍。到观里吃排骨，她自然赞成，可惜她全是假牙，骨头啃不动。买了一点小东西，我们就回来了。正好吃晚饭，居然还吃得下，我又吃了一碗饭、一碗粥。已经睡不着了，我觉得多吃一点可以补上。吃了饭我便没有劲了，马上倒在床上。四姐来我床边谈谈，她现在烟已经有瘾，吃了饭，非抽不可了。她和我谈，我一点劲也没有，乱讲一阵，答得滑稽得很。后来她也累了，歪在我床上，我们谈谈，她大约看我实在不行了，于是自己拿了书下去了。我也是实在懒得动了，不然一定要同她下去的。她一走我大约就睡着了。

6月1日　土

四姐来家，我开心多了，觉得睡也睡得好了。但她现在吃香烟了，也许要把我也带得吃上瘾，那就糟了，以后得当心，不然刘文思心里又不高兴了。早上上了两堂课，和四姐一同改耀平他们的校董会的信。上面的房子今天已经在隔了，大约明天可以完工了。上完课，想睡已经不能睡了，下午睡了一觉起来，精神很好。可是戴小棠来了，于是又是伤脑筋了，他告诉了许多临泽的事和共产党的事。他现在是有家归不得了，只好让他留在此间了，还得为他设法铺盖，真是没有办法。安顿好他，晚上就一同吃饭，一桌共八个人，四姐、徐素英、孝棣、孝乐、小平、大头、我、戴，五弟夫妇还没有回来，家里一桌已经不够吃了。吃了饭，我们就去散一下步，到胥门，先到小花园看一看，然后在万年桥上吃烧饼和咸鸭子，都很好。然后回来。晚上洗澡，生活过得很好的样子。

6月2日　日

　　四姐要去看汪东^①（他们礼乐馆的馆长），汪东家在东北街，远得很，我们一路从临顿路慢慢的走走。她说头疼，就在路边上小店里买了一包头痛粉，马上向店家要点水就吃了。找到东北街道堂弄5号，汪东家是一座小洋房，很讲究。一问，汪先生到上海，太太在家。我们在四面都是纱窗的小客厅里坐着等一下，先是一位袁先生出来，一会儿一个白白胖胖的太太出来了。谈谈，马上就谈到家事上去了，于是她马上带我们看她一间她一手修理的屋子。自然十分讲究，小小巧巧的，比我们家的好看多了。看了一圈，我们便告辞出来了。四姐受不了了，说头疼，先叫车走了。我到观前买了一个灯罩，还得意，又买了点面包、蛋糕回来。一回来，就听说有兵要来住学校，心里大不高兴，马上到教育局去一趟。王局长不在，正碰到一个一四五师政治部的人，他说不要紧，现在城防师成立了，可以管这些杂牌军队了。我回家，老苏又来了，他自然是知道四姐已经回来的消息。吃饭已经坐不下了，四姐还没有在桌上。今天隔出堂屋的两间客房。下午我想改卷子，到了办公室，戴小棠拖住讲临泽这几年的情形，讲的滔滔不绝的，一直到三四点钟他讲完了，我的卷子才改的。到晚上，总算全部三班的一起改好。安排老苏住在，替他打滴滴涕，丫头又烦我，实在是太累了。午睡后我到四姐房里，先我不成，老是想睡，后来，我们谈谈粗话，稍微好一点，但仍然不行，十点，我回来睡了。这两天倒睡得好了一点。

---

① 汪东（1890—1963）：字旭初，号寄庵，江苏苏州人，著名文学家、书法家。早年毕业于早稻田大学，加入中国同盟会，积极参与革命宣传及民初政治活动。1927年8月起，任国立中央大学文学院中国文学系主任、院长。抗战胜利后，任南京礼乐馆馆长。1947年，任国史馆纂修。

6月3日　月

四时起来写信给文思，又有两封信没有复她了。送老苏走。

天不亮起来，一会儿老苏也来了，他今天早上八点钟的车走。一早我刚写好给刘文思的信后他就来了，他吃了面包走。纪念周，报告学生第二次月考的成绩，一年级退步，二年级比较进步了。下了课回来，陪四姐，为了说起日记放在书架上的事，她生气了，还和以前一样的哭了。她骂我，我不作声，她骂得很重，我也听着，我用以前对付凤竹的办法对付她，我没有哄她。她现在老练了，我也识相不去惹她，免得惹她生气。国文课我又去上了，不大气。她告诉我说她特别快要来了，看到家里乱糟糟的，也看不来，大约她已受了高干的影响，对二表姑和五弟都不好。中上吃饭，已经不行了，非圆桌不可了。中饭后睡觉。中上查阜西来，他已经知道四姐来了，也招待他吃酱猪肉，我也吃了。我们三个人一桌，另外的人吃家里的饭。查阜西走后，我们休息，说好下午到他家去。四姐睡一会，到三点多，我们两个一同去，我穿了我那唯一的一套正式的西装去的。两个人一路慢慢的走，也不吵了，我替她打着伞。到瑞光塔底下查家，他正在弄地。我们去，坐下，看他从美国带来的立体五彩西洋镜，很好玩，可惜只有五片，三、七、三十，五张。我看画报，吃了点他们自己做的馒头。七点多八点，天还没有黑，我们就辞了出来。又一路走回来，比来的时候舒服多了，晚上我们谈家事。

6月4日　火

大姐明天要来家里，没有钱，公账上上海的茶叶卖不掉。今天又是过节，木匠、泥水匠、洋铁匠都要钱，家里没有人有钱，我说我去借。早上上了一课，先到教育局，问尊师运动的钱，没有，说要到下午。我便到傅公雷家去，想设法借五十万来救急，谁知他又不在家。于是我先到观前，拿了片子，拿染的衣裳。然后坐车到妙堂巷去找陈韵兰，她正在家熨衣服，说起借钱的事，因为她说可以向陈伯虞去借，于是托她。她说下午到我们家来，我便回家吃饭。吃饭之后，睡睡也没睡着，一会儿陈伯虞和她来了，送了五十万来。但利钱重的吓人，五十万半个月七万五，到六月十九日要还，不还就要展期。我一听这样大的利钱，心里很不高兴，今天一天都不舒服。说是借五十万，实际上我们已拿到手只有四十二万，到十九还得还五十万，又是一件大心事。今天是端午。

6月5日　水

早上我上了一课，预备去买东西，大姐他们已经来了，一共是志成、大姐、小钰、小珪、凌先生、广英，马上我们就热闹了。晚上，镕和、三弟、小翠又来了，我们就是开两桌饭也不够坐。姑太太第一次回娘家，自然应该热闹一下。一天也不知做些什么，只带他们到观前去买了点东西回来，其余的时间，就是陪陪这个应酬，陪陪那个应酬，说说话就完了。下午，我趁作文的时间，回来睡了一觉。晚上四姐跟三弟睡，我不大高兴，他们叫四姐到楼上去睡，她一定不肯。

6月6日　木

早上我有课，让五弟陪他们大家出去吃点心。我上课，今天上午一共有两课。报上说教育厅督查来了，到苏州来了，昨天已经视察了几个学校，今天也许会来。管他来不来，我们还是这个样子。下午，中觉没有睡，传铮来了，传芷也来了。传铮来，我唱唱，没有嗓子。四姐唱《刺虎》。大姐一会也来了，凌先生他们在打牌。传铮走了，传玠来，我们便一同研究《书馆》，倒是很好听，不过有些地方我们总是不大服他，但他自然比我们唱得好。饭后他先回上海去了，傅公雷来，我们就在操场上谈紫兰巷房子的事，大约已经不成问题了，他们都愿意承租到年底。晚上大家在园门口坐着谈，我太倦了，讲不出什么所以然来。

6月7日　金

下午，孝粹一定要到虎丘去玩，天气热，谁也不愿意陪她去，自然我得陪她去。我看她很可怜，我也欢喜她，所以陪她去了。身上钱不多，还是刚刚刘天予寄来的安徽学院欠我的米钱，一共是一万多块钱。太热了，到五点我们才出发，拖了孝乐也去了。走出关坊，我们就叫车，一千五，还不算太贵。车子出金门，从山塘南岸走，车走着不太热了。到虎丘，游人不多，最可恨的就是卖花的婆子老是缠着人，叫人买她的花。我带了她们两个，慢慢的各处兜了一下，最后在冷香阁吃炒面。可惜面没有了，只有两盘，我没有吃饱。出小门，沿山塘走来时的路，车子跟着我们走，走了一段。我们为了要看九点的一场电影，一元一部又坐上了。到阊门进来，中市街放宽了，我们还没有走过呢，糊糊涂涂的就到了护龙街、观前了。我们在苏州大戏院，看《莎乐美》，五彩片子，不错，跳舞的尤其好看，可惜跳舞的地方太少。回来孝粹、孝乐都说今天玩得好。孝粹明天一早就要到上海看她的妈妈去了。

6月8日　土

今天早上五弟、二表姑、孝粹到上海，中上戴小棠、镕和、缫和、陆姨娘、琪和到南京。五弟他们是为南京房子的事，戴小棠是我们打发他到南京去报告临泽的事，缫和他们是为了四爷到南京，特地去看四爷的。

6月9日、10日　日、月

天热难过，但下了一两场雨，稍微好一点。大姐来家，本可好好谈谈，但一谈，她就劝我暑假结婚，可是我为了没有钱的事情，不顺当，我不想在暑假结婚，我的意思是要到明年春天。其实我也说不出什么理由来，但是我总觉得想在明年春天结婚，这样也许可以不别扭一点。关于家里学校里欠账的事，大姐也劝我不要着急，我也知道，但是又怎能不着急呢？和四姐在一起时就谈到顾志成，她自然都不满意他们，自然更恨二表姑，其实也犯不着。谈到老丁、老杨，她还比较高兴一点。我们两个人谈得还是最好的，我们能不顾忌，什么话都说，我们想到什么说什么，不用心，这就不容易了。十日晚上，我们谈到深夜。九日，刘重荫来住了一晚，十日晨走的。

6月11日　火

五弟不在，我代他的课，上午上了三课，晚间又没有睡好，累极了。我自己房又在打窗子，南面开了一扇窗户，一直到下午，我才把房间打扫清楚。把大书柜搬走，移来两张小的，布置上没有多大变化。下午大姐、四姐到虎丘去，我在四姐床上睡了，睡的还好，睡醒了起来整理房间。大姐今天要走了，她和广英、小珪先走，凌先生还要呆一下，过两天再走。晚饭后，我送他们到车站，也没有谈什么话，车来了他们上车去。緤和、陆姨娘下来，正好送人又接人，我们三个一路走回来的。我问问她们到南京去的情形，陆姨娘是马上就要到南京去的，琪和已经搁在南京了。我到宫巷理发，她们吃饭，我理好发回来已经十一时了。到家洗了个澡，睡觉。新开的朝南的窗子，有风进来很舒服，盖棉被睡。

6月12日　水

早上四五点钟起来写信给文思，有几天没有好好的写信给她了，她一定又要等得发急了。大姐走，四姐搬到上面大房间里去睡了。上了一课历史，她要到汪东处去，要我送她，我送到她到五卅路口，叫到了车子。她走了，我回来这样管管，那样问问，一上午就完了。到学校找了几块玻璃来，上在我新开的窗户上，但是还不全。中午凌先生和小钰没有回来吃饭，四姐倒回来了。算算放假只有三星期了，我的国文还没有教完，作文不做了，改上国文吧，教戴传贤的一篇文章，别扭极了，一点也不好。我又累又瞌睡，勉强上了两小时，赶快回家来睡觉，一觉睡到五点四姐来叫醒我。到她房里，看沈尹默的字和词，看看讲老半天。晚饭后和凌先生、四姐、孝乐在园门口坐着，听凌先生讲大姐和杨立庆、顾传玠的恋爱史，凌先生讲得很生动精彩，他说话总是那样有劲。凌先生陪小钰上楼去睡觉，我们到四姐房里。陆姨娘又来了，托我设法借钱。我们也要借钱了，不借钱家里的伙食又开不下去了。陆姨娘走后，四姐和我谈卖金子的事，她还有二两金子可卖。十时就寝，这几天来，今天算是特别睡得早的了。许多事留待明天一早做吧。以靖昨晚有点发烧，今天马上就瘦了。

6月13日　木

　　四姐的上面房里差不多要布置好了，我一有空就上去。现在我好了，我不会不识相了，总见她高兴的时候才惹她。她一天到晚和我谈老丁，我倒也被引起对老丁的兴趣来了，这好像并不是假装的。为了电表走了一百多度，很使我发愁。陆姨娘明天要走，又要我设法替她去借钱。我问了徐素英，向王遗珠去借了二十万来，给她十万，我们公账借十万，马上就没有了，因为还要给陆姨娘一担米，五万一。四姐明天要和凌先生到上海，没有钱了，要去化金手镯，我陪她一阵去办。金子跌了，十九万八千，若换去还不够买时的价钱。徐素英把钱又借到了，我们便买了点给小钰的糖食就回来了。上午睡一会还没有睡好，到学校办公室看看报。一会儿传铮来了，我和四姐都大唱一阵。他走了之后，我们又唱了半天，她又做身段。我们停了昆曲，到她房里去谈谈老丁，一会儿又吃饭。陆姨娘要走，拆电灯，因为是她自己买的线。我心里很不痛快，因为我想我们总算样样事情都帮她的忙了，她临走时，连电灯都不肯留下给我们用一下，也未免太难了。晚上景颜来房写文章，我已困了，四姐叫我吃奶粉，吃了精神略好。和她谈一会儿，也实在是支持不住了。

6月14日　金

　　今天只有一课。上完了一课，便有木匠来收拾房间，把我新搬来的书橱装上板子，于是可以用了。下午睡了一觉起来，和四姐一同到乐益搬书，先搬一部分我们要的诗词集。还没有理一会儿，四姐已经累了，我们就一同到她房里把书放好。我也把我要的书，理到我的房里来。下午传芷来，他们明天在这儿演戏，他来了我和四姐都很欢喜他。我们先吹两段

《拾画》让他唱，后来他又吹《刺虎》让四姐唱，吹《硬拷》让我唱。他到底是我们的先生，吹起来我们唱的很舒服的。有凌先生、周太太、王遗珠和许多小孩子都来听的。晚上帮四姐挂布帘子，挂字画，弄的一身都是汗，洗了个澡已经十一时了。

6月15日　土

五弟不回，地理是我上，今天上午要上四课。在上第三课时，佣工拿张片子来，是路老先生来了。这是我们昨天就知道的，昨天传芷来就说起他们今天会来看昆曲。我叫佣工带他们去看四姐，等我下了课到四姐房。他们都坐在外间，路老先生精神很好，说话也还是那样的急，路小姐好像比以前漂亮了一点。我们谈谈分别后的情况，我吹笛子让路老先生、路小姐唱唱，我们也每人唱了一支曲子。吃了中饭，路老要看王君九，我陪他们父女一同去。到十全街，王君九先生刚出来，进去略谈了一下，他们一同去看金松芩，我便回来了。我眼边上生了癣，天阴也只好戴了黑眼镜出去。回来在床上躺了一下，这才有工夫来读文思来的信，文思现在的信确实写得进步了，会曲曲折折的描写她想我时的感情。看了信略躺一会儿，也没有睡着。四时开演，四姐已经老早就打扮了，先梳头，我在边上看着她。我和老郑都欢喜看她梳头，老丁却不喜欢看。她梳头自然得替她做事了，一会儿拿头绳，一会儿要开水，真把我忙坏了。緵和在井边上洗衣裳，好多天没有看见她了，和她谈谈陆姨娘昨天走。四姐打扮好还是粉团团的，不难看，比刚来家时好看多了。临走时还有不少事，穿衣裳，穿鞋子，就够烦了，穿了高跟鞋子到门口又不行，又回来换鞋子，我们坐在门口等她。一同去的还有小钰和凌先生。到大井巷乐乡，书场很小，好位子已经没有了，我们坐在雷太太边上。第一曲传芳、传瑛的《琴挑》，不好。第二曲是传琨、传芷、传芳《别母乱箭》，传芷扮女的还很漂亮，比传芳好多了。第三曲是传芳的《刺虎》，平平而已。最后，是传淞、传珩、传茗的《借茶活捉》，最精彩。散戏，四姐找到四川来的邱鉴侬夫妇，我们一同出来。自然又要去请他们吃饭，我于是转到义昌福去叫菜，又到观前买面包回来。下雨，我怕我的西装淋坏了，赶快回来把衣裳脱下来，挂到四姐的房里。他们都在闲谈，马上菜来了，吃饭，吃面包。饭后唱了一阵曲，天晴了，有月亮出来了。叫了车子送客人走，高干在四姐房里谈天，我回房里睡觉。

6月16日　日

因为凌先生、小钰起的迟，平常总要开两三次早饭，今天星期天，大家可以在一起吃早饭。我现在每天大约总是这样，每天早上起来写信，记日记。最近七姨娘托人把拖鞋带来，白底子深黄颜色的花，先看看不好，现在看看也还好。我在家就穿拖鞋。上午在四姐房，不断的有客人来。先是孝侯来送五十万，是上海托他带来的，这笔款子是三姐汇在上海，现在带来还十九号的印子钱的。接着传芳来了，他有点病（精神病，但现在好了），人瘦。我们为了顾传玠看不起他们，所以我们特别待他好，临走送他到大门口。下午睡中觉，也没有睡好。到乐益去搬书来充实我的书柜，一会儿已经快三点，这个摸索那个烦，迟了。今天我们一共有凌先生、周景颜、四姐、我、小钰、小以靖、小达子，七个人一同出去，小孩子自然要闹。到了乐乡书场，已经没有位子，小达子一个人在前面，四姐一定要我去找。我去找他来，把位子让给小孩子们，我和景颜便站在后面。今天的戏是《训子》《吟脱》《夜奔》《狗洞》《学堂》《游园惊梦》，传芷的《吟脱》还好，自然《狗洞》更好。传芷下来介绍他的女儿给我们，因为下半年，她要到我们乐益来读书。他有一个大女儿，很漂亮，小的一个差一点。孩子们一会儿站一会儿坐，自然惹人厌。小钰打小达子、以靖，和达子吵架，凌先生总是骂达子、以靖，他自然是太偏心了。散戏，四姐找汪东。在戏场上碰到许多熟人，如陈宴如、徐炎之、张善芗等人，我拖了两个孩子，也没有和他们应酬。凌先生带了小钰，我带以靖、达子走，四姐最后走。一到家，快脱衣裳，坐下休息一会，因为我们整整站了三四小时，实在是太累了。四姐一回来，到我房里来还和我吵，说孩子们吵人。我说没有吵，她便和我生了气，不开心，一晚上没有说话。晚饭后在院子里，听凌先生说鬼等等。四姐洗了澡，我也洗了澡睡觉，想早一点睡，还是未能，已经十一时了。

6月17日　月

三点就醒了，在床上扭亮了灯，把丁西林的《妙峰山》读完，又读了几章《复活》，然后爬起来，写信给文思，记日记。这样弄弄天就亮了，也睡不成。昨天和四姐闹气，拿了她的烟和《妙峰山》去还她，打她一下，于是两人就好了，还是和以前一样。男人大约都是有些下作，欢喜替女人做事，女人也就利用男人这一点，我明明知道她是利用我，但我仍然不能不上她的当。纪念周时，报告放学考试的事，我们预备本月底结束，下月大考，考完即结束了。下纪念周后，到四姐房里泡一阵，得出去买东西了，学校需要粉笔、纸，这些不得不买的。没有钱，向四姐借了一万，我还有三千元。把戴正明也带着，一路上观前买了不少东西，就是替四姐买的一双小草拖鞋很得意。回家传芷在，我马上又要上第四堂课。我今天得到文思两封信，是十一、十二日写的，写的都很好，看了很过瘾。下午就要去看戏，为了昨天迟了，没有座位，今天我们去得特别早，但二老倌已经替我们占了两个位置。天很热，我坐下后，到乐乡看徐炎之，为怕他说，找到他房问他。他正在买笛子，我不大欢喜他，和他太太张善芗谈了几句话，又一块儿回书场。和路老先生、杜太太坐在一处，谈谈。戏是《刀会》，四姐说很好，叫人感动得几乎要哭了。《守门杀监》《佳期》《拷红》《梳妆》《跑池》都还不错，四姐说比昨天的好得多，其实是今天她的座位好，没有小孩子们闹的缘故。散戏陪四姐，到乐乡找杜太太，曹曾禄、查太太、徐炎之、张善芗都在。曹太太一定要听我唱一段，其实我很不愿意唱，因为和他们不熟。但徐拿了笛子来，他吹一段，我唱一段《硬拷》，他自然吹的不好，我们托故走了。回家吃三碗饭，一碗稀饭，太饿了。人倦了想早睡，四姐拉着唱《书馆》。我洗了澡，五弟从南京回来了，说房子和钱的事，现在暂时都没有办法。

6月18日　月

　　文思来的两封信，很叫我快乐，因为她说的是些高兴的事，又说了一大堆关于她自己的事。三点一醒，就写信，记日记。乐益的那一排办公室曾经是日伪特务机关的监牢，墙上有吊打裸体女犯人的图片，还有另一个日本人裸体站在边上，用手搂着女人的腰，生殖器一部分被人刮去，看不清了。上次王遗珠来说，在敌伪时代，住在学校的曾经拖出去执行的一个女的，非常漂亮。我很想收集一些学校在日伪的情形。上次她在我房里大讲敌人的酷刑，可惜未讲到怎样给女人受刑。早上第一堂没有课，在四姐房里谈谈说说，自然还是我们谈得来一点。上完一课一年级的历史，我马上到王君九家去，因为昨天他来了条子请路金波曲叙，随便叫我也去。路说他的父亲是靖达公的门生，我还应该叫他师伯才对。到王家，路老伯已经到了，人不多，场面也没有，钱大赉在吹，王君九在打板。一上午，也唱了不少出戏。我和张善芗唱《佳期》，又和金桂芳唱《草地》，最后又有《仙圆》，我唱何姑，一点也不会。今天的好戏有范笑梅的《斩娥》，此外的戏，有路的《玩签》，毛凤九的《赶车》，于太太的《访素》，王闻喜的《痴梦》，曹铮六（清华同学）的《三醉》。一直唱到一点多，我们大家都饿了。饭后我陪路老伯逛沧浪亭，沧浪亭现在新修了，很不错，内有靖达公的碑，将来一定要拓了下来。又到可园玩了一下，路老伯很满意，到三元坊口，叫车到乐乡。先到路老伯开的房间里休息，路老伯很夸我的《秋灯忆语》，使我又难过又好过。喝了一杯茶，送路老伯到书场，看见二姐、八姐都来了，还有许多客人。我太累了，要回去歇一下，不看戏了，叫车回来，钱是向四姐借的。脱脱衣裳，刚要休息，有个太太找緵和，一看一谈之下，知道是吴润民太太崔瑞君，四婶妈的干女儿。为了保纯和，她丈夫被押在，至今未放，她毫无生计，当了衣裳找来的，纯和真是害人。崔人不大好看，但说话还有趣，说说又哭哭，哭哭又笑笑，我倒怪可怜她的。她要向緵和借钱到南京去找陆姨娘、刘文婉她们。这种事的详细情形，我也不高兴去记它。在吴太太来时，有沈凤英来，带了个孩子，陪她谈谈叶至美的事，她说叶已生了一个女孩。又到学校看看，到房来闭了门，真真只休息了一小会儿。四姐她们回来了，陆家表妹和她的朋友小姐、八姐先到，二姐、周二姐到王遗珠家去了，我们先吃饭。饭后乘凉，听八姐谈家务。院子里冷了，大家到我房里来。一会儿，二姐、周四姐来了，谈一阵，一个一个的洗澡睡觉去了，只剩下八姐和我。谈到家里，谈到幺姑，说她现在上海，嫁了吴宝仁，很怕他，晚上要她涂了口红陪他睡觉，又看不起她，说她不能做事，没有用，现在人瘦极了。我听了心里自然不舒服。八姐抽烟，喝浓茶，一直谈到十点，我才送她到学校七姐房里去睡。睡时我涂四姐带来的避蚊油，又擦七姐的癣药，痛极了。这两天我的癣厉害了，两眼边上都有，怪难看的，非戴黑眼镜不可。

6月19日　水

早上醒来，没有起来，在床上晕了一阵。上完一课，和五弟算账，算算真不得了，公账欠账欠得一塌糊涂，公账欠了一百多万，都是背大利钱的了。今天到期的一笔五十万定得还，所幸大姐从上海还，三姐、沈从文存放在上海大姐处的五十万移了来（星期日托孝侯带来的），今天可以还了。中饭前全校、全家打防霍乱的针，是陆榴明和她的女友杨小姐打的（杨长华），还好玩，很会闹，马上就和我们熟了。饭后想到马上得把钱还掉，上了半小时课我就出去了，又下小雨。到建荣大楼，找陈伯虞，不在，他们的茶房也不在。问别人，说这两天紧得很，他们都不在，我想一定是他们的高利贷公司政府要来查了，以前小报上就看过。在观前荡荡，天闷得很，到广州食品公司吃橘子水。写好一张片子，再到建荣大楼，交给茶房，我便到乐乡看戏。正好陈伯虞在，便还了他钱，请他把条子作废送来。戏是《出猎回猎》《山门》《思凡》和《风筝误》《惊魂》《前亲·逼亲·后亲》，天阴暗得很，后来都看不见。把《秋灯忆语》再送他三本，给路金波和六小姐。他们今晚就走，和我们说上海会。我和陆榴明、杨小姐在前面走，他们到王遗珠家吃晚饭。一路上和杨小姐已经谈得很熟了。回家，开过饭了，我们三个吃鸡蛋炒饭。饭后我洗澡，杨和以靖玩，后来看三弟的照片簿子。她们走后我上床，看看小报，太倦了，眼睁不开，闭灯睡觉。

6月20日　木

上午有课，没有出去。下午睡觉也没有睡着，到雷家去了，因为雷太太昨天看戏时就约好了。我们四时去的，一直弄到十一时才回来。他们的兴致实在太好，到的人也不少，有二老倌、王闻喜、金桂芳、毛凤九、张某某、我、四姐，雷家大大小小有六七个，笛师有阿荣、金荣。四姐唱一曲《絮阁》，我和毛凤九唱《乔醋》，此外还有《小宴》《羞父》《扫秦》等。一顿晚饭吃了几小时，阿荣大有兴致，笛打过关，在席上每人唱一支。阿荣先唱《活捉》，很精彩，其余每个人的大都是最拿手的，我唱《硬拷》，四姐唱《惊梦》。他们一定要留四姐，不要到上海去参加星期日的曲会，四姐不肯，许多人说。苏州人真会说，逼得我们几乎没有说话，后来还是我说了句，才解了围的。晚上回来，已经有些凉了。我洗了澡，四姐没有洗，又在我房里谈曲，谈到十二点。

6月21日　金

小弟来，带来我的份款二十万元，但是还了各方面的钱，我还是没有钱，所以有许多钱只好不还。我正预备给文思汇钱，恰巧这笔钱来了，可以不借钱了。下午带了钱出去汇，到护龙街邮局，汇七万元到安庆。然后到观前买点东西，买一双草拖鞋，送二姐的一块肥皂，送四姐的，自己再买一点东西带回来给以靖吃。每次我到观前总要带点面包回来，但是都给公家请客吃了，我自己一点也没有吃到，连以靖也吃不到。这一次我买了很多，但一到家，在四姐房一坐，我自己吃，四姐吃，小弟吃，五弟吃，结果只剩两块，留给以靖、以达每人一块。可是一直到晚上，以靖都没有吃到，因为她和毛毛他们在一起玩，衬衣衬裤全破了。也是倒霉，买了两条短裤回来，又小了，明天还得去换。今天中上，凌先生、小钰回上海，陆榴明、杨长华（她也叫长华）回南京，都走了。但周四姐又来了，客人来来往往，真把人闹烦了，家里公账每天的应酬都不得了。出去汇钱，买东西回来。二时半小弟正在教学生唱校歌，我们在四姐房里谈了一阵。大家说到小花园去看看，但要等到太阳落才可去，太阳要到六七点钟才西斜。出去的一共有四姐、我、五弟、孝华、小弟，五个人。先到小花园，石榴花正开，然后从朱家园、小校场、山多桥、书院巷、沧浪亭到南园。大家清闲一下，最后看一看四姐小时候和亲奶奶住的南园。上面的房子，现在不姓李了，已经转别姓了，修的很好，本来杏桥边的小胡同我很欢喜的。慢慢的回家，他们走得慢，我肚子饿了，快点在前面走。吃了晚饭，起得早，我就累了，得马上睡觉。上午为了回镕和的信，谈到临泽的事和送老伯伯钱的事，很叫人心里不舒服。我、四姐、二姐、五弟，我们四个商量着写，大家都说小弟、镕和糊涂，为了这事牵涉到麟和三事，二姐又哭了。三弟脾气不好，种种地方得罪二姐自然很多。四姐也常骂二姐，似乎不该。我知道二姐自然有一肚子的委屈说不出来。

6月22日　土

昨晚睡得早了，其实也有时到半夜醒，睡不着。晕了一阵，起来写信给文思和记日记，现在每天只有清晨这一点时间是我自己的了。第一课没有课，二姐为了怕八姐纠缠，一早走了。我在四姐房里陪她，四姐怕别人到她房里，但是却愿意我一个人去陪她。她又不要太腻，她只要谈谈说说，抽支烟，这要看她高兴，这一点还和她以前一样。连上两课，因为没睡好，有些累，回到房里来睡了一会。起来吃中饭，仍然是一大桌子人，虽然二姐、四姐都不在家，客人有周四姐、八姐等，自己人已经是一桌了。我、五弟、孝华、孝乐、大头、小平、徐素英，还有以靖、达子，在下面吃。这几天因为有客人在，所以菜特别好。我们正吃饭时，二姐、四姐回来了，她们说吃过了，不吃了。饭后大家睡中觉，四姐躺在床上，我拿烟拿盘子服侍她一阵。抽完一支烟，我走了，想再睡一会。躺在床上，睡不着，又写一封信给文思。到学校，董先生去拿尊师运动的钱，没有拿到。怕报的人数不对，我自己又去了一趟，人多极了，我知道拿不到。果然要每个先生盖章才可以取到，我只好又跑回来找人盖章。到四姑楼上，她似乎在生病，躺在床上，縩和来在边上。问问她上次崔瑞君的事，她说给他五千元到南京去了。讲讲我就火了，她也是一句话也不说，为了叫大老姑盖章，又和她吵了起来，心里大不高兴。一会儿过去，顾启华来看病了，看四姑，看景颜，又看董先生，后来就给八姐看小毛毛。在七姐房里，旭和、曦和和志敏都在，曦和、志敏虽然住在这儿，可是也总不大看见的，今天难得她们到我房来，哄了一阵，又带她们看四姐。四姐正在整理东西，也没有应酬她们。后来她告诉我，因为正在找金镯子，所以没有心应酬她们，人多事杂，四姐怕烦。我们到乐益图书馆去一下。四姐、二姐、小弟、小平、奶妈今晚走，晚饭开得早，因为吃过我们还要到观前买东西。我和四姐先走，小弟、大头、孝华、五弟在后面。我去买香港衫，因为见到顾启华大胖子穿香港衫，一点也看不出肚子大，所以我想买。趁现在身上还有点钱，一万元买了一件，别人都说好，又换了短裤，可惜没有白的，只有花的。五弟他们回去，小弟骑自行车去扣牌子，我和四姐一路走，她和我说老广穿着，走走累了便坐车，有风没有太阳，坐车也很舒服。到车站，二姐、小平、奶妈已经到了，时间还有一小时，我们便坐在茶馆里吃桃子。一会儿，到车里去，我没有等车开，要回来。城门口检查很严，为了土匪多。回家洗澡睡觉，风很大，睡的很舒服。

6月23日　日

　　二姐、四姐、小弟他们走了，家里还是并不清闲，倒是并不希望他们走。现在还是大圆桌坐人，因为添了周四姐她们银行里的练习生张某，还有八姐，今天又是星期，人更多了一点。早上我正在写日记，夏妈来了，我真高兴。但一方面又忧愁，已经没有钱了，夏妈的伙食工钱，刘文思来信又还要我出伙食钱，家里津贴的一石五斗米，刚好她们三个人分了（夏妈、文思各六千，小以靖三斗）。夏妈来，许多人都和她说话，问合肥的情形、路上情形。他们在玉溪口还遇到军队拦船抢劫，我的书和衣裳没有抢去，只在身上搜去了五千元。另外，三万元夹在书里，没有被搜去，总算是万幸。夏妈来，丫头有着落了，我可以放心了，下半年我在乐益不做校长都不要紧，可以到各地去做事，不必带小以靖，和文思到外面去结婚，也可以自由了。上午乱糟糟的，这儿跑到那儿，办了些琐事，如叫人送尊师运动的收据给陈明斋他们盖章。下午倒睡了一觉，把熨好的西装穿上，去参加曲会。天热，但是风大，也还凉快。到官坊叫了车子去的，六百元到包街前金桂芳家，已经唱了不少曲。陈伯虞说借条已作废，图章已裁下，过几天寄给二阿姐。金家的招待，是要比王君九家好一点，点心是鸡大面，还不错。我和雷太太唱《琴挑》，阿荣吹的，还舒服。六点半我走了，因为想到还要买一件香港衫。结果带了两个面包、一点木耳和一件一万五不太满意的香港衫回来，正好吃晚饭。饭后，洗好澡，和夏妈、以靖玩玩，就睡了。

6月24日　月

　　照例早上起来写信，记日记。家里的客人，还有周四姐、八姐和周四姐带来的一个练习生，这几个人我都不大欢喜，希望她们快点走就好了。早上早饭要开两次，中上总是一大桌人。纪念周报告大考事和下学期的计划。董先生不肯去拿尊师运动的钱，我去教育厅，会计还没有到，我便到傅公雷处去，他已经出去了。和他太太说起三件事：一、租褂事，二、董事聘书；三、捐款簿子月底做第一次结束。从傅家到观前，买钥匙、面包、扇子和苍蝇拍子。到教育局，把钱拿到，校工就分了。我和五弟的两份，给董、周和四姑三位，他们每人多拿了八千元，这一次每人应得一万二千八百元。第四堂还有一课，下午睡觉，现在觉得可以睡得好一点。又去看看学生自修，一年级真是太会闹了。下午别人都出去了，只有孝乐一人在楼上，我找她谈谈。到五点多太阳斜了，我到盘门东大街找汪懋祖，他胃病躺在床上，但是倒见我了，校董的事也马上就答应了。我们略谈到一点学校将来的事，他也觉得应该办职业学校，和我的意思一样。从东大街再到复兴桥1号找卫一萍，告诉他捐款月底结束的事。他们家很不错，看有别的客人在，我略坐了一会儿就出来了。回家正好吃饭，大头和小平、孝乐、孝华都吵翻了，我劝了他几句，他一句也不听，还顶我。我非常生气，气得大声叫了几句。我也不理他们了，上床翻看了几页《复活》，倦了。

6月25日　火

这几天每天早上都是我、孝乐两个人吃早饭，八姐、周四姐她们都起来得迟，她们另开，等她们走了，我们还是一桌，不然公账上太费了。信我是每天都写给文思的，之外还有给别人的。清早就是我写信、记日记的时候，定心看书的时候实在少，所以校长实在不能干了。下午我睡了一觉，张念椿来，谈起他们乐群马校长不干的事，想来代理我这个校长。先我是说说的，现在我又不放心了，连对张念椿我都不很放心他，自然不用说外人了。晚上在园门口台阶上乘凉，孝乐陪我谈谈。孝棣也回来了，是大头找她回来的，向她要钱到上海去。大头真是莫名其妙。这几天睡得好，今天有点拉稀，大约是冷开水吃多了的关系。

6月26日　水

今天好像还出闲，还安静，也正正经经的做了不少事。早上起来记日记、写情书，另外也写了不少信，给八姐带到上海去发，八姐今天到上海。上完第一堂课，坐在办公室，想把所欠的国文卷子都改掉，但总有许多杂事，只改了几本。下午没有睡觉，去上课，在课堂上改卷子，老要睡觉，只好常常下来跑跑，走走。想到房里睡几分钟，孝华又来谈瞎话。再到课堂里去，没有改几本，这样零零碎碎的，到下课还剩六本没有改好。太倦了，老想睡，但总是睡不成。吃了晚饭，洗好澡，孝乐他们又叫到公园去。现在公园晚上热闹极了，但我总没有去过，以靖也要去。小平、志敏、曦和、孝乐，我们几个人去了。有人在公园当中架上架子，放上幻灯广告，也没有看头。太倦了，回来就睡了。夏妈、五弟又来房里谈，我已经一点劲也没有。前一阵子不想睡，这一阵子又拼命的想要睡。

6月27日　木

早上第四堂课的时候，卞大相公和一位钱先生来了，他们是到苏州来看木渎的房子的。我遵照四姐的话，没有太殷勤的招待，中上也就请他们和我们一同吃饭。一大桌人，倒是还不大拘束。他们去看一个朋友，说不来了，马上就要到无锡去了。下午传铮来，唱了一会儿，唱不动了。谈到他为了我们在日本人时代搬书的事，又谈到李云梅很好玩。今天天特别热，热的人难过极了。

6月28日　金

今天上午上完一课，为了招生收报名费、暑假学校等事，到教育局去一趟。昨天天太热，报上说有九十八度，今天天阴了，还下了一点雨，气候好多了。下午睡了一觉，没有做什么事。接文思三封信。

6月29日　土

课程都在温习了，可是我还是去上了。又写暑假学校招生的广告，一上午就完了。下午没有课，睡了一觉。今天早上仍然起得很早，写信记日记。给文思的信不能写了，她四号考完，考完就要回来了，她来信也叫我不要再去信了。下午曦和、志敏来叫我去看音乐会，时间还早，她们一定逼我走，天太热了，谁愿意早去呢？曦和就生气了，她们两个先走。我和孝棣到观前，身上没有钱，好多天没有到观前，今天向夏妈借了四万元。有钱了，马上请孝棣吃冰淇淋，我自己又花了一万二千元买了一顶帽子，还得意。到景海音乐厅，已经快开了，我们坐在后面，也没有什么太好的节目。散会，和曦和、志敏一同回来。正吃饭，夏妈来了，我的被子、洗澡的东西，她全替我弄好了，叫我去洗澡。晚，夏妈来床边谈。

6月30日　日

十三爹爹家小姥爷来了，桌上又多了一个人。

周四姐、张某还没有走，又来了人。上午去找傅公雷，叫他把应聘书给了我。又谈到学校下半年的事和经费的事以及紫兰巷房屋的事，他忙得很。从傅家出来，到观前王遗珠家，在门口窗外和她谈了半天。到观前买刷床的刷子和窗子上的纱布，从宫巷先到布店买纱，又到杂志公司买了点书回来。饭后睡觉刚醒，阿荣来叫，二老倌也来了，说是许多曲友都来了，马上到秦秋坤家去，我请他们进来坐一下，都不肯。我只好马上穿衣服起来，到乐益，他们都在雨中操场上等人，有雷家夫妇、王闻喜、张良夫，还有不认得的几个人。由阿用带领，从宫巷边上走，我们（二老倌、雷太太、我）走得慢，他们许多男的在前面。找到踏车弄5号秦家，房子不错，西式的，里面布置得也还好。他们要我唱《亭会》，曲谱上都不对，我坐了车子回家去拿。传青吹的，唱得并不开心，太硬了一点，我唱过就回来了。

7月1日　月

今天学生开始温课，四号考，八号放假。学生放假，我们可忙了，还有许多事要做，补习学校招生、修理房子、做桌椅等等，一大堆事。温课时，学生还算安静。下午便让他们回家去温课了。我睡了一大觉起来，刮大风，找戴正明，找不到，心里很生气。他回去了，我也没有骂他，只轻轻的说了他几句。今天天气特别不好，一会热，一会阴，一会刮风，到晚上总算才下了一阵暴雨，凉快了一点。天一热，什么事都不能做了。今天接到文思的信，是二十六日发的，钱还没有收到，我现在就希望她来信说钱收到了。她一号考，三号考完之后就来了，那么五六号就可以到苏州了。她来了，有人替我做事了。晚上夏妈来谈了半天。下午热，不能做事，和以靖在房里谈，说了一会儿。孩子只要有功夫盘她，还是会盘得好的。现在她的毛病是欢喜说谎，欢喜吹，欢喜欺负人。

7月2日　火

闷了好久，到底下雨了，而且下的很大。早上看学生温书，出题目，写招生广告，把手都写酸了。下午睡觉，这一阵子又睡得着了。二表姑来了，我现在对她印象大坏，最近和大头闹，对她的印象更坏了。大头在家和许多人吵嘴，他们都不告诉她，这样我觉得不对。和夏妈、七姐闲谈，七姐嘴上生了一个疔样的东西，说话都不便当，我昨天还陪她一阵到陈明斋那里去看了一次。下了雨，天大凉快，晚上没有人洗澡，我洗了个澡，舒服的睡觉了。早上天不亮时，我听见有人打门，我以为四弟来了，赶快起来。老李、老张也听见的，等了半天没有，以为是贼。但没有，我以为是鬼，因为今夜里曾经听见钢琴的声音。我们这里做过监牢，屈死的人一定不少，不过据说都不是在这里弄死的。

7月3日　水

今天请先生们吃饭，就算开教职人员会议，昨天发出通知，有几位先生不来。我想今天早上自己去一趟，但今天却是整天的下大雨，只好冒雨出去了。先到十梓街童光瑞家，因为他写的是"敬谢"，我一定要他来，略谈了一会儿振华的情况，再到沧浪亭。雨中走路也别有风味。到美专，朱士杰不在，留了张片子。从三元坊到护龙街，一路水坑很多，所幸我的皮鞋还好，不至于漏水。到陈明斋家，人不在家，留了张片子。到观前口发信，买邮票，又买面包、果片回来。到门口拿到文思的三封信，是二十七、二十八、二十九的三封，最后一封都没有说到接到钱，我真有些着急了。上次从邮局汇钱，五六天就到了，这次却又慢了起来。下午躺了一会儿，看他们布置考场。四点多，先生们陆续都来了，只陈明斋、顾启华未能来，他们大约是生意太好了，没有工夫来。酒太少了，菜倒吃得很好，还是童光瑞的话多，张念椿话也不少。晚上看了一点《复活》，和夏妈谈了一阵圩子的事，睡在床上和人谈话总是舒服的。夏妈说今天是六月初五，丫头的生日都忘记了，凤竹死了两年多了，丫头应该满孝了，苏州的规矩整两年。我也弄不清楚，现在我一提起来，还想到凤竹，但更想文思。几天之后，文思就可以来了，我不能说谎，文思和凤竹，现在在我的心里似乎还是一样，但慢慢的文思一定要代替她的。

7月4日 木

今天开始大考，场上相当严肃，是两班混合考试。第一堂我的历史和四姑的数学，我们两个人监考，又加上五弟、董先生、景颜他们很多人，考场上自然不会有人作弊了。雨仍然不住的下。四姑屁股上的疮疼极了，今天一定要去看了。带她到陈明斋那儿，去等了一会儿，看了，替她开了刀，自然痛得很，回来时她已经好多了，不太疼了。下午还是我监考，因为陈明斋不来。传铮来了，好在学生们考得快，一会儿就考好了。我们大家在客厅里唱了一会儿，嗓子不好，一点也唱不好，唱不出来。下午天就晴了，也是该晴两天了，下了不少天的雨了。楼上五弟、景颜、周四姐、二表姑在打牌，孝棣睡在床上，孝乐也在床上看书。和她们哄了一会下来，到办公室看看报。现在报纸订了两份，《上海报》一份，《大公报》一份，可以有看的了。我又在学校吃了，因为学生走了，人少了，我们家里人太多了，所以我在学校吃。不过今天晚上他们打牌，我在楼上和志敏、曦和她们闹闹，学校里已经吃了，我便又在家里吃了。晚饭后孝乐、孝棣、二表姑都在我们房里。二表姑走了，留下孝棣谈了半天。后来孝棣走，二表姑又来谈了半天。现在我对二表姑的印象一点不好，她说话敲敲我，我也敲敲她，我总觉得她太假，太厉害一点，傲气。九点半过后，她才走，我又看了一会儿《复活》才睡。

7月5日　金

第一堂课我有一堂考。昨天向高干借了十万元，给她每月两角利息，我本来想憋一憋自己，老苏来信说，可以在皖院领到三十万元的复员补助费，所以我就借了。考完国文十时了，正预备出去，到门口遇到於种、金若，还有一个人同来了，于是到客房里座谈了一下安徽学院的事。我们一同出去，先到苏中找黄础先，不在。到观前，在宫巷口遇到了周侯于先生，于是知道了周曾炜先生的住处。在大成坊找到了周先生，才打听到周鼎成先生的地址。从巴蜀小学出来，在药房买了滴滴涕回来，文思要来了，她没有帐子的。下午我在睡中觉之后，又借了一万元去，她一共欠我二万元了，旭和借我三万元，曦和说志敏还欠我二万元呢，我自己都记不得了。四时又出去，先去裱凤竹写的《小宴》，她的毛笔字就只有这一点了，裱起来在房里挂挂，也是一种纪念。要八千元裱一裱，是何其的贵。到景德路找宋良玉，不在，我也不愿意马上就找她，一找她就要钱，难为情得很。在观前街上荡荡，又遇到於种、金若。我买了点饼干、爽身粉等等必须的东西回来。吃饭后和孝棣到小公园里去走了一趟，公园现在热闹极了。走一圈回来，丫头洗了澡，乖乖的一个人坐在院子里乘凉。我和她谈谈，她说：“你怎么这个时候才待我好？”我很难过，真的，现在我一天到晚几乎没有和她亲热的时候了。晚上，五弟他们一大群看电影。我洗了澡，和高干、夏干谈家常，高干说到五弟的精。十一时才睡。

7月6日　土

今天我没有考，但我仍然没有闲，在监考，因为张念椿没有来。天下雨，下午睡一觉起来，已经快四点了。志敏、曦和来，带她们去看电影，到大光明看《百老汇》《群英会》。雨仍然不住的下，片子并不好看，但还算好吧。晚上读《复活》，文思没有信来，人也未到，令人焦急。她说四号有船可以走，那么今天也该到了。

7月7日　日

今天还没有文思的信，也没有人到，我真有些着急了，她信上说三号就考完，四号就有船，七号也该到了，但今天却没有到。今天我还有考试，二年级的历史，考完又改卷子。五弟说周耀平有电话来，要我最好明天到上海筹备开校董会。所以学校里的事今明两天马上要结束，卷子一律要看好，分数也要结出来。下午行休学礼，散会后改卷子，没有精神。和董先生谈话，谈谈，改改，一下午改好了两班的卷子。晚上又改好一点，明天一早可以全部改好了。下晚，孝棣、孝华、小平到我房里来哄闹，今天没有睡中觉，一晚瞌睡就来了。洗洗澡，马上就上床了。

7月8日　月

决定今天到上海，自然有许多事要办。第一要看看在苏州的校董，所以一早起来吃了粥，先到梗子巷看傅公雷，他还没有起来。一会儿才下来，谈谈开校董会的事，他说他本来十二号要到上海，这样最好。从傅家到王遗珠家谈了半天，徐素英、阿花来了。我再到东大街看汪懋祖先生，跟他的儿子谈了一阵，他才出来，他输了血浆，精神比上一次好多了。这个老教育家真叫人起敬。一会儿，顾兴伯来了，汪讲了一点在云南的情形。我们因为他病，不能耽误他休息，所以不多讲，辞了出来。他写了一张片子给孟宪承先生，代理出席校董会。票是两点钟，吃了中饭去正好，但我在去汪家的路上吃了一碗大肉面，中饭只吃了一碗。大家在我房里谈了一会，叫了车子到车站，出平门下桥时，车子把我摔了一跤，眼皮跌破了，黑眼镜也丢了，车夫自己倒没有跌，我有些晕，一定心好了。我马上想到车站有医务所，于是赶快到车站。到车站上找到医务所，用酒精洗了洗，擦了点红药水，我顺便也就进站了。穿了件香港衫，我知道脸上一定特别的难看，涂上红药水更坏。我站在后面。上午在家接到文思十三号的信，说六号有船，她动身来，算着今天应该到了。所以车一到，我不抢着上车，看看她会不会这班车来。没有等到文思，见到了四弟，他是从合肥来的。没有说几句，怕车开了，他说祖麟也在这节车厢中，我找了一下，没有找到。上了一节三等车，挤极了，我只好站着，右腿有点疼，知道一定跌破了。站着，我闭闭眼睛养养神，想想真是倒霉，一定是老天罚我的，叫我眼睛跌破。一路上还在出血，左手发酸疼，所幸时间很短，不到两小时就到上海。我心里想到上海，为的是开会，会见生客，脸上弄成这样一个花脸岂不糟糕。坐电车到先施公司，在大马路上买了一副黑眼镜，可以稍微遮遮丑。叫洋车到大姐家，就怕遇到人，偏偏在懿园口，就遇到凌大先生。到大姐家一会儿，汪小姐又来了，四姐、三弟、小弟全来了。大姐有点泻肚子，躺在床上，他们看我脸上跌破了，马上用"消治龙"擦。我吃了三块面包、一杯牛奶，晚饭吃不下了。晚饭时，祖麟来了，十年不见，一谈就谈到十点半。我和四姐送他到巷口，我给了他三千元坐车。上楼洗澡睡觉，"痛定思痛"，这句话一点不错，坐定了，觉得各处都在疼，右脸火辣辣的，左手也酸，右腿也疼。睡在楼上小书房里，志成到南京去了。想着事，老是睡不着，睡时就已经迟了，十一点了。

7月9日 火

今天是以靖脱孝之日，照例我是应该在家的，不过我没有在家，让夏妈在办，心里好像不大安。昨晚十一时睡在床上，不大睡得熟。今天一大早，四时就醒了，起来写日记、看报。一会儿，四姐来了，我们谈到老丁的事又麻烦了，真是的，她也太吃苦。自然许多事都是我不好，说什么呢？早上二弟、三弟、我和四姐在他们房里瞎谈了一阵。八时半吃了早点，和四姐一同到二姐家，下雨，我坐洋车，她骑单车。到二姐家，全家正在紧张，因为他们家老太太也跌伤了，而且晕了，看上去很危险的样子。大家都轻悄悄的，我在下面和祖麟谈谈。一会儿医生来了，看了老太太，八姐也叫他替我看看。医生是正仪的先生，他们在成都时就熟的。说不要紧，耀平很着急的样子。大雨，和耀平去看孟宪承，近倒是很近，可惜我唯一的西装打湿了。到孟家谈校董会董事长的事，大家说还是王国秀①合适一点。从孟家出来，已经快十一时了，先就和章靳以约好到他家去的。回到二姐家，四姐也还没有回来，她和汪小姐看凌老太太去，凌老太太也跌伤了。等她们回来了，雨还不止，我和汪小姐坐她的三轮车，四姐骑车，汪小姐回家。我们到章靳以家，他住在他岳父家，在蒲石路。找

---

① 王国秀（1895—1971）：江苏昆山人，女，又名王竹素。1921年出国留学，先后在美国韦斯利大学和哥伦比亚大学取得学士和硕士学位。1927年回国，先后任教于金陵女子文理学院、大夏大学、圣约翰大学、震旦女子文理学院，并一度担任震旦女子文理学院副校长。从1936年起，王国秀历任中华女青年会执行委员及主席、中华全国大学妇女会理事、上海市妇女指导委员会委员等职务，为妇女解放、男女平等事业做出了不懈努力。

到章靳以，他还是那样，一见到人就借钱请客，又马上去找巴金，在霞飞路，很近。巴金房里有客人在，客人先走，我们到"美兴"吃广东菜。我们原都是熟人，到一堆谈起话来大家都很放松，无所不谈，我和靳以都很起劲。客是巴金、靳以两个人请的。吃过到巴金家吃咖啡，谈话。陈蕴珍到宁波娘家去了，靳以太太也办公去了，都没有见到，很抱歉。三时以后我们出来，回大姐家休息，一直没有出去。在大姐家沙发上躺，很累的样子。晚上和老太太谈谈。文婉在大姐家住着，到补习学校读书，她倒是很好。早早的睡了。

7月10日　水

昨晚睡在顾志成书房，他到镇江去了。早上九点，和四姐一同坐三轮车到二姐家，汪小姐已经等着她了。周家老太太已经好多了，耀平忙人，写了张片子介绍我去见王国秀，在愚园路，一定得早上去，因为他下午要飞北平了。我叫了三轮车，去找到了孙家，孙太太出来会我，人很好，谈了不少关于学校的事，和我意见很相同。十时出来，仍回二姐家。今天天热，在二姐家一直蹲到晚上。二姐家客人多，八姐、祖麟都住在她家，来来往往的人不断。徐素英，陆家表妹（她在仁济医院当护士），我托她替文思找个事，她说有希望的，因为他们医院正需要助产士。下晚周四姐也从苏州回来了，先我就听说文思到苏州了，周四姐来，更详细知道了。晚饭后和二姐一同到霞飞路沙同花园看俞庆棠[①]，决定开董事会日期

[①]　俞庆棠（1897—1949）：女，字凤岐，江苏太仓人，生于上海，为近代著名教育家唐文治先生长子唐庆诒的妻子，20世纪20年代至40年代分别在苏州、无锡、上海倡办民众教育，被誉为"民众教育的保姆"。抗战胜利后担任上海实验民众学校校长，1947年担任联合国教科文组织中国委员会委员。

在下星期三（十七号），因为俞最近要到无锡去一趟。从唐家出来，我回大姐家，二姐回自己家。二姐说老太太的病就是给 ZJ 气的，ZJ 和毛廷襄常常吵架，周三姐和范也不好，老太太心里不舒服。我想到 ZJ 要是嫁了我，不是没有这些事了吗？回大姐家，我就知道，一定有文思的信。果然不错，她是八号晚上到的，差半天工夫。我想假如明天接不到三姐从昆明飞过来，我一定要回苏州，明天还得听陆榴明的消息。想到文思，恨不得马上回苏州，自然睡不着了。

7月11日　木

睡不着，一早四姐也醒，我到她房里去谈了半天。她睡在二楼小房，就在我头上。早上到二姐家拿东西，伞、公事东西全丢在她家了。我们吃了早饭去的，我正在吃，耀平已经出去了。祖麟在吃饭，他有胃病，非得等胃门开了才能吃。和他还没有工夫详谈，正在起稿董事会开会通知，就知道下面有客人来了。二姐去会客，原来是刘四表叔（子树）送乐益捐款来了，他一个人捐十万元。自然陪他谈了一阵老话，又谈到三妈、麟和、孝粹的事情。他走了，我也得回大姐家去，叫了洋车回去写通知。一会儿女洋人来了，一会儿周先生来了，和女洋人说价钱，闹得我写也写不安。吃了饭后，我到三楼三弟床上睡中觉，大约只睡了一会儿，起来又写。大姐睡在边上，小圭也在闹，好容易才把十几份通知写好。手跌痛了，写多了也很酸。陆榴明来说，文思的事已经找好了，可以叫她马上来，我又高兴了。六时半，我们——包括顾老太太、八姐、四姐、陆榴明、我、小圭、广英，乘顾志成他们烟草公司的小卡车（后面有座位的）到龙华机场。龙华我好像没有到过。到机场，正有飞机降落，一问，是广州来的，再问，说是今天根本没有昆明来的飞机，大家失望。从文的大姐和大姐夫、大丸子、二丸子，都来接的。大家都很失望，只好看看飞机，飞机倒是很多。没有希望了，大家坐车回懿园，大姐还以为我们骗她。一会儿，二姐、祖麟也来了，以为三姐定到了。三姐不来，我决定明天一早回苏州，后天叫文思来上海工作，我自己十五或十六号来。老丁来，醉酒装疯。我想一早走，故早早的就睡了，全脱的光光的，把门锁起来睡。

7月12日　金

回苏州，表慢了一小时，坐红汽车、洋车到车站，已经七点一刻了，七时的车没有乘上。排队买票，前一胖子，后一女人。十一时车，坐头等车宪兵席，吃火车饭，吃汽水。到苏州，下洋车，过大桥，急。到家，文思在我房里睡中觉起来，白绸衣裳太太，人都哄到我房里来。和文思、小以靖上观前买小娃娃，照片没有照成，因为太晚了。回学校吃晚饭，文思睡在边上。冰淇淋，公园，乘凉。谈到文思仁济医院的事，她不让我走，我回房睡。

7月13日　土

八时起，数信。上楼结账。玩玩，下午四时上街，文思带了丫头，在"米高梅"照相。戴小棠来烦。文思先睡，我坐在床边上腻。累，早睡。

7月14日　日

和文思到观前买车票。时间未到，荡观前，吃刨冰、橘子水。文思去替我发信，我在广州食品公司等。十一时买了八张票，我、二表姑、文思、孝棣、孝乐、小平、四弟、五弟，回家休息。叫车上车站，八部车，五时上车，分开上，没有位子。和文思一组，在车厢口，坐文思的行李上，我们不大说话。天未黑到上海。两组，周家、张家。我们坐汽车到二姐家，小平、五弟、四弟下车，坐汽车到大姐家。陆大姐约好的，明晨十时去仁济医院。见到三姐一家，他们是十二日到的。我睡三楼，文思和文婉睡二楼老太太的房间。

7月15日　月

早上为郭大姐写信。文思先去二姐家，琦和、八姐陪她到医院去上班。我到二姐家，和耀平到江苏银行拜访蔡承新，不在。拜黄震漱，也不在。回大姐家。晚上送文思去上工，有行李，叫汽车。寅和、陆大姐、文思，我们四人同去。和二弟抬行李上楼。他们进去，我和二弟荡外滩，到夜花园。不好玩，十时回大姐家。

7月16日　火

早上到二姐家。十时我和祖麟、二姐、耀平到仁济医院，等到十一时文思下班。我和文思上大马路冠生园吃饭，买白鞋，买碗。到永安买睡衣，未买成，钱不够了。送她回医院，三时上班……八时半，大姐家，文思坐错了车，晚了。初做事，她害怕，我坐红汽车送她回医院。

7月17日　水

晚上，开了一个董事会，到的有王志莘、孙瑞璜、杨卫玉、孟宪承、廖世承、蔡承新、俞庆棠，王国秀为董事长，俞庆棠为常务理事，张宗和为校长。正讨论各种经费的事，杨病了，散了。

7月18日　木

到赵景深家看杨卫玉，病了，不见客……下晚五弟到，十个人全了。到万民照相，十六人一张（带姑少爷），十个人（姐妹兄弟）一张，又照了几张。大聚餐，客人倒不少，文思、张大姐都来了，姑爷、老伯伯也来了……文思今晚未走，文思洗澡。

7月19日　金

和文思外出，坐红汽车到霞飞路乳罩公司买乳罩，为文思买衬衣，买零碎东西。热，环龙路口吃汽水，送她到医院，回大姐家吃午饭。午后开十人会议，为抗战中死亡亲长默哀三分钟，大家都哭了。讨论了不少事，五弟回苏州。凌宴池请客，和我们昨天一样的分食，比我们昨天的好。二姐来电话，说文思发烧四十度，我不急，因为她就在医院。

7月20日　土

先到孝粹家，见到二表姑（李家旭之母），孝粹母病，未见到。肉麻，替干儿子打扇子。孝粹请我吃"白雪公主"，比冰棒好。我、孝棣、孝乐、四弟、二表姑一同出去，孝棣、四弟打算订婚，让他们打一把伞。到静安寺乘电车，到抛球场下，我到仁济，他们走。护士宿舍不能进去，到五楼找到杨长华，说文思已经退烧了，昨晚打了针。到七楼找戴表妹，她管厨房。吃冰，未见到文思。到江苏银行，耀平谈到南京房子合同的事、保险箱的事。我马上到申报馆，二弟说保险箱钥匙不在他身边，他有些火，要打电话。我拦住他，坐红汽车一直到文林路七姑家（土地老爷之妹）吃中饭。镇扬菜，好极了，可是今天天太热。气志成，我不唱曲子。饭后七姑爷为我们照相。回大姐家，见到一本《作家》，有谈画记，写春画。入浴，睡午觉，休息，看画报。太累了，晚上早睡，未吃晚饭。

7月22日　月

开校友会，在北京路湖社，人不多，茶点太多了，小孩子多。一同到胡山源家（集英小学）吃晚饭。校友会 ZJ 到了，才满月，有些晕，胡家她也到的。在胡家草场乘凉，很好，很晚才回。

7月23—27日

在上海，文思的病渐渐好了，可以在她们的图书室里会我了。人瘦了，医院不许她出来，不能腻，大家着急。我会校董们，想弄点钱，钱无着，自己倒又欠了债。买到画片，很得意，因为自己从未见过这类的照片。四姐病，扁桃腺炎，老丁的事别扭，大约心里不痛快。原说二十六号走的，未走，那天亦未见到文思，二十七日夜回苏州。三姐全家、四弟他们，就回苏州了。

7月28日—8月7日

回苏州后，以靖生病，是流行性感冒，热至104度。仍不能做事，暑期学校还要上课，一动就出汗。戴小棠又要钱，又要叫他儿子来，全是叫人生气的事。文思来信说病好了，已正式上班了。天热的夜晚不能睡觉，信债无法还。

8月8日　木

　　黄连珍来苏州，她在国立社会教育学院读书，今年已经要实习了，正好请她来教体育和兼女生指导。为了俞庆棠介绍我到社教学院去教书的事，我昨天到拙政园去了一趟，没有见到陈礼仁，今天又去。昨天和黄连珍一同去的，今天我一个人去的。东北街远的很，我坐车去，一千元到那儿，又不在，监考去了。于是到晏成去找。一进晏成，就遇见童光瑞，他带我们找丁景清先生，由丁先生介绍，见到了陈礼仁，说到历史先生聘定，我早就知道恐怕不行，没有谈及几句话，我就辞了出来。顺便到吴逸群家去，可是大门不开，从后门进去，谈了半天。自己慢慢走回来，正好吃饭。家里来了钱，只有九万元，还账还不够。给高干利息，我借她十万元。给夏妈五万，给小迪子二万见面礼（一直欠到现在未给），九万就没有了。下午没有出去，睡睡地板，没有睡着，写了几封信。今天下了点雨，天气稍微好一点。晚上在床上读《新婚性知识》，还不错，不是淫书。

8月9日　金

　　为三弟去拿钱，我真是糊涂，以为是阊门邮局，其实是护龙街。我坐了车子到阊门，先把汇给九妈的四万四千元汇出去，邮局说是护龙街邮局，一看可不是，只好再叫车到观前。取了钱，找到新华银行冯执中经理，他们的房子还没有全修好，八月十五号不能开幕。谈了一会儿，我又顺便到青年会看史镶哉，他还是那样，我很欢喜他，谈了一个关于乐益的事。快吃饭了，我辞了出去，在广州食品公司买了一瓶橘子汁，预备回家当茶吃，又买了一只大牙刷，坐车回来，正好吃饭。天气已经好多了，可是终究还是没有睡着，躺了半天，好像蒙着了一会。下午想到要补记日记了，于是只好把记的大纲，抄一抄，就这样不用心的工作，还是会令人出汗。晚上三姐、从文一家在我房里，看三弟的大照片簿子。中觉没有睡，我很倦，洗了澡就睡了。没有接到文思的信。

8月10日　土

早上我去请先生们，先到苏中找黄础先，他现在更瘦了。谈了一会儿，到观前大成坊巷15号找周曾炜先生，他病了才好，不能来吃。我又在观前买了美货鞋油、格力糖，又去发信。来家在门口，荣荣递给我文思的信，信上说她工作忙，想我，叫我真疼她。她跟我是不会享福的，因为我根本不会发财。下午睡中觉时，新华银行苏州分行经理冯执中来了，又陪他一同去见傅公雷，傅先生正在睡中觉，没有醒，也没有叫他，坐坐，我们就走了。我到伯乐中学去找朱公振来吃饭。信债还没有还清。六时多，朱公振先到，接着黄础先、顾某某、周侯于都来了，最后朱公振才来。在院子里吃饭，菜是高干做的，太咸了一点。饭后在院子里乘凉，等先生们散了，我们才洗澡。

8月11日　日

早上孝棣正在替我擦皮鞋时，二姐、四姐、小平来家了。许多人都哄了去，我不去，人太多了，没有意思。擦好鞋，丁先生又来了，带了翩翩——翩翩已经是一个大个子了，有了太太、有了儿子的人了。从学校回来，才看到二姐、四姐她们。她们说起文思，都说文思好，拿了十万元薪水还要寄五万元回家，拿二万元出去买皮鞋，结果只花了八千元买了一双布鞋，大家都说她会省，病人欢喜她，医院里的人也欢喜她。我听了自然高兴。下午戴小棠又来了，但不是一个人，还带了他儿子来，还带了一个朋友来，我生气。晚饭前，我们到观前，我、二姐、四姐、从文去的。她们小姐们买东西，我也已经买了两件汗背心，到广州食品公司吃冰砖，不好。三姐买东西送周侯于，从文先走了，我们三人又买了点东西。她们坐车，我把信送到项坚伯家，我走回来吃晚饭。我们先是二姐、三姐、四姐、我、四弟，在院子里乘凉，后来四姐说她要到楼上去，只剩我们四个人谈谈。三姐已经睡着了，还是我们把她叫醒的。

8月12日　月

一早在学校办公室，看看木匠做工，修前面那五间房子。看看报纸，预备功课，预备上国文，但从文回来了，国文让他上，我没有课了。四姐她们都出去了。下午和以靖在房里，在地板上铺了席子睡着，以靖倒睡了一大觉，我却没有睡着，只蒙了一会儿。四点之后大唱曲子，二、三姐都来四姐房里唱，后来三姐走了，我们就拍《秋江》，很好听。晚饭后，到院子里乘凉，大家又唱。她们都说我"淅淅沥沥"唱得好，后来我没有劲了，倒在高干的凉床上。早上写了不少信，信债又还了一部分。今天没有文思的信。

8月13日　火

天气时晴时雨，打了几个闪电，但一晴了天，还是不凉爽，闷人的很，事情又多。没有钱，戴小棠还要来替他的朋友要钱走路。早上我一到学校办公室，他就来了，和我老迁，站在办公室门口，讲得我口干腿酸，总之一句话，他要钱，我没有钱。下午睡中觉时，就闷心想，自己都欠了二三十万元的债，公家和我个人全在借债度日，他还要钱，哪里来的钱？现在真的是借债都借不到了，他还以为我们是故意的不借给他呢，再说也说不清。昨天和以靖一同睡在房里地下，今天还是和她一同睡在地下，还只有她是我亲的。四点多天阴下雨了，和四姐一同出去买东西，她穿了卞之琳送她的玻璃雨衣，但一会儿不下雨了，只好拿在手上。先到玄妙观去吃血汤，我吃了四块排骨，四姐只吃了两块。一路陪四姐买东西，电灯罩、火酒、小壶、插销、纸，一大堆东西，我们两人手上都拿满了。她要坐车我不肯，从护龙街走回来的。她的皮鞋上有钉，到一家鞋店打了一下，二百元。从通关坊回来，晚饭已经吃过了，夏妈炒蛋炒饭给我们吃，有皮蛋和泡豇豆，很下饭，四姐吃不下，我倒吃的很多。洗了澡，很惬意，逗以靖和小达子玩。我们唱唱曲子，先在院子里，一会儿到四姐房里唱《秋江》。但我不行，要睡了。下午接到文思两封信，现在我还是每天一早写信给她。

8月14日　水

也是我自告奋勇不好，到阊门去替他们拿钱，预备出去，却又有许多事要做。王遗珠打发人来要钱，我经手的有陆姨娘和周美珍的每人十万元，陆姨娘的钱有两个多月了，本来说还本的，现在利息都没有来，我马上又写信去催。……（此处内容被剪去。——整理者注）

我到院子里，四姐还说："是你自己不好，应该说请坐一坐，我去吃饭。"我真有些气，鸡蛋炒饭还是吃了。晚饭后，和孝棣、孝乐到皇宫附近走一圈。到家唱曲子，没有唱几支，我就没有劲了。……（此处内容被剪去。——整理者注）

累，把衣裳脱脱，发现昨天向三姐借的五万元，少了一万。昨天当时就还了王遗珠二万，替陆姨娘垫的利钱，今天早上还二姐一万，四姐一万，应该还剩一万，可是没有了。问问四姐她们，她就不高兴了，在吃饭桌上她大说我小气，丢她的面子，因为当着传镇的面说钱丢了。我真是一肚子气，但看一大桌子的人，假如和她争，一定要吵起来，我一句话也没有说，吃了一碗饭就走了。到房里睡觉，一觉睡到四点。孝棣、孝乐来，孝乐会顺，知道我中上没有吃，马上冲奶粉、拿面包来给我吃。睡了一觉，我气消了，想想钱并没有丢，我给了夏妈一万元。孝乐走了，孝棣坐在小凳子上，我睡在地上，我们谈张宇和、张静和的事，一直到吃晚饭。夏妈又下鸡蛋皮给我吃，吃的很开心。二姐、四姐又都出去买古董去了。我又吃了两碗稀饭，洗了澡，和孝乐、孝棣到南园上去走走，谈谈。从乌鹊桥上去，燕家巷回来，孝乐怕狗咬。一路上孝乐也和她姐姐闹张宇和，人在恋爱的时候，总是这样的，又怕人闹，又欢喜人闹，自己嘴里不知不觉的就提到某某人的名字了。到家已经九点了，她们才回来，带了大批的古董，三姐叫我去看，二姐买了翠玉和香口袋，四姐买了许多小碗和红印朱，从文又买了许多蓝花的盘子。大家看古董玩，玩得很久。

8月16日　金

决定明天到上海去，想早点去看看文思。下午到观前买票，买的是明天早上七点十二分的慢车，因为文思来信说，她每天十一点下班就没有事了。我预计十时半到，十一时就可以看到她了。我仍然还是小孩子的样子，要走了总不定心，许多事要交代，晚上没有睡好。

8月17日　土

四点就醒了，收收东西，替文思带一小包衣裳，我自己只带了一个手提包。六时动身，在门口叫一辆车，一路上非常清静，到车站才六点半。我因为没有吃东西，在车站边的一家小茶楼上吃了一碗什锦素面，定定心心的进站。车子没有误点，只有早一点到，二等车人多，我上了三等车，居然有座位。开车我就看看《聊斋》，倒也还不着急。十时坐洋车到仁济医院，正好十一点。上了三楼遇到文思下班，手里拿了一杯牛奶，自然是让我吃了。她穿了一套旧的衣裳，憨憨的，倒没有瘦多少。没有说几句话，我就让她进宿舍去换衣服。我把东西存在她处，我挂着一同走到大马路，想到大新公司去吃地下餐厅。但是没有饭，我们就在"新雅"吃，"新雅"有冷气，还舒服，我们把三样菜都吃完了。出来到"永安"，为文思买把阳伞，下雨出太阳，都可以用。回到医院取我的东西，一同到大姐家。她要到晚上七点才上班，可以陪我玩半天。大姐家下午没有什么人，我们在三楼小屋里腻了半天，天热，腻起来也不太好。时间也快的很，文思已经到应该走的时候了，我送她到医院门口。晚饭后，我到二姐家，耀平不在，ZJ在，睡在二姐她们床上，在生病。他家三姐、四姐都在。我们大谈苏州房子的事，因为耀平他们出国，老太太、四姐要到苏州来住，二姐、小平现在还在苏州，没有到上海来。她们三位小姐都好像欢喜我，和我大谈一阵，她们留我不让我走，我反正好说话，就在三层楼上睡了。宁弟很迟才回来，我还没有睡着。

8月18日　日

和小弟谈，小弟有许多地方很明白。我和文思约好的，她早上起来就到大姐家。小弟为了三弟音乐会，一早就到大姐家去了。我起来看看ZJ未醒，我也要走了，在楼下吃了牛奶、面包，坐洋车到大姐家，他们家人都才起来。吃早饭时，文思才来，她昨晚是七点到十一点的班，今天休息一整天，可以陪我大玩了。早上没有出去，赖在床上，我坐在床边和她腻，亲热了一上午。下午我们暗暗的商量，到"兰心"去看话剧《春寒》。去买票，居然还有，就是位子不好了，在边上，但也还是五千元一张。戏是苏秀文主演的，许多角色都还不错，我觉得老医生和大骗子、小骗子都好。编剧宋云，导演洪深。戏一直到六时才散。去霞飞路上华东俄菜馆吃饭，菜不见得佳。两人吃了一瓶啤酒，我只吃了一杯脸就红了，文思比较能吃，让她多吃了一点。饭后去法国公园玩——现在改叫复兴公园了，人多极了，刚好又有飞机展览，草全给人踏了，瘌痢头似的不好看，别的地方也好像和以前不同了。民国二十一年，我们在上海时，那时在辣斐德路中公读书，常到法国公园玩。人太多了，无趣得很，我们坐三轮车回医院。我学美国兵，在车上搂着她，不时很快的吻她一下，她总是怕，其实又有谁来注意你呢？在她们宿舍外走廊上，和杨长华、陆榴明大谈一阵。回大姐家，洗澡睡觉。

8月19日　月

外出为三弟音乐会销票，红汽车挤，先回徐家汇，到大世界下电车，回鲁班路赵景深家、胡嘉家，刚回来，谈起老苏一定要到合肥去的事。到中华职业教育社，杨卫玉不在，坐洋车回大姐家。人少，传芳在唱《草地》。睡不熟，三时，和文思约好的时间，到仁济，已经是四时了，文思在她们的图书室里等。和陆大姐一同到沪光买票，时间未到，到霞飞路"万明"添印十人照片。回电影院，电影还好玩，有趣。大三元，炒面，炒饭，我和文思吃得多。陆榴明谈她婆婆和他们家的事。不逛"大世界"了，走路回医院，我和文思走一段，叫三轮车到老伯伯家。车走错路了，兜圈子，我们但愿如此，我给了四千元车钱。文思不熟，在老伯伯家不大自然。小红的一对，姑爷的英文，请吃冰棒。电车到抛球场，车上人少，文思没有精神了。到仁济，红汽车归。浴，二弟、三弟都没有回来，我睡另一间小房，不眠。

8月20日　火

早起，找巴金去销票，摸到霞飞坊，一直向西走，到杜美路。洋车到二姐家吧，四弟昨夜到二姐家。耀平在和二姐吵，ZJ病了，睡在老太太房。周四姐叫我送ZJ入中美医院，似乎不得不送。三轮车上，谈病情，生孩子后，吃中国药，血不正，没有神，晕。挂号，十一时，不挂了，说情的，等等，倦，住医院。我办入院手续，缴了五十万元，三零七头等病房。打电话给周四姐。我不肯吃饭，她说我怕，我没有惹她，她大约有些想我惹她。我走，她得牙。洋车到小馆子，吃罗宋饭，八百元，面，一千二百元。新源公司，宏斗，王总经理，震欧，捐款等事。为三弟销票。到仁济，文思刚睡起，同到"大世界"。哈哈镜最好，值一千元，别的都不行。到中华职业教育社，找杨卫玉，不在。在路上买皮包，青色的，我们两个都中意的，买零碎东西。霞飞坊59号，找巴金，不在，遇四弟一人，他不和我们走。和文思在小店吃杨梅冰、汽水，甚佳。回大姐家，略腻。早吃饭，定和音乐会的预演，我们最后到懿园。忙乱，人多，熟人多，赵表叔，孝粹漂亮。钢琴不来，大家急，来了是坏的，另一架小的。开会迟，飞机声，跳舞厅，音乐声。文思十一时到七时的夜班。先走，和陆大姐、曾宪恩出风头，我们最后回，大汽车。二姐回家又和耀平吵，一点了。

8月21日　水

二姐大发议论，批评三弟的音乐会。太倦了，一直睡，睡到吃中饭。四弟和我一同回苏州，他去新源公司拿票子去，三弟到车站接王令诲。房中没有人，文思来，我理东西，带一点放在大姐家的。吃面，一同出懿园，遇三弟和王令诲回来。和四弟一同到车站，五千元的三轮车。抢上头等车，看报，十二时到苏州。家，浴，吃饼干，奶粉，睡不着。

8月22日—9月20日

又是一个月没有记日记。这一个月也是忙，从上海来家之后，忙招考，忙开学，忙上课，自己的事一点也没有做，日记更是丢得远了，几次拿起笔来写，总是麻烦的事来扰。譬如我刚拿起笔来，三姐送信来了，我不得不放下笔来和她说几句。从上海回来，一直就好像没有开心过，别人看我好像没有事，其实麻烦的事全是看不见的。说是真正有事，又说不上来，但一天总不得空，每天会十几个客，接头几件小事，时间就过去了，自己的事一点也不能做。以前我是最热心记日记的，现在连这点热心也没有了。写给文思的信，也总是抽空写的，大约总在每天天一亮的时候。家里的客人也实在是多，总是来往不断，这个来了，那个走了，那个来了，这个走了。许多客人是我们乐意招待的，还有许多是我们不乐意招待的，不乐意招待的也没有办法，只好招待。到我们这儿来过的客人有卞之琳、李方桂太太徐樱和另一位李太太。前一阵子，还有戴小棠整天缠着我要钱，现在他想通了，又不要到镇江去了。凌海霞带了凌宏来，住在乐益楼上，凌老太太也住在崔家。前两天，I又带了两个孩子来找房子，一定缠着我，叫我给他们找房子。临走时又叫我送她上车，而且又是赶夜车。我们坐在火车站边上的茶馆里，她一定要告诉我她在南京的浪漫史。我其实已经很累了，对于这种爱情上的事，并不热心去听，但她一定要说，我只好听了。说一个叫张新亚的同事和她跳跳舞，跳上了，晚上就爬窗子跳到她房里来，引起他太太的嫉妒，闹了纠纷。我就知道，有许多事一定是她疯疯傻傻的惹出来的。她现在已经是四个孩子的母亲了，可是似乎有些装小，譬如我不送她到车站，她就带了孩子睡在我床上，不让我睡觉。我是没有办法对付她，她自己说的，一个女人只要自己皮老，什么事都好办，这还有什么话可说呢？她来找我，完全是利用我找房子，我明知道她利用我，但我却不能不被她利用，这就是做男人的弱点吧。其实她从来也没有一点好处给我，假如我曾经和她有过什么关系，那么让她利用一下也未尝不可，可是我们一点关系也没有。四姐是最不高兴她的了。她走后，在中秋节前一天，九妈又赶回家来了。她一来，家里似乎都不大高兴她。她来时，I刚走，二表姑、四弟也才回合肥没有几天，都没有碰上。因为楼上当中房间是空在的，我说就让她睡当中房间吧，在五弟房隔壁，自然五弟很不高兴。过一天他就对我说，他们要搬家了。九妈来，带了不少月饼来，中秋节那天没有月亮，大家在客厅里开同乐会。郝春德也刚从昆明赶来，本来阿郝没有来的时候，七姐一天到晚迂，阿郝来了，七姐自然高兴了，忙也忙得很有劲的。大家唱歌，先从小孩子们起，以靖、达子、毛毛、小虎、小龙、小平全都唱了。大人［中］三弟唱歌最受欢迎，其余的人都没有唱。阴历八月二十是爸爸的忌日。那天早上，妈妈来说起，我们马上买菜，买锡箔来折。妈妈一天似乎都不乐，我想到"早知今日，何必当初"这两句话，以前妈妈待爸爸的确不好，现在她自己懊悔也来不及了。祭是我祭的，没有大照片，就向空气祭，在堂屋里，借了香炉烛台来的，我们还叩了头。顾志成刚好在这儿，也鞠了躬。顾几次来，那一天他临走的时候说："这所房子还是我弄回来的呢，东西放在这儿都没有人负责。"又对凌先生说："房子是我弄回来的，住两天又有什么关系呢？"这话的口气全是很坏的，叫人生气。他先陪二弟来看家具，二弟先预备在十一月一日结婚，在顾家三楼，和朱永瑜小姐结婚。朱小姐我几次到上海都没有见到她，到苏州来，照片带来了，我们都看到了，很娇小。后来我和二弟在红星茶室，谈到她才二十五岁，皖南人，从小寄养在她姑母家，父母现住在常熟，人只受到初中教育，但人性子大约也很好，说什么事都会做。看到照片，也像个能干人的样子。二弟挑的一堂家具，在谢衙前，一共一百多万，是榉木的，花样我不太喜欢，不过还便宜。最近知道消息，二弟又改早了，在十月十一日。二姐、耀平十月十二日动身，本来没有听到二弟有女朋友，他们倒这样快就要结婚了。我们呢，文思也来信说："二哥要结婚了，他的未婚妻又比我漂亮，你有什么感想？"我自然有，我自然也想到要快一点结婚，但事实上不可能，我一定要等到我不做乐益校长的时候才能结婚。现在学校没有办好，公中的经济都没有办法，我怎么能结婚呢？结婚一定要我自己心情上十分安定，事业上有了一点基础，经济上至少不要像现在这样窘才行。不能再像在昆明时和凤竹结婚那样，结得我只想哭。结婚原来是件乐事，把它变成一种不得不做的事，就苦了。我很想文思，她也想我，我为什么不能马上就结婚呢？还不是为了钱吗？她还需要做事，她做事现在每月可以拿到二十一万，这钱有一部分可以借给文彭。我需要把乐益办好，我至少要把乐益办到不贴钱，就算好了。有时我性欲很淡，我觉得我不要女人也不要紧。有时我又感到，我的性欲很强，非女人不可。近来倒不大失眠了。先是在中秋节的时候，天还很热，后来一连下了几天雨，马上就冷了，穿单衣裳已经不行了，非穿夹衣不可。天是一天一天的在冷下去，我的冬衣还没有办法，好多年都没有棉袍子了，一直是在穿老布棉衣大衣过冬天。那年刚回家，在老圩子，一件已经穿了几年的破棉袍给女佣人李泽华拆坏了。凤竹在骂佣人，我劝她，她说："不要紧，我看你今年冬天仍然没有棉袍子穿。"后来，过冬天，到夏天，她就死了。冬天我住在立煌，没有棉袍子，几年来就一直没有穿棉袍子。只要一提到棉袍子，我就想到凤竹，今年冬天我不知道我是不是仍然没有棉袍子穿。学校九月七日开学，九月九日正式上课，一直到现在为止，有九十几个学生，还没有到一百人，我心里总不满意，希望今年有一百几十个人就好了。教员今年特别多，原来的除了四姑不来，其余的差不多都来了，也有为了要住房子而来义务教书的陶秋英①先生。她先生云南时，就有信来说，怕来苏州没有地方可住，后来他们全家到上海，又有信来问，可有地方好住。我于是去信欢迎他们来，是她自己来一趟，看了一下回到上海去了，过了两天他们全家都来了。亮夫先生也来了，我对他们夫妇特别有好感，我觉得他们都还直爽，不阴刁，比较好处一点。他几次来送

---

① 陶秋英（1909—1986）：江苏吴江人，文史学者、诗人、书画家，南社诗人陶神州的长女。少时即以"骄花宠柳"与柳亚子并称。1926年考入上海持志大学，在校时与姜亮夫相识相爱。1931年考取燕京大学研究院。1938年8月，与姜亮夫在上海举行婚礼。1940年后，先后执教于成都华西大学、三台东北大学、云南大学和浙江英士大学。

了以靖许多东西，叫我不好意思，只好送他家小英一件小衣裳，才花了几千块钱。他家小英病了很多时候，现在瘦了，但是还是很好玩。亮夫先生我们很谈得来，四姐也欢喜他们夫妇。可是为了他们要三间房，五弟不高兴。我现在觉得，五弟总有些故意和我闹别扭似的，许多事他不照我的意思做，我所说的他一定要反驳。其实他自己全无理由，但是他一定要固执，不依我。三姐住在楼上东边大房里，她教两班英文。从文已飞往北平了，来信老说北平好，三姐又马上 [有] 要到北平之意。对于学校，她似乎很少热心，她之到苏州，可以说是全为了小龙、小虎读书，在乐益教书，也只是客串性质。我上次说要她当教导主任，说了许多话，她再也不肯答应。三弟自在上海开音乐会回来，也没有剩下钱来，他算是回来休养的。但我们捉住他，请他教校歌，因为校歌是他谱的。四姐最糟了，一来家就病。先在上海病了一阵，来家好了，为了陪李方桂太太看俞振飞的戏，又犯了胃病，不能吃东西，每吃一点就胀的难过。她自己好像很害怕似的，我带她到陈明斋那儿去看，她说不要紧，吃点药，躺躺休息休息就好了。可是现在三四天了，她还没有好，她又不听话，总是要起来写字做事。我为了凤竹，我真是怕人生病，别人一生病，我就替他们着急。这两天我老是逼着她吃药吃香蕉，要她大便。这一个月来很少高兴的事，勉强说叫人高兴的事，就是国立社教学院要我去教三小时的"中国通史"。本来俞庆棠曾有信给陈礼仁，我也曾去看过，他说没有机会。最近他们一年级到栖霞山，有一班二年级要补上"中国通史"，所以来找我。聘书已经送来了，还是副教授名义，不过是兼课的，恐怕没有多少钱。但使我和大学不至于脱节，这仍然是好的。九月起，伙食由我管，家里现在常住的人有五弟、我、三姐、四姐、妈妈，似乎大家都不太能合作，大家都是个面子，这种局面，我觉得不能维持长久。

二姐冒冒失失，就为小平又要回来进苏中的事，我也不知跑了多少趟。不过周耀平倒是个好人，二姐常和他吵，但是太冤枉他了，耀平就是太仔细了一点，别的为人什么都好，是我们姐夫中最好的一个。从文这次来，比以前我们在云南那时态度似乎好多了，三姐也敢待他凶一点了，他的气焰也不高了，姐夫中以他算是第二。家中既然有许多你不快活我不快活的事，这家庭就不会弄得好。我老想等将来学校办好了，家一起送给学校，这个家是爸爸的，爸爸一心一意要办学校，毁家兴学，爸爸真可以当得起。我们把学校办好了，爸爸在地下也会高兴的，这个家留在这儿迟早也总是烦，不如一起捐给学校干净。我自己很想在小花园造几间房子自己住，等自己老了，我叫四弟回去替我买田，买成了我想在苏州置一点产业，作为我养老的地方，虽然现在还不应该说到养老、舒服两个字。我现在自己的计划是，半年或一年之后，一定离开乐益。我一定要离开乐益之后，才能有生路。不想在苏州结婚，我想带文思、以靖、夏妈，四个人有一个小小的家。我想到北平，想到青岛，想到昆明，苏州太叫人麻烦了。我怕做行政上的事，可是却非逼着我做行政上的事不可，哪一天不当校长，也就算是我出头的日子了。五弟对于学校的事，好像也还热心，可以让他当校长。我心里想，将来苏州的家让给五弟一家住，事情就比较简单多了。和文思现在写信，都是抽空写的，信上也写不出什么好的事来，全是些叫人发烦的事，都是些摸不着头脑的话。有时我真觉得对于女人，谈爱情，我都没有兴趣了，觉得我自己已经老了。文思写许多热情的话来，我总觉得她是个小孩子，自己勉强打起精神来，写一些情话，自己都觉得好笑起来。我真不知道我自己到四十、五十会不会像老油子那样的、我们觉得的坏人。不过现在我自己对性欲很冷淡，我忙我整天不顺心的事，这些事阻扰我的性欲的发展。现在我没有机会看书，一睡到床上就想看一点我从上海买来的性史、春宫之类的，别的书再也不想看了。我这半年来真是退步了。

9月21日　土

第二周已经完了，先生已到齐，课全开始上，篮球场在动工了。我仍然要教一班国文，六小时，五弟倒可以不上课了。四姐病，胃还没有好。昨天陈企文、陈韵兰她们来，她又起来和她们应酬，吃了一点牛肉汤，又不好了。我今天不要她起来，要她躺着。平常我都没有课，今天没有课，昨夜把日记翻出来，放了一小桌子，也没有翻看一点就睡了。我睡的床是刘家的，那天刘庆春来拿去了，我只好自己到学校里去抬了一张宿舍床来。臭虫太多了，一夜未睡，打了滴滴涕才好一点。今天在我心里的结是：一、凌老太太要学校后排楼下最西面一间房，五弟已经封起来，预备将来家里来客住；二、LZQ来信说在南京找到房子了，房子不要了，但我替她垫了十万元定金已经付了。早上想吃点面，叫夏妈买了五百元的面来，还是四个人吃的，我、妈妈、三姐、三弟。写写日记，又写了两封信，一封给文思（给小金大姐带到上海去发），另一封给I。伙食上已经没有钱了，还有十天工夫，这也是一个结。今天天阴下雨，本想出去剃头洗澡的，把身体清洁一下，但下雨就没有出去了。下午我去看四姐，她躺在床上哭，她心里很难过，我无法劝她。看她老是看她手上的那个老D送她的红宝石戒指，我知道她一定在想老D，但老D也真是没有办法。凌海霞叫妈妈去崔家打麻将，引起家里大家说话，本来学校里是不好打牌的。许多事都是问题。下午没有睡中觉，写日记。我昨天本想到上海去的，现在不去了，想星期一或者星期二去上海一趟。我不去的原因，是为了四姐病，她生病，我打心里着急。

9 月 22 日　　日

昨晚看看《性史》都不行，要睡了。早上天还是阴沉沉的。上午在家改二年级的作文卷子，一上午也改好了，只有二十五本。早饭吃了两碗，一会儿夏妈又下鸡蛋皮给我吃，吃了一点，给四姐了，我吃的不过瘾。下午我出去剃头，先到范庄前，去催二弟的木器。又在杂志公司翻了半天的书，陶秋英退回我们的给的兼课的三万元，我想拿这笔钱来买点新书，希望阅览室马上开放，也好让学生们马上就看书。我自己翻了半天，买了一万多块钱的书。到宫巷，先剃头，后洗澡。观前街上人多，大家都穿了秋天的衣裳，前几天还是夏天，现在就是秋天了。洗澡时，又吃了一碗馄饨，肚子不饿了。捏脚很过瘾，好久没有到澡堂里洗澡了，让擦背的擦一下，心里总以为要干净一点。回家，傅和来我们家吃晚饭。四姐还是瘦，我要她多休息一下。我平常很少上楼，晚饭后上楼和孝乐玩一下，她叫我教她几何，孝华也叫我教英文。下来又在四姐房间里讲戏给她听，她听听就快睡着了，我也就走了。

9 月 23 日　　月

今天开始升旗、早操，纪念周我讲了大半小时。本来说上午要出去的，我预备明天到上海去，许多事要有一个结束，还要到银行去替四姐、夏妈结账。可是下了纪念周，在四姐房里一谈就谈了三小时。我们两个人话最多了，最谈得来了，每到一起大家都可以放松，什么话都可以说，我们现在好像是一对很好的朋友，她就是最怕我闹。午饭后上了课，马上到观前，先买票，是明天八时五十分的慢车，这样上午可以到上海。买了票，到新华银行，替四姐取利钱，替夏妈存款。等了一下，就坐了一小时，和蔡俊明谈，也谈不出什么所以然来。等等，实在是等着急了，后来总算是好了。到大同，替二弟买了几双绣花鞋面。四点还要开第一次校务会议，赶紧坐车回学校，学生们正在上课外运动。四点半在阅览室开会，大家情绪都还好。晚上去家里堂屋里吃开学酒，菜是"义百福"的，还好，吃到好菜，我总是送一点到房里去给四姐吃。饭后理理东西，和各位先生谈谈，还很高兴的样子。陈世雄是回教，不吃饭就走了。这两天没有接到文思的信，她一定在等我去，索性不写信来了。其实我一直拖到今天都没有去。我早课是请妈妈代的，反正只有一班国文，我希望睡个好觉，明天好上路。

※※※※※※

这是第二十九本日记了。这次胜利之后，回到苏州来，最快乐的事就是还能够重见我以前的旧日记。翻看旧时的日记，虽然会引起我的旧伤痕重新裂开，但同时也唤起我的追忆、以往的欢乐。有时我好像看小说一样，觉得这像是别人的事，我还觉得我自己这样的傻，做出那些傻的事来。旧时的日记依旧，但旧时的感情却消失了，变了。我现在自己三十二岁，照例说应该还很年轻，可是我有时却有老的感觉。譬如说，我对于爱情上的冷淡，性欲上的不旺盛，对于各种事情的不热心，欢喜安静，欢喜清闲，老想能做点轻松的事就好了。这些感觉全部是三十几岁人所不应该有的，可是我却全有。在外貌上，我的头发也和五弟一样，渐渐的在秃了，脸上也有许多地方在打皱纹了。翻到我十几年前在清华读书时的照片，我觉得我一生最旺盛的时光已经过去了，那时我一点也不胖，瘦瘦的，自然比现在漂亮得多了。虽然有老的感觉，但同时却又有许多地方，自己觉得仍然不失童心。譬如说，对于一件小孩子玩具的热心，为小虎买一只小枪，我老是想去放它，因为那支枪一放，就会吸住在墙上。为李方桂太太的儿子买一只小船，点火会像汽油船似的突突地响向前走，我会看得很出神。四姐常说，我看到一件好玩的东西，会打心里面发出一种孩子似的笑容，非常有趣，常拿我开心，我也愿意这样。不觉之中，我是很年轻的，但自己的意识却是老了。现在藏在我脑子里盘旋的几个问题是：一、何时结婚？在我看来结婚似乎是一件应该的事，却不一定是必须的，因为我不结婚，似乎也可以活下去。自然，我知道结婚总比不结婚好，可是叫我全副精力的去筹备结婚，现在还办不到。二、学校经费的问题。这半年，学校要亏空一千多万元的样子，这笔钱如何去筹？这是我今天到上海见董事长的最大原因。不过我对于筹款的希望甚少，我看弄的不好，还得家里贴钱才成。家里公处没有得贴，我想我自己卖了田，也得贴一部分出来。三、我知道家里别扭是不能避免的。照我最初的想法，这么多人，每人住一个家，而且不在一个地方，这样十个人分散住，随便到什么地方都可以，有得住的，有得吃的，每一处做几天客，这样大家就和和气气的，不会闹意见，否则是会弄不好的。四、四姐的婚姻问题，也是我心中的一个结。她要是好好的，能和一个人结了婚，我也就安心了一点。现在她对老D很好，可是老D自己家却又有许多麻烦事不能解决。我知道她心中很苦，愿意快点结婚，有时她也装硬，不肯说。五、自己的出路问题。我不想当乐益的校长，半年一年之后，我一定得离开苏州，离开苏州结婚，或者是结婚后离开苏州。到哪儿去呢？现在还没有决定。六、凤竹我还不得忘记她，可是自然淡了许多。文思不能替代凤竹，文思是文思，凤竹是凤竹。凤竹之死，是一种损失，文思之来，是一种所得，好像拾了一件夹衣，补上一件棉衣，总是有些不同吧。

1946 年 9 月 24 日，清晨

（第二十九本结束）

张宗和年谱简编

1914年　5月18日（阴历四月二十四日）生于上海。

1923年　就读于苏州第一师范附属小学。

1924年　就读于上海尚公小学。

1925年　7月，毕业于苏州一师附小；8月，入苏州平林中学。

1926年　2月，入苏州县立初中。

1928年　7月，毕业于苏州县立初中；9月，入苏州东吴一中。

1931年　7月，毕业于东吴一中；8月，入东吴大学读书。经常为《水》写稿子。

1932年　2月，入上海公学读书；8月，入清华大学读书。

1935年　参加俞平伯主持的清华谷音社，成为该社主要成员。

1936年　7月，毕业于清华大学文学院；8月，在乐益女中教书。在青岛青光曲社参加曲会活动，并认识孙凤竹。

1937年　8月，在南京励志中学教书，"八一三"后逃到合肥乡下居住。

1938年　在汉口军事委员会伤病慰问组犒赏科报销组工作，任股长。

1939年　2月，在昆明和孙凤竹结婚，后去云南宣威乡村师范教书。

1940年　7月，大女儿张以靖出生。8月，到云南昭通国立西南师范学校教书。

1942年　8月，到云南大学教书。11月7日，昆明三大学昆曲研究会成立，为主要成员。

1943年　2月至8月，在云南大学教书，在南英中学兼课；8月，到重庆金刚坡扶轮中学教书。12月，回合肥。

1944年　2月至7月，在肥西中学教书；8月后在安徽学院教书。

5月11日，凤竹逝世。

1945年　在安徽学院教书。

1946年　2月至7月在乐益中学任校长；8月后，在社会教育学院兼课。

1947年　1月16日，和刘文思结婚。5月至7月，在南京中央社任职；10月，到贵州大学任教。10月5日，二女儿张以端出生。

1948年　在贵州大学任教。

1948年　3月至次年　11月，在花溪清华中学兼课。

1950年　11月29日，三女儿张以𰥛出生。

1951年　该年　至次年　2月在重庆西南人民大学政治研究班学习。

1953年　4月调整到贵阳师范学院，但仍然住在花溪贵州大学。

9月到贵阳师范学院上课。10月，搬到贵阳师范学院照壁山下新址。

1956年　参加少数民族社会历史调查。暑假到北京开会，托沈从文购买文物。

1958年　"整风"第四阶段，受到全院批判。

1966年　6月初被揪出为"牛鬼蛇神"。

1977年　5月15日在贵阳病逝。

张宗和曲事本末

张宗和（1914—1977），业余曲家，历史学教授，籍安徽合肥，生于上海，居苏州读书。其父及姐弟皆雅好昆曲，受家庭熏陶，师从沈传芷、周传铮学曲，习昆小生兼坤旦，并擅吹曲笛。

1932年9月，考入清华大学历史系。

1935年2月，经同学殷炎麟介绍，参加俞平伯教授主持的清华谷音社活动，成为该社主要成员。其间向"兴工"笛师陈延甫学《硬拷》《乔醋》《拆书》诸曲，携其姐张兆和、张充和参加谷音社同期聚会，曾清唱《楼会》《游园惊梦》《拾画》《问病》《看状》《小宴惊变》等曲。

1935年11月，曲家俞振飞莅社，称赞其嗓音好，并亲为其摩笛唱《絮阁》。

1936年6月，在盛大的谷音社第五次公开曲集上，与陶光合唱《折柳阳关》（饰霍小玉）。

1936年7月于清华大学毕业，旋离北平。同月，在青岛青光曲社认识青年女曲友孙凤竹（扬州人，习坤旦），后结为伉俪。

1936年11月4日晚，在苏州大光明戏院与张充和演《情挑》。

1942年10月初，应聘执教于昆明云南大学，任讲师。与陶光等广泛联络云南大学、西南联合大学和呈贡中法大学教职员及家属中的曲友举办曲会清唱活动，并鼓励学生课余习曲。

1942年11月7日，昆明三大学昆曲研究会成立，到位代表二十余人。在曲会清唱活动中，为曲友吹笛伴奏，在为学员拍曲活动中亲自传授了

《琵琶记·南浦》等出，孙凤竹则示范了《牡丹亭·游园》等出。在同期活动中，夫妇常合唱《折柳阳关》《受吐》等出。曲会曾应邀在西南联大国文系用曲牌联唱的方式清唱全本《牡丹亭》，张宗和唱《学堂》[一江风]。曲会还多次应昆明广播电台之约前往清唱播音，张宗和司笛，并曾唱《扫花》，与张充和合唱《游园》等。

1946年9月，到贵州花溪贵州大学执教，任副教授。在贵州大学期间，登台演出过《豆汁记》，唱腔委婉，表演细腻。

1949年年末，历史系创作一大型反霸京剧《大闹周家庄》，特请担任艺术指导，他除点拨调度外，专门为演燕青者设计一支[一江风]唱腔。先在校园演出，后于新华电影院公演，爆满。

1953年院系调整时，转入贵州贵阳师范学院（即今贵州师范大学）任教授。其间传授昆曲学生先后有徐家玲、全琼瑶、周忠珍、凌令时、张清和、赵德琳、张申兰等。曾排演《牡丹亭·学堂》等戏。

60年代初，被省艺校聘请，第一个在贵州开讲"戏剧史"课。又对京剧班学生卢碧霞、张佩篯、周百惠等教唱昆曲吐字发声，连名旦朱美英、张文琴也到堂学习。经常在报刊上发表一些戏剧评论和有关昆曲知识的文章。

1973年重游昆明，得晤昔年老曲友吴徵镒、张友铭等，为吹笛唱昆曲。

1977年病逝于贵阳，享年六十三岁。

昆明三大学昆曲研究会（1942—1947），业余曲社。1942年任教于云南大学的业余曲家陶光、张宗和等联络云南大学、西南联合大学和呈贡中法大学教职员及家属中的昆曲爱好者多次举办清唱曲叙，并吸引、鼓励学生课余习曲。在此基础上，酝酿组成昆明三大学昆曲研究会。1942年11月7日晚召开成立大会，到会三校学生十五人，教职员罗常培、姜亮夫、崔之兰、许宝騄、张友铭、陶光、张宗和、陈盛可、王逊等出席。通过会章后，罗常培讲演《昆曲之源流及演变》，陶光亦讲演，曲友每人唱一曲以为余兴。嗣后为学员开设拍曲活动，如陶光教唱《闻铃》《哭像》《扫花》《三醉》等，宗和教唱《南浦》《折柳阳关》等，孙凤竹（张宗和夫人）教唱《游园惊梦》等，许宝騄教唱《刺虎》等；还陆续开设《走雨》《思凡》《拾画叫画》《花报》《瑶台》《夜奔》《弹词》《山门》等剧目，习曲的学生逐渐增多。唱曲时司笛主要由张宗和与浦江清担任，校外曲家查阜西、许茹香等积极参加并为之伴奏。1942年11月18日晚，曲会应西南联大国文系之邀，以曲牌联唱的方式前往示范清唱全本《牡丹亭》。系主任罗常培致辞，游国恩亦讲话，张宗和唱《闹学》[一江风]，罗常培唱《闹学》[掉角儿]，袁家骅夫人唱《游园》[步步娇]，陶光唱《寻梦》[江儿水]，许宝騄唱《拾画》[颜子乐]，袁夫人又唱《硬拷》[折桂令]等。曲会还多次应昆明广播电台之约前往清唱播音。如1942年"双十节"播音：萧某唱《刺虎》，罗常培唱《弹词》，崔之兰唱《游园》，张宗和唱《扫花》（本次由查阜西、张宗和司笛）；1943年元旦播音：张充和、张宗和合唱《游园》，吴徵镒唱《夜奔》，学生合唱《南浦》（本次由浦江清、张宗和司笛）；1943年4月24日播音：朱德熙唱《拾画》，王年芳、汪曾祺合唱《南浦》，许茹香唱《看状》，孙凤竹、陶光合唱《折柳阳关》（本次由张宗和等司笛）。曲会举办的同期活动如：1943年5月9日下午同期（有鼓板、小锣、二胡等伴奏），张友铭、朱德熙合唱《南浦》，王年芳唱《拾画》，孙凤竹、张宗和合唱《受吐》，罗常培唱《闻铃》（陶光开白），陶光、王年芳合唱《扫花三醉》（带白），沈有鼎唱《八阳》（带白），浦江清、许宝𬳿合唱《赏荷》，萧启元唱《夜奔》，浦江清、孙凤竹合唱《长生殿·小宴》（带白）。零支曲目还有许宝𬳿唱《刺虎》、张宗和唱《思凡》、许茹香唱《刀会》等，集一时之盛。迨抗日战争胜利后，西南联大结束，各校复员，众曲友相继离滇，曲事活动渐冷落。至1947年10月陶光辞云南大学，赴台湾大学任教，曲会停顿。

整理后记

张以湣

父亲的日记，现存有七十三本，大大小小，薄薄厚厚，记录了父亲从十六岁起一直到六十三岁逝世一生的经历和生活。这些日记也跟随着他，历经了种种痛苦和快乐。抗日战争时期，父亲连夜逃出苏州城，没有来得及带走自己的日记，这些日记被丢在了苏州的家中。后来他又辗转逃到了合肥乡下，从合肥乡下又到武汉、广州、长沙、贵阳、重庆，最后到云南，在宣威、呈贡、昆明教了几年的书。抗战胜利后，父亲回到了苏州，他总以为这些日记是不见了，后来居然找到了，父亲是多么欣慰。"文革"期间，我们家的书以及父亲的信件、日记等等，通通都被抄了去。1977年父亲去世后的几个月中，被抄去的东西陆续还了一些回来，其中有六十三本日记本。"文革"后期的一天，我在路上碰见一个工人，他说他住在我们家原来的老房子里，房子里有许多书和本子，他们也没有什么用，如果我们要的话，让我们晚上去拿。那时我们已经被赶到照壁山半山腰的工人宿舍，我回家告诉父亲，他高兴极了。当天晚上我和父亲拿了扁担和箩筐，悄悄地下山，来到我们家的老房子里，看见厕所里杂乱地堆满了线装书和笔记本。我和父亲整整抬了两箩筐。回到家里，父亲整理出了十几本日记本以及一些信件，他喜极而泣地说："终于又回来了！"

有人说，日记是一个人的独白。父亲说："日记是给我自己看的，有时候我看我自己的日记就像看小说一样。"我看父亲的日记，觉得他写得那么天真烂漫、坦白真诚。在许多本日记的扉页上，他都写着自己对别人偷看他日记的气愤。父亲母亲、兄弟姐妹乃至同学，都去偷看他的日记，父亲真是好脾气，虽然生气，却又无可奈何。日记是他一生的挚爱，他无法放弃。他的日记中，记录着他年轻时的快乐幸福。他也曾是热血沸腾的青年，想着为国捐躯，想着为国为民多做一些事，甚至曾经离家出走想参军，结果被家里派人追了回来，他后悔莫及。那时的父亲是多么年轻、幼稚、可爱。日记还记录着他所经历的战争和苦难。在日机的轰炸下，他和四姑逃出苏州城，月黑风高，一路逃到木渎。此间的情形，既紧张又有趣，我看父亲的日记也像看小说一样。

父亲的日记，全是真实、坦白的话，写得也率真、直白。他的这些日记记录了他从中学到大学毕业（1930—1936年）的一段生活，记录了他从一个天真烂漫的少年成长为一个热情洋溢的青年的真实经历。他用随意真实的笔调，记录了抗战时期民众艰难的生活，记录了当时社会的种种。比如，他记录了自己和同学们一起上南京请愿的事，详细记录了蒋介石接见学生时的情形和讲话，乃至于蒋介石穿的衣服以及学生们的态度，他都写得非常详细。他还以一个普通学生的视角从一个侧面记录了当时清华大学的学潮情形（学生们组织去请愿，军队来镇压，学生们砸了汽车，抢回了被捕的学生，梅贻琦校长安抚学生们，等等）。我在整理日记时很惊奇地发现，父亲的日记中记载了他去苏州监狱探监，探望章乃器、沈钧儒、邹韬奋等人的情形。父亲当时甚至可以带报纸进去给他们看，和他们聊天。原来邹韬奋他们是二姑、三姑的老师，他们和我们家很熟，当时爷爷和二姑父（周有光）正在想办法营救他们。后来在各方面的努力下，他们终于得以出狱。我还从日记中知道，三姑父沈从文将一支曾经给三姑写了八十封情书的钢笔，送给了父亲，而这支钢笔至今还在。这钢笔也有着许多的故事，以后我有机会再专文详述。

父亲是学历史的，在日记中记录的点点滴滴，都是那么详细真实，从兄弟姐妹到同学朋友，他都以真实的态度，写出他心里的想法。这让我们从中看到了他们那一代人的真实生活，也从一定程度上还原了一些历史真相。父亲的日记也记录了家庭和家族生活的种种琐碎小事。其中既有和兄弟姐妹们在一起时的快乐和幸福，与朋友们一起唱昆曲、看戏的愉悦，也有着深深的丧妻之痛和生活的艰辛与苦难。

"文革"中父亲不能记日记，但是他还是忍不住，有时悄悄地记几句。经历了种种"运动"，父亲敏感脆弱的神经受不了，先是得了抑郁症，后来发展成狂躁型的精神病。父亲抑郁的时候，整天昏昏沉沉，吃不下睡不着，有时候吃七八颗安眠药都不能入眠，狂躁的时候，甚至大喊大叫，乱砸东西。我后来在父亲的日记中看到他的话："我想忍住，不要乱砸东西，可是忍不住。"父亲常常说："忍字头上一把刀，我的心在刀刃上走。"

小时候，父亲最宠爱我，常常给我讲故事，或是放唱片给我听，给我讲解《平沙落雁》《汉宫秋月》《雨打芭蕉》等乐曲。记得我当知青下乡的时候，我也写日记，并把写好的日记给父亲看。他看了说："小妹，不要写了，被别人看见，要被打成反革命，抓去坐牢的。"

父亲在1977年5月15日突发心梗去世。他没有看到"文革"彻底结束，没有等到给他平反，甚至没有等到他的书和日记被还回来。记得我们从山上搬下来的时候，母亲伤心地落泪说："可惜你爸爸没看到这一天。"

我看父亲的日记，有时候也忍不住滴下泪来，它不是小说，却比小说更动人。从日记中，我能够想象他们当时的生活。或许因为是自己的父亲，心里更加感动和难过。通过这些日记，我逐渐地了解父亲。

日记是一个人想法和生活的记录，也许琐碎繁杂，不能算是很全面，因为它毕竟是一个人的想法和看法。我在整理的过程中，也许也存在着一些差错，希望各位读者谅解，也希望在天上的父亲理解。母亲和四姑说过，人死了以后，他的东西要五十年以后才能够公诸世人。父亲离开人世已经四十年了，我自己也有六十七岁了。我想，等我七十七岁的时候，是否有精力整理父亲的东西，也未可知了。看着父亲大大小小七十三本日记（其中缺了第十二、第十三、第二十四、第三十四、第四十三本，非常遗憾），以及众多的信件文稿，我深深地感到责任重大，我只希望在我的有生之年，能够把父亲留下的宝贵遗产整理出来。以前我并没有想过父亲的这些东西可以发表、出版，只想着给家人们看看，让家人能够更加了解父亲；现在这些日记能够得以出版，能让更多的人看到，我心里感到非常欣慰。我不敢说它非常有用，但起码它是一段真实的历史——是一段个人的真实历史，也是一段社会的真实历史。

生活有时候就是这样的，我整理日记的时候倍感辛苦，但我也从中获得了很多宝贵的财富，学到了很多东西。我快乐着，内心充满了感激。感谢我的父亲，他给我留下了这么珍贵的东西，它比所有的钱财或房产珍贵得多，它是一个人不可复制的生命精华。

2018 年 3 月

合肥张家世系表

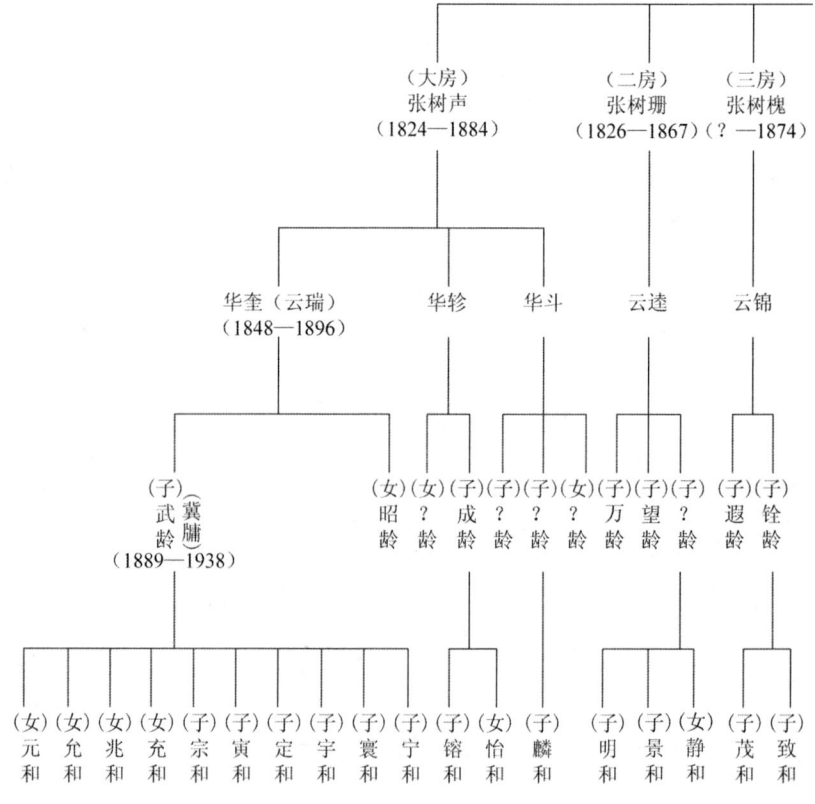

（注：表中"？"代表现有资料不详，有待查考）

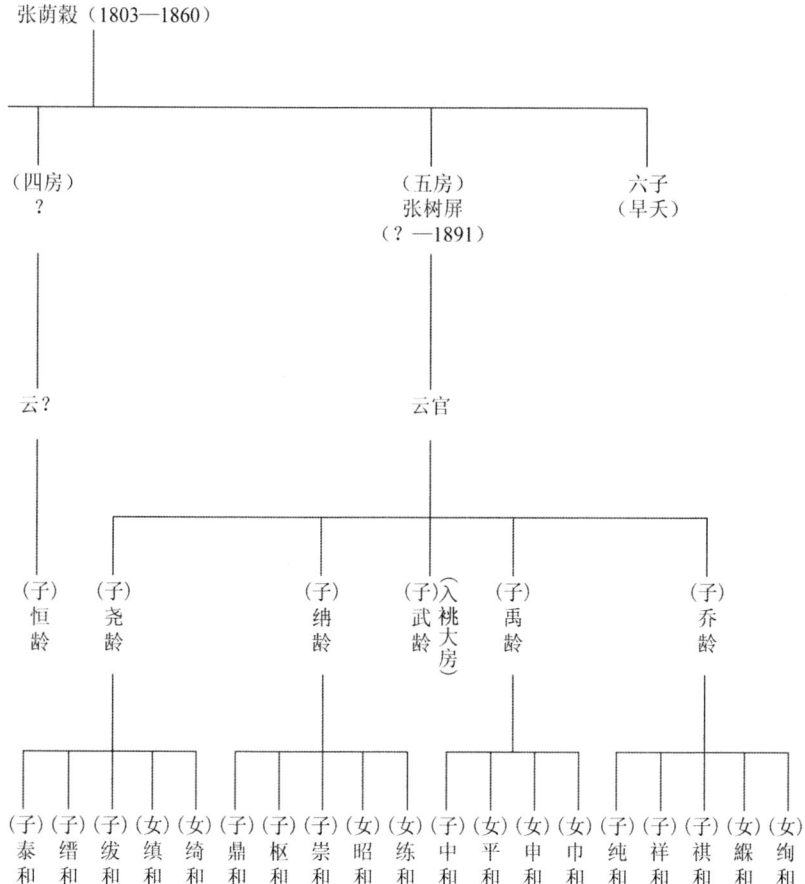

图书在版编目（CIP）数据

张宗和日记. 第三卷，1942—1946 / 张宗和著 ; 张
以㟁，张致陶整理. -- 杭州 : 浙江大学出版社，
2021.4
ISBN 978-7-308-20782-9

Ⅰ. ①张… Ⅱ. ①张… ②张… ③张… Ⅲ. ①张宗和
—日记 Ⅳ. ①K825.4

中国版本图书馆CIP数据核字(2020)第223402号

张宗和日记（第三卷）：1942—1946

张宗和 著 张以㟁 张致陶 整理

封面题字	郑培凯
责任编辑	罗人智
责任校对	闻晓虹
装帧设计	周 灵
出版发行	浙江大学出版社
	（杭州市天目山路148号　邮政编码　310007）
	（网址：http://www.zjupress.com）
排 版	杭州林智广告有限公司
印 刷	浙江海虹彩色印务有限公司
开 本	880mm×1230mm 1/32
印 张	20.5
字 数	500千
版 印 次	2021年4月第1版　2021年4月第1次印刷
书 号	ISBN 978-7-308-20782-9
定 价	80.00元
